مقدمة الناشر

بسم الله الرحمٰن الرحيم

هي ربما كالقمر أين ما تجولت تجد ضوءه يتهادى متمايلاً بين الأزقة والحارات والدساكر، يهدي السراة إلى سبلهم.

أو ربما هي كالشمس، أين ما نظرت تجد أشعتها تنساب هادئة مطمئنة فوق الهضاب، أو متسلقة سفوح الجبال، أو مستلقية بين شعب الوديان، أو متسللة بين غصون الأشجار، أو متمددة على ضفاف الأنهر وشواطىء البحار.

أو ربما هي كالأثير المتطاول إلى عنان السماء يختزن في جنباته أريج الزهور، وضوء القمر، وأشعة الشمس، والسحب الحبلى بالغيث، وكل ما تجود به السماء على أهل الأرض من بركات.

أو ربما هي كل ذلك، إنها قضية الإمام الحسين عليه السلام ونهضته المباركة، التي تثبت الأيام المتوالدة من أرحام الأزمنة والدهور أنها لم تكن يوماً من الأيام قضية محدودة في مكان، أو مقصورة على زمان، بل كانت ولا زالت قضية البشرية جمعاء من مشرق الأرض إلى مغربها، وإن اقتصر إحياؤها في أيام عاشوراء من كل عام على جمع من الموالين لأهل البيت عليهم السلام، إلا أن الوقائع والحقائق تؤكد أنها ساكنة في قلوب الملايين من البشر على اختلاف ألوانهم وعقائدهم، ومشاربهم، لأنها قبل كل شيء هي قضية حق وعدل، وقضية عقيدة ومبدأ، وقضية الإنسانية المعذبة المظلومة قاطبة والتي تجاهد للقضاء على الظلم في كل زمان ومكان، يشهد على ذلك الأبيض والأسود، المسلم والمسيحي والموسوي والبوذي، العربي والأجنبي

والأوربي والأمريكي والأفريقي والياباني والصيني، والمتصفح لهذا الكتاب يجد إثبات ما نقول.

وهنا لا نجافي الحقيقة إذا ما قلنا إن دائرة المعارف الحسينية العملاقة التي بدأت أجزاؤها بالصدور منذ عام ١٩٩٤م حتى بلغت اليوم أكثر من ستة وسبعين مجلداً قد ساهمت مساهمة كبرى في تقريب أهداف الحسين عليه السلام إلى الكثير من المفكرين والأدباء والباحثين في جميع أنحاء العالم، وتقريب أولئك إلى القراء في العالم أيضاً، فكانت بحق بمثابة صلة الوصل بين هؤلاء وأولئك، والكشاف الذي اكتشف تلك العقول المتأثرة بقضية الإمام الحسين عليه السلام ونهضته المباركة.

كل ذلك بفضل الالتفاتة المهمة من قبل مؤلف الموسوعة سماحة آية الله الشيخ الدكتور محمد صادق محمد الكرباسي حفظه المولى الذي ارتأى أن يضفي على كل جزء من أجزائها كلمة أو تقريضاً في الحسين وفي هذه الموسوعة المباركة بأقلام كتاب من ديانات مختلفة ومشارب متنوعة وبلدان متعددة ولغات مختلفة، حيث تولى الأستاذ الدكتور نضير رشيد الخزرجي مشكوراً جمعها في هذا الكتاب مرفقاً ذلك بترجمة موجزة لعشرين شخصية قرّظت الموسوعة الحسينية وأبدت نظرتها عن الجزء الذي قرّظت عليه، مضفياً على الكتاب قيمة علمية فوق قيمته من خلال ما تفضل به من دراسة وتحليل وقراءة نقدية وموضوعية لعشرين جزءاً من أجزاء الدائرة التي وردت في هذا الكتاب.

وهنا لابد أن نشير إلى أن هذا الكتاب الذي بين يديك هو الجزء الثاني في هذا الموضوع، بعد صدور الجزء الأول عام ٢٠١٠م تحت عنوان (نزهة القلم).

بيروت

٧/ صفر/ ١٤٣٣هـ

٢/ كانون الثاني/ ٢٠١٢م

توطئة
موضوعات كرباسية بنكهة خزرجية

أجد نفسي في دائرة التوفيق الإلهي وأكثر من محظوظ وأنا أقلب صفحات دائرة المعارف الحسينية كلما خرج جزء جديد منها يحمل عنوانا مغايراً للآخر وإن ارتبط مع قبله وبعده بحبل كربلاء وما أفرزته واقعة عاشوراء ولذلك لا أعتقد أنني ابتعدت عن مركز الحقيقة عندما أطلقت على كتابنا الذي صدر منتصف العام ٢٠١٠ م اسم "نزهة القلم"، بوصفه نزهة في عشرين مجلدا من مجلدات الموسوعة الحسينية في أبواب متفرقة صدرت على فترات، برع مؤلفها سماحة البحاثة والفقيه الدكتور الشيخ محمد صادق الكرباسي في تصنيف الموسوعة في ستين باباً ضمت أكثر من ستمائة مجلد صدر منها حتى الآن أكثر من ستين جزءاً.

ومفردة "النزهة" لها مصداقها لمن قرأ "نزهة القلم"، فكما يتجول المرء في متنزه عامر يتنزه القارئ في حديقة العلم المفترشة بخضارها وثمارها على صفحات "نزهة القلم" بلحاظ أن المكتبة بستان العلماء والكتاب ضالة المنهوم، لا يملُّ ولا يكل إذا خرج من حديقة عاد إليها ولهاً، وإذا طوى كتابا فتح آخر، وهذا ما رجوته لكتاب "نزهة القلم" الذي أرى أن تنوع موضوعاته عائد في الأساس إلى تنوع أبواب دائرة المعارف

الحسينية التي تناولتها بالقراءة والمراجعة حسب نوعية الكتاب والموضوع الذي بحثه، أنتفع من فيض علم مؤلفها وأضيف إليها ما زادني ربي من معرفة، وأحسب أن "أشرعة البيان" وقد تضمن بين صفحاته نحو ١٤٠ عنوانا فرعيا مثَّل كشكولا من المعارف المختلفة أضفيت عليه أسلوبي في الكتابة الصحافية والإعلامية بوصفي إعلاميا بدأت حياتي العملية صحافيا ومحرراً ومارست تدريس فن صياغة الخبر وإعداد التقرير الخبري، وزاد من تماسك محتوياته ومنهجيته دراستي الأكاديمية، وضاعف من المعلومات وتوثيقها عملي لسنوات عدّة باحثا في المركز الحسيني للدراسات.

ومن المفارقات الطريفة في هذا المقام، أن ممثل جمهورية العراق في الجامعة العربية في القاهرة الدكتور قيس جواد العزاوي الذي أشرف على دراستي العليا للماجستير والدكتوراه في الجامعة العالمية للعلوم الإسلامية في لندن والتي لي الشرف أن أكون أحد أساتذتها في الوقت الحاضر، عندما كان يتابعني في الدراسات العليا كان يشير عليَّ بأن أبتعد حين إعداد الكتابة عن النمط الصحافي، ويذكرني عند بعض المراجعات بأنني طالب دراسات عليا، وذلك لئلا يطغى الأسلوب الصحافي على الكتابة الأكاديمية المنهجية، وهي توصية جد قيمة أرجو أن أكون قد وعيتها لاسيما وقد أتت من أستاذ أكاديمي مارس الصحافة أيضاً، فمنهج الكتابة الصحافية غير الكتابة الأكاديمية، والاستنتاج العلمي غير التحليل السياسي، والبحث العلمي غير التقرير الخبري، وإن كانت بين المنهجين نقاط مشتركة.

بيد أني في "نزهة القلم" حاولت أن أجمع بين الأسلوب الإعلامي والبحث العلمي والمنهج الأكاديمي، وأترك للقارئ ملاحظة الأمر وتقديره، وأحسب أن التجربة العملية في الصحافة منذ العام ١٩٨١ م

وحتى اليوم نفعتني في تطويع المعلومة وتذليلها بما يساعد على هضمها تحت عناوين كثيرة وفقرات قصيرة يقطف من كل مجلد من دائرة المعارف الحسينية باقة ورد، متنوعة في ألوانها متميزة في عطرها، تجذب إليها القراء كما يحط على الورد النحل.

وعلى النسق نفسه والمنوال ذاته يأتي كتاب "أشرعة البيان" الذي ضم هو الآخر قراءة ومراجعة لعشرين مجلداً من الموسوعة الحسينية في أبواب متفرقة وعلى فترات، وقد اخترت له عنوان "الأشرعة" لكون الشراع يأخذ بزورقنا إلى حيث نريد من بحر الموسوعة وبيانها ويتوقف حيثما نرغب في أجواء من المعلومات والموضوعات الكثيرة التي يزخر بها هذا البحر المترامي في شواطئه والعميق في قيعانه.

ولما كان كل مجلد يضم مقالة لعلم من الأعلام يحبّرها يراعه بلغته الأم ويستعرض فهمه الخاص للجزء الذي بين يديه، أو أن يبدي رأيه في شخصية الإمام الحسين عليه السلام، أو تصوره عن دائرة المعارف الحسينية، فقد حرصت ما أمكنني جهدي على ترجمة الشخصية وبيان السيرة الذاتية، وبخاصة وأن كل واحد من هؤلاء هو علم في محيط عمله ورمز بين بني جلدته وقومه ودينه، فكان من بين المترجمين له المسيحي واليهودي والمسلم بمختلف المذاهب وتنوعها، من قبيل: البروفيسور فابريزو بن أنجيلو بيناكيتي وهو إيطالي الجنسية من أسرة مسيحية كتب مقدمة باللغة الإيطالية، والدكتور يوسف بن يهودا دانا الأستاذ في جامعة حيفا من أسرة يهودية وقد كتب مقدمة باللغة العبرية، والمفتي العلامة عبد الرحيم رشيد الباكستاني الجنسية وهو مسلم سني كتب مقدمته باللغة السرائيكية، والأستاذ الشيخ إبراهيم بن تاتسويجي ساوادا وهو ياباني مسلم إمامي من أهل طوكيو كتب المقدمة باللغة اليابانية، وغيرهم.

ويقوم الكتاب في مجمله على ثلاثية: السيرة الذاتية لصاحب المقدمة الأجنبية، ثم بيان النص العربي للمقدمة بعد ترجمتها من اللغة الأم، ويليهما متن الدراسة أو القراءة التي عملتها لأجزاء الموسوعة، وقد جاءت المقدمات باللغات العالمية التالية: أربع منها باللغة العربية، إثنتان باللغة الكردية ومثلهما باللغة العبرية، وواحدة لكل من اللغات التالية: النرويجية، الألمانية، اليابانية، الإيطالية، الإسبرانتو، الصينية، الأمازيغية، البشتوية، السرائيكية، والطاجيكية. وكما حرصت في "نزهة القلم" على إظهار القيمة المعرفية والتعليمية والإعلامية في مجال قراءة الكتاب وتقييمه وتقويمه، فقد نهجت في "أشرعة البيان" المنهج نفسه، حيث قرأت كل جزء وراجعته بما يضعه تحت متناول القارئ والكاتب وطالب العلم ممن يرغب في أن يأخذ سبيل فن قراءة الكتاب وتلخيصه ونقده والإفاضة عليه من كل جديد، ولذلك أظن أن القارئ سيلحظ وهو يتنقل بين عناوين الكتاب أنه يقرأ موضوعات كرباسية بنكهة خزرجية.

نضير رشيد الخزرجي

لندن ١٤٣٢هـ ـ ٢٠١١م

ثلاثية الولاء المقدس

من باب ﴿يَٰٓأَيُّهَا ٱلْمَلَؤُا۟ إِنِّىٓ أُلْقِىَ إِلَىَّ كِتَٰبٌ كَرِيمٌ ﴿٢٩﴾ إِنَّهُۥ مِن سُلَيْمَٰنَ وَإِنَّهُۥ بِسْمِ ٱللَّهِ ٱلرَّحْمَٰنِ ٱلرَّحِيمِ﴾(١)، ومن باب ﴿إِنَّ ٱللَّهَ وَمَلَٰٓئِكَتَهُۥ يُصَلُّونَ عَلَى ٱلنَّبِىِّ ۚ يَٰٓأَيُّهَا ٱلَّذِينَ ءَامَنُوا۟ صَلُّوا۟ عَلَيْهِ وَسَلِّمُوا۟ تَسْلِيمًا﴾(٢)، ومن باب ﴿قُل لَّآ أَسْـَٔلُكُمْ عَلَيْهِ أَجْرًا إِلَّا ٱلْمَوَدَّةَ فِى ٱلْقُرْبَىٰ﴾(٣)، فإن الفقيه الدكتور الشيخ محمد صادق الكرباسي مؤلف دائرة المعارف الحسينية، ألزم نفسه في كل جزء جديد يبحث في باب جديد من أبواب الموسوعة الحسينية الستين، أن يقدم ثلاثية مقفاة تحمل كلماتها الولاء المطلق للخالق (الله) ولرسوله (محمد) وأولي الأمر (أهل بيت محمد) الذين قال فيهم الرب الجليل ﴿إِنَّمَا يُرِيدُ ٱللَّهُ لِيُذْهِبَ عَنكُمُ ٱلرِّجْسَ أَهْلَ ٱلْبَيْتِ وَيُطَهِّرَكُمْ تَطْهِيرًا﴾(٤).

فالكتاب الذي لا يبدأ بالإسم الأعظم فهو كتاب أبتر كما قال رسول الله محمد ﷺ: (كل أمر ذي بال لا يُبدأ فيه ببسم الله الرحمن الرحيم فهو أقطع)(٥) وفي موضع آخر (أبتر) وفي موضع آخر (أجذم)، والصلاة

---

(١) سورة النمل: ٢٩ ـ ٣٠.

(٢) سورة الأحزاب: ٥٦.

(٣) سورة الشورى: ٢٣.

(٤) سورة الأحزاب: ٣٤.

(٥) مسند أحمد: ٣٢٩/١٤.

التي لا تقرن بآل محمد ﷺ فهي صلاة بتراء كما قال أبو هذه الأمة ووالدها محمد ﷺ: (لا تصلّوا عليّ الصلاة البتراء، فقالوا: وما الصلاة البتراء؟ قال: تقولون اللهم صلّ على محمد وتمسكون، بل قولوا: اللهم صلِّ على محمد وعلى آل محمد)[1]، فمثلث الولاء تقوم قواعده على ثلاثة أضلاع، وهذا ما حاول المؤلف تأكيده، إيمانا منه بالملازمة الأبدية بين ثلاثية التوحيد والنبوة والإمامة، وعلى هدى هذه الملازمة جاءت "ثلاثية الولاء المقدس" التالية:

*** ديوان الإمام الحسين (١)**

إلهي إيَّاكَ أسْتَمِدُّ حيثُ لطفكَ الثَّجَجْ

وبالصَّلاة على مبعوثك أستسهلُ خوضَ اللُجَجْ

ومن آله أستلهمُ حيثُ اخترتهمْ لي نِعمَ الحُجَجْ

لندن: شتاء ١٤٠٠ هـ ١٩٩٩م

*** ديوان القرن التاسع**

اللّهمَّ لكَ الحمدُ عددَ ما أحاطَ به عِلمُك

اللّهمَّ صلِّ وبارك على محمدٍ سيدِ رُسُلِك

اللّهمَّ سلِّم وتحنَّن على أهلِ بيتِ نبيِّك

لندن: صيف ١٤١٨ هـ = ١٩٩٨ م

---

(١) الصواعق المحرقة: ٢/ ٤٣٠.

* **ديوان الموَّال (الزهيري)**

الحمدُ للهِ الذي فَضْلُهُ علينا مبثوث

والصلاة على محمدٍ خيرِ مرسولٍ ومبعوث

والسَّلام على آلهِ فتيانِ الإسلامِ والليوث

لندن: خريف **١٤١٩** هـ = **١٩٩٩** م

* **السيرة الحسينية (١)**

الحمدُ للهِ المُتعالِ الجبَّارِ الّذي مِنَ اللَّيْلِ النَّهارَ سَلَخ

والصلاةُ على الأمينِ الَّذي أصْدَقُ مَن في العِلْمِ رَسَخ

والسَّلامُ على خَيْرِ الآلِ الَّذي لِلحقِّ على الأُمَمِ أرَّخ

لندن: شتاء **١٤٢٠** هـ = **٢٠٠٠** م

* **ديوان القرن العاشر (١)**

إلهي أنتَ عَوْني يا حميدُ يا جبار

وأنتَ ملاذي يا نبيّ اللهِ المختار

وأنتم وسيلتي يا سادتي الأطهار

لندن: شتاء **١٤١٨** هـ = **١٩٩٨** م

* **الحسين الكريم في القرآن العظيم (١)**

سبحانكَ تعاليتَ يا جبَّار يا شديد البأس

والصلاة الزّاكية على المؤيَّد بروح القدس

والسلامُ التّام على المُطَهَّرين من الرجس

لندن: صيف ١٤٢٢ هـ = ٢٠٠١ م

* الصحيفة الحسينية الكاملة (١)

الحمدُ والثناءُ للهِ وكفى

والشكرُ لرسولهِ المُصطفى

والتحيةُ لأوصيائهِ العُرفا

لندن: شتاء ١٤١٧ هـ = ١٩٩٦ م

* ديوان القرن الحادي عشر (١)

حمدي وثنائي لك يا علام الغيوب يا وهّاب

وصلاتي عليكَ يا مَنْ أوتي الحكمةَ وفصلَ الخطاب

وسلامي عليكم يا مَنْ نزلَ في حقِّهم الكتاب

لندن: ربيع ١٤١٨ هـ = ١٩٩٨ م

* العامل السياسي لنهضة الحسين (١)

لكَ المجدُ والثناءُ يا رحمان بلا نفاذ

والصَّلاةُ على مَن جعلته للخلقِ خيرَ ملاذ

ووافر السَّلام على ذراريه والأفلاذ

لندن: صيف ١٤٢٢ هـ = ٢٠٠١ م

١٤

من كل مذهب مقدمة

لا سبيل إلا الإيمان بأن النهضة الحسينية وإن تموضعت عسكريا في كربلاء، فإن وقائعها طارت في الآفاق وتعدت حدود العراق وعبرت حدود العالم العربي وتجاوزت حدود البلدان الإسلامية وهي اليوم حاضرة في كل بقاع الأرض، ولأنها كذلك فإن البحاثة الكرباسي عمد إلى استكناه آراء الأعلام من كل قطر ولغة ودين ومذهب، من باحثين وأكاديميين ومستشرقين، عبر الكتابة والتعليق والتقديم لكل جزء جديد.

والجدول التالي بتفريعاته، يوضح الجهد الذي بذله المؤلف في هذا الباب، وهو جهد لا يعرفه إلا من ابتلي به وأنا على ذلك من الشاهدين.

الرقم	اسم الكتاب	الصفحة	مقيّم الكتاب	اللغة	البلد	المعتقد
١	ديوان الإمام الحسين ج١	٤١٤	د. تروند علي لينستاد	النرويجية	النرويج - أوسلو	مسلم إمامي
٢	ديوان القرن التاسع	٥٢٢	پرو. ستيفان بروخاسكا	الألمانية	النمسا - فيينا	مسيحي
٣	ديوان الموال (الزهيري)	٦١٢	د. شوقي أنيس عمار	العربية	لبنان - عين عنوب	مسلم درزي
٤	ديوان الأبوذية ج٤	٥٠٠	البروفيسور ميخائيل كراسنوفسكي	العبرية	روسيا - موسكو	مسيحي أرثوذوكسي

الرقم	اسم الكتاب	الصفحة	مقيّم الكتاب	اللغة	البلد	المعتقد
٥	السيرة الحسينية ج١	٥٠٠	الشيخ إبراهيم ساوادا تاتسويجي	اليابانية	اليابان - طوكيو	مسلم إمامي
٦	تاريخ المراقد ج٢	٦٥٤	پرو. فابريزو أنجيلو بيناكيتي	الإيطالية	إيطاليا - تورينو	مسيحي كاثوليكي
٧	السيرة الحسينية ج٢	٤٧٠	د. نجيب بن عبدالله نبواني	العربية	فلسطين - حيفا	مسلم درزي
٨	تاريخ المراقد ج٣	٦١٤	الشريف علي بن الحسين الهاشمي	العربية	المملكة المتحدة - لندن	مسلم سنّي
٩	ديوان القرن العاشر ج١	٥٣٢	پرو. فيتو إسبيته	الإسبرانتو	لندن - إيطاليا	مسيحي كاثوليكي
١٠	الحسين الكريم في القرآن العظيم ج١	٤٥٨	د. يوسف يهودا دانا	العبرية	فلسطين - حيفا	يهودي
١١	الحسين والتشريع الإسلامي ج٢	٤٧٢	د. فيليب موريسي	الإنكليزية	استراليا - ملبورن	مسلم إمامي
١٢	تاريخ المراقد ج٤	٤٩٦	عبد الصالح عبد الحسين آل طعمة	العربية	المملكة المتحدة - لندن	مسلم إمامي
١٣	الصحيفة الحسينية الكاملة ج١	٤٩٤	محمود شمس الدين تشانغ تشي هوا	الصينية	الصين - بكين	مسلم إمامي
١٤	ديوان القرن ١١ ج١	٤٨٢	د. جمال جلال عبد الله	الكردية	المملكة المتحدة - لندن	مسلم سني
١٥	الصحيفة الحسينية الكاملة ج٢	٤٩٤	د. صالح حموش بلعيد	الأمازيغية	الجزائر - تيزي وزو	مسلم سنّي

الرقم	اسم الكتاب	الصفحة	مقيّم الكتاب	اللغة	البلد	المعتقد
١٦	الحسين والتشريع الإسلامي ج٣	٦٤٠	د. عبد الأحمد عبد الصمد جاويد	البشتوية	المملكة المتحدة - لندن	مسلم حنفي
١٧	العامل السياسي لنهضة الحسين ج١	٤٥٢	برو. إيفن يوجين سيجل	الإنكليزية	بروكلين - أمريكا	يهودي
١٨	الحسين والتشريع الإسلامي ج٤	٤٩٠	المفتي عبد الرشيد چراغ دين	السرائيكية	باكستان - لاهور	مسلم حنبلي
١٩	ديوان الأبوذية ج٥	٣٦٢	د. أي جي غفوروف	الطاجيكية	طاجيكستان - دوشنبة	مسلم
٢٠	ديوان الأبوذية ج٦	٤١٤	د. ميثم جعفر شمّة	الكردية	المملكة المتحدة - لندن	مسلم إمامي

الطبيب الدكتور تروند علي لينستاد

(Trond Ali Linstad)

* ولد في العاصمة النرويجية أوسلو في ١١/١٢/١٩٤٢م الموافق ٢/١٢/١٣٦١هـ.
* درس الطب في جامعة أوسلو (Oslo University).
* اختصاصي صحة عامة من جامعة ليفربول (Liverpool University) في المملكة المتحدة.
* سافر إلى العشرات من بلدان العالم وقرأ الثقافات والديانات المختلفة.
* عمل طبيباً تطوعياً في عدد من بلدان الشرق الأوسط.
* مارس الطب في المخيمات الفلسطينية في الأردن، وغادرها عام ١٩٧١م.
* شكل في النرويج جمعية الصداقة النرويجية الفلسطينية، وتولى تنظيم رحلات لفرق طبية إلى المخيمات الفلسطينية في المنطقة.
* تولى رئاسة فريق طبي عمل في مخيمات اللاجئين في وسط وجنوب لبنان أثناء الاحتلال الإسرائيلي.
* تأثر بالثورة الإسلامية في إيران وقرأ القرآن مرتين وفي الثالثة انشرح صدره للإسلام وآمن عام ١٩٨٠م واتخذ لنفسه اسم علي.
* ناضل من أجل الحصول على موافقة رسمية لفتح مدرسة إسلامية خاصة في النرويج، وحصلت الموافقة عام ١٩٩٩م وفي عام ٢٠٠١م فتحها وهي الأولى في النرويج.

* يتولى حالياً إدارة جمعية إورتهاجن الإسلامية الخيرية (Urtehagen Trust) وتضم نشاطات تعليمية وتربوية وتثقيفية اضافة إلى قناة تلفزيون محلية.

توحيد الشرق والغرب[1]

(ديوان الإمام الحسين ١)

يا حسين... إنني مدين بالشكر لله الذي وفقني للتعرف عليك.

الشكر لله جل وعلا، الذي قادني وهداني إلى الطريق المستقيم الذي سرت أنت عليه.

الحسين... ذلك الحفيد للرسول الأكرم محمد ﷺ الذي نال حُباً لا حدود له، والذي اختاره الله لكي يهدي الناس إلى طريق الله، وأن يكون منقذاً للبشرية.

إنه لفخر كبير لي أن أكتب مقدمة لهذا الكتاب الذي يحوي أشعاراً محكمة منسوبة للإمام الحسين. إنه قدوة لنا جميعاً، شيوخاً وشباباً... فأنت شاهد للإسلام، حيث أنهضت وأيقظت الأمة، وحرّكت مشاعرها، ومن خلال تضحياتك ودمائك استردّت الأمة وعيها.

الحسين سيد الشهداء وقائد الأحرار، وإني لأسأل الله سبحانه وتعالى أن يزيدني حُبّاً لك، لأن ذلك ضمان الحصول على حبّ الله لي، وحتى يتحقق لي حديث رسول الله ﷺ الذي يقول: "حسينٌ منّي وأنا من حسين، أحبّ الله من أحبّ حسيناً" كما ورد في "الترمذي"[2].

---

(١) تمّت الترجمة من اللغة النرويجية.

(٢) الترمذي، محمد بن عيسى، صحيح الترمذي: ١٣/ ١٩٥.

إن الحسين هو ابن فاطمة وعلي، وإنه من أهل البيت عليهم السلام، الذين أمر الله بمودتهم، كما ورد في القرآن الكريم: ﴿قُل لَّآ أَسْـَٔلُكُمْ عَلَيْهِ أَجْرًا إِلَّا ٱلْمَوَدَّةَ فِى ٱلْقُرْبَىٰ﴾[1].

يا حسين، لقد قطعت الصحراء اللاهبة القاحلة، وتعرضت لأشعة الشمس المحرقة، وكان كل هدفك أن تلتقي في موعدك مع الشهادة... هناك في كربلاء... ووصلت إليها... وهناك كانت ملحمتك في إنقاذ المفاهيم الإسلامية، واستثرت ضرورات الوعي فيها... وتوّج عطاؤك بقبول الله لقربانك.

يا حسين... اسمح لي أن أتكلم قليلاً عن نفسي، وإنما أريد بذلك أن أؤكد بُعدك الأممي والعالمي في التأثير على الآخرين، إنني نشأت وترعرعت في الغرب وفي مكان بعيد عن الشرق... في شمال أوروبا وتحديداً في مكان فيه الشمس تغيب نهائياً عن الشروق في بعض فصول السنة لأسابيع عدة[2]، لم نسمع كثيراً في هذه البقعة عن الإسلام من قبل، وبالتأكيد لم يكن إيجابيا ما سمعناه عن الإسلام. واسمح لي يا حسين أن أكمل تعريفي عن نفسي.

إنني نرويجي، آبائي وأجدادي وآباؤهم هم من "الفايكنغ"[3] ومن

---

(١) سورة الشورى: ٢٣.

(٢) أي: النرويج.

(٣) الفايكنغ: (Viking) مصطلح يطلق على الملاحين والتجار والمحاربين والرحالة في الدول الاسكندنافية: السويد والدانمارك والنرويج وايسلند، واشتهروا بقوتهم ومراسهم على القتال واكتشافهم للجزر والسواحل البعيدة، ودخلوا فيما مضى في حروب طويلة مع الأوروبيين.

ضمنهم "إيريك روده"[1] المشهور، الذي اكتشف جزيرة "غرين لاند"[2] وكان هو والد "لايف إريكسون"[3] الذي يعتبر أول رجل اكتشف أميركا قبل قرابة ألف عام، وما زالت دماء أولئك تجري في عروقي، ولكن يا حسين، تعلم أن النرويجيين لم يعودوا من "الفايكنغ".

إنني درست الطب في جامعة "أوسلو" وحصلت على دبلوم اختصاص في الصحة العامة من "ليفربول" والآن لي عيادة اختصاصية في "أوسلو" وأعيش فيها مع ثلاثة أطفال، ولم يكن ميسوراً أن أترك "المجذاف" وأهجر البحر، فعندما كنت طالباً كنت أزور البلدان عن طريق البواخر التجارية، وعبرت قناة السويس واتجهت حتى باكستان والهند، وسارت الباخرة إلى بورما قبل أن تعود إلى النرويج. وسافرت إلى عدد من الدول الإفريقية، وزرت تركيا وسوريا، بالإضافة إلى زيارتي جميع البلدان الأوروبية وقسم من روسيا وحتى الصين، حيث

_____

(١) إيريك روده: هو ابن ثورفالد أسفالدسون (Eirik Roude Thorvald Asvaldsson) (٩٥٠ ـ ١٠٠٣م) (٣٣٨ ـ ٣٩٣هـ)، ولد في مدينة جائرن (Jaeren) في مقاطعة روجلاند (Rogaland) وسط النرويج، وشهرته إريك الأحمر (Eirik the Red) نسبة إلى لون شعره، اكتشف جزيرة غرين لاند عام ٩٨٢م (٣٧١هـ).

(٢) غرين لاند: (Green Land) أكبر جزيرة في العالم، والثاني بعد استراليا من حيث الحجم كجزيرة قارية، تقع بين القطب الشمالي والمحيط الأطلسي شمال شرق كندا، وهي جزء من الدانمارك وتتمتع بحق تقرير المصير وحكومة محلية مستقلة، وعاصمتها نوك (Nuuk) أكبر مدينة في الجزيرة.

(٣) لايف إريكسون: (Leif Ericson) (٩٧٠ ـ ١٠٢٠م) (٣٥٩ ـ ٤١٠هـ) ولد في آيسلند (Iceland)، يعتبر أول اوروبي اكتشف أميركا الشمالية، بدأ عام ١٠٠٢م (٣٩٢هـ) رحلة اكتشاف العالم، تحول إلى المسيحية خلال وجوده في النرويج وراح يبشر بها، اتخذ الكونغرس الاميركي عام ١٩٦٤م (١٣٨٤هـ) قرارا باعتبار يوم ٩ اكتوبر تشرين الأول من كل عام، يوم لايف إريكسون (Leif Ericson Day) تيمناً بقدوم أول نرويجي إلى أميركا.

زرت "بكين" و"شنغهاي"[1]، ولكن حتى ذلك الوقت لم أكن قد تعرفت عليك بعد.

سافرت إلى الأماكن المقدسة في فلسطين، ورأيت المبعدين واللاجئين ولمست معاناتهم وهم يجاهدون لإحقاق حقوقهم، وأكملت دراستي الطبية، وعدت للشرق، عدت إلى الأردن لأعمل كطبيب متطوع في مخيمات الفلسطينيين، وبعد ذلك سافرت إلى لبنان، وكانت الطائرات الإسرائيلية تحلّق فوق رؤوسنا لتقصف مخيمات اللاجئين، ولم تكن العيادة مكانا آمنا، فأخذوني الناس إلى المسجد، أنا وأدواتي الطبية، بينما القنابل والقذائف تتطاير من حولنا.

جاء رجال إلى المسجد ووضعوا أسلحتهم في جانب، وبدأوا يصلون بخشوع لربهم، ومن ثم عادوا من جديد إلى مواجهة العدوان.

وفكرت في نفسي أي دين هذا الذي يصنع التكامل للإنسان؟ وأي دين هذا الذي يدفع بالمرء إلى الله كأكبر شيء دون أن يشغله شيء عنه في كل هذه الدنيا التي شغلت الجميع. وبهذا التصور وهذا التساؤل، وجدت نفسي قريبا إليك دون أن أعرف أنني سائر في هذه الخطى.

وتعاقبت أحداث كثيرة، وكان من بينها الثورة في إيران، وأية ثورة كانت؟ وأي قيام كان؟ وأية قوة أفرزها هذا الدين وهذا الإيمان؟.

لقد تغيرت شخصية دولة كاملة من خلال إرادة الناس بقيادة وتوجيه رجل دين منهم. سافرت إلى هناك، لكي أرى بنفسي ما يحدث والتهب

---

(١) شنغهاي: من كبرى مقاطعات الصين تقع على دلتا نهر يانجستي على الساحل الشرقي للصين، وتضم ١٨ مقاطعة، وتبعد عن العاصمة بكين نحو ١٠٧٠ كيلو متراً.

قلبي ناراً بما لمست من قوة التغيير. فالدين لم يغير دولة بل غيّر شعباً كاملاً.

نعم إنه لأمر عجيب، هناك وجدت "كربلاء" وشعار "كربلاء في كل مكان"، ووجدت شعار "كل يوم عاشوراء وكل أرض كربلاء"، ورصدت شعار "كل يوم عاشوراء"، وشعار "يا حسين".

ومن هناك ابتدأت أتعلم عنك، وبدأت أقرأ القرآن لأول مرة، وزاد إعجابي بقصص القرآن، وأعدت قراءته، وكانت لي أيضاً بمثابة قصص وعبر من التاريخ، وفي المرة الثالثة فتح الله عيني وشرح صدري، واكتشفت أن القرآن إنما هو منهج حياة للإنسان، فآمنت بالدين الإسلامي وصرت مسلماً، وخطوة خطوة بدأت أتعرف عليك ـ يا حسين ـ ووجدت نفسي مشغوفاً بك.

أعذرني لهذه الخواطر الشخصية يا حسين، ولكني كنت أرمي من ورائها للإشارة إلى ما بدأت به عنوان المقالة، وهو الصلة بين الشرق والغرب والوصل بينهما، وأنك كنت أنت القائم بهذا العمل، وهذا ما أعتبره أكبر شيء في هذه الصلة والوصل بينهما... إنك تدخل الناس في روح الإسلام، وإنك المحرك الدائم في قلوب النساء والرجال ليبحثوا عن الحرية والقيم ويعملوا ليتنسموا معانيها، وهذا من رحمة الله الواسعة لهم.

إنني مشغول بالعمل كطبيب في النرويج، وإضافة إلى ذلك فإنني أدير مؤسسة "الأورتي كاته" وهي مدرسة إسلامية ولها روضات أطفال عدة، تضمّ ١٩٠ طفلاً، وهي الوحيدة في النرويج، وتقدم نشاطات مختلفة للأطفال والشباب، ولدينا دورات في اللغة وتعليم الكومبيوتر، بالإضافة إلى قناة تلفزيونية ذات بث يومي محدد، وهي الوحيدة في النرويج.

والمؤسسة تضم المدرسة الإسلامية الوحيدة في النرويج، وهي معترف بها، ولدينا إعدادية في العاصمة "أوسلو" والآن حصلنا على الموافقة الرسمية من الدولة لأول مدرسة إسلامية يصل عدد طلابها إلى **٥٠٠** طالب، من مختلف الأعمار، وسوف نفتحها في هذه السنة (**٢٠٠١**م) إن شاء الله. وعندنا في ضواحي "أوسلو" منتجع للأطفال والشباب، ليأتوا إلى فضاء الطبيعة من أجل التسلية البريئة وممارسة بعض الهوايات والنشاطات، وفي كل أعمالنا هذه نحن بحاجة إلى أن تكون روحك وأنفاسك مباركة لنا من أجل التقدم في أعمالنا.

وبالنسبة لي فإنني أعتقد بأن دورة الحركة بالنسبة لي قد انتهت، فبينما أجدادي اكتشفوا عوالم جديدة في هذه الأرض كما أسلفت، إلا أنني بعد تلك الرحلات والجولات والمطافات، اكتشفت الإسلام، فإن "لايف إريكسون" وهو أحد أجدادي الذي تنحدر سلالتي منه، ساهم في أن تتحول النرويج أكثر إلى المسيحية، بينما أنا أعتقد بأني أعمل من أجل دين أسمى وأطهر، هذا الدين الذي ساهمت أنت يا حسين في بقاء طهره ونقائه، والله هو المسؤول في تسهيل مهمتنا وإعانتنا في هذا العمل من أجل الإسلام، كما أن هذه السلسلة من موسوعة الإمام الحسين تهدف هي الأخرى إلى هذا العمل، من خلال طموح الإصدار الذي سيصل أجزاؤه إلى أربعمائة وخمسين مجلداً[(١)]، وهذا الجزء المتعلق بالشعر المنسوب للإمام الحسين، واحد منه، وهذا العمل الموسوعي الرائع والفريد سوف يعطي كل ما له علاقة بالإمام الحسين عليه السلام، وسيكون بالفعل عملا متميزاً،

---

(١) بلغت أعداد الموسوعة أكثر من ستمائة جزء.

وإنني أتقدم بتقديري إلى جهود آية الله الكرباسي الكبيرة، الذي يشرف على إصدار هذه الموسوعة.

إن الإمام الحسين استشهد عام ٦١ هـ، ومنذ ذلك الوقت خلد ثورته وتضحياته في التاريخ وخلدها نموذجاً حيّاً ومتدفقاً عبر التاريخ وإلى ما شاء الله، وإنه يستحق وعن جدارة لكي يصدر بشأنه عمل موسوعي، كما هذا الكتاب وبقية أجزاء موسوعة دائرة المعارف الحسينية، وهذا الكتاب المتعلق بشعر الإمام الحسين، وهذا الجهد ملحوظاً فيه الدقة والمتابعة، من خلال مراجعة المصادر التاريخية النادرة في دول عدة مثل الهند وباكستان واليمن وجمهوريات الاتحاد السوفياتي السابق ودول أخرى. والأبيات الشعرية تمت مراجعتها بجهد كبير من أجل بحثها وتمحيصها وتثبيت نسبتها للإمام الحسين من عدمه.

إنني أتقدم بالتقدير والشكر لهذا العمل العلمي المتميز، ونسأل الله سبحانه وتعالى أن يساهم هذا العمل الموسوعي في خدمة الإسلام، من خلال إلقاء المزيد من الأضواء على جوانب مختلفة من شخصية الإمام الحسين.

تروند علي لينستاد

Trond Ali Linstad

نيسان ٢٠٠١ م

النرويج ـ أوسلو

جدلية الالتزام
في فهم النص الشعري

شاع في الأدب العربي ان أعذب الشعر أكذبه، والسماء ثنَّت على المقولة بنص القرآن: ﴿وَالشُّعَرَاءُ يَتَّبِعُهُمُ الْغَاوُونَ ﴿٢٢٤﴾ أَلَمْ تَرَ أَنَّهُمْ فِي كُلِّ وَادٍ يَهِيمُونَ ﴿٢٢٥﴾ وَأَنَّهُمْ يَقُولُونَ مَا لَا يَفْعَلُونَ﴾[1]، ويستثنى من هؤلاء في الآية التالية والأخيرة من السورة نفسها: ﴿إِلَّا الَّذِينَ آمَنُوا وَعَمِلُوا الصَّالِحَاتِ وَذَكَرُوا اللَّهَ كَثِيرًا وَانتَصَرُوا مِن بَعْدِ مَا ظُلِمُوا وَسَيَعْلَمُ الَّذِينَ ظَلَمُوا أَيَّ مُنقَلَبٍ يَنقَلِبُونَ﴾، وتواتر عن النبي محمد ﷺ قوله: (إن من الشعر لحكمة وإن من البيان لسحرا)[2]، لكن القرآن الكريم يصف من يقول هذا الكلام الحلو في الشعر: ﴿وَمَا عَلَّمْنَاهُ الشِّعْرَ وَمَا يَنبَغِي لَهُ﴾[3].

نصوص مقدسة وأخرى تراثية يؤكدها واقع الحال، تبدو للوهلة الاولى أنها تقع في خطين متوازيين لا يلتقيان، بينهما برزخ من الحرمة والكراهية لا يبغيان، بيد أن واقع الحال يؤكد في الوقت نفسه أن أدوات الشعر لدى الشعر الصادق هي عينها لدى الشعر الكاذب، والأمر متروكٌ للشاعر

---

(١) سورة الشعراء: ٢٢٤ ـ ٢٢٦.

(٢) سنن الدارمي: ٢/٢٩٦.

(٣) سورة يس: ٦٩.

وخلجاته في توظيف هذه الأدوات في الخير والشر، في المدح والقدح، في الثناء والهجاء، ولعل الشاعر حسان بن ثابت[1] الأنصاري الخزرجي (ت٥٤هـ) أصاب كبد الحقيقة حينما رد على من أعاب على شعره في الإسلام واتهم قوافيه بالهرم والليونة، بقوله: "إن الإسلام يحجز عن الكذب وإن الشعر يزينه"، فالمائز بين الشعر الواقعي عن غيره، هو جادة الكذب ومقدار اقتراب أو ابتعاد الشاعر من رصيف الجادة.

فالإسلام لم يمنع الشعر بل شجع عليه وصرفه في وجهات الخير والمعاني السامية، وإذا منعه على صاحب الرسالة الإسلامية، فلأسباب عدة أهمها دفع شبهة الشعر عن القرآن المنزل من قبل السماء، فانه لم يمنعه عن أهل بيته وحملة الرسالة، وكانوا أهله ورجاله، ولضلوعهم في الأدب العربي وبلاغته كانوا على مقدرة كاملة لتمييز الشعر الغث من السمين، وفي مرة حار الناس في معرفة أشعر العرب، فتوجهوا بالسؤال إلى الإمام علي عليه السلام لما عرفوا منه قوة بلاغته وجزالة كلامه وسمو ما نسب إليه من شعر، فأجابهم: "إن القوم لم يجروا في حلبة تعرف الغاية عند قصبتها، فإن كان ولابد فالملك الضلّيل"[2]، ويريد به الشاعر امرئ القيس[3] (ت٨٥ ق.هـ)، فمن يملك القدرة على تعيين أشعر الناس، يعني تملكه من الشعر وأدواته.

وهذه حقيقة ثابتة تحققت عند أئمة أهل البيت عليهم السلام، لكن الخلاف وقع

---

(١) حسان بن ثابت: شاعر مخضرم ولد سنة ٦٠ قبل الهجرة، مدح الغساسنة في العهد الجاهلي وهجا الكفار في العهد الإسلامي، فقد بصره ومات في المدينة.

(٢) ابن أبي الحديد، عبد الحميد بن هبة الله، شرح نهج البلاغة: ٢٠/١٣٥.

(٣) امرئ القيس: هو ابن حجر بن الحارث القحطاني، ولد سنة ٥٢٠ للميلاد، مات في أنقرة، وهو من أصحاب المعلقات، وله ديوان شعر.

في نسبة الشعر إليهم، لأن الشعر جزء من القول الذي يعتبر حجة فيما إذا ثبتت نسبته إلى المعصوم، ولما كانت دائرة المعارف الحسينية، قد تبنت التحقيق بكل ما يخص النهضة الحسينية وصاحبها الإمام الحسين عليه السلام، فإن المحقق الدكتور محمد صادق محمد الكرباسي، في الجزء الأول من "ديوان الإمام الحسين" الصادر عن المركز الحسيني للدراسات بلندن في ٤١٤ صفحة من القطع الوزيري، بحث في حقيقة الشعر المنسوب إلى الإمام الحسين بن علي عليه السلام المستشهد بكربلاء المقدسة في العام ٦١ هـ.

بيئة ودواوين

كانت البيئة الأسرية التي ولد فيها الإمام عليه السلام تنطق بالشهد من الكلام نثرا وشعرا، فجده من أمه النبي محمد صلى الله عليه وآله وسلم كان أحكم الناس وأبلغهم وهو القائل عن نفسه وهو الصادق الأمين: (أنا خير من نطق بالضاد..)[١]، (أنا أفصح العرب..)[٢]، وجده من أبيه أبو طالب عبد مناف بن عبد المطلب (ت٣ ق.هـ) كان شاعر[٣] العرب في الجاهلية والإسلام، وينطق شعره عن بلاغة وفصاحة، وأما أبوه علي بن أبي طالب (ت٤٠هـ) فهو القائل عن أدب أهل بيت النبوة وبلاغتهم: (ألا وإن اللسان بضعة من الإنسان، فلا يسعده القول إذا امتنع ولا يمهله إذا اتسع، وإنا لأمراء الكلام، وفينا

---

(١) مغني اللبيب: ١/ ١١٤.

(٢) النهاية لابن الأثير: ١/ ١٧٧.

(٣) صدر في لندن وفنلنده عن دار كوفان للنشر عام ١٤١١هـ (١٩٩١م) كتاب "ديوان أبي طالب" في ٢٢٤ صفحة من جمع وتعليق الكاتب العراقي المقيم في بريطانيا الأستاذ عبد الحق العاني، ضم ٣١ قصيدة ومقطوعة تنم عن شاعرية أبي طالب وعمق إيمانه.

تنشّبت عروقه، وعلينا تهدّلت غصونه)[1]، وينبيك خطابات أمه فاطمة الزهراء عن بلاغتها.

في مثل هذه الأجواء الأسرية ولد الإمام الحسين عليه السلام ونشأ، وحسب المؤلف: "عاش الإمام في بيئة تستذوق الشعر وتمارسه إنشاءً وإنشاداً وعايش أحداثا وحروبا كان للشعر فيها دور كبير سواء الفخر منه أو الحماسة أو السياسة"، وإلى جانب الأسرة كانت البيئة الاجتماعية غنية بشعراء كبار أمثال حسان بن ثابت، والحطيئة[2] جرول بن أوس العبسي (ت٥٩هـ)، والمتوكل[3] بن عبدالله الليثي العامري (ت٦٤هـ)، والنابغة الجعدي[4] حسان بن قيس العامري (نحو ٥٠هـ)، وأبو الأسود الدؤلي[5] ظالم بن عمرو الكناني (ت٦٩هـ)، ويزيد بن مفرغ الحميري[6] (ت٦٩هـ)، وعبيدالله بن قيس الرقيات[7] العامري (ت٧٥هـ)، وأعشى همدان[8] عبد

---

(١) نهج البلاغة لمحمد عبده: ٢/ ٥١٠، خطبة: ٢٣٣.

(٢) الحطيئة: هو حفيد مالك، شاعر مخضرم، ولد في بني عبس، اشتهر بالهجاء، حتى أنه هجا والديه ونفسه.

(٣) المتوكل الليثي: هو حفيد نهشل الكوفي، من أهل الكوفة، له ديوان شعر بعنوان "شعر المتوكل الليثي" حققه الدكتور يحيى الجبوري وصدر ببغداد عن مكتبة الأندلس.

(٤) النابغة الجعدي: هو حفيد عبدالله، كان في الجاهلية من الذين أنكروا الخمر وهجروا الازلام وعبادة الأوثان، أسلم ووفد على الرسول صلى الله عليه وآله وسلم وأنشده شعره، كان من المخضرمين.

(٥) أبو الأسود الدؤلي: هو حفيد جندل الكناني، ولد في الكوفة سنة ١٦ قبل الهجرة، ونشأ في البصرة وفيها مات، حسن إسلامه وصاحب عليا عليه السلام وشاركه حروبه، وله الفضل في عدد من العلوم.

(٦) يزيد الحميري: هو ابن زياد بن ربيعة بن مفرغ الحميري، من أهل اليمن، هجا آل زياد وتعرض لتعذيبهم واضطهدوه وتعرض للإبعاد ثم حبس حتى مات.

(٧) ابن قيس الرقيات: هو حفيد شريح بن مالك، ولد في مكة سنة ١٢هـ وفيها نشأ وسكن المدينة والكوفة وجزيرة العراق والشام وفيها مات، وقف ضد الأمويين.

(٨) أعشى همدان: هو حفيد الحارث بن نظام، من فحول الشعراء وكان شاعر أهل اليمن في الكوفة وفارسا، وكانت له مشاركات في بعض العلوم، جيء به إلى الحجاج الثقفي أسيراً وقتله.

الرحمن بن عبدالله الهمداني (ت٨٣هـ)، وغيرهم من هؤلاء الشعراء الذين يصفهم الخليل بن أحمد الفراهيدي[١] (ت١٧٥هـ) بأنهم "أمراء الكلام"[٢]، هؤلاء الشعراء كما يؤكد الكرباسي التقى الإمام الحسين عليه السلام ببعضهم: "وسمع لبعضهم الآخر، وحاور قسماً منهم وعايش آخرين ومدحته مجموعة منهم ورثته طائفة أخرى، وللكثير من هؤلاء أخبار معه بشكل خاص أو بشكل عام".

وكان الإمام يعير اهتماماً كبيراً للشعر وللشعراء، وطالما أنشأ الشعر وأنشد لغيره مستشهدا به لإيمانه بقوة الشعر على إيصال الفكرة من بين زحمة النفس وقدرته على تجاوز أسيجة القلب، والذين اهتموا بالشعر المنسوب إلى الإمام الحسين عليه السلام هم أربع طوائف: "طائفة استقلت بجمع شعر الإمام الحسين عليه السلام وحده، وطائفة أوردت شعره ضمن ما صدر عنه من خطب وكلمات، وطائفة أخرى استقلت بشعره ضمن فصل من فصول شعر المعصومين الأربعة عشر عليهم السلام أو الأئمة الاثني عشر عليهم السلام، وطائفة أعطته حيزا من كتاباتهم لدى عرضهم لسيرة الإمام نفسه أو ضمن سيرة المعصومين عليهم السلام، وإلى جانب هؤلاء فإن آخرين أوردوا أشعاره في مؤلفاتهم ومصنفاتهم بالمناسبة". ويتقصى الشاعر والعروضي الشيخ الكرباسي الدواوين والقصائد والأبيات المنسوبة للإمام الحسين عليه السلام للوصول إلى حقيقتها فيثبت بعضها ويرد أخرى، في مهمة صعبة، خاصة

(١) الفراهيدي: هو حفيد عمرو بن تميم الأزدي، ولد في عُمان سنة ١٠٠هـ ومات في البصرة، من علماء الإمامية، وكان إماما في العلوم العربية جميعها، أول من وضع علم العروض، ومعجم العين أقدم كتب اللغة، وله من المؤلفات: جملة آلات العرب، والنغم.

(٢) القرطاجني، حازم، منهاج البلغاء وسراج الأدباء: ١٤٣.

وان الشعر يدخل في إطار ما صدر عن المعصوم الذي له قيمة شرعية في الخط الواصل بين الحلال والحرام وما بينهما المباح وعلى طرفيه المستحب والمكروه، ولذلك فإنه يتناول في شرح كل قصيدة الاتجاه المعنوي واللفظي والغرض الشعري والاتجاه العروضي، ويخضعه للتقييم ويناقشه من حيث التاريخ والنشأة والسند ورجاله وصحة النسبة والمتن وأغراضه، فمثلاً ينفي الكرباسي صدور شعر المخمسات المنسوبة إلى الإمام الحسين عليه السلام، بلحاظات عدة، منها: "ان نشأة شعر المخمسات هذا كانت في القرن الرابع الهجري هذا من جهة، ومن جهة أخرى فإن المراد بالمخمسات هي المقطوعات ذات الأشطر الخمسة، وأما الذي نحن بصدده فهو الشعر الخماسي أي المقطوعة التي تحتوى على خمسة أبيات وهذا حدث في أواخر القرن الحادي عشر أو أوائل القرن الثاني عشر الهجريين، ولم يكن معروفا قبله..".

ملابسات شعرية

من هنا نجد ان الفقيه الكرباسي شديد الحرص على التثبت من الشعر لان: "نسبة الشعر إلى الإمام الحسين عليه السلام لا ضير فيها بحد ذاتها وإنما الضير في نسبة الشعر المتدني إليه حيث لا يتناسب وكونه من أئمة البلاغة والفصاحة التي شهد بها القاصي والداني.."، من ناحية أخرى فان: "النسبة إليهم قد تكون تقولا عليهم وهو إثم لا يمكن استسهاله ولو ثبتت النسبة إليهم لتركت بظلالها على التشريع لحجية قولهم"، وتأسيسا على ذلك فإن "ديوان الإمام الحسين" في جزأيه الأول والثاني حرص الكرباسي على تذييل عنوانه بعبارة (من الشعر المنسوب إليه) لرفع اللبس وتجنب

الوقوع في الشبهات، حيث: "لا يمكن نسبة كل الشعر المودع في الديوان إلى الإمام الحسين عليه السلام ولا شك بأن النزر القليل منه هو من شعره ونظمه"، بدلالة أنَّ الشعر الوارد في الديوان: "لم يكن متجانسا متآلفا حيث تنقصه السنخية بين مقطوعاته، إذ إن كل شاعر أو خطيب أو كاتب بل كل حرفي له نَفَسه الخاص ويترك أثر بصماته على إنتاجه فلا يشاركه غيره فيه ولابد أن تظهر في كل صنيعة وهذا هو الخيط الرابط بين وحدات عمله..".

ويعتقد الكرباسي أن شبهة نسبة الشعر إلى شخصية بعينها تقع من نواح عدة:

أولاً: لسان الحال: وهي أن يتقمص الشاعر شخصية أخرى فينظم على لسانها، وبمرور الزمن أو تباعد الأقطار ينسى الناس مُنشئها الحقيقي ويتذكرون شخصية لسان الحال، فعلى سبيل المثال تقمَّص الشاعر محسن أبو الحب[1] الكبير (ت١٣٠٥هـ) شخصية الإمام الحسين عليه السلام وأنشأ على لسانه قصيدة "بيضة الإسلام" ومطلعها، من الكامل الثاني:

إن كنتِ مشفقة عليّ دعيني ... مازال لومُك في الهوى يغريني
لا تحسبي أنّي للومك سامع ... إنّي إذاً في الحب غير أمين

---

(١) محسن أبو الحب: هو ابن محمد الحائري الكعبي، ولد في كربلاء سنة ١٢٢٥هـ وفيها نشأ ومات ودفن في الرواق الحسيني خلف مرقد السيد إبراهيم المجاب، ويسمى بالكبير تمييزا عن سميِّه وحفيده الشاعر الشيخ محسن بن محمد حسن أبو الحب الحفيد المتوفى سنة ١٣٦٧هـ، وله ديوان شعر باسم "ديوان الشيخ محسن أبو الحب الكبير" حققه حفيده الدكتور جليل بن كريم أبو الحب المتوفى في لندن سنة ١٤٣١هـ (٢٠١٠م) والمدفون في كربلاء، وصدر عن بيت العلم للنابهين في بيروت في طبعته الأولى سنة ١٤٢٤هـ (٢٠٠٣م).

إلى أن يقول:

إن كان دين محمد لم يستقم   إلا بقتلي يا سيوف خذيني[1]

ومع أن البعد الزمني ليس ببعيد، لكن الناس بمن فيهم خطباء المنبر الحسيني والكتاب يخيل إليهم من فصاحة اللسان وتصوير الحال أن البيت من إنشاء الإمام الحسين عليه السلام. ولا يستبعد ان بعض قصائد أو أبيات "ديوان الإمام الحسين" هي من لسان الحال.

ثانياً: شعر التمثيل: وهو أنْ يتمثل القائل بشعر غيره، فيقع الناقل بشبهة ما إذا كان الشعر من إنشاء القائل أو إنشاده عن غيره. وكان الإمام الحسين عليه السلام إلى جانب الإنشاء ينشد شعر غيره ويتمثل به. على سبيل المثال تمثل رسول الإمام الحسين عليه السلام إلى أهل العراق مسلم بن عقيل[2] بن أبي طالب عليه السلام المستشهد في الكوفة عام ٦٠ هـ بأبيات الزعيم الجاهلي حمران بن مالك بن عبد الملك الخثعمي، وهو يدفع عن نفسه سيوف بني أمية وغدرهم، من الرجز المشطور:

أقسمت لا اقتل إلا حرا   وإن رأيت الموت شيئاً نكرا

كل امرىء يوما ملاق شرا   ويخلط البارد سخنا مرا

رد شعاع النفس فاستقرا   أخاف أن أُكذب أو أُغرا[3]

ثالثاً: التناسب: وهو أنْ يستل القائل بيتاً أو أبياتاً لشاعر أنشدها في قضية تتناسب والقضية التي يتحدث عنها القائل، حتى تلصق بشخوص القضية الجديدة، ومن ذلك ما شاع بين الخطباء أبيات أبي الحسن

(١) ديوان الشيخ محسن أبو الحب الكبير: ١٦٩، تحقيق: د. جليل كريم أبو الحب.

(٢) مسلم بن عقيل: ولد نحو ٣ للهجرة، شهد صفين مع الإمام علي عليه السلام، وكان سفير الإمام الحسين عليه السلام إلى العراق، قتله عبيد الله بن زياد.

(٣) راجع: الكرباسي، محمد صادق، ديوان القرن الأول: ١/ ١٥٥.

التهامي[1] علي بن محمد (ت٤١٦هـ) من الكامل، في رثاء ابنه، حتى ظن الكثير أنها للإمام الحسين عليه السلام في رثاء ابنه الشهيد علي الأكبر[2] (ت٦١هـ):

حكم المنية في البرية جاري — ما هذه الدنيا بدار قرارِ
يا كوكبا ما كان أقصر عمره — وكذا عمرُ كواكب الأسحار
وهلال أيام مضى لم يستدر — بدراً ولم يُمهل لوقت سرار
عجل الخسوف عليه قبل أوانه — فمحاه قبل مظنة الإبدار[3]

رابعاً: التذييل: وهو أنْ يقوم الشاعر بتذييل شعر شاعر آخر من القافية نفسها وذات الوزن والغرض والنفس الشعري، ثم يقع الخلط بين الشاعرين فينسب الشعر كله إلى القائل الأول أو الثاني، فقد ثبت ان الإمام الحسين عليه السلام أنشأ من مجزوء الرمل وهو ذبيح:

شيعتي ما إن شربتم — عذب ماءٍ فاذكروني
أو سمعتم بغريب — أو شهيد فاندبوني[4]

بيد أن البعض أوصلها إلى عشرة أبيات وكلها تنسب إلى الإمام الحسين عليه السلام لكن الثابت منها البيتان الأولان.

خامساً: التضمين: وهو ان يضمن الشاعر في قصيدته بيتا أو شطر بيت

---

(١) ابو الحسن التهامي: حفيد فهد، من أهل تهامة بين الحجاز واليمن، زار الشام والعراق ومصر واعتقل فيها وقتل سراً في سجنه، له ديوان شعر.

(٢) علي الأكبر: ولد سنة ٣٨ للهجرة، وأمه ليلى بنت أبي مرّة بن عروة الثقفية، ويقال له الأكبر في قبال أخيه علي الأصغر الذي ولد سنة ٦٠هـ وقتل في معركة الطف سنة ٦١هـ، وأمه أم إسحاق بنت طلحة بن عبيد الله التيمية.

(٣) الكرباسي، محمد صادق، ديوان الإمام الحسين: ١/ ٧٩، عن أروع ما قيل في الرثاء: ٧٥.

(٤) الكفعمي، ابراهيم بن علي العاملي، مصباح الكفعمي: ٣٧٦

لشاعر قديم أو معاصر، فيعده المتلقي غير الواقف على شعر الآخر من إنشاء الشاعر نفسه، ومن ذلك ما ينسب إلى الإمام علي عليه السلام قوله في رحيل السيدة فاطمة الزهراء عليها السلام (ت١١هـ)، من الطويل:

أرى علل الدنيا عليّ كثيرة وصاحبها حتى الممات عليل
لكل اجتماع من خليلين فرقة وكل الذي دون الممات قليل
وإنّ افتقادي واحداً بعد واحدٍ دليل على أن لا يدوم خليل(١)

في حين أن البيتين الأخيرين مما ينسب للإمام علي عليه السلام فقط، وأنَّ البيت الأول هو للشاعر أبو العتاهية(٢) إسماعيل بن القاسم العيني (ت٢١٣هـ)، من قصيدة مطلعها:

ألا هل إلى طول الحياة سبيلُ وأنّى وهذا الموت ليس يُقيل(٣)

استظهارات فقهية

واستظهر آية الله الشيخ محمد صادق الكرباسي من مجموع ١٦ قطعة شعرية ضمها الجزء الأول من "ديوان الإمام الحسين" قبل بعضها ورفض بعضها وتوقف عند بعضها الآخر، مجموعة من الأحكام الفقهية والشواهد السلوكية، ففي قافية الهمزة من خمس مقطوعات:

ـ استظهر جواز زيارة القبور من خلال القطعة الشعرية المعنونة "سكان القبور" من بحر الكامل ومطلعها:

ناديتُ سُكانَ القبور فاسْكتُوا وأجابني عن صمتهم تُربُ الحصا

---

(١) ديوان الإمام أمير المؤمنين: ١٠٧، جمع محسن الأمين.

(٢) أبو العتاهية: هو حفيد سويد العنزي، ولد في عين التمر بالعراق سنة ١٣٠ هـ، وسكن الكوفة ثم انتقل إلى بغداد وفيها مات.

(٣) ديوان أبو العتاهية: ٢٢١.

- استظهر جواز المفاخرة من خلال القطعة الشعرية المعنونة "الناصر والخاذل" من بحر الطويل ومطلعها:

إذا استنصر المرءُ إمرءاً لا يَدي له فناصرُهُ والخاذلون سواءُ

- استظهر جواز الرثاء والبكاء على الشهيد وعد فضائله، من خلال القطعة الشعرية المعنونة "فتى أبكى الحسين" من بحر الوافر ومطلعها:

أحقُّ الناس أن يُبكى عليه فتى أبكى الحسينَ بكربلاء

- استظهر أنَّ المعصوم يفصح عما سيحدث لأصحابه، وأنَّ السياسة الحق أنْ تتعامل القيادة بوضوح مع المرافقين والعاملين، وذلك من خلال القطعة الشعرية المعنونة "مصارع الشهداء" من بحر الكامل ومطلعها:

حطّوا الرحالَ فذا محط خيامنا وهنا تكونُ مصارعُ الشهداءِ

- استظهر كراهية الركون إلى الدنيا من خلال القطعة الشعرية المعنونة "دار الفناء" من بحر الوافر ومطلعها:

تبارك ذو العلى والكبرياءِ تفرّد بالجلال وبالبقاءِ

وفي قافية الباء من سبع مقطوعات:

- استظهر شرعية حماية الأهل والأقارب بل لزومها وجواز مقاتلة الباغي وجواز المبالغة في المفاخرة عند تلاحم الأسِنَّة والحراب، وذلك من خلال القطعة الشعرية المعنونة "بحار الموت" من بحر الطويل ومطلعها:

إذا المرءُ لا يحمي بنيه وعِرسَهُ وعِترَتَهُ كان اللئيم المُسَبَّبا

الحب العفيف

- استظهر جواز الغزل النبيل وإظهار الحب للزوجة والأقارب كالبنت

وجواز صرف المال للحبيب، وذلك من خلال القطعة الشعرية المعنونة "سكينة والرباب" من بحر الوافر ومطلعها:

لعمرُك إنَّني لأحُبُّ داراً   تحلُّ بها سُكينةُ والرَّبابُ

وهنا يطيل المحقق الكرباسي الحديث عن المقطوعة الشعرية، فهو في الوقت الذي يقف بصف النافين نسبة الأبيات إلى الإمام الحسين عليه السلام لكنه يختلف في بعض الأسباب التي ترى ان النفي قائم على استحالة صدور مثل هذا الشعر بما فيه من حب لزوجته وابنته بحجة انه لا يليق بالإمام المعصوم، ويرى أنَّ هذا الاستدلال ضعيف: (لأن الحب إذا كان شريفا ولأجل ما يحمله المحبوب من مفاهيم أقرها الله سبحانه وأرادها فلا معنى للقول بأنه يتنافى مع منزلة الإمام المعصوم عليه السلام فإن الإمام لما استشف كرم الأخلاق من زوجته رباب[1] تلك الطاهرة التي عرفت بالوفاء والنبل، وامتلكت صفات الإيمان وعرف طيب أصل ابنته سكينة[2] التي قال عنها "الغالب على سكينة الاستغراق مع الله عز وجل"[3]، عندها أظهر حبه لهما حيث إنه جزء من حبه لله جل وعلا، بل ويرى الدكتور الكرباسي: "ان حب القرينة والكريمة هو من أبجدية الحياة التي ارتضاها الله لعبيده وقد كرمهما الإسلام غاية التكريم ووصف المؤمنات منهن بأزكى الأوصاف وأكرم النعوت مما لا مجال للقول بأنه لا يليق بإمام معصوم". وكان الأب

---

(١) رباب: وهي بنت امرئ القيس بن عدي الكندية (٦ ـ ٦٢هـ)، للمزيد عن سيرتها، انظر: معجم أنصار الحسين.. النساء: ١/ ٢٥٩.

(٢) سكينة: وأمها الرباب الكندية، ولدت سنة ٤٧هـ، وشهدت كربلاء، فقيهة ومحدثة، ماتت في المدينة سنة ١١٧هـ.

(٣) السيدة سكينة للمقرم: ٤٣.

من قبل قد أظهر حبه لزوجته الطاهرة فاطمة الزهراء عليها السلام حين رثاها، من الوافر:

حبيبٌ ليس يعدلهُ حبيبُ   وما لسواهُ في قلبي نصيبُ
حبيبٌ غاب عن عيني وجسمي   وعن قلبي حبيبي لا يغيبُ[1]

استظهارات سلوكية

- استظهر جواز دفن الميت قرب البيوت، وان وضع خد الميت على التراب سنّة، وذلك من خلال المقطوعة الشعرية المعنونة "أأدهن رأسي" من بحر الطويل ومطلعها:

أأدهن رأسي أم تطيبُ مَحاسني   وخدُّك معفورٌ وأنت تريبُ

- ومن خلال قصيدة تحت عنوان "ذهب الذين أحبهم" من بحر الكامل المجزوء، ومطلعها:

ذهب الذين أحبُّهمْ   وبقيتُ فيمن لا أُحبُّهْ

استظهر مجموعة مسائل أخلاقية وشرعية. فالسب لا يقابل بالسب، ومن البغي إفساد أمر الغير، ومن الظلم القضاء على سرّاء الغير، ولابد من ذب الأذى عن الآخر وبخاصة الصديق، ونزع فتيل الحقد والكراهية من النفس، ولابد من مراجعة العقل، ولابد من تدارس النفس وتدارس الأعمال، وعدم الانتقام من الصديق إذا أساء وإيكال أمره إلى الله.

- استظهر ان المواهب الشخصية هي الركيزة للوصول إلى سدة الحكم، كما استظهر وجوب النص في الإمامة، وذلك في المقطوعة الشعرية المعنونة "أنا الحسين" من بحر مجزوء الرجز ومطلعها:

---

(١) القزويني، محمد كاظم، فاطمة الزهراء من المهد إلى اللحد: ٦٤٤.

أنا الحسين بن علي بن أبي

ـ استظهر أنَّ التذكير بالموت ضرورة حياتية لتحسين سيرة الإنسان وسلوكه، وذلك من خلال المقطوعة الشعرية المعنونة "التزود" من بحر الوافر ومطلعها:

يُحوَّلُ عن قريبٍ من قُصورٍ مزخرفةٍ إلى بيت الترابِ

وفي قافية التاء من مقطوعتين وبيت واحد:

ـ استظهر استحباب إنفاق ما يحصل عليه المرء في هذه الدنيا، من خلال القطعة الشعرية المعنونة "جود الدنيا" من بحر الطويل ومطلعها:

إذا جادت الدنيا عليك فجُد بها على الناس طُرّاً قبل أن تتفلَّتِ

الأبواب المستعصية

وحتى يلم المؤلف بكامل الشعر المنسوب إلى الإمام الحسين عليه السلام، فانه لم يترك بابا سالكا أو مستعصيا إلا ووقف على أعتابه يستنطق الشعر، فُتح في بعضه وأوصد في أكثره، ذلك: "أن محاولاتنا للحصول على الشعر المنسوب إلى سيد الشهداء عليه السلام كانت مضنية للغاية حيث طرقنا أبوابا كثيرة في اتجاهات مختلفة منها مكتبات الهند واليمن وتركيا وإيران وغيرها من الدول الإسلامية ومكتبات الدول الغربية فلم نحصل على أكثر مما سبقنا إليه ثلة من الفضلاء والأدباء مجموعةً، وفضلهم لا ينكر"، وحيث يفترض تقديم المعلومة لدائرة موسوعية مختصة ومتشعبة غير ربحية كدائرة المعارف الحسينية التي تفوق مجلداتها الستمائة مجلد، فإن البعض احتكرها لنفسه فظلم النهضة الحسينية بحرصه الزائد عن حده وغير المبرر، وظلم معه تراث المسلمين الذي ظل الكثير منه حبيس المكتبات والمتاحف دون ان تطاله يد التحقيق والنشر.

وحيث تأتي المعلومة عبر طرق ملتوية وبشق الأنفس فإن المؤلف وفرها للقارئ والباحث ضمن فهارس كثيرة في أبواب مختلفة.

وكما هو دأبه في معرفة وجهات نظر الأعلام حول كل مجلد، فإن الطبيب النرويجي الدكتور تروند علي لينستاد (Trond Ali Linstad) المولود في العام **١٩٤٢** والذي تحول إلى الدين الإسلامي في العام **١٩٨٠**م وأسس أول مدرسة إسلامية في العاصمة أوسلو، عبر عن انطباعه بالموسوعة في قراءة نقدية باللغة النرويجية، ووجد أن: "هذا العمل الموسوعي الرائع والفريد سوف يعطي كل ما له علاقة بالإمام الحسين عليه السلام وسيكون عملا متميزا فعلا"، معربا عن: "تقديري إلى الجهود الكبيرة التي يقدمها آية الله الكرباسي"، وحول ديوان الإمام الحسين رأى: "ان الجهد ملحوظ فيه الدقة والمتابعة من خلال مراجعة المصادر التاريخية النادرة في دول عدة مثل الهند وباكستان واليمن وجمهوريات الاتحاد السوفياتي السابق ودول الأخرى".

الثلاثاء ٣ ذو القعدة ١٤٢٨ هـ (١٣/ ١١/ ٢٠٠٧م)

البروفيسور ستيفان بروخاسكا
(Pro. Stephan Prochazka)

* أكاديمي نمساوي ولد عام ١٩٦٢م (١٣٨١هـ) في مدينة دورنبيرن (Dornbirn).

* نشأ ودرس في مدينة انسبروك (Innsbruck)، ونال البكالوريوس من جامعتها (University of Innsburuck).

* في الفترة ١٩٨٢ ـ ١٩٩٠م درس اللغة العربية والتركية في جامعة فيينا (University of Wien)، ونال درجة دكتوراه فلسفة في اللهجات العربية.

* منذ العام ١٩٩١م عمل أستاذا مساعدا في معهد الاستشراق (Institut Fur Orientalistik) في جامعة فيينا. ثم أستاذا منذ العام ٢٠٠٠م.

* نال درجة الأستاذية في اللغة العربية وآدابها والدراسات الإسلامية بالنسبة للأقلية العربية في كيليكين بتركيا.

* أستاذ محاضر في جامعة انسبروك في الفترة ٢٠٠٠ ـ ٢٠٠٤م.

* قدم في الفترة ٢٠٠٣ ـ ٢٠٠٤م دروسا في اللهجات العربية الفلسطينية في معهد الدراسات العليا في القدس.

* حاضر في بلدان مختلفة كألمانيا وتركيا وتونس وسوريا والسويد وبولندا وباكستان.

* ومنذ العام ٢٠٠٦م يواصل التدريس كبروفيسور باللغة العربية في معهد الاستشراق في جامعة فيينا.

٤٥

* مـن مـؤلـفـاتـه: حـروف الـجـر فـي اللـهـجـات (Die Propositionen in den neuarabischen Dialekten)، كما له القاموس الميسر للقرآن باللغة العربية (A Concise Dictionary of Koranic Arabic) بالاشتراك مـع أسـتاذ الـدراسـات العربية والإسلامية في جامعة فيينا البروفيسور آرن أي أمبروس (.Arne A Ambros) المولود عام ١٩٤٢م.

* له دراسة مفصلة حول معتقدات ومراسم الحج لدى العلويين في جنوب تركيا.

مشروع ضخم ذو فائدة لدارسي العلوم الإسلامية[١]

(ديوان القرن التاسع)

تعتبر دائرة المعارف الحسينية مشروعاً ضخماً سيضم خمسمائة جزء[٢]، لا تتحدث عن حياة الإمام الحسين فقط، وإنما تمتد إشعاعاتها إلى الآداب والفنون الإسلامية.

في هذا الجزء الذي بين يدي القارئ خطوة أخرى في إنجاز هذا العمل العظيم، فهذا الجزء مخصص لشعراء القرن التاسع الهجري (القرن الخامس عشر الميلادي)[٣] وهي مرحلة من الزمن مرت على العالم الإسلامي بإيجابياتها وسلبياتها، فمن جانب تم فتح القسطنطينية[٤] في العام **١٤٥٣**م، تلك المنطقة من وسط آسيا، وكذلك أصبحت بعض مناطق البلقان جزءاً من العالم الإسلامي. هذا في جانبه الحلو، وأما في الجانب المر، فعلى الضفة الأخرى في غرب العالم الإسلامي سقطت قرطبة في العام **١٤٩٢**م، حيث

---

(١) تمت الترجمة من اللغة الألمانية.

(٢) فاقت أعداد الموسوعة المنظورة الستمائة مجلد.

(٣) القرن التاسع الهجري = (١٣/٩/١٣٩٨ ـ ٢٠/٩/١٤٩٥م).

(٤) القسطنطينية: وهي مدينة استانبول، تقع على مضيق البوسفور تربط بين قارتي آسيا وأوروبا، دخلها السلطان محمد الثاني ابن مراد الثاني العثماني (٨٣٣ ـ ٨٨٦هـ) (١٤٣٢ ـ ١٤٨١م) في ٢٩/٥/١٤٩٢م (٨٩٧هـ).

انتهت بسقوطها حقبة مهمة في التأريخ امتدت لقرون من التطور الثقافي في شبه جزيرة إيبيريا.

يضم هذا الجزء أعمالا لمؤلفين أندلسيين من تلك الفترة وفي مواضيع مختلفة في مجال الشعر العربي، حيث جمع المؤلف بما أتيح له من مادة شعرية ديوانا منظما ابتدأ من الهمزة المفتوحة إلى النون الساكنة، يتكون الديوان من ٤٤ قصيدة، ومنها قصائد طوال، من ضمنها تسع مختلفة الطول، وقليل من القصائد القصار، بعضها يتكون من بيتين أو ثلاثة، أي جزء من قصيدة (مثل القصائد: ٤، ١٠، ١٥)، ويضم الديوان أعمال خمسة عشر شاعرا.

وضّح الشيخ الكرباسي في مقدمته بشكل جيد بأن الجزء الكبير من شعراء هذا القرن هم ممن يسمى بمدرسة (الحلة)، والبعض من الأندلس، وواحد يمني من المشاهير هو الإمام الزيدي المطهر بن محمد الحمزي[(١)] صاحب القصائد والمقطوعات (١٥، ١٦، ٢١، ٢٤، ٢٩، ٤١).

بعض القصائد المقدمة في هذا الديوان وبشكل جيد، فيها فائدة مهمة لدارسي العلوم الإسلامية، وكذلك ينظر إلى أهميتها من الناحية اللغوية والبلاغية، ولابد من الإشارة إلى أهمية مقدمة المؤلف التي جاءت تقريبا في ثلاثين صفحة، وعن طريقها نعرف الشعراء وخلفياتهم، بالإضافة إلى ذلك فإن المؤلف قدم مع القصائد أوزانها وأجناسها.

ومن الملفت للنظر أن في شعر القرن التاسع الهجري استخدام مصطلح "ست النساء" مثال على ما جاء في الصفحة ٢٩[(٢)].

---

(١) الحمزي: وهو حفيد سليمان الحسني، توفي في مدينة ذمار اليمنية سنة ٨٧٩هـ (١٤٧٤م).
(٢) إشارة إلى استخدام شعراء القرن التاسع الهجري لمصطلحات محلية غير فصيحة.

إن هذا الجزء من دائرة المعارف الحسينية، كما أرى، ليس مخصصا لمجموعة ضيقة من الشيعة، وإنما مهم ومفيد وبشكل عام لكل المهتمين بالأدب الديني.

الدكتور ستيفان بروخاسكا

Dr. Stephan Pprochazka

معهد الدراسات الاستراتيجية/ جامعة فينا

فينا ـ النمسا

١/ ٩/ ٢٠٠٠م

الأدب والسياسة
جدلية الشعور وتقلبات الدهور

من يتابع أيام العرب والمسلمين في القرن التاسع الهجري، لابد وأن يتوقف عند التصدعات التي أصابت جدران الحكومات في البلدان العربية والإسلامية، وما أكثرها، حيث مثّل هذا القرن امتدادا للقرون الماضية التي حلّت فيها حكومات وسقطت أخرى وكلما جاءت امة لعنت أختها، وبخاصة مع انحسار الدور العربي والإسلامي عن القارة الأوروبية بشكل ملفت للنظر بسقوط الأندلس في العام ٨٩٧ هجرية (١٤٩٢م).

وتركت هذه التحولات والتطورات الخطيرة - على مستوى السلطة والحكم - بصماتها على الواقع الاجتماعي والاقتصادي ناهيك عن الواقع السياسي، ولما كان الأدب يشكل جزءاً من ثقافة المجتمع بما يملك من تراث وما ينتجه حاضره، فإن التحولات حفرت في صفحة الأدب أخاديد، عميقة في أغوارها، شحيحة في فضاءاتها، مع مساحات خضراء متوزعة هنا وهناك يهاجمها التصحر يوما بعد آخر!

رصد ثاقب

المحقق الشيخ محمد صادق الكرباسي، وهو في رحلة البحث عن الشعر الحسيني عبر القرون، رصد هذه التحولات، ووضع يده على نقاط

القوة والضعف في الأدب العربي، وبخاصة المنظوم منه، ولهذا يعتبر "التمهيد" الذي قدمه لكتابه الجديد "ديوان القرن التاسع" الصادر عن المركز الحسيني للدراسات بلندن في **٥٢٢** صفحة من القطع الوزيري، بمثابة نافذة على الواقع السياسي والأدبي في القرن التاسع الهجري (١٣/ ٠٩/١٣٩٨ ـ ٢٠/ ٠٩/ ١٤٩٥م)، وقراءة ثاقبة لواقع عاشه المسلمون، استقبلوا فيه هذا القرن: "بمزيد من التشتت والتشرذم حيث أشرقت شمس هذا القرن والحروب قائمة بين الأمراء والسلاطين في بعض النقاط، وبين المسلمين والصليبيين في نقاط أخرى، وربما اجتمعت معا".

وكان من نتائج هذا الوضع المخيب للآمال والذي يشبه إلى حد بعيد وضع العرب والمسلمين في مطلع القرن العشرين الميلادي على المستوى العسكري، والقرن الواحد والعشرين على المستوى السياسي، أن تدكدكت أركان الأدب وتناثر التراث العلمي والأدبي بين سنابك الخيل ومجانيق الجيوش، ولذلك: "وفي ظل هذه الظروف لم يجد الشعراء والأدباء المناخ الملائم لإنشاء الشعر وإنشاده، فبلاط السلاطين والملوك وأروقة الوزراء والأمراء كانت منشغلة بحياكة المؤامرات أو القضاء عليها بدلا من ممارسة الأدب والعلم"، وضمن هذه السياقات وفي إطار المد والجزر السياسي: "لم يجد العلماء والأدباء إلا فرصا ضئيلة لتنمية قدراتهم الثقافية والعلمية في فترة زمنية محدودة كانت تسودها الطمأنينة والهدوء النسبيين"، وحتى نتاجاتهم أصابها الجدب في أغراضه الشعرية.

وفي مثل هذه الظروف، كان من الطبيعي أن تلحق نار التذبذب الأدبي بأذيال الأدب الحسيني، الذي شهد مناخ النظم جفافا إلا من بعض سحابات شعرية تطوف في سمائه تروي صدورا صادية إلى التغني بالأدب

الحسيني الذي يستنهض الهمم ويرسم البسمة على شفاه المعذبين، والقوة في سواعد المناضلين.

قواسم مشتركة

ووجد الدكتور محمد صادق الكرباسي، وبما يخص النظم الحسيني، قواسم مشتركة بين القرن التاسع والقرنين الثامن والعاشر، وتتمثل هذه القواسم في الأمور التالية:

أولاً: انحسار المد الجغرافي: حيث انحصر الشعر الحسيني في المدرسة العراقية، وفي دائرة أضيق، بالمدرسة الحِليَّة، إذ برز شعراء مدينة الحلة (بابل) ممن درس في مدرستها العلمية والأدبية أو أخذ من علمائها وأدبائها: "وفي الحقيقة فإن ديوان هذا القرن اعتمد في الأساس على شعر المدرسة الحِليّة كمّا وكيفا"، مثل صالح بن عبد الوهاب الحلي الشهير بابن العرندس[1] (ت٨٤٠هـ) وله أربع قصائد، وحسن بن راشد الحلي[2] (ت٨٣٠هـ) وله قصيدتان، ومغامس بن داغر[3] البحراني الحلي (ت٨٥٠هـ) وله خمس قصائد.

ومن قصيدة لابن العرندس من بحر الكامل بعنوان "شمس على الفلك المدار" يقول فيها:

وسلا الفؤادُ بحرِّ نيران الجَوى مني فذابَ وعن هواه ما سَلا
فمتى بشير الوصل يأتي مُنجحاً وأبيتُ مسروراً سعيداً مُقبلا

---

(١) ابن العرندس: فقيه وأصولي، شاعر وأديب، مات في الحلة وقبره يزار، من مؤلفاته: كشف اللئالي.

(٢) الحلي: من كبار الفقهاء وشاعر وأديب، له: أرجوزة في الصلاة، أرجوزة في تاريخ القاهرة، وأرجوزة في نظم ألفية الشهيد.

(٣) ابن داغر الحلي: سكن الحلة، وكان من خطبائها وأدبائها وشعرائها، كما كان أبوه خطيبا وأديبا.

ولقد برى منّي السَّقامُ وبِتُّ في لُجَجِ الغرام مُعالجاً كربَ البلا
وجرت سحائبُ عَبرتي في وجنتي كدم الحسينِ على أراضي كربلا

ثانياً: تقلص عدد الشعراء: وكان من نتائج الانحسار الجغرافي حصول انحسار في عدد الشعراء والناظمين، فعددهم لم يتجاوز الخمسة عشر شاعرا. ومن هؤلاء عبد الله بن داود الدرمكي (نحو ٩٠٠هـ)، وله خمس قصائد، ومنها قصيدة بعنوان "يا صفوة الرحمان من خلصائه" من بحر الكامل، يقول في مطلعها:

خلِّ الحزينَ بهمِّهِ وبلائه وبوَجدِهِ وحنينه وبكائه
لا تعذلِ المحزونَ تجرحُ قلبَهُ فالبينُ أورى النارَ في أحشائه

إلى أن يقول:

والله ما أجرى الدِّما من مقلتي إلاَ الحسينُ مُغَسَّلا بدمائه
أبكي له أم لليتامى حوله أم للجوادِ أنوحُ أم لنسائه
أم أسكبُ الدمعَ المصونَ لفتيةٍ عافوا الحياةَ وطيبها لفدائه

ثالثاً: إنحسار الأوزان: وكما انحسر الشعر والشعراء انحسرت الأوزان واقتصرت ٤٤ مقطوعة شعرية لديوان القرن التاسع على تسعة أوزان هي: البسيط، الخفيف، الرجز، الرمل، الطويل، الكامل، المنسرح، الوافر، والمتقارب.

فعلى سبيل المثال، من المتقارب، قول ملك بني نصر (بنو الأحمر الخزارجة) في غرناطة يوسف الثالث[1] الناصر بن يوسف الثاني ابن محمد

---

(١) يوسف الثالث: هو الرابع عشر من حكام بني الأحمر، ولد سنة ٧٧٨هـ، ولي الحكم سنة ٧٩٧هـ بعد أخيه محمد السابع المستعين، وخلفه محمد الثامن المستمسك، وكان أديبا وشاعرا له ديوان شعر من ٣٠٦ قصائد.

الخامس (ت٨١٩هـ)، في قصيدة في مدح الحسن والحسين عليهما السلام بعنوان "تَخِذتُ محبتهم عدة"، ومطلعها:

تطاوَلَ ليليَ بالأبرَقَين ونامَ الخليُّ عن العاذلَين
وبتُّ أُساجلُ الدجى بمحض النُّضار وذَوب اللُّجين

إلى أن يقول:

لئن حلَّ جسمي بالمغربَين فقد صار قلبي بالمشرقين
بسبطي نبيِّ الهدى أبتغي وأرجو الشفاعة من دون مَين
تَخِذتُ محبَّتهم عُدَّة لأخذ النواصي وعضِّ اليدين
وحسبي الشفيعُ إذا ما الذنوبُ أحاطت بنفسي في الموقفين
جعلتُ التشيُّعَ في آله وسائلَ أرجو بها الحُسنَيَين

رابعاً: تقارب القوافي: ويلاحظ في المقطوعات الشعرية اقتصارها على عدد قليل من القوافي، والاعتماد على المشهور منها الغنية بالمادة اللغوية والصرفية، من قبيل قافية الدال التي تعتبر مطية الشعراء لكثرة استخدامها، وهجران البقية كقافية الظاء والضاد، ولذلك اقتصرت قوافي ديوان القرن التاسع على اثنتي عشرة قافية.

ومن ذلك قصيدة عينية من مجزوء الرجز للشاعر محمد بن الحسن العُلَيف[1] (ت٨١٥هـ)، تحت عنوان "خير سجّد ورُكّع"، يقول فيها مادحا الرسول وأهل بيته عليهم السلام:

أقولُ قولَ صادقٍ لا كاذبٍ ومُدَّعِ
سَمَت عَلَت بي هِمَّتي إلى المَحَلِّ الأرفعِ

(١) العُلَيف: هو حفيد عيسى بن محمد العدناني الحلوي، ولد سنة ٧٤٢هـ، نزل مكة وسافر إلى اليمن فترة، مدح الملوك والأمراء.

بالمصطفى محمدٍ وبالبطين الأنزعِ
بخمسةٍ ما بعدهم لطامعٍ من مَطمعِ
مَن طُهِّروا وشُرِّفوا على الورى بالأجمعِ

خامساً: النظم على النفس الطويل: وما يميز النظم في هذا القرن والقرن الذي سبقه، أن الشعراء امتازوا بنفس طويل، ولذلك جاءت قصائدهم مطولات وأبياتها كثيرة: "تبدأ بالعشرين والنيف رويداً رويداً إلى ١٥٨ بيتا".

ومن ذلك قصيدة سينية من بحر الطويل بعنوان "عزمة علوية" من ٦٩ بيتا للشاعر حسن بن راشد الحلي، في مدح الإمام المهدي عليه السلام وفيها يذكر واقعة عاشوراء، ومطلعها:

أسمر رماح أم قدود موائس وبيض صفاح أم لحاظ نواعس

إلى أن ينشد:

الى القائم المهدي أشكو مصيبةً لها لهبٌ بين الجوانحِ حابسُ
أبثُّكَ يا مولايَ بلوايَ فاشفها فأنت دواءُ الداءِ والداءُ ناخسُ
تلافَ عليلَ الدينِ قبلَ تِلافِهِ فقد غالَهُ من علَّةِ الكفرِ ناكسُ
فخُذ بيد الإسلام وانعش عِثارَهَ فحاشاكَ أن ترضى له وهو تاعسُ

سادساً: استخدام المحسنات اللفظية والمعنوية: وما يميز النظم في القرن الثامن والتاسع الهجريين ان الشعراء توجهوا في نظمهم إلى تزويق قصائدهم وتزيينها بالمحسنات اللفظية والمعنوية، كالجناس والتورية.

ومن المحسنات اللفظية تجانس اللفظين المتجاورين (الإزدواج) قول مغامس بن داغر البحراني الحلي في نونيته من ٩٧ بيتا من الطويل تحت

عنوان "أيا شمر أبشر بالشقاء"، وعلى لسان زينب بنت علي ﵇
(ت٦٢هـ) مخاطبة الإمام الحسين ﵇ :

أخي لو تراني في السبايا أسيرةً   بشجوٍ مُصابٍ هدَّني ودهاني
لأبصرتَ مَسَّ الضُّرِّ كيفَ أصابَني   بكفِّ عدوٍّ سَبَّني وسَباني

وكان من استغراقهم، أنهم تجاوزوا المحسنات إلى استخدام كلمات
محلية دارجة مثل "ست النساء"، وإن كان هذا الاستخدام يعود إلى القرن
الثالث الهجري، يوم تأثرت اللغة العربية سلبا باللغات الدارجة والأجنبية
بفعل توسع دائرة الإسلام إلى غير العرب. ومن ذلك قول ابن المتوج (١)
احمد بن عبد الله البحراني (ت٨٢٠هـ) من الوافر تحت عنوان "هل تحل
لكم دمائي"، منشدا على لسان الإمام الحسين ﵇ وهو يخاطب جيش
يزيد بن معاوية في كربلاء المقدسة :

ألا نوحوا عليه وقد أحاطت   به خيلُ البُغاةِ الأشقياءِ
ألا يا قومُ أنشُدُكُم فرُدّوا   جوابي هل يحلُّ لكم دمائي
وَجَدّي أحمدٌ وأبي عليٌّ   وأُمّي فاطمٌ ستُّ النساءِ

وينتقد المحقق الكرباسي هذا الاستخدام، ويرى أن: "الاعتذار
عنهم، بأن الضرورة الشعرية ألجأتهم إلى ذلك غير مقبول...".

مظاهر متميزة

مع وجود مثل هذه القواسم بين القرنين الثامن والتاسع، فإن القرن
التاسع تميز عن غيره بظواهر عدة، أهمها :

---

(١) ابن المتوج: هو حفيد محمد بن علي، ولد في جزيرة أوال البحرينية، هاجر إلى العراق ودرس في
حوزة الحلة، عاد إلى بلاده وعمل في القضاء والامور الحسبية، مات في جزيرة أُكُل المعروفة
بجزيرة النبيه صالح، من مؤلفاته: غرائب المسائل، منهاج الهداية، ومنظومة الثارات.

أولاً: حضور الشاعر: فقد التزم شعراء القرن التاسع بذكر أسمائهم في نهاية كل قصيدة، وبذلك يكونون قد أسسوا لمرحلة جديدة من النظم قائم على إمضاء الشاعر القصيدة باسمه. ومن ذلك من المنسرح، قول علي بن حماد الأزدي[1] المتوفى حدود ٩٠٠ هـ، تحت عنوان "بهم شرفنا":

أنا ابنُ حمّادٍ الشجيُّ لكم ... عيني على الخدِّ تسكُبُ المُزُنا
أرثي النبيَّ المُصطفى وعِترَتَهُ ... لا أبتغي في مديحهم ثَمَنا
سوى جِنان النعيم أسكُنُها ... طوبى لِمَن في نَعيمها سَكَنا
لا قدَّسَ اللهُ أنفساً عَضَدَت ... آل زيادٍ الكلابَ نَسلَ خَنا

وربما يعكس هذا الإمضاء حضورا أدبيا للشاعر يمنع الآخرين من السرقة، في زمن شح الشعر والشعراء، وربما يعكس حالة من الانفراج السياسي بما يجعل الشاعر في مأمن فيعمد إلى التوقيع على القصيدة، أو ربما هو من باب التحدي للحكومات التي كانت تعاقب المسلمين على الولاء لأهل البيت عليهم السلام.

ثانياً: وحدة الغرض: ومع ان النهضة الحسينية ذات أبعاد كثيرة، لكن الملاحظ على شعراء هذا القرن أنهم استغرقوا كثيراً في نظم قصائد الرثاء المحض حيث استأثرت ٣٤ قصيدة من بين ٤٤ قصيدة بهذا اللون، مما يدل: "أن طابع الحزن قد استولى في هذا القرن على المجتمع الإمامي بشكل عام".

ومن ذلك القصيدة اللامية من ١٠٦ أبيات من بحر الطويل، تحت عنوان "لقد سيط لحمي في هواكم" من إنشاء الشاعر محمد بن عبد الله

---

(١) الأزدي: ويقال له البصري أيضاً، ويستظهر المحقق الكرباسي في الصفحة ٢٦ من هذا الديوان أنه ربما سكن الحلة، وهو غير علي بن حماد العدوي البصري من شعراء القرن الرابع، كما أنه غير علي بن حماد الأزدي الراوي الذي ذكره الكشي في رجاله.

السبعي[1] (ت٨١٥)، ينشد فيها مضمّنا سؤال الإمام الحسين عليه السلام عن الأرض التي حلّ بها:

سأبكي عليه يومَ أضحى بكربلا ... يُكابِدُ من أعدائه الكربَ والبلا
وقد أصبحت أفراسُهُ وركابُهُ ... وقوفا بهم لم تنبعث فَتَوَجَّلا
فقال بأي الأرض تُعرَفُ هذهِ ... فقالوا له هذي تُسمّى بكربلا
فقال على اسم الله حُطّوا رِحالَكُم ... فليس لنا أن نستقلَّ ونَرحلا
ففي هذه مُهراقُ جاري دمائنا ... ومُهراقُ دمعِ الهاشميّاتِ ثُكَّلا

ثالثاً: التضمين: وهذه ظاهرة يمكن ملاحظتها بسهولة، إذ توجه الشعراء إلى تضمين قصائدهم بأشعار الماضين أو المعاصرين، فمنهم من ضمّن أبياتاً عدة، ومنهم من ضمّن البيت الواحد، ومنهم بشطر بيت، ومنهم من ضمّن المعنى دون الألفاظ بذاتها.

ومن ذلك قول حسن بن راشد الحلي في قصيدة من ١١٧ بيتا من البسيط تحت عنوان "الجوهر النبوي" يقول فيها:

يا مَن يرى أنه يُحصي مناقبَ أهـ ... ـل البيت طُرّا على التفصيل والجَمَل
لقد وجدتَ مكانَ القولِ ذا سِعَةٍ ... فإن وجدتَ لساناً قائلاً فَقُلِ
أو لا فَسَل عنهمُ الذِّكرَ الحكيمَ تجد ... في طلعةِ الشمسِ ما يُغنيكَ عَن زُحَلِ

والبيتان الأخيران تضمين لقول أبي الطيب المتنبي[2] احمد بن الحسين (ت٣٥٤هـ):

---

(١) السبعي: هو حفيد علي بن حسن الرفاعي الأحسائي، سكن الحلة وفيها مات، من العلماء والأدباء الشعراء.

(٢) المتنبي: هو حفيد الحسن بن عبد الصمد الجعفي الكوفي، ولد في الكوفة سنة ٣٠٣هـ ومات قرب النعمانية بواسط، تنقل بين العراق والشام ومصر، اشتهر بشعر الحكمة، وصل إلينا من إنشائه ٣٢٦ قصيدة.

خُذ ما تراه ودع شيئاً سمعت به في طلعة البدر ما يغنيك عن زُحلِ
وقد وجدت مكان القول ذا سعة فإن وجدت لساناً قائلاً فَقُلِ[1]

رابعاً: مدح الشاعر لنتاجه: ليس من عادة الشاعر ان يكيل المديح لشعره، فالأمر متروك لغيره في تقييم شعره غثه من سمينه، ولكن شعراء هذا القرن غلب عليهم المدح لنتاجاتهم. ومن ذلك قصيدة بائية من الطويل في ٥٤ بيتا في رثاء الإمام الحسين عليه السلام للشاعر محمد بن عبدالله السبعي، تحت عنوان "يا ضيعة العمر"، ثم يأتي على مدح أهل البيت عليهم السلام، فينشد:

ولكنَّ دُرّاً فيكُمُ أنا ناظمٌ أسِفتُ له إذ لا يراه أديبُ
أسِفتُ له فهوَ الذي في زَمانهِ غريبٌ وفي نظمِ البديعِ غريبُ
وما عابَهُ جهلُ الورى بنِظامِهِ إذا لم يُعِبهُ في النّظام مُعيبُ
فلو شاهدَ نظمي حبيبٌ ودعبلٌ لهامَ اشتياقاً دِعبلٌ وحبيبُ

فالشاعر يصل به الفخر إلى ان يرى نفسه في النظم أعلى مرتبة من فحول الشعر العربي أمثال أبي تمام[2] حبيب بن أوس الطائي (ت٢٣١هـ) ودعبل[3] بن علي الخزاعي (ت٢٤٦هـ). ويحتمل المحقق الكرباسي: "ان هذه الظاهرة وجدت في ظل ظروف الشح الشعري، حيث أقدمت مجموعة من الأدباء على نظم الشعر في وقت انحسر النظم والإنشاء".

---

(١) اليازجي، ناصيف، شرح ديوان المتنبي: ٢/ ١٣٢.

(٢) أبو تمام: هو حفيد الحارث، ولد بقرية جاسم بحوران من سوريا سنة ١٨٨هـ، تنقل بين مصر والعراق، ولي بريد الموصل لسنتين حتى وفاته، من مصنفاته: فحول الشعراء، ديوان الحماسة، ومختار أشعار القبائل.

(٣) دعبل: هو حفيد رزين، ولد في الكوفة سنة ١٤٨هـ، وسكن بغداد، قتل في طريقه إلى الأهواز قرب مدينة شوش، من مصنفاته: طبقات الشعراء، الواحدة في مناقب العرب ومثالبها، وديوان شعر.

خامساً: انحسار الغزل والأطلال: وهما من علامات الشعر العربي في العهد الجاهلي، وهناك معادلة طردية، فكلما كثرت أبيات القصيدة ازدادت معها أبيات الغزل بما يصل إلى الثلث في بعض الأحيان، كما يعد الوقوف على الأطلال من علامات الشعر العربي، ولكن القرن التاسع الهجري لوحظ فيه انحسار في الغزل والأطلال، وتصدير القصيدة بالحكمة والموعظة والولاء والتهنئة، وبعضهم دخل في الرثاء مباشرة.

ومن ذلك قصيدة ميمية من البسيط للشاعر رجب بن محمد البرسي(١) المتوفى حوالى عام ٨١٣ هـ، تحت عنوان "تذكرت مولاي الحسين"، يقول في مطلعها:

ما هاجَني ذكرُ ذات البانِ والعَلَمِ ... ولا السلامُ على سَلمى بذي سَلَمِ

ولا صبوتُ لصبٍّ صابَ مَدمَعُهُ ... من الصَّبابةِ صبَّ الوابلِ الرزِمِ

ولا على طَللٍ يوماً أطلتُ به ... مخاطباً لأُهيلِ الحيّ والِخيَمِ

ولا تمسكتُ بالحادي وقلتُ له ... إن جئتَ سَلعاً فَسَل عن جيرةِ العَلَمِ

لكن تذكرتُ مولايَ الحسينَ وقد ... أضحى بكربِ البلا في كربلاءَ ظمي

ويعتقد المحقق الكرباسي: "أن مسحة الحزن عمت كل القصائد متأثرة بأجواء الظلم والاضطهاد اللذين مورسا بحق الموالين لأهل البيت عليهم السلام".

سادساً: إبراز الواقعة وفصولها: ومن ظواهر هذا القرن ان القصائد وبخاصة الطوال منها استقل الشاعر بواقعة الطف بكل تفاصيلها، وما

---

(١) البرسي: هو حفيد رجب، ولد في قرية برس بين الكوفة والحلة، وسكن الثانية، وكان محدثا وأديبا وحافظا ولذلك اشتهر بالحافظ البرسي، له مشاركات في معظم العلوم، من مصنفاته: مشارق أنوار اليقين في حقائق أسرار أمير المؤمنين، ورسائل في التوحيد.

حصل من اعتداء على نساء أهل البيت عليهم السلام وسوقهم أسارى إلى الشام، فهي ملاحم تتكرر على لسان الشعراء كل ينظر إليها من زاويته الشعرية.

ومن ذلك قول ابن العرندس في قصيدة من الطويل في ١٠٤ أبيات تحت عنوان "فرجت له السبع الشداد"، يقول فيها:

وفيه رسولُ اللهِ قال قولُهُ　　　صحيحٌ صريحٌ ليسَ في ذلكُم نُكرُ
حُبي بثلاثٍ ما أحاطَ بمثلها　　　وليٌّ فَمَن زيدٌ سِواهُ ومَن عمرو
له تربةٌ فيها الشفاءُ وقُبّةٌ　　　يُجابُ بها الدّاعي إذا مسَّهُ الضُّرُّ
وذُرِّيَّةٌ دُرِّيَّةٌ منهُ تِسعةٌ　　　أئمةُ حقٍّ لا ثمانٍ ولا عشرُ
أيقتلُ ظمآناً حسينٌ بكربلا　　　وفي كُلِّ عُضوٍ من أنامله بحرُ

وهذه الأبيات إشارة إلى ما رواه الإمام جعفر بن محمد الصادق عليه السلام: (إن الله تعالى عوض الحسين عليه السلام من قتله أن جعل الإمامة في ذريته، والشفاء في تربته، وإجابة الدعاء عند قبره)[1]، والتسعة إشارة إلى الأئمة التسعة من صلبه أولهم علي بن الحسين السجاد عليه السلام (ت٩٥هـ) وآخرهم المهدي المنتظر عليه السلام الداخل في الغيبة الكبرى منذ عام ٣٢٨هـ.

تمحيص شاعر

يكثر في دواوين الشعر وفي الكتب الأدبية اسم الشاعر "ابن حماد"، وقد اكتنفت هذه الشخصية الأدبية الغموض، ولم يتم التثبت من شخصه واسم الأب واللقب والانتماء، فبعض يرجعه إلى القرن الرابع الهجري ويصفه بأنه علي بن حماد بن عبيد ـ الله ـ بن حماد العدوي (العبدي) الأخباري البصري المتوفى حدود عام ٤٠٠ هـ، وبعضهم يرجعه إلى القرن

(١) بحار الأنوار: ٤٤/٢٢١، عن أمالي الطوسي: ٢٠١.

التاسع الهجري ويصفه بأنه علي بن حماد الأزدي البصري المتوفى حدود عام ٩٠٠ هـ، وبعضهم يرجعه إلى القرن الحادي عشر الهجري ويصفه بأنه محمد بن حماد الحويزي الحلي المتوفى حدود عام ١٠٣٠ هـ، ولذلك فإن نتاجات ابن حماد الشعرية وقع الخلط في نسبتها إلى أحد هؤلاء الثلاثة.

بيد أنَّ المحقق الكرباسي استطاع بالأدلة والبراهين أنْ يفك طلاسم هذه الشخصيات الثلاث ويرجع كل نتاج شعري إلى صاحبه، وبخاصة إرجاع الكثير من القصائد إلى علي بن حماد الأزدي البصري الذي ميزه عن علي بن حماد البصري.

ومن شعر الأزدي، قصيدة من الخفيف في ٧٠ بيتا بعنوان "يا هلالاً" يقول فيها:

ويكِ يا عينُ سُحّي دمعاً سَكوبا ... ويكَ يا قلبُ كُن حزيناً كئيبا

ساعداني سَعَدتُما فعسى أشفـ ... ـي غليلي مِن لوعةٍ وكُروبا

إن يوم الطفوف لم يُبقِ لي مِن ... لَذّة العيشِ والرقادِ نصيبا

يوم سارت إلى الحسينِ بنو حَر ... بٍ بجيشٍ فنازلوه الحُروبا

وكذلك أعمل المحقق جهده في التفريق بين شخصية الشاعر ابن راشد المتحدين في الاسم واسم الأب والموطن والقبيلة، وقد بان له ان أحدهما عاش في القرن الثامن والآخر في القرن التاسع، ولكنهما تعاصرا حيث مات الأول حدود عام ٨٠٠ هـ فيما كان الثاني حيا عام ٨٣٠ هـ.

وبالتالي يكون الدكتور الكرباسي بتشخيص القصائد وإرجاعها إلى أصحابها وكشف اللثام عن حقيقة كل شاعر قد أفاد الأدباء والمحققين والرواة وأصحاب القلم.

نافعة ومفيدة

ويضعنا المؤلف في خاتمة الديوان في أجواء مشاعر وخلجات شعراء القرن التاسع من خلال تشريح بعض المقطوعات والأبيات من قصائدهم الطوال، ويخلص إلى حقيقة أكدتها قوافي الشعراء على مر العصور، وهي: "أن تمني الشعراء الاشتراك بمعركة الطف الحزينة والقتال مع الإمام الحسين عليه السلام للذب عنه والدفاع عن أهدافه بات من القواسم المشتركة بين الشعراء الموالين لأهل البيت عليهم السلام طيلة القرون الماضية.. وبما أن البعد الزمني حال بينهم وبينها، فلذلك التمس الشعراء طريقة مثلى وذلك بالمشاركة الإعلامية وإحياء ذكرهم عبر إنشاء الشعر وإنشاده".

وضمّ المصنف ٣٠ فهرسا في أبواب متنوعة، مع قراءة نقدية كتبها باللغة الألمانية استاذ الدراسات الشرقية في جامعة فيينا (Vienna University)، النمساوي الجنسية، البروفيسور ستيفان بروخاسكا (Stephan Prochazka)، وجد فيها: "إنَّ دائرة المعارف الحسينية مشروع ضخم لا تتحدث عن سيرة الإمام الحسين فحسب، بل تتطرق إلى تأثيرات الإمام المباشرة على الآداب والفنون، ويعد ديوان القرن التاسع خطوة أخرى على طريق إنجاز هذا العمل العظيم"، وكان من رأيه أن ما قام به المصنف في هذا الديوان من خلال البحث عن القصائد في بطون المراجع والمصادر والمخطوطات وعرضها وتبويبها وشرحها وتحقيقها: "يجعلها ذات منفعة لطلاب العلوم الإسلامية، هذا ناهيك عن أهميتها من الناحيتين اللغوية والبلاغية"، كما أشار الى: "أهمية مقدمة المؤلف لهذا الجزء والتي جاءت تقريبا من ثلاثين صفحة وعن طريقها نعرف الكثير عن الشعراء وتاريخهم"، وخلص البروفيسور بروخاسكا: "ان هذا الجزء من دائرة

المعارف الحسينية ـ على أي حال ـ ليس حكراً على عدد محدود من المؤلفين الشيعة، بل هو مفيد وهام بالنسبة لجميع المهتمين بالأدب الديني عموما ".

الإثنين ١ شعبان ١٤٢٨ هـ (١٥/٨/٢٠٠٧م)

الدكتور شوقي بن أنيس عمار

* أديب وشاعر لبناني من الموحدين الدروز.

* ولد في قرية عين عنوب من قضاء عالية في محافظة جبل لبنان سنة ١٣٨٣هـ (١٩٦٣م).

* دكتوراه في الاقتصاد من جامعة صوفيا ببلغاريا.

* من مؤسسي ورئيس جمعية "جذور" المهتمة بنشر الثقافة الشعبية اللبنانية.

* له مؤلفات أدبية وثقافية عدة، منها:

ـ موسوعة جذور الأمثال الشعبية اللبنانية.

ـ الموحدون الدروز.. تراث وتاريخ.

ـ التقمص مسافر عائد وعائد مسافر.

وللشعر موّال حُسيني

(ديوان الموال ـ الزهيري ـ)

وما الشعر إلا ذاك التوغل في الحنين إلى الأصالة الإنسانية، إنه الحنين إلى تلك اللحظة الحاسمة عند خاصرة المكان ومدار الزمان، كالانطلاق من العقل إلى العقل ومن القلب إلى القلب فلا فرق، لطالما اللحظة مطلق والمطلق رؤيا، "وعندما تتسع الرؤيا تضيق العبارات"(١).

والشعر هو امتداد العبارات الصادقة أبداً، ما كانوا على حق عندما قالوا: "أروع الشعر أكذبُه"(٢)، فأروع الشعر أصدقه، وأصدق الشعر أقربه إلى الفرح والجرح.

ولا يوجد في الدنيا شعر أقرب إلينا من شعرنا الشعبي، أي الشعر المنظوم بالفطرة والعفوية والبركة وحبّ الناس... فإذا كان المثل الشعبي لسان الأمة وصوت الله (عز وجل)، فالشعر الشعبي هو أصدق أمثالنا وعاداتنا وتقاليدنا.

---

(١) العبارة من أقوال المتصوف العراقي محمد بن عبد الجبار النِفّري المتوفى سنة ٣٥٤هـ (٩٦٥م) نسبة إلى مدينة نِفّر (نيبور) العراقية التابعة حاليا لمدينة الديوانية، تنقل في البلدان، قيل إنه مات في القاهرة، من مصنفاته: المواقف والمخاطبات، الأعمال الصوفية.

(٢) مقولة قديمة اختلف النقاد والأدباء حول صدقها، فعلى سبيل المثال يرى ابن طباطبا محمد بن أحمد المتوفى في إصفهان سنة ٣٢٢هـ (٩٣٤م) أن من مزايا الشعر الصدق، في حين يرى ابن حزم الأندلسي علي بن أحمد المتوفى سنة ٤٦٣هـ (١٠٧١م) في مدينة ولبة بإسبانيا أن المقولة صحيحة.

وعندما نقول الشعر الشعبي قد يتبادر إلى الأذهان هناك ثمة شعر غير شعبي... لكن هذا وَهْم لا أكثر... فالمقصود بالشعر الشعبي أو الشعر العامي الشعر الذي ينشأ دائماً في بيوت الفقراء، فيرتبط بمعاناتهم وسعاداتهم وعلاقاتهم الاجتماعية... إنه ابن البساطة والحرمان والأصالة.

وما الموال أو (المواليا) إلا ضربٌ من ضروب الشعر العربي، نُظم على البحر البسيط، واختلف الباحثون حول نشأته وأصوله، إنما يبقى الأساس صحيحا، وهو أن الموال عراقيّ السَّحنة، وبغداديّ اللكنة وواسطيّ المغنى... وإذا كان لابد من إعطاء رأينا الخاص (بتواضع ومحبة)، إننا نرى في رواية السيوطي [(١)] نكهة صدق ومنطق، وعلى طريقة المثل اللبناني الدارج: "كذْب مْرَسْتَق ولا صِدْق مْجَعْلَك" (أي كذب منطقي أقرب إلى العقل من الصدق اللا منطقي).

أما الكتاب الذي نحن بصدده: "ديوان الموال ـ الزهيري"، وأحبَّ مؤلفه الكريم أن نرسمَ حوله بعض كلمات مُخَرْطَشَة ومُتناثرة لعلها تصلح لأن تكون مقدمة، طالبين من الله (عز وجل) أن يهدينا فيوفقنا في تحقيق نيّة الإقدام والعطاء.

فالديوان وقبل أن ندخل في مضمونه الحسيني، يشكّل مرجعاً علمياً (بمعنى البحث والتوثيق والتحليل) وأدبياً (بمعنى الجوهر والشكل واستعمال اللغة)، فأتت أول مائة صفحة من الديوان على شكل دراسة موسوعية لشعر الموال وجذور نشأته وتطوره عبر التاريخ الطويل... وكما أن

---

(١) السيوطي: هو عبد الرحمن بن أبي بكر (٨٤٩ ـ ٩١١هـ) (١٤٤٥ ـ ١٥٠٥م)، ولد ومات في القاهرة ودفن في أسيوط، فقيه وأديب وكاتب موسوعي، تنقل في البلدان، ترك مئات المؤلفات، منها: لباب الحديث، تاريخ الخلفاء، والإتقان في علوم القرآن.

استعمال الحواشي في أسفل الصفحات أضاف إلى النص غنًى وعرفاناً وميلاً واضحاً في قلب المؤلف للأمانة، وما أصعب الأمانة في عصرٍ أخذ بعضُ رجالاته يُغالون بالكذب والسرقة والتزوير وتحوير الانتصارات... فإن الدكتور الشيخ محمد صادق بن محمد الكرباسي حرص على الأمانة وإعطاء كل ذي حق حقه، وإن دلّ فهو يدل على أصالته وإنسانيته واحترام الآخرين وعدم تعريض ذمته لأي التباس أو اكتساب حرام وغير مشروع (لا سمح الله) وهذا هو الإسلام أو المسيحية، فالدين معاملة بالصدق وبالأمانة قبل كل شيء.

وحول مضمون الديوان لا يسعني إلا أن أشكر الأستاذ الشيخ الكرباسي على جهوده الرائعة في تجميع هذا التراث الحسيني العظيم، وشرح معاني المواويل، كي يوفرها لأجيال لم تولد بعد.

فالمسيرة الحسينية وهي بغنًى عن التعريف، شكّلت منذ نشأتها نهجاً واضحاً لرفض الظلم والقهر والتعذيب واستلاب حريات الناس... فالحسين عليه السلام كان صاحب حق ولذا استشهد معذباً بكرامة ومجد وعنفوان... إن "انتصار يزيد" لم يُسقط عنه ذلك الحق، والأيام أثبتت بدورها أن الانتصار الحقيقي كان من حظ الحسين[1].

فالموال الزهيري يُشكل تعبيراً صادقاً عن سيرة الحسين عليه السلام وعن سيرة أهل البيت... ومن موقعي الخاص كباحث في الأدب الشعبي أرى ومن باب النقد الصادق، أنه قد آن الأوان للمنبر الحسيني أن يُلامس الفرح بعد

(١) وكأن الدكتور شوقي أنيس عمار يريد قول الخطيب والأديب الدكتور أحمد بن حسون الوائلي المتوفى سنة ١٤٢٤هـ (٢٠٠٣م)، من بحر الكامل:

ظنوا بأن قتلَ الحسينَ يزيدُهم　　　لكنما قتلَ الحسينُ يزيدا

هذا الغرق الطويل في بحور الحزن والبكاء... فكما الحزن كذلك الفرح تمظهرات لخوالج النفس والروح... فعلى الإنسان دائما أن يتكيف مع الواقع وعليه أن يتقبل إرادة الله ومشيئته بطاعة وصبر وقدرة على التحمّل وقفز فوق الجراح، وكما يقول المثل الشعبي: "لقد مات النبي وتدبّرت أمّته".

فنحن نعيش على مشارف ألفيّة ثالثة[1] تتميز بانقلاب جذري في العلاقات الاجتماعية، أي ألفية المعلوماتية والتكنولوجيا اللا متناهية... ومن هنا نرى أن المنبر الحسيني يجب أن يدخل في لغة العصر من كل الأبواب: "الشعر"، "الموسيقى"، "المسرح"، "البكاء"، "الفرح"، "الرسم"، "الكومبيوتر"، الخ.

فالطبيعة تحب التنوع، والله (عز وجل) خلقنا متنوعين في كل شيء، فالغابة تحمل في أحشاء ترابها الشجرة، والنبتة، والزهرة، والحشرات، والأقشاش، والماء، والأحجار، الخ... وكما الطبيعة كذا طبيعتنا الإنسانية تحمل في حنايانا الفرح، والحب، والدمعة، والسعادة، والضحك، والبكاء، والكره، والانفعال، والهدوء وكل ما وهبنا إياه الله من جلال عظمته ونعمه الكريمة.

لذلك سيبقى المنبر الحسيني أداة رفض للشر وأداة نصر للخير... وعندما نقول المنبر الحسيني نكون قد عنينا كل المعذّبين والمضطَهدين والمشردين والمحرومين زوراً وغطرسة.

---

(١) كتب الدكتور شوقي أنيس عمار مقدمته في العام ١٤٢٢هـ (٢٠٠١م)، وصدر الديوان في العام نفسه.

ولم يبق سوى أن نتمنى التوفيق للباحث الكبير الأستاذ الكرباسي على موسوعته الرائعة والهادفة، كما نهنئ الشِّعْرَ بديوانه الزهيري، ونقول بفرح عميق : "وللشعر موال حسيني".

الدكتور شوقي أنيس عمار
"مركز ديوان خلاّت الأنيس" عين عْنُوب ـ لبنان
٢٠/ ٧/ ٢٠٠١

رحلة الموال
من أروقة البلاط إلى الوجدان الشعبي

شاع في الأمثال "كلٌ يغني على مواله"، وهي تقال لمن تشغله قضية معينة، فينشغل بها عن غيرها ويحصر نفسه بها، وكل يعبر عنها بطريقته الخاصة، أو انه يمهد لشيء ما فيقال في رأسه موال أي ما يشغله، أو أن يقال في رأسه موشَّح، وفي الأدب العربي المنظوم اختصت المفردة بلون من ألوان الشعر، يضم فيه البيت فكرة متكاملة حاله حال الأبوذية.

وشعر الموال قائم على الجناس والتورية، ولذلك قلَّ الناظمون فيه، بل إنَّ صفتي الجناس والتورية دخيلتان في إرباك الباحثين والمحققين للوقوف على حقيقة المنشأ وتاريخه وشخصياته، لأن البعض يرى أنَّ الشاعر يقصد التورية واستخدام الجناس المتضمن معاني مختلفة في قالب لفظي واحد لتفادي غضب حاكم أو صاحب سلطة، وكما تعددت الآراء في الأبوذية تعددت هنا، ولكن المهمة ليست بالمستحيلة، بخاصة إذا توفرت لدى المحقق أدوات قويمة من الأدب واللغة وقوة الملاحظة والفرز والصبر في النفاذ إلى مجاهل تاريخ الأدب القريب والبعيد، لأن التاريخ مثل البحر كلما وقف الباحث على أدوات قوية مدعوما بموهبة علمية ومقدرة تحقيقية أمكنه الغوص بها في أعماقه والوصول إلى القيعان الغائرة المدى.

وفي هذا المقام، صدر للدكتور محمد صادق محمد الكرباسي عن المركز الحسيني للدراسات بلندن، كتاب "ديوان الموال ـ الزهيري ـ" في ٦١٢ صفحة من القطع الوزيري، تناول في مباحث عدة تاريخ هذا اللون من الشعر الدارج ونسبته وجغرافيته وأركان فنه، ليدخل في صلب الهدف من التأليف وهو الوقوف على المنظوم من الموال في النهضة الحسينية، مع بيان معالم الموال الحسيني بشيء من التفصيل.

آراء ونظريات

كثر اللغط حول تاريخ نشأة الموّال وبالتبع حول التسمية، لأن أحدهما يدل على الآخر، على ان الإجماع قائم على عراقية النشأة، وتوزعت الآراء في المنشأ والتاريخ، ويستعرض الدكتور الكرباسي الآراء المعتد بها فيثبت في رحلة البحث بعضها وينفي أخرى ويثنّي على ثالثة.

ولعل الشائع في المحافل الأدبية قول السيوطي عبد الرحمن بن أبي بكر (ت٩١٠ه) أن الموال في نشأته يعود إلى العهد العباسي حيث أنشدته لأول مرة إحدى جواري جعفر[١] بن يحيى البرمكي (ت١٨٧ه) بعد ما رأت بطش هارون[٢] العباسي (ت١٩٣ه) بمولاها في "نكبة البرامكة" والتمثيل بجثته وتوزيع الأشلاء على أماكن متفرقة من بغداد ثم جمعها فيما بعد وإحراقها، فأنشدت:

---

(١) جعفر البرمكي: هو حفيد خالد بن برمك، وأصله من بلخ، كان وزيرا مقربا لهارون العباسي وحامل خاتمه (رئيس الديوان الملكي أو الرئاسي بقياس اليوم)، غضب عليه وقتله ومثّل به.

(٢) هارون: هو ابن محمد بن عبد الله، ولد نحو عام ١٤٦ه، خامس بني العباس حكم عام ١٧٠ه حتى وفاته، ودفن في مقابر قريش في مدينة مشهد.

يــا دار أيــن مــلــوكُ الأرض أيــنَ الــفُــرُسْ

أيــن الــذيــن حَــمَــوهــا بــالــقــنــا والــتــرَسْ

قــالــت تــراهــم رِمــم تــحــت الأراضــي الــدَرَسْ

ســكــون بــعــد الــفــصــاحــة ألــســنــتــهــم خُــرُسْ

وغــراب الــبــيــن أتــى ورفــرفَ حــوالــيّــا[١]

وبشيوع هذا النمط من الشعر دعي بالمواليا، وهو ما ذهب إليه من قبل ابن خلدون[٢] عبد الرحمن بن محمد الأشبيلي المتوفى عام ٨٠٨ هـ. لكن صفي الدين الحلي[٣] عبد العزيز بن السرايا الطائي المتوفى في العام ٧٥٠هـ، يرجع بالنشأة إلى مدينة واسط، إذ كانوا يتغنون به أثناء العمل ويقولون في آخر كل صوت مع الترنم "يا مواليا"[٤] ومنه جاء الموال، وحسب الأديب العراقي عبد الكريم العلاف[٥] (ت١٣٨٩هـ) إنَّ أول موال نظم في واسط هو قول أحدهم:

---

(١) الدرويش، عبدالله بن عبد العزيز، ديوان الزهيري: ١١ عن شرح الموشح للسيوطي.

(٢) ابن خلدون: هو حفيد خلدون الحضرمي، ولد في تونس سنة ٧٣٢هـ، وتنقل في شمال أفريقيا وسكن القاهرة وتولى قضاء المالكية وفيها مات، له باع في علمي التاريخ والاجتماع، من مصنفاته: شفاء السائل لتهذيب المسائل، طبيعة العمران، ولباب المحصل.

(٣) صفي الدين الحلي: هو حفيد علي بن أبي القاسم السنبسي، ولد في الحلة سنة ٦٧٧هـ وفيها نشأ، من فحول الشعراء ومبدعيهم مات في بغداد، له ديوان شعر كبير وصغير، من مصنفاته: درر النحو، صفوة الشعراء وخلاصة البلغاء، والخدمة الجليلة.

(٤) انظر، صفي الدين الحلي، العاطل الحالي والمرخص الغالي: ١٠٧.

(٥) العلاف: هو ابن مصطفى ولد في بغداد وفيها مات، أديب وشاعر نظم باللهجتين الفصحى والدارج، كتب أكثر من ٣٠٠ قصيدة غنائية، أصدر مجلة الفنون، ولجأ إلى كتابة العرائض للاكتساب اليومي، من مصنفاته: الطرب عند العرب، قطف الثمار في الأخبار والأشعار، وأيام بغداد.

مـنـازلُ كـنـتَ فـيـهـا بـعـدَ بُـعـدكْ دَرَسْ
خـرابُ لا لـلـعـزا تـصلُـح ولا لـلـعِـرِسْ
فـأيـنَ عـيـنـاكَ تـنـظـر كـيـفَ فـيـهـا الـفَـرَسْ
تـحـكـمْ وألـسـنـةُ الـمـدّاح فـيـهـا خُـرُسْ[1]

ويخلص الكرباسي وهو يستعرض آراء ونظريات حديثة وقديمة لأدباء سابقين ومعاصرين، إلى أنَّ الموال عراقي النشأة، والاختلاف وقع في تحديد المدينة بين بغداد أو واسط أو الحويزة (من مدن خوزستان الإيرانية)، ولما كانت المدرسة الحويزية هي امتداد للمدرسة العراقية فالاختلاف ينحصر بين بغداد وواسط، وعند المحقق الكرباسي: "إنَّ القول بأنَّ نواته نشأت في بغداد هو الوحيد المدعوم بالدليل والمثال، وأما القول بأنَّه واسطي أو حويزي فلا يكفي". وعليه فإن الثابت عند الكرباسي أنَّ الموال نشأ تاريخيا في نهاية القرن الثاني الهجري، ذلك أنَّ: "القول الوحيد الذي يمكن الاعتماد عليه في هذه النقطة هو ما ذهب إليه السيوطي المتوفى عام ٩١٠ هـ الذي عضد كلامه بالمثال على أقل التقادير وقد حبك قصة الولادة بشكل معقول".

ومن حيث الشخصية التي ينتسب إليها الموال فيرفض الكرباسي نسبته إلى الملا جادر الزهيري[2] أو غيره ويعول على رواية السيوطي، لكنه لا ينفي: "احتمال أن جادر الزهيري قام بتطويره أو نشره، ومع هذا الاحتمال لا مجال للقول بأنه منسوب إلى شخصية مجهولة يقال لها زهير أو ابن زهير

---

(١) العلاف، عبد الكريم، الموال البغدادي: ٧، العلاف، الطرب عند العرب: ٢١٢.

(٢) جادر الزهيري، نسبة إلى عشيرة الزهيريات التي تسكن قرية الزهرة في بعقوبة، كان حيا خلال ولاية مدحت باشا للعراق في الفترة (١٢٨٥ ـ ١٢٨٨هـ) وقيل مات سنة ١٢٨٦هـ.

أو الملقب بالزهيري"., ومن حيث المفردات المستخدمة في وصف هذا النمط من الشعر فإن الكاتب يميل إلى القول: "بأن الأصل هو "مواليا" ثم خفف فأصبح موال ونشره جادر الزهيري فسمي في بعض المناطق بالزهيري أيضا". وأما من حيث لهجة النشأة، فانه بدأ ملحونا لا لخوف الجارية من الإفصاح وتجنب غضب الخليفة على رثاء المغضوب عليه كما يذهب البعض إلى هذا الرأي، وإنما: "الصحيح أن اللحن إنما وقع بسبب أنهن كن أعجميات كما أن البرامكة أنفسهم كانوا من بلخ"، التي فتحها عام ٣٣هـ الأحنف بن قيس[1] التميمي (ت٦٧هـ). ومن حيث بيئة النشأة فمن قال إنها نشأت في العهد العباسي فتكون البيئة البلاط الحاكم فيكون غرضه الرثاء ومن قال إنها بدأت في الحقول على يد العمال فيكون مختلف الأغراض.

تطور الموَّال

والظاهر من سياق تاريخ شعر الموال انه تطور في واسط مع انتقال النظم من الفصحى الملحونة إلى اللهجة الدارجة، وفي بغداد انتشر بفضل الملا جادر الزهيري، وطوره المصريون، وعبر الأنباط انتشر إلى الخليج ومن ثم إلى الأقطار العربية، ولكل مجتمع عربي أسلوبه الإنشائي والغنائي.

ومن حيث التركيبة فإن الموال بشكل عام يتكون من أربعة اشطر (بند وقفلة)، وينظم على بحر البسيط (مستفعلن فاعلن مستفعلن فاعلن)، ولكن بمرور الزمن طرأت على التركيبة تطورات يرصدها الكرباسي في مبحث

(١) الأحنف بن قيس: وقيل اسمه الضحاك أو صخر بن قيس بن معاوية بن حصين ولد في الجاهلية، من أهل البصرة، محدث وفارس، مات في الكوفة.

خاص، ويرى: "ان الموال العراقي (المسبع ذو الجناس) جاء نتيجة تطور النايل الذي جاء مصطلحه بعد مصطلح الموال.. فالموال العراقي عرف بالزهيري دون أن يتخلى عن تسميته بالموال، وأما الموال الشائع في بلاد الشام وشمال أفريقيا فلم يطلق عليه اسم آخر ولكن عرف عند العراقيين بالنايل". ويلاحظ ان الموال المربع ولد في القرن الثاني الهجري أما المسبع فقد ولد في القرن الثالث عشر الهجري، والموال المتكون من أربعة أشطر تكون الثلاثة فيه من قافية واحدة واستقل الرابع بقافية مغايرة، وقد تكون متشابهة القافية ويسمى بالموال المربع، ومن ذلك الموال الفلسطيني من نظم ابن العفيف[(١)] علي بن محمد النابلسي (ت٨١٣هـ):

حمامة الدوح نوحي وآظهري ما بِكْ

وعدّدي وٱندبي من فرقة ٱحبابِكْ

لا تكتمي وٱشرحي لي بعض أوصابِكْ

أظن ما نابني في الحب قد نابكْ[(٢)]

وهناك الموال الأعرج أو المخمس حيث تشترك الأشطر الثلاثة مع الخامس بالقافية نفسها، على ان هناك ما يشبه الموال الأعرج في المدرسة العراقية لدى شعراء لبنان ويسمى عندهم بالموال، وهناك الموال السداسي في قافية واحدة، وهناك الموال السداسي الأعرج حيث ينفرد الشطر الخامس بقافية مغايرة. وأما المشهور فهو الموال من سبعة أشطر ويطلق

---

(١) ابن العفيف: هو حفيد إبراهيم الجعفري، من أهل نابلس بفلسطين، ولد سنة ٧٥٢هـ، من الأدباء والشعراء والقضاة، من مصنفاته: كشف القناع في وصف الوداع، ورشف المدام في وصف الحمام.

(٢) الخاقاني، علي بن عبد علي، فنون الأدب الشعبي: ١٢/١.

عليه الموال الزهيري أو النعماني حيث تأتي الأشطر الثلاثة الاولى مع الشطر السابع على قافية واحدة والثلاثة بعدها بقافية مغايرة، ويسمى الأخير بالرباط أو القفلة.

وهذا النمط من الموال الذي اشتهر به العراق هو قوام هذا الديوان المنظوم في الإمام الحسين عليه السلام ونهضته المباركة، ومن مواصفاته انه: "يحتوي على سبعة أشطر كل ثلاثة منها متحدة الجناس، ويطلق على كل ثلاثة أشطر منها بنداً، وأما الشطر السابع فيقال له الرباط (القفلة) ويتحد الرباط في الجناس مع البند الأول دائما كما يتحد مع الشطر الأول من البند في دخول العلة وعدمها على تفعيلته الأخيرة ولكن لابد وأن يختلف محتوى جناسه عن جناسها رغم اتحاده معها في اللفظ". فالأصل في الموال الزهيري ان يكون مؤلفا من بندين، وإذا لم تكتمل مفاصل القضية أو القصة يضيف الشاعر ما يشاء من البنود، وربما زاد البعض في البنود من باب المباراة الشعرية والتحدي الفني لصعوبة النظم على الموال لكثرة التزاماته، ومن المعروف أن كل ما كثرت قيوده قل وجوده.

وهناك من نظم بالفصحى خلافا للمشهور، وهو في حد ذاته نقلة نوعية في إخراج شعر الموال من غموض مفرداته الدارجة، مع الإبقاء على جناسه المتحد اللفظ المختلف المعنى، ومن ذلك قول الشاعر العراقي المعاصر أحمد بن حسن مطر[1]:

نـارٌ بـجـوف الـحَـشَـا فـي دمـعـتـي سـائِـلَـهْ

---

(١) أحمد مطر، ولد في قضاء التنومة بالبصرة سنة ١٣٦٩هـ، سكن الكويت واشتغل بالصحافة والإعلام، وهاجر إلى لندن سنة ١٤٠٦هـ، من آثاره: ديوان اللافتات، إني المشنوق، والعشاء الأخير.

تـنـثـال من مـقـلـتـي مـذهـولـة سـائِـلَـة
هَـلْ فـي الـدُنـا دولـةٌ رغـمَ الـغِـنـى سـائِـلَـه
جـاوَبْـتُـهـا دَوْلَـتـي مـا دامَ فـيـهـا مـالْ
يَـسـتَـفُّـهُ حـاكـمٌ عـن كـل خـيـرٍ مـالْ
آلامـنـا أنْـبَـتـت فـي يـأسـه الآمـالْ
لـكـنـمـا وَحْـلُـنـا أمـسـى بـه أوْحَـلْ
يـبـيـعُ أو يـشـتـري فـيـنـا مـضـى أوْحَـلْ
وهـو الـذي لـم يـكـن رَبْـطٌ لـه أوْحَـلْ
فـالـمـال فـي أمـسـه قـد كـان رَهْـنَ الـهَـوى
ثـم اسـتـوى مُـسـنَـداً لـلـحُـكْـم لـمَّـا هَـوى
وغـارقٌ مـثْـلـهُ فـي سـوق شـمٍّ الـهَـوا
حـتـى دمـانـا لَـدَيـه عُـمـلـةٌ سـائِـلَـةْ[1]

والجناس الأول في سائلة: من السيلان، والسؤال، والتسول. والجناس الثاني في مال: من الثروة، وعَدِلَ، وجمع الأمل. والجناس الثالث في أوحل: من الوحل وهو الطين، وحل بالمكان، وحل الخلاف. والجناس الرابع في الهوى: من الشهوة، وسقط، ومخفف الهواء. والرباط من السيولة في النقود.

وتطور الموال في أغراضه من الرثاء إلى الغزل والمدح والشكوى والسياسة، وقل استعماله في الهجاء، كما كثر في الحكمة، ولذلك تضمن الرباط في معظمه مثلا شعبيا أو حكمة.

(١) لافتات: ٤/ ٧٣.

مقومات الموَّال

ولأن شعر الموال من السهل المستصعب، فإن النظم فيه بحاجة إلى مقدرة أدبية ومهارة في توظيف المفردة العربية وتطويعها بما يخدم الجناس والتورية وإيصال الرسالة من الموال وغرضه، وحتى يكون الموال على درجة عالية من الجودة، وجد الشاعر والعروضي الدكتور محمد صادق الكرباسي أنه لابد من ملاحظة أمور عدة، أهمها:

أولاً: ضبط الجناس لتلافي تكرار المادة.

ثانياً: مراعاة قلة التحريف في الجناس، لما لوضوح الكلمة من قوة في إيصال المعنى دون تعقيد.

ثالثاً: مراعاة تخفيف كلمة الجناس بما لا يجعلها عصية على الفهم.

رابعاً: مراعاة استخدام المعنى الواضح لجناس الرَّبَّاط (القفلة).

خامساً: مراعاة انسجام كلمات الجناس في كل بند وسلاستها.

سادساً: تجنب الزحاف في أشطر الموال.

سابعاً: عدم التكلف في النظم، وتوخي الدقة والحسن في اختيار الغرض، لأن سهولة الوصول إلى المعنى من المفردة الدارجة يسهل تلقيها وحفظ الشعر والتغني به.

ثامناً: أن يستوفي الموال غرضه بخاصة في الموال ذي البندين ورباطه (سبعة أشطر)، وإلا احتاج إلى بند آخر حتى يتم الغرض وتكتمل أركان الموال.

تاسعاً: مراعاة تضمين الموال مثلا أو حكمة معروفة، لأن التضمين

يدفع بالموال إلى الفهم والحفظ السريعين لبداهة استحضار ذهنية المستمع وعقله الباطني إلى المثل أو الحكمة.

عاشراً: عدم الاستغراق في المفردات المحلية الدارجة، وإنما تبني الحالة البرزخية بين الفصحى والدارج كما كان عليه الموال في نشأته الأولى.

على أنَّ النقاط العشر هذه وغيرها لا تقتصر على شعر الموال، بل تنسحب إلى كامل المنظوم باللغة الدارجة.

المدرسة العراقية

لاحظ المؤلف أنَّ عدد الناظمين في النهضة الحسينية من الموال هم أقل من ٥٠ شاعرا، وهذا الرقم جد قليل، لحداثة النظم على نمط الموال الزهيري أو انه حديث النظم في الجانب الحسيني: "والظاهر أن الجمع بينهما هو أقرب إلى الواقع". وانحصرت الحدود الجغرافية للموال في وسط العراق النجف والكاظمية وكربلاء وبغداد، وأما خوزستان فقد لوحظ فيها امتداد الموال العراقي لها، أما من حيث نسبة عدد الشعراء إلى عدد المواويل فان: "الشعر الكاظمي يأتي في الرتبة الاولى ثم الكربلائي ثم النجفي ثم البغدادي والخوزستاني وأخيرا الكوفي".

ولأن النظم فيه صعوبة فإن الكرباسي لاحظ اقتصار نظم الشعراء على ثماني عشرة قافية من القوافي العربية الثلاثين (بإضافة الكاف الفارسية والجيم الثلاثية)، وتركوا البقية: "لينظم عليها الحاج جابر الكاظمي بطلب منا فجزاه الله خيرا".

وخلال دراسته لشعر الموال الحسيني أفرز المحقق الكرباسي ثلاثة

اتجاهات أو بالاحرى ثلاث مدارس لكل واحدة اتجاهها، وهي المدرسة النجفية، وهي أقواها، والمدرسة الكربلائية، والمدرسة الكاظمية. وأعرض المؤلف عن: "الاتجاه البغدادي لقلة نظمهم في القضية الحسينية وأما سبب إعراضنا عن الموال الخوزستاني فلحداثته ولتبعيته لإحدى الاتجاهات الثلاثة".

وتمثل الاتجاه النجفي بالشاعر عبود بن غفلة الشمرتي[١] المتوفى عام ١٣٥٦ هـ، ويتصف بخصائص عدة، أهمها:

١ ـ استخدام المرادفات اللفظية بدلا من التكرار، مثل مرادفات السيف أو الرمح.

٢ ـ ميله إلى الحسچة (الدارج) أكثر منه إلى الفصحى.

٣ ـ قوة الاختيار للمعاني والأغراض مما ولّد عنده قوة التعبير.

ومن شعر عبود غفلة الشمرتي:

هيهات مُغرَمْ شبيهي ٱوْ بالحِسَين ٱمصابْ
وِبْنَبْل الأحزانْ مجروح ٱو دِليلي ٱمصابْ
صبِّ ٱلوِسَنْ مَدمَعي فوگِ ٱلخِدود ٱمصابْ
لا دِمَه ٱوْ لا ماي لاگن فيضْ همٍّ وَسَمْ
نِرْجو ٱبقِصَصْنَه يِلَوِّحْ بالقيامةْ وَسَمْ
هاي الصحيفة رِسَمْنَه ٱلها تَحِيَّة وِسَمْ
جَمرِ ٱبْحَشَه ٱلجعفرية ٱشلونْ جمر ٱمصاب

---

(١) الشمَّرتي: هو حفيد جواد الخاقاني، ولد في النجف الأشرف سنة ١٢٧٦هـ وفيها مات، لقِّب بأمير الشعراء وهو من أعمدة الشعر الشعبي، من آثاره: ديوان البلاغة الشعبية.

والجناس الأول في أمصاب: من الصبابة وهي الشوق ورقة الهوى والولع الشديد، ومن الإصابة، ومن صب الدمع ونحوه إذا جرى. والجناس الثاني في وسم: من المادة القاتلة السم، ومن تخفيف الوسام وهو نيشان يعلق على صدر المتفوق، ومن تخفيف واسم اراد به اسم ديوانه (جمر المصاب).

أما الاتجاه الكربلائي فيتمثل بالشاعر كاظم بن حسون المنظور[1] المتوفى عام ١٣٩٤ هـ، ويتصف بخصائص عدة، أهمها:

١ ـ استخدام المفردات السلسلة وسهلة الفهم والتلقي وتجنب التعقيد والغموض.

٢ ـ استخدام الجناس الواضح.

٣ ـ سلاسة الانتقال من بند إلى آخر.

٤ ـ غلبة الغرض الولائي وحب أهل البيت عليهم السلام على غيره.

٥ ـ الوسطية في استعمال المفردات والألفاظ بين الحسچة والفصحى. ويلاحظ ان هذه البرزخية صفة عامة: "إلتزمها منظور ليس في موالاته فقط، بل في كل شعره الشعبي فلم يتخطها فأصبح نمطا خاصا به".

ومن شعر المنظور مخاطبا الإمام الحسين عليه السلام:

يَحْسَينْ اِنتَ الحِزِتْ حُسْنِ النَّبي وَالصِّفَه
وَصْفَكْ الرَّحمانْ بآياتْ اِلْصُّحُفْ وَصَّفَه

---

(١) المنظور: حفيد عبد عون الشمَّري، ولد بكربلاء سنة ١٣٠٩هـ (١٨٩١م)، من دواوينه: المنظورات الحسينية، والأغاريد.

حُبَّكْ عَلَينَه فَرِضْ رَبِّ اِلْعُلَى وَصَّفَه
وِمْصَابَك ٱلْزَلْزَلُ اِلْعَرْشِ ٱبْسَماهِ وْرَجَه
لْعَودَكْ اِلْبَاري عَلَى سِرِّ اِلْخَفِي وَرَّجَه
إيْ وَحَگْ مَكَّة ومْنَى ثُمَّ الْحَجَرْ وَالصَّفَه

والجناس الأول في وصفه: من تخفيف والصفة بمعنى السجية، ومن وصف الشيء إذا نعته، ومن تخفيف أوصى فيه من الوصية. والجناس الثاني في ورجه: من رج الشيء إذا هزه، ومن تخفيف والرجاء بمعنى الأمل، ومن تحريف وتخفيف ويريه حيث تقلب الجيم ياءاً.

وتمثل الاتجاه الكاظمي بالشاعر عبد الحسن بن محمد الكاظمي[1] المتوفى عام ١٤١٨ هـ، ويتصف مواله بخصائص عدة، أهمها:

١ ـ الاعتناء بالمفردة أكثر من المعنى.

٢ ـ تفضيل المدح من بين الأغراض الشعرية.

٣ ـ الالتزام بوحدة الموضوع في الموال.

٤ ـ الميل إلى الفصحى أكثر من الدارج، ولعله لقربه من العاصمة بغداد.

ومن شعر عبد الحسن الكاظمي مباريا قول الشاعر السيد جعفر بن محمد الحلي[2] (ت١٣١٥هـ) من البسيط:

---

(١) الكاظمي: ويقال له الكرخي، ولد في مدينة الكاظمية سنة ١٣٢٨هـ وفيها نشأ، بدأ بالنظم الدارج قبل أن يبلغ سن الخامسة عشر عاما، من آثاره: دموع الكاظمي، وديوان الموّالات والأبوذيات.
(٢) جعفر الحلي: ولد في قرية السادة من ضواحي مدينة الحلة سنة ١٢٧٧هـ، وهاجر صغيراً إلى=

العاصر الخمر من لؤم بعنصره   ومن خساسة طبع يعصر الودكا

زَلْزَلْ جِبالِ الرّواسي اِلْيومْ هَمّي وَدَكْ
بالَكْ تِجافي الأهَلْ يا صاحْ تِنْسَه وَدَكْ
إسْعى عَلَى العَينْ لِربوعْ اِلمعالي وَدَكْ
لا لا تِخَلْ عالنَّفس مِنِّ اِلْعَواذِلْ لَومْ
شَمْلِ الأخِلَّه اِلْوفَه دَوم اِلشَّمِلْهُمْ لَومْ
عادي اِلْيعْصرِ الخَمُرْ ذاكِ اَبْعُنُصْرَه لَومْ
مَن خِسِّ طَبْعَه يزيدِ النَّذلْ يِعْصِرْ وَدكْ(١)

والجناس الأول في ودك: من دك الحائط إذا هدمه، ومن الود بمعنى الحب، ومن تخفيف دونك وهي اسم فعل بمعنى خذ. والجناس الثاني في لوم: من اللوم بمعنى العتاب، ومن لمّ الشيء إذا جمعه، ومن اللؤم والخساسة. والرباط في ودك من ودك الميتة وهو ما يسيل منها.

المدرسة التوفيقية

ويقرر الكرباسي إنَّ: "الموال لصعوبة نظمه يعتبر موردا من موارد تقييم الشاعر إذ قلما ينظم على وتيرة واحدة دون أن يخلط بين الاتجاهات الأدبية وهنا تكمن قوة النظم لدى هؤلاء الشعراء الثلاثة (الشمرتي والمنظور والكاظمي) حيث حافظ كل منهم على اتجاهه دون تكلف".

ويعتقد ان الجيل الثاني من ناظمي الموال لم يستطع انتهاج احد

=النجف ودرس على علمائها منهم الشيخ عباس كاشف الغطاء والشيخ محمد طه نجف والشيخ حسين الخليلي، نظم الشعر وله من العمر عشر سنوات، مات في النجف ودفن قرب مقام الإمام المهدي، له ديوان: سحر بابل وسجع البلابل.

(١) دموع الكاظمي: ١٥٧.

الاتجاهات والتفوق فيه، لكنه يشار إلى الأديب المبدع المعاصر جابر بن جليل الكاظمي[(١)]، بوصفه الشاعر الذي نجح: "بالتوفيق بين تلك الاتجاهات السابقة ويختار منها موارد القوة مع مراعاة ما يناسب عصره لينتهج المنهاج التالي ويستقل بلغته الخاصة تختلف في مجملها مع تلك الاتجاهات"، ويلاحظ على موالات جابر الكاظمي أمور عدة، أهمها:

أولاً: استخدام المفردات الحديثة والفصحى في إطار "الحسچة" وبروحها، وهذا عائد إلى انتشار الشعر الحسيني خارج العراق والاحتكاك مع ثقافات عربية محلية يتطلب معها استخدام مفردات مفهومة.

ثانياً: اختار الرثاء من بين الاغراض، وهذا الاختيار بتقدير الكرباسي فذلكة من الكاظمي: "حيث وجد أن ظاهرة الحزن هي الطابع العام في الشعر الحسيني وهو مفقود في الموال الحسيني بشكل عام".

ثالثاً: اصطبغ موال الكاظمي بالسلاسة التي عليها شعر المنظور وهذا عائد حسب الكرباسي إلى عامل معاشرة الكاظمي للمنظور معاشرة التتلمذ، واقبال الناس على الشعر السلس.

رابعاً: اختيار الجناس الأكثر وضوحا كما هو عند المنظور.

خامساً: اختيار وحدة الموضوع كما هو عند عبد الحسن الكاظمي.

---

(١) الكاظمي: هو حفيد كرم البديري، ولد في مدينة الكاظمية ببغداد سنة ١٩٦٤ م، وهو من أسرة اشتهرت بنظم الشعر، بدأ بقرض الشعر صغيرا، وهو عميد الشعر الحسيني، ينظم باللغة الفصحى واللهجة الدارجة، هاجر عام ١٩٨٠ م إلى سوريا وبعد فترة إلى إيران ثم هاجر إلى سوريا ومنها إلى لندن حيث يقيم فيها، ترأس في إيران جمعية الشعر الشعبي وأدار لسنوات برنامج نادي الشعر الشعبي من إذاعة طهران (القسم العربي)، من آثاره المطبوعة: الدموع الناطقة، الأغاريد في المدح والمواليد، وأبوذية جابر الكاظمي.

سادساً: الجمالية في الصورة الشعرية وحسن التعبير وترابط المفردات كما هو عند عبود غفلة الشمرتي.

سابعاً: ويمتاز الكاظمي في الموال وفي غيره تضمينه للآيات والاحاديث ومعانيهما.

وامتاز الكاظمي عميد الشعر العربي الدارج على غيره من السابقين والمعاصرين أن نظم الموال الحسيني بكل الحروف الهجائية، فضلا عن الجودة والعدد حيث بلغت مواويله الحسينية نحو ٤٠ موالا.

ومن شعر الكاظمي عن لسان السيدة زينب عليها السلام مخاطبة أخاها الإمام الحسين عليه السلام وتشير إلى الطفل الرضيع عبدالله بن الحسين عليه السلام الذي ذبح في واقعة كربلاء عام ٦١هـ بسهم حرملة بن كاهل الأسدي (ت٦٦هـ):

يا ساعة دِنْياي مِنْ غَيم النّوايبْ تِصِح

وِٱعْضاي يا يَومْ مِنْ عِلَّةْ زماني تِصِح

ما ٱنْسَه يوم ٱلإجَتْ زَينَبْ لَخُوها تِصِح

وِتْنادي يا رَيتْ ميعادِ ٱلمِنايَة يِحِنْ

عاٱلطِّفِلْ يَحْسَين لِتْظِنْ گُلُبْ خَصْمَكْ يِحِنْ

عبدالله مِنِّ ٱلْعَطَشْ يابِسْ لسانَه يِحِنْ

إو لا گْطْرَه مِنْ ماي عِذْنَه بِٱلمُخَيَّمْ تِصِح

والجناس الأول في تصح: من صحا اليوم إذا صفا ولم يكن فيه غيم، ومن الصحة، ومن تخفيف تصيح بمعنى تنادي. والجناس الثاني في يحن: من تخفيف يحين من حان الوقت إذا أزف، ومن الحنان بمعنى الرحمة، ومن الحنين وهو التصويت عن بكاء. والرَّبّاط في تصح بمعنى يتيسر.

مرجع علمي وأدبي

ضم الديوان ١٤٩ قصيدة موال لـ (٤٧) شاعرا، وهم حسب الترتيب الهجائي: إبراهيم عبد الحسن الخنيفري (ق١٥هـ)، أبو شيماء المياحي (ق١٥هـ)، أبو محمد المياحي (ق١٥هـ)، أحمد جليل غلوم (ق١٥هـ)، جابر جليل الكاظمي (ق١٥هـ)، جابر مروان القصاب (ق١٤هـ)، جابر تقي الكاظمي (ت١٤٢٠هـ)، حسون العنكوشي (ق١٤هـ)، خلاف حسن العفراوي (ق١٥هـ)، رسول السماك (ق١٤هـ)، زاير علي الدويج (ت١٣٢٩هـ)، ستار الرماح (ق١٤هـ)، سعيد كاظم الصافي (ق١٥هـ)، سلمان محمد الشكرجي (ت١٣٩٧هـ)، عباس جاسم الطائي (ق١٥هـ)، عباس غانم المشعل (ق١٥هـ)، عبد الأمير جواد النيار (ت١٤١٨هـ)، عبد الأمير حسن التميمي (ت١٣٧٦هـ)، عبد الأمير علي الفتلاوي (ت١٣٨٠هـ)، عبد الأمير محمد المرشد (ق١٥هـ)، عبد الحسن محمد الكاظمي (ت١٤١٨هـ)، عبد الحسين حسن أبو شبع (ت١٣٩٩هـ)، عبد الرحيم حسن أبو عليوي (ق١٥هـ)، عبد السادة حبيب الديراوي (ق١٥هـ)، عبد الستار جليل الكاظمي (ق١٥هـ)، عبد الصاحب ناصر الريحاني (ق١٥هـ)، عبد الكريم مصطفى العلاف (ت١٣٨٩هـ)، عبد الهادي جبارة النجفي (ق١٥هـ)، عبد الواحد مهدي معلّة (ق١٥هـ)، عبد الوهاب عبد الرزاق الكناني (ق١٥هـ)، عبود حسين الكرخي (ت١٣٦٥هـ)، عبود غفلة الشمرتي (ت١٣٥٦هـ)، عودة ضاحي التميمي (ق١٥هـ)، فاضل مهدي المعمار (ق١٥هـ)، فالح العامري (ق١٥هـ)، كاظم حسن سبتي (ت١٣٤٢هـ)، كاظم حسون المنظور (ت١٣٩٤هـ)، كاظم عبد الحمزة السلامي (ت١٣٩١هـ)، أبو ظاهر محسن حسن الطويرجاوي (ق١٥هـ)، أبو

مؤيد محمد قاسم الچراخ (ت١٤١٩هـ)، مرتضى محسن السندي (ق١٥هـ)، منسي حداء البناء (ت١٣٩٩هـ)، مهدي حسن الخضري (ت١٣٤٧هـ)، مهدي راضي الأعرجي (ت١٣٥٨هـ)، مهدي عبد الحسين عنعون (ق١٥هـ)، هادي عبد القصاب (ت١٤٠١هـ)، وهادي محمد الثويني (ق١٥هـ).

والى جانب ٣٥ فهرسا في أبواب مختلفة تعين القارئ والباحث على اقتناص المعلومة بطرق ميسرة، ضم الكتاب قراءة أدبية لديوان الموال (الزهيري) بقلم الأديب اللبناني الدرزي الدكتور شوقي أنيس عمار، وجد ان الديوان بما فيه من بحوث عالية المضامين: "يشكل مرجعا علميا (بمعنى البحث والتوثيق والتحليل) وأدبيا (بمعنى الجوهر والشكل واستعمال اللغة)"، ولفتت الهوامش الكثيرة انتباه الدكتور عمار بوصفها أمانة علمية وأدبية لا يتخلى عنها الباحث المنصف والمدقق الحصيف، ولذلك: "فإنَّ حرص الدكتور الشيخ محمد صادق محمد الكرباسي على الأمانة وإعطاء كل ذي حق حقه، وإنْ دلَّ فهو يدلُّ على أصالته وإنسانيته واحترام الآخرين وعدم تعريض ذمّته لأي التباس أو اكتساب حرام وغير مشروع (لا سمح الله) وهذا هو الإسلام أو المسيحية، فالدين معاملة بالصدق وبالأمانة قبل كل شيء".

الأربعاء

١٨ ذو القعدة ١٤٢٨ هـ (٢٨/ ١١/ ٢٠٠٧م)

البروفيسور

ميخائيل كراسنوفسكي (١)

Pro. Michael Krasnovsky

* أستاذ التاريخ والدراسات الشرقية، يقيم في العاصمة الروسية موسكو.

* خبير باللغات الشرقية وبخاصة القديمة منها التي كانت منتشرة في بلاد وادي الرافدين.

* مارس التدريس في جامعات الاتحاد السوفيتي السابق.

* من زملاء خبير الدراسات الشرقية واللغات القديمة الروسي الجنسية البروفيسور قسطنطين بيتروفيج ماتفييف (Kostantin Matveev Petrovic)

---

(١) ولا يخفى أن البروفيسور قسطنطين ماتفييف ساهم وهو في موسكو في تعريف البروفيسور ميخائيل فلتوكبتيش بدائرة المعارف الحسينية، وعن طريقه اطلع على الموسوعة الحسينية وكتب الأخير مقدمته، وقد حاولت عبر مؤسسة غوث اللاجئين الآشوريين في بريطانيا (ASSYRIAN REFUGEES RELIEF FOUNDATIO) التي تولى البروفيسور ماتفييف رئاستها حتى مغادرته لندن إلى موسكو التعرف على عنوان البروفيسور فلتوكبتيش في روسيا للاتصال به ولكنهم اعتذروا، كما حاولت عبرهم الحصول على رقم هاتف زوجة البروفيسور ماتفييف في موسكو ـ التي التقيت بها في منزلهم غرب لندن في منطقة هانويل (Hanwell) أكثر من مرة أثناء فترة الزمالة مع زوجها في جامعة لندن ـ ولكنهم يجهلونه.

(١٩٣٤ ـ ٢٠٠٨م) الذي كتب عام ١٩٩٦م مقدمة باللغة الروسية عن الجزء
الأول من ديوان الأبوذية من دائرة المعارف الحسينية[١].

---

(١) اتصلنا بمعهد الاستشراق في أكاديمية العلوم بموسكو، لكنهم اعتذروا عن التعاون معنا في مجال
التعرّف على البروفيسور كراسنوفسكي بخاصة وأن البروفيسور قسطنطين ماتفييف عمل مدرساً فيه،
ونفترض أن المترجم له كان من العاملين فيه أو ليس أقل من خرِّيجيه، أو أن لهم معرفة به لكونه من
الباحثين في مجال الاستشراق.

لأول مرة في تاريخ التأليف[1]
(ديوان الأبوذية ٤)

تتناول هذه الموسوعة الحسينية المعروفة بدائرة المعارف الحسينية، الذكرى العظيمة للإمام الحسين، أي الإمام الثالث لدى المسلمين الشيعة، والإمام الحسين هو النجل الثاني للخليفة علي ابن عم النبي محمد، وصهره على ابنته فاطمة الزهراء، الذي حكم في الفترة (٦٥٦ ـ ٦٦١م)، ومن المعلوم أن ثمرة هذا الزواج كانت الحسن والحسين وزينب.

وقد نشأ التيار الشيعي في الإسلام في المائة السابعة للميلاد، وتحقق بمقتل الإمام علي أثناء صلاته في مسجد الكوفة بالعراق. ويؤمن الشيعة بإثني عشر إماماً ابتداءً من الإمام علي. وباقي الأئمة كلهم من صُلب الخليفة علي، وآخرهم الإمام الثاني عشر الذي وُلد سنة ٨٧٣م، واختفى في ظروف غامضة[2]، وعلى الرغم من ذلك فهو لم يمت، ولكنه اختفى

---

(١) تمت الترجمة من اللغة العبرية.

(٢) ولد الإمام الحجة المنتظر عام ٢٥٥هـ، وله غيبتان صغرى وكبرى، الأولى بدأت من عام استشهاد والده الإمام الحسن العسكري عام ٢٦٠هـ، واستمرت حتى عام ٣٢٩هـ بوفاة رابع وآخر وكلائه علي بن محمد الصيمري (السمري) المدفون ببغداد، والكبرى قائمة حتى يومنا هذا بعد أن أوكل للفقهاء العدول تولي أمر الأمة، أي الانتقال من النيابة الخاصة في عهد الغيبة الصغرى إلى النيابة العامة في عهد الغيبة الكبرى.

إلى حين، حيث سيعود في المستقبل ولكن بدور المخلّص. وسينقذ هذا الإمام المهدي المنتظر، المسلمين وكل الإنسانية، وسيجلب في الوقت نفسه الحضارة للعالم، فضلاً عن تحقيقه المساواة والتآخي والحرية والعدل.

ويقدّس الشيعة القرآن، ولكنهم يقدّسون أيضاً النبي محمداً والإمام علياً، ويقدّسون مكة والمدينة وأيضاً النجف وكربلاء، ويحجّون للمدينتين الأولَيَيْن ويزورون الأخيرتين كذلك، حيث يوجد في النجف قبر الإمام علي، وفي كربلاء قبر الإمام الحسين.

وعند موت الخليفة الأموي معاوية[1] بدمشق سنة ٦٨٠م، كان الحسين مقيماً في مكة، بعدما عاد إليها من الكوفة عقب وفاة أخيه الأكبر عام ٦٦٦م. وكان ينوي إعادة السلطة القانونية للدين عبر تجديد النضال ضد الخليفة الأموي الجديد يزيد[2]، بعد أن طالبه المسلمون بذلك. ولذلك فقد وافق على طلبات المسلمين وخرج كرئيس لمجموعة صغيرة مكوّنة من أفراد عائلته وأصحابه وهم ٤٠ محارب مشاة و٣٢ فارساً[3]، وفي الطريق من

---

(١) معاوية: هو ابن أبي سفيان الأموي المتوفى عام ٦٠هـ عن ثمانين عاما، دخل في حرب مع الإمام علي عليه السلام والإمام الحسن عليه السلام، وتولى حكم المسلمين عام ٤١ وعاصمته دمشق، وبه تحول نظام الخلافة الإسلامية إلى ملكي.

(٢) يزيد: هو ابن معاوية بن أبي سفيان الأموي، ولد عام ٢٥هـ في الماطرون من ضواحي دمشق، تولى الحكم بعد أبيه عام ٦٠هـ، وفي عهده وقعت مأساة كربلاء واستشهاد الإمام الحسين عليه السلام، وواقعة الحرة حيث استباح المدينة المنورة، وضرب الكعبة بالمنجنيق، ومات عام ٦٤هـ، ولم يُعرف له رفات أو قبر.

(٣) الشائع أن جند الإمام الحسين عليه السلام كانوا اثنين وثمانين فارساً وراجلاً، ولكن تحقيقات الدكتور الكرباسي دلت على أن العدد أكثر من ذلك بنحو الثلاثمائة، راجع معجم الأنصار من دائرة المعارف الحسينية.

مكة إلى الكوفة، عَلِمَ الحسين وكتيبته بأن التمرّد ضد يزيد قد أُخمد وكان عقاب المتمردين قاسياً.

وقد حاول بعض أقارب الحسين إقناعه بالعدول عن الذهاب إلى الكوفة والرجوع إلى مكة، لكنه لم يوافق. وفي نينوى، وهي قرية من قُرى كربلاء، المكان الذي يقع على مقربة من بغداد[1]، حيث وقعت فيما بعد حادثة كربلاء في مكان مقدّس للشيعة، حيث نصب الحسين وكتيبته الخيام، ولم يمضِ طويلُ وقتٍ حتى جاء إلى هذا المكان ٤٠٠٠ محارب[2] للخليفة الأموي يزيد، وكان على رأس الجيش عمر بن سعد[3].

وخرج الحسين وأنصاره إلى ساحة الحرب في العاشر من تشرين الأول (أكتوبر) سنة ٦٨٠م (العاشر من محرم عام ٦١هـ) وبعد معركة غير متكافئة قُطعت رؤوس الحسين وأنصاره وأُرسلت إلى دمشق عاصمة الخليفة الأموي، كشاهد على سحق كتيبة الحسين القليلة العدد والعدّة.

---

(١) أصبحت ضاحية نينوى جزءاً من مدينة كربلاء المقدسة التي تبعد عن بغداد نحو ١٠٨ كم.

(٢) أشارت كتب الحديث والتاريخ أن عمر بن سعد قاد جيشا من ثلاثين ألفاً، فقد ورد أن الإمام علي بن الحسين السجاد عليه السلام نظر ذات يوم إلى عبيدالله بن العباس بن علي بن أبي طالب عليه السلام فاستعبر ثم قال: "ما من يوم أشد على رسول الله صلى الله عليه وآله من يوم أُحد، قتل فيه عمه حمزة بن عبد المطلب أسد الله وأسد رسوله، وبعده يوم مؤته، قتل فيه ابن عمّه جعفر بن أبي طالب، ثم قال عليه السلام: ولا يوم كيوم الحسين عليه السلام ازدلف إليه ثلاثون ألف رجل يزعمون أنهم من هذه الأمة، كلّ يتقرب إلى الله عز وجل بدمه، وهو بالله يذكّرهم فلا يتعظون حتى قتلوه بغياً وظلماً وعدواناً، ثم قال عليه السلام: رحم الله العباس فلقد آثر وأبلى وفدى أخاه بنفسه حتى قطعت يداه فأبدله الله عزّ وجل بهما جناحين، يطير بهما مع الملائكة في الجنّة كما جعل لجعفر بن أبي طالب، وإن للعباس عند الله تبارك وتعالى منزلة يغبطه بها جميع الشهداء يوم القيامة". أنظر: أمالي الصدوق: ٣٧٤، المجلس السبعون.

(٣) عمر بن سعد: وهو حفيد ابن أبي وقاص الزهري، من قادة الكوفة، ولد عام ٢٣هـ، وقاد جيش بني أمية لحرب الإمام الحسين عليه السلام، قتل في حركة المختار الثقفي في الكوفة عام ٦٦هـ.

وفي العاشر من محرم الحرام، الشهر الأول من سنة المسلمين الهجرية، يحتفل جميع الشيعة في مختلف أنحاء العالم مؤبّنين الحسين ومعتبرين هذا اليوم الذي يسمّونه عاشوراء، يوم حزنٍ ومأساة وألم، ويقومون بتنظيم المسيرات وتمثيل الحادثة على شكل مسرحيات (تمثيل أو تشابيه) ويقيمون مجالس عزاء ويلطمون ويندبون باكين ومجدّدين ذكرى الحسين بنداءات: يا حسين.. يا حسين.

وتتناول دائرة المعارف الحسينية كل ما يتعلق بالإمام الحسين. أما فيما يتعلق بالجزء الرابع من ديوان الأبوذية، فيمكن القول إن هناك صلة بين الشعوب العربية وبين اللزقينيّين، الذين ينتمي قسم منهم إلى الإسلام الشيعي، فيما ينتمي القسم الآخر إلى الإسلام السنّي. ويقطن الشعب اللزقيني في المنطقة الجنوبية الشرقية لداغستان ـ القوقاز الشمالي، وفي أزخايدقان الشمالي، ومداقستان. وتعود لغة اللزقينيّين إلى المجموعة اللزقينية لعائلة القوقازيين. وهناك ثلاث لهجات للّغة اللزقينية هي: الكيوريلية والأختينية والكوبينية.

وتقوم اللغة اللزقينية المكتوبة على اللهجة الكيوريلية. وقد لوحظ أن هناك عدداً كبيراً من النقوش العربية الكوفية في المناطق اللزقينية، تعود إلى عهد العرب الذين جاؤوا بالإسلام إلى داغستان الجنوبية وآذربايجان الشمالية في المائة الثامنة الميلادية. ومنذ ذلك العهد تأصّل وتعمّق الدين الإسلامي في الحياة العائلية والعامة للزقينيّين، لكن على الرغم من ذلك بقيت لهم عاداتهم وتقاليدهم.

وبعد ثورة أكتوبر في روسيا عام ١٩١٧ م، بدأت الحكومة السوفياتية حملة قمع ضد كل الديانات ومنها الإسلام، فدمّرت معظم المساجد أو

أغلقتها، غير أنها لم تستطع استئصال الانتماء الإسلامي من نفوس اللزقينيّين.

ومن المحتمل أن تكون الأبوذية، هذه الصياغات الشعرية العربية الموجودة في وسط جنوب العراق آتية بالدرجة الأساس من مناطق اللزقينيّين، الذين استمروا متمسكين بالإسلام وبلغة القرآن وبالنبي محمد، حتى في أتعس الظروف، وذلك لتشابه موجود بين صياغات شعرية لزقينية وبين الأبوذية[(١)].

إن هذه هي المرّة الأولى من تاريخ التأليف العالمي، التي يدخل فيها الباحثون والمحققون إلى أعماق الأبوذية، التي تحتاج إلى المزيد من البحث والتحقيق. فهذه الصياغات الصعبة والمعقدة وذات الكلمات العصيّة على الفهم، ليست واضحة حتى لدى العرب المنحدرين من مدن أخرى. بل إن خبراء اللغة والثقافة العربية أيضاً عاجزون عن فهمها، مما يضفي على الشرح الخاص الذي قام به الباحث محمد صادق محمد الكرباسي أهمية خاصة.

البروفيسور ميخائيل كراسنوفسكي
روسيا ـ موسكو
١٠/٢/١٩٩٩ م

(١) حول حقيقة الأبوذية وجذورها، راجع الجزء الأول من ديوان الأبوذية من دائرة المعارف الحسينية.

تجليات الأبوذية
في تطويع المفردة العربية

تمثل اللغة لسان حال كل أمة وواجهتها في التعاطي مع الأمم الأخرى، ويحل باللغة ما يحل بالأمة من نمو وقوة وضعف وخوار وانقراض، فدورة حياة كل لغة من دورة حياة الأمة الناطقة بها، والأمة الناهضة هي التي تحافظ على لغتها، والأمة المتطلعة إلى المستقبل هي الأمة التي تعمل جهدها لتعميم لغتها على العالم بوصفها لغة حضارة وتقدم، ولذلك فلا عجب إذا عرف المرء أنَّ **٩٧** في المائة من الذين يعيشون على وجه الأرض يتكلمون بأربعة في المائة من لغات العالم البالغة ستة آلاف لغة حية وغير حية، وان **٩٦** في المائة من هذه اللغات لا يجيد التحدث بها سوى **٣** في المائة من البشرية، وحسب تقارير منظمة اليونسكو فإن العالم منذ الخليقة الاولى وحتى يومنا هذا شهد انقراض نحو **٣٠٠٠٠** لغة، وأنَّ عددا كبيراً من اللغات في طريقها للانقراض(١)، كما هي الحال

---

(١) صدر عن منظمة الامم المتحدة للتربية والعلوم والثقافة (اليونسكو) في تموز ـ أيلول **٢٠٠٣** م العدد السادس من نشرة "التربية اليوم" الفصلية، وضمت النشرة تقريرا مفصلا بعنوان "معضلة اللغة الأم" من إعداد السيد جون دانيال المدير العام المساعد لشؤون التربية في منظمة اليونسكو، حيث جاء تحت عنوان فرعي "اللغات المعرضة للخطر" أنه: (تختفي كل عام **١٠** لغات على الأقل، كما أن حوالى نصف اللغات المستخدمة من حول العالم حالياً والبالغ عددها **٦٠٠٠** مهددة بخطر=

في أميركا اللاتينية التي تغزوها الأسبانية وفي أفريقيا التي تغزوها الإنكليزية والفرنسية.

وتتميز اللغة العربية بامتلاكها لهجات أو لغات محلية يعرف بها أهلها، وهذا ما يظهر جليا في الأدب الشعبي المنظوم، حيث يتم تطويع الكلمة والحرف العربي فيقلب أو يحرف بحيث تخرج الكلمة من مخارج حروف أخرى تصرفها عن أصلها من حيث اللفظ وتعطي المعنى نفسه، فتصبح القاف همزة ويصير (الشديد القوي) (الشديد الأوي) أو تحرف إلى الكاف الفارسية فيصير (حلال العقد) (حلال العگد)، وتصبح الجيم ياءاً ويصير (الشيطان الرجيم) (الشيطان الرييم) أو تحرف إلى الكاف الفارسية فيصير (قم يا بني) (گوم يا بني)، أو تحرف إلى الجيم فيصير (أصفق باليدين) (أصفج باليدين)، وتصبح الكاف جيما فارسية فيصير (كبير القوم) (چبير القوم)، وهكذا في عدد غير قليل من الحروف الهجائية التي اخذت بمرور الزمن وبالابتعاد عن لغة القرآن وعن الأدب العربي بشقيه المنثور والمنظوم طريقها إلى المحادثة اليومية والشيوع بخاصة مع تطور وسائل الاعلام وتنوعها وانتشار قنوات التلفزة والفضائيات الناطقة باللغة العربية.

وأكثر ما يمكن ملاحظة التحريف في المفردات العربية، هو في الشعر

=الزوال)، وأضاف التقرير : (أظهر مسح أجراه المعهد الصيفي للغات في جامعة داكوتا الشمالية في الولايات المتحدة أن أقلّ من ١٠٠٠٠ شخص يستخدمون اللغة ذاتها من بين أكثر من ٣٠٠٠ لغة، ويعترف اللغويون بأن اللغة تكون مهددة بالخطر عندما يكون عدد الاشخاص الذين يستخدمونها أقل من ١٠٠٠٠٠)، واستطرد التقرير قائلاً : (ولطالما كانت اللغات تزول، ويزعم أن ٣٠٠٠٠ لغة قد اختفت منذ أن بدأت الكائنات الحية بالنطق، وقليلة هي اللغات مثل اللغة اليابانية واليونانية والعربية والسنسكريتية التي دام استخدامها أكثر من ٢٠٠٠ سنة)، وأكد التقرير أنه : (وفي حال لم تُتخذ أي إجراءات سوف يختفي في خلال القرن الحالي نصف اللغات المستخدمة اليوم).

الشعبي الذي يحرص الشاعر فيه على محاكاة الذوق الشعبي من اجل استنطاق حواسه واستشعار مشاعره لاستنهاضه نحو الوجهة التي يريد الشاعر توجيه المخاطب اليها، ولعل شعر الأبوذية هو واحد من أشهر أنواع الشعر الشعبي الذي يستخدم فيه الشاعر مهارته في تطويع الكلمة بين تحريف وتبديل وتخفيف وتركيب لاسيما وأنَّ هذا النمط من الشعر قائم على أربعة أشطر فيه جناس من كلمة ثلاثية المعنى أُحادية اللفظ، ولأن اللفظ في قوافي الأشطر الثلاثة الأولى شبيهة ببعضها، فإن الشاعر يحرص على تليين قوام الكلمة في الأشطر الثلاثة بما يفيد معنى مختلفا، لأن قوة شعر الأبوذية في جناسه المختلف المعاني، والا فاذا اتحد الجناس من حيث اللفظ والمعنى فقد شعر الأبوذية أحد أهم مبانيه النظمية.

هذه التفاصيل وجزئياتها قرأناها في الجزء الأول من سلسلة "ديوان الأبوذية"، وفي الجزء الرابع من "ديوان الأبوذية" الصادر عن المركز الحسيني للدراسات بلندن في ٥٠٠ صفحة من القطع الوزيري، ضمن سلسلة مجلدات دائرة المعارف الحسينية، يلاحق المحقق الدكتور محمد صادق بن محمد الكرباسي شعر الأبوذية المنظوم في النهضة الحسينية وفق الحروف الهجائية.

نص وحدث

ولمّا كان شعر الأبوذية في أشطره الأربعة يشكل قصة محبوكة الجوانب، تتوفر فيها معظم مفردات القصة القصيرة، فإن الشاعر يكثر في شعره نسج شعره حول نص مقدس، أو حدث تاريخي، فيستقوي شعره بالنص أو الحدث، وفي الوقت نفسه يقدح في المتلقي شعلة الشعور، لأن الشاعر يرفع بشعره غشاوة النسيان عن المتلقي الذي يكون في أكثر الأحيان

قد قرأ النص أو الحدث ولكن مشاغل الحياة أنسته بعض التفاصيل أو كلها، وحينئذ يكون الشاعر قد اختصر على المتلقي مسافة التأثر الوجداني بالشعر من خلال اجترار النص أو الحدث في حوصلة الذاكرة.

ومن ذلك قول عميد الشعر الشعبي الشاعر المعاصر جابر بن جليل الكاظمي وهو يتحدث عن لسان السيدة زينب بنت علي عليها السلام (ت٦٢هـ) وهي تخاطب أخاها الإمام الحسين عليه السلام:

يا هُو ٱللّي يِسلّي ٱلْگَلُبْ يومَلْ
إوْ يا هُو ٱللّي يِباري ٱلعيسْ يومَلْ
عَلَه ٱلدِّنْيَه ٱلْعَفَه ناديتْ يومِل
طِحتْ مِنْ عَالْمُهُرْ فوگِ ٱلْوِطيَّة

ويقع الجناس في (يومل)، فالأولى مركبة ومحرفة "لو + مل" من الملل والسأم، والثانية مخففة ومركبة من "لو + مال" من الميلان، والثالثة مركبة من "يوم + الـ" وهي متصلة بما يليها أي يوم الطحت (سقطت) من على المهر فوق الأرض.

والشاهد في الشطر الثالث، فإن الإمام الحسين عندما سقط ابنه علي الأكبر في أرض المعركة وهو يفارق الحياة أتاه وانكب عليه واضعا خده على خده وهو يقول: "على الدنيا بعدك العفا ما أجرأهم على الرحمن وعلى انتهاك حرمة الرسول يعز على جدك وأبيك أن تدعوهم فلا يجيبونك وتستغيث بهم فلا يغيثونك"[1]. والعفة لغة: من عفت الريح الأثر والمنزل

(١) المقرم، عبد الرزاق الموسوي، مقتل الحسين: ٢٦٠.

إذا محته ومن ذلك قول لبيد[١] بن ربيعة العامري (ت٤١هـ) في معلقته، من الكامل:

عفت الديار محلها فمقامها بمنًى تأبد غولها فرجامها[٢]

وكان علي الأكبر وهو ابن ٢٧ عاماً إذا اشتاقت الأنفس إلى رؤية النبي محمد ﷺ نظروا إليه لأنه كما قال فيه أبيه: "اللهم اشهد على هؤلاء فقد برز إليهم أشبه الناس برسولك محمد خَلقا وخُلقا ومنطقا، وكنا إذا اشتقنا إلى رؤية نبيك نظرنا إليه.."[٣]، ولذا يصح فيه قول الشاعر حسان بن ثابت الخزرجي (ت٥٤هـ) في النبي الأكرم محمد ﷺ (ت١١هـ):

وأحسن منك لم تر قط عيني وأجمل منك لم تلد النساء
خلقت مبرَّأً من كل عيب كأنك قد خلقت كما تشاء[٤]

فالشاعر النبيه يستلهم من الحدث والنص أبوذيته، فيحسن الاستخدام ويجيد النظم. ومن ذلك قول الشاعر المعاصر مهدي بن محمد السويج في بيان تماثل سمات الشهيد علي الأكبر مع جده سيد البرية وخاتم الأنبياء النبي محمد ﷺ:

إبْسِمَه ٱلْمَيدانْ نَجْلِ ٱحْسَينْ هَلْ هَلْ
اَوْ دَمْعِ ٱحْسَينَ ٱبْوهِ ٱعْلَيه هَلْ هَلْ
إلْكونَ ٱسْفَرِ ٱبْوَجْهَه ٱسرورْ هَلْ هَلْ
وَجِه ٱلأكْبَرْ وَجِهْ سَيّد ٱلْبَرِيّه

---

(١) لبيد: هو حفيد مالك بن جعفر، من أهالي نجد، ولد سنة (٩٠ ق.هـ)، أسلم ووفد على النبي ﷺ وسكن الكوفة حتى وفاته، وهو فارس وشاعر، انقطع عن الشعر في الإسلام.

(٢) عباس، د. أحسان، ديوان لبيد بن ربيعة العامري: ٢٩٧.

(٣) المقرم، مقتل الحسين: ٢٥٧.

(٤) مهنّا، عبد أ، ديوان حسان بن ثابت: ٢١.

والجناس في "هل هل" فالأولى من ظهر وبان، والثانية من هل المطر إذا اشتد انصبابه، والثالثة من استهل الوجه إذا تلألأ فرحا، والتكرار في الثلاث من باب التأكيد.

شهيد المهد الخالي

يدور شعر الأبوذية في معظمه حول مركز الألم والتفجع، ولذلك قيل ان الأبوذية مركبة من (أبو + أذية) أي صاحب الأذى والمفجوع في مصيبته، ولا أشد مصيبة وفاجعة من مصيبة ذبح الرضيع وهو في صدر أبيه، فالأب يفتدي بنفسه من اجل رضيعه، وتكون الفاجعة أعظم حينما يذبح رضيعه بين يديه وهو صادٍ جائعٍ انقطع ثدي أمه عن در الحليب بفعل العطش، وهو ما حصل في واقعة كربلاء في العام ٦١ هـ، حيث منع جيش بني أمية الماء عن الإمام الحسين عليه السلام وأهل بيته وأصحابه لأيام ثلاثة في هجير كربلاء وحرها، فاستشهدوا جميعهم عطاشا، ومنهم الرضيع عبدالله بن الحسين عليه السلام وأمه الرباب بنت امرئ القيس الكندية (ت٦٢هـ)، فطلب الإمام الحسين عليه السلام من القوم الماء ليبرّد حرارة كبد رضيعه ويسكّن صراخه، فسقاه حرملة بن كاهل الأسدي (ت٦٦هـ) بسهم فذبحه من الوريد إلى الوريد فتلقى عليه السلام الدم بكفه ورمى به نحو السماء فلم تسقط منه قطرة، وهو يقول: "هوَّن ما نزل بي أنه بعين الله تعالى، اللهم لا يكون أهون عليك من فصيل.."[(١)].

وهنا يقول الشاعر كاظم بن حسون المنظور (ت١٣٩٤هـ) في أبوذيته عن لسان الرباب وهي تخاطب رضيعها المذبوح:

---

(١) المقرم، مقتل الحسين: ٢٧٣.

إبْشوفَكْ فرْحتي ما تَمْ سَنَلْهَا
بَعَدْ لا نوم لِعْيوني سِنَلْهَا
إوْ نبْلَةْ حَرْمَلَة ٱبگلبي سَنَلْهَا
تهَيِّجْني وٱنَهْ عِلْتي خِفِيَّه

والجناس في "سنلها"، فالأولى مركبة من (سَنة + لها) أي عام واحد، والثانية من السنة أي النوم كما في قوله تعالى من سورة البقرة: ٢٥٥ ﴿لَا تَأْخُذُهُۥ سِنَةٌ وَلَا نَوْمٌ﴾، والثالثة مركبة من (سن + لها) أي لها حد.

ومنه أيضاً قول الشاعر المعاصر فاخر بن طاهر الموسوي وهو يتحدث عن لسان الرباب الكندية تخاطب رضيعها المقتول على صدر أبيه:

دِشَعْشِعْ يا نَجِمْ سَعْدي وَلا لِي
نَظَر ما تَمِ ٱلي بَعْدَكْ وَلا لِي
بَصيرَه ٱوْ گِمْتَ ٱهِزْ مَهْدَكْ وَلا لِي
إوْ مَشوفَكْ بِٱلْمَهَدْ وَٱصْفِجْ بِدَيَّه

والجناس في "لا لي"، فالأولى مخففة لآلئ، من لألأ بمعنى أضاء، والثانية من (لا) للنفي و(لي) للتملك، أي ما بقي لي نظر ولا بصيرة، والثالثة بمعنى المناغاة. والدال في الشطر الأول من باب التأكيد، و(مشوفك) من الشوف أي الرؤية و(أصفج) تحريف اصفق.

وقصة الرضيع يصورها الشاعر الحلي السيد حيدر[1] بن سليمان الحلي الحسيني (ت١٣٠٤هـ) وهو يخاطب الإمام محمد بن الحسن المنتظر عليه السلام:

---

(١) حيدر الحلي: هو حفيد داود، ولد في الحلة سنة ١٢٤٦هـ وفيها نشأ ومات ودفن في النجف، له ديوان "الدر اليتيم"، من مؤلفاته: الأشجان في مراثي خير إنسان، دمية القصر في شعراء العصر، العقد المفصل في قبيلة المجد المؤثل.

ماذا يُهيجُك إن صبرتَ ... لوقعة الطف الفضيعه
أترى تجيءُ فجيعةٌ ... بأمضَّ من تلك الفجيعه
حيث الحسينُ على الثرى ... خيلُ العدى طحنت ضلوعه
قتلته آلُ أمية ... ظام إلى جنب الشريعة
ورضيعُهُ بدم الوريد ... مخضبٌ فاطلب رضيعه[1]

هلال المُحَرَّم

الهلال في الثقافة العربية والإسلامية يدل على الخير واليمن، ففيه يبدأ الشهر القمري، وفيه فرحة بداية السنة الهجرية مع رؤية هلال شهر محرم، وفيه بداية الشهر الفضيل شهر رمضان المبارك، وفيه تباشير عيد الفطر المبارك، وفيه موت طاغية، وفيه من الخيرات والمسرات الكثير، لكن مطلع شهر المحرم مع انه بداية السنة الهجرية، غير أن واقعة الطف واستشهاد سبط النبي محمد ﷺ فيه، ألبسته رداء الحزن وحزّمته حمالة البكاء، فصار المحرم وبخاصة العاشر منه حيث يوم الاستشهاد، معلما من معالم الحزن، ولذلك أكثر الشعراء من الحديث عن هلال شهر محرم وتمنوا أن لا يأتي أبداً دلالة على شدة التفجع والتوجع. ومن ذلك قول الشاعر المعاصر محمد علي بن راضي المظفر:

لِفَه ٱهْلالِ ٱلكِدَرْ وِالدَّمِعْ هَلْهَلْ
حِزِنْ لِحْسَينْ وِٱلشّماتْ هَلهَلْ
تِمَنّيته خِسَفْ لا چان هَلْهَلْ
عَلَينَه ٱوْلا فُگَدْنَه ٱبْنِ ٱلزّچيَّه

(١) ديوان السيد حيدر الحلي: ٤١. ومطلع القصيدة: الله يا حامي الشريعة *** أتقر وهي كذا مروعه.

والجناس في "هلهل"، فالأولى من هلّ الدمع إذا جرى، والثانية بمعنى زغرد، والثالثة من هلّ الهلال إذا ظهر وبان، والتكرار في الاولى والثالثة من باب التأكيد.

أو قول الشاعر كاظم بن طاهر السوداني (ت١٣٧٩هـ) واصفا هلال شهر المحرم:

نِزَلْنَه كَرْبَلَه بِالْشّومْ لا هَلْ
غُرُبْ مَلْنَه أحَدْ لا گومْ لا هَلْ
إهْلالَكْ رَيتْ يا عاشورْ لا هَلْ
هَلَّيتِ اَبْچِتِلْ گومي عَلَيَّه

والجناس في "لا هل"، فالأولى مخفف لا أهلاً بها، والثانية مخففة لا أهل أي القوم والعشيرة، والثالثة من هلّ الهلال إذا ظهر وبان. فالشاعر يتحدث عن لسان رحل الإمام الحسين الذين نزلوا كربلاء وهم غرباء عن أهلها، ويشير إلى هلال شهر المحرم الذي يهل بالحزن واللوعة.

أفراح وأتراح

ومن بين الفواجع التي تحفل بها واقعة كربلاء، يكثر الشعراء من الحديث عن "حفلة عرس" أقيمت للقاسم ابن الإمام الحسن بن علي عليه السلام من إحدى بنات الإمام الحسين بن علي عليه السلام، وصارت مثل هذه القصة محل جدل بين مَن يرفضها ومن يقبلها، لكن الأكثر ينفي وقوعها، كما هو رأي المؤلف البحاثة الكرباسي، حيث يرى ان هذه القصة لا تستقيم روائيا، وهي من فيوضات مشاعر الخطباء والشعراء الذين يسبغون على واقعة استشهاد القاسم بن الحسن وضوء الآهات، يشدون بها عواطف المحبين إلى الفارس الحدث الذي قضى أمام شريكة حياته شهيدا يوم

عرسه، نعم قد صح عند المؤلف ان إحدى بنات الحسين عليه السلام كانت مسماة له فيما إذا بلغ مبلغ الرجال، لكن القاسم استشهد في معركة كربلاء وهو غلام لم يبلغ الحلم.

وعن العرس، ينشد الشاعر المعاصر هيثم بن شاكر سعودي أبوذيته عن لسان السيدة رملة في رثاء ابنها القاسم:

دِمـوعِ ٱلْـعَـيْـنْ مِـنْ دَمْـعـي تِـهِـلْ هَـلْ
أَوْ نِـطَـرْتِ ٱهْـلالِـكْ إيْـتِـمِّ أَوْ يَـهِـلْ هَـلْ
أَوْ لا چِـنْـتَ ٱحـسِـبِ ٱبْـعِـرْسَـكْ تِـهِـلْ هَـلْ
إوْ تِـزِفَّـكْ بـٱلْـوَغـه ٱسـيـوفِ ٱلْـمَـنِـيَّـه

والجناس في "تهل هل"، فالأولى مخففة تهل هلاًّ، من هلّ الدمع، والثانية من هلّ الهلال إذا ظهر وبان، والثالثة من هلهل إذا رجّع صوته، والوغة أي الوغى وهي الحرب.

في الواقع ان قصة العرس واحدة من القصص البكائية التي لحقت بواقعة كربلاء فيما بعد والتي يسعى المحقق الكرباسي في موسوعته الرائدة التحقق منها وأمثالها وتشذيبها وإرجاع الأمور إلى نصابها. لكن مشهد العرس يبقى في التراث الشعبي الحسيني محافظا على قدسيته، لما فيه من مفردات عزائية تراجيدية تحاكي النفس البشرية التي تفرح بمشهد عرس وتحزن بسقوط شهيد، فكيف والشهيد عريس لم يتذوق حلاوة العرس! فإن القصة أبلغ في النفس وأوقع في القلب.

أهمية خاصة

ضم الجزء الرابع من "ديوان الأبوذية" بين طيتيه (**٣٣٣**) أبوذية شملت حرف اللام فقط، تناولت محاور عدة وشخصيات نسائية ورجالية شهد لها

التاريخ بالبطولة والإباء والصبر، مثل شخصية العباس بن علي عليه السلام حامل لواء عسكر الإمام الحسين عليه السلام، والسيدة زينب بنت علي عليه السلام التي تحملت المسؤولية بعد استشهاد الحسين عليه السلام وقادت ركب الأسرى من أهل البيت عليهم السلام وحضرت مجالس الكوفة والشام غير خائفة ولا وجلة، ويصح القول إنها حاملة لواء الإعلام الحسيني وصوته الناطق بالحق، كما تنوعت الأبوذيات في إظهار إباء الحسين عليه السلام وصبره وتجلده، كما أظهرت الدور البطولي للمرأة في معركة الخلود.

وتضمن الجزء الرابع من ديوان الأبوذية الشعراء التالية أسماؤهم حسب الحروف الهجائية: إبراهيم عبد الحسن الخنيفري (ق١٥هـ)، أبو كميل الكعبي (ق١٥هـ)، أحمد الهندي (ق١٤هـ)، إسماعيل عيدان المشعلي (ق١٥هـ)، باقر الحلي (ق١٤هـ)، ثريا عطية الجمري (ق١٥هـ)، جابر جليل الكاظمي (ق١٥هـ)، جعفر جاسم قسام (ت١٣٧٥هـ)، جمعة سلمان الحاوي (ق١٥هـ)، حسن حسين الموسوي (ق١٥هـ)، حسين علي الكربلائي (ت١٣٢٨هـ)، خضير بن... (ق١٤هـ)، خلاف حسن العفراوي (ق١٥هـ)، رمضان شريف برواية (ق١٥هـ)، سعيد كاظم الصافي (ق١٥هـ)، صالح حسين الحلي (ت١٣٥٩هـ)، صالح آل نعمة (ق١٤هـ)، عباس علي الحزباوي (ق١٥هـ)، عباس غانم المشعل (ق١٥هـ)، عباس الحميدي (ق١٤هـ)، أبو يقظان عباس كريم الحلي (ق١٥هـ)، عباس ناصر البحراني (ق١٥هـ)، عبد الإمام حسن الفارسي (ق١٥هـ)، عبد الأمير علي الفتلاوي (ت١٣٨٠هـ)، عبد الأمير نجم النصراوي (ق١٥هـ)، عبد الحسن محمد الكاظمي (ت١٤١٨هـ)، عبد الرحيم خزعل المقدم (ق١٥هـ)، عبد السادة حبيب الديراوي (ق١٥هـ)، عبد الصاحب ناصر الريحاني (ق١٥هـ)، عبد

العال الرميثي (ت١٤١٤هـ)، عبد العظيم حسين الربيعي (ت١٣٩٨هـ)، عبد الهادي جبارة النجفي (ق١٥هـ)، عبد الهادي زاير دهام (ق١٤هـ)، عبود جابر البحراني (ق١٥هـ) عبود غفلة الشمرتي (ت١٣٥٦هـ)، عطية علي الجمري (ت١٤٠١هـ)، علوان مجيد الخميسي (ق١٥هـ)، علي إبراهيم الفراتي (ق١٥هـ)، علي حسين التلال (ق١٥هـ)، علي حسين الهاشمي (ت١٣٩٦هـ)، علي كريم الموسوي (ق١٥هـ)، فاخر طاهر الموسوي (ق١٥هـ)، فليح محسن الدعمي (ق١٥هـ)، كاظم حسون المنظور (ت١٣٩٤هـ)، كاظم طاهر السوداني (ت١٣٧٩هـ)، كاظم عبد الحمزة السلامي (ت١٣٩١هـ)، لطيف صالح النزاري (ق١٥هـ)، محمد حسن سبتي (ت١٤١٥هـ)، محمد سعيد مانع (ق١٤هـ)، محمد محسن السراج (ت١٣٦١هـ)، محمد سعيد موسى المنصوري (ق١٥هـ)، محمد علي راضي المظفر (ق١٥هـ)، مرتضى أحمد قاو الكربلائي (ت١٣٨٣هـ)، مهدي حسن الخضري (ت١٣٤٧هـ)، مهدي حسن الماجدي (ق١٥هـ)، مهدي راضي الأعرجي (ت١٣٥٩هـ)، مهدي صاحي الموسوي (ق١٥هـ)، مهدي محمد السويج (ق١٥هـ)، موسى الصيادي (...)، ناجي حسن الچبان (ق١٥هـ)، ناصر عيسى الصخراوي (ق١٥هـ)، نجم عبود الكواز (ق١٤هـ)، نجيب العوادي (ق١٤هـ)، هادي علي القصاب (ت١٤٠١هـ)، هاشم ناصر العقابي (ق١٥هـ)، هيثم شاكر سعودي (ق١٥هـ)، ياسر نعمة الساري (ق١٥هـ)، وياسين عبد الكوفي (ت١٣٧٤هـ).

وضم الديوان مجموعة فهارس قيمة، مع قراءة علمية باللغة العبرية كتبها الروسي الخبير باللغات الشرقية، البروفيسور ميخائيل كراسنوفسكي وهو مسيحي أرثوذوكسي المعتقد، اكتشف من خلال قراءة الجزء الرابع من

١١٢

الأبوذية وجود: "صلة بين الشعوب العربية وبين اللزقينيين الذين ينتمي قسم منهم إلى الإسلام الشيعي، والقسم الآخر ينتمي إلى الإسلام السني، حيث يقطن الشعب اللزقيني في المنطقة الجنوبية الشرقية لداغستان (القفقاز الشمالي)، وفي أزخايدقان الشمالي ومداغستان" وعلى خلاف كل المصادر التي ترجع الأبوذية إلى أهل العراق وسكان جنوب إيران، فإنه يحتمل: "أن تكون الأبوذية هذه الصياغات الشعرية العربية الموجودة في وسط الجنوب العراقي آتية بالدرجة الأساس من مناطق اللزقيين الذين استمروا متمسكين بالإسلام وبلغة القرآن وبالنبي محمد، حتى في أتعس الظروف، وذلك لتشابه موجود بين صياغات شعرية لزقينية وبين الأبوذية"، وبان له: "ان هذه المرة الأولى في تاريخ التأليف العالمي التي يدخل فيها الباحثون والمحققون إلى أعماق الأبوذية التي تحتاج إلى المزيد من البحث والتحقيق"، واعترف في خاتمة القراءة النقدية، ان: "هذه الصياغات الصعبة والمعقدة وذات الكلمات العصية على الفهم ليست واضحة حتى لدى العرب المنحدرين من مدن أخرى، بل إنَّ خبراء اللغة والثقافة العربية أيضاً عاجزون عن فهمها، مما يضفي على الشرح الخاص الذي قام به الباحث محمد صادق محمد الكرباسي أهمية خاصة".

الثلاثاء ١١ شوال ١٤٢٨ هـ (٢٣/١٠/٢٠٠٧م)

١١٣

الأستاذ الشيخ
إبراهيم ساوادا تاتسويجي

* ولد عام ١٣٨٣هـ (١٩٦٤م) في العاصمة اليابانية طوكيو.

* نشأ ودرس في طوكيو ونال شهادة الدبلوم من معاهدها.

* تأثر بالثورة الإسلامية في إيران وانشد إلى الإسلام ثم استبصر.

* انتقل إلى مدينة قم الإيرانية للدراسة في حوزتها وكسب العلوم الإسلامية.

* بعد فترة من الدراسة لبس العمّة.

* عاد إلى بلده وأسس عام ١٤٢٠هـ (١٩٩٩م) مركز أهل البيت في طوكيو.

* ينشط في الوسط الياباني في نشر التعاليم الدينية وتعريف اليابانيين برسالة الإسلام وأهل البيت عليهم السلام.

اسم مقدس موضع ترحاب عميق ومحبة كونية[1]

(السيرة الحسينية ١)

الحسين اسم لحفيد النبي محمد ﷺ ومحبوبه، وهو اسم موشح بالمأساة، فقد كان إماما وسيدا لشباب أهل الجنة، وبالرغم من ذلك فقد ذبحه طاغية زمانه والذي نصّب نفسه كخليفة للرسول ﷺ وهو أمر مؤسف، ولدى إدراك هذه الحقيقة، فلا يسع المرء أن يكبح جماح الحزن في قلبه، حيث إن ذلك من الأمور التي تتعلق بالإيمان الصادق.

وعندما يتطلع المجتمع الياباني إلى مثل هذا الحدث المشين، يبدى استغرابه من محاولة أرباب الحكم آنذاك والذين حكموا باسم الإسلام، كيف أباحوا لأنفسهم القيام بمثل هذا العمل المزري وحاولوا إبادة أهل بيت الرسول ﷺ ومحوهم من الوجود.

ورغم ذلك فإن الحسين أبى أن يجانب الحق بل سار على نهج الله القويم، وقد قام هو وشقيقه الأكبر الحسن في عهد خلافة أبيه علي، بخدمة المجتمع وتحديا الصعاب في سبيل إحقاق الحق، وكانا بنفسيهما يجاهدان في سبيل الله ويقاتلان أعداء الله. ولما تولى الخلافة أخوه الأكبر الحسن،

---

(١) تمت الترجمة من اللغة اليابانية.

كان له خير عضيد وناصر، وكان الأخ الأصغر الذي أخلص له، وبعد وفاته انتقلت الإمامة إليه، ومنذ أن تولى معاوية الحكم وحتى وفاته، تحمّل الحسين الصعاب، متحليا بالصبر والحلم. وما أن توفي معاوية وتولى ابنه يزيد الحكم وتقمص الخلافة، طلب من الحسين المبايعة، لكنه لم يذعن ليزيد، ورفض مبايعته.

وقد أخذ حفيد النبي المحبوب يُعد نفسه لمقاومة الظلم ولتقبل الشهادة في سبيل الله بطيب خاطر، فأصبح بذلك قدوة لنا وللأجيال الصاعدة، وغدت سيرته درسا للعصور المتتالية، وقد أثبتت نهضته هذه للعالم بأن الفوارق الزمنية لا يمكنها أن تقف أمام نهضة المخلصين، فليس هناك زمان صالح وآخر طالح لتوعية الأمة والوقوف أمام الظلم، فـ "كل يوم عاشوراء وكل أرض كربلاء"، فهذا معنى الحب العميق لله والثقة بالخالق.

لم تكن سيرته الاستشهادية فحسب درسا لنا، بل كل سيرته منذ ولادته وحتى استشهاده كانت ثرّة بالمعاني العظيمة.

إن هذه الموسوعة لهي جهد عظيم يشتمل على كل ما يخص الحسين، إنه عمل لا يمكن تقديره بأية قيمة، حيث أُودع فيها حياة الحسين كاملة في مجموعة مستقلة. إنها مهمة فائقة أن نتفهم مجمل حياة الحسين من خلال القراءة في هذا الكتاب المفتوح الذي يعد أحد أبواب دائرة المعارف الحسينية.

إن هذا العمل مكرّس من قبل الشيخ محمد صادق الكرباسي الذي تولى هذه المسؤولية الثقيلة.

ولد الكرباسي في عام ١٩٤٧م في مدينة كربلاء، حيث استشهد الحسين، وأنه ينتمي لعائلة ذات تاريخ متعاقب طويل من علماء الدين الذين

تواصلوا جيلا بعد جيل[1]، وأنه لأمر طبيعي له أن يتسلم زمام التعاقب في نهج الدين، وقد واصل علومه الدينية (الإسلامية) متتلمذا على يد علماء أعلام بضمنهم أعلام النجف وقم، فأصبح هو نفسه حجة في العالم الإسلامي، وقد ألّف كتبا عدة، وهكذا واصل نشاطه كعالم دين. ولقد حالفه النجاح في إنجاز عمل شاق ومهم ألا وهو الكتابة عن سيرة الحسين، إن هذا حقاً لهو جهاد في سبيل الله.

إننا ندعو الله أن يوافيه بجزيل الأجر والثواب.

إبراهيم ساوادا تاتسويجي

طوكيو ـ اليابان

٤ شعبان ١٤٢٢ هـ ـ ٢٠/ ١٠/ ٢٠٠١م

---

(١) للإطلاع على السيرة الذاتية لأعلام أسرة آل الكرباسي التي ترجع بنسبها إلى القائد الإسلامي مالك بن الحارث الأشتر النخعي (٢٥ق.هـ ـ ٣٧هـ) والتي لا زالت تغني الحواضر العلمية بالعلماء والفقهاء، انظر كتاب "آل الكرباسي" للفقيه الشيخ محمد الكرباسي (١٣٢٤ ـ ١٣٩٩هـ) المولود في النجف الأشرف والمتوفى في مدينة قم الإيرانية.

الكرباسي يقدم في "السيرة الحسينية" منهجاً جديداً لقراءة التاريخ

مرّت على الأرض مدنيات وحضارات، أقوام ومجتمعات، وتداولت الأمم أسماء وشخصيات بالخير والشر، وارتفع أناس في سلم المجتمعات وتسافل آخرون، وسجّل التاريخ بالنور بعضاً وبعضاً بسواد الفحم، وانمحت آثار بعض وبعض بقيت آثاره دالة عليه يشار إليه بالبنان أو بطعن اللسان، تقوده أعماله إلى برج الذكرى الحسنة أو تهبط به إلى مهاوي التنكيل، تعرج به حسناته إلى سماء العلو والرفعة أو تهوي به سيئاته إلى قاع النسيان.

ثنائية تشكلها ريشة البشر على لوحة الحياة، فالخير ورجاله وأعماله عذب فرات، والشر ورجاله وأعماله ملح أجاج، ولا برزخ وسط يتذبذب فيه التاريخ إلى هؤلاء وهؤلاء يمده من عطاء الحياة، فالخير خير والشر شر، والسيرة الحسنة تتثبت على أثافي الخير، والسيرة السيئة تتأرجح على أعواد الشر تتقلقل بصاحبها فلا كلب لديه يبسط ذراعيه بالوصيد، ولا شمس تتزاور عن سيئاته ذات اليمين إذا طلعت وإذا غربت لا تقرضه ذات الشمال ولا هو في فجوة، بل هو في حفرة أعماله، كلما أساء زاد في قاعها وصعبت عليه مراقيها.

فالإنسان والأمة والمدنية والحضارة تقاس بعطاءاتها وإنجازاتها، فالنبي

إبراهيم عليه السلام كان رجلا واحدا حين عزّ الأنصار في قوم تسمروا على أصنام يعبدونها، ولكن عطاءه في ميدان التوحيد كان كبيرا، فاستحق الوصف الرباني ﴿إِنَّ إِبْرَٰهِيمَ كَانَ أُمَّةً﴾[1]، فالعملية طردية، فكلما عظمت أعمال المرء تنوَّرَ قمرُه وأشرقت شمسُه وتتلألأ نجمُه.

المحقق والبحاثة الدكتور محمد صادق الكرباسي، في كتابه "السيرة الحسينية" في جزئه الأول الذي صدر عن المركز الحسيني للدراسات في لندن، في ٥٠٠ صفحة من القطع الوزيري، يأخذنا في رحلة نوعية لمشاهدة أدق التفاصيل في سيرة الإمام الحسين بن علي بن أبي طالب عليه السلام في سنواته الأولى وهو في كنف جده نبي الإسلام محمد بن عبدالله صلى الله عليه وآله وسلم.

ولكن الكرباسي قبل أن يحدو بنا إلى المدينة المنورة حيث مولد الإمام الحسين عليه السلام وملاعبه ونشأته، يتوقف طويلاً عند التاريخ والتأريخ، مؤرخا لنشأة البشرية من أبينا آدم الذي نرجع إليه بالنسب، وممنهجا للتاريخ وكيفية قراءته، في مباحث استقلت بأكثر من خُمس صفحات الجزء الأول من السيرة الحسينية ذات الأجزاء العشرة في سياق أجزاء الموسوعة الحسينية ذات الستمائة جزء والتي صدر منها تباعا ٣٢ جزءاً[2]، في عمل موسوعي قل نظيره في عالم الدوائر المعرفية والموسوعات.

التاريخ والزمان وأشياء أخرى

يتناول المصنف تحت عنوان "تاريخ الإنسان" عمر الكرة الأرضية وعمر البشرية الحالية، والتقسيمات المختلفة لمراحل حياة الإنسانية،

---

(١) سورة النحل: ١٢٠.

(٢) صدر منها حتى اليوم أكثر من ٧٠ مجلداً.

لينتهي في سابقة تحقيقية إلى بيان تاريخ هبوط آدم ووفاته باليوم والشهر والسنة، حيث نجد هذه المعلومات بالتفصيل في الجزء الأول من كتاب "الحسين والتشريع الإسلامي" من هذه الموسوعة، فالتاريخ عنده يبدأ من هبوط آدم في شهر كانون في العام ٦٨٨٠ قبل الهجرة الموافق للعام ٦٠٥٢ قبل الميلاد، ولا ينتهي بوفاة أبينا آدم يوم الجمعة في العام ٩٣٠ من عام الهبوط الموافق للسادس من نيسان أبريل العام ٥١٥٠ قبل الميلاد، فالتاريخ استمر فيه وفي نسله إلى يومنا هذا، وهذا التاريخ اختاره المصنف، وأما: "ما يتناقله علماء الأحياء إنما هو من باب الحدس، والخلاف بين مدرسة الأديان ومدرسة الآثار يبقى قائما إلى أن تصبح النظريات حقائق".

من يصنع التاريخ؟

ولكن من يقف وراء صناعة التاريخ: الحدث أو الشخص، أو كلاهما؟

تحت عنوان "من وراء التاريخ؟" يجيب المصنف على هذا التساؤل الحيوي الذي لم يزل تختلف عليه الآراء حتى يومنا هذا، فالحدث إما أن يكون من صناعة الإنسان نفسه أو أن يكون بفعل قوة غيبية تنسجم مع القوانين المودعة في ناموس الأرض والحياة، أو ما يسمى بالأحداث الطبيعية التي هي خارج عن قدرة الإنسان، ولكن الثابت: "إن حركة التاريخ لا يمكن أن تكون من الحوادث الطبيعية بل هي من صنع البشرية.. ونرى أن الأحداث لا تصنع التاريخ الماثل أمامنا، بل التاريخ بحاجة إلى حركة تنتمي إلى جوهر روحي وإلا فسوف يبقى على جموده".

ولكن مثل هذا الكلام يتولد عنه تساؤل آخر: هل التاريخ فاعل أو مفعول؟

المصنف وتحت عنوان "التاريخ فاعل أو مفعول" يبحث فيما إذا كان التاريخ هو الذي يصنع الإنسان ويؤثر فيه أم أن الإنسان هو الذي يؤثر في التاريخ سواء كان من صنعه أو من صنع الطبيعة، ويرى في نهاية المطاف أن التاريخ فاعل ومفعول في آن واحد، فالإنسان يكون صانعا للحدث فيكون التاريخ الذي يسجل ذلك الحدث مفعولا بفعل الإنسان الفاعل، ويتأثر الإنسان بالحوادث وبخاصة الطبيعية فيكون الحدث وتاريخه فاعلا في الإنسان المفعول، بيد أن الثابت: "إن محور الكون هو الإنسان، فهو اذاً محور التاريخ".

كيف يتحدد التاريخ؟

بهذا العنوان يحاول المصنف أن يجيب على تساؤل لم تتفق عليه الآراء، فيما اذا كانت حركة الليل والنهار تقف وراء الزمان أم أنها مظهر له، وينتهي إلى القول بأن حركة الليل والنهار: "مظهران من مظاهر الزمان ومحددان له، وإنما الحركة هي التي تصنع الزمان" فلولا حركة الأجرام السماوية لا يتحقق الليل والنهار ولا الفصول الأربعة، مؤكدا في الوقت نفسه: "إن الزمان هو محور التأريخ، وحركة التاريخ تابعة لحركة الزمان".

وبناءً على هذا الفهم لدور التاريخ، فانه لابد وان يكون له قيمة في سجل المكرمات، وهو ما يبحثه المصنف تحت عنوان "قيمة التاريخ" فيعدد نماذج من قيم التاريخ، ففي المجال السلوكي يقدم التاريخ للأجيال، العبرة والموعظة، ويوفر التطور والكشف في المجال العلمي، ويعالج الأسباب في المجال السياسي، وفي المجال الاقتصادي يعمل على رصّ الأسس، ويزيد من الإبداع في المجال الأدبي، وفي المجال الفلسفي

يكسب المرء الخبرة والتجربة، ويرى المعلم بطرس بن سليمان البستاني[(١)] (١٨١٩ ـ ١٨٨٣م)، أن: "فائدة التاريخ: العبرة بتلك الأحوال والتنصح بها وحصول ملكة التجارب بالوقوف على تقلبات الزمن"[(٢)]. وعلى مستوى النص، فإن الإمام علياً عليه السلام لخّص الفائدة بوصيته لابنه عليه السلام وهو القائل: "يا بني إني وإن لم أكن قد عمرت عمر مَن كان قبلي فقد نظرتُ في أعمارهم وفكرتُ في أخبارهم وسرتُ في آثارهم حتى عدتُ كأحدهم، بل كأني بما انتهى إليّ من أمورهم قد عمّرت مع أولهم وآخرهم فعرفت صفو ذلك من كدره، ونفعه من ضرره"[(٣)]، ولا يخفى أن الخطاب موجه إلى كل أفراد المجتمع مَن كان أو هو كائن ويكون.

وحتى تأخذ صيغة الخطاب تأثيرها، ينبغي تدوين التاريخ حتى تطلع عليه الأجيال وتتعظ به، وربما كان القرآن الكريم في صدارة المتحدثين عن التاريخ الناطق. على أن هناك فرقا بين التأريخ (بالهمزة) والتاريخ (بالمد)، يسجله المصنف في مبحث مستقل تحت عنوان "الفرق بين التأريخ والتاريخ"، ليخلص إلى أن الكلمة وردت في اللغة العربية بعد الإسلام، فقد خلت النصوص الجاهلية منها. كما يعدد المصنف تحت عنوان "الفرق بين علم التاريخ وعلم الآثار" التباينات بين العلمين، منتهيا إلى أن التاريخ يشمل على: "معرفة حركة الزمان والمكان لما يستوعبه ومن يستوعبه"، في حين أن الآثار هي عملية: "تقفي الأثر لمعرفة ما يكتنفه من معلومات".

---

(١) البستاني: أديب وموسوعي لبناني، ولد في قرية الدبية في الشوف وفيها نشأ ثم سكن بيروت، أسس صحيفة الجنان ثم جريدة الجنة، من مصنفاته: معجم محيط المحيط، معارك العرب في الشرق والغرب، وأدباء العرب.

(٢) البستاني، بطرس، دائرة المعارف: ٦/٩.

(٣) القمي، عباس، سفينة البحار: ٨: ٤٣٤.

ولا يكاد يمر المرء على التاريخ إلا ويعلق في الذهن السؤال الطبيعي: "هل التاريخ يعيد نفسه؟"، وهو تساؤل منطقي يعيد المصنف عرضه، ليقرر: "إن التاريخ ليس فيه ما يمكن إعادته، وذلك لأن إعادة الزمان غير ممكنة لأنه من الماضي"، ولكن الذي يعود هو الأسباب والمسببات، لان: "الأسباب في جوهرها واحدة، وعلى ضوء ذلك فالمسببات بشكل عام تكون واحدة، وإنِ اختلفت صورها".

ولما كانت لكل أمة حوادثها التي تركت أثرا بارزا، فكان من الطبيعي أن تؤرخ كل امة لتاريخها بحدث خاص مميز تعتز به، وهذا ما يبحثه المصنف تحت عنوان "بماذا يؤرخ؟"، فللصينيين تاريخهم وتقويمهم وللهند تقويمها ولأهل الكتاب اليهود والنصارى تقويمهما وللمسلمين تقويمهم، وهلم جرا.

كما كان من الطبيعي أن يقوم من يتحمل بمسؤولية تثبيت حوادث التاريخ ووقائعها، وهذا ما يبحثه المصنف تحت عنوان "مَن المؤرخ؟" معددا شروط المؤرخ المتخصص بكتابة التاريخ، ناعيا على المؤرخين المتصفين بالجمود وينقلون كل شيء دون اكتراث للمحيط والعوامل المؤثرة في الحدث، فيكون حالهم كما يقول البحاثة الكرباسي: "كآلة ناقلة لا يستخدم فطنته في استيعاب الحدث حين النقل"، وحسبما يقول ابن خلدون (٧٣٢ ـ ٨٠٨م): "إن الأخبار إذا اعتمد فيها على مجرد النقل ولم تُحكم أصول العادة وقواعد السياسة وطبيعة العمران والأحوال في الاجتماع الإنساني ولا قيس الغائب منها بالشاهد والحاضر بالذاهب فربما لم يؤمن فيها من العثور ومزلة القدم والحيد عن جادة الصدق"[1].

(١) ابن خلدون، عبد الرحمن بن محمد، مقدمة ابن خلدون: ١/ ٩.

ولكن يا ترى "هل يخضع التاريخ للتخصص؟". تحت هذا العنوان يجيب المصنف على السؤال بالإيجاب، فنقول تاريخ الرجال أو تاريخ الدول أو تاريخ العلوم، بيد أن: "هذه التخصصات والتشعبات لا يخرجها عن تأريخيتها لأنها تمتلك مقومات التاريخ وخصوصياته".

ولما كان الحديث عن السيرة الحسينية، فإنَّ المصنف يفرد بحثا عن "مبدأ التاريخ الإسلامي"، مستشهدا بعدد وافر من النصوص والشواهد التاريخية ليدحض الرأي الشائع بأنَّ التقويم الإسلامي بدأ منذ العام ١٦ هجرية، مؤكداً أن التاريخ الهجري وابتداءً من شهر محرم الحرام بدأ العمل به منذ الهجرة النبوية مباشرة. ويدخل المصنف من هذا البحث إلى بيان "النهضة الحسينية ومقومات التأريخ"، ليؤكد أن النهضة الحسينية واستشهاد الإمام الحسين عليه السلام في كربلاء في العاشر من محرم الحرام العام ٦١ هجرية، تمتلك كافة مقومات التأريخ بها، لكن النهضة كانت امتدادا لحركة الرسالة الإسلامية وترسيخا لما جاء به محمد بن عبدالله صلى الله عليه وآله وسلم.

وإذا كان التاريخ له قيمته، فهل يملك الحجية لإثبات موضوع ديني أو تشريعي؟

هذا الموضوع الحساس يبحثه المصنف تحت عنوان "حجية التاريخ"، ليؤكد أن عمل البشر الذي وصل إلينا لا يعتبر حجة إلا أن يكون الإنسان صاحب التأثير الفاعل في حركة التاريخ معصوما، أو من ضمن سيرة المتشرعة المتصل بزمن المعصوم، أو أن كلامه وفعله من ضمن الشهرة الروائية والفتوائية، ذلك أن التاريخ تعرض للتحريف.

السيرة.. فن وإبداع

وينتقل المصنف من التاريخ وما يتعلق به إلى الحديث عن "السيرة لغة واصطلاحا" وهو مدار أجزاء هذه السلسلة من دائرة المعارف الحسينية، حيث إن المراد بالسيرة: "مجموعة أفعال الشخص وأقواله التي يعبر عنها بالسلوك"، فالسيرة إذن: "علم معرفة سلوك شخص أو أمة.. وقد يراد منها علم التاريخ، وربما أمكن الفصل بينهما بأن السيرة هو تاريخ الشخص، والتاريخ هو سيرة الأمة".

ولهذا العلم فنونه ورجاله، ويقال إن أول من صنف في علم السير والتاريخ هو محمد بن إسحاق المطلبي[1] المتوفى العام ١٥١ هجرية، وأول من سمى مصنفه بالسيرة هو عبد الملك بن هشام[2] الحميري المتوفى عام ٢١٨ هجرية حيث سمى كتابه بالسيرة النبوية واشتهر اختصارا "سيرة ابن هشام". أما بخصوص السيرة الحسينية فإنها: "بيان عن كل ما صدر عن الإمام الحسين عليه السلام من قول أو فعل أو معايشة كان له دور فيها ولو لمجرد الحضور فيما لو نصّت المصادر على ذلك". ويضع المصنف الفوارق بين السيرة والترجمة، وبين السيرة والقصة، وبين السيرة والحكاية. ويشرح تحت عنوان "الهدف والمضمون في السيرة"، الفوائد المتوخاة من بيان سيرة أي إنسان، صالحا كان أو طالحا، فتكون بالنسبة للمراقب أو المتابع كالمرآة يعمل بالصالح من السيرة ويتجنب طالحها.

---

(١) المطلبي: هو حفيد يسار بن خيار المطلبي بالولاء، حيث كان جده من عين التمر بالعراق، ولد في المدينة المنورة سنة ٨٠هـ، محدّث ومؤرخ تنقل في البلدان، نزل الكوفة، ومات في بغداد.

(٢) ابن هشام: هو حفيد أيوب المعاقري، من أهل البصرة، سكن مصر وفيها مات، مؤرخ ونسّابه، من مصنفاته: التيجان في ملوك حمير، أخبار عبيد بن شريه الجرهمي، وشرح ما وقع في أشعار السيرة من الغريب.

وعادة ما تبدأ كتابة سيرة أي إنسان منذ بدايات شهرته، إلا أن الأمر مع صاحب "هذه السيرة" تختلف تماما، فهي تبدأ من قبل ذلك عندما كان في صلب أبيه، بوصفه وارث علم الأنبياء والأولياء، وهو ممن أذهب الله عنهم الرجس وطهرهم تطهيرا، وكما قال الرسول الأكرم محمد ﷺ فان: "أساس الإسلام حبي وحب أهل بيتي"[1]، ولذلك فإن المصنف في تتبعه لسيرة الإمام الحسين، يبدأ من قبل أن يولد وأثناء حمل فاطمة الزهراء عليها السلام له، بلحاظ أن أصل الزيجة (نسب الوالدين) له مدخلية مباشرة في نوعية الوليد، ويلاحق العلاقة المباشرة التي أولاها النبي محمد ﷺ لابنته فاطمة ﷺ قبل زواجها وبعده، وعلاقته بسبطيه كونهما سيدي شباب أهل الجنة.

وحيث إن الحسين عليه السلام إمام قامَ أو قعد، بنص نبوي شريف[2]، فإن الباحث يفرد بحثا تحت عنوان "الخصائص" لبيان مميزات الأنبياء والأئمة، والعلاقة بينهما، لينتهي إلى القول: "إن الخصائص النبوية كلها موجودة في الأئمة المعصومين كما تراه الإمامية إلا مسألة نزول الوحي، والنبوة، والزواج من تسع، وأزواجه أمهات المسلمين الذين لا يحق لهم الزواج بهنّ بعد النبي ﷺ".

ولم يَفُت المصنِّف أن يبحث بشيء من التفصيل في مسألة على غاية من الأهمية كمقدمة لبحث سيرة الإمام الحسين عليه السلام وهي "نشأة الطفل"

---

(١) المتقي الهندي، علي بن حسام الدين، كنز العمال: ١٣/ ٦٤٥.

(٢) قال الرسول الأكرم محمد ﷺ: "الحسن والحسين إمامان قاما أو قعدا"، ابن شهرآشوب محمد بن علي، مناقب آل أبي طالب: ٣/ ١٦٢. وقال عليه الصلاة والسلام وهو يشير إلى الحسن والحسين عليهما السلام: "ابناي هذان إمامان قاما أو قعدا"، المفيد محمد بن محمد العكبري، الإرشاد: ٢/ ٣٠.

والمؤثرات فيها من وراثة وتربية وأسرة وبيئة، حيث دلت العلوم الحديثة الخاصة بالهندسة الوراثية (الجينوم البشري)[(١)] تلازمية العلاقة بين الجينات المورثة ونوعية الجنين، داعما الموضوع بسيل من نصوص القرآن والسنة الشريفة التي تحدثت عن المورثات (الجينات).

كما فصّل المصنف القول في التربية وتأثيرها على سلوك الطفل، واختلاف المعايير التربوية بين حضارة وأخرى ومدنية وأخرى، واتفاقها على سعادة الإنسان، بيد أن حاصل الكلام: "إن التربية وأسسها ترتبط ارتباطا وثيقا بالرؤية الفلسفية للحياة وكيفية التعامل معها وبما فيها"، وهذه العلاقة بين الوليد والوراثة والتربية، يفسرها قول الإمام جعفر بن محمد

---

(١) الجينوم البشري Human genome: هو كامل المادة الوراثية المكونة من (الحمض الريبي النووي منزوع الأكسجين) والذي يعرف اختصارا بـ: "DNA" يحتوي الجينوم البشري على ما يقارب ٢٠ ـ ٢٥ ألف جين gene (المورثات) موجودة في نواة الخلية ومرتبة على هيئة ثلاثة وعشرين زوجاً من الكروموسومات (أو الصبغيات). يوجد نوعان من الكروموسومات. النوع الأول هو الكروموسومات الجسدية (somatic) وعددها ٢٢ والنوع الثاني هي الكروموسومات الجنسية (X) و(Y) والتي تحدد جنس الإنسان. تحمل تلك الجينات (المورثات) جميع البروتينات اللازمة للحياة في الكائن الحي. وتحدد هذه البروتينات ضمن أشياء أخرى، كيف يبدو شكل الكائن الحي؟، وكيف يستقلب metabolize جسمه الطعام أو يقاوم العدوى، وأحياناً يحدد حتى الطريقة التي يتصرف بها. يختلف حجم الجينوم وعدد الجينات بين المخلوقات الحية.

ويتكون جزيء الـ: DNA في البشر من خيطين يلتف كل منهما حول الآخر بحيث يشبهان السلم الملتوي والذي يتصل جانباه، والمكونان من جزيئات السكر والفوسفات، بواسطة روافد rungs من المواد الكيميائية المحتوية على النتروجين، والتي تسمى القواعد bases ويرمز إليها اختصاراً A و T و C و G، وتتكرر هذه القواعد ملايين أو مليارات المرات في جميع أجزاء الجينوم، ويحتوي الجينوم البشري، على سبيل المثال على ثلاثة مليارات زوج من هذه القواعد، في حين يحتوي الجسم البشري على نحو١٠٠ تريليون (١٠٠,٠٠٠,٠٠٠,٠٠٠,٠٠٠,٠٠٠,٠٠٠) خلية! انظر: الموسوعة الحرة (ويكيبيديا) من دراسة عن الجينوم البشري بقلم الدكتور إيهاب بن عبد الرحيم بن محمد علي الأسيوطي، منشورة في مجلة العربي الكويتية لشهر يناير كانون الثاني ٢٠٠١ م.

الصادق عليه السلام عند بيان حقوق الولد على الوالد: "وتجب للولد على والده ثلاث خصال: اختياره لوالدته، وتحسين اسمه، والمبالغة في تأديبه"[1]، لأن الولد هو وليد المرأة والرجل، فإن أحسن الرجل اختيار زوجته ضمن وليدا سليما يأخذ سنخيته من والديه، من هنا فإن المصنف يقترح أن يخضع الزوجان: "لدورة تعليمية قبل الزواج لفترة لعلها تصل إلى ستة أشهر لأخذ الفكرة عن الزواج كمفهوم مقدس له شأن خطير فيما إذا أريد أن يكون الزواج مثاليا وناجحا ويحقق الأهداف، ويخفف من الانفصال والطلاق والنزاع والخلاف"، وذلك لأهمية الأسرة في بناء بيئة مصغرة، وأهمية البيئة في بناء أسرة كبيرة، وأهمية الأسرة والبيئة في تحقيق سلامة المجتمع من الأمراض الاجتماعية، كون: "البيئة جامعة كبرى والأسرة مدرسة فاعلة".

منهجية جديدة

وبأسلوب أكاديمي حديث، يشرح المصنف "عملنا في هذا الباب"، مطلعا القارئ على المنهج الذي يتداوله في تناول سيرة الإمام الحسين عليه السلام، حيث اعتمد التسلسل التاريخي لبيان الوقائع والحوادث، وما يلاحظ في المنهج أن المصنف أتى بشيء جديد لم يسبقه إليه احد، فقد قام بتحويل الأحاديث الواردة في مناقب الإمام الحسين على لسان جده محمد صلى الله عليه وآله وسلم إلى حوادث تاريخية رافعا الكثير من اللبس الذي اكتنف حياة الإمام الحسين عليه السلام وهو صغير باعتبار انه عايش جده لسنوات سبع منذ ولادته في العام ٤ هجرية حتى العام ١١ هجرية سنة رحيل النبي

(١) الحراني، الحسن بن علي، تحف العقول عن آل الرسول: ٣٢٢.

محمد ﷺ، محددا الحدث وموثقاً له بتطبيق أيام الأسبوع بأيام الشهر وتحديدها بفصول السنة، وقد برع المصنف في ما أمكنه في تحديد الحديث بالسنة والشهر والأسبوع واليوم وربما بالساعة بالاعتماد على قرائن قلما ينتبه إليها أحد، وبذلك صحح الكثير من المعلومات ورفع خلافات وتناقضات عدة واردة في النصوص، كما طابق بين التاريخ الهجري والميلادي، واستعان المحقق بالخرائط لبيان حركة النبي محمد ﷺ في إقامته وترحاله خارج وداخل المدينة وتتبع غزواته، وعلاقة ذلك بحفيده الحسين عليه السلام.

ولعل هذا القسم يعد بادرة حسنة تضع القارئ على بينة من تحركات النبي محمد ﷺ بالنص والصورة، وتقدم مادة خصبة للأدباء وكتاب السيناريو وفناني السينما والمسرح، فهو يقدم الحسين عليه السلام وجده ﷺ معا باحثا عن كل جزئية مستعينا بكل الأدوات المعرفية، لكنه في الوقت نفسه اقتصر في نقل الحوادث على ما له علاقة بالإمام الحسين فقط، دون الوقوف كثيراً عند الحدث نفسه، فعند ذكره معركة خيبر مثلا فانه يتناول ما له علاقة بالحسين عليه السلام دون الوقوف كثيراً عند حدث المعركة نفسه.

بعد هذه المقدمة، يضعنا المصنف على خارطة متسلسلة من السيرة الحسينية، حيث تقع في سبعة فصول، وكل فصل ضم مقاطع عدة، وكل مقطع تداخلت فيه عناوين فرعية كثيرة، وأخذ هذا الجزء خمسة مقاطع من الفصل الأول الذي حمل عنوان "الحسين عليه السلام في أيام أبي القاسم ﷺ".

وقائع ما قبل الحمل

حمل المقطع الأول عنوان "ما قبل الحمل من البعثة النبوية إلى السنة الرابعة الهجرية"، وتحته نقرأ العناوين الفرعية التالية: "مبعث الرسول" إذ

كان النبي محمد ﷺ في غار حراء فنزل عليه جبريل الأمين وحمل إليه "إقرأ"، كما حمل إليه البشارة بميلاد سبطيه الحسن والحسين. وفي السنة السادسة قبل الهجرة اجتمع "الرسول والمشركون" وأنبأهم بخبر سبطيه اللذين سيولدان. وفي "الرسول والمعراج" هنالك في الجنة أكل من ثمارها ليرجع ويقارب زوجته خديجة وتلد له أم سبطيه فاطمة الزهراء عليها السلام. وفي المدينة عند "مؤاخاة المسلمين" اتخذ عليا أخا له، وحمل إليه البشارة بمجيئه يوم القيامة تحت لواء عن يمينه الحسن وعن شماله الحسين. وفي السنة الثانية للهجرة حيث "معركة بدر الكبرى" طلب الرسول ﷺ من المسلمين البيعة ثانية، وهناك أخبرهم أن من شروط البيعة الإقرار بأن الحسن والحسين سيدا شباب أهل الجنة، وهما بعد لم يولدا. وفي "معركة احد" أشهد الرسول محمد ﷺ عمه الحمزة أن الأئمة من ذرية الحسين عليه السلام.

وقائع السنة الرابعة

وانضوت تحت المقطع الثاني الذي غطى "السنة الرابعة للهجرة"، العناوين التالية: "البيت النبوي" حيث أخبر جبريل وهو في بيت النبي محمد ﷺ أن فاطمة ستنجب سبطه الثاني حسينا. وفي "جبريل وخبر انعقاد النطفة" أنبأ جبريل نبي الإسلام خبر انعقاد نطفة الحسين عليه السلام وحدّثه عن مقتله في كربلاء. ويؤكد المصنف من مجمل شواهد بانت له، أن "انعقاد النطفة" تم عشية ليلة الاثنين السابع عشر من شهر صفر من السنة الرابعة للهجرة. وكشف النبي محمد ﷺ لأمِّ الفضل[1] زوجة العباس بن عبد

(١) أم الفضل: هي لبابة الكبرى بنت الحارث بن حزن الهلالية، وهي ام أولاد العباس الستة، ماتت في عهد عثمان بن عفان (٢٣ ـ ٣٥هـ).

المطلب عن رؤياها في "المبشرات" بولادة الحسين ﷺ. وقبيل ذهاب النبي محمد ﷺ إلى "معركة بني النضير" أخبر ابنته فاطمة ﷺ أنها ستلد غلاما (الحسين) وطلب منها أن لا ترضعه حتى يأتي إليها.

ودخلت الزهراء ﷺ "مراحل الحمل" ووالدها الحنون يتابع رعايته لها ولجنينها. وبـ "وفاة الجدة" يفقد الحسين ﷺ فاطمة بنت أسد أم أبيه وهو في بطن أمه. وبعد عشية يوم الخميس ليلة الجمعة الخامس من شهر شعبان من السنة الرابعة من الهجرة جاء فاطمة المخاض والرسول ﷺ واقف على باب الحجرة ينتظر ولادة الحسين، والأسرة تستعد لـ "الولادة ومراسيمها" وهنا يخبر النبي محمد ﷺ عمته صفية أن الحسين ﷺ تقتله الفئة الباغية من بني أمية. وتقام مراسم "الاحتفال بالولادة" وتحتفل الأسرة كما يحتفل المسلمون بها وتحتفل السماء، ويخبر النبي ﷺ فاطمة بمقتل وليدها في كربلاء، ولكنه يبشرها في الوقت نفسه أن الإمامة في ولده. ويقوم "النبي يستقبل الوفود المهنئة"، فيما تستقبل فاطمة ﷺ نساء المهاجرين والأنصار كوكبات كوكبات. وتظهر "آثار الولادة" المباركة على الحسين ﷺ وفي الصلاة وفي التكبيرات.

و"في أسبوع الولادة" جاء النبي ﷺ إلى البيت العلوي، وهناك عقُّوا عن الحسين ﷺ بكبش أملح، وحلقوا رأس الحسين ﷺ، وعندها بكى ﷺ، وعندما استفسرت قابلة الحسين ﷺ أسماء بنت يزيد عن ذلك أشار إليها أن الحسين تقتله فئة باغية كافرة من بني أمية. وأخذت "أم سلمة تكفل الحسين" فيأتيه الرسول ﷺ كل يوم فيضع لسانه في فم الحسين ﷺ فيمصه حتى يروى فيكفيه اليومين والثلاثة فنبت لحم الحسين ﷺ من لحم رسول الله ﷺ. وكان من "تعويذة الحسين" ﷺ قول النبي ﷺ لسبطه: (أعوذ

١٣٣

بكلمات الله التامّة من كل شيطان وهامّة، ومن كل عين لامّة)[1]. وكانت "أم الفضل مربية الحسين" حيت تولت تربيته، وفي يوم رأت النبي ﷺ يلاعبه ويبكي، فأخبرها أن جبريل يخبرني أن أمتي تقتل ابني هذا. وفي يوم كانت "فاطمة والحسين"، أخذه الرسول من بين يديها ولعن قاتليه. وتكفلت به أم سلمة[2] وأم الفضل وكانت "الملائكة تخدم الحسين"، ولا عجب فلقد كان الغذاء الرباني يأتي مريم البتول وهي في محرابها.

وذات يوم "من أيام الرضاعة" وضعه النبي ﷺ في حجره، فبال، وأشار النبي على حاضنته أن تكتفي بنضح الإزار من بول الذكر ويغسل من بول الأنثى، في نص يحمل معه إعجازه العلمي حيث يميز النبي ﷺ بين بول الرضيع الذكر من الأنثى، لاختلافهما في المكونات، وهذه حقيقة أكدتها المختبرات العلمية، فعلى سبيل المثال فإن بول الأنثى يحتوي من البكتريا أكثر من الذكر.

و"مضى أربعون يوماً من الحمل" بعد أن نبت لحم الحسين من لحم جده حيث تعاهده يوميا بوضع فمه في فمه وإصبعه في فمه. وفي "مرض الأم ورضاع الابن"، عاد النبي ﷺ ابنته عليها السلام في مرضها وأطعمها وبنيها من يده. وعند "استيضاح ابن مسعود"، يخبر النبي ﷺ ابن مسعود عبدالله بن مسعود الهذلي (نحو ٣٠ ق.هـ ـ ٣٢هـ) قدر منزلة الحسين عليه السلام عند الله وهو أجلّ من اللوح والقلم.

وفي "معركة بدر الأخيرة" والثالثة غاب النبي ﷺ عن سبطه

---

(١) الطبري، أحمد بن عبدالله، ذخائر العقبى: ٢٣.

(٢) أم سلمة: هي هند بنت سهيل بن المغيرة المخزومية، (٢٨ ق.هـ ـ ٦٢هـ)، من المهاجرات إلى الحبشة والمدينة، تزوجها النبي ﷺ سنة ٤هـ، من الروايات، آخر من مات من نساء النبي ﷺ.

الحسين عليه السلام. وأقبل راهب إلى المدينة ورأى الحسن والحسين فجعل يقبلهما ويبكي ويقول: إسمهما في التوراة شُبَّر وشُبير وفي الإنجيل طاب وطيب[1]، ثم كان "إسلام الراهب" بعد أن تعرف على صفة جدهما الذي كان غائبا عن المدينة وقتئذ. وشملت "الرعاية النبوية" الحسنين ليعطي الرسول درسا للآباء في كيفية الحنو على الأبناء. وأخبر النبي صلى الله عليه وآله وسلم ابنته عليها السلام عندما نزلت آية الأعراف، أن الحسين من الأعراف ورجالها الذين يعرفون كلا بسيماهم.

وقائع السنة الخامسة

ويغطي المقطع الثالث "السنة الخامسة للهجرة"، وفيه من العناوين الفرعية: "غزوة ذات الرقاع" حيث كان آخر من ودّعهم النبي محمد صلى الله عليه وآله وسلم من أهل بيته ونسائه، ابنته فاطمة والحسن والحسين عليهم السلام. وحيث كان الطقس شديد الحرارة رأت أم أيمن أن "الملائكة في خدمة فاطمة" وكان ميكائيل الملك يهز مهد الحسين عليه السلام. و"في بيت زينب بنت جحش" حيث كان الحسين عندها تلاعبه أخبرها النبي صلى الله عليه وآله وسلم بمقتله في كربلاء. ثم إن "الحسين يكبر" فيصبح له من العمر ستة أشهر فحمله الرسول صلى الله عليه وآله وسلم ذات يوم إلى المسجد، فكبّر ولم يرد الحسين تكبيره وأعادها سبعا، وفي الأخيرة كبّر الحسين عليه السلام مع جده فصارت سنّة. وكعادته يخرج الرسول صلى الله عليه وآله وسلم إلى "غزوة دومة الجندل" فيكون البيت العلوي آخر بيت يودعه. ولم يتحمل الرسول صلى الله عليه وآله وسلم وهو يخطب في المسجد "عثرة الحسين" حيث دخل مع أخيه الحسن يمشيان ويعثران وقد سمع بكاءهما فنزل وحملهما ثم رجع واعتلى

---

(١) بحار الأنوار: ٤٣/ ٢٥٢.

منبره، وهنا قال: (أولادنا أكبادنا يمشون على الأرض)[1]، فطار في الآفاق مثلا. وكما الحسن عليه السلام فإن "تميمة الحسين" كانت من زغب جبريل الذي كان يلتقي النبي صلى الله عليه وآله وسلم عند الاسطوانة المشهورة حتى يومنا باسطوانة جبريل[2].

وفي مثل هذه الأيام من هذه السنة نجد "الحسين يتمرغ على جده" وهو جالس بين أصحابه. ولاشك أن "حب الحسين من حب الله" فذات يوم من أيام الشتاء يطرق أسامة بن زيد بن حارثة (٧ ق.هـ ـ ٥٤هـ) باب دار النبي فيخرج إليه وهو مشتمل على الحسن والحسين، وقال له: (هذان ابناي وابنا ابنتي، اللهم إني أحبّهما فأحبَّهما وأحبَّ مَن يحبهما)[3]. ولما كان "علي في سرية لوحده" جاءت فاطمة إلى أبيها ومعها الحسن والحسين، فأخبرها بنصر الله على يد بعلها عليه السلام. ويخبرنا عبدالله بن عمر العدوي (١٠ ق.هـ ـ ٧٣هـ) أن "عائشة تبر الحسين" بوشاح ودينار مع أخيه الحسن، وعندما يسألهما النبي صلى الله عليه وآله وسلم مَن برّهما، يقولان له: دفعته إلينا أمّنا عائشة. ويخبرنا المجلسي في بحاره عن "رؤيا الرسول" وهو في بيت زوجته عائشة، فينهض من قيلولته باكيا، فتسأله، فيخبرها بمقتل الحسين عليه السلام. وذات يوم كان النبي عند زوجته أم سلمة، فيقدم لها "تربة كربلاء" ويخبرها بمقتل ابنها في كربلاء.

---

(١) الفيروزآبادي، مرتضى بن محمد، فضائل الخمسة من الصحاح الستة: ٣/٣١٦.

(٢) اسطوانة جبريل: وتسمى اسطوانة مربعة القبر، وبها باب بيت السيدة فاطمة الزهراء عليها السلام الذي كان منه يدخل الإمام علي عليه السلام، وهي اليوم غير ظاهرة حيث تقع داخل الجدار المحيط بالقبر النبوي الشريف عند منحرف الجدار الغربي إلى الشمال بإزاء اسطوانة الوفود، وسميت بذلك لأن جبريل عليه السلام نزل عندها على النبي محمد صلى الله عليه وآله وسلم.

(٣) الطبري، ذخائر العقبى: ٢١١.

وقائع الذكرى الأولى

وتحل "الذكرى الأولى للمولد" مشوبة بالحزن حيث يخبر النبي من قبل ملائكة السماء مرة أخرى بمقتل سبطه بكربلاء. وكعادته مرة تلو الأخرى يودع النبي البيت العلوي ويقبل الحسن والحسين عليهما السلام وهو يخرج إلى "غزوة بني المصطلق". وعند عودته من هذه الغزوة يدخل بيت فاطمة عليها السلام ويجري حديث لطيف عن "سقاية الحسين" فهو يطلب الماء وأخوه يطلبه، فيسقي جدهما الحسن أولا فهو الطالب، فإن الطالب قبل الشارب، ثم يسقي الحسين بعده. وذات مرة يرى شداد بن الهاد[1] "الحسين يرتحل جده" أثناء صلاة العشاء. وحتى يخفف الرسول من وطأ "الخدمة في بيت فاطمة" يعلم ابنته التسبيحة المشهورة بتسبيحة الزهراء التي لا يعلم مقدار ثوابها لعظمتها إلا الله، فتكبر الله **٣٤** مرة وتحمده **٣٣** مرة وتسبحه **٣٣** مرة وتلك مائة كاملة. ويتزود الرسول من ابنته والحسن والحسين قبل ذهابه إلى "معركة الخندق". ومثلها عند رواحه إلى "غزوة بني قريظة"، وهنا أخبر النبي سعد بن معاذ الأوسي (**٣٢ ق.هـ ـ ٥هـ**) بكرامة الحسين عليه السلام ومنزلته عند الله، ثم بعد ذلك أخبر جمعاً من المسلمين عما يحل بسبطه في كربلاء.

ويتسابق الصحابة إلى خدمة أهل البيت، ومنهم "سلمان يخدم فاطمة"

---

(١) شداد بن الهاد: هو أسامة بن عمرو الليثي، وشداد شهرته كما أن الهاد شهرة والده حيث كان يوقد النار ليلا ليهتدي الضيوف إليه، وشداد هو عديل النبي الأكرم محمد صلى الله عليه وآله حيث إن زوجته سلمى بنت عميس وهي أخت ميمونة بنت الحارث ـ لأمها ـ وهي زوجة الرسول صلى الله عليه وآله، سكن المدينة وشهد الخندق ثم انتقل إلى الكوفة.

كرامة لها ولأبيها ولولديها. وتتكرر "زيارة الرسول لأهل بيته"، وبين فترة وأخرى يخبرهم بمقتل الحسين ويبشرهم انه سيد من سادات الجنة. ومرة أخرى "الرسول يمتطي للحسين" فيشاهد عمر بن الخطاب العدوي (ت٢٣هـ) الحسن والحسين على عاتقي الرسول ﷺ فقال: نعم الفرس تحتكما، وقال ﷺ: و(نعم الفارسان هما)[١]. وذات يوم من هذه السنة حيث اجتمع "الحسين والرسول وعائشة" في بيتها، فاخبرها بما يحل على سبطه في كربلاء، فتسأله عن قدر الحسين عند الله فيخبرها، ثم تسأل ويزيد، إلى أن قال: (يا عائشة من أراد الله به الخير قذف في قلبه محبة الحسين وحب زيارته، ومن زار الحسين عارفا بحقه كتبه الله في أعلى عليين مع الملائكة المقربين)[٢].

وذات يوم يدخل عتبة بن غزوان[٣] المسجد فيكتشف مدى "حب الرسول لريحانتيه" حيث جعلهما الرسول ﷺ في حجره يقبل هذا مرة ويشم هذا مرة. ولما بلغ الحسين من العمر سنة واحدة نجد "الجد يلقن السبط" سورة التوحيد، وبذلك يرد المحقق الكرباسي بعض الروايات الذاهبة إلى أن الحسين عليه السلام تعلم سور القرآن من معلم غير النبي ﷺ. ومرة أخرى "الحسين في بيت أم سلمة" فيخبرها بمقتله. ومرة أخرى "الرسول يقبل موضع إصابات الحسين" ويقول: "الويل لمن يقتلك"[٤].

---

(١) الخوارزمي، موفق بن أحمد: مقتل الحسين: ١/٩٨.

(٢) الطريحي، فخر الدين بن محمد، المنتخب: ١٨٨.

(٣) عتبة بن غزوان: هو حفيد جابر السلمي، هاجر إلى الحبشة والمدينة، شارك في وقعة بدر، خطّ البصرة ووليها، مات في طريق العودة من المدينة إلى البصرة سنة ١٧هـ وله من العمر نحو ٥٧ عاماً.

(٤) ابن قولويه القمي، جعفر بن محمد، كامل الزيارات: ٧٠.

وقائع السنة السادسة

ويغطي المقطع الرابع "السنة السادسة للهجرة"، ويضم العناوين الفرعية التالية: "أولو الأمر" حيث نزلت في مثل هذه الأيام من هذه السنة آية "أولو الأمر"[(١)]، فأخبر النبي ﷺ جابر بن عبدالله الأنصاري الخزرجي (ت٧٤هـ) أنها نزلت في خلفائي ومنهم الحسين عليه السلام. وحمل أحدهم الحسن والحسين وجاء بهما إلى جدهما يتشفع بهما طالبا العفو عن ذنب عظيم فعله، فعفى عنه فكانت تلك "فذلكة المذنب". وأخبر النبي ﷺ أهل بيته وأصحابه أن "الإمامة في عقب الحسين". وأصاب البيت العلوي شح ثم "افتقد الطعام" فذهب علي ومعه الحسن والحسين إلى صاحب مزرعة من اليهود يعمل عنده، ويستظهر المحقق الكرباسي من هذه القصة وغيرها أن النبي واجه مؤامرات اليهود كفئة سياسة لا كأشخاص لهم حق المواطنة والعيش الرغيد.

وإذا حلّ بالنبي ﷺ "ضيق العيش" حل بأهل بيته، ولا يهنأ حتى يرى السعادة في وجوهم فيأكلون مما يأكل. وكذلك إذا حل "جدب في المدينة" يجري عليه وعلى أهل بيته ما يجري على المسلمين سواء بسواء حيث يعيش القائد عيشة أبسط الناس وهذا خلق القادة الرساليين. ويأتي المدينة يهودي يستفسر عن "الرسول وأوصياؤه" فيسلم برؤيا رآها للنبي موسى بن عمران عليه السلام، فيعرفه النبي بالحسين عليه السلام. ويدفع النبي ﷺ بـ "رؤيا فاطمة" كانت قد رأتها فأساءتها. وتقر عين الحسين عليه السلام عند "ولادة الأخت زينب" في يوم الثلاثاء الخامس من شهر جمادى الأولى من السنة السادسة

---

(١) قوله تعالى: ﴿يَٰٓأَيُّهَا ٱلَّذِينَ ءَامَنُوٓاْ أَطِيعُواْ ٱللَّهَ وَأَطِيعُواْ ٱلرَّسُولَ وَأُوْلِي ٱلۡأَمۡرِ مِنكُمۡۖ﴾، سورة المائدة: ٥٩.

للهجرة. وكعادته يودع النبي البيت العلوي ويقبل الحسين عليه السلام وهو في طريقه إلى "غزوة بني لحيان". وكذلك فعل وهو في طريقه لرد "غارة عيينة" بن حصن الفزاري (ت٦هـ). ثم إن "زوج الخالة يعود" وهو أبو العاص ابن الربيع بن عبد العزى القرشي (ت١٢هـ) فيقبل النبي توبته. وعند "نجدة علي لزيد" بن حارثة الكلبي (ت٨هـ) الذي ذهب لتأديب بني جذام بعدما سرقوا الصحابي دحية الكلبي ابن خليفة بن فضالة (ت٤٥هـ)، خلا البيت العلوي من صاحبه لخمسة أيام فكان النبي يتعاهد فاطمة والحسن والحسين. وبعد كل عسر يسر وكل "جوع تليه بركات" وذات شتاء حل الجوع في البيت النبوي والعلوي، فنزل الطائر المشوي فأكل منه النبي صلى الله عليه وآله وسلم وأكل علي وعياله.

وقائع الذكرى الثانية

وتحل "الذكرى الثانية للمولد"، فيسترجع الرسول صلى الله عليه وآله وسلم وهو في ثلة من المسلمين فيخبرهم أن جبريل يخبره باستشهاد الحسين عليه السلام بشاطئ الفرات من أرض كربلاء. ويشاهد أحد يهود المدينة الحسين وهو يرتحل الرسول وهو في الصلاة، ويلاحظ حنو الرسول عليه، فيعرف أن هذا من أخلاق الأنبياء، فيتحقق هنا "إسلام اليهودي". ويقدم النبي صلى الله عليه وآله وسلم إلى الحسين عليه السلام في عيد الفطر المبارك "هدية العيد" حلة قشيبة. ويقدم النبي صلى الله عليه وآله وسلم إلى الحسن عليه السلام "هدية الأعرابي" عبارة عن ظبية صغيرة، فيطلب الحسين عليه السلام مثلها، فيتحقق له ذلك. ويودع الرسول البيت العلوي ويقبّل الحسن والحسين وهو في طريقة إلى "عمرة الحديبية".

وحتى يعرف الصحابة "منزلة الحب للحسين" يعتنقه أمامهم وهو يقول: (حسين مني وأنا من حسين، أحب الله من أحبَّ حسيناً، حسين

سبط من الأسباط)[1]. وعندما يرد على الرسول ﷺ "وفد عبد القيس" يخبرهم في قصة طويلة أن الحسين إمام من صلب علي بن أبي طالب عليه السلام. وفي "الرسول ومرض الحسنين" يقوم جدهما مع جمع من الصحابة بعيادتهما ويعوذهما من العين التي أصابتهما، فتصوم العائلة ثلاثا ويأتيها المسكين واليتيم والأسير، فتقدم الطعام وتبيت جوعى، فتنزل فيهم سورة الدهر. وكعادته يودع الرسول سبطيه وهو في طريقه "إلى خيبر".

وقائع السنة السابعة

ويغطي المقطع الخامس والأخير من هذا الجزء السنة السابعة للهجرة، ويضم العناوين الفرعية التالية: "غزوة خيبر" وقبلها وبعدها يلتقي النبي محمد ﷺ بسبطه يقبله ويشمه. ويعود "زوج الخالة زينب" أبو العاص صهر النبي محمد ﷺ بعدما أدى في مكة لكل ذي حق حقه فعقد له على زينب ثانية. ويسأل أبو هريرة عبد الرحمن بن صخر الدوسي (٣٠ ق.هـ - ٥٩هـ) عن "خير الأسباط" فيجيبه النبي محمد ﷺ في قصة مفصلة أنهما الحسن والحسين. وبعد أن اعتزل النبي ﷺ زوجاته لما أساءت بعضهن إليه، نزلت "آية التطهير"[2] فيه وفي فاطمة وعلي والحسن والحسين. وكان الرسول لا ينفك عن "مداعبة الحسين" أمام المسلمين ليعرفهم منزلته، ويقول: (اللهم إني أحبه فأحبه وأحب مَن يحبه)[3]. وكان من شأن "دعاء الأعرابي" أن جاء أعرابي إلى المدينة جائعا فأشار إليه النبي ﷺ أن يذهب

---

(١) ابن عساكر، علي بن الحسن الشافعي، تاريخ مدينة دمشق: ١٤/١٤٩ - ١٥٠.

(٢) قوله تعالى: ﴿إِنَّمَا يُرِيدُ ٱللَّهُ لِيُذْهِبَ عَنكُمُ ٱلرِّجْسَ أَهْلَ ٱلْبَيْتِ وَيُطَهِّرَكُمْ تَطْهِيرًا﴾، سورة الأحزاب: ٣٣.

(٣) الخوارزمي، مقتل الحسين: ١/١٠١.

إلى بيت علي عليه السلام ليجد هناك ضالته فيغتني في قصة طويلة من عقد أهدته له فاطمة عليها السلام فدعا الأعرابي لها بالخير، فأمّن عليه النبي صلى الله عليه وآله وسلم وأخبر المسلمين بكرامتها وكرامة بعلها ونجليها الحسن والحسين. وكان النبي صلى الله عليه وآله وسلم يحب "رفيق الحسين" لحب الرفيق للحسين، فالمرء ومن يحب ومن يصاحب ويخالل.

وهنا يتوقف قلم البحاثة الكرباسي في متابعة يوميات السيرة الحسينية، لنقرأها تباعا في الأجزاء التالية.

فهارس متنوعة

وألزم المصنف نفسه، أن يهدي قارئه إلى فهارس تعينه على إيجاد ما يرغب فيه مما ذكر في الكتاب في شتى الحقول، في مجهود معرفي قلما نجده حتى في الموسوعات الكبيرة، ففي هذا الجزء والأجزاء التالية، نلحظ الفهارس التالية: فهرس الآيات المباركة، الأحاديث والأخبار، الأمثال والحكم، الأعلام والشخصيات، القبائل والأنساب والجماعات، الطوائف والملل، الأشعار، الجداول والخرائط، الوظائف والرتب، الآلات والأدوات، الإنسان ومتعلقاته، الحيوان ومتعلقاته، النبات ومستحضراته، الفضاء ومتعلقاته، الأرض ومتعلقاتها، المعادن، الأماكن والبقاع، الزمان، الوقائع والأحداث، التأريخ، مصطلحات الشريعة، المصطلحات العلمية والفنية، الفهرس اللغوي، المؤلفات والمصنفات، المصادر والمراجع، فهرس مؤلفي المراجع، بالإضافة إلى فهرس محتويات الكتاب ومندرجاته.

والزم المحقق الكرباسي نفسه أيضاً، أن يعرض كل كتاب قبل طبعه، على علم من الأعلام ومن جنسيات ومذاهب وأديان مختلفة، ليقول رأيه

فيه قراءة وعرضا ونقدا وبكل حرية، وهذا الكتاب تناوله بالقراءة الشيخ إبراهيم ساوادا تاتسويجي، الياباني المستبصر المسلم، كتبه بلغته الأم، لينتهي إلى إن ما أتى به الفقيه المحقق الشيخ محمد صادق الكرباسي: "جهد عظيم وعمل لا يمكن تقديره بأية قيمة، حيث أودع فيه حياة الحسين كاملة. إن هذا العمل مكرّس من قبل الكرباسي الذي تولى هذه المسؤولية الثقيلة، وقد حالفه النجاح في إنجاز عمل شاق ومهم ألا هو الكتابة عن سيرة الحسين، إن هذا حقا لهو جهاد في سبيل الله".

الجمعة ١٣ محرم ١٤٢٨ هـ (١/٢/٢٠٠٧م)

البروفيسور فابريزيو أنجيلو بيناكيتي

(Fabrizio Angelo Pennacchietti)

* ولد في مدينة تورينو (Torino) الإيطالية عام ١٣٥٧هـ (١٢/١٢/١٩٣٨م).

* خبير باللغات الشرقية وآدابها، له عشرات المؤلفات والدراسات فيها.

* تخرج عام ١٣٨٣هـ (١٩٦٣م) في قسـم الدراسـات الشرقية من مدرسة الدراسات الإنسانية في جامعة روما (University of Rome).

* تابع دراساته العليا في إمارة موناكو وتخصص في اللغات السامية.

* بـدأ عـام ١٣٨٩هـ (١٩٦٩م) مـحـاضـرا فـي كـلـيـة الآداب (Faculty of Literatures) بجامعة تورين وكليات اللـغـات (Faculty of Languages) في مدينة البندقية.

* أستاذ مؤقت في اللغة العربية وآدابها في جامعة تورين في الأعوام ١٣٩٣ ـ ١٣٩٥هـ (١٩٧٣ ـ ١٩٧٥م)، ١٤٠٧ ـ ١٤١٠هـ (١٩٨٧ ـ ١٩٩٠م)، ١٤١٦ ـ ١٤١٧هـ (١٩٩٥ ـ ١٩٩٦م).

* نـال كرسي البروفيسـورية في اللغة الـعبرية وآدابها في جامعة فنيس (University of Venice) عام ١٣٩٦هـ (١٩٧٦م).

* في عـام ١٣٩٦هـ (١٩٧٦م) عين أسـتـاذا في كلية اللـغـات (Faculty of Languages) في مدينة البندقية.

١٤٥

* في عام ١٣٩٩هـ (١٩٧٩م) عين أستاذا في جامعة تورين، ومارس التدريس حتى العام ١٤٢٩هـ (٢٠٠٨م).

* نال كرسي البروفيسورية في قسم اللغات السامية في جامعة تورين عام ١٣٩٩هـ (١٩٧٩م).

* رأس قسم الآداب واللغات الشرقية في جامعة تورين (University of Turin) في مسقط رأسه في الفترة ١٤٠٨ ـ ١٤١٧هـ (١٩٨٨ ـ ١٩٩٦م).

* قام في العام ١٣٩٥هـ ١٩٩٥م بتدريس لغة الاسبرانتو في جامعة تورين.

موسوعة منقطعة المثيل[1]

(تاريخ المراقد.. الحسين وأهل بيته وأنصاره ٢)

يقدم هذا المؤلَّف جزءاً من بحث ذي جوانب عدة بلغت من الاتساع والشمول بحيث لا يكاد المرء يصدق أن مثل هذا المشروع قد خُطط له أصلا من قبل شخص واحد وحسب، تفرّع فيه وتمكن منه بمثل هذا الامتداد والاستفاضة.

لم يقف الشيخ محمد صادق الكرباسي مترددا ولا فزعا، وهو يحرر مثل هذه الموسوعة بما تحتويه من وفرة أعداد أجزائها وكثافة موادها واكتمال استطلاعها وغنى مصادرها بما لا يكاد يوجد لها مثيل يُقارن بها من بين الأبحاث العلمية في زماننا هذا إلا ربما في اكتمال أعمال القدماء في الغرب ممن ألفوا مثلا باللاتينية والإغريقية من مثل مؤلفات مجنه (Migne)[2] من أجزاء عدة تحتوي على التعليمات والطقوس المتعلقة بآباء الكنيسة المسيحية كافة لغاية القرن السابع الميلادي، أو مما أُلّف في

(١) تمت الترجمة من اللغة الإيطالية.

(٢) مجنه: هو جاك پول مجنه (Jacques Paul Migne) (١٢١٥ ـ ١٢٩٢هـ) (١٨٠٠ ـ ١٨٧٥م) ولد في مدينة سينت فلور (Saint Flour) ومات في باريس، رجل دين وصحافي وموسوعي، أسس في باريس داراً للنشر اهتمت بالدراسات والمقالات الدينية، اشتهر بموسوعته (Complete Course of the Teaching of the Church Fathers) المؤلفة من ٢١٧ مجلدا.

الشرق من مثل تاريخ الطبري[١] وتاريخ بغداد[٢] لابن الخطيب البغدادي أو كتاب الأغاني[٣] لأبي الفرج الإصفهاني، محسوبة جمعا بالمقارنة مع الموسوعة الحسينية.

فلنا أن نعتبر هذه الموسوعة هي أوسع مجهود منجز حتى الآن من قبل المسلمين الشيعة، لتسجيل كل ما قاله أو فعله الإمام الحسين والتعريف بكل ما قاله أو فعله المسلمون وغيرهم بخصوص قضية الحسين، أو كنتيجة لنهضته[٤].

إن الجزء الثاني من "تاريخ المراقد" يبحث تاريخ المراقد الحسينية وغيرها من مراقد الأئمة والأولياء بداية من القرن الخامس الهجري لغاية يومنا هذا[٥].

البروفيسور فبريزيو. أي. بيناكيتي

Prof. Fabrizio A. Pennacchietti

تورينو ـ إيطاليا ٣/٨/١٤٢١ هـ (٣١/١٠/٢٠٠٠م)

---

(١) تاريخ الطبري: أو تاريخ الأمم والملوك لمحمد بن جرير بن يزيد الطبري (٢٢٤ ـ ٣١٠هـ) مؤرخ ومفسر، عاش في بغداد، وهناك طبعات عدة للكتاب يختلف عدد الأجزاء من طبعة إلى أخرى فهناك طبعة من ١٣ جزءاً وطبعة من ١٥ جزءاً، وهناك طبعات حجرية وأخرى حديثة.

(٢) تاريخ بغداد: هو لابن الخطيب البغدادي أحمد بن علي بن ثابت (٣٩٢ ـ ٤٦٣هـ) ولد في غزية في الحجاز ونشأ في بغداد وفيها مات، مؤرخ وكاتب تنقل في البلدان، ترك أكثر من خمسين مؤلفاً، اشتهر بكتابه تاريخ بغداد المؤلف في الطبعة القديمة من ١٤ مجلدا.

(٣) كتاب الأغاني: في ٢٤ مجلدا لأبي الفرج علي بن الحسن الإصفهاني (٢٨٤ ـ ٣٥٦هـ) ولد في إصفهان ومات ببغداد، أديب ومؤرخ، من مؤلفاته: المماليك الشعراء، أخبار الطفيليين، ومقاتل الطالبيين.

(٤) فاقت دائرة المعارف الحسينية من حيث العدد والمحتوى، كل الموسوعات العالمية القديمة والحديثة، وهي أوسع دائرة معارف لدى المسلمين كافة وليس الشيعة الإمامية فحسب، انظر: دائرة المعارف الحسينية: تعريف عام للخزرجي: ٩، ومعالم دائرة المعارف الحسينية للزيدي.

(٥) حتى نهاية القرن الرابع عشر الهجري.

العمارة الإسلامية
رسالة حضارية في حركة الزمن

تزخر الكرة الأرضية بالكثير من المعالم والآثار، حاكية عن حضارات ومدنيات، ودالة على شخصيات وأقوام، سادوا ثم بادوا، أو تركوا من خلفهم ذرية ضعافا أو شدادا، والبعض من هذه المعالم نبشت بها أيدي الزمن وتقلبات الأجواء والأنواء، والكثير منها خربتها أكف الناس، وما بقي منها توسدت بطن الأرض بعدما أصبح التراب والرمل دثارها، حتى قيض الله لها من المنقبين وعلماء الآثار من يرفع عنها رمالها وطينها، فتنفتح من جديد بوابة الزمن يقرأ الأحفاد عبر ألواحه ورقاقه ماضي الأجداد.

والأمة الحية والفاعلة هي التي تباهي الأمم الأخرى بما تملك من معالم وآثار متمادية في الزمن السحيق، فتدعوها إلى مشاهدة ما تركت لها بناة حضارتهم ومدنياتهم في السلب والإيجاب، فحتى العار الذي تركته بعض الحكومات، فإن الأمة الحية تحافظ على بعض معالمه تتركه لأجيالها تطّلع عليه وتتعظ منه وحتى لا تكرره أو تجتر المقدمات نفسها لتنتهي بالنتائج الوخيمة نفسها، من قبيل أن تحافظ على معالم السجون السيئة الصيت وتتيح للناس وبخاصة طلبة المدارس الإطلاع على بعض الحقب

الزمنية لتاريخ البلد، فالأمة الحية لا تخفي معالم الظالم من أبنائها كما تفعل بعض الحكومات التي ما إن سقطت حكومة وقامت أختها مكانها حتى أباحت لمعاول الهدم محو تاريخ فترة مظلمة دون ان تترك لهذا الشعب الوقوف على مظالم السابقين.

أما الأسوأ، هو أن يقوم البعض وبخاصة لدى عدد من الحكومات العربية والإسلامية بالقضاء على آثار ومعالم الأمة أو رجالاتها، ويبيحون لجهّالهم فعل ما يشاؤون، تحت دعاوى التوحيد وتنقية الدين من الشرك، مع أنَّ الله دعا سكان أرضه إلى السير في الأرض والإطلاع على حال الأمم السابقة خيرها وشرها، زينها وشينها، وأسوأ من كل هذا تخريب كل معلم من معالم دولة الإسلام الاولى وقادته وهم بناة حضارة الإسلام، ففي حين تنقِّب الأمم الحية عن تاريخ أجدادها يقوم البعض جهلا بسيطا أو جهلا مركبا بطمس معالم الأجداد من الأنبياء والأولياء والأصحاب.

ومن المعالم الإسلامية البارزة والتي حاول الطغاة محوها على مر التاريخ هو مرقد الإمام الحسين بن علي عليه السلام المستشهد في مدينة كربلاء المقدسة في الواحد والستين من الهجرة النبوية، وقد انبرى المحقق الدكتور محمد صادق الكرباسي في إبراز تفاصيله منذ أن لامس خد الإمام الحسين عليه السلام التراب وأقيم فوق جثمانه الطاهر قبر وحتى يومنا هذا حيث المشهد الحسيني الكبير الذي يهز القلوب قبل أن يبهر الأبصار، نافضا عنه غبار التاريخ، مبرزا إليه حتى لا تطمس أتربة الزمن وتكلساته تفاصيله وجزئياته، وحيث تناول في الجزء الأول من كتاب "تاريخ المراقد" ما مر على المرقد الشريف خلال القرون الأربعة الأولى، فإنَّه في الجزء الثاني من كتاب "تاريخ المراقد.. الحسين وأهل بيته وأنصاره"، الصادر عن

المركز الحسيني للدراسات بلندن في ٦٥٤ صفحة من القطع الوزيري، يواصل الشيخ الكرباسي تسجيل كل شاردة وواردة عن تاريخ المرقد الحسيني الشريف، وعن الأيادي البيضاء التي ساهمت في إعماره، أو الأيادي السوداء التي مارست فيه التخريب، وعن الرجال الذين تركوا خيرا لأخراهم، وعن الرجال الذين حملوا فوق أظهرهم حطب جهنم، ولعل أول ما تقع عليه عين القارئ، هو الحرص الشديد الذي يبديه المحقق الكرباسي في التثبت من المعلومة التاريخية ومقابلة المصادر المتعددة ببعضها للوصول إلى الحقيقة.

تاريخ أمَّة

ربما يتبادر إلى الذهن أن البحث خاص بعمارة المرقد الحسيني بوصفه من المعالم الإسلامية الشاخصة الذي يترجم نبوءة السيدة زينب بنت علي عليها السلام وهي تحدث شريكها في الأسر الكربلائي الإمام علي بن الحسين السجّاد عليه السلام: (لقد أخذ الله ميثاق أناس من هذه الأمة لا تعرفهم فراعنة هذه الأمة وهم معروفون من أهل السماوات أنهم يجمعون هذه الأعضاء المتفرقة فيوارونها وهذه الجسوم المضرجة، وينصبون لهذا الطف علماً لقبر أبيك سيد الشهداء لا يدرس أثره ولا يعفى رسمه، على مرور الليالي والأيام، وليجتهدن أئمة الكفر وأشياع الضلالة في محوه وتطميسه فلا يزداد أثره إلا ظهوراً وأمره إلا علوا)[1]، ولكن تاريخ المرقد الحسيني بما أتى به الشيخ الكرباسي إنما يحدث عن تاريخ أمَّة سكنت العراق وما جاوره، وما حل بها عبر القرون، بوصفها أمة يتنازعها الولاء مرة لأهل البيت عليهم السلام،

(١) كامل الزيارات: ٢٦٣.

وأخرى للحاكم الذي يغيضه انصراف الناس عن مبتنياته السياسية أو المذهبية، فيطال اعتداؤه على الأمة وعلى مقدساتها وما تحب، ولذلك فإنَّ قراءة "تاريخ المراقد" هو في حقيقة الأمر قراءة لتاريخ أمَّة تمركزت في العراق وتشظّت عبر البلدان الإسلامية، بكل تفاصيل حياتها من اجتماع واقتصاد وسياسة وثقافة وعلوم وغيره، وهي ما بين مد وجزر من شؤون حياتها اليومية، وبخاصة شرائح المجتمع المسلم التي توطنت واستوطنت مدينة كربلاء المقدسة.

وتاريخ المراقد في احد أوجهه سيرة ذاتية للشخصيات البارزة التي اتخذت من مدينة الحسين مسكنا أو مدفنا أو محلا للعلم، أو مرت عليها لائذة من ضنك الحياة ومخالب الظلمة، أو أنها غدت عليها معتدية، لاسيما وأنَّ المصنف يتابع دقائق الأمور باليوم والشهر والسنة، وبالتالي هو تطواف في عالم الحوادث وشخوصه، وقراءة متأنية في وقائع الأيام، مع تشخيص لما آل إليه كل قرن، وما حلَّ على مدينة الحسين، ملخصا أوراق الزمن خريفها وربيعها بعبارات جزيلة ومفيدة تقدم عنها صورة عامة، فعلى سبيل المثال، فإنَّ الدكتور الكرباسي عندما يتحدث عن عموم مدينة الحسين والمرقد الشريف في القرن الخامس الهجري الذي ابتدأ به الجزء الثاني من "تاريخ المراقد" يشير إلى أنه: "ازدهرت كربلاء في عهد البويهيين ازدهاراً واسعا فنشطت فيها التجارة والصناعة والزراعة كما نشط الجانب العلمي والفكري والأدبي فبرع فيها الشعراء والعلماء والأدباء والمفكرون وتفوقت مركزيتها الدينية والعلمية". وعندما يتحدث عن كربلاء في عهد دولة الخروف الأبيض، يكتب: "وبقي الحائر في عهد سلطنة السلالة التركمانية آق قويونلو (دولة الخروف الأبيض) التي حكمت ما بين (٨٧٤ ـ

٩١٤هـ)على حاله إذ ليس لهذه الدولة من أعمال تستحق الذكر في كربلاء بل كان جل أعمالها محصورة في الحروب والسياسات العامة". وعلى هذا المنوال فقس.

مروا من هنا

ما من شخصية عظم قدرها أو قلّ إلا وتشدّها الرغبة إلى زيارة المرقد الحسيني الشريف، ولذا فإن "تاريخ المراقد"، ينبئك عن رجالات السياسة والعلم الذين مروا من كربلاء المقدسة، على مدى أربعة عشر قرنا، فبعضهم قدم فروض الطاعة والولاء لسيد شباب أهل الجنة فعمر المرقد الشريف وأغدق على خدمته وطلاب العلم، وبعض تاهت به الأصول والأصلاب فغدا معتديا، فعلى سبيل المثال:

في القرن الخامس الهجري: زار كربلاء وطاف بالحرم الشريف: السلطان جلال الدولة البويهي (ت٤٣٥هـ)، والسلطان ملكشاه السلجوقي (ت٤٨٥هـ).

في القرن السادس الهجري، ممن زارها: الخليفة العباسي المقتفي لأمر الله (ت٥٥٥هـ).

في القرن السابع الهجري، ممن زارها: الملك الناصر الأيوبي (ت٦٥٦هـ)، والسلطان المغولي أرغون بن أباقا خان بن هولاكو (ت٦٩٠هـ) وهو أول سلطان مغولي يعلن إسلامه. والسلطان المغولي محمود غازان بن أرغون (ت٧٠٣هـ).

في القرن الثامن الهجري، ممن زارها: السلطان المغولي أولجياتو محمد خدابنده بن أرغون (ت٧١٦هـ)، وهو أول من استبصر بمذهب أهل

البيت عليهم السلام من سلاطين المغول. والسلطان أويس الجلائري الإيلخاني (ت٧٧٦هـ).

في القرن التاسع الهجري، ممن زارها: الملك المغولي تيمورلنك (ت٨٠٨هـ). والسلطان التركماني قره يوسف القره قويونلي (الخروف الأسود) (ت٨٣٩هـ). والسلطان جهان بن قره يوسف القويونلي (ت٨٧٢هـ).

في القرن العاشر الهجري، ممن زارها: الملك الصفوي إسماعيل الأول (ت٩٣٠هـ). والملك الصفوي طهماسب الأول (ت٩٨٤هـ). والسلطان العثماني سليمان القانوني (ت٩٧٤هـ) الذي أخذته الرعشة عندما تراءى لعينيه على البعد المرقد الحسيني الشريف، فطوى ماشيا إلى الحرم الشريف، ولما وصل المرقد الشريف جعل يترنم من بحر الطويل:

إذا نحن زُرناها وجدنا نسيمها ... يفوحُ لنا كالعَنبر المُتَنَفس
ونمشي حُفاةً في ثراها تأدُّباً ... ترى إننا نمشي بوادٍ مُقدس [(١)]

ويرى المصنف أنَّ سليمان القانوني: "كان همّه أن يقوم بأعمال إصلاحية أكثر مما قام به الملوك الصفوية لإمالة قلوب الشيعة إليه بعدما اضطهدهم أبوه السلطان سليم العثماني".

وفي القرن الحادي عشر الهجري، ممن زارها: السلطان الصفوي عباس الكبير (ت١٠٣٨هـ)، الذي ترجل عن الموكب الملكي وذهب إلى الحرم الشريف راجلا ودخل المرقد مهرولا. والسلطان صفي الدين الصفوي (ت١٠٥٢هـ). والسلطان العثماني مراد الرابع (ت١٠٤٩هـ).

---

(١) جاء في كتاب تحفة العالم: ١/ ٢٦٥ للسيد جعفر بحر العلوم أن القصة حدثت خلال زيارة سليمان القانوني لمدينة النجف الأشرف، بيد أن المحقق الكرباسي يستظهر من خلال بعض المظاهر الجغرافية أنها حصلت حين زيارته لكربلاء المقدسة، ولا يستبعد في الوقت نفسه ولعوامل سياسية نسبة حصول الحدث خلال زيارته للمدينتين معاً، انظر: تاريخ المراقد: ٢/ ٧١.

وفي القرن الثاني عشر الهجري، ممن زارها: السلطان نادر الأفشاري (ت١١٦٠هـ).

وفي القرن الثالث عشر الهجري، ممن زارها: السلطان عين الدولة (ت١٢٢٩هـ) من ملوك اوده في الهند، وعمل على تنظيم وضع كربلاء الأمني وتطبيب جراحات أهل المدينة التي نكبت في العام **١٢١٦** هـ بغزو المجاميع الوهابية التي أعملت السيف في الأهالي حتى قتلوا نحو عشرين ألفا من سكان كربلاء، وخربوا الحرم الحسيني وسرقوا محتوياته، ونهبوا كل أموال الناس بوصفها غنائم! وتكرر الغزو الوهابي لمدينة كربلاء في الأعوام **١٢٢٣** هـ، **١٢٢٥** هـ، **١٢٢٦** هـ، **١٢٢٧** هـ، و**١٢٣٠** هـ، وفشلوا في الثانية والأخيرة.

وممن زار مدينة الحسين في هذا القرن تاسع سلاطين أوده في الهند السلطان منير الدولة اللكهنوي (ت١٢٥٨هـ). والصدر الأعظم الميرزا شفيع خان (ت١٢٦٢هـ) رئيس وزراء السلطان فتح علي بن حسين القاجاري (١١١٨ ـ ١٢٥٠هـ)، وبعد موته دفن في الصحن الحسيني. والوالي العثماني مدحت باشا (ت١٣٣٠هـ) الذي باع على الأهالي أراض أميرية في منطقتي العباسية الغربية والشرقية لتوسعة المدينة المقدسة. وزارها السطان ناصر الدين القاجاري (ت١٣١٣هـ) بدعوة رسمية من الحكومة العثمانية.

على الأعتاب قادة وملوك

وازدادت في القرن الرابع عشر الهجري زيارات القادة والساسة إلى مدينة كربلاء المقدسة، لاسيما مع قيام حكومات كثيرة في أفريقيا وآسيا

راحت دولها تخرج من ربقة الاستعمار أو الانتداب تباعا. وممن زارها: الوالي العثماني الحاج حسن رفيق باشا[1] الذي أودع في المرقد الحسيني الشريف عام ١٣١٠ هـ شعرات الرسول الأعظم محمد ﷺ، وأقيمت بالمناسبة الاحتفالات. والقنصل الألماني ببغداد فردريك روزن (ت١٩٣٥م) الذي كتب في وصف المرقد الحسيني: "لم يسمح لنا بدخول مرقدي الحسين والعباس، والأخير مرقده في جامع واسع من القاشاني الأزرق، أما الأول فمن طراز مماثل ولكنه أجمل منه وتعلوه قبة من النحاس المطلي بالذهب، ولما نظرنا إليه في اليوم التالي من سطح بناية مجاورة، اضطررنا أن نضع على أعيننا نظارات سوداء لحمايتها من بريق القبة الذهبية"[2].

ومن القادة العراقيين زارها الملك فيصل الأول ابن الشريف حسين (ت١٣٥٢هـ)، ومن بعده نجله الملك غازي (ت١٣٥٨هـ)، ومن بعده حفيده الملك فيصل الثاني ابن غازي (ت١٣٧٨هـ). وزارها أول رئيس وزراء في العهد الجمهوري الزعيم عبد الكريم قاسم (ت١٣٨٣هـ). وزارها الرئيس عبد السلام عارف (ت١٣٨٥هـ)، ومن ثم شقيقه الرئيس عبد الرحمن عارف (ت١٤٢٨هـ)، ومن ثم الرئيس أحمد حسن البكر (ت١٤٠٢هـ)، وزارها نائبه صدام حسين مسلط التكريتي (ت١٤٢٧هـ) قبل أن يصبح رئيسا للجمهورية في تموز يوليو ١٩٧٩م[3].

---

(١) حسن رفيق باشا: تولى ولاية بغداد في ١٣٠٩/١/١٩هـ وانتهت في ١٣١٤/١/٦هـ، ونقل إلى الشام، وقبل العراق كان واليا على ديار بكر.

(٢) صفوة، نجدة فتحي، العراق في مذكرات الدبلوماسيين الأجانب: ٧٢، عن مذكرات فردريك روزن.

(٣) رأيت صدام حسين خلال زيارته لمدينة كربلاء المقدسة وهو خارج من باب قبلة المرقد العباسي باتجاه مبنى المحافظة، وكان جالسا في سيارته السوداء المصفحة من الجانب الأيمن، ونتيجة للتدافع وبطريقة عفوية مسّت يدي كفه المستندة إلى النافذة.

ويلاحظ أن معظم رؤساء اليمن في العهدين الملكي والجمهوري في شقيه الشمالي والجنوبي قبل الوحدة، قدموا إلى مدينة كربلاء المقدسة وحظوا بزيارة الإمام الحسين عليه السلام، فقد زارها آخر ملوك دولة الإمامة في اليمن سيف الإسلام أحمد بن يحيى (ت١٣٨٢هـ). ورئيس الجمهورية العربية اليمنية القاضي عبد الرحمن الأرياني (ت١٤١٨هـ). ورئيس اليمن الشمالي (سابقا) عبدالله السلال (ت١٤١٤هـ)، وزارها أول رئيس لليمن الجنوبي قحطان محمد الشعبي (ت١٤٠٢هـ). ومن بعده الرئيس سالم ربيع علي (ت١٣٩٨هـ).

ومن دول الخليج العربية زارها أمير البحرين الشيخ عيسى بن خليفة (ت١٤٢٠هـ). وأمير قطر السابق الشيخ خليفة آل ثاني المولود عام ١٣٤٧ هـ. وأمير الكويت الشيخ عبدالله السالم الصباح (ت١٣٨٥هـ). ومن بعده زارها خلفه الشيخ صباح السالم الصباح (ت١٣٩٧هـ).

ومن القارة الأفريقية زارها الأمير عباس حلمي الثاني (ت١٣٦٣هـ) خديوي مصر فيما بعد. والملك المغربي محمد الخامس الحسني (ت١٣٨١هـ). والرئيس الجزائري أحمد بن بلّه المولود في مدينة مغنية عام ١٣٨٢ هـ، ومن بعده الرئيس هواري بومدين (ت١٣٩٨هـ). والرئيس الموريتاني مختار ولد داده (ت١٤٢٤هـ). والرئيس السوداني الأسبق محمد جعفر النميري (١٣٤٨ ـ ١٤٣٠هـ)[1]. والرئيس الصومالي الأسبق محمد سياد بري (ت١٩٩٥م). والرئيس المالي موسى تراوري الذي أطيح به عام ١٩٩١م ولازال حيا. وزارها الرئيس الغابوني عمر بونغو الذي لازال على سدة الحكم منذ العام ١٩٦٧م.

---

(١) رأيت جعفر النميري عند دخوله مرقد العباس بن علي عليه السلام من باب القبلة.

ومن القادة الإيرانيين زارها آخر ملوك الدولة القاجارية السلطان أحمد بن محمد علي القاجاري (ت١٣٤٧هـ). وزارها قائد الجيش الإيراني ومؤسس الدولة البهلوية فيما بعد الشاه رضا خان (ت١٣٦٣هـ). ومن بعد نجله محمد رضا البهلوي (ت١٤٠٠هـ) أثناء انقلاب رئيس الوزراء محمد مصدق (ت١٣٨٥هـ). وزارها رئيس وزراء إيران عباس هويدا (ت١٤٠٠هـ) أثناء التوقيع على معاهدة الجزائر مع العراق[1].

وزارها الملك الأفغاني محمد ظاهر شاه (ت١٤٢٨هـ). ومن بعد ذلك صهره وابن عمه وأول رئيس أفغاني في العهد الجمهوري محمد داود خان (ت١٣٩٨هـ). والرئيس الإندونيسي أحمد سوكارنو (ت١٣٩٠هـ). والرئيس الغاني أحمد سكتوري (ت١٤٠٤هـ). والرئيس المالديفي مأمون عبد القيوم المولود عام ١٣٥٦ هـ.

سِجِلُّ التاريخ

يشترك الرحالة مع عالم الآثار والمهندس المعماري، بقدرته على تصوير المعالم الأثرية، ناهيك عن الوضع الاجتماعي والسياسي والاقتصادي للبلد الذي يزوره، ويقع المستشرق والمؤرخ بين هؤلاء في تمكنهما من وصف وضع البلد من نواح عدة إما بالمعاينة الميدانية أو عبر الأبحاث. وقد وقعت كربلاء المقدسة والمشهد الحسيني المقدس تحت طائلة الوصف من قبل رحالة وعلماء آثار ومستشرقين من جنسيات مختلفة وعلى مدى القرون، وهم كثيرون، يكفي الإشارة إلى بعضهم:

ـ زار كربلاء المقدسة في العام ٧٢٧ هـ الرحالة المغربي الشهير ابن

(١) رأيت عباس هويدا عندما كان يهم بدخول مرقد الإمام الحسين عليه السلام من باب الشهداء.

بطوطة محمد بن عبدالله الطنجي (ت٧٧٩هـ)[١] وكتب عنها: "ثم سافرنا إلى مدينة كربلاء مشهد الحسين بن علي عليه السلام وهي مدينة صغيرة تحفها حدائق النخل ويسقيها ماء الفرات، والروضة المقدسة داخلها، وعليها مدرسة عظيمة وزاوية كريمة فيها الطعام للوارد والصادر وعلى باب الروضة الحُجّاب والقومة ولا يدخل احد إلا عن إذنهم فيُقبّل العتبة الشريفة وهي من الفضة وعلى الضريح قناديل الذهب والفضة وعلى الأبواب أستار الحرير"[٢].

- في العام ١١٣١ هـ زارها الرحالة الحجازي عباس بن علي المكي (ت١١٨٠هـ)[٣]، ووصف المرقد الحسيني الشريف بقوله: "وأما ضريح سيدي الحسين عليه السلام فيه جملة قناديل من الورِق (الفضة) المرصع والعين (الذهب) والتحف ما يبهت العين من أنواع الجواهر الثمينة ما يساوي خراج مدينة وأغلب ذلك من ملوك العجم وعلى رأسه الشريف قنديل من الذهب الأحمر يبلغ وزنه منين (كل مَنٍّ ٢٥ كيلو غراما) بل أكثر وقد عُقدت عليه قبة رفيعة السماك متصلة بالأفلاك وبناؤها عجيب، صنعه حكيم لبيب"[٤].

- في العام ١١٧٩ زارها الرحالة الألماني كارستن نيبور (Carsten

(١) ابن بطوطة: ولد في طنجة بالمغرب سنة ٧٠٤هـ، وسكن فاس ومات في مراكش، فقيه وقاضٍ ورحالة، قام بثلاث رحلات حول العالم استغرقت ثلاثين عاما، من آثاره: تحفة النظار في غرائب الأمصار، وعجائب الأسفار (رحلة ابن بطوطة).

(٢) الخليلي، جعفر بن أسد، موسوعة العتبات المقدسة ـ قسم كربلاء: ٢٦، عن رحلة ابن بطوطة.

(٣) عباس المكي: هو حفيد حسين العاملي الموسوي، ولد في مكة سنة ١١١٠هـ وفيها مات، فقيه وأديب وشاعر ورحالة، من آثاره: نزهة الجليس، وأزهار الناظرين.

(٤) آل طعمة، سلمان بن هادي، تراث كربلاء: ٤٩.

Neibuhr) (ت١٢٣١هـ)[١]، ووصف المرقد الشريف وما حوله بقوله: "إن أطراف الحضرة والصحن كانت مضاءة كلها، وكان لها بذلك منظر فريد في بابه نظراً للشبابيك الكثيرة التي كانت موجود فيها، وقد كان ذلك يكاد يكون غريبا في هذه البلاد التي يقل فيها زجاج النوافذ يومذاك، وأن الصحن يقوم في ساحة كبيرة تحيط بها من أطرافها الأربعة مساكن السادة والعلماء، وكان يوجد بين يدي الباب الكبرى ـ القبلة ـ شمعدان نحاسي ضخم يحمل عدداً من الأضوية على شاكلة ما كان موجوداً في مشهد الإمام علي"[٢].

ـ وفي العام ١٣٢٧ زارتها الرحالة والمستشرقة البريطانية السيدة غيرتراد مارغريت لوثيان بيل والشهيرة بالمس بيل (Gertrude Margaret Lowthian Bell) (ت١٣٤٥هـ)[٣]، ومما كتبته عن المرقد المقدس: "في

(١) كارستن نيبور: رياضي ومصمم خرائط ورحالة (١٧٣٣ ـ ١٨١٥م) ولد في مدينة لودينغورث (Ludingworth) بألمانيا ومات في مدينة ميلدورف (Meldorf) بألمانيا، اشتغل بالزراعة في مقتبل العمر ثم عمل بمسح الأراضي ووضع الخرائط وتنقل في البلدان، وعاش في كوبنهاغن عاصمة الدانمارك، ثم انتقل إلى المانيا، من آثاره: وصف بلاد العرب (Description of Arabia)، رحلات عبر البلدان العربية (Travels Through Arabia)، وتكريما له أطلقت جامعة كوبنهاغن على معهدها للدراسات الشرقية اسم معهد كارستن نيبور (Carsten Niebuhr Institute).

(٢) موسوعة العتبات المقدسة ـ قسم كربلاء: ٢٧٨، عن رحلة كارستن نيبور.

(٣) المس بيل: كاتبة وسياسية ورحالة بريطانية، ولدت في مدينة واشنطن هول (Washington Hall) في شمال شرق انكلترا سنة ١٨٦٨ م في أسرة سياسية حيث كان جدها السير اسحاق لوثيان بيل (Sir Isaac Lowthian Bell) من حزب الأحرار، تخرجت من جامعة اوكسفورد، وعملت في الشرق الأوسط، واستقرت في العراق، وفي عام ١٩٢٥م عادت إلى بريطانيا لكنها قفلت راجعة إلى بغداد وفيها ماتت سنة ١٩٢٦ م ودفنت في المقبرة البريطانية في منطقة باب الشرقي، من مؤلفاتها: سوريا: الصحراء والبذرة (Syria: The Desert and the Sown)، مراد إلى مراد (Amurath to Amurath)، ومذكراتها المعنونة: جيرتراد بيل: من أوراقها الخاصة ١٩١٤ ـ ١٩٢٦ (Gertrude Bell: From Her Personal Papers ١٩١٤ ـ ١٩٢٦)، ولأنها ماتت غير متزوجة يطلق عليها=

كربلاء وقعت مأساة موت الحسين بن علي بن أبي طالب، وتوسع المكان المحيط بالمسجد الذي يضم مرقده، وبالنسبة إلى نصف الذين يؤمنون بالعقيدة المحمدية فإن هذا الضريح يعد مقصداً لا يقل قداسة عن مكة "[1].

ـ وفي العام ١٣٢٨ هـ زارها الرحالة الهندي محمد هارون الزنكي پوري المتوفى بعد العام ١٣٣٥ هـ، وبهره منظر تنوع جنسيات الزائرين، فكتب يقول: "إنهم من الأعراب والأعجام والأتراك والأكراد وأهل الهند والسند وأهل الصين والتتار، وأهل روسية ورومة وأهل أفريقيا وأمريكا وأهل يورپ (اوروبا) وآسيا، فإنهم يدخلون إلى مقامه حزبا حزبا وقوما قوما وأفواجا أفواجا "[2].

ـ وفي العام ١٣٤٩ هـ زارها الرحالة المصري عبد الوهاب بن محمد عزام (ت١٣٧٨هـ) ووصف حال الزائرين وهم يقيمون مجالس العزاء في ذكرى استشهاد الإمام علي عليه السلام في الواحد والعشرين من شهر رمضان المبارك، فيضيف: "وقد دخلنا المسجد فإذا هو يدوي بالقارئين والداعين فزرنا الضريح المبارك، ومنعنا جلال الموقف أن نسرح أبصارنا في جمال المكان وما يأخذ الأبصار من زينته وحليته ورُوائه.. "[3].

ومن الرحالة الذين زاروا كربلاء المقدسة ودونوا ملاحظاتهم حول عمارة

=(المس) (Ms) وليس (المسز) (Mrs) الذي يطلق على المرأة المتزوجة.

(١) Bell, Gertrude, Amurath To Amurath: A Journey Along The Banks Of The Euphrates: 160.

(٢) زنكي پوري، محمد هارون، رحلة عراقية: ٨٣.

(٣) رحلات عبد الوهاب عزام: ٦٠.

المرقد الحسيني الشريف الرحالة التركي[(١)] والقائد البحري الأميرال سيدي علي بن حسين جلبي الذي زار المرقد الحسيني عام ٩٦١ هـ. ومنهم البحار والرحالة البرتغالي بيدرو تكسيرا (Pedro Teixeira) (ت١٦٤١م)[(٢)] الذي أطلق على المدينة اسم "مشهد الحسين". ومنهم الرحالة الهندي التركي الأصل أبو طالب بن حاجي محمد بك خان الإصفهاني (ت١٢٢١هـ)[(٣)] الذي أورد في رحلته ما حل في المدينة المقدسة من خراب على أيدي مجاميع الحركة الوهابية المسلحة. ومنهم الرحالة المنشئ البغدادي[(٤)] محمد بن أحمد الحسيني الذي زارها في العام ١٢٣٧ هـ. ومنهم الرحالة الفرنسية جان ديولافوا (Dieulafoy, Jane Henriette Magre) (ت١٩١٦م)[(٥)].

---

(١) الرحالة التركي: وهو إلى جانب الوظيفة العسكرية كاتب وشاعر لقب بالرئيس والربان والكاتب الرومي، له كتاب مرآة الممالك، وكتاب المحيط، مات عام ٩٦٦هـ، وقيل عام ٩٧٠هـ.

(٢) بيدرو تكسيرا: ولد في مدينة كانتانهد (Cantanhede) البرتغالية سنة ١٥٧٠ م ومات في مدينة بِلِم (Belém) على نهر الامازون في البرازيل، اشتهر كأول رحالة أوروبي انطلق عام ١٦٣٧ م في رحلة على طول نهر الأمازون في أعماق اميركا اللاتينية.

(٣) أبو طالب الإصفهاني: هندي تركي الأصل (١٧٥٢ ـ ١٨٠٦م) ولد في لكهنو بالهند، بدأ رحلته إلى اوروبا وآسيا سنة ١٧٩٩ م واستغرقت ثلاث سنوات، رجع إلى كلكتا بالهند سنة ١٨٠٣ م، ومات في الهند، طبع ولداه رحلته بعنوان (مسير طالبي في بلاد افرنجي)، ترجم الأديب العراقي مصطفى جواد (١٩٠٤ ـ ١٩٦٩م) رحلة الإصفهاني من الفرنسية إلى العربية بعنوان: "رحلة أبي طالب خان".

(٤) المنشئ البغدادي: له رحلة المنشئ البغدادي، ترجمها المؤرخ العراقي عباس بن محمد العزاوي (١٨٩٠ ـ ١٩٧١م) سنة ١٩٤٨ م، وذكر المؤرخ العراقي المعاصر الدكتور جليل بن إبراهيم العطية انه: (للمنشئ البغدادي عقب في مدينة الكاظمية، منهم المؤرخ المعروف الدكتور جواد علي بن محمد علي بن محمد حسين بن قاسم (١٣٢٤ ـ ١٤٠٨هـ) صاحب كتاب المفصّل في تارخ العرب، توفي الحاج محمد علي المنشئ سنة ١٩٣٨ م، وهم من عگيل..). انظر: نظرة المستشرقين والرحالة إلى الروضة الحسينية للدكتور الكرباسي: ٣٩، وهو من اعداد الدكتور جليل العطية.

(٥) جان ديولافوا: عالمة آثار فرنسية ورحالة وروائية مسرحية ولدت سنة ١٨٥١ م في مدينة تولوز (Toulouse) الفرنسية وفيها ماتت، درست في باريس، وسافرت إلى الشرق الأوسط، ووضعت كتابا سمته: رحلة إلى إيران وكلدة والسويس.

نظرات ميدانية

وربما كان المستشرق أكثر عمقا من الرحالة عند الوصف، لأن الأخير ينقل مشاهداته في حين أنَّ الأول ينقل مشاهداته مبنية على دراسات مسبقة أو دراسات ميدانية، ولذلك تأخذ دراسات المستشرقين قوتها في مجال البحث والتحقيق، وهناك عدد غير قليل من المستشرقين مروا على كربلاء ودونوا ملاحظتهم.

ـ في حدود العام ١٢٦٧ هـ، زار المستشرق الألماني ثيودور نولدكه (Theodor Noldeke) (ت١٩٣٠هـ)[١] كربلاء المقدسة وكتب في وصف الحرم الحسيني، وعندما يصل إلى داخل الروضة الشريفة يضيف: "والروضة نفسها محاطة بأروقة معقودة يستطيع الزائرون الطواف حول المرقد من هذه الأروقة، وتعلوها قبة شاهقة تحيط بالمرقد على نصف دائري وفي وسط مركز قاعدته من الأسفل ضريح من الفضة.."[٢].

ـ وفي العام ١٢٧٠ هـ وصف عالم الآثار الانكليزي وليام كنيت لوفتوس (William Kenett Loftus)[٣]، الخراب الذي تركه عدوان الوالي

(١) ثيودور نولدكه: عالم ومستشرق ألماني (١٨٣٦ ـ ١٩٣٠م)، ولد في مدينة هاربوغ (Harburg) من توابع هامبورغ ومات في مدينة كارلسروه (Karlsruhe) جنوب غرب ألمانيا، درس في مدينة غوتينجن الألمانية (Gottingen) وفيينا بالنمسا وليدن (Leiden) في هولندا، وبرلين، قام بالتدريس في جامعة غوتينجن الألمانية (University of Gottingen)، ونال جوائز عدة، من آثاره: تاريخ القرآن (نال عنه الشهادة العليا الدكتوراه)، المعلقات الخمس، تاريخ الشعوب السامية.

(٢) الكليدار، محمد حسن بن مصطفى، مدينة الحسين: ٣/ ١٧٢.

(٣) لوفتوس: عالم آثار وجيولوجي ورحالة بريطاني (١٨٢٠ ـ ١٨٥٨م) ولد في قرية لينتون (Linton) في مقاطعة كنت (Kent) جنوب شرق انكلترا، ونشأ في مدينة راي (Rye) في مدينة شرق ساسيكس (East Sussex) جنوب شرق انكلترا، ومات في عرض البحر وهو في الباخرة المتجهة من الهند إلى بريطانيا، كان عضوا في اللجنة الدولية لترسيم الحدود الدولية بين العراق وايران، اكتشف مدينة اور في الناصرية سنة ١٨٤٩ م.

العثماني محمد نجيب باشا[١] (ت١٢٦٧هـ) على مدينة كربلاء في العام ١٢٥٨ هـ يوم عيد الأضحى، حيث دخل الوالي الحرم الحسيني وهو فوق جواده، كما أراق دماء الناس في الحرم العباسي، وأعمل القتل في الأطفال والنساء لأربع ساعات.

يقول لوفتوس عن مشاهداته: "ان قبة الحسين عليه السلام وحدها مكسوة بالذهب في كربلاء وإنَّ إحدى المنارات الثلاث تبدو متداعية وتوشك على السقوط على اثر احتلال جنود نجيب باشا للمدينة وكان قد تعرضت المساجد إلى الخراب والتدمير بصورة خطيرة، فظلت آثار القنابل والشظايا واضحة للعيان في قبابها"[٢].

ـ في العام ١٣٩٨ هـ كتب المستشرق الفرنسي جاك بيرك (Jacques Berque) (ت١٩٩٥م)[٣] واصفا رحلته إلى كربلاء المقدسة فيكتب: "وما أن تتطلع بنظرك حتى تتعدد الرموز: القبة المذهبة للإمام الحسين ترتفع إلى حوالى ٣٥ متراً وهي مرتبطة بقواعدها المربعة. هذه التشكيلة الرائعة من الدوائر المتداخلة بالزوايا الحادة التي تسمو ويرنو لها كل معمار

---

(١) محمد نجيب باشا: والشهير بـ (حاجي نجيب باشا) ولي حكم بغداد سنة ١٢٥٧هـ عن الوالي علي رضا باشا اللازر في عهد السلطان عبد المجيد بن محمود الثاني (١٢٣٧ ـ ١٢٧٧هـ) الذي ولي الحكم عن أبيه سنة ١٢٥٥هـ، وفي عام ١٢٦٥هـ خلفه الوالي عبد الكريم نادر باشا (عبدي باشا).

(٢) موسوعة العتبات المقدسة ـ قسم كربلاء: ٢٩٣.

(٣) جاك بيرك: هو ابن اوغسطين (Augustin)، عالم فرنسي ضليع بالشؤون الإسلامية وعلم الاجتماع، ولد في الجزائر سنة ١٩١٠ م ومات في مدينة لاندز (Landes) جنوب شرق غرب فرنسا، نشأ ودرس في الجزائر وأكمل في جامعة السوربون بفرنسا، عمل خبيرا لليونسكو في مصر واشتغل في لبنان وقام بالتدريس في جامعة باريس (Université de Paris) وكلية فرنسا (Collège de France)، اعتنق الإسلام، له ترجمة القرآن الكريم إلى الفرنسية.

يحاول ربط هذا العالم بالعالم الآخر.. هذه هي كربلاء في أيامنا هذه، مكان مبلل ببكاء الزوار المسلمين وغني بالقرابين.. إنَّ كربلاء لا تحمل ذكرى الدم فحسب بل تحمل أيضاً تكاتفا دنيويا جماعيا يتجدد من سنة لأخرى.."[1].

وممن زار كربلاء ووصف المرقد الحسيني الشريف، العالم الجغرافي الإنكليزي جون اشر (John Ussher)[2] الذي حط فيها في العام ١٢٨١ هـ. وممن زارها في العام ١٣٠٩ هـ الرحالة وعالم الآثار الأميركي جون بيترز (John Punnett Peters) (ت١٩٢١م)[3]. وزارها في مطلع القرن الرابع عشر الهجري المستشرق الفرنسي بارون كارا دي فوكس (Baron Carra de

---

(١) دراسات حول كربلاء ودورها الحضاري: ١٥٥.

ـ من بحث مشترك مقدم من الدكتور قيس جواد العزاوي والدكتور نصيف الجبوري إلى ندوة كربلاء العلمية التي التأمت في لندن بديوان الكوفة في الفترة (١٠ ـ ١١/١١/١٤١٦هـ) (٣٠ ـ ٣١/٣/١٩٩٦م)، وكانت لي فيها مشاركة فاعلة في الإعداد والإدارة مع نخبة من رجال الدين والفكر والعلم، كما ضم الكتاب الذي صدر عن مركز كربلاء للبحوث والدراسات في ٧٥٠ صفحة من القطع الوزيري بحثا بقلمنا بعنوان: (كربلاء في الواجهة) صفحات ٢٢٠ ـ ٢٦٦.

(٢) جون أشر: جغرافي ورحالة بريطاني من أصل إيرلندي، قام برحلة إلى الشرق الأوسط ودونها في كتاب صدر بلندن عام ١٨٦٥ م تحت عنوان: رحلة من لندن إلى تخت جمشيد (journey from london to persepolis) وتخت جمشيد نسبة إلى شيراز بايران، وترجمه المترجم العراقي علي يوسف البصري سنة ١٩٥٨ م من الفارسية إلى العربية تحت عنوان (رحلة إلى العراق)، مات سنة ١٨٧٤ م. انظر: نظرة المستشرقين والرحالة إلى الروضة الحسينية: ٦٨.

(٣) جون بيترز: رحالة اميركي، ولد في نيويورك سيتي (New York City) سنة ١٨٥٢ م وفيها مات، تخرج من جامعة يال (Yale University)، رأس بعثة بنسلفانيا إلى العراق وتولى التنقيب عن مدينة نيبور بالحلة وكتب عنها مؤلفه المعنون: نيبور: أو اكتشافات ومغامرات على نهر الفرات (Nippur, or Explorations and Adventures on the Euphrates)، من مؤلفاته الأخرى: المسيحية الحديثة (Modern Christianity)، ودين العبرانيين (The Religion of the Hebrews).

(Vaux[1]، وزارها عالم الآثار الألماني ولتر اندريه (Walter Andrae) (ت١٩٥٦م)[٢].

وقد أحسن المؤرخ العراقي الدكتور جليل العطية[٣] صنعا بجمعه مشاهدات الرحالة والمستشرقين التي أوردها الدكتور الكرباسي في سلسلة مجلدات "تاريخ المراقد"، وأفردها في كتاب مستقل صدر هذا العام (٢٠٠٧م) وحمل عنوان "نظرة المستشرقين والرحالة إلى الروضة الحسينية"، تاركا على صفحات الكتاب بصماته التحقيقية.

الشعر ديوان العمارة

لم يخرج عن قوس الحقيقة من وصف الشعر العربي بأنه "ديوان العرب"، فهو يسجل وقائع الليالي وحوادث الأيام، وهذا بالضبط ما افرزه

---

(١) بارون كارا دي فوكس: مستشرق فرنسي وباحث في الشؤون الإسلامية (١٨٦٧ ـ ١٩٥٠م)، ولد في مدينة ليون (Lyon) وفيها درس، أجاد اللغات العربية والتركية والفارسية، زار الشرق الإسلامي ودون رحلته في كتاب، من مصنفاته: علماء الإسلام (Les penseurs de l'Islam)، دراسات في تاريخ الشرق (Etudes d'histoire orientale)، واللغة الاتروسكانية وموقعها من اللغات (La langue étrusque; sa place parmi les langues).

(٢) ولتر اندريه: عالم آثار ومهندس معماري، ولد بالقرب من مدينة لايبزيغ (Leipzig) في ألمانيا سنة ١٨٧٥ م ومات في برلين، شارك في حفريات بابل، وتولى التنقيب عن آثار الآشوريين في العراق، تولى متحف برلين، وقام بتدريس التاريخ المعماري في جامعة برلين التقنية (Technical University of Berlin)، ترك مصنفات عدة، منها: (Die Festungswerke von Assur)، (Die archaischen Ischtar - Tempel in Assur) و(Die ionische Soule. Bauform oder Symbol).

(٣) جليل العطية: هو ابن إبراهيم، ولد في مدينة الكوت جنوب العراق سنة ١٣٥٩هـ، باحث ومحقق عراقي، أقام في فرنسا عام ١٣٩٨هـ نال شهادة الدكتوراه من جامعة السوربون بباريس سنة ١٤١٧هـ عن رسالته: "تطور الحياة الاجتماعية في العراق من ١٩١٩ ـ ١٩٣٩م"، له عشرات المصنفات بين تحقيق وتأليف، منها: الجواهري شاعر القرن العشرين، ديوان الحسين بن الضحاك، والحنين إلى الأوطان.

الشعر المنظوم في النهضة الحسينية، فقد تبارى الشعراء إلى تقييد الوقائع أولا بأول، وفي مجال العمارة الإسلامية بعامة والمرقد الحسيني بخاصة، حفظ لنا الشعراء مراحل تطور عمارة الحرم الحسيني الشريف عبر القرون، من خلال المشاهدة العيانية أو القراءة التاريخية، فجاءت أبياتهم مقيدة بالتاريخ وبالأشخاص، مما سهّل على الباحث معرفة التفاصيل الخاصة بالمرقد الحسيني.

ومن جانب آخر، فإن المرقد الحسيني الشريف حفظ للأجيال القصائد العصماء لفحول الشعراء، كما حفظت الكعبة المعلقات السبع، من خلال إقدام المعمارين والخطاطين المهرة على نقش القصائد الحسينية الجزيلة على واجهات المرقد الشريف وداخل أروقته وعلى أبوابه وفوق جدرانه، ما ينبيك عن عظيم العمارة الإسلامية في تطويع الكلمة المنظومة.

ولعل الشاعر والقاضي الشيخ محمد بن طاهر السماوي (ت١٣٧١هـ) يقف على رأس الشعراء الذين حفظت أرجوزته الشهيرة تاريخ كربلاء المقدسة خلال أربعة عشر قرنا وما حل على المرقد الحسيني من عمران أو عدوان، فعلى سبيل المثال يقيد الشاعر السماوي حدث هدم "مئذنة العبد" في الحرم الحسيني التي طالتها يد الجهل والظلم عام ١٣٥٤ هـ عندما أقدم متصرف لواء كربلاء صالح بن علي جبر (ت١٣٧٧هـ) بأمر من رئيس الوزراء العراقي ياسين حلمي بن سلمان الهاشمي (ت١٣٥٥هـ) على هدم المئذنة التي بناها والي بغداد مرجان أمين الدين ابن عبد الله أولجياتو (ت٧٧٤هـ)، في العام ٧٦٧ هـ، فينظم السماوي مبديا غضبه على هدم منارة عمرها ستة قرون:

وهُدِّمتْ منارةُ العَبْدِ فلَمْ يَبْقَ لها مِنْ أثرٍ ولا عَلَمْ

لِـقَـوْلـهـمْ بـأنَّ عَـظْـمَـهـا وَهَـنْ في الأربعِ والخَمْسين مِنْ هذا الزَمَنْ[1]

وقام احد الشعراء بترجمة مقطوعة من وزن الدوبيت للفقيه هادي بن علي الخراساني (ت١٣٦٨هـ) يعبر فيها عن غضبه لجريمة هدم مئذنة العبد، في وقت يفترض في السلطة أنْ تحافظ على الأثر بوصفه تراث أمَّة، وتعمل على صيانته كونه معلما وطنيا وإسلاميا، فينشد:

مِئذنـةٌ فـي صَحْـنِ الـمُـصطفـى كـأنَّـهـا غُـصـنٌ بَـدا مِـنْ طـوبـى
يحسبُـها العـارفُ مِنْ معشوقِهِ أنـمُـلـة هـام بـهـا مَـشْـبـوبـا
قـد هـدَّمـتـها عبثـاً أيـدي الخنـا يُـجزون نـارَ الهوْنِ والـتـعْـذيـبـا[2]

ومن الشعراء عبد الباقي بن سلمان العمري (ت١٢٧٩هـ)، حيث يصف الهلال المنصوب على قبة المرقد الحسيني الشريف، فينشد من الطويل:

عـلـى قُـبـة الـسـبـط إذ انـبـرى هلالٌ حكى الكف الخضيب ولا بِدعا
عـلـى عَـقبيـه الـليـلُ أدبرَ نـاكصاً وأعطى قفاهُ باتَ يشبِعُه صَفعا[3]

وهناك عدد من الشعراء تقيدت أشعارهم في جدران المرقد الشريف، منهم الشاعر الشهير الشيخ محسن أبو الحب الكبير بن محمد الكعبي (ت١٣٠٥هـ)، حيث خطت إحدى قصائده الشهيرة على القاشاني بخط فارسي بديع، وهي من البسيط ومطلعها:

الـلـه أكـبـرُ مـاذا الـحـادثُ الجَـلـلْ لـقـد تـزلـزلَ سـهـلُ الأرض والـجـبـلُ
مـا هـذه الـزفـرات الـصـاعـدات أسـى كـأنَّـهـا شُـعَـلٌ تُـرمـى بـهـا شُـعَـلُ[4]

---

(١) آل طعمة، سلمان بن هادي، تاريخ مرقد الحسين والعباس: ١٨١.
(٢) الجلالي، محمد رضا بن محسن، سيرة آية الله الخراساني: ٣٣.
(٣) العمري، عبد الباقي بن سليمان، ديوان الترياق الفاروقي: ١٤٥.
(٤) تاريخ المراقد.. الحسين وأهل بيته وأنصاره: ٢/ ١٨٥، عن تراث كربلاء: ٥٤. =

ومن الشعراء القاضي السيد محمد هادي بن علي الصدر (ت١٣٨٥هـ)، حيث ثبّتت فوق باب الحر أبياته التالية من مجزوء الكامل:

أحـظـيـرةَ الـقُـدس الـتـي ... فـيـهـا أمـانُ الـخـافـقـيـنْ

حَـسْـبُ الـمَـفـاخِـرِ أن تـكـو ... نـي مَـهْـبَـطَ الـروحِ الأمـيـنْ

لَـكِ بـابُ حِـطـةَ وهـو بـا ... بُ الـلـهِ لـلـحقِ الـمُـبـيـنْ

عَـنَـتِ الـحـيـاةُ لـه بـنـسـ ... ـبـتـه إلـى رأس الـحُـسـيـنْ[1]

وكانت إبداعات الشعراء والخطاطين والفنانين والمعماريين في شموخ عمارة الحرم الحسيني الشريف الذين وردت أسماؤهم في سلسلة "تاريخ المراقد" للمحقق الكرباسي، محل إلهام واهتمام الباحث العراقي الأستاذ سعيد بن هادي الصفار[2] الذي عمل على تخليد هذه الأسماء اللامعة في

= ـ واختلفت بعض الأبيات عن الواردة في ديوان الشيخ محسن أبو الحب الكبير: ١١٩، وهي قصيدة من ٣٦ بيتا، كما اختلف مطلعها حيث جاء كالتالي:

الشوق فيك وإن أقفرت يا طللُ ... فأيُّ شيءٍ يفيد العاذلُ الجدلُ

وربما كانت الأبيات المنقوشة على جدران المرقد الحسيني الشريف قد استلت من القصيدة دون أن تبدأ بالمطلع أو تختم بآخر البيت.

(١) مجلة رسالة الشرق الكربلائية: ٢/ ٤٤.

ـ من مقالة بعنوان "أبواب الصحن الحسيني" في الصفحات ٤١ ـ ٤٤، كتبها الشاعر الصدر يوم كان قاضيا لمدينة كربلاء المقدسة. واحتفظ بمكتبتي الخاصة في لندن بالأعداء ١ و٢ و٤ من المجلة التي صدر عددها الأول عن مطبعة الغري الحديثة في النجف الأشرف في ٢٠/٦/١٣٧٣هـ (٢٤/٢/١٩٥٤م)، وكان صاحب امتيازها ورئيس تحريرها السيد صدر الدين بن محمد حسن بن مهدي الموسوي الشهرستاني المولود سنة ١٣٥١هـ (١٩٢٩م) واعتقل عام ١٩٩١ م (١٤١١هـ) إثر الحوادث الشعبانية في كربلاء وعموم العراق بالضد من حكومة بغداد، وانقطع أثره حتى بعد سقوطها عام ١٤٢٤هـ (٩/٤/٢٠٠٣م).

(٢) سعيد الصفار: الحائري، ولد في مدينة كربلاء سنة ١٣٤٧هـ (١٩٢٩م) وفيها نشأ ودرس، ثم انتقل إلى بغداد سنة ١٣٦٧هـ (١٩٤٨م)، اشتغل بالأعمال الحرة ولم ينقطع عن التحقيق والتأليف، له أكثر من عشرين مؤلفا، منها: تحت قبة الحسين عليه السلام وزوار كربلاء، كربلاء بأقلام المؤلفين،=

كتاب مستقل صدر في العام (٢٠٠٦م) عن بيت العلم للنابهين في بيروت وحمل عنوان: "الروضة الحسينية وإسهامات المبدعين الجليلة".

مشروع أمة في رجل

وختم الكتاب بمجموعة فهارس لا يستغني عنها القارئ والباحث والمحقق، مع قراءة نقدية باللغة الإيطالية بقلم مدير قسم الدراسات الشرقية (Dipartimento di Orientalistica) في جامعة تورينو الإيطالية (Università di Torino) البروفيسور فابريزيو أنجلو بيناكيتي (Fabrizio Angelo Pennacchietti) المولود في مدينة تورين (Turin) الإيطالية في العام ١٩٣٨م، هاله ما قرأه في الكتاب من معلومات تاريخية مبوبة بصورة علمية ومحققة، ووجد أنَّ كتاب "تاريخ المراقد" في جزئه الثاني الذي يمثل واحداً من نحو ستمائة مجلد، قد أتى بالشيء الكثير، وعنده: "إنَّ هذا المؤلَّف يقدم جزءاً من بحث ذي جوانب عدة بلغت من الاتساع والشمول، بحيث لا يكاد المرء يصدق أنَّ مثل هذا المشروع قد خطط له أصلاً من قبل شخص واحد وحسب"، وخلص في نهاية قراءته أنُّ الدكتور محمد صادق محمد الكرباسي في هذا المجلد: "تفرَّعَ فيه وتمكَّنَ منه بمثل هذا الامتداد والاستفاضة".

الإثنين

١٢/٩/١٤٢٨هـ = ٢٤/٩/٢٠٠٧م

=وولاة الإمام علي عليه السلام على الأمصار، يقيم في النمسا منذ العام ١٤٢٢هـ (٢٠٠١م).

البروفيسور نجيب بن عبد الله نبواني

* أديب ومربٍ وأكاديمي، ومن وجوه الدروز في المنطقة.

* ولد في قرية جولس في الجليل الغربي عام ١٣٥٤هـ (١٩٣٥م)، وفيها نشأ ودرس الابتدائية.

* أكمل دراسة الثانوية في كفر ياسين من قرى عكا.

* نال شهادة الدكتوراه في التربية.

* نال درجة الأستاذية (بروفيسور) من جامعة ليبتسك الروسية الواقعة في مدينة ليبتسك على بعد ٤٤٠ كيلو مترا من العاصمة موسكو.

* تولى رئاسة الكلية الأكاديمية العربية للتربية (دار المعلمين) في حيفا لسنوات طوال حتى تقاعده عام ١٤٢٨هـ (٢٠٠٧م).

* ساهم في إنشاء أول مركز أدب أطفال في الكلية العربية للتربية في حيفا عام ١٤١٦هـ (١٩٩٦م).

* كتب لكل الفئات العمرية.

* ولجهوده الكبيرة على مدى نصف قرن في التربية والتعليم والتأليف، أقيم له عام ٢٠٠٧ م احتفال تكريم واسع في مدينة حيفا، وفيه تم توزيع كتاب "اليوبيل الذهبي لتكريم الدكتور نجيب نبواني" من اعداد: د. سليمان عليان، بروفيسور اسحاق ابيشور، د. نبيه القاسم، ود. محمد حجيرات، وهو من

إصدار معهد الدراسات للتعددية الثقافية في الكلية الأكاديمية العربية للتربية في حيفا، ضم في حقه مقالات ودراسات وتقريظات عدة.

* من مؤلفاته: التربية بين النظرية والتطبيق، قراءات وأبحاث في الأدب العربي، ورحلات تربوية.

الرقم القياسي في العمل الموسوعي

(السيرة الحسينية ٢)

طالعنا العديد من سير الرجال في عصور التاريخ المختلفة، فلم نطالع سيرة أكبر ولا أعطر من سيرة "سيد الشهداء" الحسين بن علي كرم الله وجهه. لقد كانت حياة هذا الإنسان العظيم قصيرة ولكنها حافلة بجلائل الأمور وكان لها أكبر الأثر على الأجيال العديدة التي تعاقبت بعد مصرعه المروع والمؤلم في كربلاء.

قرأنا وطالعنا أخبار الباحثين في عدة عصور وفي أكثر من مضمار فلم نر باحثا له طول الباع وعمق الإطلاع كالباحث الشيخ محمد صادق الكرباسي، لقد أعجبنا بسعة إطلاعه ودقة تحليله للأمور وأمانته العلمية والتاريخية بحيث جعلت منه "شيخ الباحثين" في نظرنا... الشيخ محمد صادق الكرباسي أعطاه إيمانه الشديد بعظمة الحسين وسيرته العطرة، أعطاه قوة تكاد تكون خارقة، فغاص بحر الحسين وأخرج كل الدرر المكنونة في هذا البحر بعيد الحدود.

يطالعنا العصر الحديث بعمق التحليلات الجديدة، وعظمة الاستنتاج لدى قادة الفكر البشري، والتوغل بعمق لاكتشاف أثر الشخصيات الإنسانية الرائدة على مسار تاريخنا الإنساني، فقالوا كلمة الحق قوية ناصعة الطهر

١٧٣

متكاملة البناء، ومن أعظم الاستنتاج الفكري الحديث صدور الموسوعة الحسينية للشيخ محمد صادق الكرباسي ـ مد الله في عمره ـ إذ وقف الكثير بذهول وإكبار لهذا المؤلف الذي ضرب رقماً قياسياً في العمل الموسوعي في موسوعته الموسومة بـ "دائرة المعارف الحسينية"، والتي تفوق كل ما صدر من موسوعات ودوائر معارف والتي تعد من مفاخر المؤلفات في موضوعيتها وشموليتها، حيث غطت كل شيء ذا صلة بموضوع الحسين بن علي منذ أن انعقدت نطفته مرورا بسيرته ومقتله، وما قيل فيه من المراثي حتى يومنا هذا.

إن ضخامة المادة المتعلقة بهذا الموضوع تدل بالضرورة على ضخامة الجهد الضخم الذي قام به مؤلفها.

انه ليطيب لي أن أقدم لهذا الجزء من الموسوعة والتي يتحدث فيها المؤلف عن السيرة الحسينية، حيث درس شخصية الحسين بإمعان وتمحيص ودراية، واستطاع أن يكتشف أهمية الحسين بن علي وأثره في تاريخ الإنسانية.

فرغم مرور أكثر من ثلاثة عشر قرنا على حادثة مقتل "سيد الشهداء" المأساوية، فإن تأثيره مازال قويا وعارما، فقد أثر الحسين في سير التاريخ والذي لولاه لما حدث ما حدث. وأدهشت ثورة الحسين وأفكاره باحثين عمالقة فبذلوا جهودا في تدوين حياة سيد شباب أهل الجنة.

وقد حاول الكرباسي ناجحا التوقف عند محطات في حياة الإمام الحسين محاولا إرجاع الحق إلى نصابه ورد التاريخ إلى محرابه من إبراز الحقيقة الواضحة للأجيال القادمة، فقد هيأ الإمام الحسين لجميع

المظلومين في هذا العالم طريق الخروج على سلطة الظالم فضحى بنفسه من أجل أهل بيته.

لقد حاول الكرباسي أن يثبت كل ما عرفه حول الإمام الحسين من مراجع ومصادر قيمة من كتب التراث العربي، ليضع أمام القارئ مفتاحا للاطلاع الجليل النفع، فقد سار في شعاب الكتب ومشى في مناكب الأسفار ابتغاء الرؤية الواضحة، وبحث عن تعريف غير زائف بسيرة سيد الشهداء. فقد استعرض سيرة الإمام الحسين منذ ولادته حتى استشهاده والمراحل التي قطعها أهل بيت الحسين ونساء أصحابه وهم أسرى بيد بني أمية وحتى وصولهم إلى المدينة المنورة.

وقدمها المؤلف لهذا الجزء بمقدمات تناولت بالشرح والتحليل السيرة، معناها، أقسامها، تاريخها، وقد أخذت الأيام الأخيرة من حياة الإمام الحسين نصف مساحة هذه السيرة. بيد أنه لابد من الإشادة بمؤلف السيرة الذي استطاع أن يتم الحلقات المفقودة في سيرة الإمام، فقد دقق في الحوادث وجوانبها ورجالاتها ومواقعها الجغرافية وتواريخها الزمنية، ولا يخلو هذا الجزء من الموسوعة من التحقيق في بعض الحوادث ما بين الترجيع ورفض وتأييد التي دخلت على السيرة الحسينية.

وإذا كان لابد من كلمة أخيرة فرجائي أن ينعم مؤلف الموسوعة الشيخ محمد صادق الكرباسي ـ أبو علاء ـ بثمرة هذا الجهد المحمود وهذه المآثر الخالدة، إني لعلى يقين بأن هذا الجزء من الموسوعة سيحظى بأصداء طيبة كبقية الأجزاء التي صدرت.

الدكتور نجيب نبواني
رئيس الكلية الأكاديمية العربية للتربية ـ حيفا
١٣/ ٣/ ٢٠٠٣م

السيرة الحسينية

تعود بالحق إلى نصابه والتاريخ إلى محرابه(١)

من السهل على المرء قراءة التاريخ، بل يجد فيه المتعة الكبيرة التي تزيح عنه هموم الحياة، ويجد فيه العبرة تلو العبرة التي تمكنه من تخطي العقبات، ولكن من الصعب على المؤرخين وضع التاريخ في سياقه الطبيعي، بخاصة اذا تعلق الأمر بشخصية واحدة، فعندها يحتاج المؤرخ المحقق إلى استعمال كل أدوات المعرفة، لترتيب أوراق ديوان الشخصية المعنية، بما لا يخل بالسياق التاريخي ولا يترك فجوة زمنية بين مرحلة وأخرى، لأن الزمن سلسلة حلقات تعرف اللاحقة بالسابقة وتشير السابقة إلى اللاحقة.

ومثل هذه القراءة الدقيقة والفاحصة، لا تتوفر عند كل أحد، ولهذا فإنَّ بعض كتب التاريخ تفتقد إلى الشرعية المعرفية وتوصف بأنها كتب هجينة غير طاهرة المولد تلقحت بويضاتها في أنبوبة القصر الخليفي أو الملكي، يكتب المؤرخ بما يمليه عليه القصر ويتحرك مداده بعجلة الدرهم والدينار، وهذه السمة هي الغالبة لعدد غير قليل من كتب التاريخ.

المحقق والبحاثة الدكتور محمد صادق الكرباسي، يستحضر كل

---

(١) استوحيت العنوان من عبارة وردت في مقدمة الدكتور نجيب نبواني.

الأدوات المعرفية في بيان الجزء الثاني من سلسلة باب "السيرة الحسينية" الذي صدر عن المركز الحسيني للدراسات في لندن، في ٤٧٠ صفحة من القطع الوزيري. وفي هذا الجزء يواصل قراءة سيرة الإمام الحسين بن علي ﵇ وهو في كنف جده رسول الله محمد ﷺ، حيث يشكل هذا الجزء والجزء الذي قبله الفصل الأول من سبعة فصول توزعت على عشرة أجزاء هي باقة من باقات دائرة المعارف الحسينية ذات الستمائة جزء والذي صدر منها ٣٢ جزءاً[١]، وحيث قسّم الفصل الأول إلى تسعة مقاطع، فإنَّ الجزء الأول ضم أربعة مقاطع وجانبا من المقطع الخامس، فيما استقل الجزء الثاني ببقية المقطع الخامس والأربعة الباقية.

يوميات السنة السابعة

تناول المؤرخ الكرباسي في المقطع الخامس حوادث ووقائع السنة السابعة من الهجرة النبوية الشريفة التي كانت تمثل الذكرى الثانية من مولد الحسين ﵇، وفيما تبقى من المقطع، يتابع المؤرخ سيرة الإمام الحسين ﵇ منذ شهر جمادى الأولى، على هيئة يوميات وضع لكل يوم عنوانا مستوحًى من الحدث أو الواقعة، أبدع في ترتيبها ضمن سياق زمني متوالٍ يتابع نمو الإمام الحسين ﵇ في ظل جده محمد ﷺ يوماً بعد آخر، معتمدا على التحقيق والتمحيص، وسوق النصوص الشريفة من آيات وأحاديث بما يخدم اليوميات وترجمتها إلى وقائع إعتماداً على سبب النزول أو استحضار التأويل المنصوص عليه في التفاسير وكتب الحديث. فتحت عنوان: "عطش الحسين"، يبحث النبي محمد ﷺ وسط عطش أصاب

---

[١] إزداد عدد المطبوع منها إلى أكثر من ٦٠ مجلداً.

المدينة، عن ماء صالح للشرب يسقي به سبطيه الحسن والحسين، فلا يجد، فيقرب لسانه من فمهما ويدعهما يمصانه، ثمَّ يأتيه جبريل بالنبأ بموت الحسن مسموما وموت الحسين عطشانا مذبوحا.

وفي "الحسنان سيدا شباب أهل الجنة" يخبر النبي الصحابي الحذيفة بن اليمان (حسيل) العبسي (٢٠ ق.هـ - ٣٦هـ) أن جبريل بشره أن حسنا وحسينا سيدا شباب أهل الجنة وأبوهما أفضل منهما. ويمنع الرسول ﷺ حفيده الحسين من تناول "تمر الصدقة" لأن الصدقة لا تحل على أهل البيت عليهم السلام. وكان النبي ﷺ يحب منظر "مصارعة الحسنين" وهما صغيران، فكان يشجع الحسن ويشجع جبريل الحسين. ويروي أبو هريرة عبد الرحمن بن صخر الدوسي (ت٥٩هـ) في "قتلة الحسين" أن النبي لعنهم وقال: (حسين مني وأنا من حسين، أحب الله من أحب حسينا وأبغض الله من أبغض حسينا، حسين سبط من الأسباط لعن الله قاتله)[١].

وفي "عمران والحسنين" يحدث النبي ﷺ عمران بن الحصين الخزاعي (ت٥٢هـ) عن موقع الحسنين من قلبه إذ: (إن الله أمرني بحبهما)[٢].

الذكرى الثالثة للمولد

وتحل على البيت النبوي الذكرى الثالثة لمولد الإمام الحسين عليه السلام، ويتذكر ابن عباس (٣ ق.هـ - ٦٨هـ) كيف كان الرسول ﷺ يجلّ أهل بيته ويشير إلى الحسين: (أما الحسين فإنَّه مني، وهو ابني وولدي، وخير الخلق بعد أخيه وهو إمام المسلمين...)[٣]. وتنزل في أواخر فصل الخريف

---

(١) المجلسي، محمد باقر، بحار الأنوار: ٤٢/ ٢٨٤.

(٢) كامل الزيارات: ٥٠.

(٣) المجلسي، بحار الأنوار: ٢٨/ ٣٧ - ٨٢ و٤٤/ ١٤٨.

"مائدة من السماء" وفق شهية الحسين الذي اختار ما كان ينزل على مريم بنت عمران، فأكلوا جميعا رطبا جنيا. ويسأل أبو هريرة عن "آية العقب"، فيجيب الرسول إن قوله تعالى ﴿وَجَعَلَهَا كَلِمَةً بَاقِيَةً فِي عَقِبِهِ﴾[١] يعني أن الله جعل الإمامة في عقب الحسين، يخرج من صلبه تسعة من الأئمة منهم مهدي هذه الأمة. ويلاحظ أبو هريرة أنَّ النبي في "سجدة الشكر" هوى إلى الأرض خمس مرات، مرة عن حب الله لعلي وثانية عن حبه تعالى للحسن وثالثة عن حبه للحسين ورابعة عن حبه لفاطمة وخامسة عن حبه لمن أحبهم بوصفهم أهل البيت الذين طهرهم تطهيرا. ويرجع جبريل إلى النبي ﷺ ليخبره بنبأ الملَك "مشفوع الحسنين"، الذي تاب الله عليه بشفاعة الحسن والحسين، فارتقى السماء ثانية يفتخر على ملائكة السماوات السبع: (مَن مثلي وأنا في شفاعة السيدين السبطين الحسن والحسين)[٢].

ويرى أبو هريرة "تكريم الحسين" حيث كلما هوى الرسول ﷺ إلى السجود وثب على ظهره الحسن والحسين، فيضعهما على الأرض برفق ولا يمنعهما، ويتكرر الأمر في كل سجود. ويخرج "الحسين في نزهة" إلى خارج المدينة مع جده محمد ﷺ يصحبهما الحسن. وتترك أم سلمة "قرة العين" يلعب فوق صدر جده وهو ابن ثلاث سنين وأشهر، فتحاول أن تنحِّيه فيقول لها زوجها: (دعيه يا أم سلمة متى أراد الانحدار ينحدر، واعلمي من آذى منه شعرة فقد آذاني)[٣]. وخلال استعداده لأداء "عمرة القضاء" يودع الرسول البيت العلوي ويخلف أبا ذر الغفاري على المدينة.

(١) سورة الزخرف: ٢٨.

(٢) المجلسي، بحار الأنوار: ٤٣/٣١٣.

(٣) الطريحي، فخر الدين بن محمد علي، المنتخب: ٣٣٠.

ويرى صالح بن رقعة اليهودي، الحسين يسير لوحده فيأخذه لداره، فيعرف الحسن بموضع أخيه فيأتيه، فيسمع صالح بلاغة الطفل، فتأسره شخصيته ويسلمه أخاه، وتكون الواقعة طريقا إلى "إسلام جماعة من اليهود" سمعوا بخبر صالح والحسنين. ويخبرنا أبو هريرة عن "علاقة الرسول بالحسنين" وينقل عن الرسول ﷺ قوله في الحسين: (اللهم إني أحبّه فأحبه)[(١)]. ويعود أبو هريرة ليخبرنا عن "الترحيب بالحسين" من قبل جده ﷺ وقوله فيه وفي أخيه الحسن: (اللهم إني أحبهما فأحبهما وأحب مَن يحبهما)[(٢)].

يوميات السنة الثامنة

ويستوعب المقطع السادس من الفصل الأول يوميات السنة الثامنة للهجرة الذي يستهل بيوم الأحد الأول من محرم الحرام للسنة الثامنة الهجرية الموافق للثلاثين من نيسان ـ أبريل **٦٢٩** م، وبدخول العام الجديد يحزن الحسين عليه السلام ومعه البيت العلوي والنبوي بسبب "موت الخالة زينب" شقيقة والدته فاطمة الزهراء عليها السلام في بداية العام، وقد لازمتها علتها منذ أن طرحت جنينها وهي خارجة من مكة عام **٢** للهجرة. ثم إن "المرض يعاود النبي" بعد سنة من تسممه بخيبر بفعل فخذ شاة، فيأكل من طبق فيه رمان وعنب أتى به جبريل، فيدخل الحسن ثم الحسين ثم والدهما على النبي ﷺ ويأكلون معه وهو يسبح. وننتقل إلى "رؤيا فاطمة" في ولديها الحسن والحسين وخوفها الشديد من مكائد الأعداء كما فعلوا بأبيها عندما سموه، فيخفف الرسول ﷺ عنها الوطء. وتجود فاطمة عليها السلام بما تملك

---

(١) الخوارزمي، موفق بن أحمد، مقتل الحسين: ١/١٤٩.

(٢) المتقي الهندي، علي بن حسام الدين، كنز العمال: ٧/١٠٨.

والحسن والحسين جوعى، فيكون ذلك طريقاً إلى "إسلام الأعرابي" وأربعة آلاف من عشيرته، ويكون سببا في إسلام شمعون اليهودي، ويكون سببا في نزول المائدة على أهل البيت كمريم بنت عمران عليها السلام كلما دخل عليها زكريا عليه السلام المحراب وجد عندها رزقا.

ويدخل الحزن قلب الحسين بعد سماع "مقتل العم جعفر في مؤتة" عام ٨ للهجرة وزاد من حزنه انه رأى بكاء جده صلى الله عليه وآله وسلم المر على ابن عمه جعفر بن أبي طالب. وفي "سرية وادي يابس" بإمرة علي بن أبي طالب عليه السلام، يتعاهد الرسول صلى الله عليه وآله وسلم البيت العلوي. ولا يساور قلب سلمان المحمدي (ت٣٦هـ) الشك بأنَّ "الحسين سيد" ويخبره الرسول صلى الله عليه وآله وسلم عن سبطيه الحسن والحسين: (يا سلمان: مَن أحبهم فقد أحبني ومن أحبني فقد أحب الله)[١]. ومرة أخرى ينقلنا أبو هريرة ومعه ابن عباس إلى مشهد "الحسين على عاتق الرسول" ومعه الحسن، وهنا يعيد الرسول قوله: (من أحبهما فقد أحبني ومن أبغضهما فقد أبغضني). ويعود جابر بن عبدالله الأنصاري الخزرجي (ت٧٤هـ) من "غزوة الخبط" ويلتقي النبي صلى الله عليه وآله وسلم فيخبره: (إن كل بني بنت ينسبون إلى أبيهم إلا أولاد فاطمة فإني أنا أبوهم)[٢]. ومرة أخرى يخبرنا جابر عن النبي صلى الله عليه وآله وسلم حديث "الأصلاب الشامخة"، فقد: (اجتمعت النطفتان مني ومن علي فولدتا الجُهر والجهير الحسنان فختم الله بهما أسباط النبوة وجعل ذريتي منهما)[٣].

---

(١) الخزاز، علي بن محمد، كفاية الأثر: ٤٤ ـ ٤٥.
(٢) المجلسي، بحار الأنوار: ٤٣/ ٢٨٤.
(٣) المجلسي، بحار الأنوار: ٣٧/ ٤٥، عن أمالي المفيد: ٣١٨. وفي معنى الجهر والجهير قال المجلسي: الجُهر بالضم هيئة الرجل وحسن منظره، والجهير: الجميل والخليق للمعروف، والأجهر الحسن المنظر والجسم.

الذكرى الرابعة للمولد

ويدخل الحسين في ذكراه الرابعة، ويسمع أبو هريرة قول الرسول في الحسين في مشاهد يوم القيامة: (ويحشر ابنا فاطمة على ناقتي العضباء والقصواء وأُحشر أنا على البراق)[1]. ويتعلم الأقرع بن حابس التميمي (ت٣١هـ) من علاقة النبي ﷺ بحفيده الحسين عليه السلام قوله ﷺ: "مَن لا يَرحم لا يُرحم"[2] عندما شاهد إكثار النبي تقبيل سبطه. وبعدما نقضت قريش عهدها مع النبي ﷺ جاء "أبو سفيان يستجير بالحسنين"، فلم ينفعه ذلك.

ويذهب الرسول ﷺ إلى "فتح مكة" فيستظهر الكرباسي أن الحسن والحسين صاحبا أمهما فاطمة في رحلة الفتح مع أبيها. ويعلنها النبي ﷺ جهارا أني "سلم لمن سالمكم" يا أهل بيتي، حيث أقبل أبو بكر عبدالله بن أبي قحافة التيمي (٥١ ق.هـ ـ ١٣هـ) والنبي واقف أمام خيمة فيها علي وفاطمة والحسن والحسين، فيخاطب الرسول ﷺ معشر المسلمين: (أنا سلم لمن سالم أهل الخيمة، حرب لمن حاربهم، ولي لمن والاهم، لا يحبهم إلا سعيد الجد ـ الأصل ـ طيب المولد، ولا يبغضهم إلا شقي الجد، رديء الولادة)[3]. وبعد "عمرة الرسول وفريضة الحج" تعود البسمة إلى البيت العلوي بعودة الجد. وتسأل أم سلمة عن "فضل أهل البيت" في قوله تعالى ﴿وَمَن يُطِعِ ٱللَّهَ وَٱلرَّسُولَ فَأُوْلَٰٓئِكَ مَعَ ٱلَّذِينَ أَنۡعَمَ ٱللَّهُ عَلَيۡهِم مِّنَ ٱلنَّبِيِّـۧنَ

---

(١) الزمخشري، محمود بن عمر، ربيع الأبرار: ٢/ ١١٤. الطبري، ذخائر العقبى: ٢٣٤.

(٢) الطبري، ذخائر العقبى: ٢١٩ ـ ٢٢٠.

(٣) الفيروزآبادي، مرتضى بن محمد، فضائل الخمسة من الصحاح الستة: ١/ ٢٩٨، عن الرياض النضرة للمحب الطبري: ٢/ ١٩٨.

﴿وَٱلصِّدِّيقِينَ وَٱلشُّهَدَآءِ وَٱلصَّٰلِحِينَۚ وَحَسُنَ أُوْلَٰٓئِكَ رَفِيقٗا﴾[1]، فيجيبها بعلها ﷺ: (من النبيين أنا، والصدّيقين علي بن أبي طالب، والشهداء الحسن والحسين، والصالحين حمزة، وحسن أولئك رفيقا الأئمة الإثنا عشر بعدي)[2]. وترى الشيخ الكبير "أبو رافع[3] يلاعب الحسين" تكريما له ولجده. ويحدثنا أحمد بن حنبل عن "الرفق بالحسين" حيث كان الحسن والحسين يثبان على ظهر الرسول ﷺ وهو في الصلاة، فيرفق بهما. وفي يوم السبت السابع عشر من شهر ذي الحجة من السنة الثامنة للهجرة الموافق للثامن من نيسان/ أبريل العام ٦٢٠ م يدخل السرور قلب الحسين عند "ولادة الخال إبراهيم" من مارية بنت شمعون القبطية (ت١٦هـ). ويصعب على بعض المسلمين قبول "كرامة لأبي ذر[4]" فيقول الرسول ﷺ فيه: (لقد آمنت به أنا وعلي وفاطمة والحسن والحسين)[5].

يوميات السنة التاسعة

ويستوعب المقطع السابع، يوميات السنة التاسعة، الذي يستهل بيوم السبت الأول من محرم الحرام للسنة التاسعة الهجرية الموافق للثاني والعشرين من نيسان ـ أبريل العام ٦٣٠ م، وفي هذا الشهر تقع "الوشاية الخسيسة" من شقي يخبر فاطمة بخطبة علي لبنت أبي جهل، فأخذت الحسن والحسين وزينب إلى النبي وأعلمته بالوشاية، لكن المحقق

---

(١) سورة النساء: ٦٩.

(٢) الخزاز، كفاية الأثر: ٢٤.

(٣) أبو رافع: إبراهيم (أسلم) القبطي (٤٩ ق.هـ ـ ٤١هـ)، وكان ممن حضر معركة أحد مع الرسول ﷺ.

(٤) أبو ذر: هو جندب بن جنادة الغفاري، من أجلّة صحابي النبي محمد ﷺ توفى بالربذة سنة ٣٢هـ.

(٥) المجلسي، بحار الأنوار: ٢٢/ ٣٩٤ عن تفسير العسكري: ٢٦ ـ ٢٧.

الكرباسي مع إيراده الحدث يطعن في الرواية كليا ويخلص إلى أنها من وضع الوضاعين ودسائسهم. ويسمع أنس بن الحارث الأسدي وهو من أصحاب الصُّفة نداء الرسول ﷺ ودعوته إلى "نصرة الحسين" فيطول به العمر ويحضر كربلاء المقدسة ويستشهد بين يدي سبط الرسول. وعند "عيادة العباس للرسول" أنبأه ابن أخيه ﷺ عن حب الحسن والحسين. وعند "نزول سورة النصر" يستقرأ العباس بن عبد المطلب القرشي (ت٣٢هـ) موت الرسول ﷺ فيؤيد الرسول ﷺ استقراءه، ويرجو الحسن والحسين في قصة طويلة، عكاشة الأسدي (**٣٣** ق.هـ ـ **١٢**هـ) أن لا يقتص من النبي ﷺ فانكب على بطنه يقبله وهو يقول: فداك أبي وأمي. وجاء عبد الرحمن بن سمرة العبشمي (ت٥٠هـ) المدينة ماضيا في "البحث عن النجاة" ويخبره الرسول ﷺ أن النجاة في التمسك بعلي بن أبي طالب عليه السلام إذا اختلفت الأهواء فهو: (زوج ابنتي فاطمة سيدة نساء العالمين من الأولين والآخرين، وإن منه إمامَي أمتي، وسيدي شباب أهل الجنة الحسن والحسين..)[(١)].

ويقدم الكرباسي رسما تخطيطيا عن المسجد النبوي عند "سد الأبواب" إذ أمر الله بسد أبواب الصحابة وبقية أقربائه إلا باب علي وأقر مسكن فاطمة والحسن والحسين على حاله. ويجهز الرسول ﷺ "سرية علي إلى فُلس" فيعاهد البيت العلوي بالرعاية. وبلغ الرسول ﷺ "حديث المنافقين" في أهل بيته، فيخطب في فضلهم: (أولهم علي بن أبي طالب وهو خيرهم وأفضلهم، ثم ابني الحسن ثم الحسين ثم فاطمة الزهراء،

(١) المجلسي، بحار الأنوار: ٣٦/٢٢٦.

والتسعة من أولاد الحسين...)[١]. ويستظهر الكرباسي من "عناية الرسول بالحسنين" في قصة جميلة أن الحسن والحسين كانا يلبسان العمامة في مثل هذا العمر. ويخلف الرسول ﷺ عليا عليه السلام على المدينة وهو في طريقه إلى "غزوة تبوك" فيعظّم في عيون المسلمين منزلته وأهل بيته. وتدخل الفرحة قلب الحسين وأخيه الحسن وأخته زينب الكبرى بعد "ولادة الأخت أم كلثوم" يوم الخميس السادس عشر من شهر رمضان سنة ٩ للهجرة. ويشهد المسلمون حضور "وفد ثقيف وتوثيق الحسين" لكتاب الرسول إلى مسلمي ثقيف حيث شهد عليه هو وأبوه وأخوه. وفي "الحسين وأم أسلم" من قبيلة أسد بن ربيعة التي توفيت بعد عام ٦١ للهجرة، تجد هذه المرأة التي وفدت على الرسول ﷺ في قصة طويلة أن صفات الإمامة قائمة في الحسين عليه السلام كما قرأتها في كتب الماضين. ويجهز الرسول ﷺ "سرية علي إلى بني زبيد" فيتعاهد البيت العلوي بالرعاية.

وينقضي شهر رمضان ويطلب الحسنان "هدية العيد" ولا يجدانها في البيت العلوي، فيأتيهما جبريل بحلتين. واخبر الرسول ﷺ أحد الصحابة "نزول الرحمة" على علي والحسن والحسين. ويذهب علي عليه السلام إلى مكة من اجل "إبلاغ البراءة" ويرعى النبي البيت العلوي. لفت انتباه عروة بن الجعد البارقي المتوفى بعد عام ٦١ هـ "شم النبي للحسنين" فسأله عنهما، فقال ﷺ: (إنهما ابنا ابنتي وابنا أخي وابن عمّي وأحب الرجال اليّ ومن هو سمعي وبصري، ومن نفسه نفسي ونفسي نفسه، ومن أحزنُ لحزنه ويحزنُ لحزني)[٢]. ويتقدم الرسول ﷺ ومعه علي وفاطمة والحسن

---

(١) المجلسي، بحار الأنوار: ٣٦/ ٢٩٥، عن الفضائل للشيباني: ١٤١.

(٢) الطريحي: المنتخب: ٣٥١.

والحسين نحو "المباهلة" مع نصارى نجران، فيمتنعون عن المباهلة، وبعد فترة أسلموا. ولم يمض العام حتى نرى "الحسين يقود الأعرابي إلى دار أبيه" في المدينة حيث كان علي عليه السلام قد ضمن قضاء حاجة الأعرابي وهو بمكة.

يوميات السنة العاشرة

ويستوعب المقطع الثامن، يوميات السنة العاشرة، الذي يستهل بيوم الأربعاء الأول من محرم الحرام، الموافق للعاشر من نيسان ـ أبريل العام ٦٣١ م، وفي هذا العام تزايدت الوفود على النبي، فأراد الأنصار والمهاجرون تقديم شيء لتخفيف العبء عن الرسول صلى الله عليه وآله وسلم، ولكن الأمر الإلهي نزل بأن يكون أجر الرسول صلى الله عليه وآله وسلم هو "المودة في القربى" في علي وفاطمة وولداهما الحسن والحسين، وهنا قال الرسول للمسلمين كما يستظهر المحقق: (أساس الإسلام حبي وحب أهل بيتي)[1]. ويسمع الرسول صلى الله عليه وآله وسلم عن "مفاخرة فاطمة وعائشة"، فيقول: (يا عائشة أو ما علمت أن الله اصطفى آدم ونوحا وآل إبراهيم وآل عمران وعليا والحسن والحسين وحمزة وجعفرا وفاطمة وخديجة على العالمين)[2]. وينقلنا ابن عباس عبدالله القرشي (٣ ق.هـ ـ ٦٨هـ) وأبو رافع إلى مجلس الرسول ليخبرانا عن "تحية أهل البيت". ويخبرنا جابر الأنصاري الخزرجي عن "طاعة أهل البيت" حيث التفتَ النبي صلى الله عليه وآله وسلم إلى المسلمين وقد أقبل علي والحسن والحسين: (أيها الناس إن الله سبحانه وتعالى باهى بهما وبأبيهما وبأمهما

(١) المتقي الهندي، كنز العمال: ١٣/ ٦٤٥.

(٢) المجلسي، بحار الأنوار: ٣٧/ ٦٣، عن تفسير فرات الكوفي: ٢٣.

وبالأبرار من ولدهما الملائكة جميعا)[١]. ثم إن "المرض يعاود الرسول" وهو نائم والحسن عن يمينه والحسين عن يساره لا يبارحان المكان حتى يصحو الجد ويلعب معهما. ثم إن "الرسول يُؤاكل سبطيه" وهو يقول: (كُلا هنيئاً لكما..). ولطالما كان "جبريل يداعب الحسين" فينتقل من حجر النبي إلى حجر جبريل الذي كان ينزل بصورة الصحابي دحية الكلبي ابن خليفة بن فضالة (ت٤٥هـ).

وتتجدد أحزان الرسول عندما يسمع "رؤيا هند" جدة يزيد قاتل سبطه الحسين ﵇. ويدخل النبي على فاطمة ﵊ في بيتها المتواضع، ثم يسليها ويذكرنا أن الحسن والحسين "زينة العرش" وركنان من أركانه. ويطيِّب النبي قلب ابنته وزوجها وسبطيه ويخبرهم عن "إشتقاق أسمائهم" من أسماء الله الحسنى. ويدخل الحسن والحسين مجلس جدهما وعنده جبريل بصورة دحية الكلبي، فيناولهما المَلك "فاكهة الجنة" تفاحة وسفرجلة. ويسمع الحسين ﵇ "حوار اليهودي" مع جده حول علامات نبوته، فيطلعه على خبره وأهل بيته في التوراة فيصدّق المحاور قول النبي. ويقف الصحابة على "كرامة الله للحسنين"، فيُرى النبي وعلى عاتقيه الحسين والحسين، فينشد حسان بن ثابت الخزرجي (ت.ق ٤٠هـ)، من المتقارب:

فـجـاء وقـد ركبـا عـاتـقـيـه   فنعم المطية والراكبان[٢]

ويموت إبراهيم ابن النبي محمد ﷺ "فداء للحسين". ويحل الحزن قلب الحسين عند "وفاة الخال إبراهيم"، ولكن النبي ﷺ يضمه إلى صدره

---

(١) المجلسي، بحار الأنوار: ١٠٤/٢٧.
(٢) البحراني، هاشم بن سليمان، مدينة المعاجز: ١٩/٤.

ويرشف ثناياه وهو يقول: (فديت من فديته بابني إبراهيم)(١). وفضّل النبي "الشفاعة لأمته" يوم القيامة في موت الحسن مسموما وموت الحسين مقتولا.

الذكرى السادسة للمولد

وتحل "الذكرى السادسة" لمولد الحسين ﵇ في الخامس من شعبان العام ١٠ هجرية الموافق للسادس من تشرين الثاني - نوفمبر العام ٦٣١ م، ويُرى الحسين يدخل المسجد النبوي، فيستقبله جده ويجلسه في حجره وهو يقول باكيا: (بُعداً لمن يقتلك يا حسين لا رحم الله من يعين على قتلك)(٢). ويستظهر المحقق أن "الشقيق محسن" سماه الرسول وهو في بطن أمه فاطمة لعلمه أنها ستسقطه في عصرة الباب قبل أن يولد. ويجهز الرسول ﷺ "سرية علي إلى اليمن" فيعاهد البيت العلوي بالرعاية التامة. ويمضي شهر رمضان والحسنان لا يملكان حلة جديدة، فيقدم رضوان المَلَك لهما "هدية العيد" قميصان ودرّاعتان وسروالان ورداءان وعمامتان وخفّان أسودان معقبان بحمرة. وفي "حجة الوداع" خطب النبي في عرفات وقال: (يا أيها الناس إني تركت فيكم ما إن أخذتم به لن تضلوا كتاب الله وعترتي أهل بيتي..)(٣). وفي "غدير خم" يؤمَر النبي بأن يبلغ الرسالة والله سيعصمه من الناس، فيطالبهم بالتمسك بالثقلين، وعندما يسأل السائل

---

(١) الفيروزآبادي، فضائل الخمسة من الصحاح الستة: ٣١٦/٣، عن تاريخ بغداد للخطيب البغدادي: ٢٠٤/٢.

(٢) الكرباسي، محمد صادق، السيرة الحسينية: ٢٠٤/٢.

(٣) الترمذي، محمد بن عيسى، صحيح الترمذي: ٣٠٨/٢.

عنهما، يقول ﷺ: (كتاب الله طرف بيد الله عز وجل وطرف بأيديكم فتمسكوا به، والآخر عترتي، وإن اللطيف الخبير نبأني أنهما لن يفترقا حتى يردا عليَّ الحوض)[1]، وعندها أخذ البيعة لعلي من جميع المسلمين نساءً ورجالا، بما فيهم الصغار، مما يوحي أن الصغار لهم حق المشاركة السياسية كما الكبار. وبعد عودته إلى المدينة أخذ النبي يعمل على "تكريس الولاية"، ويُذكِّر المسلمين: (ألا وإني قد تركتهما فيكم: كتاب الله وعترتي أهل بيتي، فلا تسبقوهم فتفرّقوا، ولا تقصروا عنهم فتهلكوا، ولا تعلّموهم فإنهم أعلم منكم..)[2]. ويسمع الرسول "مفاخرة الحسين لأبيه" فيدخل السرور في قلبه لعظمة الإثنين، ثم يعتنق علي ابنه وهو يقول: (زادك الله شرفا وفخرا، وعلما وحلما، ولعن الله تعالى ظالميك يا أبا عبدالله)[3].

وتدخل فاطمة عليها السلام في "حوار مع الحسين"، فيخبرها بعدها النبي في قصة طويلة عن اسم قاتل الحسين. ومن يريد معرفة "طريق الهداية" فليسمع النبي وهو يقول لأصحابه وقد دخل الحسن والحسين مجلسه: (هذان والله سيدا شباب أهل الجنة، وأبوهما خير منهما، إن أخير الناس عندي وأحبهم إليّ وأكرمهم عليّ أبوهما ثم أمهما)[4]. واعلم أن "من ينكر فضلهم" فلا يزيده من الإسلام إلا ابتعادا. ويسأل الحسين عليه السلام جده ﷺ عن "الأرحام والأوصياء" في تأويل قوله تعالى: ﴿وَأُوْلُواْ ٱلْأَرْحَامِ بَعْضُهُمْ أَوْلَىٰ بِبَعْضٍ فِي كِتَٰبِ ٱللَّهِ﴾[5]، فيقول ﷺ: (والله ما عنى بها غيركم، وأنتم أولو الأرحام، فإذا

---

(١) المتقي الهندي، كنز العمال: ١/ ٤٨.

(٢) الشيرازي، محمد بن مهدي، لأول مرة في التاريخ: ٢/ ٢٦٧.

(٣) القمي، شاذان بن جبريل، مناقب وفضائل الإمام علي عليه السلام: ٧٤.

(٤) الهلالي: سليم بن قيس، كتاب سليم بن قيس: ١٣٤.

(٥) سورة الأنفال: ٧٥.

متُ فأبوك عليّ أولى بي وبمكاني، فإذا مضى أبوك فأخوك الحسن أولى به، فإذا مضى الحسن فأنت أولى به...)[1].

يوميات السنة الحادية عشرة

ويستوعب المقطع التاسع والأخير من الفصل الأول يوميات السنة الحادية عشرة للهجرة، الذي يقع مستهلها يوم الأحد الأول من محرم الحرام الموافق للتاسع والعشرين من شهر آذار/مارس العام ٦٣٢ م، وهذه السنة هي الأخيرة من حياة النبي الأكرم، وكان يكثر من بيان فضل أهل بيته، ويخبرهم مرة بعد أخرى أن الحسن والحسين "ابناه عترته"، ولكن كما أخبره الحق: (إن طائفة من أمتك ستفي لك بذمتك في اليهود والنصارى والمجوس وسيخفرون ذمتك في ولدك، وإني أوجبت على نفسي لمن فعل ذلك ألا أُحله محل كرامتي ولا أُسكنه جنتي، ولا أنظر إليه بعين رحمتي يوم القيامة)[2]. ويجيب النبي ﷺ على سؤال حذيفة بن اليمان أن "الأئمة من بعدي" عددهم (عدد نقباء بني إسرائيل، تسعة من صلب الحسين، أعطاهم الله علمي وفهمي، وهم خزّان علم الله ومعادن وحيه)[3].

وتدخل جماعة على الرسول وفيهم عمر بن سعد بن أبي الوقاص (ت٦٦هـ) "قاتل الحسين" وقائد الجيش الأموي في الكوفة فيتغير وجه الرسول وحاله. ويسأل أُبي بن كعب الخزرجي (ت٢١هـ) نبي الإسلام: كيف يكون "الحسين مصباح هدى"؟ فيجيبه ﷺ: (يا أُبيّ والذي بعثني بالحق نبيا إن الحسين بن علي في السماء أكبر منه في الأرض، وإنه

---

(١) الخزاز، كفاية الأثر: ٢٣.

(٢) المجلسي، بحار الأنوار: ٤٣/٢٧٦.

(٣) الخزاز، كفاية الأثر: ١٨.

لمكتوب عن يمين عرش الله عز وجل: مصباح هدى وسفينة نجاة وإمام خير ويمن وعز وفخر وعلم وذخر...)[1]. ويدخل بعض الصحابة على النبي ويسألونه عن "الوصاية" من بعده فيشير إلى علي ثم ابنه الحسن ثم الحسين والتسعة من صلب الحسين. ويخبرنا ابن عباس بشيء "من الوصايا" التي قالها النبي ﷺ للمسلمين في فاطمة وعلي والحسن والحسين. ويواصل النبي يخبر صحابته عن "الخلفاء من بعده وفضائلهم" علي والحسن والحسين وتسعة من ذرية الحسين آخرهم مهدي هذه الأمة القائم المنتظر.

ويتحقق "إيمان نعثل" أحد علماء اليمن بعد أن أيقن أن قول النبي محمد ﷺ في أوصيائه صدق. وسمع المقدام بن معديكرب الكندي (٨ ق.هـ ـ ٨٣هـ) قول النبي ﷺ في سبطه "حسين من علي"[2] بلحاظ الشبه الجسماني في القسم العلوي، كما يستظهر المحقق. وعند "مفاخرة أهل البيت" قال النبي لعلي وفاطمة والحسن والحسين: (أنتم مني وأنا منكم)[3]. ويحدث علي ابن عمه عبدالله بن عباس عن "رؤيا فاطمة" في ولديه الحسن والحسين. ويشدد النبي على ابن عباس "التمسك بالآل"، ويخبره بمقتل حفيده الحسين عليه السلام. ويُسأل الحسين على صغره عن "تسبيح الحيوان" فيجيب عن لسان حال ٥٢ حيوانا، ويدعمه المحقق بصور ملونة للحيوانات، مع شرح مفصل لكل حيوان من طائر أو راجل أو زاحف.

وأمر الرسول ﷺ عليا عليه السلام "النداء في المدينة" فيعلمهم فضل أهل بيته. وينقل الحسين عليه السلام قصة "الشهادة بالولاية" وتسليم الصحابة على

---

(١) الصدوق، محمد بن علي، عيون أخبار الرضا: ١/ ٦٢.

(٢) السجستاني، سليمان بن الأشعث، سنن أبي داود: ٢/٤٦٦.

(٣) الصدوق، محمد بن علي، أمالي الصدوق: ١٣.

علي ﷺ بإمرة المؤمنين. وقبل أيام من رحيله صعد الرسول ﷺ المنبر "يخطب الناس في الحسين" ويبين لهم ما يحل على أمته وأهل بيته من بعده ومن ذلك مقتل ولده الحسين في كربلاء. وينقل الحسين قصة "ابن صياد الدجّال"[1] وهو في محضر جده محمد ﷺ. وينفذ الرسول ﷺ "جيش أسامة" لمقارعة الروم على الأطراف الشمالية لدولة الإسلام، والحسين يشاهد الاستعدادات والتجهيزات، وتخلف البعض عن ذلك. وعن "مرض النبي ووصاياه" نسمع وصيته في أهل بيته المرة بعد الأخرى. وقبل الرحيل يحصل "الاجتماع بالمهاجرين والأنصار" والحسين يشاهد تحركات جده ووصاياه للمسلمين ودعوته لأن يتمسكوا بالقرآن والعترة. ويخفف النبي ﷺ عن "حزن علي" ويبشره بمنزلته يوم القيامة واللواء بيده حيث الحسن عن يمينه والحسين عن شماله.

وتزداد وتيرة "زيارات فردية" يقوم بها كبار الصحابة للنبي في مرض الموت، ولا ينقطع الرسول ﷺ عن الوصية بالقرآن وأهل بيته. وحيث حلَّ الخميس الرابع والعشرون من صفر "أربع قبل الرحيل" فإنَّ بعض الصحابة منع الرسول في هذه الليلة من كتابة الوصية فسماها ابن عباس رزية يوم الخميس، حيث أراد النبي ﷺ كما يقول علي ﷺ أن يسمي الخلفاء من بعده. وبعد صلاة الفجر "ثلاث قبل الرحيل" خطب النبي ﷺ بالمسلمين وأشار عليهم التمسك بأهل بيته وبالقرآن الكريم. و"يومان قبل الرحيل" دخل سلمان وأبو ذر والمقداد بن الأسود (عمرو) الكندي (ت٣٣هـ) وأبو

---

(١) ابن صياد الدجّال: ويقال اسمه صاف كان في المدينة على عهد النبي ﷺ ولم يكن مسلماً، وكان يمارس السحر والشعوذة والدجل مات أيام الحرة (شهر ذي الحجة عام ٦٣هـ) حيث انقطعت أخباره.

أيوب الأنصاري خالد بن زيد الخزرجي (ت٥٢هـ) على النبي ﷺ فدعاهم إلى التمسك بولاية علي والحسن والحسين عليهم السلام. و"يوم قبل الرحيل" يخطب الرسول آخر خطبة ويدعو المسلمين إلى التمسك بالقرآن وبعترته الطاهرة. وفي "الليلة الأخيرة" يوصي النبي ﷺ عليا عليه السلام أن يحضر معه فاطمة والحسن والحسين عند تجهيزه. وفي يوم الإثنين "يوم الرحيل واللُقى" الثامن والعشرين من صفر، يبشر النبي ﷺ ابنته فاطمة عليها السلام ببشائر ويخفف من بكائها عليه، وكان كل من الحسن والحسين يناديان الرسول بقولهما: يا أبتي، حتى فاضت روحه الطاهرة ﷺ وهو بين يدي علي عليه السلام. ثم "وأخيرا" ينهي الحسين بفقد جده ﷺ مرحلة هامة من مراحل حياته، ليتوقف عندها قلم المحقق الفقيه آية الله الشيخ محمد صادق محمد الكرباسي، وليعرج بنا إلى سماء الحسين في مراحله اللاحقة في الأجزاء الثمانية الباقية من السيرة الحسينية.

ملاحظات عامة

أولاً: عاهد المحقق الكرباسي قراءه تقديم المعلومة موثقة بالتاريخ والصورة والجداول لتكون المعلومة أكثر هضما وفهما، يجعلنا نعيش اليوميات والوقائع على بعد أربعة عشر قرنا كأننا نعيشها اليوم ونتعايش معها، ولذلك نجد في هذا الجزء فضلا عن اليوميات الموثقة بالخرائط، جداول للوقائع والحوادث، وجداول بالسرايا التي أرسلها الرسول، وقائمة بالوفود التي وفدت على الرسول ﷺ، وجدولاً بمعظم الغزوات والمعارك التي أمر الرسول بها والمتزامنة مع حياة الإمام الحسين عليه السلام، وجدول الوثائق التي أصدرها الرسول أثناء بناء كيان الدولة الإسلامية.

ثانياً: لا يستغني المحقق عن تذليل المعلومة للقارئ بالفهارس

المتنوعة، فنجد فهرس الآيات المباركة، الأحاديث والأخبار، الأمثال والحكم، الأعلام والشخصيات، القبائل والأنساب والجماعات، الطوائف والملل، الوفود، الجداول والخرائط، الوظائف والرتب، الآلات والأدوات، الإنسان ومتعلقاته، الحيوان ومتعلقاته، النبات ومستحضراته، الفضاء ومتعلقاته، الأرض ومتعلقاتها، المعادن، الأماكن والبقاع، الزمان، الوقائع والأحداث، التأريخ، مصطلحات الشريعة، المصطلحات العلمية والفنية، الفهرس اللغوي، المصادر والمراجع، المؤلفات والمصنفات، فهرس مؤلفي المراجع، بالإضافة إلى فهرس محتويات الكتاب ومندرجاته.

ثالثاً: إن قراءتنا ليوميات الحسين عليه السلام من منظار سيرة جده محمد صلى الله عليه وآله وسلم، تجعلنا نؤمن أن الحسين على صغره عايش الواقع السياسي والاجتماعي والاقتصادي والثقافي في المدينة خطوة بخطوة، وحسب تعبير المصنف: أدرك مسائل الحياة: صغيرها وكبيرها، مرَّها وحلوها، خاصّها وعامّها، فلم يضرب بينه وبينها حجاب، ولم يبتعد عنها لحظة، واكب الدين والدنيا، وزقَّ العلم والثقافة والأخلاق والسياسة والحكمة زقّاً، لم يغب عنه أمر ولم يخفَ عليه شيء إنه من النبي والنبي منه.

رابعاً: إننا نقرأ من خلال عدسة اليوميات في هذا الجزء والذي سبقه، جانبا من سيرة النبي الأكرم محمد صلى الله عليه وآله وسلم وأهل بيته، ونطلع على جوانب من فضائل صحابته الكرام، ومكانتهم عند النبي صلى الله عليه وآله وسلم وموقعهم من خارطة الإسلام.

خامساً: لا ينفك النبي صلى الله عليه وآله وسلم يخبرنا عن المهدي المنتظر الذي سيخرج في آخر الزمان يملأ الأرض عدلا وقسطا بعدما ملئت ظلما وجورا.

سادساً: نستوحي من اليوميات، أن البيت العلوي لم يكن منغلقا على نفسه، بل كان وما يملك للمسلمين، وما أخبار تعب فاطمة عليها السلام من عجن الطحين وخبزه وسواد القدر، بسبب خدمتها لزوجها وأطفالها فحسب، وإنما لكثرة الطارقين بيتها يطلبون الطعام أو المساعدة المادية، حتى نزلت فيهم سورة الدهر.

سابعاً: نقرأ من خلال اليوميات، سبب نزول الآيات وتأويلها، بخاصة النازلة في أهل البيت عليهم السلام، ولذلك فإنَّ السيرة الحسينية تنفتح على القرآن وعلومه من بابه الواسع.

ثامناً: تسلط اليوميات الضوء على جوانب مضيئة من شخصية سيد الشهداء الحمزة بن عبد المطلب حامل لواء الإسلام والمدافع عن دين الله، وشخصية سفير الإسلام السامي إلى العالم الخارجي الشهيد جعفر بن أبي طالب.

تاسعاً: إن اليوميات التي ساقها الكرباسي بأسلوب سلس، تشكل في واقع الأمر مادة خصبة لرواد الفن المسرحي والتلفزيوني والسينمائي، كما إنها مادة خصبة لخطباء المنبر الحسيني، وبخاصة وان المحقق لم يمر على واقعة أو يومية دون أن يُعمل فيها جهده من تدقيق وتمحيص.

عاشراً: لا نكاد ننهي قراءة أي جزء من أجزاء الموسوعة الحسينية دون أن نقرأ عنه رأيا أو عرضا أو نقدا لعالم من العلماء ومن جنسيات وأديان ومذاهب مختلفة.

من هنا يؤكد الباحث الفلسطيني ومن الموحدين الدروز رئيس الكلية الأكاديمية العربية للتربية في حيفا، الدكتور نجيب نبواني وتحت عنوان (الرقم القياسي في العمل الموسوعي) على أننا في الجزء الثاني من السيرة

الحسينية: "طالعنا العديد من سير الرجال في عصور التاريخ المختلفة، فلم نطالع سيرة أكبر ولا أعطر من سيرة سيد الشهداء الحسين بن علي كرم الله وجه، لقد كانت حياة هذا الإنسان العظيم قصيرة ولكنها حافلة بجلائل الأمور وكان لها اكبر الأثر على الأجيال العديدة التي تعاقبت بعد مصرعه المروع والمؤلم في كربلاء" مثنيا على المحقق الكرباسي الذي: "حاول ناجحا التوقف عند محطات في حياة الإمام الحسين محاولا إرجاع الحق إلى نصابه ورد التاريخ إلى محرابه من اجل إبراز الحقيقة الواضحة للأجيال القادمة".

السبت
٢٢ محرم ١٤٢٨ هـ (١٠/٢/٢٠٠٧م)

الشريف علي بن الحسين بن علي الهاشمي

* ولد في بغداد عام ١٣٧٥هـ (١٩٥٦م)، ويرجع نسبه إلى الإمام الحسن السبط ابن علي بن أبي طالب عليه السلام.
* غادر العراق مع أسرته طفلا عام ١٣٧٨هـ (١٩٥٨م) بعد سقوط الحكم الملكي في ١٣٧٧/١٢/٢٦هـ (١٩٥٨/٧/١٤م).
* ترعرع ونشأ ودرس في لبنان، ونال شهادة الثانوية العامة.
* انتقل إلى بريطانيا شاباً ودرس في جامعاتها حتى نال شهادة الماجستير في الاقتصاد.
* عمل في المجال المصرفي قبل أن يتفرغ للعمل السياسي.
* دعا إلى عودة النظام الملكي في العراق وتولى في لندن رعاية "الحركة الملكية الدستورية العراقية".
* أصدر في لندن مجلة "الدستورية" بوصفها ناطقة عن الحركة الملكية.
* دخل ضمن قائمة المؤتمر الوطني العراقي باسم "الحركة الدستورية العراقية" في الانتخابات النيابية العامة التي جرت في العراق في ١٨/١٢/١٤٢٥هـ (٣٠/١/٢٠٠٥م).
* دخل ضمن قائمة الائتلاف الوطني العراقي في الانتخابات النيابية لعام ١٤٣١هـ (٢٠١٠م).

الأمثل في تاريخ التأليف

(تاريخ المراقد.. الحسين وأهل بيته وأنصاره ٣)

بسم الله الرحمن الرحيم

﴿مِّنَ ٱلْمُؤْمِنِينَ رِجَالٌ صَدَقُوا۟ مَا عَـٰهَدُوا۟ ٱللَّهَ عَلَيْهِ فَمِنْهُم مَّن قَضَىٰ نَحْبَهُۥ وَمِنْهُم مَّن يَنتَظِرُ وَمَا بَدَّلُوا۟ تَبْدِيلًا﴾[١]. صدق الله العظيم.

علمتنا الحياة أن الخلود دائما للعاملين بإخلاص مستمر لأجل ما يؤمنون به، وعلمنا التاريخ بأن له ثوابت وهذه الثوابت عبّر عنها المثل المعروف "التاريخ يعيد نفسه"[٢]، وأما المتحرك منه فهو مجرد اعتبار، إذ تزول بزواله الفرص التي كانت متاحة، وتندرج مع مندرجات التاريخ العام، ولا يبقى لها أثر يذكر وربما تبقى كالأطلال التي يتداولها الشعراء في ذكرياتهم التي تفنى بموتهم.

ولقد أبرز التاريخ لنا العديد من الشخصيات باختلاف مشاربها ومذاهبها إلا أنه لم يسلّط الضوء الكاشف إلا على فئة قليلة غلبت بإذن ربها على سائر البارزين وكان من هؤلاء بل جلهم من آل الرسول ﷺ بنو

---

(١) سورة الأحزاب: ٢٣.

(٢) العاملي، حسين بن محمد، كتاب الحكمة العربية: ٥٣، دار اليقظة العربية ودار الكتب العربية، ط١، ١٤٢٨هـ/٢٠٠٧م.

هاشم، الذين بقي تاريخهم صامداً أمام العواصف التي ألمّت بالأمة من جميع الاتجاهات وظلت نسائج الأمة راسخة بهم لا تزحزحها الرياح العاتية والسياط المسلطة عليها من قبل حكام الجور على مرّ الزمان، رغم أنها كانت تخضع لقاعدة المد والجزر بالنسبة لمواقف الحكام الذين تسلطوا على رقاب الأمة منذ أن وليها أناس ليسوا لها أهلاً، وهم بعيدون عن التسامح والعطف الذي امتاز بهما الدين الإسلامي الحنيف وقادته من آل الرسول، بل أراد أن يحررهم من عبودية البشر ويضع عنهم إصرهم والأغلال التي كانت عليهم[(١)].

ومن خلال الواقع الذي نعيشه في العراق ومراقبتنا عن كثب للحالة الاجتماعية، سياسية كانت أم دينية نجد أن لأضرحة آل الرسول المنتشرة على أرضه كانتشار الكواكب الدرية في السماء، نسجّل انطباعنا كما سجله سلفنا الصالح من ملوك وأمراء ومؤرخين وعلماء، لنجد أن لمرقد أبي عبدالله الحسين عليه السلام ريحانة الرسول وسبطه سيد الشهداء خصوصية، إذ ترك في نفوس الناس ليس في العراق فحسب بل في العالم الإسلامي وغيره أثرا لا يمكن تجاهله، ولازالت كلماته تدوي في الآذان وتملأ الخافقين: "إن لم يكن لكم دين وكنتم لا تخافون المعاد فكونوا أحراراً في دنياكم"[(٢)].

---

(١) إشارة إلى قوله تعالى: ﴿ٱلَّذِينَ يَتَّبِعُونَ ٱلرَّسُولَ ٱلنَّبِيَّ ٱلْأُمِّيَّ ٱلَّذِى يَجِدُونَهُۥ مَكْتُوبًا عِندَهُمْ فِى ٱلتَّوْرَىٰةِ وَٱلْإِنجِيلِ يَأْمُرُهُم بِٱلْمَعْرُوفِ وَيَنْهَىٰهُمْ عَنِ ٱلْمُنكَرِ وَيُحِلُّ لَهُمُ ٱلطَّيِّبَٰتِ وَيُحَرِّمُ عَلَيْهِمُ ٱلْخَبَٰٓئِثَ وَيَضَعُ عَنْهُمْ إِصْرَهُمْ وَٱلْأَغْلَٰلَ ٱلَّتِى كَانَتْ عَلَيْهِمْ ۚ فَٱلَّذِينَ ءَامَنُوا۟ بِهِۦ وَعَزَّرُوهُ وَنَصَرُوهُ وَٱتَّبَعُوا۟ ٱلنُّورَ ٱلَّذِىٓ أُنزِلَ مَعَهُۥٓ ۙ أُو۟لَٰٓئِكَ هُمُ ٱلْمُفْلِحُونَ﴾ سورة الأعراف: ١٥٧.

(٢) حينما هجم الجيش الأموي على خيام الإمام الحسين عليه السلام، خاطبهم عليه السلام: "يا شيعة آل أبي سفيان، إن لم يكن لكم دين وكنتم لا تخافون المعاد، فكونوا أحراراً في دنياكم وارجعوا إلى أحسابكم إن كنتم عرباً كما تزعمون...". انظر: حياة الإمام الحسين بن علي: ٣/ ٢٨٠، باقر شريف القرشي، مؤسسة الوفاء ـ بيروت ـ لبنان.

إن الحرية التي عناها في الدنيا هي الوطنية، إذ يريد أن يعلّم الأمة بأنها إذا لم تتمكن وتحت أي ظرف من الظروف من إقامة حكم إسلامي، فعليها أن تتمسك بالخيار الآخر ألا وهو الحكم الوطني، فهنا نحن اليوم أحوج مما سبق إلى إقامة مثل هذه الحكومة في جميع أرجاء العراق الذي احتضن أول عاصمة شرعية في الإسلام بعد المدينة المنورة، إذ قام جدنا الإمام أمير المؤمنين عليه السلام بنقل الخلافة الإسلامية من المدينة المنورة إلى الكوفة بعد أن اتسعت دولته شرقا وغربا وشمالا وجنوبا.

وإذ يشرفني أن اكتب انطباعي عن هذا الجزء الذي يخص مرقد سيد الشهداء أبي عبدالله الحسين عليه السلام وعن تطوره تاريخيا وبشكل موضوعي، فإنني لم أعهد دراسة متكاملة وضعت في هذا الاتجاه وبمثل هذا الرصد الحقيقي لكل ما يرتبط بهذا المرقد الشريف من حوادث مؤلمة تارة ومسرّة تارة أخرى بمثل هذه الدراسة، فلا يسعني إلا أن أشيد بكاتبه الدكتور البحاثة الكرباسي الذي لم يترك أي ثغرة إلا وتبنى دراستها لتكون الأمثل في التاريخ من خلال موسوعته الفريدة "دائرة المعارف الحسينية" التي فاقت أجزاؤها على الستمائة مجلد على ما قرأت عنها، ولكنني طالعت جزئين منها والتي تخص "تاريخ المراقد.. الحسين وأهل بيته وأنصاره"، فاطلعت من خلاله على موضوعية هذه الموسوعة الرائدة، فوجدتها حقا دائرة معارف كاملة، فهي حسينية الفكر والأدب والمعرفة والتاريخ، فالتاريخ فيها أنبل تاريخ، والفكر فيها أشرف فكر، والأدب فيها أرفع أدب، والمعرفة فيها أرقى معرفة، وفيها دراسات اقتصادية وسياسية ومعمارية.

وفي الحقيقة فإن الكتابة عن مثل هذا الموضوع الشامل والواسع لابد أن يصدر من ذوي الاختصاص ويتحملوا روح المسؤولية العالية، لأن

الحديث ليس عن أي شخصية كانت، إنها بحجم شخصية سيد الشهداء وأبي الأحرار الإمام أبي عبدالله الحسين عليه السلام الذي هو سليل النبوة الطاهرة، فهو ملاذ الأمة إذ تتوسل إليه وتتبرك بضريحه المقدس، ومنذ أن كلفت بالكتابة عن الجزء الثالث من تاريخ المراقد هذا وأنا أفكر من أين أبدأ، وقد ألهمني الله أن أكتب عن العز والسؤدد والشرف والنبل، عن تاريخ كربلاء تلك المدينة الخالدة، مدينة النور والشهادة، مدينة القباب الذهبية الشامخة، فالإمام الحسين وأخوه العباس باتا يمثلان رمزاً للشهادة والبطولة، ومثلا أعلى في التضحية والفداء، ومن هنا فإن لهما قدسية خاصة ومكانة سامية عند الأمة، فالجميع يقصدهما طلباً للشفاعة ونيلاً للحاجة، إذ إنهما من العترة الشريفة التي أذهب الله عنها الرجس وطهرهم تطهيرا[1]، وأن المؤمنين كافة يصلون على النبي وأهل بيته ليل نهار ويذكرونهم في صلواتهم.

والبيت الهاشمي الشريف نذر نفسه لخدمة المسلمين في كل مراحل التاريخ الإسلامي وكانوا ومازالوا شعلة منيرة وهّاجة، وكانوا في مقدمة الركب وسيبقون إن شاء الله قادة بناء وإصلاح بكل تواضع وسكينة وإجلال للشعب والوطن، وهذه الرسالة إنما استلهموها من أجدادهم بدءاً بالرسول الأعظم صلى الله عليه وآله وسلم وأمير المؤمنين باب علمه ومروراً بالحسن الزكي والحسين الشهيد وانتهاءً بالإمام المهدي.

ونلاحظ في هذا الجزء بأن سماحة الكرباسي حفظه الله قد تناول الجانب المعماري وغيره من الجوانب، إلى جانب زيارات الملوك الهواشم لهذا المرقد الشريف، ونحن إذ نساهم في الكتابة عن هذا الجزء فهي

---

(١) قال تعالى: ﴿إِنَّمَا يُرِيدُ ٱللَّهُ لِيُذْهِبَ عَنكُمُ ٱلرِّجْسَ أَهْلَ ٱلْبَيْتِ وَيُطَهِّرَكُمْ تَطْهِيرًا﴾ الأحزاب: ٣٣.

مفخرة وشرف لنا، كما أن زيارة مراقد الأئمة الهاشميين من آل الرسول ﷺ مدعاة اعتزاز واستلهام، حيث إنهم عدل الكتاب، حيث قال النبي الكريم: "إني مخلف فيكم الثقلين كتاب الله وعترتي أهل بيتي"[(١)].

نرجو الله تعالى أن يأخذ بيد سماحة المؤلف إلى ما فيه خير هذه الأمة وبالأخص الأمة العراقية التي خرجت لتوها من سبات دام ٣٥ عاما[(٢)]، حيث رزحت تحت نير الظلم والطغيان في ظل النظام البائد، أعاذنا الله منه، وجنّب عراقنا ويلاته، وجمعنا الله على وحدة الكلمة وكلمة الوحدة بحوله وقوته لمصلحة الوطن.

اللهم نحن الهواشم نتوجه لك ونتوسل إليك بأن تنعم على وطننا العراق الحر الموحد أمنا مستقراً، ليكون قوي البناء، يسوده الرفاه والسؤدد والعز، واحفظه أرضا وماءً وسماءً، آمين رب العالمين.

الشريف علي بن الحسين

راعي الملكية الدستورية

كتب في بغداد بتاريخ ٢٠/ ٣/ ٢٠٠٥م

---

(١) روى مسلم في صحيحه، عن زيد بن أرقم (ت٦٨هـ)، أن الرسول وهو في غدير خم في حجة الوداع قال: (أما بعد ألا أيها الناس فإنما أنا بشر يوشك أن يأتي رسول ربي فأُجيب وأنا تارك فيكم ثقلين أولهما كتاب الله فيه الهدى والنور فخذوا بكتاب الله واستمسكوا به، فحثّ على كتاب الله ورغّب فيه، ثم قال: وأهل بيتي أُذكركم الله في أهل بيتي أُذكركم الله في أهل بيتي أُذكركم الله في أهل بيتي..).

انظر: الجامع الصحيح: ٧/ ١٢٢.، مسلم بن الحجاج النيسابوري، دار الفكر - بيروت - لبنان.

وروى المجلسي، أن الرسول محمداً ﷺ قال: (إني مخلّف فيكم الثقلين كتاب الله وعترتي أهل بيتي لن تضلّوا ما تمسكتم بهما وأنهما لن يفترقا حتى يردا عليَّ الحوض).

انظر: بحار الأنوار: ٦٨/ ٥، محمد باقر المجلسي، مؤسسة الوفاء - بيروت - لبنان.

(٢) إشارة إلى الفترة التي حكم فيها حزب البعث العراقي من (١٧/ ٧/ ١٩٦٨م) وانتهى بسقوط حكم صدام حسين في (٩/ ٤/ ٢٠٠٣)، ثم ألقي القبض عليه وأُعدم ببغداد بعد محاكمات طويلة في (٣٠/ ١٢/ ٢٠٠٦م) ودفن في مسقط رأسه قرية العوجة بمدينة تكريت.

الفن المعماري
نافذة إلى قراءة التاريخ

كل أمَّة مرهونة بثقافتها، ومستقبلها تبع حاضرها، والماضي رافد للحاضر، فالعملية متكاملة ونتائجها أشبه بالمعادلة المنطقية، فالنتائج تخضع للمقدمات، فإن كانت المقدمات سليمة صلحت النتائج وسلم الفرد أو الأمَّة، ولذلك يسهل على كل ذي معرفة ملاحظة مستقبل كل فرد أو مجتمع أو أمَّة كبر حجمها أو صغر، من خلال معاينة مدى اهتمامها بماضيها والتأسي بصوالحه والتنكب عن طوالحه، لتقف في حاضرها على أرضية صلبة تنطلق منها إلى عالم المستقبل.

وتشكل الحواضر المقدسة من قبيل مراقد الأولياء والصالحين والمدارس العلمية والمكتبات التاريخية والمتاحف والآثار التاريخية، واحدة من أهم أعمدة التاريخ الشاخصة بأنوارها على الأمَّة، فإنْ فقدت هذا العمود اختل مؤشر بوصلتها وعدمت الحكمة من قراءة التاريخ وانفرط عقد معارفها، فتعيش اللحظة غير واعية لتاريخها وغير مدركة لمستقبلها، تتأرجح بين الأمم النابضة بالحياة، فلا تلحق بها، لأنَّ عمود التاريخ سارية يستند إليها شراع سفينة الأمة في بحر الحياة، فإن أحكمت ساريتها تغلبت على أمواج الحياة وتقدمت نحو الرقي والتطور وعلت مراتبها، كون التاريخ

تراكمات من التجارب والمعارف في جميع حقول الحياة، يسعد من يدَّخرها لحاضره ومستقبله وتتيه به في مدارج الحياة من ضرب عنها صفحا.

وما من شك أنَّ واحدة من علامات الاهتمام بتاريخ الأمة هو إعمار الحواضر المقدسة وتثبيت بنائها حجرا فوق حجر وتجديده بين حين وآخر، ولذلك فإنَّ فن العمارة وبخاصة العمارة الإسلامية إنما يحكي في واقع الحال تاريخ أمَّة بكامله، وإذا ضمَّت العمارة قبر شخصية عظيمة، فإنَّ المكان يأخذ قدسيته من قدسية المكين فتعظم العمارة بعظمة أصحابها وتأخذ أبعادا واسعة لا تضاهيها أية عمارة أخرى مجردة عن المكين وإنْ تقادمت في الزمن.

هذه الحقيقة التي تدركها القلوب الواعية دون المنغلقة على النصوص الجامدة، يضيئها الدكتور محمد صادق بن محمد الكرباسي في سلسلة "تاريخ المراقد" ضمن موسوعة دائرة المعارف الحسينية. وفي الجزء الثالث من كتاب "تاريخ المراقد.. الحسين وأهل بيته وأنصاره" الصادر عن المركز الحسيني للدراسات بلندن في ٦١٤ صفحة من القطع الوزيري، يواكب المؤلف ما حل في مرقد الإمام الحسين بن علي عليه السلام في الربع الأول من القرن الخامس عشر الهجري (٩/ ١١/ ١٩٨٠ ـ ١٠/ ٢/ ٢٠٠٥م) من إعمار أو تخريب على يد أعداء الدين وأهل بيت النبوة عليهم السلام، مع تثبيت ما استجد لدى المؤلف من معلومات تاريخية على علاقة مباشرة بالمرقد الحسيني منذ القرن الأول الهجري حتى الرابع عشر.

تنافس وصراع

ومما ينقل عن الرئيس العراقي صدام حسين (ت٢٠٠٦م) أثناء الحرب العراقية الإيرانية (١٩٨٠ ـ ١٩٨٨م)، قوله لو أنَّ مدينة كربلاء كانت على

الحدود الإيرانية العراقية، لقدمتها إلى إيران حتى يتم الانتهاء من الحرب وأعبائها، جاء هذا الحديث على صحته من عدمه في الوقت الذي كان شعار إيران "الصلاة جماعة في حرم الإمام الحسين بإمامة روح الله الخميني"، وأظن أن صدام كان سيفعلها، إذ سبق وفعلها مع شاه إيران (ت١٩٨٠م) على شط العرب ووقع اتفاقية الجزائر[١] عام ١٩٧٥ م، للتخلص من ضغط الحركة الكردية في شمال العراق، ويتذكر من عاش في إيران فترة الحرب أنَّ دائرة مرور طهران نصبت علامات مرورية على طول الطريق من طهران إلى الحدود العراقية الإيرانية باتجاه كربلاء، تشير إلى المسافة الفاصلة بين العاصمة الإيرانية ومدينة كربلاء، في محاولة منها لشد عزيمة الجيش الإيراني.

ومن يقرأ تاريخ الصراع الإيراني العثماني، يكتشف أنَّ كربلاء المقدسة كانت في كثير من الأحيان الفيصل في فض النزاعات أو استحكامها بين هاتين الإمبراطوريتين على وجه التحديد لخلفيات قومية لبست لبوس المذهبية، ولذلك كانت العمارة الإسلامية في كربلاء بوصفها مدينة خاضعة لسيطرة الحكومة العثمانية تنتعش مرات وتنتكس أخرى بفعل والٍ عثماني غاشم لا يدرك المصلحة الوطنية للأمة العراقية كالوالي محمد نجيب باشا (ت١٢٦٧هـ) الذي اعتدى في العام ١٢٥٨ هـ (١٨٤٣م) على مدينة كربلاء

(١) اتفاقية الجزائر: نسبة إلى مدينة الجزائر عاصمة الجمهورية الجزائرية التي عقدت فيها في ٦/٣/١٩٧٥ م الاتفاقية العراقية الإيرانية لترسيم حدود البلدين بإشراف الرئيس الجزائري هواري بومدين (محمد إبراهيم بو خروبة) المولود في قرية العرعرة بمدينة قالمة عام ١٩٣٢ م والمتوفى عام ١٩٧٨م، حيث وقعها عن الجانب العراقي نائب الرئيس آنذاك صدام حسين مسلط المولود في قرية العوجة بتكريت سنة ١٩٣٧م، وعن الجانب الإيراني ملك إيران محمد رضا پهلوي المولود بطهران سنة ١٩١٩م، وقضت الاتفاقية باعتبار نقطة خط القعر في شط العرب كحدود بين العراق وإيران.

بعد أنْ حاصرها ٢٥ يوما وعرَّضها للدمار وقتل أهلها واعتدى على المرقدين الحسيني والعباسي وكادت أنْ تقع الحرب بين إيران وتركيا بسبب ذلك، لولا تدخل الدول العظمى آنذاك بريطانيا وروسيا، كما تكشف بذلك مراسلات السفير البريطاني في استانبول السير ستراتفورد كاننج[1] (Sir Stratford Canning) (ت١٨٨٠م) الذي بذل جهودا مضنية لمنع وقوع حرب لا خوفا من لندن على مستقبل وأمن الدولتين المسلمتين وإنما لمنع استغلال روسيا للموقف والاقتراب عسكريا من مياه الخليج.

وإذا كان الشد القومي المذهبي بين الدولتين في ذاته سيئة، لكنه في الوقت نفسه ساهم بشكل كبير في إغناء العمارة الإسلامية، فقد أحيت المنافسة وإظهار المحبة لأهل بيت النبي ﷺ من الطرفين روح البناء والإعمار الذي انعكس بصورة واضحة على التطورات التي حصلت في تعمير المرقد الحسيني وصرف الأموال والهبات والهدايا على المدارس العلمية وطلابها، على إننا لا نعدم في بعض الأحيان قيام حاكم ظالم بسرقة وقفيات المرقد الحسيني تحت حجة تنظيم الوقفيات، على أنَّ الوقفيات الخاصة بشيعة العراق الذين يشكلون أربعة أخماس الشعب العراقي كانت منذ عهد العثمانيين وقبله وحتى سقوط نظام صدام حسين في ٢٠٠٣/٤/٩م خارج سلطة أهلها ونهبا لأطماع الآخرين.

---

(١) ستراتفورد كاننج: دبلوماسي وسياسي بريطاني من أسرة إيرلندية، ولد سنة ١٧٨٦ م في مدينة غارفاج (Garvagh) من توابع مقاطعة كونت لندنديّري (County Londonderry) في إيرلندا الشمالية، تخرج من جامعة كامبردج ودخل السلك الدبلوماسي سنة ١٨٠٧م، ساهم في إصدار مجلة رفيو الفصلية (Quarterly Review)، اصبح سفيرا للمملكة المتحدة في استانبول لثلاث مرات، وآخرها في الفترة (١٨٤٢ ـ ١٨٥٢م)، ساهم في عقد معاهدة بوخارست (Treaty of Bucharest) عام ١٨١٢ م بين روسيا والحكومة العثمانية، دخل مجلس اللوردات وصار يطلق عليه اللورد ستراتفورد دي ريدكلف (Lord Stratford de Redcliffe)، دفن في مدينة فرانت (Frant) شرق انكلترا.

وبالطبع فإنَّ كتاب "تاريخ المراقد" لا يتعرض مباشرة إلى الصراع الخفي والظاهر بين إيران وتركيا، ولكن تتبع المحقق الكرباسي لكل شاردة وواردة على علاقة مباشرة أو غير مباشرة بفن عمارة المرقد الحسيني، أظهر معالم صورة هذا التنافس الشديد الذي يشكل في احد أوجهه حقيقة الصراع الدائم بين قوتين عظميين بسطتا نفوذهما على الشعوب الإسلامية لقرون طويلة، وعلى الدوام يكون ضحية هذا الصراع شعب العراق بعامة وأهالي كربلاء بخاصة والمرقد الحسيني الشريف على وجه التحديد.

بل ونكتشف من خلال الكتاب محاولات بعض الحكومات نسبة جهود الآخرين في الإعمار لنفسها، مثلما كان يفعل نظام صدام البائد، الذي حاول تحت زعم تجديد عمارة المرقد الحسيني نسف التراث وغمط حق الآخرين وسرقة جهود ما أضفته فنون الشعوب الإسلامية على المرقد الحسيني، مثلما فعل في العام ١٤١٣ هـ بعد سنتين من انتفاضة الشعب العراقي في شعبان العام ١٩٩١م، فيرى المحقق الكرباسي ان مآل التعمير الذي حصل آنذاك: "محو آثار كل ما من شأنه نسبته إلى غير النظام الحاكم، مما ساهم فيه ملوك إيران والعراق والهند وسلاطين الدولة العثمانية".

قاعدة الهرم المقلوب

وعلى نسق الهرم المقلوب، تناول المؤلف بيانات في فن العمارة في الحرم الحسيني الشريف، بدءاً بالعموميات وصولا إلى التفاصيل، فبعد ما انتهى من شرح كامل للمرقد عبر القرون، استقل بباب خاص حمل عنوان "مصطلحات لابد منها" تناول جزئيات المرقد الحسيني مجدولا كل جزئية حسب التواريخ، فبدأ بالضريح أي حفرة القبر، ثم الروضة وهو المكان

المحيط مباشرة بالضريح دون الرواق، وفي هذا الجزء شرح التطورات التي حصلت في أبواب الروضة التي تفصل الرواق عن القبر الشريف، وعرج على المساجد الملحقة بالمرقد الشريف وهي خمسة في مجملها، وما أنْ ينتهي من الروضة وتفاصيلها حتى ينتقل إلى الرواق وهي الصالات المحيطة بالروضة ويتطرق إلى أبوابها التي وصلت أخيرا إلى عشرة أبواب تقود الزائر والمصلي من الصحن إلى القبر الشريف عبر الرواق. ولما كان الزائر في روضة من رياض الجنة فإنَّ قدسية المكان يلزمه خلع ما ينتعله، ولذلك فإن هذا المبحث يتعرض إلى المخالع وتاريخ بنائها وما حصل فيها من تطورات. ثم يتناول بالشرح المُجَدول الأواوين الموجودة في الحرم الشريف من حيث إنَّ الإيوان هو المكان المطل على الصحن والمسقف والمحاط بثلاثة جدران. ثم ينتقل في الحديث المجدول إلى القبة والمآذن. ويخرج المؤلف من تفاصيل القبر والبناء الذي يضمه إلى الصحن وهي الساحة المكشوفة المحيطة ببناء القبر ويستعرض مجدولا التطورات التي حصلت في عمارته وعمارة أبوابه العشرة. وينتقل إلى الحديث عن الساعة الدقاقة وعن التحولات التي طرأت على إنارة المرقد الشريف من شموع وقناديل، ويكتشف المؤلف بهذا الصدد ومن خلال رصده الدقيق: "إنَّ الكثير من هذه القناديل صودرت وسرقت على أيدي أعداء أهل البيت عليهم السلام من الذين هاجموا هذه المدينة المقدسة، وكان فيها القناديل الذهبية المرصَّعة بالأحجار الكريمة، وكان آخر مَن تمت السرقة على يديه هو الرئيس العراقي المخلوع صدام حسين، حيث نقل القناديل الثمينة إلى قصوره وأبدلها بأخرى حديثة الصنع"، وبالطبع فعل الشيء نفسه مع السجاجيد

اليدوية العتيقة والتي لا تقدر بثمن حيث أبدلها بأخرى صناعية حديثة، وافترشها في قصوره.

بين موقعين وحدثين

ولأول مرة في التاريخ، ينبه المحقق الكرباسي إلى حقيقة غابت عن الناس لأربعة عشر قرنا، وهي أنَّ المسافة بين الصفا والمروة في مكة المكرمة (٣٩٤,٥ متراً) هي المسافة بين روضة الإمام الحسين عليه السلام وأخيه العباس عليه السلام في كربلاء المقدسة تقريباً؟

ولكن ما وجه الشبه؟

يرى المؤلف أنَّ السيدة هاجر زوج النبي إبراهيم الخليل عليه السلام قامت بالسعي بين الصفا والمروة لطلب الماء لإرواء رضيعها النبي إسماعيل عليه السلام، وفي طف كربلاء سعى أبو الفضل العباس بن علي عليه السلام إلى النهر المتفرع من الفرات لطلب الماء ليروي به عطش أطفال بني هاشم وعلى رأسهم الرضيع عبدالله ابن الإمام الحسين عليه السلام، والمفيد ذكره أنَّ إسماعيل كلمة سريانية وتعني (مطيع الله) ولذلك يكنى كل من اسمه إسماعيل بأبي مطيع، فمطيع الله يعادل عبدالله بلحاظ ان جوهر عبادة الله طاعته في كل أمر. فالسر والخط الواصل بين الحدثين كما يؤمن الشيخ الكرباسي هو أنَّ هاجر سعت للماء لتروي رضيعها إسماعيل (مطيع الله) وأبو الفضل سعى للماء ليسقي رضيع أخيه الحسين عليه السلام عبدالله (مطيع الله)، ومن المعلوم أنَّ سلالة عبدالله الرضيع تصل إلى النبي إسماعيل بن إبراهيم عليه السلام، فكما يسعى الحاج بين الصفا والمروة يتنقل الزائر بين ضريحي الإمام الحسين عليه السلام وأخيه العباس عليه السلام الذي أكرمه الله بالشهادة وجعل مرقده مزارا وعلماً.

أرقام ورجال

وأفرد المؤلف عنوانا مستقلا عن "الخزينة" التي احتفظ فيها بالآثار والهدايا من جواهر وتحفيات ثمينة اعتاد الملوك والأمراء والرؤساء والوزراء إهداءها أو وقفها على المرقد الشريف، وحيث تعرض إليها المؤلف في الأجزاء الثلاثة من هذه السلسلة بكل تفاصيلها فانه أجملها مجدولة بالهدية أو الوقفية ومهديها وتاريخ الإهداء.

وهذه الخزينة كان ولازال يسيل لها لعاب الغادرين المستحلين للحُرَم والمقدسات، وعلى سبيل المثال كانت الخزينة في القرن السادس الهجري تضم من الهدايا ما لا يقدر بثمن كماً ونوعاً، وفي العام **٥٢٦** هـ نهب المسترشد العباسي الفضل ابن المستظهر وهو التاسع والعشرون ممن حكم من بني العباس ما بين (**٥١٢ ـ ٥٢٩**هـ) خزينة المرقد الشريف، ولكي نعرف حجم السرقات، فإنَّ المسترشد دخل في حرب مع السلطان مسعود السلجوقي (ت٥٤٧هـ)، فخسرها ووقع في الأسر ثم قتل، ويضيف المؤلف: "وسلبت كل ممتلكاته فبلغت حمل خمسة آلاف ناقة وأربعمائة بغل وكان أكثرها من ممتلكات الخزانة الحسينية والتي منها السجاد الثمين".

ومن المفارقات أنَّ الحكومة العراقية في العام **١٤٢١** هـ شكت من قلّة واردات وقفيات مراقد أئمة أهل البيت عليهم السلام منذ أنْ استولى النظام عام **١٣٩٣** هـ على وقفيتها، وفي اجتماع جمع سدنة المراقد في وزارة الأوقاف والشؤون الدينية، اتهم وزيرها السابق عبد المنعم أحمد صالح[1]، السدنة

---

(١) عبد المنعم أحمد صالح: الشهير بعبد المنعم التكريتي ولد في بغداد سنة **١٣٦٢**هـ (**١٩٤٣**م)،=

بالقصور والتقصير: "في أداء واجباتهم تجاه الدولة وتحريض الزوار من عراقيين وأجانب على الامتناع عن إيداع مبالغ النذور في الأضرحة، وهدد بالاستغناء عن خدمات الأمناء والسدنة الذين يتأكد للوزارة تقصيرهم أو قيامهم بتصرفات تضر بمصالح الدولة وتقديمهم إلى المحاكم".

ويتناول المحقق الكرباسي ضمن جدول زمني الرجال الذين توالوا على سدانة الروضة الحسينية ومن خدم فيها منذ أنْ تولتها قبيلة بني أسد أولا في العام ٦١ هـ حتى العام **١٤٢٣** هـ حيث يتولاها الشيخ عبد المهدي بن عبد الأمير السلامي الكربلائي، فيما يتولى السيد احمد بن جواد الصافي سدانة المرقد العباسي[1]، مرورا بالعشرات من أمثال: الشيخ منصور بن علي بن منصور الخازن من أعلام القرن السادس الهجري، والسيد طعمة الأول كمال الدين ابن أبي جعفر الموسوي من أعلام القرنين الثامن والتاسع الهجري، والسيد جواد بن كاظم الطويل الفائزي الذي تولاها في العام ١٢١٦ هـ، والحاج مهدي كمونة (ت١٢٧٢هـ). وفي عهد الحكومة الجلائرية (٧٤٠ ـ ٨١٣هـ) تشكلت أربع فرق تناوبت على سدانة الروضة الحسينية بالاختيار والوراثة، وهي فرقة آل طعمة وفرقة آل الأشيقر وفرقة آل العزبة وفرقة آل الحائري.

وتعتبر السدانة مركزاً اجتماعياً مرموقاً، ولذلك تعرضت هي الأخرى لتقلبات الزمن فمرة تخضع لسيطرة الحكومة المركزية وأخرى للحكومة

=وتولى الوزارة بمرسوم جمهوري رقم ١٨٦ في ١٨/ ٣/ ١٤١٤هـ (٥/ ٩/ ١٩٩٣م) حتى سقوط نظام بغداد في ٦/ ٢/ ١٤٢٤هـ (٩/ ٤/ ٢٠٠٣م)، من مؤلفاته: قراءة عروضية في المعلقات العشر، أبو منصور الجواليقي وآثاره في اللغة، وابن الشجري ومنهجه في النحو.

(١) للاطلاع على تفاصيل تولية الشيخ الكربلائي والسيد الصافي للسدانة بقرار من قبل وزارة الأوقاف والشؤون الإسلامية العراقية في ١/ ١٠/ ٢٠٠٣ م وبتوجيهات مباشرة من قبل المرجع الديني السيد علي السيستاني، انظر: تاريخ المراقد: ٤/ ٣٧٦.

المحلية وتارة للعشائر ورابعة للمرجعية الدينية وخامسة تدخل ضمن صراع بغداد مع العواصم الأخرى لتمثيل شيعة العراق، حتى استقرت بعد زوال نظام صدام حسين بيد المرجعية الدينية في النجف الأشرف.

وتحت عنوان "الزيارة الحسينية" أجمل المصنف ما شرحه عبر القرون من زيارات قامت بها شخصيات لها وزنها الديني والسياسي والاقتصادي والاجتماعي والأدبي والرياضي والفني إلى المرقد الشريف، من قبيل حفيد هولاكو السلطان محمود بن غازان المغولي (ت٧٠٣هـ)، وحفيد جنگيزخان تيمورلنك (ت٨٠٨هـ)، ومؤسس الدولة الصفوية إسماعيل الأول (ت٩٣٠هـ)، والسلطان العثماني مراد الرابع (ت١٠٤٩هـ)، وآخر ملوك أفغانستان محمد ظاهر شاه (ت٢٠٠٧م)، والملك المغربي محمد الخامس (ت١٣٨١هـ)، والرئيس الأندونيسي أحمد سوكارنو (ت١٣٩٠هـ)، وأمير البحرين الشيخ عيسى بن سلمان آل خليفة (ت١٤٢٠هـ)، والملاكم العالمي محمد علي كلاي[١]، والرحالة البرتغالي بيدرو تكسيرا (Pedro Teixeira) (ت١٦٤١م)[٢] والرحالة الألماني كارستن نيبور (Carstien Neibuhr) (ت١٨١٥م)[٣]، والمستشرق الفرنسي جاك بيرك (Jacques Berque) (ت١٩٩٥م)[٤]، وغيرهم.

---

(١) كلاي: واسمه عند الولادة هو كاسيوس مارسيلوس كلاي جونيور (Cassius Marcellus Clay Jr)، ولد في ١٧/ ١/ ١٩٤٢م في مدينة لويفيل (Louisville) في ولاية كنتاكي (Kentucky) الأميركية، أسلم سنة ١٩٦٥م متأثراً بالداعية الأميركي مالكوم أكس (Malcolm X) أو الحاج مالك شباز (١٨٢٥ ـ ١٩٦٥م)، واتخذ لنفسه اسم محمد علي، فاز ببطولة العالم للوزن الثقيل في الملاكمة ثلاث مرات خلال عشرين عاما، توج في العام ١٩٩٩ رياضي القرن.

(٢) بيدرو تكسيرا: مضت ترجمته.

(٣) كارستن نيبور: مضت ترجمته.

(٤) جان بيرك: مضت ترجمته.

مِنْ كل قومٍ عمارة

يكتشف المرء وهو يتابع الأيادي التي ساهمت في إعمار المرقد الحسيني، حجم ونوعيات هذه الأيادي فهي لا تتوقف على الشيعة الإمامية ولا تنحصر بهم لأن الحسين عليه السلام إمام الجميع، فكل المذاهب الإسلامية ساهمت في الإعمار وكل القوميات سارعت إلى أنْ تسجل اسمها في ديوان الإمام الحسين عليه السلام، ولذلك فإنَّ كل جزء من عمارة المرقد الحسيني يحكي بلغة قوم ومذهب اجتمعوا كلهم في الروضة الحسينية.

ومن باب المثال فإنَّ الأكراد بطوائفهم لهم مساهمات في عمارة المرقد الحسيني بصورة مباشرة أو غير مباشرة، فبعد عام **١٢٥٩** هـ أمر بعض أمراء الأكراد البختيارية في غرب إيران بتزيين المسجد الذي في المرقد الحسيني والأروقة، كما إنَّ الأعمدة الرخامية الأثني عشر التي يقف عليها الإيوان القبلي بارتفاع **١٣** مترا تم قطعه من جبال سنندج مركز محافظة كردستان الإيرانية.

وكان للقادة الأكراد العراقيين حضور في الحرم الحسيني الشريف، فقد قدم في محرّم عام **١٩٧٠** م وفد كردي من المكتب السياسي للحزب الديمقراطي الكردستاني يقوده إدريس بن مصطفى البرزاني (ت١٩٨٥م) شقيق زعيم إقليم كردستان العراق السيد مسعود البرزاني [1]، ضم محمد

---

(١) مسعود البرزاني: زعيم الحزب الديمقراطي الكردستاني، ولد في مدينة مهاباد الإيرانية عام ١٣٦٥هـ (١٦/٨/١٩٤٦م)، ويتولى حاليا رئاسة إقليم كردستان.

محمود عبد الرحمن[1] ودارا توفيق[2]، كما استوعبت المدينة المقدسة قسما من العوائل الكردية التي قام نظام صدام البائد بتهجيرهم من مدنهم.

وسجل الحرم الحسيني حضورا مشهودا وفيصلا في تاريخ القضية الكردية العراقية عندما استفاد المرجع الديني الإمام محسن بن مهدي الحكيم[3] (ت١٣٩٠هـ) من تواجده في الحرم الحسيني بين جموع الزائرين الذين جاؤوا إلى كربلاء المقدسة لإحياء زيارة الأربعين في العشرين من صفر العام ١٣٨٤ هـ (١٩٦٤م)، فترأس الفقيد الحكيم اجتماعا دينيا وسياسيا خاصا بالقتال الذي كان دائرا في شمال العراق بين القوات الحكومية والبيشمرگة الأكراد واصدر فتواه الشهيرة بحرمة قتال الاكراد، ردا على طلب حكومة الرئيس عبد السلام عارف (ت١٩٦٦م) من علماء

---

(١) محمد محمود عبد الرحمن: هو الإسم الحركي للسياسي العراقي الكردي المهندس سامي عبد الرحمن (١٣٥٠ ـ ١٤٢٤هـ) (١٩٣٢ ـ ٢٠٠٤م)، ولد في سنجار غرب الموصل وقتل في أربيل عاصمة اقليم كردستان، كان عضوا في اللجنة المركزية للحزب الديمقراطي الكردستاني ثم انشق عنه وأسس حزب الشعب الديمقراطي الكردستاني ثم عاد إلى الحزب، وكان يشغل قبل اغتياله وهو يستقبل المهنئين بعيد الأضحى منصب سكرتير المكتب السياسي للحزب ونائب رئيس مجلس الوزراء في حكومة الاقليم.

(٢) دارا توفيق: سياسي وكاتب كردي (١٣٥٠ ـ ١٤٠٠هـ) (١٩٣٢ ١٩٨٠م)، ولد في مدينة السليمانية وخطف في بغداد وانقطعت أخباره، نشأ في مسقط رأسه ودخل كلية الهندسة ببغداد ثم فصل منها، اكمل دراسته في لندن حيث وصلها سنة ١٣٧٢هـ (١٩٥٣م) وتخرج فيها سنة ١٣٧٦هـ (١٩٥٧م) مهندسا مدنيا، تولى رئاسة تحرير جريدة التآخي العراقية في الفترة (١٣٩٠ ـ ١٣٩٤هـ) (١٩٧٠ ـ ١٩٧٤م)، وقبل اختطافه في ٥/١١/١٩٨٠م كان يشغل وظيفة مدير عام في المنشأة العامة للنقل النهري ببغداد.

(٣) الحكيم: ولد في النجف الأشرف سنة ١٣٠٦هـ، تولى المرجعية الدينية سنة ١٣٨٠هـ، مات في بغداد ودفن في مسقط رأسه، من مصنفاته: مستمسك العروة الوثقى، وحقائق الأصول.

الدين اصدار فتوى بتجريم الأكراد ووصمهم بالبغي، وقد تعرض بسببها المرجع الراحل إلى مضايقات شديدة طالته وطالت أبناءه وأحفاده.

الأمثل في التاريخ

وكما في كل مجلدات دائرة المعارف الحسينية أنهى الشيخ الدكتور محمد صادق الكرباسي الكتاب بمجموعة فهارس غنية، مع قراءة للكتاب بقلم راعي الملكية الدستورية في العراق الشريف علي بن الحسين، الذي كان لأجداده في العراق والجزيرة العربية وبلاد الشام حضور متنوع فيما شهدته كربلاء وعمارتها، وبخاصة خلال سني الحكم الملكي (١٩٢١ ـ ١٩٥٨م). يقول الشريف علي وهو يعلق على الكتاب وشخصية الإمام الحسين عليه السلام انه: "من خلال الواقع الذي نعيشه في العراق ومراقبتنا عن كثب للحالة الاجتماعية سياسية كانت أم دينية فنجد أن لأضرحة آل الرسول المنتشرة على أرضه كانتشار الكواكب الدرية في السماء، نسجل انطباعنا كما سجله سلفنا الصالح من ملوك وأمراء ومؤرخين وعلماء، لنجد ان لمرقد أبي عبدالله الحسين عليه السلام ريحانة الرسول وسبطه سيد الشهداء خصوصية، إذ ترك في نفوس الناس ليس في العراق فحسب بل في العالم الإسلامي وغيره أثرا لا يمكن تجاهله".

وعن الكتاب ومؤلفه كان من رأيه: "إنَّني لَم أعهد دراسة متكاملة وضعت في هذا الاتجاه وبمثل هذا الرصد الحقيقي لكل ما يرتبط بهذا المرقد الشريف من أحداث مؤلمة تارة ومسرة تارة أخرى بمثل هذه الدراسة"، ولذلك فإنَّه: "لا يسعني إلاَّ أنْ أشيد بكاتبه الدكتور البحاثة الكرباسي الذي لم يترك أي ثغرة الا وتبنى دراستها لتكون الأمثل في

التاريخ من خلال موسوعته الفريدة دائرة المعارف الحسينية التي فاقت أجزاؤها على الستمائة مجلد على ما قرأت عنها".

في الواقع إنَّ الجزء الثالث من "تاريخ المراقد" يمثل امتدادا زمانيا ومعرفيا للجزأين الأول والثاني، وهو في الوقت نفسه يلخص كل مراحل العمران التي طرأت على المرقد الحسيني، وقد أسبغت عشرات الصور والرسومات والجداول على الكتاب درجة علمية قاطعة جعلته محكما من كل الاتجاهات وهو بحد ذاته تحفة علمية لها أنْ تتصدر واجهة المكتبة الإسلامية بعامة ومعاهد وكليات فن العمارة بخاصة.

الثلاثاء
١٤٢٨/١٠/٤ هـ (١٦/ ١٠/ ٢٠٠٧م)

البروفيسور فيتو إسبيته

Pro. Vito Espite

* أستاذ القانون واللغات الحية، إيطالي ولد في روما سنة ١٩٣٩م.
* أديب وشاعر ومترجم ومسرحي، من الطائفة المسيحية الكاثوليكية.
* مارس الوظيفة في المؤسسات الرسمية واشتغل في تدريس اللغات القديمة والحديثة في المؤسسات التعليمية في مدينة مودينا (Modena) الواقعة شمال العاصمة روما على مسافة ٣٣٢ كم شمالاً.
* يسكن لندن منذ عام ١٩٩٣م.
* يجيد اللغة الفرنسية والإسبرانتوية إلى جانب اللغة الأم (الإيطالية) ويمارس الترجمة من وإليها.
* ينظم الشعر وله أعمال وروايات درامية بثلاث لغات إيطالية وإنكليزية واسبرانتوية.
* مثّل أعماله بنفسه على خشبة المسرح شاهدها الجمهور في مناسبات عدة.
* عضو في هيئة لغة الإسبرانتو الدولية في بريطانيا (Esperanto Association of Britain).
* عضو في نادي اللغة الإسبرانتوية الدولية في لندن (Londona Esperanto - Klubo).

مضامين من المعرفة والمتعة الأدبية[1]

(ديوان القرن العاشر ١)

ما دمنا نتحدث عن ديوان شعر فقد نتساءل ماهو الشعر؟ يتبادر إلى الذهن أكثر من تعريف واحد للشعر، بل تعاريف له بلا حدود. ولا نظن أن اثنين من الشعراء أو من غيرهم اتفقا على تعريف واحد له، وهذه التعاريف تتوقف على تجارب الأشخاص وميولهم وأذواقهم الشخصية، فقد عرّف بعضهم الشعر بأنه موسيقى الكلمة التي تخضع لأوزان معلومة. وهذه تعاريف مختلفة أخرى:

* الشعر هو فن إبلاغ المشاعر بواسطة موسيقى الكلام.

* الشعر فن التعبير بكلمات ملَحنَة عن الافكار التي تخلقها المشاعر ويتصورها الخيال.

* الشعر أحد الفنون السامية التي تعبر عن الخيال بجمل ايقاعية غالبا ما تكون ذات صيغ موزونة.

* الشعر فن عرض الصور الإنسانية بشكل اقرب للحقيقة من التاريخ (أفلاطون)[2].

---

(١) تمت الترجمة من اللغة الإسبرانتوية.

(٢) أفلاطون: (Platon) (٤٢٧ ـ ٣٤٧ ق.م) ولد في أثينا وفيها مات، فيلسوف وحكيم وأديب يوناني،=

* الشعر هو الأفكار الموسيقية الصادرة من الذهن الذي يدخل في صميم أمرٍ ما فيُخرج ما بداخله من الألحان.

* الشعر يحكي أكثر مما يحكي النثر من الأفكار والمشاعر.

كلمة أخرى لا بد منها عن الإسلام، وهو الدين الذي ولد في جزيرة العرب في القرن السابع حيث نشأتْ الدعوة له من قبل النبي محمد في مدينة مكة التي كانت في وقتها مركزا ثقافيا وتجاريا للقبائل العربية، وكانت أغلبية السكان تمارس الوثنية. كانت قبيلة بني أمية من بين القبائل ذات النفوذ في مكة، وكانت على رأس المعارضين للدين الجديد. وبعد انتصار الإسلام أصدر النبي محمد عفوا عن معارضيه، ومن بينهم بنو أمية الذين يظهر أنهم اعتنقوا الإسلام كُرها لا طوعا، وكان رئيسُهم يدعى أبا سفيان[1].

لقد تمكن أفراد قبيلة بني أمية من التغلغل واستلام السلطة العليا (الخلافة) في صدر الإسلام، ويبدو أن عادة الثأر كانت لا تزال متأصلة عند بني أمية فظهرت بأشد صورتها عند يزيد حفيد أبي سفيان. تآمر هذا على الإمام الحسين فنهض عندئذ الإمام للدفاع عن "أهل البيت" من بني هاشم وهو سبط محمد نبي الإسلام وهم عائلة النبي محمد فتصدى جيش يزيد له في واقعة الطف في موقع كربلا (وسط العراق) حيث استشهد الإمام

=تتلمذ على سقراط (Socrates) (٤٦٩ ـ ٣٩٩ ق.م)، هاجر إلى إيطاليا وجزيرة صقلية، ثم عاد إلى أثينا، أسس فيها أكاديمية تعليمية اشتهرت فيما بعد باسم (أكاديمية أفلاطون)، ترك مؤلفات كثيرة، منها: الجمهورية، فيدون، والمأدبة.

(١) أبو سفيان: هو صخر بن حرب الأموي (٥٦ق.هـ ـ ٣٢هـ) ولد ونشأ وعاش في مكة ومات في المدينة، حرض على المسلمين، وكان من الطلقاء عند فتح مكة عام ٨هـ، كُف بصره.

واغلب أفراد عائلته الذكور وسُبي سائر عياله فأثارت تلك المأساة الغضب العارم والحزن العميق لدى المسلمين، ولا يزال صدى استشهاد الإمام الحسين يتردد خلال القرون الأربعة عشر رمزا عند المسلمين لمقاومة الظلم والطغيان.

دامت سلطة بني أمية[1] قرنا من الزمن كانت قضية الحسين السبب الرئيس في سقوطهم. ثم تلاهم بنو العباس[2] وهم هاشميون ولكنهم أيضاً خصوم حسد لأهل البيت فواصلوا اضطهادهم للعلويين من أهل البيت ومناهضتهم لقضية الحسين لمدى حكمهم الذي دام خمسة قرون. وهنا نستطيع أن نتصور الظروف التي عاش فيها موالو أهل البيت، والأدب الموالي لقضية الحسين تحت تلك الظروف المعادية التي دامت خلال عهود طويلة من الحكم الغاشم في تاريخ الإسلام.

كانت ولا زالت قضية الحسين بتأثيراتها التاريخية الواسعة في الساحات السياسية والاجتماعية والأدبية في العالم الإسلامي خلال القرون منبع إيحاء لإشعاعات متوالية من الأدب الرفيع الذي ندب تلك المأساة وبكاها، وهي في عين الوقت قضية إنسانية عامة وإن كانت بالأخص إسلامية بتراثها الأدبي وهو وليد تلك القضية بجوانبها المستفيضة التي احتوت بعضها موسوعة الشيخ الكرباسي المخصص لها خمسمائة جزء[3] موضوعة تلك القضية، وهي أيضاً قصة مأساة لواحد من أوائل أئمة المسلمين الذين حملوا مشعل الرسالة الإسلامية ضد التعسف السياسي،

(١) بنو أمية: حكموا في الفترة (٤١ ـ ١٣٢هـ).

(٢) بنو العباس: حكموا في الفترة (١٣٢ ـ ٦٥٦هـ).

(٣) بلغت أجزاء الموسوعة أكثر من ستمائة مجلد.

خاصة من بعد ذلك ضد المسلمين الشيعة الموالين لأهل البيت، وكانت تلك القضية مصدر ايحاء ولا تزال توحي بالمزيد من الأدب المأساوي يضيف له جيل بعد جيل من الشعراء والأدباء من مختلف الأوطان وبمختلف اللغات مشاعرَ الحزن والرثاء والولاء.

في هذا المؤلَف الكبير قام الشيخ الكرباسي باستعراض تاريخ القضية الحسينية بمجمل تفاصيلها المتفرعة عنها بأسلوب أكاديمي اجتمع لديه مواد لها تسد حوالى ٥٠٠ جزء في جميع فروع الأدب الحسيني. وبين أيدينا منها بهذه المناسبة "ديوان القرن العاشر" الهجري (حوالى القرن ١٦ الميلادي)[١]، وهو واحد من دواوين القرون الأخرى. ويتألف من ٦٧ قصيدة لشعراء ينتمون لتلك الفترة، يضاف إليها ١٥ قصيدة كانت قد أُغفلت في الدواوين السابقة. ويتكون الكتاب بملحقاته من ٢٦٧ صفحة من القطع الوزيري، ومثله من الصفحات في المستدركات والفهارس.

توسع الشيخ الكرباسي واستفاض في وصف أحوال العالم الإسلامي في تلك الحقبة التي كانت تخضع لحكم العثمانيين وكانوا يحكمون باسم الإسلام، فكان المسلمون يجنَدون للحروب في مناطق الغرب في حين كانت الشعوب الإسلامية ترزح في أوطانها تحت حكمهم المتعسف مما أدى من بين أشياء أخرى إلى خمول الحركة الأدبية في العالم العربي والإسلامي، على أن ذلك العصر كان كما ذُكر يسوده اضطهاد المسلمين ثم الخمول الأدبي فقد تهيأ للشيخ الكرباسي ان يجمع مواد ذلك الديوان التي تدور مواضيعه طبعا حول القضية الحسينية من مديح للإمام الحسين إلى

(١) القرن العاشر: يغطي الفترة الزمنية (٢١/٩/١٤٩٥ - ٧/١٠/١٥٩٢م).

ملامة خصومه الذين قتلوه، ثم الدعوة لقضية الحسين بالتذكير بمبادىء الإسلام كما أتى بها جده النبي محمد، تلك المبادىء التي أخذ الحسين على عاتقه تجديد الدعوة لها بعد أن ابتعد عنها الحكم الأموي إلى السلطة الدنيوية البحتة. وبتصفح الديوان مع زميلنا حسين الطيبي [١] اقتطف منه هذه الأبيات[٢] الدالة على موضوعه، منها للحائري[٣]:

بكتِ الارضُ دماً مُذ صُرِّعوا	فوقَها حزناً وأطباقُ العُلى
كربلا منكِ فؤادي مِلؤُهُ	من عظيمِ الوجدِ كَربٌ وبلا
كمْ شموسٍ منكِ غرُبَتْ وكمْ	من بدورٍ أَفَلَتْ بعد الضِّيا

ومنها[٤] لابن جعفر[٥]:

إمامٌ لهُ السِّرُّ العظيمُ وشأنُهُ الـ	قديمُ وفي أوصافِه نَزَلَ الذِّكرُ
لهُ الشرفُ العالي لهُ النورُ والبها	لَهُ الرتْبَةُ العُليا لهُ المَجْدُ والفخرُ
إذا ما انتضى يومَ الكريهةِ عزمُه	فمن ذا تُرى زيدٌ ومن ذا تُرى عمرُ

---

(١) حسين الطيبي: هو حسين بن محمد بن حسين الطيبي العاملي، ولد في النجف سنة ١٣٤٦هـ (٧/ ٧/ ١٩٢٧م)، أديب وكاتب، نشأ ودرس في مسقط رأسه، تنقل في البلدان، يجيد اللغات: الإسبرنتو والإنجليزي والفرنسي والألماني والفارسي، يقيم حاليا في لندن، تولى سكرتارية نادي لندن للغة الإسبرنتو، له مصنفات بلغات عدة، منها: الحكمة العربية، الرجل ذو العمرين (سيرة ذاتية)، وحكم عربية من القرن السابع.. الكلمات القصار للإمام علي (ARABIJ DRRAJOJ DE LA SEPA JARCENTO) وهو بلغة الاسبرنتو.

(٢) من بحر الرمل.

(٣) الحائري: هو محمد بن أبي طالب الحسيني الحائري المتوفي بعد عام ٩٥٥هـ، عالم وأديب، له في ديوان القرن العاشر من الموسوعة الحسينية ١٧ قصيدة ومقطوعة في الإمام الحسين عليه السلام، من مصنفاته: تسلية المُجالس وزينة المَجالس.

(٤) من بحر الطويل.

(٥) ابن جعفر: هو علي بن جعفر المتوفى حدود القرن العاشر، له في ديوان القرن العاشر من الموسوعة الحسينية قصيدة ومقطوعة.

ومنها[1] لشاعر مجهول:

ألا يا رسولَ الله لو كنتَ فيهمُ — لشاهدتَهم في حالةٍ تُذهلُ الفِكْرا
فَهُم بينَ أطفالٍ يتامى ونِسوةٍ — أيامى وصَرعى كالندامى سُقوا خَمْرا
رؤوسُهُمُ فوقَ القَنا وعِيالُهُمْ — بأيدي أعاديهمْ تَسوقُهمُ قهرا

نستطيع أن نوصي بهذا الديوان لقراء العربية من المهتمين بقضية الحسين ودورها في تاريخ الإسلام ومن هواة الشعر والأدب عامة ليجدوا فيه مضامينَ من المعرفة والمتعة الأدبية.

البروفيسور فيتو إسپيته
Vito Espite
١٢/ ٨/ ٢٠٠٠ م

(١) من بحر الطويل.

في المائة العاشرة
ضيّع الشعراء ما لبّنه الخليل!

هناك علاقة وفاقية بين الشعر وعذوبته، فالشعر الحسن هو الذي ينزل على المسامع نزول الماء البارد على الأكباد الحرى في يوم صائف، وهذه العذوبة ليست تبع القافية والبحر والتفعيلة والوزن فحسب، وإنْ كانت أصيلة في الشعر القريض، لكنها تتأتى من نبض المشاعر والأحاسيس التي تتراقص على أوتارها قوافي الشاعر فتدخل القلوب بلا استئذان وتجلس في سويدائه، فالتفاعل بين الشاعر والحدث عبر أمواج الشعور هو الذي يخلق حالة الشاعرية، ويبقى النظم أشبه بالقالب الذي تصب فيه الكلمات، فالشعر بلا تفاعل أحاسيس هو نظم بلا شعور لا يدخل خانة الوجدان، وإنما يظل يراوح على أعتابها.

ولا شك أنَّ نبض الشاعر تتصاعد دقاته حين تعاطيه مع حالة وجدانية تمس شغاف القلب، فيترجم الخفقان إلى قواف تتلاحق في تقديم فروض الطاعة والانصهار في قارورة الشعور الوجداني، ويتمدد هذا الشعور ويتعدد لدى شاعر كل عصر ومكان إذا كان الحدث له امتداداته في عمق الزمان والمكان، فتتجدد معه المشاعر وتتألق الشاعرية، فتكثر القصائد، وكلما قرأت قصيدة وجدت فيها جديداً وإنْ كان محور الحدث واحدا.

٢٢٩

ولا أرى حدثا وجدانيا اخذ بتلابيب القلوب والعقول معا، مثلما هو حدث استشهاد الإمام الحسين عليه السلام وأهل بيته وأصحابه في كربلاء في العاشر من شهر محرم العام ٦١ هـ، وأمام هذه الواقعة التي عزّ مثيلها لا قبلا ولا بعدا، تجثو القوافي طائعة تتمسح بأذيال الحسين عليه السلام يبثها جزئيات المشهد الكربلائي فتنشده نظما ينهر القوافي من الصم الصياخيد شعرا وشعورا. ومنذ أربعة عشر قرنا وأنهر القوافي لا زالت تجري في وديان النفوس ووهاد الصدور، عمل الشاعر والعروضي الدكتور محمد صادق الكرباسي على حصرها في خليج كل قرن، مبحرا بأشرعة التحقيق والتدقيق، لبيان واقع الأدب العربي بعامة والشعر الحسيني بخاصة في كل قرن من القرون الهجرية. وفي هذا الإطار صدر الجزء الأول من "ديوان القرن العاشر" عن المركز الحسيني للدراسات بلندن في ٥٣٢ صفحة من القطع الوزيري، وهو يغطي الفترة الزمنية (١٤٩٥/٩/٢١ ـ ١٠/٧/١٥٩٢م)، والكتاب جزء من سلسلة دواوين من قسم "الحسين في الشعر العربي القريض".

ملامح عامة

يعتبر القرن العاشر الهجري الامتداد الطبيعي للقرن الماضي الذي شهد سقوط دول وحكومات إسلامية وقيام أخرى، وإغارة واحدة على الأخرى بشكل فظيع تحت دعاوى دينية ومذهبية وقومية، فالعثمانيون كانوا يتوغلون في الأراضي البلقانية، والمغول كانوا يتوسعون في بلاد ما وراء النهر والهند، ويلاحظ المحقق الكرباسي انه: "وباستيلاء العثمانيين على قلب البلاد العربية في العقد الثالث من هذا القرن، ظهر الخلاف القومي من جهة وازداد الخلاف الطائفي من جهة أخرى"، ويأسف الكاتب لأنَّ

النعرتين القومية والطائفية لازامتا المجتمع الإسلامي في جميع أقطاره، ولازالت آثارهما السلبية باقية إلى يومنا هذا، وبخاصة في العراق الذي وقع بين فكي كماشة قومية مذهبية من جانبي الإمبراطوريتين العثمانية والإيرانية.

ولما كان سقوط الحكومات وقيام أخرى في الأعم الأغلب نهض على قاعدة مذهبية، فإن الصراعات المذهبية بلغت أوجها، وكما يقول المؤرخ اللبناني عمر بن عبد الله فروخ[1] (ت١٤٠٧هـ) وهو يتحدث عن القرن العاشر الهجري: "وقع النزاع بين أتباع المذاهب الإسلامية بين الحنابلة والأشعرية (الشافعية خاصةً) مما كان مألوفا منذ قرون وكذلك كثرت مكائد الإسماعيلية وكلامهم في المغيبات بما لا يجوز، وفي مطلع القرن العاشر أيضاً انتشر المذهب الشيعي الإمامي في فارس على يد إسماعيل الصفوي ملك إيران (٨٠٧ ـ ٩٣٠هـ) وتعرض الإسلام السني خاصة لهجمات كثيرة في أيام المماليك البرجية في كل مكان"[2].

وبناءً على معطيات هذه الأجواء الساخنة من الصراعات الإقليمية والاحتلالات والإغارات والمناكفات القومية والنزاعات الطائفية، فإنَّ المحقق الكرباسي وهو يتحدث عن النظم في القرن العاشر يخرج بحصيلة وخيمة، إذ: "في ظل هذا المناخ الذي سادته الحروب والفتن لا تنتعش الثقافة بشكل عام فكيف بالأدب والشعر"؟! وربما نجد سببا آخر لتراجع

---

(١) فروخ: هو حفيد عبد الرحمن، ولد في بيروت سنة ١٩٠٦ م وفيها مات، كاتب وأديب وباحث، اشتغل في حقل التدريس، ترك أكثر من مائة مطبوع، منها: التبشير والاستعمار، الأسرة في الشرع الإسلامي، وعبقرية اللغة العربية.

(٢) تاريخ الأدب العربي: ٣/ ٨٨٣.

النظم يتمثل في الترف والدعة المتعارضين مع الشعور والاستشعار، وهو ما قرأه الكرباسي من بين سطور نجم الدين محمد بن بدر الدين محمد الغزي[1] (ت١٠٦١هـ) صاحب كتاب (الكواكب السائرة في أعيان المئة العاشرة)، الذي يعترف إنَّ ما دفعه إلى التأليف وتصنيف طبقات الأدباء، أني: "رأيت إيثار الراحة والدعة والجد والدأب قد غلب في هذا العصر وصار دأبا لأكثر أهل الفضل والأدب"[2]، ومع هذا فإنَّ الأجواء المريحة ربما كانت عاملا مساعدا على الإنتاج الأدبي بشطريه المنظوم والمنثور، لأنَّ الاستقرار الأمني والسياسي والاجتماعي والاقتصادي يجعل الأديب في مأمن فيحمله على الإبداع فيما هو فيه.

ويجد المصنف سببا آخر لهذا الجدب متمثلا في: "الرواسب التي خلّفها حكم عدد من الدول غير العربية للأراضي العربية كحكم المماليك على مصر وفترات الحكم الإيراني المتتالية للعراق إلى جانب التتر والمغول وغيرهما مما كان له التأثير المباشر على تراجع اللغة العربية ومعه تراجع الأدب والشعر العربيين، وباستيلاء العثمانيين على أكثر البلدان العربية في هذا القرن تسرَّب العديد من الكلمات التركية إلى اللغة العربية"، فضلا عن أن المخاطبات الرسمية فيما بعد أصبحت باللغة التركية، وكان تعلم اللغة التركية لازمة لدخول العربي في الوظيفة وسلك الدولة.

ولما كان الشعر وسيلة من وسائل الإعلام، ولما أصبحت هذه الوسائل

---

(١) الغزي: هو حفيد رضي الدين محمد بن أحمد الدمشقي العامري، ولد في دمشق سنة ٩٧٧هـ (١٥٧٠م) وهو من أعلامها، برع في علوم متنوعة واختص بعلم الحديث حتى اشتهر بين العلماء بـ "حافظ الشام" ترك مصنفات كثيرة، منها: لطف السمر وقطف الثمر، العقد المنظوم في الرحلة إلى الروم، وإتقان ما يحسن من بيان الأخبار الدائرة على الألسن.

(٢) الكواكب السائرة: ١/٨.

في ظل هذه الحكومات أسيرة هوى السلطة فإنَّ الشعر هو الآخر أصابه القهر والتدجين، وغلب على الشعراء الدجل والاكتساب، فجاء الشعر لمن يدفع أكثر ولو على حساب الحق والحقيقة. وهنا يؤكد البحاثة الكرباسي على حقيقة هامة وهي أنَّ: "هذا الدجل والكذب لم يجد طريقه إلى الشعر الحسيني ذلك لأنَّ منشأه المعاناة أو الحب وكلاهما لا يعرفان التكسب والمقايضة"، ولا يعني هذا انعدام شاعر حسيني لا يتأقلم مع وضع سياسي قائم على الترهيب أو الترغيب فبعض منهم يسقط في الابتلاء: "ويغير مساره ويرضخ للمساومة ضاربا عرض الجدار الحقيقة التالية وهي أنَّ الصدق والحق هو العملية الوحيدة التي يجب أن يتعامل معها الشاعر، وهو رصيده الحقيقي في التعبير عن شعوره المرهف"، وتأسيسا على هذا الفهم للشعر والشاعرية: "فإنَّ شاعر الدجل والكذب لا ينطبق عليه كلمة الشاعر المعرَّف بالألف واللام لأنَّ الشاعر من يَشْعُر ويُشْعِر، يشعر هو أولاً ثم يشعر الناس ثانيا فحينها يكون ما ينتجه نابعا عن شعوره المرهف والدقيق، فالشعر في الحقيقة هو ديوان الحق لا كما قيل ديوان العرب".

التراجع الكمي

توصل الدكتور الكرباسي في هذا القرن إلى حقائق عدة من حيث الشعراء كماً والشعر كيفاً، وفيما يخص شعراء النهضة الحسينية، فإن الملاحظ فيهم من حيث الكم أمور أهمها:

أولاً: قلة الشعراء الذين ثبتت وفاتهم في القرن العاشر، فهم تسعة عشر شاعرا معروفا، مع خمسة وعشرين شاعرا مجهولي الاسم يحتمل من بعض القرائن أنَّهم من جيل القرن العاشر الهجري.

ثانياً: تحققت وفيات عدد من الشعراء في هذا القرن لكن عطاءهم الشعري تحقق في القرن الماضي من قبيل الشاعر مفلح بن الحسن الصيمري المتوفى بعد عام ٩٠٠ هـ، والشاعر إبراهيم بن علي الكفعمي المتوفى عام ٩٠٥، وعبدالله بن أحمد الحِمْيَري المتوفى عام ٩٠٣ هـ، ومحمد بن عمر النصيبي المتوفى عام ٩١٦ هـ، والحسين بن مساعد الحائري المتوفى عام ٩١٧ هـ، وابن جعفر علي بن جعفر العلوي، وهاشم بن العريض البحراني، والأخيران من أعلام هذا القرن، وغيرهم، فنتاجات هؤلاء الشعراء وأمثالهم في هذا القرن قليلة نسبة إلى نتاجاتهم في القرن الماضي، ولذلك شهد ديوان القرن العاشر جدبا في الشعر والشعراء.

ثالثاً: وانسحب الضمور الشعري إلى ترجمة الشاعر نفسه، فبعضهم يُعرف بلقبه دون اسمه وآخر باسمه دون لقبه، وبعضهم مجهول الولادة أو الوفاة أو كلاهما، لكن الكرباسي بما يمتلك من أدوات تحقيقية ومعرفية ومن خلال قرائن ودلالات أماط الغموض عن بعضهم.

رابعاً: قلة عطاء الشاعر، فحتى شعراء هذا القرن كانت محابرهم الشعرية تشكو من الظمأ، ولذلك كان: "عدد الشعراء الذين قام على أكتافهم هذا الديوان هم أربعة شعراء: الحائري والكفعمي والصيمري وابن جعفر".

خامساً: شحة الإبداع، مع بعض الاستخدامات للمحسنات اللفظية أو المعنوية، ولولا بعض عيون القصائد للكفعمي والصيمري: "لصح إطلاق النظم بالمعنى الصناعي على مجمل ما احتواه هذا الديوان، وما هذا إلا لكساد سوق الأدب والشعر".

التراجع الكيفي

أما من حيث الكيف، فإنَّ البحث عن الجانب المادي والمعنوي للشعر في القرن العاشر الهجري يقع في جهات مختلفة:

أولاً: من حيث الغرض، فإن الأغراض الشعرية انحصرت في ستة: الفخر، الهجاء، المدح والرثاء، التوسل، الولاء، المدح المجرد، والرثاء المجرد، والأخير غلب على معظم الأغراض.

ثانياً: من حيث شعر النهضة الحسينية، فإنَّ قصائد كثيرة لم تتمحض في الإمام الحسين عليه السلام ونهضته المباركة، وإنما جاءت عرضا أو تضمينا، ومن ذلك قول الشاعر (مجهول) من الكامل، بعنوان "الكماة":

قومٌ إذا حضر الوغى لم يسألوا حَذَرَ المنية عن سبيلِ الهاربِ
وإذا الكماةُ تطاعنوا ألفيتهمْ يتقدمون إلى مكان الضاربِ

ومن ذلك قول الشاعر (مجهول) من الكامل، بعنوان "الرزء الجليل":

لمُصابهمْ تتزلزلُ الأطوادُ ولقتلهمْ تتفتتُ الأكبادُ
كلُّ الرزايا بعدَ وقتِ حلولها تُنسى ورُزؤُهمُ الجليلُ يُعادُ

أو قول الشاعر (مجهول) من الطويل، بعنوان "غريبون عن أوطانهم":

غريبون عن أوطانهم وديارهم تنوحُ عليهم في البراري وحوشُها
وكيفَ ولا تبكي العيونُ لمعشرٍ سيوفُ الأعادي في العلاء تنوشُها
بدورٌ توارى نورُها فتغيَّرت محاسنُها تُربُ الفلاةِ نُعوشُها

ومجهولية الشاعر وإنْ كان تحديده من جيل القرن العاشر، واحدة من الأسباب التي يجعل المحقق الكرباسي يميل إلى القول بأنَّ هذه المقطوعة أو تلك تضمنت القضية الحسينية أو جاءت بها عرضا.

ثالثاً: استخدم بعض الشعراء شخوص النهضة الحسينية والطرف المضاد لها في التورية والاستشهاد والتحدي.

ومن ذلك قول العالم والشاعر إبراهيم بن حسن النقشبندي (ت٩١٥هـ)، من الطويل، من تائيته في النحو في باب الاستشهاد النحوي، تحت عنوان "شفيعي حسين":

وقدْ حُذِفَ التنوينُ في مثلِ قولنا　　　شفيعي حسينُ بن عليٍّ فتمَّتِ

وهذه القصيدة وأمثالها كانت سببا في قتله شهيدا على مذبح الحب والولاء لأهل البيت عليهم السلام، وهو المسمى بـ "سيبويه الثاني" لفقاهته في النحو والصرف.

ومن ذلك قول محمد بن عمر النصيبي (ت٩١٦هـ) من الوافر، تحت عنوان "لا أقوى على الهجران"، يشكو هجران صاحبه واسمه حسين، فيستخدم قصة الإمام الحسين عليه السلام وقاتله يزيد بن معاوية (ت٦٤هـ):

حسينٌ إنْ هجرتَ فلستُ أقوى　　　على الهجران من فرح الحسود
ودمعي قد جرى نهراً ولكنْ　　　عَذولي في محبّته يزيدُ

ومن ذلك قول محمد بن أحمد الحنفي (ت٩٣٠هـ) من السريع، تحت عنوان "أسوة"، يرثي الأتابكي تمراز حين قتله جماعة من المماليك الجلبان في عام ٩٠٢ هـ، وتأسى في مقتله وقطع رأسه بالإمام الحسين عليه السلام وبداية المقطوعة:

أرغمتَ يا دهر أنوف الورى　　　بقتل تمراز ويتم العباد

إلى أن يصل موضع الشاهد:

مصيبةٌ جلَّت فمن أجلها　　　قد أطلقتْ في كلِّ قلبٍ زِنادْ
لكنَّ في قتلتهِ أسوةً　　　الى الحسينِ بن عليٍّ الجوادْ

رابعاً: ومن حيث البحر، اقتصر النظم على سبعة بحور من البحور الخليلية مع إضافة "بحر الدوبيت" الدخيل على العربية، والذي حل في المجالس الحسينية في القرن السادس الهجري.

خامساً: شحة القصائد الطوال، إلا ما لدى مفلح الصيمري والحسين بن مساعد الحائري وإبراهيم الكفعمي: "ومن المعلوم أنَّ الحائري والكفعمي كلاهما من خريجي مدرسة القرن السابق وهم من المدرسة الحائرية القريبة من مركز الحلة التي تبادلت النهضة العلمية والأدبية لفترة زمنية محدودة وكانت لهما مساهمات جليلة في هذا المجال".

سادساً: اختفاء الشعر، وهذه حالة خاضعة للوضع الأمني والسياسي، وقد ضاع الكثير من الشعر بسبب الاضطهاد السياسي، وهذه سمة عامة تشمل جميع الشعر والشعراء، وفي الشعر الحسيني يكفي الولاء لأهل البيت عليهم السلام تحت سلطة غاشمة أنْ تطيح برأس الشاعر. ولكن هذا لا يمنع من تحمل المسؤولية والاعتراف: "إنَّ قسماً من اللوم يقع على الموالين حيث لم يحافظوا على تراثهم بالمستوى المطلوب، والأدهى من ذلك أن حالة الاحتكار والبخل استولت على بعض النفوس التي امتلكت ذلك التراث فحرمت الآخرين منه وبذلك بقي منحصرا في نسخه الفريدة إلى أنْ قضى عليه العدو أو الكوارث الطبيعية أو اختزنها أبناء الأدباء والعلماء فحملت إليهم ضمن التركة الموروثة فظلت في تلك الأيادي الجاهلة فتمسكوا بها عن جهل دون أن يفسحوا المجال للآخرين إلى درجة البخل بل اللؤم دون أن يحافظوا عليه أو يحاولوا الاستنساخ عليه".

سابعاً: انحصار القوافي، فقد اقتصرت على اثنتي عشرة قافية، وهذا يعد احتباسا شعريا فاضحا: "وقد غابت القوافي الصعبة وغاب معها بعض القوافي السائدة وذلك لقلة النظم أساسا".

ثنائيات شعرية

في بعض الأحيان ترد الفكرة عند شاعر ونفسها عند آخر، وكل ينظمها بما أوتي من مفردات شعرية وتجمعت عنده من مشاعر جياشة، ولكن حين المناظرة والمقارنة بين الفكرتين المنظومتين، يقوى نظم على حساب آخر، على أنَّ هذه مسألة نسبية خاضعة لإحساس المتلقي ودقة مشاعره وتعاطيه للشعر وتفاعله مع الحدث أو الفكرة نفسها.

ويدلنا الدكتور الكرباسي في خاتمة الكتاب على نماذج مما قيل في القرن العاشر الهجري ومقارنتها مع أخرى لشاعر آخر سابق على عصر الشاعر المعني أو لاحق عنه، ومن ذلك قول الحسين بن مساعد الحائري في قصيدة من الطويل بعنوان "أئمة هذا الخلق" ومطلعها:

لطيِّ قريضي في مديحكُمُ نَشْرُ   ومنشورُ شعري في عُلاكُمْ لهُ نَشْرُ

ثم يكمل النظم:

فوصلُكُمُ رَوحٌ وراحةٌ   وبُعدُكُمُ موتٌ وقُربكُمُ نَشْرُ

وظاهرُ شعري فيكُمُ المدحُ والثَّنا   وباطنُهُ يا سادتي الحمدُ والشُّكرُ

ولكن الشاعر ابن العرندس صالح بن عبد الوهاب الحلي المتوفى في حدود عام ٩٠٠ هـ سبقه في الفكرة حيث ينشد من الطويل بعنوان "فرجت له السبع الشداد"، ومطلعها:

طوايا نظامي في الزمان لها نَشْرُ   يُعطِّرُها مِنْ طيبِ ذِكرِكُم نَشْرُ

ثم يصل موضع الشاهد:

فذُلِّي بكم عزٌّ وفَقري بكم غنًى وعُسري بكُم يُسرٌ وكَسري بكُمْ جَبرُ
تروقُ بروقُ السُّحْبِ لي مِن دياركُمْ فينهلُّ مِن دمعي ببارقها القطْرُ

وحسب تعبير المصنف: "وكلاهما معبران عن عمق الولاء ولكن الثاني أعمق تعبيراً".

ومن الثنائية الشعرية قول إبراهيم الكفعمي يعبر عن ثقته بإمامه الحسين عليه السلام الذي احتمى بحماه وجاوره، فينشد من الخفيف بعنوان "جار الشهيد"، وأولها:

سألتُكُمُ بالله أن تدفنوني إذا متُّ في قبرٍ بأرضِ عقيرِ

ثم يصل موضع الشاهد:

وعار على حامي الحِمى وهو في الحِمى إذا ضلَّ في البيدا عقالُ بعيرِ

لكن الشاعر الخليعي علي بن عبد العزيز الموصلي المتوفى في حدود ٧٥٠ هـ، الذي تحول من النصب والعداء إلى الحب والولاء لأهل البيت عليهم السلام، ينشد من الوافر:

إذا شِئتَ النجاةَ فزُرْ حُسَيْناً لكيْ تلقى الإلهَ قريرَ عَيْنِ
فإنَّ النارَ ليسَ تَمَسُّ جِسماً عليهِ غُبارُ زُوّارُ الحسينِ

وهنا فاق الخليعيُّ الكفعميَّ حيث: "رفع من ثقته إلى حد لا يلزم نفسه بأن يدفن في تربته، بل يكفيه مجرد أن يعلوه غبار زائريه".

مفردات حبلى

وكما تتوارد الخواطر والأفكار عند الشعراء وإنْ تباعدت أزمانهم وأماكنهم، تتوارد مفردات بعينها دالة على فكرة بعينها حبلى بالمعاني، نجدها عند هذا الشاعر وعند ذاك في القرن الواحد، وهو كثير، ومن ذلك

استخدام الشعراء للنار كدلالة على حرارة الحزن ومبلغ المأساة، أو استخدامهم مطلع سورة الإنسان: ﴿هَلۡ أَتَىٰ عَلَى ٱلۡإِنسَٰنِ حِينٞ مِّنَ ٱلدَّهۡرِ لَمۡ يَكُن شَيۡـٔٗا مَّذۡكُورًا﴾[1]، للاستدلال على النصوص المقدسة الواردة في حق أهل البيت عليهم السلام.

ومن عيّنة "النار" قول الشاعر محمد بن أبي طالب الحسيني الحائري المتوفى بعد عام ٩٥٥هـ، من بحر الرمل تحت عنوان "نار حزني":

يا بْنَ خيرِ الناسِ أُمّاً ... وأجلَّ الخلقِ طُرّاً نَسَبا
نارُ حزني بكَ يا بنَ المصطفى ... حرُّها منذُ وجودي ما خبا
وإذا ما مرَّ ذكرُ الطفِّ في ... مهجتي أذكى بقلبي لهبا

ومن عيِّنة "الحر" قول الشاعر علي بن جعفر العلوي من الطويل تحت عنوان "فيا نكبة"، بدءاً من المطلع:

ألا مَن لقلبٍ لا يُطاوعُهُ صبرُ ... كئيبٌ من الأحزان خالطَهُ الفكرُ
وجَفنٌ قريحٌ لا يَملُّ من البُكا ... تجدَّدَ حُزني كلما أقبل العشرُ
على فقد سبطِ المُصطفى ومصابه ... فدمعي له سكبٌ وقلبي به حرُّ

أو قول مفلح بن الحسن الصيمري من الطويل في فاجعة كربلاء تحت عنوان "الدنيا غرور"، ومطلعها:

ألا إنما الدنيا غُرورٌ وباطلُ ... وما راغبٌ عنها من الناس عاقلُ

إلى أن يصل موضع الشاهد:

فما أنْسَ لا أنْسَ الطُّفوفَ ونارها ... لها كلَّ حينٍ بينَ جَنْبَيَّ شاعلُ
فهلْ بعدَ يومِ الطَّفِّ يلتذُّ مؤمنٌ ... وهل حُزنُهُ يومَ القيامةِ زائلُ

(١) سورة الإنسان (الدهر): ١.

والشاعر هنا يستعير قول النبي محمد ﷺ في سبطه الحسين عليه السلام: (إنَّ لقتل الحسين حرارة في قلوب المؤمنين لا تبرد أبدا)[1].

ومن عينة "هل أتى" قول الحسين بن مساعد الحائري من الكامل، في قصيدة بعنوان "لله درّهم" في بيان فضائل أهل البيت عليهم السلام ومطلعها:

قلبي لطول بعادِكُمْ يتفطّرُ ومدامعي لفراقِكُمْ تتقطّرُ

إلى أن ينشد:

أفَهَلْ سمعت بهَلْ أتى لسواهُمُ مدحاً وذلك بيِّنٌ لا يُنكَرُ

ومن ذلك أيضاً قول الشاعر محمد بن أبي طالب الحسيني الحائري من البسيط، في قصيدة بعنوان "مضوا كراما" في بيان مناقب أهل البيت عليهم السلام ومطلعها:

الصبرُ والحزنُ مقطوعٌ وموصولُ والنومُ والدَّمعُ ممنوعٌ ومبذولُ

إلى أن ينشد:

سَلْ عنهُمُ هَلْ أتى تلقى بها شَرَفاً في ذكره لهُمُ مدحٌ وتفضيلُ

متعة أدبية

يمتاز المحقق والباحث الجاد بأنه والمعلومة كعشق المجنون لليلى يبحث عنها أينما وجدت لا يكل ولا يمل حتى يملكها أو يعتقها من أسر غموضها، وإذا زاغت عنه أثناء التأليف ثم عثر عليها فيما بعد، يُقيِّدها في أقرب تأليف جديد، وهو في هذا الطريق يضع أصابعه على مواضع الخطأ المطبعي إن حصل وما أكثره والخلل اللغوي إنْ وقع وما أقله، فصحة

(١) المقرم، عبد الرزاق الموسوي، مقتل الحسين: ١٢٤، عن مستدرك وسائل الشيعة: ٢/٢١٧.

المعلومة غاية الكاتب الأريب ومصلحة الأمة مبتغاه. ولذلك فإنَّ الكتاب ضم في ربعه الأخير استدراكات لدواوين القرون التسعة وتصحيحات لما ورد فيها من أخطاء.

وكما هو دأب المصنف وسياسته في التأليف ضم الكتاب **٣٢** فهرسا في أبواب شتى تدفع بالمعلومة إلى ذهن القارئ بيسر، مع قراءة نقدية لعلم من أعلام البشرية بغض النظر عن معتقده وجنسه وموطنه. وفي هذا المجلد وجد أستاذ اللغات الأجنبية الإيطالي الجنسية البروفيسور فيتو إسپيته (Vito Espite) إنَّ الشعر بما هو شعر: "فن إبلاغ المشاعر بواسطة موسيقى الكلام. وهو فن التعبير بكلمات ملحّنة عن الأفكار التي تخلقها المشاعر ويتصورها الخيال"، وعلى ضوء ذلك فإنَّ مأساة كربلاء واستشهاد الإمام الحسين عليه السلام وسبي عياله كما يؤكد البروفيسور إسپيته: "أثارت الغضب العارم والحزن العميق لدى المسلمين، ولا يزال صدى استشهاد الإمام الحسين يتردد خلال القرون الأربعة عشر رمزا عند المسلمين لمقاومة الظلم والطغيان". وهذه القضية في تقديره: "مصدر إيحاء ولا تزال توحي بالمزيد من الأدب المأساوي ويضيف له جيل بعد جيل من الشعراء والأدباء من مختلف الأوطان وبمختلف اللغات مشاعر الحزن والرثاء والولاء". وعن قراءته للجزء الأول من ديوان القرن العاشر، عبر عن قناعته بـ: "إنَّ الشيخ الكرباسي توسع واستفاض في وصف أحوال العالم الإسلامي في تلك الحقبة" ولذلك: "نستطيع أن نوصي بهذا الديوان لقراء العربية من المهتمين بقضية الحسين ودورها في تاريخ الإسلام ومن هواة الشعر والأدب عامة ليجدوا فيه مضامين من المعرفة والمتعة الأدبية".

الإثنين ١٤ ذو الحجة ١٤٢٨ هـ (٢٤/ ١٢/ ٢٠٠٧م)

الدكتور يوسف بن يهودا دانا

* ولد في دمشق عام ١٣٥٦هـ (٢٠/١٢/١٩٣٧م)، ويسكن مدينة حيفا حاليا.
* أديب وأكاديمي ومرشد تربوي، وخبير في شعر القرون الوسطى.
* يحاضر منذ العام ١٤٠٦هـ (١٩٨٥م) في الكلية العربية الأكاديمية للتربية في حيفا في قسم اللغة العبرية.
* رئيس قسم اللغة العبرية ورئيس معهد أبحاث مقارنة اللغتين العبرية والعربية في الكلية العربية الأكاديمية للتربية في حيفا.
* نال شهادة دكتوراه فلسفة في الأدب العربي من جامعة تل أبيب في الفترة الدراسية ١٣٩٣ ـ ١٣٩٦هـ (١٩٧٣ ـ ١٩٧٦م).
* حصل على ماجستير في اللغة والأدب العربي من الجامعة العبرية في القدس في الفترة الدراسية ١٣٨٤ ـ ١٣٨٥هـ (١٩٦٤ ـ ١٩٦٥م).
* حصل على رخصة تدريس، قسم تأهيل المعلمين من الجامعة العبرية في القدس في الفترة الدراسية ١٣٨٤ ـ ١٣٨٥هـ (١٩٦٤ ـ ١٩٦٥م).
* حصل على البكالوريوس في الأدب العبري واللغة العربية وآدابها من الجامعة العبرية في القدس، في الفترة الدراسية ١٣٧٨ ـ ١٣٨٠هـ (١٩٥٨ ـ ١٩٦٠م).
* في العام ١٤٠٦هـ (١٩٨٥م) قدّم دروسا في الكلية العبرية في بوسطن عن العربية المحكية والعلوم الروحانية.

* في الفترة ١٣٩٤ ـ ١٤٠٣هـ (١٩٧٤ ـ ١٩٨٣م) حاضر في جامعة حيفا وقدم دروسا في شعر العصور الوسطى قسم الأدب العبري.

* في الفترة ١٣٨٩ ـ ١٣٩٧هـ (١٩٦٩ ـ ١٩٧٧م) حاضر في جامعة حيفا وحاضر عن اللغة والأدب العربيين.

* في الفترة ١٤٠١ ـ ١٤٠٢هـ (١٩٨١ ـ ١٩٨٢م) حاضر في كلية أورنيم عن شعر العصور الوسطى قسم الأدب العبري.

* في الفترة ١٣٩٦ ـ ١٣٩٧هـ (١٩٧٦ ـ ١٩٧٧م) حاضر في كلية تل حاي عن شعر العصور الوسطى قسم الأدب العبري.

* له نحو خمسين كتابا بحثيا في مجال اللغتين العبرية والعربية وآدابهما، فضلاً عن أكثر من سبعين مقالا بحثيا في العربية واليهودية وفي مقارنة العربية والعبرية، وفي شعر العصور الوسطى، وفي العربية واليهودية والعربية المحكية.

* قدم محاضرات في أكثر من ثلاثين مؤتمرا جامعيا محليا وإقليميا ودوليا منها جامعة القاهرة وجامعة كامبردج (بريطانيا) وجامعة هارفارد (أميركا).

شهيد من الطراز الأول^(١)

(الحسين الكريم في القرآن العظيم ١)

تدأب الشيعة على إحياء مناسبتين هامتين كل عام: الأولى ذكرى الولاية لعلي بن أبي طالب من قبل النبي محمد، والثاني قتل الحسين وأصحابه على يد الأمويين في معركة كربلاء عام ٦٨٠م (٦١هـ).

بدأت معركة كربلاء في العاشر من محرم بين الحسين بن علي بن أبي طالب، الإمام الثالث، وبين جيوش عبيدالله بن زياد^(٢) والي الأمويين في الكوفة، قُتل في هذه المعركة الحسين بن علي ـ حفيد الرسول ـ ابن بنته فاطمة ـ وبعد مقتله قُطع رأسه وطيف به في البلدان على رأس رمح طويل، واقتيدت نساؤه وبناته وأخواته أسرى مع موكب الرأس.

رغم قلة أهمية هذه المعركة من ناحية عسكرية، إلا أن مقتل الحسين بهذه الطريقة المأساوية واستشهاده في معركة ضد الطغاة الأمويين أثّر في نفوس مؤيديه كثيرا، وساهم في تبلورهم كفرقة دينية من أتباع عليٍّ.

---

(١) تمت الترجمة من اللغة العبرية.

(٢) عبيدالله بن زياد: حفيد ابن أبيه، ولد في البصرة سنة ٢٨هـ، ونشأ فيها في كنف زوج أمه مرجانة، ولي خراسان والبصرة عام ٥٥هـ في عهد معاوية، وأقره على ذلك يزيد وأضاف إليه الكوفة، هرب إلى دمشق بعد موت يزيد، عاد إلى العراق يقود جيش الأمويين فتصدى له إبراهيم بن مالك الأشتر وقتله في خازر من ضواحي الموصل سنة ٦٧هـ على عهد مصعب بن الزبير.

لقد عانىٰ الشيعة الأمرّين على مرّ العصور، من الملاحقات والظلم، الأمر الذي جعلهم يتخذون من كربلاء نهج حياة يسيرون بموجبه.

إن آلام الحسين ومقتله بهذه الطريقة المأساوية جعلته شهيدا من الطراز الأول لدرجة أن أصبح بمثابة شفيعٍ للمؤمنين يوم القيامة. وبناءً عليه فإن ذكر حادثة استشهاد الحسين يمثل قيمة روحانية ذات معنى كبير.

إن الإيمان هو أن الإنسان يحملِ معه وقت المصائب والمحن أعماله الصالحة، والأعمال الأخرى تصبح ثانوية. إن قول "أشهد أن لا إله إلاّ الله" هو قول دارج يقوله المسلمون بشكل دائم، أما الاستشهاد فهو على الإنسان أن يكون مستعدا لأن يضحي بنفسه من أجل نصرة عقيدته ومن أجل الله، كما فعل الإمام الحسين.

إن المؤمنين يعبرون عن آلامهم وحزنهم ومحبتهم الغامرة لأهل بيت النبي محمد، الذي يؤمنون برسالته إيمانا صادقا لا جدال فيه.

إن كربلاء ليست بالضرورة تتعلق بالأحزان، فهناك جانب آخر لكربلاء، وهو جانب الشعر والنظم.

ولقد اهتم علماء الغرب في القرن الماضي بأجزاء مهمة من تطور تاريخ الإسلام، ولكن هذا الاهتمام بقي محدودا ولم يقتصر إلا على الأمور السياسية. وفي مطلع القرن العشرين بدأ العلماء والدارسون الغربيون بالاطلاع على جوانب أخرى في حياة المسلمين كاهتمامهم بالحسين بن علي، وقد زاد الاهتمام بحركة الحسين لدى الغرب في الفترة الأخيرة بشكل ملحوظ.

إن لاستشهاد الحسين الأثر السياسي والديني الكبير في العالم الإسلامي، وقد أساء قسم كبير من الباحثين والمؤرخين فَهم حوادث معركة

كربلاء، وما جرى للحسين ولأهل بيته على ضفة نهر الفرات، حيث ادعى قسم منهم أن كربلاء ما هي إلا محاولة تمرد فاشلة قام بها الحسين، وأن دور هذه المعركة وتأثيرها في تاريخ المسلمين هامشيّ.

لقد قُتل الحسين بشكل فظيع وقاس جدا، ونكّل الأمويون بجثته وقطعوا رأسه، وهم يدّعون بأنهم مسلمون.

إن الجانب السياسي لثورة الحسين يمكن إجماله بأن ثورة الحسين منحت مؤيديه الفرصة لإثبات ولائهم لأبي عبدالله، وأنهم سائرون بموجب وصيته، مقتفون أثره.

لقد كانت ثورة كربلاء ثورة سياسية، هكذا أراد الحسين أن تكون، ثورة ضد الظلم والطغيان، ثورة تستمد مبادئها من الإيمان الذي اكتسبه الحسين من جده الرسول ﷺ.

لقد أثر استشهاد الحسين على العالم الإسلامي من جوانب عدة، هي:

الجانب الديني: إن ذكر حادثة مقتل الحسين يُعد أمرا مساعدا لإحياء الإيمان في قلوب المسلمين وبخاصة الشيعة منهم، وإن مدفن الحسين في كربلاء يُعد مكانا مقدسا لدى الشيعة يزورنه[(١)]، ولديهم أدعية خاصة أثناء كل زيارة لقبره المقدس.

الجانب السياسي: إن شعار "يا لثارات الحسين" ساعد في إسقاط

---

(١) لا تتوقف زيارة المرقد الحسيني على الشيعة فحسب، فهو مهوى أفئدة كل المسلمين، وله مقامات في مصر والشام شاهدة على ذلك، وخلال الزيارة العائلية لمصر للفترة ٤ ـ ١٦ نيسان أبريل ٢٠١٠م، تجولنا على مراقد أهل البيت في القاهرة وزرنا مسجد رأس الإمام الحسين عليه السلام ومرقد السيدة زينب الكبرى بنت الإمام علي عليه السلام ومرقد السيدة نفيسة بنت الحسن بن زيد بن الحسن بن علي بن أبي طالب عليه السلام وغيرها، فكانت المراقد كلها عامرة بالزائرين وبخاصة المسجد الحسيني=

نظام الحكم الأموي الذي كان مسؤولا عن مقتل الحسين، ومازال الشعار مهما وذا فاعلية لدى الشيعة لغاية يومنا هذا.

الجانب الأدبي: كان لمقتل الحسين تأثير كبير في تطور الجانب الأدبي، فمنذ مقتله ولغاية يومنا هذا مازال الشعراء والناثرون يؤلفون الشعر والمقاتل والمراثي في أبي عبدالله.

لقد أدى مقتل الحسين إلى نشوء سلسلة من المؤلفات الدينية والخطب والوعظ والأدعية الخاصة التي لها علاقة بحادثة مقتله، فمنذ القرن الثامن للهجرة بدأ الشعراء بنظم المراثي في مقتله[1]، وألفت عشرات المقاتل لوصف حادثة مقتله المأساوية.

الدكتور يوسف دانا
متخصص في شعر القرون الوسطى
حيفا

=التي لا تنقطع عنه قوافل الزائرين من كل الأقطار، ولشدة حب أهل مصر الكرام لأهل البيت عليهم السلام، فإن مراسيم الزيارة التي يؤدونها وطقوسها لا تختلف كثيراً عما يقوم به أهل العراق بالنسبة لمراقد أهل البيت في النجف وكربلاء والكاظمية وسامراء.

ولما كان تاريخ بناء مسجد رأس الحسين وعمارته هو جزء من اهتمامي كباحث في دائرة المعارف الحسينية، فقد كان لي لقاء مفيد مع إمام مسجد رأس الحسين الشيخ الدكتور السعيد محمد بن محمد، وكان رحب الصدر حيث تحدثنا عن الكتابات والنقوش والآيات القرآنية والأحاديث التي تزين جدران المسجد الحسيني الشريف إذ كان مهتما بتدوينها وتدقيقها على أمل أن تصدر في كتاب مستقل.

(١) بدأ نظم الشعر في الإمام الحسين من واقعة كربلاء نفسها أي في العام ٦١هـ كما جاء على لسان من استشهد في واقعة الطف في العاشر من المحرم، وحتى يومنا هذا، انظر: ديوان القرن الأول وما بعده من دائرة المعارف الحسينية للكرباسي.

ثلاثية "النص والأثر والعلم"
في تقويم فن التفسير

استهل العالم في عصر الإسلام الأول بكتاب واحد، واستقر هذا العالم بعد خمسة عشر قرنا بملايين المؤلفات والمصنفات والكتب في شتى مناحي الحياة ومختلف صنوف العلوم، وكلها تمتح من غدير ذلك الكتاب الأول المدرار، والذي لم ينضب، ولن ينضب. فكلمات ذاك الكتاب لها حلاوة لا ترقى إليها حلاوة كلام الثقلين من الإنس والجن، وإنَّ عليه لطلاوة، لا تماثله طلاوة أي كلام نثرا كان أو شعرا وإن صقلته قصبة كاتب سديد، أو صاغته قوافي شاعر مجيد، وإن أعلاه لمثمر عقمت أشجار الكلام عن الإتيان بمثله، وإنَّ أسفله لمغدق جدبت السلال عن حمل صنوه، قطوفه دانية كل حين، تنفد المحابر كلها وإنْ أمدتها البحار بالمداد ولا تنفد كلمات هذا الكتاب، الذي يعلو ولا يعلى عليه.

هذا هو شأن الكتاب الذي سمعه باصرة العرب في اللغة والأدب الوليد بن المغيرة المخزومي (٩٥ ق.هـ ـ ١هـ)، فقال لقريش التي أرسلته ليرى رأيه فيما أتى به النبي محمد ﷺ من الوحي، فقال لهم والدهشة عقدت نياط أصغريه قلبه ولسانه: "فوالله ما منكم رجل أعلم في الأشعار مني ولا أعلم برجزه مني، ولا بقصيده، ولا بأشعار الجن، والله ما يشبه

الذي يقول شيئاً من هذا.."[1]، وما كذب الوليد في شهادته وإن أغوى القوم بسحر القرآن يؤثره النبي محمد عن غيره! فما ينطق محمد ﷺ عن الهوى إن هو إلا وحي يوحى، وكما قال فيه إمام البلاغة علي بن أبي طالب عليه السلام: (ثم أنزل عليه الكتاب نوراً لا تُطفأ مصابيحه، وسراجا لا يخبو توقده، وبحرا لا يدرك قعره، ومنهاجا لا يُضل نهجه، وشعاعا لا يُظلم ضوؤه، وفرقانا لا يَخمدُ برهانه، وتبيانا لا تهدم أركانه، وشفاءً لا تُخشى أسقامه، وعزاً لا تُهزم أنصاره، وحقاً لا تُخذل أعوانه، فهو معدن الإيمان وبحبوحته، وينابيع العلم وبحوره، ورياض العدل وغدرانه، وأثافي الإسلام وبنيانه، وأودية الحق وغيطانه، وبحر لا ينزفه المستنزفون، وعيون لا ينضبها الماتحون، ومناهل لا يُغيظها الواردون، ومنازل لا يضل بهجها المسافرون، وأعلام لا يعمى عنها السائرون وآكام لا يجوز عنها القاصدون..)[2].

ثقلان لا يفترقان

هذا الكتاب الذي لا يأتيه الباطل من بين يديه ولا من خلفه، هو أحد الأبواب الستين من دائرة المعارف الحسينية، الذي طرق بابه الفقيه الدكتور محمد صادق بن محمد الكرباسي، والذي حمل عنوان "الحسين الكريم في القرآن العظيم" من ثلاثة أجزاء، ليحقق في الآيات التي أشارت إلى

---

(١) الخوئي، أبو القاسم، البيان في تفسير القرآن: ٥٧، عن تفسير الطبري: ٢٩/٩٨.، وفي بعض الروايات قال الوليد: (والله لقد سمعت منه كلاماً ما هو من كلام الإنس ومن كلام الجن، وإنَّ له لحلاوة، وإنَّ عليه لطُلاوة، وإنَّ أعلاه لمثمر، وإنَّ أسفله لمغدق، وإنه ليعلو ولا يعلى عليه، وما يقول هذا بشر) تفسير القرطبي: ١٩/ ٧٢.

(٢) عبده، محمد، نهج البلاغة: ٢/٤٥٦، خطبة ١٩٨.

الإمام الحسين عليه السلام تصريحا أو تلميحا، تفسيرا أو تأويلا، حصرا أو مصداقا.

ولما كان ديدن الدكتور الكرباسي أن يمهد لكل باب بمقدمة وافية، فإنَّ الجزء الأول من الكتاب الذي صدر عن المركز الحسيني للدراسات في لندن، في ٤٥٨ صفحة من القطع الوزيري، ضم مقدمة عن القرآن وعلومه وروافد تفسيره ومناهجه، استحوذت على نحو ربع صفحاته.

فالمؤلف تحت عنوان "القرآن" يبحث في سبب تسمية ما أُنزل على النبي صلى الله عليه وآله وسلم من كلام الله بالقرآن، والاستقرار على هذه التسمية رغم أن للوحي تسميات أخرى مثل الكتاب والفرقان والذكر، فالقرآن تعني التلاوة أو الجمع، وقد وردت الكلمة في سبعين آية وعليه استقرت التسمية. ولأن الموسوعة الحسينية التي صدر منها حتى يومنا هذا ٣٤ مجلدا[(١)]، تبحث في نهضة الإمام الحسين عليه السلام فإنَّ المحقق الكرباسي نظر في آيات الله فوجد الكثير منها: "فُسِّرت بالإمام الحسين عليه السلام كشخص أو كنهضة أو ما أُوّل فيهما، أو كان من أبرز مصاديقهما"، ويكفي الاطلاع على رواية عبدالله بن عباس (ت٦٨هـ) ليسهل هضم الحقيقة، حيث قال: (أخذ النبي صلى الله عليه وآله وسلم بيد علي عليه السلام فقال: إن القرآن أربعة أرباع ربع فينا أهل البيت خاصة، وربع في أعدائنا، وربع حلال وحرام، وربع فرائض وأحكام، ولنا كرائم القرآن)[(٢)]، من هنا كانت دعوة رسول الله صلى الله عليه وآله وسلم: (إني تارك فيكم الثقلين كتاب الله عز وجل وعترتي أهل بيتي، وأن اللطيف الخبير أخبرني

---

(١) بلغ الصادر من الموسوعة أكثر من خمسة وسبعين جزءاً.

(٢) الكوفي، فرات بن إبراهيم، تفسير الفرات: ٣.

أنهما لن يفترقا حتى يردا علي الحوض فانظروا كيف تخلفوني فيهما)[1]،
ومن هنا جاء تأكيد نبي الإسلام ﷺ: (أيها الناس إني فرطكم ـ المتقدم ـ
وإنكم واردون علي الحوض، فإني سائلكم عن الثقلين، فانظروا كيف
تخلفوني فيهما، الثقل الأكبر كتاب الله سبب طرفه بيد الله وطرفه بأيديكم
فاستمسكوا به لا تضلوا ولا تبدلوا، وعترتي أهل بيتي فإنه قد نبأني اللطيف
الخبير أنهما لن يفترقا حتى يردا علي الحوض)[2].

مواصفات ثابتة

ويقرر الباحث تحت عنوان "نقاط لا خلاف عليها" أن المتفق عليه بين
جميع المذاهب الإسلامية، أن القرآن الكريم ذات مواصفات ثابتة:

أولاً: قدسية القرآن: فكلام الله المجيد مقدس: "لأنه لا ينزل من
ساحته إلا منزه من كل نقص وعيب"، فهو كتاب كما يصفه منزله: ﴿لَّا
يَأْتِيهِ ٱلْبَٰطِلُ مِنۢ بَيْنِ يَدَيْهِ وَلَا مِنْ خَلْفِهِۦ تَنزِيلٌ مِّنْ حَكِيمٍ حَمِيدٍ﴾[3].

وإذا كان من المقطوع به أن للقرآن قدسيته، فإن "الرسم القرآني وما
بين الدفتين" ليست له تلك القدسية بحيث لا يمكن تغيير الرسم القرآني إلى
الأفضل والأحسن، فالتوقيف على هذا الخط أو ذاك لا عبرة له كما يذهب
إلى ذلك الشيخ الكرباسي في بحث مستقل، فالنقاط والحركات على سبيل
المثال جاءت متأخرة على عهد النبي محمد ﷺ، فأبو الأسود الدؤلي
ظالم بن عمرو (ت٦٩هـ) وضع النقاط، وابتدع الخليل الفراهيدي احمد بن

---

(١) ابن حنبل، أحمد بن محمد، مسند أحمد: ٣/١٨ ـ ٢٢.
(٢) الخطيب البغدادي، أحمد بن علي، تاريخ بغداد: ٨/٤٢٢.
(٣) سورة فصلت: ٤٢.

عمرو (ت ١٧٠) أشكال الحركات، فضلا عن اكتشاف مخطوطات قرآنية مختلفة الخطوط، منسوبة إلى أئمة أهل البيت ﷺ.

ثانياً: عدم التحريف: إذ لا عبرة لمن انتصر لمسألة التحريف: "ببعض الروايات الضعيفة، أو الأحاديث المتشابهات، أو الأخبار المؤوّلة أو المفسرة" فهو كتاب كما يصفه منزله: ﴿إِنَّا نَحۡنُ نَزَّلۡنَا ٱلذِّكۡرَ وَإِنَّا لَهُۥ لَحَٰفِظُونَ﴾[١].

ثالثاً: الترتيب القرآني: فمهما كتب عن ترتيب سور وآيات القرآن الكريم والاختلاف فيه، بيد: "أن الجميع يعترف بأن هذا الجمع وبهذا الترتيب الموجود والمتداول، هو المأمور باتباعه"، فهو كتاب حدد فيه الصادق الأمين ﷺ مواقع السور والآيات.

رابعاً: اللغة والمفردات: فالمفردات المستخدمة بمجملها عربية أو مستخدمة في العربية، ولا اعتبار لما يقال عن مفردات غير عربية: "بعد أن استخدمها العرب الأقحاح في الأزمنة الغابرة وقبل الإسلام وقبلوها كمفردة عربية، وتصرفوا في الكثير منها".

خامساً: النزول ومتعلقاته: فالقرآن نزل على النبي محمد ﷺ دون غيره في مكة والمدينة، ولا يضير الخلاف فيما إذا كانت هذه السورة أو الآية مكية أو مدنية النزول: "بعدما اجمع جميعهم على عدم نزولها في غيرهما".

سادساً: المرجعية: فالقرآن هو مرجع المسلمين، وحقائق القرآن ثابتة

---

(١) سورة الحجر: ٩.

وليست نظريات، وما نجده من اختلاف في التفاسير فهو من نتاج: "عدم إدراك الحقائق ولا ترتبط بالنص أو بالمفهوم القرآنيين".

سابعاً: الترجمة: فمعجزة القرآن فيما نزل بالعربية، والترجمة لا تغني، فهي مظهرة للكلمة لا خصوصياتها، والترجمة: "في الحقيقة إنها من التفسير، أو ترجمة لتفسير القرآن، وليست حجة والاعتماد لابد أن يكون على النص العربي".

كتاب حياة وسعادة

ومن محاسن التقدير الإلهي أن "الكتب السماوية" التي انزلها الله على الخلص من عباده ليرشدوا الناس إلى سبل السلام، نزلت في شهر رمضان، فالقرآن الكريم نزل في ليلة القدر من شهر رمضان المبارك، والتوراة نزلت في السادس منه، والإنجيل نزل في الثاني عشر منه، لكن الأول حافظ على أصالته منذ أن نزل، وتعرض الثاني والثالث للتحريف.

وقد حار الباحثون في "وجه النزول": "هل القرآن كتاب فكر وعقيدة أم كتاب أحكام وشريعة، أو هو كتاب نظام وقانون أم كتاب علم وثقافة، أو أنَّه كتاب أخلاق وآداب أم كتاب تاريخ وعبر، أو هو كتاب أدب وبلاغة أم ماذا؟". فالقرآن لا يختص بعلم من العلوم حصريا، ففيه كل شيء، ولكنه يبقى: "كتاب حياة وسعادة لأن ذلك هو الهدف الأول والأخير من إنزاله، وهو القاسم المشترك بين كل ما قيل أو يقال، وإن كنا لا نشك بأن الأولوية جاءت للفكر والعقيدة لأنهما أساس كل عمل وسلوك".

وأما "إعجاز القرآن" فانه صفة خالدة فيه، ولذلك يفرد المصنف بحثا مستقلا لبيان إعجاز القرآن وذكره لأخبار الماضين بكل دقة، وتنبؤه

للمستقبل، وإخباره الغيبي عن الماورائيات، وأبحاثه العلمية في جميع الاتجاهات، وتركيبته الخاصة وبالأخص العددية، وبلاغته في اختيار المفردات وتركيبتها وسجعها واختزالاتها واستعاراتها ومجازاتها إلى ما هنالك من أمور ذكرها أهل الفن. ومن إعجاز القرآن المحكم والمتشابه، ولذلك يعتقد المصنف وبناء على بعض التفاسير: "إنَّ تقسيم الآيات إلى محكم ومتشابه يرتبط بجيل دون جيل وإلى زمان دون زمان فلعل آية تكون من المتشابهات عند جيل أو في زمان معين ولكنها لا تكون كذلك عند جيل آخر وفي زمان آخر لاعتبارات مختلفة أهمها تطور الفكر البشري ولكن لابد من قيدها بالجزئيات أو الفروع لكي لا تلغى مسألة (أمُّ الكتاب) وبالرجوع إلى تلك الأصول والمحكمات يرتفع لبس المتشابهات حيث إنَّ القرآن يصدق بعضه بعضا".

ثلاثية مختلفة المداليل

ومن وحي القران الكريم تظهر ثلاثية "التفسير والتأويل والمصداق" وهي: "تستخدم تارة في اتجاه واحد لتكون إحداها مرادفة للأخرى ولو في النتائج، ولكن لدى الدقة يتضح أن لكل منها مدلولا خاصا يختلف عن الآخر"، فالتفسير من حيث اللغة هو الإبانة ومن حيث الاصطلاح علم يبحث عن كلام الله المنزل ضمن القرآن، في حين أن التأويل يعني إرجاع الكلام وصرفه عن معناه الظاهري، فيما يعني المصداق تطبيق الكلي على الجزئيات أو الأصول على الفروع.

وتكمن "قيمة التفسير" في تبيان المعنى المراد من النص القرآني وتبسيطه بعد ملاحظة العام والخاص والمطلق والمقيد والناسخ والمنسوخ وأمثالها، فالصلاة على سبيل المثال في الآية ٤٣ من سورة البقرة:

﴿وَأَقِيمُواْ ٱلصَّلَوٰةَ﴾ واضحة وصريحة، ولكن تفاصيل أجزاء الصلاة بحاجة إلى تفسير. كما تكمن "قيمة التأويل" في بقر بواطن الآية أو الآيات والغوص في أعماقها لكشف الخفايا التي لا يمكن التوصل إليها عادة بمجرد النظر في ظواهر الآيات، أي بتعبير آخر قراءة ما بين السطور. فيما تعادل "قيمة المصداق" قيمة التشخيص بإضافة قيمة التقنين، ذلك: "أن استخلاص قاعدة كلية يمكن تطبيقها على موارد يجمعها قاسم مشترك هو قفزة نوعية نحو تكتل الموضوعات وإجراء الأحكام المناسبة في مواردها".

روافد التفسير

ولكن "بماذا يفسر القرآن" بعد أن قرر الرسول الأعظم ﷺ أنه: (من فسر القرآن برأيه فليتبوأ مقعده من النار)[1]؟

هذا السؤال العريض هو عنوان مبحث خاص، يتناول فيه المحقق الكرباسي روافد التفسير المنحصرة لديه بالقرآن الكريم والسنة الشريفة والعلوم القطعية، فالقرآن قطع الشك باليقين: ﴿فَإِن تَنَٰزَعۡتُمۡ فِي شَيۡءٖ فَرُدُّوهُ إِلَى ٱللَّهِ وَٱلرَّسُولِ﴾[2]، وحسب تفسير الإمام علي عليه السلام للآية الشريفة: (فرده إلى الله أن نحكم بكتابه، ورده إلى الرسول أن نأخذ بسنته)[3]، ولما كان النبي ﷺ لا ينطق عن الهوى، ففعله وقوله وتقريره حجة، ولذلك تؤخذ السنة عند التفسير، وكما يقول الشيخ الطبرسي[4] الفضل بن الحسن (٤٧٢

---

(١) فيض الكاشاني، محمد بن مرتضى، تفسير الصافي: ١/ ٣٥.

(٢) سورة النساء: ٥٩.

(٣) عبده، محمد، نهج البلاغة: ٢/ ٢٩٦، خطبة ١٢٥.

(٤) الطبرسي: هو حفيد الفضل، ولد في مشهد ومات في بيهق من توابع سبزوار ودفن في مسقط رأسه عند مرقد الإمام علي بن موسى الرضا عليه السلام، من كبار علماء الإمامية ومفسريها، له مؤلفات كثيرة وصل إلينا عشرون، منها: كنوز النجاح، عدة السفر وعمدة الحضر، والوافي في تفسير القرآن.

ـ ٥٥٢هـ): "إنه صح الخبر عن النبي ﷺ وعن الأئمة القائمين مقامه عليه السلام أن تفسير القرآن لا يجوز إلا بالأثر الصحيح والنص الصريح"[(١)].

ويدخل المعصومون من أهل بيت النبي في جملة الحديث كما تذهب إلى ذلك الشيعة الإمامية بواقع "حديث الثقلين" المتواتر والصحيح سندا ومتنا. ومن مصادر التفسير هو العلم، بأن يُفسر القرآن بالموازين العلمية، من هنا نجد تنوع التفاسير حسب العلوم المتنوعة، وفي اعتقاد المصنف أنَّ: "من الأفضل أنْ تتولى أمر التفسير لجنة من ذوي الاختصاص لتناقش الآية من جميع جوانبها، إذ لعل وضوح جانب يؤثر على فهم جانب آخر كما هو معلوم للمتأمل".

مناهج التفسير

والحديث عن القرآن يقود إلى الحديث عن "مناهج التفسير" المتبعة، التي تنوعت مع تقادم الزمن وتطور العلوم، وهي على أنواع:

أولاً: **المنهج اللفظي**: حيث يقتصر على تفسير الكلمة بكلمة أخرى، وهو يقرب الذهن إلى المعنى المراد من الآية، ومثاله "تفسير شبر" للسيد عبدالله شبر[(٢)] (ت١٢٤٢هـ).

وقد اعتمد الفقيه الكرباسي هذه الطريقة في كتابة تفسير القرآن، المخطوط في ثلاثين مجلدا، كما هو المستخدم في هذا الجزء من سلسلة "الحسين الكريم في القرآن العظيم"، حيث سمى تفسيره بـ "التفسير

---

(١) مجمع البيان: ١/ ٨٠.

(٢) عبدالله شبّر: هو ابن محمد رضا بن محمد الحسيني الكاظمي، ولد في النجف الأشرف سنة ١١٩٢هـ، ومات في الكاظمية ودفن بجوار مرقد الإمامين الكاظمين عليهما السلام، فقيه ومفسر، من مصنفاته: أنيس الزائر، زاد العارفين، والأنوار الساطعة في العلوم الأربعة.

المسترسل"[1]، ومن طبيعة هذا التفسير انه: "لا يُشوِّش فكر القارئ بكلمات أخرى خارجة عن أصل الموضوع، ويمكنه قراءتها مدموجة مع النص القرآني حفاظاً على تسلسل النصوص القرآنية ومعانيها دون أن يستخدم أدوات الشرح والتفسير، ومن مميزاته إبراز الكلمات المقدرة وإظهار المضمرات، واستخدام الكلمات المرادفة بأدوات الربط".

ثانياً: المنهج القرآني: أي تفسير القرآن بالقرآن، فما أجملت آية موضوعا إلا وفسرته آية أخرى في موضع آخر، ولا غنى لأي مفسر عن هذا المنهج الذي اعتمده الرسول ﷺ وأهل بيته الكرام عليهم السلام، ومثاله تفسير "الفرقان في تفسير القرآن" للمعاصر الدكتور الشيخ محمد بن رضي الصادقي الطهراني المولود سنة ١٣٤٦ هـ (١٣٠٧ ش).

ثالثاً: المنهج الأثري: أي تفسير القرآن الكريم بالحديث الشريف الذي لا يتعارض مع النص، وطالما استخدم أئمة أهل البيت عليهم السلام هذا النمط من التفسير، واشتهر به ابن عباس وابن مسعود عبدالله الهذلي (ت٣٢هـ).

رابعاً: المنهج اللغوي: باعتماد اللغة وعلومها والاستشهاد على المعنى المراد من اللفظ بنظم الشعراء وكلام بلغاء العرب قبل الإسلام، ولا يقتصر هذا التفسير على استخدام علم اللغة بل يتجاوزه إلى علم الاشتقاق (الصرف) وفقه اللغة وعلم النحو وعلم القراءات والتجويد، ومثال ذلك

---

(١) صدر عام ١٤٣١هـ (٢٠١٠م) في طبعته الأولى الجزء الأول من "التفسير المسترسل" وهو الخاص بالجزء الثلاثين من القرآن الكريم، في ٤١٤ صفحة من القطع الوزيري، طبعته مكتبة دار علوم القرآن في كربلاء المقدسة. وأجريت للتفسير قراءة منهجية تحت عنوان "التفسير المسترسل رؤية متجددة في نصّ ثابت" ونشر في صحف ومجلات ومواقع كثيرة، منها جريدة الهدى الصادرة في كربلاء، ليوم الثلاثاء ٢١/٨/١٤٣١هـ (٣/٨/٢٠١٠م)، العدد ١٩٥، الصفحة ٨.

"تفسير مفردات ألفاظ القرآن" للراغب الإصبهاني[1] الحسين بن محمد (ت٥٠٢هـ).

خامساً: المنهج التأويلي: يقوم على كشف بطون القرآن غير الظاهرة من الآيات، وهو منهج ليس سهلا، فهو منهج نقلي وتعبدي أكثر منه تفسيري، وفي الكثير من الموارد يندمج المنهج الأثري بالمنهج التأويلي، ومثال ذلك "تأويل الآيات الظاهرة" للسيد علي الحسيني الاسترابادي[2] من علماء النصف الثاني من القرن العاشر الهجري. ويرفض الشيخ الكرباسي المنهج الباطني الذي اختارته المذاهب الباطنية في تفسير القرآن، حيث: "قاموا بصرف ظواهر القرآن وتأويلها إلى ما هوتها أنفسهم، وقالوا إن للقرآن ظاهرا وباطنا، والمراد منه باطنه دون ظاهره المعلوم من اللغة..".

سادساً: المنهج البلاغي: باعتماد البلاغة في التفسير باعتبار أن البلاغة من أعظم معاجز القرآن الكريم، ومن رأي المصنف: "إن القرآن من باء البسملة إلى سين الناس كلها بلاغة سواء من ناحية المعاني أو البيان أو البديع"، ومثال ذلك "التفسير البياني للقرآن الكريم" للدكتورة بنت الشاطئ[3] عائشة عبد الرحمان (ت١٤١٩هـ).

---

(١) الراغب الإصبهاني: هو حفيد المفضل، ولد في الربع الأول من القرن الرابع الهجري، عالم باللغة والحديث والشعر والأدب، من مصنفاته: أفانين البلاغة، محاضرات الأدباء ومحاورات الشعراء والبلغاء، والذريعة إلى مكارم الشريعة.

(٢) الاسترابادي: وهو المكنى بشرف الدين الحسيني الاسترابادي المتوفى سنة ٩٤٠هـ، وهو عالم ومحدث سكن النجف الأشرف، له: الفوائد الغروية في شرح الرسالة الجعفرية.

(٣) بنت الشاطئ: هي ابنة محمد علي عبد الرحمن الدمياطي، ولدت في دمياط بدلتا مصر سنة ١٣٣١هـ (١٩١٣م)، نشأت في أسرة علمائية أزهرية، نالت الشهادة العليا (الدكتوراه) سنة ١٩٥٠م، كاتبة=

سابعاً: المنهج الفلسفي: وهو يتداخل مع المنهج العرفاني، وهذا المنهج في واقعه ينحصر في الأبحاث الفلسفية التي تكمن من وراء الآيات، ومثال ذلك "الميزان في تفسير القرآن" للسيد محمد حسين بن محمد الطباطبائي(١) (ت١٤٠٢هـ).

ثامناً: المنهج العقدي: أو العقائدي، بلحاظ أن علم الكلام أو التجريد من أهم المسائل التي يبحثها القرآن الكريم لأنه أساس الدين والشريعة، ومثال ذلك "تفسير الكشاف" لكبير المعتزلة الزمخشري(٢) محمود بن عمر الخوارزمي (ت٥٣٨هـ)، و"تفسير مفاتيح الغيب" لكبير الأشاعرة الفخر الرازي(٣) محمد بن عمر البكري (ت٦٠٦هـ).

تاسعاً: المنهج التشريعي: وهو منهج فقهاء المذاهب الإسلامية جميعها، ينهج إلى تفسير وشرح الآيات التي ترتبط بأمر التشريع لاستنباط

=وباحثة وأديبة، مارست تدريس مادة التفسير في جامعة القرويين في المغرب نحو عشرين عاما، تركت ما يربو على الأربعين كتابا في علوم القرآن والتاريخ والأدب، منها: قيم جديدة للأدب العربي، مقدمة في المنهج، وعلى الجسر (سيرة ذاتية).

(١) الطباطبائي: الشهير بالعلامة الطباطبائي، ولد في تبريز سنة ١٣٢١هـ وفيها نشأ ودرس ثم هاجر إلى النجف الأشرف سنة ١٣٤٤هـ وفي عام ١٣٥٥هـ عاد إلى مسقط رأسه مدرِّساً وفي عام ١٣٦٥هـ انتقل إلى قم وبقي فيها مدرِّساً في حقول القرآن والأخلاق والعرفان حتى وفاته فيها حيث دفن في مرقد السيدة فاطمة المعصومة، من مؤلفاته: رسالة في الحكومة الإسلامية، بداية الحكمة، وأصول الفلسفة الواقعية.

(٢) الزمخشري: هو حفيد محمد الخوارزمي، ولد في مدينة خوارزم بأوزبكستان سنة ٤٦٧هـ، برع في علوم مختلفة كاللغة والفقه والحديث والتفسير، تنقل في البلدان، ترك نحو ثلاثين مؤلفا، منها: مقدمة الأدب، القسطاس في علوم العروض، وأساس البلاغة.

(٣) الفخر الرازي: هو حفيد الحسن التيمي، ولد في مدينة ري جنوب طهران سنة ٥٤٣هـ ومات في هرات بأفغانستان، ألف في المعقول والمنقول والعلوم الحديثة، لقب بشيخ الإسلام، من مؤلفاته: المحصول، المطالب العالية، وكتاب الهندسة.

الحكم الشرعي. وعلى الرغم من تحديد الفقهاء لآيات الأحكام بنحو خمسمائة آية، لكن الفقيه الكرباسي من رأيه: "إن الآيات التي لها ارتباط بالأحكام الشرعية الخمسة ـ حرام، واجب، مكروه، مندوب، مباح ـ تتجاوز هذا العدد، وربما وصلت إلى الضعف"، ومثال هذا المنهج "كنز العرفان في فقه القرآن" للسيوري الحلي[1] مقداد بن عبدالله (ت٨٢٦هـ).

عاشراً: المنهج العلمي: اعتمد على تفسير القرآن بما أظهرته العلوم، وبخاصة مع الثورة العلمية التي نعيش حتى يومنا هذا دفء حرارتها، ومثالها "الإعجاز العلمي في القرآن" للمعاصر الشيخ عبد المجيد بن عزيز الزنداني[2]. وقد أحصى البعض ١٢٠٠ آية تحتوي على جوانب من المسائل العلمية، ولذلك فإن التفسير الواقعي المقبول هو حاصل جمع الكتاب والسنة والعلم. كما إن معرفة الآيات الدالة على العلم تقرب الآخرين من الإسلام لكونه لا يتقاطع مع العلم كما يتناول المصنف ذلك في مبحث مستقل تحت عنوان "القرآن والعلم"، وهو ينقل عن رئيس وزراء بريطانيا توني بلير[3] كما في جريدة "جنگ" الاردوية الصادرة في لندن في العدد

---

(١) السيوري الحلي: هو حفيد الحسين بن محمد ولد في سيور من قرى الحلة بالعراق سنة ٦٤٨هـ ودفن عند المرقد العلوي في النجف الأشرف، من علماء الإمامية اشتهر بالفاضل المقداد، ترك مؤلفات عدة، منها: تجريد البراعة، شرح نهج المسترشدين في أصول الدين، والتنقيح الرائع في شرح مختصر الشرائع.

(٢) الزنداني: هو حفيد حمود، ولد في قرية الظهبي من توابع مدينة اب اليمنية سنة ١٣٥٧هـ (١٩٣٨م)، درس في عدن وأكمل في مصر، ومنحته جامعة أم درمان الإسلامية بالسودان شهادة الدراسات العليا (الدكتوراه)، وهو داعية وسياسي، أسس الهيئة العالمية للإعجاز العلمي في القرآن والسنة ومقرها مكة المكرمة، كما أنشأ جامعة الإيمان الشرعية في اليمن، وهو ممن يرى جواز الزواج المؤقت، من مؤلفاته: البينة العلمية في القرآن الكريم، علم الإيمان، وطريق الإيمان.

(٣) توني بلير: (Tony Blair) واسمه عند الولادة هو (Anthony Charles Lynton Blair)، ولد في=

٢٦١

٢٥٠ (١٠/٩/٢٠٠١) القول في خطاب له أمام المؤتمر السنوي لحزب العمال: "إنني أحمل معي القرآن الكريم على الدوام وأستنير به منذ أن شوقتني ـ جيلسي [١] ـ ابنة كلينتون [٢] ـ الرئيس الأميركي السابق ـ فهو يلهمني القوة حيث إنَّه كتاب نور وفكر ملهم ويعتبر الحب والود من الصفات الإنسانية وقد كسبت منه مواعظ قيمة".

حادي عشر: المنهج الموضوعي: ويقوم على تفسير الآيات في الموضوع الواحد، ومثاله "أسرار الكون في القرآن" للمعاصر الدكتور داود سلمان السعدي [٣].

ثاني عشر: المنهج التاريخي: ويقوم على تفسير القرآن وفقا لمراحل النزول، أو حسب الحوادث والذكريات التي ورد ذكرها في القرآن، ومثال ذلك "قصص الأنبياء" للمعاصر المرحوم عبد الوهاب النجار [٤].

=مدينة ادنبره باسكوتلندا سنة ١٩٥٣م، تولى رئاسة حزب العمال البريطاني في الفترة (١٩٩٤ ـ ٢٠٠٧م)، وتولى رئاسة الحكومة لثلاث فترات رئاسية متتالية في الفترة (١٩٩٧ ـ ٢٠٠٧م) حتى استقالته.

(١) جيلسي: واسمها عند الولادة هو (Chelsea Victoria Clinton)، ولدت في أركنساس سنة ١٩٨٠ م.

(٢) كلينتون: هو بيل كلينتون، واسمه عند الولادة هو (William Jefferson Blythe)، ولد في مدينة أركنساس بأمريكا سنة ١٩٤٦م، زعيم ديمقراطي تولى الرئاسة في الولايات المتحدة لفترتين متتاليتين بين عامي (١٩٩٣ ـ ٢٠٠١م)، وهو الرقم ٤٢ من الرؤساء.

(٣) السعدي: نال كتابه "أسرار الكون في القرآن" الجائزة الأولى في معرض الشارقة الدولي للكتاب في دولة الإمارات العربية، من مؤلفاته الأخرى: القيامة بين العلم والقرآن، الاستنساخ بين العلم والفقيه، وأسرار خلق الإنسان العجائب في الصلب والترائب.

(٤) عبد الوهاب النجار: ولد في قرية القرشية في منتصف دلتا النيل، وينسب إلى حارة النجارين حيث ولد فيها، درس في مسقط رأسه وتخرج من كلية الشريعة بالأزهر الشريف بالقاهرة، وهو استاذ بالشريعة والتاريخ، درّس الشريعة في كلية الشرطة، وعمل مبلغا في الهند.

ويعتقد المؤلف بإمكان إضافة مناهج أخرى من قبيل المنهج الاجتماعي أو الأخلاقي أو النفسي أو السياسي أو الاقتصادي أو ما شابه.

علوم لابد منها

وأما عن "القرآن والعلوم" فيمكن ملاحظة علوم عدة لها علاقة مباشرة بالقرآن منطوقا ومفهوما، فضلا عن علوم ارتبطت بالقرآن ونشأت بعد نزوله، ومن ذلك:

١ ـ **اللغة**: وهي من الأبحاث المهمة والأساسية في فهم النص.

٢ ـ **النحو**: لدوره الهام في معرفة النص القرآني منطوقا ومفهوما.

٣ ـ **الصرف**: لقابلية تصريف المفردات واشتقاقاتها على إدراك النص القرآني.

٤ ـ **البلاغة**: فالكلام البليغ يتطلب معرفة بعلم البلاغة والبيان والبديع.

٥ ـ **المنطق**: حيث يتطلب فهم النص والاستدلال به السير على الطريق الصحيح.

٦ ـ **التاريخ**: فالمعرفة بعلم التاريخ تساعد على فهم الآيات وشواهد التنزيل.

٧ ـ **علم الأديان**: وهو يساعد على فهم القرآن وما فيه من عقائد وقراءة للأديان الأخرى.

٨ ـ **الفلسفة**: من العلوم المساعدة على فهم النصوص والمفاهيم ومعرفة حقيقة الأشياء.

٩ ـ **القراءات**: فاختلاف القراءات ومعرفة القراء يساعد على فهم مواقع الكلمات من النص القرآني، ومن رأي الشيخ الكرباسي: "التعامل

مع هذه القراءات بما يتعامل مع الأحاديث والروايات" في التثبُّت من سند الرواية ومتنها.

١٠ ـ **الخط (الرسم القرآني):** حيث تفيد دراسته والمعرفة به التثبُّت من التفسير.

١١ ـ **تاريخ القرآن:** من قبيل معرفة أسباب النزول، وتحديد الناسخ والمنسوخ، وغير ذلك.

١٢ ـ **علم الأحياء:** بخاصة وإنَّ القرآن يتحدث عن المخلوقات الموجودة في البر والبحر.

١٣ ـ **العلوم النفسية:** من قبيل علم الأخلاق، فهي تساعد على تفسير الآيات.

١٤ ـ **العلوم الاجتماعية:** من قبيل علم الاجتماع والقانون والسياسة، باعتبار أنَّ الإسلام: "دين عقيدة ونظام ودولة".

١٥ ـ **العلوم الرياضية:** وهي تساعد في كشف القرآن رياضيا كما يحاول البعض.

١٦ ـ **العلوم الطبيعية:** فهي تساعد كثيراً على فهم الآيات ومتونها.

١٧ ـ **الماورائيات:** وهي العلوم المرتبطة بالروح والنفس، ومعرفتها مفيدة عند التفسير.

١٨ ـ **الفقه:** بوصف القرآن المصدر الأول للشريعة، فلا غنى للمفسر عن معرفة الفقه.

١٩ ـ **الأصول:** من العلوم التي ترتَّبت على نزول القرآن ثم صدور الأحاديث، فكان علم الأصول للتعامل مع نصوص القرآن والحديث.

٢٠ ـ **العقيدة**: أو علم الكلام أو التجريد، فهو هدف النزول وبعث الأنبياء.

٢١ ـ **التجويد**: أي البحث في كيفية النطق السليم للحرف والكلمة.

٢٢ ـ **الأخلاق**: وهي عماد رسالة الإسلام، وكما اشتهر عن النبي محمد: (بعثت بمكارم الأخلاق ومحاسنها)[(١)].

٢٣ ـ **العلوم الغيبية**: أي الإيمان بالوحي والملائكة والجن وأصل الخلقة والروح وقبض الروح وعوالم ما بعد الموت.

٢٤ ـ **التفسير والتأويل**: من العلوم التي ينبغي لمن يتعامل مع القرآن الوقوف عليها.

ماذا في العهدين والقرآن؟

يمهد المحقق الكرباسي للحديث عن الحسين في القرآن، بمبحث خاص عن "الحسين في العهدين" أي في العهدين القديم والجديد أو التوراة والإنجيل، بالاعتماد على النصوص الأصلية للعهدين دون المترجم منها إلى العربية، مشيرا إلى كتاب "أهل البيت في الكتاب المقدس"[(٢)] للكاتب المعاصر المقيم في إيران كاظم النصيري الشهير بأحمد الواسطي، حيث نقل منه نصوصا من قبيل "أرميا يخبر عن مذبحة كربلاء" و"يوحنا يخبر عن المذبوح بكربلاء". كما أشار المصنف إلى الكاتب المسيحي السوري المقيم في الكويت الدكتور أنطون بن يوسف بارا[(٣)] وكتابه

---

(١) المجلسي، بحار الأنوار: ١٦/ ٢٨٧.

(٢) طبع الكتاب سنة ١٤٢٤هـ من قبل دار الأنصار للطباعة والنشر في مدينة قم الإيرانية.

(٣) بارا: أديب وكاتب وإعلامي سوري مقيم في الكويت، ولد سنة ١٣٦٢هـ (١٩٤٣م) في بلدة بيرود=

"الحسين في الفكر المسيحي" حيث يجري بارا في بحث تحت عنوان "المسيح هل تنبأ بالحسين؟" مقارنة بين رسالة المسيح عليه السلام ومعاناته، ورسالة الحسين عليه السلام ومعاناته، وينتهي إلى القول: "وهكذا كان الحسين الشهيد أقرب الشهداء شبها بالمسيح، وكانت شهادته أقرب الشهادات إلى جوهر المسيحية. وبها اختُتمت الشهادات الكبيرة ذات الفاعلية المُحوِّلة في مسار الأديان وعقائد البشر. فهل كان المسيح يتنبأ بالحسين.. حينما تحدث عن مؤيد؟ لنتأمل "[١].

ويطل الباحث بعد هذا المبحث على الآيات القرآنية التي أشارت إلى الحسين عليه السلام تصريحا أو تلميحا أو مصداقا، بإعمال جهده في تفسير الآية أو الآيات بإيجاز: "بعيدا عن خلافات المفسرين والمفكرين، معتمدين في ذلك على ظواهرها وعلى الآيات الأخرى وعلى الأحاديث الواردة فيها بغرض إيصال الفكرة إلى القارئ" مع ذكر شأن نزول الآية وقضيتها: "مما يساعدنا على فهم الصورة وتفسير الآية أو الآيات ثم تأويلها أو تحديدها في الإمام الحسين"، إضافة إلى: "تحديد نزول الآية أو الآيات من حيث الزمان محاولين ثبت السنة والشهر واليوم إن أمكن بغرض توضيح ملابسات الحدث"، والقيام بـ: "نقل الأحاديث التي ربطت تفسير هذه الآية أو الآيات أو تأويلها وربما من باب المصداق بالإمام الحسين عليه السلام كشخص،

=من توابع ريف دمشق، أكمل الدراسات العليا في الأدب العربي والتاريخ الإسلامي وفلسفة الأديان، ولمؤلفاته القيمة منح شهادة الدراسات العليا (الدكتوراه) من الاتحاد العالمي للمؤلفين بالعربية خارج الوطن العربي، له نحو ١٥ كتابا في موضوعات مختلفة، منها: عشرة أيام ساخنة، دخان فوق دسمان، والأحلام تموت أولاً.

(١) بارا، أنطون بن يوسف، الحسين في الفكر المسيحي: ٣١٢. وللمزيد عن رؤية الدكتور انطون بارا في النهضة الحسينية، انظر كتابنا: نزهة القلم قراءة نقدية في الموسوعة الحسينية: ٤١٣.

أو كنهضة" مع: "مناقشة الأمور العلمية التي يمكن فهمها من الآية أو الآيات مما يعزز الفكرة المتوخاة".

ووجد المؤلف من خلال البحث والتقصي ثمانية عشر موردا في سورة البقرة، تشير إلى الإمام الحسين عليه السلام بشكل خاص، تناولها بالتفصيل باعتماد منهج تفسير القرآن بالقرآن وبالأثر، ولا يتردد من قول الصراحة إذا لم يقتنع بالأثر، كما وجد تسعة عشر موردا تشير إلى الإمام الحسين بشكل عام.

ومما يضفي على الكتاب أهمية، مجموعة فهارس قيمة، وقراءة في الكتاب لأستاذ الشعر العربي في القرون الوسطى في الكلية العربية للتربية في حيفا، اليهودي المعتقد، الدكتور يوسف بن دانا، تنبه الى: "إن العلماء والدارسين الغربيين بدأوا مع مطلع القرن العشرين بالاطلاع على جوانب أخرى في حياة المسلمين كاهتمامهم في الحسين بن علي، وقد زاد هذا الاهتمام بحركة الحسين لدى الغرب في الفترة الأخيرة وبشكل ملحوظ"، ورأى: "إن العلامة الشيخ محمد صادق الكرباسي حاول أن يضيء جانبا مهما في ثورة الإمام الحسين لطالما كان مُعتما من قبل أنظمة الحكم السياسية القديمة والمعاصرة من أجل محاصرة امتداد ثورة الحسين بن علي" وأكد في خاتمة قراءته التي كتبها باللغة العبرية: "إن العمل الموسوعي الذي قام به مؤلفنا لهو عمل جبار يُضاف إلى عشرات الأجزاء في الموسوعة التي أصدرها مؤلفنا حتى الآن".

الإثنين ٥ ربيع الثاني ١٤٢٨ هـ (٢٣/ ٤/ ٢٠٠٧م)

الأديب فيليب بن جون موريسي

(Philip John Morrissey)

* أديب وباحث وأكاديمي استرالي من سكانها الأصليين.
* مسلم من الإمامية الإثني عشرية.
* استاذ في جامعة ميبلورن (University of Melbourne) في قسم ثقافة السكان الأصليين.
* منسق أكاديمي في كلية الفنون الجميلة في ميلبورن ـ قسم دراسات تراث السكان الأصليين وفنونهم.
* انتخب عام ٢٠٠٧ م حكما في لجنة جائزة ألفريد ديكين الاسترالية للآداب (The Alfred Deakin Prize).
* انتخب عام ٢٠٠٧م حكما في لجنة جائزة (The Kate Challis RAKA Award) الخاصة بإبداع الفنانين من السكان الأصليين.
* له كتابات ومقالات ودراسات، منها:

الرقص مع الظلال (Dancing With Shadows).

قصة رمال ديف (The dave sands story).

قضية واندا كولماتري: متابعة ثقافة السكان الأصليين (Stalking Aboriginal Culture: The Wanda Koolmatrie Affair).

جهد معرفي الأول من نوعه[1]

(الحسين والتشريع الإسلامي ٢)

لم يكن الحسين بن علي مجرد شخصية دينية عاشت برهة من الزمان، تبعتها شريحة معينة ومرحلة أخرى كما صوره البعض، ولم يكن قائدا سياسيا أمضى فترة من الوقت يناضل بالضد من طاغية زمانه فحسب، بل الحسين أكبر بكثير من ذلك، إنه شخصية فضلى اجتمعت فيه كل مقومات الإنسانية فامتلك الإرادة النافذة من قبل الله جلّ وعلا، وتمكن من أن يحكم القلوب والعقول معاً، ليس في زمانه فقط بل تجاوز عصره ليكون الحسين عَلَماً قبل أن يُخلق، كما ظل علماً إلى يومنا هذا وسيظل كذلك إلى أن تحكم مفاهيمه التي جاهد لأجلها في ظل حكومة حفيده الذي سيملأ الأرض عدلاً وقسطاً بعدما تملأ ظلما وجوراً.

لقد نهض الحسين ليدافع عن الإنسانية ومفاهيمها ويطبق مبادئ السماء التي جاء بها جده الرسول ﷺ، فلم يطمع في حكم ولا مال ولا جاه، بل كما صرح بنفسه:

"إني لم أخرج أشرا ولا بطراً ولا مفسداً ولا ظالماً، وإنما خرجت لطلب الإصلاح في أمة جدي ﷺ، أريد أن آمر بالمعروف وأنهى عن

---

(١) تمت الترجمة من اللغة الإنكليزية.

المنكر"[1]، ولم تقتصر أهدافه لبني قومه أو أبناء طائفته إذ يخاطب الذين واجهوه بكل عطف وطمأنينة: "إن لم يكن لكم دين وكنتم لا تخافون المعاد فكونوا أحراراً في دنياكم"[2].

ومن هنا نجد أنه قد التف حوله الأبيض والأسود، والمولى والعبد، والشيخ والفتى، والرجل والمرأة، والمسلم وغير المسلم، والعثماني والعلوي، والكل ينظر إليه كرمز للحق والعدالة. إنه رجل العلم والمعرفة، رجل التقى والزهد، وفي كل يوم تكتشف الأمم حقيقة هذه الشخصية فتقدره وتقتدي به، ومن هنا نجد أن سهام محبته وصلت إلى قلوب أقصى الشرق والغرب، وإلى قمم الشمال وعمق الجنوب. فالأجيال تعيش في ظل الكرامة التي دعا إليها هذا الإمام العظيم الذي لم يسر إلا على خطى جده وأبيه، حيث إنه منهما وهما منه[3]، ولم توضع هذه الموسوعة الجبارة بكل ما تحمله الكلمة من معنى إلا لأنه أصبح رمز المحبة والعدالة لدى شعوب العالم.

وما كتابتي تعريفا عن هذا الجزء إلا دليلا على تلك الفلسفة، فالحسين ولد في المدينة واستشهد في كربلاء، وقد وصلت دائرته إلى أبعد قارة في العالم، ويكتب عنها أحد محبيه، ومن هذا الجزء الذي بين يدي القارئ - والذي هو الجزء الثاني من "الحسين والتشريع الإسلامي" - يتبين مدى

---

(١) المقرم، عبد الرزاق، مقتل الحسين: ١٣٩ (بيروت، دار الكتاب الإسلامي، ط٥، ١٣٩٩هـ - ١٩٧٩م).

(٢) المقرم، مقتل الحسين: ٢٧٥.

(٣) إشارة إلى قول الرسول ﷺ في سبطه: "حسين مني وأنا من حسين، أحبّ الله من أحبَّ حسيناً، حسينٌ سبط من الأسباط". انظر: الكرباسي، محمد صادق، السيرة الحسينية: ١/ ٣٣٦ (لندن، المركز الحسيني للدراسات، ط١، ١٤٢٣هـ - ٢٠٠٢م).

شخصية الحسين، حيث إنه منهج شرعة للإنسان والإنسانية وإن كلامه حجة للأمم، فإن هذا الباب بالذات والذي يحتوي على أكثر من عشرة أجزاء، لم يوضع إلا لأن فعله وقوله يحسب لهما ألف حساب وحساب، ويقتدى بهما في جميع مناحي الحياة من الاجتماع إلى السياسة إلى الحرب والسلم وإلى المعارف والعلوم والأخلاق والسلوك والفقه والأصول.

لقد أوضح مؤلف هذه الموسوعة العظمى الدكتور محمد صادق الكرباسي في مقدمة هذا الباب بأنه تتبع كل صغيرة وكبيرة من سلوكية هذا الإمام العظيم وأخضعها لفنون الدراسة والتحليل في إطار الفقه الإسلامي ليستدل بها حسب القوانين الأصولية للوصول إلى الأحكام الشرعية، وهي بالفعل عملية شاقة تحتاج إلى باع طويل في هذا المجال، ليتمكن من سبر أغوار هذه المعارف والوصول إلى النتائج.

ومن هنا يمكن أن نقيّم عمل المؤلف ونقدر جهوده المضنية في هذا السبيل، وعلى ما قرأت في التعريف عن هذه الموسوعة وعن هذا الباب بخاصة، يتبين لي بأن هذا الجهد هو الأول من نوعه إذ لم يتطرق إليه أحد لحد الآن، وقد لاحظت بأن المؤلف قدم لهذا الباب مقدمة تمهيدية تجاوزت الجزأين، ولما أمعنت النظر وجدت أهمية هذه المقدمة لمثل هذا الباب، لأن الأمور التي يبحثها المؤلف هي بحد ذاتها مجموعة علوم معرفية في ظل التشريع، تمكن المؤلف من إيجازها وربطها بشكل أنيق حسب آرائه ونظرياته لتكون مفيدة لقارئ هذا الباب بل لعلوم التشريع التي منها علم الحديث وعلم الرجال وعلم الأصول وتاريخ التشريع ودراسة الأديان والمذاهب ومقارنتها وفلسفة التشريع وأمثال ذلك.

إنني في النهاية فخور بأن أتناول هذا الجزء الذي يعد واحدا من ٥٥٦

مجلدا مما وضعه المؤلف لحد الآن[1] تحت عنوان "دائرة المعارف الحسينية" والتي جميعها تتعلق بشخصية واحدة ألا وهو الحسين السبط ابن علي وفاطمة، وهذا أمر في غاية الأهمية، حيث تمكن من جمع تراث هذه الشخصية في مكان واحد، والشيء الذي نكبره في أننا لم نسمع أن كتب في شخصية واحدة بهذا الكم، والأهم أنه وضع بشكل موضوعي وعلمي، حيث لا يسعني إلا أن أجلّ هذه الموسوعة ومؤلفها الجليل، وأقف وقفة إكبار أمام شخصية الإمام الحسين.

فيليب موريسي
Philip Morriesy
١/٦/٢٠٠٢م

(١) كتب الأستاذ فيليب موريسي قراءته لكتاب الحسين والتشريع الإسلامي في جزئه الثاني منتصف العام ٢٠٠٢م، وقد فاقت أعداد الموسوعة المنظورة الستمائة مجلد صدر منها حتى اليوم أكثر من خمسة وسبعين مجلداً.

المذهب والسلطان
دلالات الاقتراب والابتعاد عن الآخر

ما بين الانفتاح على الآخر والانغلاق على الذات، مساحة من الوعي والمسؤولية، يقترب منها من يثق بنفسه وبما يؤمن دون أن يحجر عقله على مقاربة الآخر في أفكاره، ويبتعد عنها من لا ينظر إلى أكثر مما يؤمن وعقد عليه تفكيره ومنهجه، دون أن يحاور الآخر في أفكاره محاورة الشريك المعرفي لا الضد العقيدي التكفيري.

وتظهر المقاربة الفكرية في أجلى مصاديقها، في فتح باب الحوار بين المذاهب الإسلامية التي يجمعها قاسم القرآن والنبوة، واختلفت في نص الإمامة، فتباينت في مناح عدة وفقا لمبتنيات فقهية يأخذ بها هذا المذهب ويرفضها الثاني، ويتقبلها الآخر ضمن شروط. هذه المقاربة التي تبدو عند بعض فقهاء المذاهب مستحيلة أو شبه مستحيلة بناءً على مواقف مسبقة موغلة في العداء أفرزتها سياسات حكومات تبنت هذا المذهب على حساب الآخر، فأعملت في رقاب الآخر السيف.

يحاول الفقيه آية الله الشيخ محمد صادق بن محمد الكرباسي في مجموعة مؤلفات صدرت ضمن سلسلة دائرة المعارف الحسينية، أن يقترب من محور المذاهب ماداً جسور المعرفة على أعمدة من المحبة والانفتاح

على الآخر، وهو إذ شرح المباني الفقهية للمذاهب الإسلامية السبعة (الإباضية والإمامية والحنبلية والحنفية والزيدية والشافعية والمالكية)، في الجزء الأول من كتاب "الحسين والتشريع الإسلامي"، فإنَّه عكف في الجزء الثاني الصادر عن المركز الحسيني للدراسات بلندن في **٤٧٢** صفحة من القطع الوزيري، على تسليط الأضواء على كل مذهب من حيث تاريخ النشأة وسيرة المؤسس ومبانيه الفقهية، والكتب المعتمدة لدى المذهب، وكيفية انتشاره. وأفرد مباحث في بيان مراحل التشريع الإسلامي، فضلا عن موضوعات أخرى على قدر كبير من الأهمية.

المذاهب الحية

فالمذاهب الحية في عالم اليوم هي سبعة، وحسب الحروف الهجائية:

الإباضية: نسبة إلى عبدالله بن إباض المقاعسي المرّي التميمي (ت٨٦هـ)، وهي تعتمد في مبانيها الفقهية على القرآن، السنة النبوية، القياس، الاستحسان، المصالح المرسلة، قول الصحابي، والاستدلال بما ليس بنص ولا إجماع ولا قياس وهو ما يشبه الأصول العملية.

الإمامية: نسبة إلى الإمام المعصوم وهم اثنا عشر إماما أولهم علي بن أبي طالب عليه السلام وآخرهم المهدي المنتظر عليه السلام، والإمامية يرجعون في المباني الفقهية إلى القرآن والسنة الممتدة إلى الأئمة وفاطمة الزهراء عليهم السلام، والإجماع والعقل.

الحنبلية: نسبة إلى حنبل وهو جد أحمد بن محمد بن حنبل الشيباني (١٦٤ ـ ٢٤١هـ)، ويعتمد المذهب في مبانيه الفقهية على الكتاب والسنة

النبوية ويأخذ بفتوى الصحابة بشروط، ويأخذ بالقياس عند الضرورة كما يأخذ بالمصالح المرسلة وسد الذرائع.

الحنفية: نسبة إلى أبي حنيفة النعمان بن ثابت بن زوطي الكابلي (٨٠ ـ ١٥٠هـ)، واعتمد أبو حنيفة في الفتوى على الكتاب والسنة والقياس والاستحسان وأقوال الصحابة والإجماع والعرف والحيل الشرعية.

الزيدية: نسبة إلى زيد بن علي بن الحسين بن علي بن أبي طالب (٦٦ ـ ١٢١هـ)، واعتمد زيد الشهيد في الفقه على الكتاب وسنة الرسول ﷺ وسنة أهل البيت عليهم السلام، وأضاف أتباعه الرأي والقياس والاستحسان والمصالح المرسلة والاستصحاب.

الشافعية: نسبة إلى الشافعي محمد بن إدريس بن العباس (١٥٠ ـ ٢٠٤هـ)، واعتمد الشافعي في الفتوى على القرآن والسنة النبوية والإجماع والقياس.

المالكية: نسبة إلى مالك بن أنس بن مالك الأصبحي (٩٣ ـ ١٧٩هـ)، واعتمد المالكي في الفتوى على مبان كثيرة أهمها: الكتاب والسنة النبوية وإجماع فقهاء المدينة والقياس والاستحسان والعرف والمصالح المرسلة وسد الذرائع.

المذهب والسلطان

ويتناول الدكتور الكرباسي في عناوين مستقلة سياسة كل مذهب إزاء الحاكم.

فالإباضية: يرون الخروج على الإمام الجائر.

والإمامية: ترى أن الحكم نص إلهي في خلفاء النبي من بعده وهم

الأئمة الإثنا عشر، وما من إمام من أئمة الشيعة الإمامية إلا ومات شهيداً بالسيف أو بالسم.

والحنبلي: "كان يرى الطاعة لإمام متغلب ولو كان ظالما، ونهى عن الخروج عليه بالسيف أو ما يؤدي إلى ذلك"، ولهذا فابن حنبل يؤاخذ على الذين طعنوا في حكومة الإمام علي عليه السلام، ورأيه أنه: "هو خليفة رضيه أصحاب رسول الله صلى الله عليه وآله وسلم وصلّوا خلفه وغزوا معه وجاهدوا وحجوا.. وكانوا يسمونه أمير المؤمنين راضين بذلك غير مكرهين.. ومن لم يثبت الإمامة لعلي فهو أضل من حمار.. وهو من أهل بيت لا يقاس بهم أحد، وما لأحد من الصحابة من الفضائل بالأسانيد الصحاح مثل ما لعلي"[(١)].

وكان **أبو حنيفة** يرى الخروج على الحاكم الظالم، ولذلك اتهمته السلطة العباسية بتأييد النهضات السياسية للطالبيين، وأودعه أبو جعفر المنصور العباسي (ت١٥٨هـ)[(٢)] السجن وعرضه للتعذيب والجلد لأيام عدة ثم قضى عليه بالسم.

وكان **زيد الشهيد** يرى أن الإمامة لآل الرسول صلى الله عليه وآله وسلم بالنص، وكان يدعو للرضا من آل محمد صلى الله عليه وآله وسلم ويرى وجوب الخروج على الحاكم الضال والجائر، وينفي المحقق الكرباسي عن زيد الشهيد انه ادعى الإمامة لنفسه

---

(١) الكرباسي، محمد صادق، الحسين والتشريع الإسلامي: ٢/ ٣٠، عن أئمة الفقه التسعة للشرقاوي: ١٧٥.

(٢) المنصور العباسي: هو عبدالله بن محمد بن علي المولود سنة ٩٥هـ في الحميمة من معان الأردنية ومات قرب مكة، الثاني من بني العباس، ولي الحكم سنة ١٣٦هـ، تولى الحكم من بعده ابنه محمد المهدي (١٢٧ ـ ١٦٩هـ).

ويرى أنَّ القول بذلك: "باطل لا يؤيده الدليل"، وخرج على هشام بن عبد الملك الأموي (٧١ ـ ١٢٥هـ)[١] وقُتل أبشع قتلة.

واشترط **الشافعي** في الإمام الحاكم القرشية واجتماع الناس عليه، وأيد عددا من النهضات السياسية العلوية، وبايع يحيى بن عبدالله بن الحسن المثنى (ت١٨٠هـ) في نهضته ضد الحكم العباسي، وكان من رأيه: "أن عليا هو الإمام الحق في عصره، وأن معاوية وأصحابه كانوا الفئة الباغية"[٢].

وبذلك يكون الشافعي قد وافق المالكي في النظر إلى الحزب الأموي كفئة باغية، كما أن الأخير وافق أبا حنيفة في دعم النهضات السياسية، وقد أفتى بوجوب الخروج مع محمد النفس الزكية (ت١٤٥هـ)[٣]، ولما علم والي العباسيين على المدينة بذلك اعتقله وعرضه للتعذيب حتى انخلعت كتفه، ولكنه اقترب من المنصور العباسي.

النشأة والانتشار

وبلحاظ التاريخ، فإنَّ المذاهب الإسلامية السبعة لا تقف على قدم المساواة من حيث النشأة، وهو ما يتناوله الكتاب ضمن مباحث عدة، متناولا المذهب تلو الآخر.

---

(١) هشام بن عبد الملك: هو حفيد مروان الأموي، عاشر حكام بني أمية، أخذ الحكم عن أخيه الوليد، وخلفه ابن أخيه الوليد بن يزيد الأموي (٨٨ ـ ١٢٦هـ).

(٢) حيدر، أسد، الإمام الصادق والمذاهب الأربعة: ٢/٢١٦.

(٣) محمد النفس الزكية: هو ابن عبدالله بن الحسن المثنى بن الحسن بن علي بن أبي طالب، فقيه ومحدث، ولد في المدينة سنة ١٠٠هـ وقتل في أطرافها بعد خروجه على المنصور العباسي، ودفن في البقيع.

فالإمامية بدأت تسميتها على عهد الرسول ﷺ، كما: "إنَّ بذور التكتل الشيعي بدأ بمباركة الرسول ﷺ إلا أنَّ العمل الميداني ظهر لأول مرة يوم وفاة الرسول في ٢٨ صفر عام ١١ هـ"، ولعبت الانتفاضات والثورات في العهد الأموي دورا في انتشار مذهب أهل البيت عليهم السلام.

ويقدم الكتاب اثني عشر عاملا ساعد على انتشار التشيع الإمامي، لعل أهمها: إتباعهم لآل الرسول ﷺ الذين ينتهي سند الحديث عندهم بالرسول مباشرة، ولأن التشيع نشأ من رحم الإسلام في عهد الرسول ﷺ حتى قيل بأن التشيع والإسلام واحد، ووجود اثني عشر إماما حتى العام ٢٦٠ هـ، وقِدَم المذهب في تدوين الحديث والتفسير والأحكام. وهجرة الطالبيين والموالين إلى أنحاء الأرض رغبة أو رهبة، فضلا عن إقامة العشرات من الدول والحكومات باسمهم.

وانغرست بذرة المذهب الزيدي بإعلان زيد بن علي الثورة على الحكم الأموي في العام ١١٩ هـ في الكوفة، وبعد مقتله عام ١٢١ تمسك بعض الشيعة بإمامته ثم إمامة ابنه يحيى [(١)]، ومن رأي المحقق الكرباسي أنَّ الزيدية: "بدأ تكتلهم تدريجيا ولم يكن بموافقة زيد ولا أبنائه وأحفاده".

---

(١) يحيى: هو ابن زيد بن علي بن الحسين (١٠٧ ـ ١٢٥هـ)، ترك الكوفة بعد استشهاد والده وتوجه إلى خراسان، نهض ضد الحكم الأموي وقتل في قرية ارغوي (قراغوي) في مدينة ميامي بخراسان، وقبره مزار قائم فوق تلّة.

ـ وقد زرت مرقده مرتين، حيث تمت الزيارة الأولى عام ١٩٨٠ م عندما كنت مهاجراً من العراق نحو سوريا ثم إيران، والثانية سنة ١٩٩٠ م مع أسرتي الصغيرة المتكونة من زوجتي ونجلنا محمد رضا المولود في طهران سنة ١٩٨٧م قبيل هجرتي الثانية من إيران نحو سوريا وتركيا ثم بريطانيا حيث أعيش الآن مع أسرتي التي زادها الله (علي) المولود سنة ١٩٩٥ م و(حنين) المولودة سنة ١٩٩٧م.

وقدم الكتاب ثمانية عوامل لانتشار المذهب، وأهمها: الموالاة لأهل البيت عليهم السلام، قيام زيد بالثورة ضد الظلم، وجود فقهاء من العترة النبوية داخل صفوفهم، قوة الأرضية الاجتماعية في اليمن منذ ان وطأ أرضها الإمام علي عليه السلام، وساهم بُعدها عن العاصمة في انتشار المذهب، وقيام دولهم في اليمن.

أما الإباضية فقد انغرست بذرتها الأولى في عهد جابر بن زيد (ت٩٣هـ)[١]، وظهر المذهب في عهد عبدالله بن يحيى الإباضي[٢] المقتول على مقربة من صنعاء في العام ١٣٠هـ.

وساهم قيام دول للإباضية في تركيز مذهبهم، وبخاصة وأنَّ دولهم قامت على تخوم الدولة الإسلامية بعيدا عن المركز، ولما كانوا: "يرفضون اقتصار الإمامة والخلافة على قريش وبطونها المختلفة من الأمويين والعباسيين والعلويين فلم يتمكنوا من نشر مذهبهم في قلب البلاد الإسلامية".

أما الحنفية فقد ساهم سجن المنصور العباسي لأبي حنيفة في إظهار شأنه، ويرى المؤلف أنَّ المذهب الحنفي انتشر بعد وفاته، حيث وجدت السلطة العباسية رغم قسوتها على أبي حنيفة في حياته، أنَّ مدرسته الفقهية: "يمكنها مقاومة مدرسة الحديث التي كان يدعمها أئمة أهل البيت عليهم السلام في

(١) جابر بن زيد: هو أبو الشعثاء الأزدي، محدث وفقيه ومفسر، ولد في بلدة فرق في عُمان سنة ١٨هـ (٢٢هـ)، أخذ الحديث عن ابن عباس وغيره، انتقل إلى البصرة واشتهر فيها، من آثاره: كتاب النكاح، وكتاب الصلاة.

(٢) الإباضي: هو عبدالله بن يحيى بن إباض المري التميمي، أخذ الحديث عن ابن عباس وغيره من الصحابة والتابعين.

ظل الظروف الأمنية التي كان العلويون والموالون لهم يقودون الثورات والانتفاضات من هنا وهناك"، فانتشر المذهب على يد تلميذه أبي يوسف القاضي يعقوب بن إبراهيم البغدادي (ت١٨٢هـ)[١] بعد أنْ عينته السلطة العباسية قاضيا في بغداد ثم رفع هارون العباسي (ت١٩٣هـ) من شأنه على كل البلاد الإسلامية. ولما جاءت العائلة العثمانية للحكم حصرت القضاء في المذهب الحنفي.

وساهم تصدي مالك للتدريس في ترسيخ مبادئ المذهب المالكي، لكن التمذهب ظهر بعد وفاته، ويعتقد المحقق الكرباسي أنَّ تقرب مالك من المنصور العباسي بعد أن ضربه من قبل بسبب فتواه في وجوب الخروج مع محمد النفس الزكية عام ١٤٥ هـ كان له أثر بالغ في نمو جذور هذا المذهب بخاصة بعد أن كتب للمنصور كتاب "الموطأ"، وبهذا الشأن يقول ابن حزم الأندلسي علي بن أحمد (ت٤٥٦هـ)[٢]: "مذهبان انتشرا بالرئاسة والسلطان مذهب أبي حنيفة ومذهب مالك"[٣].

وبرزت شهرة الشافعي بعد انتقاله إلى مصر، ولكن نجمه برز بعد اعتقاله من قبل هارون العباسي لاتهامه بمناصرة العلويين، ثم العفو عنه. وفي مصر كما يذهب المحقق الكرباسي: "تغلب المذهب الشافعي بفضل

---

(١) أبو يوسف القاضي: هو حفيد حبيب الأنصاري، فقيه ومحدث، ولد في الكوفة سنة ١١٣هـ، صاحب أبا حنيفة، ولي القضاء واشتهر به، مات ببغداد ودفن في مقابر قريش في الكاظمية، من مصنفاته: الخراج، الآثار، المبسوط.

(٢) ابن حزم الأندلسي: هو حفيد سعيد بن حزم، فقيه وحافظ وأديب ووزير، ولد في ولبة في الأندلس سنة ٣٨٤هـ وفيها مات، ترك نحو ٤٠٠ مؤلف، منها: طوق الحمامة، الرسالة الباهرة، والمحلى شرح المجلى.

(٣) البدراني، ياسين، يا ليت قومي يعلمون: ٨٢.

وجود الشافعي فيه مع ثلة من أصحابه بتغطية من الدولة العباسية عبر واليها عبدالله العباسي ". ويوعز ابن خلدون (ت٨٠٨هـ) انتشار الشافعية في الشام إلى تولي بعض رجالات المذهب القضاء، غير أن التمذهب بالشافعية بشكل عام كما يذهب إلى ذلك الشيخ الكرباسي ظهر بعد وفاة الشافعي على يد بعض تلامذته.

وبرز اسم الحنبلي زمن محنة القرآن حيث رفض القول بخلق القرآن كما دعا إلى ذلك المأمون[1] العباسي (ت٢١٨هـ)، فاعتزل التدريس لخمس سنوات، ثم اتصل بالمتوكل العباسي (ت٢٤٧هـ)[2]، وقرّبه إليه كتعويض عما عاناه ابن حنبل من المأمون عبدالله بن هارون (ت٢١٨هـ) والمعتصم محمد بن هارون (ت٢٢٧هـ)[3] والواثق هارون بن محمد (ت٢٣٢هـ)[4]، فذاع صيته وانتشرت آراؤه والحديث عنه، ووشى به الحساد بتهمة الميل إلى العلويين فأمر المتوكل بتفتيش داره مرات ووضع تحت المراقبة. ويرى المحقق الكرباسي: "أن امتحان ابن حنبل كان من أكبر العوامل لانتشار ذكره واتجاه الناس إليه مما خلق له أرضية خصبة عند المتوكل العباسي

(١) المأمون: هو عبدالله بن هارون، ولد عام ١٧٠هـ، ومات في مدينة طرسوس التركية، وحكم منذ عام ١٩٨هـ حتى وفاته.

(٢) المتوكل العباسي: هو جعفر بن محمد المعتصم المولود سنة ٢٠٥هـ، وهو العاشر من بني العباس ولي الحكم سنة ٢٣٢هـ عن أخيه الواثق هارون بن محمد المعتصم (٢٠٠ ـ ٢٣٢هـ)، وخلفه من بعده ابنه المنتصر محمد بن جعفر (٢٢٢ ـ ٢٤٨هـ).

(٣) المعتصم العباسي: هو حفيد المهدي العباسي، ولد سنة ١٧٩هـ، الثامن من بني العباس، ولي الحكم عن أخيه المامون سنة ٢١٨هـ، بنى سامراء سنة ٢٢١هـ وفيها مات، خلفه ابنه الواثق هارون (٢٠٠ ـ ٢٣٢هـ).

(٤) الواثق العباسي: هو حفيد هارون العباسي، ولد ببغداد سنة ٢٠٠هـ ومات في سامراء، التاسع من بني العباس، ولي الحكم سنة ٢٢٧هـ عن أبيه المعتصم (١٧٩ ـ ٢٢٧هـ)، وخلفه من بعده أخوه المتوكل جعفر (٢٠٥ ـ ٢٤٨هـ).

ليستعين به للقضاء على المعتزلة". وبشكل عام اخذ التمذهب بالحنبلية بعد وفاة أحمد بن حنبل، على يد نجليه صالح (ت٢٦٥هـ) وعبدالله (ت٢٩٠هـ) وعدد من تلامذته.

جداول هامة

وانفرد المحقق الكرباسي في نهاية المبحث بوضع جدول توضيحي للمذاهب الإسلامية بشكل عام وأسماء الدول التي يكثرون فيها مع بيان نسب المذاهب الإسلامية في العالم الإسلامي على وجه التقريب، ويخلص الكرباسي إلى أن الشيعة أقلية في قبال السنة مجتمعين، ولكنهم أكثرية في قبال كل مذهب من المذاهب السبعة، وباعتراف الأمين العام لرابطة العالم الإسلامي ومقرها مكة المكرمة الشيخ محمد صالح القزاز (١٣٢٠ ـ ١٤٠٩هـ)[١] في لقاء جمعه مع المؤلف الشيخ الكرباسي في مكة المكرمة العام ١٣٩٦ هـ: "إنَّ الشيعة يشكلون نسبة عالية من نفوس المسلمين في العالم بل هم الأكثرية إذا ما عدت كل فرقة مجتمعة".

كما انفرد الفقيه الكرباسي بوضع جدول بالخلافات الجوهرية بين المذاهب السبعة، في مسائل الكلام وفقه العبادات والمعاملات، تعتبر نافذة للقارئ والباحث يطل من خلالها على الخلافات تغنيه عن البحث في أمات كتب المذاهب ومصادرها.

وتناول الكاتب ـ في مباحث مستقلة ـ المدارس الفقهية التي ظهرت ثم

---

(١) محمد صالح القزاز: هو ابن عبد الرحمن بن صالح، ولد في مكة ودفن فيها، أصله من الطائف، تولى مناصب رسمية عدة بخاصة في المجال المالي والاقتصادي، أنشأ مدارس لحفظ القرآن الكريم وأوقف عليها.

اختفت بمرور الزمن، من قبيل المذهب الظاهري نسبة إلى داود بن علي الإصبهاني الظاهري (ت٢٧٠هـ)، والمذهب الأوزاعي نسبة إلى عبد الرحمن بن محمد الأوزاعي (ت١٥٧هـ)، والمذهب الطبري نسبة إلى محمد بن جرير الطبري (ت٣١٠هـ).

الكتب المعتمدة

ولكل مذهب كتبه التي يرجع إليها الفقهاء في الإفتاء، فيا ترى ما مدى حجيتها؟

يعتقد الدكتور الكرباسي أنَّ التعامل مع الكتب المعتمدة لدى كل مذهب كونها لا يصيبها الخطأ والنزول بها منزل الوحي الذي لا يمكن تجاوزه، هو مما لا يرتضيه عاقل: "إذ إن كل حديث لا بد وأن يخضع رواته للجرح والتعديل وللدراسة من قبل المجتهدين في علم الدراية والرجال لاختلاف النظريات في اختيار الحديث"، ولذلك لا يرى تطابقا بين العناوين التي توضع لبعض الكتب ومحتوياتها، فلابد أنْ تخضع نصوص كل كتاب للتمحيص.

ويتعرض الكتاب إلى ذكر كتب الصحاح الستة: الجامع الصحيح (صحيح البخاري) لمحمد بن إسماعيل البخاري (ت٢٥٦هـ)، الجامع الصحيح (صحيح مسلم) لمسلم بن الحجاج النيسابوري (ت٢٦١هـ)، الجامع الصحيح (سنن الترمذي) لمحمد بن عيسى الترمذي (ت٢٧٩هـ)، سنن أبي داود (صحيح أبي داود) لسليمان بن الأشعث السجستاني (ت٢٧٥هـ)، سنن النسائي (صحيح النسائي) لأحمد بن شعيب النسائي (ت٣٠٣هـ)، وسنن ابن ماجة (صحيح ابن ماجة) لمحمد بن يزيد القزويني (ت٢٧٣هـ).

كما يتعرض إلى كتب الأصول الأربعة المعتمدة عند مذهب الإمامية وهي: الكافي (كتاب الكليني) لمحمد بن يعقوب الكليني (ت٣٢٩هـ)، من لا يحضره الفقيه لمحمد بن علي الصدوق (ت٣٨١هـ)، تهذيب الأحكام في شرح المقنعة للمفيد (التهذيب)، والاستبصار فيما اختلف فيه من الأخبار (الاستبصار) وكلاهما لمحمد بن الحسن الطوسي (ت٤٦٠هـ).

ومن رأي الفقيه الكرباسي أن هذه الكتب العشرة المعتمدة لدى المذاهب الإسلامية لا يمكن أخذها كلها من غير إخضاعها لعلمي الحديث والرجال: "فإنها بشكل عام لا يمكن الاعتماد عليها كليا وتوثيق كل ما ورد فيها، وهذا لا يعني الطعن بمؤلفيها بل المسألة في الحقيقة تعود إلى إمكانية اختلاف الفقهاء في المباني الرجالية مع المؤلفين أولا، وعلى فرض تطابق المباني في علم الرجال والدراية فإنها لا تكفي بل لا بد من إعادة النظر في شخصية الرواة ثانية..".

أدوات الفقيه

ويناقش آية الله الكرباسي مفهوم الفقاهة وأدوات الفقيه في الفتيا ضمن مباحث عدة، مبتدءا بالحديث عن المرجعية الدينية التي اشتهرت عند الشيعة الإمامية، فحيث: "إن الإمامة توارت بغيبة الإمام المهدي عليه السلام فقد حلت محلها المرجعية بدورها النيابي انطلاقا من حاجة الأمة إلى استمرارية مسيرة الرسالة السماوية وشرعيتها إلى نهاية العالم"، فالمرجعية تشكل حلقة وصل بين الإمام والأمة كما كانت الإمامة حلقة وصل بين النبي والأمَّة، والنبي الأكرم صلى الله عليه وآله وسلم هو حلقة الوصل بين الأمة والسماء.

ويضع الشيخ الكرباسي مواصفات عدة، يراها ضرورية لخلق مرجعية مدركة لمقتضيات الحياة اليومية، وتتمثل المواصفات في: العقل، الذكاء

وحسن السليقة، عدم الابتلاء بالنسيان المفرط، حسن العقيدة، الاجتهاد، متعادل الشخصية، العدالة (التقوى)، تبعية الدليل، وحسن الإدارة والاستيعاب.

كما أن الفقيه من أية جنسية كان لابد أن تكون أدواته في الاجتهاد متوفرة على: اللغة العربية السليمة، والمعرفة بالصرف، والنحو، والبلاغة، والمعرفة بعلوم القرآن، وإحاطة بعلم الحديث، والمعرفة بعلم الكلام والفلسفة، والتمكن من أصول الفقه، وعلم الفقه، واستيعاب للعلوم الاجتماعية.

ولاية الفقيه

ولكن ما هي حدود الولاية ومساحتها التي يمتلكها الفقيه الجامع لشرائط التقليد؟

هذه المسألة الحساسة يناقشها الفقيه الكرباسي ببيان معنى الولاية في اللغة والاصطلاح، وتقسيمات الولاية حسب النظرية الإسلامية والتي تنطوي على ولاية تكوينية وأخرى تشريعية، فالأولى تعني "حق التصرف في أمور الخلق والتكوين"، والثانية تعني: "حق التصرف في التشريع واستخداماته"، والولاية الثانية: "على قسمين، إما ذاتية أو جعلية، والثانية إما عامة أو محدودة".

وحيث يعيش المجتمع المسلم عصر ما بعد النبوة أو عصر الغيبة، فإن الكلام عن ولاية الفقيه يقع في ثلاث نظريات:

أولاً: إن للفقيه الولاية المطلقة كما هي للرسول ﷺ والمعصومين عليهم السلام من أهل بيته.

ثانياً: إن للفقيه الولاية المطلقة كالمعصوم عليه السلام إلا ما استثني بالدليل الشرعي.

ثالثاً: إن للفقيه الولاية المقيدة والتي منها القضاء وتصريف أعمال العباد العالقة.

ويناقش الفقيه الكرباسي هذه الآراء بأدلتها ونقائضها، مبتدءاً ببيان تاريخ النظرية وجذورها، وتحديد النظريات ورجالاتها. وحتى تكون القراءة الفقهية عملية فانه تناول آراء ثلاث مرجعيات دينية تمثل كل واحدة منها إحدى أقسام نظرية ولاية الفقيه الثلاث، فالنظرية الأولى صاحبها السيد روح الله الموسوي الخميني (ت١٤٠٩هـ)[١]، والثانية أبرز من طرحها الشيخ أحمد الكاشاني النراقي (ت١٢٤٤هـ)[٢]، والثالثة احد أقطابها هو السيد أبو القاسم الموسوي الخوئي[٣] (ت١٤١٣هـ).

---

(١) روح الله الخميني: هو ابن مصطفى بن أحمد الموسوي، ولد في خمين بإيران سنة ١٣٢٠هـ (١٩٠٢م) فقيه وسياسي، سكن قم وأبعد إلى تركيا وسكن النجف ثم رجع إلى إيران وقاد الثورة الإسلامية وأسس الجمهورية الإسلامية الإيرانية سنة ١٩٧٩م، مات في طهران ودفن في جنوبها، له رسالة عملية بعنوان "تحرير الوسيلة"، من مؤلفاته: الحكومة الإسلامية وولاية الفقيه، الجهاد الاكبر مبارزة النفس، وسر الصلاة.

(٢) أحمد النراقي: هو ابن محمد مهدي بن أبي ذر الكاشاني، ولد في نراق من توابع كاشان بايران سنة ١١٨٥هـ وفيها مات ودفن في الصحن العلوي بالنجف في العراق، فقيه وأصولي، درس في كاشان ثم انتقل إلى النجف الأشرف وله من العمر عشرون عاماً وواصل الدراسة في كربلاء المقدسة، ثم عاد إلى كاشان، ورجع إليه الناس في الفتيا بعد وفاة والده سنة ١٢٠٩هـ، وتولى المرجعية وذاع صيته، من مصنفاته: عوائد الأيام في مهمات أدلة الاحكام، عين الأصول، وديوان شعر (فارسي).

(٣) الخوئي: هو ابن علي أكبر بن هاشم الموسوي، ولد في مدينة خوي الإيرانية سنة ١٣١٧هـ، وهاجر إلى العراق سنة ١٣٣٠هـ، وتولى المرجعية الدينية سنة ١٣٩٠هـ بعد وفاة السيد محسن الحكيم، من مؤلفاته: منهاج الصالحين، مناسك الحج، والمسائل المنتخبة، مات في الكوفة ودفن في مقبرة جامع الخضراء في النجف الأشرف.

وكان من رأي الفقيه الكرباسي من كل البحث في النظريات الثلاث، أن لا وجود لولاية مطلقة للفقيه، وحاصل الأمر: "إنَّنا اصطلحنا على الولاية الخاصة بالمعصوم بالولاية المطلقة التي لا تتقيد بشيء أي أنهم أحرار في سلطتهم هذه، كما أننا اصطلحنا بالولاية العامة على الولاية التي تشمل سائر شؤون الحياة والمرافق التي يحتاجها الإنسان كفرد أو مجتمع أو مؤسسات والتي للفقيه أن يتبوأها، كما اصطلحنا بالولاية الخاصة بالتي اختصت ببعض شؤون الحياة كالولاية على القصر وولاية الأب على ابنته في الزواج وما إلى ذلك.. وما هو المختار من أن ولاية المعصوم عامة مطلقة، وولاية الفقيه عامة ومقيدة وولاية غير الفقيه خاصة ومقيدة".

شورى الفقهاء

وتتفرع من نظرية ولاية الفقيه العامة، نظرية شورى الفقهاء باعتبارها ممارَسة جمعية لعدد من الفقهاء، وتبنى هذه النظرية السيد محمد الحسيني الشيرازي (ت١٤٢٢هـ)، الذي لا يرى نظرية الفقيه المطلقة، وإنما: "يقول بولاية الفقيه العامة في المرتبة النازلة من ولاية المعصوم عليه السلام وهي التي نعبر عنها بالولاية العامة في قبال الولاية المطلقة".

ولأن الشورى هي المفصل في مثل هذا المجلس الذي يضم فقهاء المسلمين في القطر الواحد أو في أقطار إسلامية عدة يديرون شؤون الأمة، فإنَّ الدكتور الكرباسي يفرد مبحثا يناقش الشورى وأدلة القائلين بها، ويخلص في الخاتمة، أن: "من قال بالولاية العامة كالسيد الخميني أنه يرى أن الولاية للفقيه الواحد الجامع للشرائط، فإنْ لم يمكن فهي لمجموعة الفقهاء، بينما من يقول بشورى الفقهاء كالسيد الشيرازي يرى أن الولاية لمجموعة الفقهاء، فإنْ لم تتحقق فللفقيه الواحد"، وللفقيه

الكرباسي رأيه في هذه المسألة الحساسة، فعنده: "يظهر من الأدلة المتقدمة أن الولاية للفقهاء على نحو الشورى والتخصص، فإنْ لم تتحقق فالولاية للفقيه الواحد مشروطة بالاستشارة من أهل الاختصاص والمعرفة".

مأسسة المرجعية الدينية

يعتقد المحقق الكرباسي ان "المرجعية الصالحة" أو "المرجعية الموضوعية" التي نادى بها السيد محمد باقر الصدر (ت١٤٠٠هـ)، هي محاولة لتنظيم الجهاز المرجعي وان كان ما أتى به السيد الصدر هو اقرب إلى بيان منهجية المرجعية منه إلى تنظيم جهازها أو مأسستها.

ويقدم الكرباسي وجهة نظره في تطوير المرجعية بما يجعلها جهازا مؤسساتيا يخرجها من طور الفردية إلى دائرة الشورى، ولذلك: "نحن نطلق على المرجعية ذات الأسلوب الفردي في الممارسة اسم (المرجعية الذاتية) وعلى المرجعية ذات الأسلوب المشترك والموضوعي في الممارسة اسم (المرجعية الموضوعية)"، وأهم عنصر نجاح في المرجعية الموضوعية أنَّ الفقيه يموت ويبقى المجلس، ويمتلك الأخير صلاحية تعيين المرجع الصالح، مما يخلق ديمومة في العمل المرجعي ويعضد من العمل المؤسساتي للمرجعية الدينية بما يجعلها تواكب التطورات ووقائع الأيام وحوادثها.

ويعرض الكرباسي في فصل مستقل تحت عنوان "متطلبات الأمة بين الحاجة والمسؤولية" وجهة نظره الفقهية في المفاصل الرئيسة لخلق مؤسسة مرجعية معاصرة، تشد من أزر المؤتلف وتقرب شتات المختلف، بحيث: "تكون المؤسسة المرجعية بمثابة جهاز دولة عظمى لها كيانها ولجانها، تتخذ القرارات ضمن الإمكانات العلمية والعملية على أرضية اسمها قلوب

المؤمنين في العالم"، ويرى أن: "مأسسة الجهاز المرجعي هو المطلوب شرعا".

وتقوم المؤسسة المرجعية على خمسة مجالس: مجلس الفقهاء، المجلس الاستشاري، المجلس التنفيذي، المجلس التمثيلي، ومجلس المندوبين. وبذلك فإنَّ هيكلية الجهاز المرجعي أو المؤسسة المرجعية: "تتكون من مجلس الفقهاء والذي يضم العدد المناسب ـ من الفقهاء ـ مع الاختصاصات وحاجة الأمة، ولعله يتزايد بتزايد الحاجة والتطور العلمي، ومن مجلس المستشارين والذي يضم عددا من المتخصصين بالعلوم والفنون العامة حسب الحاجة، ومن المجلس التمثيلي والذي يضم مجموعة من جاليات وأقطار مختلفة من أهل الحل والعقد حسب التقسيمات التي اعتمدتها المؤسسة المرجعية، ومن المجلس التنفيذي والذي يضم عددا من الفعاليات ذوي الكفاءة والخبرة والإدارة حسب حاجة العمل وتشعباته، ومن مجلس المنتدبين بقسميه الصغير والكبير والذي يضم عدداً من الوكلاء المتقين، والعلماء العاملين، والمفكرين الإداريين لتسيير شؤون الأمة بأحسن وجه".

وتتحقق آلية عمل المجالس بحركة نزول وصعود موزونة حيث: "إن الفرد أو المجتمع يتعامل مع وكيل المؤسسة المرجعية (المرجع)، وهو بدوره يتعامل مع مجلس المنتدبين (الوكلاء) وهو بدوره يتعامل مع المجلس التمثيلي (النواب)، وهو بدوره يتعامل مع المجلس الاستشاري وهو مع مجلس الفقهاء (المرجع)، وهو مع المجلس التنفيذي (الوزراء)، وهو مع مجلس المنتدبين وهو مع المندوب إلى المنطقة (الوكيل) وهو مع الفرد أو المجتمع، وهذه الحركة تبين لنا كيف ان المسائل تنطلق من القاعدة (الأمة) لتنتهي إليها ثانية إذ إنها هي المحور".

مشروعية الأحزاب السياسية

ولما كان الحديث عن إدارة شؤون الأمة، فإنَّ الدكتور الكرباسي، يرى أنَّ الحزب السياسي هو جزء من العملية السياسية التي أفرزها الواقع السياسي المعاصر، ولا يرى من ضير من قيام أحزاب سياسية في المجتمع المسلم تكون حلقة وصل بين المجتمع والجهاز المرجعي، وعنده: "إنَّ أصل التكتل مما يحسنه العقل فيما إذا كان فيه مصلحة العباد شرط أن لا يخرجهم عن طاعة المعبود، بل قد يجدها ضرورة حياتية، وأصل الإباحة يشمله، بالإضافة إلى السيرة المتصلة بعهد المعصوم"، ولكن ليس لهذا الحزب أن يشرع خلافا لقطعيات النصوص، وإنما له حرية: "السباحة في فضاء المباحات وتقنينها (تأطيرها) حسب مصالح العباد والبلاد".

ويرى الشيخ الكرباسي أن شرعية مثل هذا الحزب في الوسط الإسلامي تنبع من ملازمته لحاكم الشرع، حيث: "إن تأسيس الحزب الإسلامي والعمل من خلاله في أكثر حالاته وتطبيقاته يكون من خلال الحاكم الشرعي أو إجازته أو أشرافه، فعليه لابد وأن يأخذ مشروعيته من الحاكم الشرعي"، كما لا يرى مانعا من قيام أكثر من حزب سياسي [1].

---

(١) صدر في العام ٢٠٠٦ م عن بيت العلم للنابهين ببيروت كتاب "مشروعية الأحزاب في الإسلام في تنظير آية الله الكرباسي"، وهو في ٣٠٠ صفحة من القطع الوزيري، يشرح فيه الباحثان العراقيان، حسين جهاد الحساني ونجاح جابر الحسيني، وبالرجوع إلى مصادر كثيرة، مجموعة مسائل فقهية في مشروعية الأحزاب السياسية وشرعيتها، تناولها المحقق آية الله الشيخ محمد صادق محمد الكرباسي، في مبحث "مشروعية الأحزاب في الإسلام" في الجزء الثاني من كتاب "الحسين والتشريع الإسلامي" في الصفحات ٢٩٢ ـ ٢٩٩.
=

حواضر علمية

ويفرد الكتاب فصلا عن المدن الإسلامية العلمية ويبدأ بالجزيرة العربية بحواضرها في المدينة المنورة ومكة المكرمة واليمن والبحرين الكبرى.

فالجامعة العلمية في المدينة المنورة مرت بعهود عدة، حيث: "تنقسم دور هذه الجامعة في العهد الأول إلى مرحلتين الأولى من العام الثاني للهجرة وحتى عام ١١ هـ، والثانية منذ عام ١١ هـ وحتى عام ٣٦ هـ"، تخرّج من هذه الجامعة في مرحلتها الأولى عدد من الصحابة، وعلى رأسهم وسنامهم ويعسوبهم الإمام علي ﵇ الذي قال فيه الرسول ﷺ وبإجماع رواة المسلمين: (أنا مدينة العلم وعلي بابها فمن أراد المدينة فليأت الباب)[١]، وقال ﷺ: (أنا دار الحكمة وعلي بابها)[٢].

ويتطرق الكتاب إلى الحاضرة العلمية في المدينة المنورة في عهد أبي بكر وعمر وعثمان وعلي والحسن بن علي، تاركا بقية الحديث للجزء القادم[٣].

= وحقيقة الأمر أن هذا الفصل نزل أولا في مجلة "الرأي الآخر" الشهرية في العدد ٤٧ الصادر بلندن في العام ١٤٢١هـ (٢٠٠٠م) من إعداد الدكتور نسيم الرضوي وذلك بعد أن طلبت ذلك من سماحة الشيخ الكرباسي بوصفي رئيسا لتحريرها، وكان أساس الفكرة عرضاً قدمته لسماحته لبيان رأيه في شرعية الأحزاب السياسية من وجهة نظر الإسلام بخاصة وأني كنت بصدد التحضير للدراسات العليا في موضوعة "العمل الحزبي في المنظور الإسلامي"، وقد نلت شهادة الدكتوراه في هذا الموضوع من الجامعة العالمية للعلوم الإسلامية بلندن في العام ٢٠٠٨ م تحت إشراف الأستاذ الدكتور قيس بن جواد العزاوي مندوب العراق الحالي في الجامعة العربية بالقاهرة.

(١) النيسابوري، محمد بن عبدالله، مستدرك الحاكم على الصحيحين: ٣/١٢٦.

(٢) الترمذي، محمد بن عيسى، صحيح الترمذي: ٢/٢٩٩.

(٣) صدر الجزء الثالث من كتاب "الحسين والتشريع الإسلامي" في طبعته الأولى عام ١٤٢٨هـ (٢٠٠٧م) عن المركز الحسيني للدراسات بلندن في ٦٣٨ صفحة من القطع الوزيري.

وختم الكتاب بمجموعة فهارس ذات فائدة كبيرة للقارئ والباحث، مع قراءة نقدية للأستاذ المحاضر في جامعة موناش الاسترالية (Monash University) الأستاذ فيليب موريسي (Philip Morriesy)، الذي وجد من خلال قراءته لشخصية الإمام الحسين عليه السلام: "إنَّ الحسين نهض ليدافع عن الإنسانية ومفاهيمها ويطبق مبادئ السماء التي جاء بها جده الرسول، فلم يطمع في حكم ولا مال ولا جاه"، وعبَّر عن فخره واعتزازه بالكتابة عن هذا الجزء، وأكبر في دائرة المعارف الحسينية وبمؤلفها، حيث: "إننا لم نسمع أن كتب في شخصية واحدة بهذا الكم، والأهم أنه وضع بشكل موضوعي وعلمي، حيث لا يسعني إلا أن أجلّ هذه الموسوعة ومؤلفها الجليل، وأقف وقفة إكبار أمام شخصية الإمام الحسين".

الإثنين ٢٢ رجب ١٤٢٨ هـ (٦/٨/٢٠٠٧م)

السيد عبد الصالح بن عبد الحسين بن علي آل طعمة

* يرجع بنسبه إلى السيد إبراهيم المجاب إبن محمد العابد إبن الإمام موسى بن جعفر بن محمد بن علي بن الحسين بن علي بن أبي طالب عليه السلام.
* ولد في مدينة كربلاء المقدسة في ١٥/٨/١٣٢٩هـ (١٩١١م).
* تولى سدانة الحضرة الحسينية بكربلاء المقدسة عن أبيه سنة ١٣٤٩هـ (١٩٣٠م)، وكان قبل ذلك ساعده الأيمن في رعاية شؤون العتبة الحسينية.
* إستعان أثناء توليه للسدانة بوالده السيد عبد الحسين بن علي آل طعمة المتوفى سنة ١٣٨٠هـ (١٩٦١م) لما يمتلكه الأب من علاقات وخبرة وسمعة طيبة على مستوى محافظة كربلاء وخارجها.
* إلتقى خلال توليه السدانة بأربعين ملكا ورئيسا عراقيا وغير عراقي زاروا مرقد الإمام الحسين عليه السلام وأخيه العباس بن علي عليه السلام إلى جانب المئات من الوزراء والمسؤولين فضلا عن أصحاب الشأن والعلم، من العراقيين: أولهم الملك فيصل الأول إبن حسين الهاشمي (١٨٨٣ ـ ١٩٣٣م) وذلك سنة ١٣٤٩هـ (١٩٣٠م)، وآخرهم الرئيس صدام حسين التكريتي (١٩٣٧ ـ ٢٠٠٦م) وذلك سنة ١٤٠٠هـ (١٩٨٠م). ومن غير العراقيين: أولهم الرئيس السوري هاشم بن محمد خالد الأتاسي (١٨٧٥ ـ ١٩٦٠م) وذلك سنة ١٣٦٧هـ (١٩٤٨م)، وآخرهم الرئيس البنغلاديشي ضياء بن منصور الرحمن (١٩٣٦ ـ ١٩٨١م) وذلك سنة ١٣٩٩هـ (١٩٧٩م).

* حاول ما أمكنه إلى ذلك سبيلا تجنيب شؤون العتبة الحسينية الآثار السيئة لتقلبات السياسة والانقلابات العسكرية في العراق، والتوفيق بين شؤون السدانة ومتطلبات الأوضاع المستجدة على الساحة السياسية.

* بذل جهده للتوفيق بين رغبات المرجعيات الدينية في الحواضر العلمية في إدارة دفة السدانة.

* جرى في عهده تحديث وصياغة الكثير من مرافق المرقد الحسيني الشريف، من قبيل تذهيب القبّة والمئذنتين، فتح أبواب جديدة للصحن الشريف مع توسعته، وفتح شارع دائري حول الصحن الحسيني.

* ترك السدانة لولده السيد عادل آل طعمة سنة ١٤٠١هـ (١٩٨٠م).

* غادر العراق واستقر في لندن وفيها مات في ١٤٢٦/٩/٢٧هـ (٢٠٠٥م) ونقل جثمانه إلى العراق ودفن في مَسقط رأسه.

الموسوعة جامعة حسينية

(تاريخ المراقد.. الحسين وأهل بيته وأنصاره ٤)

الحمد لله رب العالمين والصلاة والثناء على أجلِّ خلق الله وخاتم أنبيائه النبي الأحمد المصطفى الأمجد والرسول المسدَّد أبي القاسم محمد صلى الله عليه وسلم وعلى آله الطيبين الطاهرين المنتجبين والسلام على سيد الشهداء الإمام أبي عبدالله الحسين وعلى المستشهدين بين يديه عليه وعليهم أفضل الصلاة وأزكى السلام.

"لقد اطلعت على أجزاء من الموسوعة القيّمة دائرة المعارف الحسينية فوجدتها كنزا ثمينا، وكيف لا تكون كذلك وقد حاول سماحة الشيخ المحترم محمد صادق الكرباسي جاهداً فيها أن تجلو بكل ما يمتّ إلى شخصية الإمام الحسين عليه السلام الفذّة وثورته الخالدة بصلة، وما يتضمنه ذلك من تراث ضخم سطّرته أقلام المحبين والموالين من شعراء ومؤرخين عبر هذه القرون المتطاولة، فهي محاولة رائدة نتمنى لها كل النجاح والتوفيق"[1].

(١) هذه الفقرة جاءت كتابتها في ٢٦ جمادى الثاني ١٤٢١هـ، كتعبير عن وجهة نظر السيد عبد الصالح آل طعمة المتوفى في لندن ٢٧ شهر رمضان ١٤٢٦هـ، ثم ألحقها بقراءة منفصلة عن الجزء الرابع من تاريخ المراقد، قبل رحيله بشهرين.

يشرّفني ويسعدني أن أكتب عن تاريخ مرقد الإمام الحسين عليه السلام وبقعته المباركة باعتباري كنت سادناً لهذا المرقد الشريف طيلة نصف قرن من الزمان، بالإضافة إلى أنني من سلالة هذا المرقد المبارك، وقد وجدت في الجزء الرابع من تاريخ المراقد (الحسين وأهل بيته وأنصاره) بغيتي وضالّتي المنشودة، وقد اطّلعت على ما سبقه من الأجزاء[1]، فألفيتها وافية من حيث الشكل والمضمون، بديعة في وضعها، وموضوعية في تناسق موضوعاتها، حيث جاءت موثّقة بكل صغيرة وكبيرة، معتمدة على أوثق المصادر وأدقّها، سواء كانت المطبوعة منها أو المخطوطة، ومزدانة بصور استطلاعية قديمة وحديثة، تثبت أصالة وعراقة هذا المرقد الشريف، وتكشف للقارئ تاريخه بشكل دقيق متسلسل، لم يترك المؤلف شيئاً من خصوصياته إلا أحصاها وأرّخها ووثّقها بما لا يمكن المزيد عليها، وهذا ينبئ عن قدرة مؤلفها وجلده وصبره، صاحب السماحة آية الله الدكتور الشيخ محمد صادق الكرباسي الحائري حفظه الله ورعاه، وقد وجدت فيه الكفاءة والقدرة والحزم، وستكون هذه الأجزاء مرجعاً مهماً لكل من يريد الاطلاع على تاريخ هذه الروضة المقدسة التي هي مهبط الملائكة المقرّبين، ومأوى العلماء والسلاطين، ومهد الحضارة والرقيّ.

إنني واثق بأن هذا الباب الذي ولجه سماحته في رصد كل ما يتعلق بالمراقد المقدسة التي لها ارتباط من قريب أو بعيد بالإمام المظلوم الحسين بن علي عليه السلام من أنصار وأصحاب، ممن حضروا معركة الطف الدامية سنة ٦١ للهجرة، سيكون مناراً يهتدي إليه الباحثون والمؤرخون وأهل الفن.

---

(١) صدر فيما بعد الجزء الخامس والسادس من تاريخ المراقد.

ومن الجدير بيانه أن هذا الباب جزء يسير من أجزاء موسوعته الكبرى المسماة بـ "دائرة المعارف الحسينية" والتي بلغت أجزاؤها الستمائة مجلد، عرفها علماء الغرب قبل الشرق، وأصبحت جامعة حسينية، قطوفها دانية، وأبوابها مشرعة، اتّسمت بالخلود، لأن من كتب عنها كان خالداً خلود الدهر، بل خلوده مستمر حتى بعد قيام يوم الدين، لأنه كتب شهادته بدم نحره على صفحات النور. فهنيئاً لمن ناصره ولبّى نداءه بطلب النّصرة يوم قلّ الناصر[١]، فقال لبّيك يا حسين، واعتكف ليسطّر هذه الأجزاء المترامية، وكيف لا وهو ابن بجدتها ووليد مدينة الحسين وربيب مدرستها العملاقة التي نفتخر بها لأننا منها واليها ننتمي، فنرجو في الدنيا مجاورته وفي الآخرة شفاعته، وآخر دعوانا أن الحمد لله رب العالمين.

السيد عبد الصالح آل طعمة
سادن الروضة الحسينية الأسبق
لندن ـ المملكة المتحدة
١٤٢٦/٧/٢١ هـ
٢٠٠٥/٨/٢٧ م

(١) إشارة إلى قول الإمام الحسين عليه السلام يوم عاشوراء: "أما من مغيث يغيثنا! أما من ذاب يذبُّ عن حرم رسول الله"، المقرّم، مقتل الحسين: ٢٤٠. وانظر: المجلسي، بحار الأنوار: ٤٦/٤٥ (بيروت، مؤسسة الوفاء، ط١، ١٤٠٣هـ ـ ١٩٨٣م).

القواسم البنيوية
لفن العمارة الإسلامية

تشتهر كل أمَّة بفن من الفنون، تأخذ به شخصيتها ويأخذ الفن من الأمَّة شخصيته، فيلتصق كل منهما بالآخر، ويشار بالفن إلى الأمَّة وبالأمَّة إلى الفن، فاشتهر اليونان والرومان بفن النحت واشتهر الإيطاليون بفن الرسم، واشتهر قدماء المصريين بفن الميناء وصناعته، واشتهر العرب بالخط وفنونه، واشتهر الإيرانيون بالعمارة وفنونها، وهلم جرا.

وفي عدد غير قليل من الفنون يأخذ الدين حيزا من الوجود في تثبيتها أو تشذيبها وتنقيتها مما لا يليق بها، ويترك بصماته عليها، فعلى سبيل المثال، يكثر في الكنائس رؤية المجسمات والصور الزيتية وبخاصة على الزجاج، لكن المجسمات تنعدم في المساجد وتقل فيها الصور، فالكنيسة اعتمدت المجسمات والصور لتقريب العابد إلى المعبود، فيما اعتمد الإسلام البساطة وإزالة الواسطات المادية إلى الرب، ليحلق المؤمن في فضاء مفتوح بخاصة عند الدعاء، وإذا ما سقطت عيناه فإنما تسقط على محراب أُطّر بآيات من الذكر الحكيم ونوافذ شفافة تبعد بمديات بصره وفؤاده إلى اللامحدود.

وفي مجال فن العمارة يسهل معرفة تاريخ أمَّة أو شعب من خلال

دراسة فن عمارتها لانحصار مثل هذا الفن بهذه الأمَّة أو تلك، ولذلك يستدل علماء الآثار على أية أمَّة من الأمم عبر التاريخ الطويل وفي المكان الواحد من خلال ما تركته تلك الأمَّة من فنون في باطن الأرض وفي الكهوف، فعلى سبيل المثال لا يعدم الخبير من إرجاع تحفة مكتشفة في العراق إلى السومريين أو الآشوريين أو البابليين، فلا يكفي أنْ يقول إنَّ الأثر المكتشف سابق على العهد الإسلامي في العراق، بل يرجعه إلى مصدره، لأن كل أمَّة تنطبع بفنها وكل فن ينطبع بصانعه. لكن مثل هذه المعادلة قد يصعب تحققها في فن العمارة الإسلامية، صحيح أنَّ هذا الفن يملك هوية وشخصية متكاملة، لكنه أشبه بلوحة فسيفساء، فلكل أمَّة التي دخلت في الإسلام قطعة داخل هذه اللوحة، وتتكون من مجموع هذه الأمم والشعوب وعلى مر التاريخ بتعدد لغاتها وأجناسها ومعارفها وفنونها لوحة الفن المعماري، الفن الذي اكتسب هوية عليا إسمها الهوية الإسلامية.

الهوية الإسلامية لفن العمارة بجزئياتها، وغيرها من الفنون اللصيقة بالفن المعماري، يبحثها المحقق الدكتور محمد صادق بن محمد الكرباسي في الجزء الرابع من سلسلة كتاب "تاريخ المراقد.. الحسين وأهل بيته وأنصاره" الصادر العام ٢٠٠٧م عن المركز الحسيني للدراسات بلندن في ٤٩٦ صفحة من القطع الوزيري، مفصِّلاً القول في كل مفردة فنية تدخل في الفن المعماري، من خلال التعرض إلى الفن المعماري في المرقد الحسيني الشريف في كربلاء المقدسة، وملاحظة تأثيرات وتداخل فنون الشعوب الإسلامية وإسهاماتها.

مواد الفن المعماري

لكل فن عناصره، يتحدد بها، وفي الفن المعماري تدخل عناصر كثيرة

أصيلة وثانوية، بخاصة وأنَّ العمارة لا تتوقف على الحجارة فهناك الكاشي والزجاج والأخشاب، والبناء الذي يدخل تحت جناح الفن المعماري تزينه الصخور بأشكالها والأحجار الكريمة بأنواعها والزخارف والزجاج وغير ذلك، ولذلك فإنَّ أثراً معمارياً واحداً ينطوي على فنون عدة.

وفي الفصل الأول يتقصى البحاثة الكرباسي المواد التي دخلت في بناء المرقد الحسيني الشريف منذ العام ٦١ هـ وحتى الربع الأول من القرن الخامس عشر الهجري، ولأنَّ العمارة الإسلامية مرت بمراحل وصاحبها التأثير المتبادل بين الأقوام المسلمة، بل وحتى التأثير المتبادل بين الفنون الإسلامية وغير الإسلامية، فإنَّ الكتاب نحى نحو معاينة العناصر الداخلة في عمارة المرقد الحسيني الشريف عبر القرون، حيث يتوقف عند كل قرن لمعرفة عناصر العمارة بأدق تفاصيلها.

ومن خلال التدرج نقف على ملامح ومعالم الفن المعماري في كل قرن، كما نقف في الوقت نفسه على معالم الأسر السلطانية التي توالت على حكم العراق، وما تركته من آثار معمارية تجلت في اهتمامها بالحرم الحسيني الشريف باعتبار أنَّ التقرب إليه هو تقرب إلى رسول الله ﷺ. ويرشدنا البحث في هذا الموضوع إلى مراحل التطور الزمني في استعمال العناصر الداخلة في البناء وفي الزينة والزخرفة، والتطورات الحاصلة في استخدامات التربة والأخشاب والصخور، فعلى سبيل المثال نكتشف من خلال دراسة الفن المعماري أنَّ قطع الكاشاني وهي اللبنة المطبوخة بشكل لطيف والمطلية بمواد لعابية زجاجية ذات ألوان مختلفة، استخدمت في الحرم الحسيني الشريف ولأول مرة في القرن الرابع الهجري في عهد الدولة البويهية (٣٢١ ـ ٤٤٧هـ)، أي أنَّ مصدره إيران ومنها انتشر إلى

العراق وغيره، ونكتشف أن الفسيفساء (الكاشي المعرّق) استخدم في الحرم الحسيني الشريف ولأول مرة في القرن الثامن الهجري، ونقف على أن الذَّهَبَ دخل لأول مرة في تذهيب ضريح الإمام الحسين عليه السلام في القرن العاشر الهجري في عهد إسماعيل الأول الصفوي (ت٩٣٠هـ)، وما إلى ذلك.

كريم وأحجار كريمة

دخلت الأحجار الكريمة وشبه الكريمة البناء لتضفي على الفن المعماري بهاءً وزينة، فالأحجار الكريمة بشكل عام هي أحجار كاربونية نادرة الوجود أو انه يصعب اكتشافها واستخراجها من قبيل الألماس والزمرد، ولذلك سميت كريمة فضلا عن كونها ذات فائدة لحاملها أو المتختم بها، تعالجه من أمراض جسدية ونفسية، ولبعضها قابلية دفع الضرر وجلب المنفعة لما فيها من خواص نادرة، وقد أشارت نصوص القرآن والسُّنَّة إلى بعضها، وتركت السُّنَّة نصوصا قيّمة في بيان فائدة كل حجر كريم أو شبه كريم واستخداماته من حيث المكان والزمان، ويقال إنَّ الطبيب أبو زكريا يحيى بن ماسويه الخوزي (ت٢٤٣هـ) الذي خدم في البلاط العباسي في العراق كان من أوائل من ألف التصانيف في الأحجار الكريمة وبيان مواضع استخراجها وصفات كل حجر في كتابه الشهير (الجواهر وصفاتها).

والى جانب الذهب والفضة، فإنَّ المرقد الحسيني الشريف زُيِّن وعبر القرون بأحجار كريمة وشبه كريمة، فقد تبارى الملوك والرؤساء والوزراء وغيرهم من محبي أهل البيت عليهم السلام بتقديم الهدايا من الأحجار الكريمة ولدواع كثيرة. ويستظهر المحقق الكرباسي أنَّ الأحجار المستخدمة هي:

الألماس والدر والزبرجد والزمرد والعقيق والفيروزج واللؤلؤ والمرجان والياقوت.

فالألماس معدن صلد كربوني شفاف اللون، والدر حجر شبه كريم يتولد في الأراضي الرملية ذات الحصاة شفاف اللون، وأفضله در النجف في العراق[1]، والزبرجد حجر معدني كريم من فصيلة الزمرد شفاف أخضر ضارب إلى الزرقة، والزمرد حجر معدني كريم شفاف شديد الخضرة، والعقيق حجر معدني نصف شفاف ونصف كريم، والفيروزج أو ما يُعرف عند العراقيين بالشذرة معدن حجري شبه كريم لونه أزرق سماوي أو أزرق مخضر، واللؤلؤ جسم كروي أملس يتكون في أصداف بعض القشريات، والمرجان وهو في الأساس اسم لحيوان بحري من الزهريات الشعاعية يعيش في قاع البحار، والياقوت حجر معدني كريم صلب رزين شفاف.

فنون وأقوام

يتابع الدكتور الكرباسي في الفصل الثاني معالم الفنون في العالم وعبر التاريخ، ليستقل في بيان معالم الفن المعماري الإسلامي وعناصره، وبخاصة عناصر الفن المعماري للمرقد الحسيني الشريف.

---

(١) تشتهر مدينة النجف الأشرف باستخراج وتسويق الدُر الأبيض المعروف بـ "درُ النجف"، ولكرامته فإنه يُقدّم كهدية نفيسة، وخلال زيارتي لمراجع التقليد في النجف الأشرف ضمن وفد مهرجان ربيع الشهادة الخامس في شعبان ١٤٣٠هـ (٢٠٠٩م) الذي تعقده الأمانتان العامتان الحسينية والعباسية في كربلاء المقدسة، قدم لنا الفقيه الشيخ بشير النجفي درة أصيلة كهدية شخصية، ولازلت أحملها معي.
وقد أخبرني أحد الصاغة عند زيارتي للمدينة المقدسة عام ٢٠٠٧م، أن در النجف المقلّد المصنوع في الصين غزا الأسواق العراقية بما فيها سوق النجف ولظرافته فإنه يصعب تمييزه عن الأصل إلا للمهرة، ولا يخفى أن أمر التقليد ينسحب على الأحجار الكريمة الأخرى أيضاً.

فالبشرية حفلت بفنون معمارية كثيرة وأهمها :

ـ **الفن الفرعوني** (المصري القديم) وقد امتازت به المعابد المصرية القديمة.

ـ **فن بلاد ما بين النهرين** (العراق القديم) واشتهرت به الحضارة السومرية والبابلية والآشورية.

ـ **الفن الإغريقي** القديم وكان قد تجسد بشكل كبير في بلاد الشام.

ـ **الفن الروماني** (ايطاليا القديمة) وهو استمرار للفن الإغريقي.

ـ **الفن البيزنطي** (تركيا القديمة) وقد حمل سمات ومميزات الفنون الإغريقية والرومانية مع فنون بلاد الشام وفارس ومصر.

ـ **الفن الساساني** (الفارسي القديم) حيث تميزت الفنون المعمارية بالعمائر والأبنية الضخمة ذات الأعمدة الرخامية والحجرية.

أما **الفن الإسلامي** وبلحاظ انفتاح الإسلام على البشرية وثقافاتها، فانه استوعب جميع فنون العالم، ولذلك توزعت الفنون الإسلامية إلى العناوين المعمارية التالية :

ـ الطراز والزخرفة الشامية في العهد الأموي (٤١ ـ ١٣٢هـ)، وفيه كان استخدام الخشب ملموسا جدا بخاصة وحسب تأكيد المصنف: "إن الشام كانت دائما مصدرا أساسيا للأخشاب التي استعملت في حضارات الشرق الأوسط القديمة".

ـ الطراز والزخرفة العراقية في العهد العباسي (١٣٢ ـ ٦٥٦هـ)، ومن مميزاته أنهم استعملوا الآجر بدلا من الحجر.

ـ الطراز والزخرفة المصرية في العهد الفاطمي (٢٩٧ ـ ٥٦٧هـ)، وفيه استحدثوا الأروقة إلى جانب القاعات الكبيرة الواسعة.

ـ الطراز والزخرفة المراكشية، وقد ترسخ الفن المعماري في شمال أفريقا بأصوله الفاطمية.

ـ الطراز والزخرفة الأوروبية في إسبانيا، حيث تداخلت الفنون الغربية بالفنون الإسلامية.

ـ الطراز والزخرفة الإيرانية في عهود البويهيين (٣٢٠ ـ ٤٤٧هـ) والصفويين (٩٠٧ ـ ١١٣٥هـ) والقاجاريين (١٢٠٥ ـ ١٣٤٤هـ)، وكان للحضارة الساسانية القديمة أثرها في الفن الإيراني بخاصة والإسلامي بعامة.

ـ الطراز والزخرفة التركمانية في العهد السلجوقي (٤٢٩ ـ ٧٠٦هـ)، حيث: "اتسعوا في البناء وضخموا في المداخل وتوسعوا في استخدام الزخارف البارزة كالنحت والحفر واستخدام رسوم الحيوانات".

ـ الطراز والزخرفة الصينية في العهد المغولي (٦٠٢ ـ ٦٩٣هـ)، وقد تأثرت فنونهم بالفنين الصيني والفارسي، واستخدموا الرسوم الحيوانية في الزخرفة.

ـ الطراز والزخرفة التركية في العهد العثماني (٦٨٠ ـ ١٣٤٤هـ)، إذ تأثر فنهم بالطراز السلجوقي وبالعمارة البيزنطية، واستقلوا بفن خاص بهم.

ـ الطراز والزخرفة الهندية، والذي استمد جذور فنه من الفن الهندي القديم مع تأثره بالفن الإيراني ولاسيما الفن الصفوي.

كل هذه الطرز والزخارف لهذه المدنيات والحضارات والأقوام

والشعوب تَشَكَّل منها الفن الإسلامي، لأن الإسلام: "أعطى الحرية لكل إقليم وقوم أن يغلبوا عليها بعض رغباتهم التي تتناسب مع مناخهم الطبيعي وإرثهم الحضاري، فأصبح مجموع هذه الطرز المعمارية طرازا اسلاميا لا غبار عليه"، بل إنَّ الفن المعماري في العهد الصفوي شكل قفزة نوعية في الطراز الإسلامي وبخاصة على المساجد والمراقد في العراق من سنية وشيعية، فقد: "جاء الصفويون ليعطوا زخما كبيراً في هذا التوجه، ويبتكروا طرازا خاصا لهذه المقامات الشريفة، ما دفع بالآخرين من أتباع المذاهب الأخرى أن تتبع هذا الطراز على مقامات أئمتهم، كما نشاهد ذلك في مرقدي أبي حنيفة وعبد القادر الگيلاني في بغداد".

بل إنَّ الفن المعماري كان واحدا من وسائل التعريف بالإسلام للعالمين الشرقي والغربي، ويرى المحقق الكرباسي: "إنَّ الإسلام غزا بفنونه الغرب قبل أن يغزوها بالعقيدة، وذلك لأنها تمتلك مقومات فن الإبداع والجمال من خلال الذوق الذي صرفه المعماريون والفنيون الإسلاميون طوال تاريخهم".

الهندسة المعمارية

في الواقع إنَّ أي بناء يأخذ قيمته من هندسته، والمنشأة الفاخرة في عمارتها هي التي يلاحظ فيها المهندس أو الفنان المعماري: الفكرة والغرض وخصوصيات الأرض وخصوصيات الطقس والجمالية والكلفة والآلية وخصوصيات المواد الداخلة في البناء. وهذه المفاصل الثمانية في هندسة البناء يتناولها المؤلف في الفصل الثالث بشيء من التفصيل.

ولاشك أنَّ انفتاحية الإسلام ساعد المهندسين على التجديد في العمارة الإسلامية ولهذا: "اخذ المعماريون بالمضي قدما في استخدام مخيلاتهم

للإبداع في الهندسة والطراز بما يناسب استخداماتها، وساعدها على ذلك عطاء السلاطين الذين أخذوا يتباهون فيما بينهم بالمنشآت الإسلامية، فكان لهذا التنافس دور كبير في هذا التطور السريع والبروز البديع".

ويمكن ملاحظة تأثير الطبيعة والتربة والمناخ في الهندسة المعمارية من خلال اختلاف المآذن والمحاريب والأبواب والمشربيات والفضاءات، كما يمكن ملاحظة تباين استخدامات النقوش والزخارف من بناء إلى آخر، فالنقوش النباتية استخدمت في المساجد واستخدمت اللوحات الفنية في جدران وسقوف القصور، ولهذا يصح القول إنَّ الفن الإسلامي ذات طابع متميز يتصف بـ"وحدة الروح الإسلامية الكامنة وراء التكوينات المعمارية والتشكيلات الزخرفية التي أصبحت تقليدا معماريا".

ويمتاز الفن الإسلامي كما يذهب البحاثة الكرباسي بأنه ذات معايير أهمها :

أولاً: استبعد تصوير المخلوقات الحية لاعتبارات دينية، ولاسيما في الأماكن المقدسة.

ثانياً: استبعد المجسمات والمنحوتات، وبدلا من ذلك: "توجه نحو النباتات والخطوط والأشكال الهندسية".

ثالثاً: العزوف عن الاستغراق في مباهج الحياة في المنشآت الدينية.

جمالية الألوان

ومن جماليات الفن الإسلامي في العمارة استخدام الألوان بشكل منسق وجميل لكون اللون: "عنصر أساس في تلقين المشاهد وتحسيسه بتقريب فكرة أو أبعادها حسب اللون المستخدم على أرضية أخرى"، هذه

الجمالية نجد تفاصيلها في الفصل الرابع، باعتبار أنَّ اللون احد أضلاع مثلث جمالية الزخرفة إلى جانب ضلعي النقشة والتركيب، والزخرفة لا تقتصر على المجال المادي بل تتعداه إلى ما وراء المادة، فهي: "تشمل المعنويات فإنَّ الزخرفة الكلامية تكفّلها علم البلاغة والأدب والذي في الواقع يخضع للمعايير المادية نفسها، ويمكن تطبيقها في كل الأمور".

فاللوحة الفنية لا تسمى فنية إلا بتحقق وحدة الألوان والرسوم والتناسق، لأنَّ اللون له تأثير كبير على العين والنفس معا، له أن يدخل البهجة في الصدور وله أن يسدل على النفس ستار الشؤم، وقيل إنَّ جسرا في إحدى المدن الأوربية كان يشهد حالات انتحار متكررة في العام الواحد، وقد اقترح أحد الأطباء النفسيين أنْ يُصار إلى تغيير لون الجسر من البني إلى الأخضر ولاحظوا بعدها انحسار حالة الانتحار مما تأكد لهم تأثير اللون على النفس البشرية في الفرحة والترحة، فاللون الأخضر له قابلية توليد البهجة في النفس و: "يستخدمه الأطباء في معالجة المصابين بالكآبة والأمراض النفسية".

وللألوان استخدامات عدة، منها: طرد الجراثيم والميكروبات أو جلبها، ومنها أنها تساعد الإنسان في خلق إيحاءات معينة، ولها دور كبير في صفاء الرؤية.

ومن خواص الزخارف الإسلامية الصميمة هي: "تراص الألوان المتعاكسة وتجانسها في المساحات الكبيرة بحيث تتشابك بتناغم مع المساحات البارزة والمنفرة لتخلق انطباعات لونية أخاذة"، وحسب الخبير بالفن الإسلامي الألماني الجنسية الدكتور ريتشارد إتينغوسين (Richard

(Ettinghausen) (١٩٠٦ ـ ١٩٧٩م)[١] إنَّ استعمال اللون في العمارة الإسلامية يمثل: "إنجازا إسلاميا محضا"[٢]. ووقف الفنان التشكيلي خريج الأكاديمية الملكية البريطانية اوين جونس (Owen Jones) (١٨٠٩ ـ ١٨٧٤م)[٣] خاشعا أمام الألوان المستخدمة في تزيين قصر الحمراء في غرناطة، معتبرا ان الألوان المستخدمة: "رتبت بذوق حاذق"[٤].

صياغة الخطوط والزخرفة

كما يجيد الصائغ في صياغة الذهب والفضة وترصيعها بالأحجار الكريمة وشبه الكريمة ويجد في الوقت نفسه متعة ما بعدها متعة، فإنَّ الخطاط يصيغ حروفه بما يعطي للوحة المرسومة أو المنقوشة أو المرصعة جمالية ما بعدها جمالية.

---

(١) ريتشارد إتينغوسين: خبير ألماني بتاريخ الفن الإسلامي، ولد في فرانكفورت بألمانيا ومات في نيوجيرسي في أميركا، نال الشهادة العليا (الدكتوراه) عام ١٩٣١م، وبسبب تفشي النازية هاجر إلى بريطانيا ثم استقر في أميركا، وقام بالتدريس في جامعات ومعاهد عدة من قبيل معهد الفن الفارسي والآثار في نيويورك (Institute of Persian Art and Archaeology)، وجامعة نيويورك (New York University)، وجامعة ميتشغن (The University of Michigan)، وجامعة برينستون (Princeton University)، ترك أكثر من عشرين دراسة في الفنون الإسلامية، وساهم في معارض عدة مختصة بالفن الإسلامي، من مصنفاته: الحدائق الإسلامية، كنوز الفن التركي، والفن الإسلامي.
(٢) الكرباسي، محمد صادق، تاريخ المراقد: ٤/ ٣٢٧.
(٣) أوين جونس: مهندس معماري ومصمم بريطاني شهير، ولد في لندن وفيها مات، أكمل دراسته في الأكاديمية الملكية، له الفضل في وضع تصاميم متحف جنوب كنيسنغتون أو متحف فيكتوريا وألبرت (Victoria and Albert Museum) في لندن، سافر إلى إيطاليا واليونان ودرس فنونهما المعمارية وزخارف أبنيتهما التاريخية، وانتقل إلى القاهرة ودرس الفن الإسلامي ثم رحل إلى استنابول للغرض نفسه، وانتقل إلى غرناطة في جنوب إسبانيا ودرس الزخرفة الإسلامية في قصر الحمراء، ويعرف بأنه أشهر مهندس للتصاميم والنقوش الداخلية.
(٤) الكرباسي، تاريخ المراقد: ٤/ ٣٢٩.

هذا الفن الراقي واستخداماته في المرقد الحسيني الشريف بخاصة والعمارة الإسلامية بعامة يبحثها المحقق الكرباسي في الفصل الخامس، بلحاظ الحضور الواسع للخط في العمارة الإسلامية: "حتى لم تكد تتطلع على أي فن معماري إسلامي إلا وتجد الخطوط قد تعانقت مع النقوش النباتية أو الرسوم الهندسية، بل وتجاوزتها حتى أصبحت جزءاً من الزخرفة ومن نسيج واحد مع الطيور والزهور فأخذوا يرسمون الطيور والأزهار بالخطوط".

ويكثر استعمال خط الثلث: "كونه مركبا متراكبا ومتداخلا يستوعب كلمات كثيرة على مساحات محدودة"، وفي المباني الإسلامية يتصدر الخط الكوفي لما يمتلك من زوايا، ومنه تشكلت معظم النقوش المرتبطة بالخط.

ويشار إنَّ أول كتيبة سجلت في المرقد الحسيني، هي ما كتبه الإمام علي بن الحسين السجاد (ت٩٥هـ)[(١)] على قبر أبيه في ١٣/ ١/ ٦١ هـ، وبإصبعه: (هذا قبر الحسين بن علي بن أبي طالب الذي قتلوه عطشاناً غريباً)[(٢)].

وتبرز إلى جانب الخط، الزخرفة، والتي يبحثها الكرباسي في الفصل السادس، بوصف الزخرفة عملية جمالية يأنس لها الكبير والصغير وهي:

---

(١) خلاف الشائع فإن المحقق الكرباسي يرى بعد بحث وتدقيق أن وفاة الإمام علي بن الحسين السجاد عليه السلام وقعت في العام ٩٢هـ، والأمر نفسه يتكرر مع نجله الإمام محمد بن علي الباقر عليه السلام فعنده أنه رحل سنة ١١٣هـ وليس كما هو الشائع في العام ١١٤هـ. انظر: معجم أنصار الحسين (الهاشميون): ٢/ ٣٤٥، وانظر: معجم أنصار الحسين (الهاشميون): ٣/ ١٤٠.

(٢) المقرم، عبد الرزاق الموسوي، مقتل الحسين: ٣٢٠.

"من الفنون التي تعلَّمها الإنسان من البيئة والطبيعة التي يعايشها، وبعد أن استوعبها أخذ يطورها تماشيا مع سنن الحياة التي أخضعت كل شيء إلى التطور والتطوير". وفي العمارة الإسلامية تتشكل الزخرفة من النقوش النباتية والحيوانية والخط، وتقام على أرضية الخشب أو المعدن أو الجص أو القاشاني، وغيرها: "وكان للروضة الحسينية السبق في استخدام جميع أنواع الزخرفة الخشبية".

والزخارف على أنواع أربعة:

أولاً: الزخارف الكتابية: ولعبت دورا أساسيا في زخرفة المساجد والمراقد والدواوين.

ثانياً: الزخارف النباتية: واستخدمت الزخارف المورقة (الأرابيسك) في تزيين القاشاني والأبواب والأضرحة والشبابيك والمنابر وغيرها.

ثالثاً: الزخارف الهندسية: وانتشرت على مداخل الأبواب وواجهات الأواوين وعند تلاقي الجدران.

رابعاً: الزخارف التصويرية: ويقل استخدامها في المساجد والمراقد، ويستخدم في أكثرها زخرفة صور الطيور.

قبلة العلم

ولما كان ديدن الفقيه آية الله الشيخ محمد صادق الكرباسي البحث عن المعلومة وتدارك ما فات، فإنَّ الثلث الأول من الكتاب ضم استدراكات على ما فات من تقييد وذكر التطور الحاصل في المرقد الحسيني الشريف خلال القرون الخمسة عشر. وضمَّن في نهاية الكتاب مبحثا خاصاً عن تطوير المرقد الشريف من ثلاث خطط، الأولى تتضمن تطوير المرقدين

الحسيني والعباسي، والثاني تطوير مدينة كربلاء وتوسعتها، والثالث ربط المدينة بالمدن الأخرى بشبكة طرق واسعة وسريعة ومنها إلى دول الجوار، وفي هذا المجال اقترح المؤلف ومنذ عقدين من الزمن أمرين:

الأمر الأول: بناء مطار دولي بين مدينتي كربلاء المقدسة والنجف الأشرف يستوعب ملايين الزائرين التواقين إلى زيارة مراقد أئمة أهل البيت، ويبدو ان هذه الأمنية في طريقها إلى التنفيذ بعدما وقع الخيار على مدينة كربلاء لبناء مطار دولي، واستحصلت المحافظة على الموافقات الدولية والفنية من وزارة النقل والمواصلات ومؤسسة الطيران المدني، وبتأكيد رئيس مجلس محافظة كربلاء المقدسة السيد عبد العال الياسري(١) في الثامن عشر من تشرين الأول أكتوبر ٢٠٠٧م كما نقلت وكالة أصوات العراق، فإنَّ المطار خصص له مساحة ٢٠٠ دونم ويقع على بعد ٢٢ كيلو مترا من المدينة باتجاه مدينة النجف الأشرف، حيث سيتم العمل ببنائه في العام ٢٠٠٨م ولمدة ثلاث سنوات وبقيمة ٣ مليارات دولار على أن يستوعب ثلاثة ملايين مسافر سنوياً(٢).

---

(١) الياسري: هو ابن ياسين، من مواليد مدينة كربلاء عام ١٩٦٤م، فاز في انتخابات مجلس المحافظات عام ٢٠٠٥ م وتولى نيابة رئاسة مجلس محافظة كربلاء ثم رئيسا لمجلس المحافظة خلفا لرئيسها الشيخ عقيل بن فاهم الزبيدي الذي اعتقل في ٢٠٠٦/٦/١٥م، ولم يرشح نفسه في إنتخابات مجلس المحافظات التي جرت في ٢٠٠٩/١/٣٠، وخلفه في رئاسة المجلس السيد محمد بن حميد بن هاشم الموسوي المولود في قضاء الهندية (طويريج) بكربلاء سنة ١٩٦٤م.

(٢) وضع وزير النقل والمواصلات العراقي السابق المهندس عامر بن عبد الجبار إسماعيل المولود في مدينة البصرة عام ١٩٦٢م، صباح الثلاثاء ٢/٣/ ٢٠١٠ م حجر الأساس لمطار الفرات الأوسط في محافظة كربلاء المقدسة، ويقع المطار على بعد ٢٧ كم من كربلاء بالقرب من منطقة خان الربع على الطريق إلى النجف الأشرف. (انظر: وكالة نون ـ كربلاء).

وقال محافظ كربلاء المهندس آمال الدين بن مجيد الهر المولود في كربلاء سنة ١٩٥٥م، إن إحدى=

الأمر الثاني: أن يتم بناء مدينة للعلم تقع منتصف الطريق بين مدينة كربلاء المقدسة والنجف الأشرف من جهة نهر الفرات تتوطن فيها الحوزة العلمية ومراجع التقليد العظام، لتكون قبلة علم لكل المسلمين في المعمورة.

كما أن المؤلف لا يستغني في كل مجلدات دائرة المعارف الحسينية التي صدر منها حتى يومنا هذا **٣٧** مجلداً[(١)]، عن الفهارس العامة والخاصة في عشرات الحقول، ولا عن قراءة نقدية لعلم من الأعلام.

وعندما تأتي القراءة من رجل لصيق بالمرقد الحسيني الشريف تولى سدانته والإشراف عليه نحو نصف قرن وهو السيد عبد الصالح بن عبد الحسين آل طعمة (ت٢٠٠٥م)، فإنها ستأخذ بعدا كبيراً قائما على الحس المادي والمناظرة بين ما هو مكتوب وما هو واقع، ولذلك فإن الفقيد اطلع على أجزاء من الموسوعة فكتب: "فوجدتها كنزا ثميناً، وكيف لا تكون كذلك وقد حاول سماحة الشيخ المحترم محمد صادق الكرباسي جاهدا فيها أن يجلو كل ما يمت إلى شخصية الإمام الحسين عليه السلام الفذة وثورته الخالدة بصلة"، وعندما اطلع على هذا الجزء والأجزاء السابقة من سلسلة "تاريخ المراقد" فإنَّه حسب قوله: "وجدت بغيتي وضالّتي المنشودة.. فألفيتها وافية من حيث الشكل والمضمون، بديعة في وضعها، وموضوعية

=الشركات الفرنسية أكملت تصاميم المطار وفق أحدث التصاميم والتقنيات العالمية وستقوم وزارة النقل بطرحه للاستثمار لتنفيذه، مبينا أنَّ المطار سينفذ على مساحة **٥٠** كم**٢** وهو يقع على مسافة **٢٧** كم عن كربلاء و٤٤ كم عن النجف و٢٨كم عن بابل، وأن المشروع إذا ما تم تنفيذه ستكون طاقته الاستيعابية استقبال أكثر من **٣٠** مليون مسافر سنويا. (انظر: وكالة أصوات العراق).

(١) فاق المطبوع من الموسوعة الخمسة وسبعين مجلداً.

في تناسق موضوعاتها، حيث جاءت موثقة بكل صغيرة وكبيرة، معتمدة على أوثق المصادر وأدقها"، واكتشف الفقيد آل طعمة من خلال المقارنة أنَّ البحاثة الكرباسي في تعامله مع المرقد الحسيني: "لم يترك شيئاً من خصوصياته إلا أحصاها وأرَّخها ووثَّقها بما لا يمكن المزيد عليها، وهذا ينبئ عن قدرة مؤلفها وجلده وصبره، صاحب السماحة آية الله الدكتور الشيخ محمد صادق الكرباسي الحائري حفظه الله ورعاه، وقد وجدت فيه الكفاءة والقدرة والحزم".

وأضم صوتي إلى صوت المرحوم السيد آل طعمة بان: هذه الأجزاء ستكون مرجعا مهما لكل من يريد الاطلاع على تاريخ هذه الروضة المقدسة التي هي مهبط الملائكة المقربين، ومأوى العلماء والسلاطين، ومهد الحضارة والرقي.

الثلاثاء ١٨ شوال ١٤٢٨ هـ = ٣٠/ ١٠/ ٢٠٠٧ م

البروفيسور محمود شمس الدين تشانغ تشي هوا

Zhang zhi hua

* أكاديمي وباحث في الشؤون العربية والإسلامية، ولد عام ١٩٣٣م.

* يشتهر بين طلبته بـ: "حاج تشانغ تشي هوا".

* كان له كرسي الأستاذية (بروفيسور) في جامعة بكين للدراسات الدولية: (BEJING INTERNATIONAL STUDIES UNIVERSITY)، التي كان يطلق عليها من قبل معهد بكين للدراسات الأجنبية (Beijing Second Institute of Foreign Languages).

* أستاذ اللغة العربية وتاريخ الحضارة العربية والإسلامية في معهد الدراسات العربية والأفريقية بجامعة بكين حتى تقاعده.

* يجيد اللغة العربية تحدثاً وكتابة.

* ترجم عام ٢٠٠٣م كتاب نهج البلاغة مع شروحاته من اللغة العربية إلى الصينية.

* فاز عام ٢٠٠٧م بالجائزة الأولى في المؤتمر التاسع لكتابة الولاية الذي عقدته مؤسسة آل البيت لإحياء التراث في مدينة قم الإيرانية.

* له حضور فاعل في المؤتمرات الإسلامية الدولية وبخاصة مؤتمر الوحدة الإسلامية المنعقد سنوياً في إيران.

* من مؤلفاته:

تاريخ الإسلام.

الإسلام والمطبوعات الإسلامية في الصين.

الموسوعة كنز الحضارات[1]

(الصحيفة الحسينية ١)

الكتابة في هذا الحقل من الأعمال الصالحة، وإذا فعلت أعتقد أن الله عز وجل يرضاه، ويرضاه رسوله والإمام علي والسيدة فاطمة الزهراء، ولتعزية روح سيد شباب أهل الجنة الفقيد الإمام الحسين.

بعد لمحة سريعة عن كتابي " تعريف عام"[2] و "معالم الدائرة"[3] عرفت لأول مرة ووجدت أن دائرة المعارف الحسينية التي سأطلق عليها إسم "الدائرة" أكبر دوائر المعارف لم يسبق لها مثيل في التاريخ وهي مشروع ضخم وعمل عظيم، وقد تم تأليف ٥٠٠ مجلد، وسوف يبلغ عدد المجلدات نحو ٧٠٠ مجلد[4] حسب خطة المؤلف، ويبلغ عدد الكلمات العربية أكثر من ٩٥٠٠ مليون كلمة، كما سيتم ترجمة بعض المجلدات إلى اللغات المتداولة في العالم[5].

---

(١) تمت الترجمة من اللغة الصينية.

(٢) إشارة إلى كتاب "دائرة المعارف الحسينية.. تعريف عام" من إعدادنا، وصدر في ترجمات عدة: الفارسية والأردوية والفرنسية والإنجليزية، ظهرت طبعته الأولى عام ١٩٩٣م فيما ظهرت طبعته الخامسة عام ١٩٩٧م.

(٣) إشارة إلى كتاب "معالم دائرة المعارف الحسينية للكرباسي" من إعداد الأستاذ علاء الزيدي، وصدر في العام ٢٠٠٠م، وقد ترجم الثاني إلى اللغة الفارسية والإنجليزية أيضاً.

(٤) أكثر من ٦٠٠ مجلد.

(٥) في أكتوبر ـ تشرين الثاني العام ٢٠٠٧م، صدر في مدينة لاهور الباكستانية، الجزء الأول من كتاب "تاريخ مزارات" وهو ترجمة أوردية للجزء الأول من مجلد "تاريخ المراقد.. الحسين وأهل بيته وأنصاره".

ومن خلال ملاحظة حجم "الدائرة" وأعدادها نعرف سعة المحتويات ووفرتها وعمقها، بحيث تضم العلوم الإسلامية والمجالات العلمية كافة، مثل علوم القرآن والحديث والفقه والفلسفة والتاريخ والجغرافية والأدب والفن وفلسفة الأخلاق وغيرها، كما تتناول الموسوعة أديان الأمم والقوميات في العالم وتاريخها وحضاراتها وغير ذلك. بالإمكان القول إن "الدائرة" هي كنز العقيدة الإسلامية والعلوم الإسلامية والحضارة الإسلامية وهي كنز العقائد البشرية والحضارات العالمية أيضاً، فالدائرة تتصف بالقيمة العلمية العالية.

في العام ١٩٩٢م وبعد نشر كتاب "تعريف عام" باللغة العربية وترجمته إلى اللغات الفارسية والأردوية والإنجيلزية والفرنسية والألمانية، وفيما بعد نشر كتاب "المعالم" المترجم إلى اللغة الأوردية والإنجليزية، توجهت الأنظار إلى "الدائرة" وجذبت اهتمام وسائل الإعلام والأوساط العلمية في الشرق والغرب، فكثرت القراءات والتعليقات في الصحف، ووصفت الموسوعة بأوصاف فريدة من قبيل: "الموسوعة العلمية الكبرى" و"دائرة أغلى من الذهب"، و"أول موسوعة وضعت في التاريخ من حيث الكم والكيف"، و"موسوعة كالبحر واسعة وكالفجر رائعة"، و"عمل لا نظير له"، و"العمل الثقافي المفيد والرائع"، و"أنبل وأسمى الإنجازات الإسلامية"، و"الموسوعة ستخدم المسلمين وغير المسلمين"، و"المشروع الفكري الضخم"، و"عملاق الكتاب العربي".. الخ[١].

ومن الجدير بالذكر أن المؤلف الشيخ محمد صادق محمد الكرباسي

(١) عناوين لمقدمات بلغات مختلفة ولأقلام متنوعة ظهر كل منها في جزء من أجزاء دائرة المعارف الحسينية.

المولود عام ١٩٤٧م، عالم مسلم عراقي شهير وعلاّمة ضليع، ذو النيات الطيبة وذو العزم والطموح، إذ يعمل منذ مدة طويلة على القضية السامية في تطوير العلوم الإسلامية وتوسيع التبادلات المعرفية بين الحضارات العالمية، وكان قد خطط في وقت مبكر وشرع في تأليف موسوعة لغوية شاملة، وخطط لوضع موسوعة تاريخية أيضاً، ورتب مقدماتها مع بعض مساعديه من تلاميذه في العراق ولكن الظروف حالت دون تنفيذ خطته[١]. وفي أثناء الإقامة ببيروت وضع خطة تأليف موسوعة تفسير القرآن[٢]، ولم يكد يتم المجلد الأول حتى دارت رحى الحرب الأهلية في لبنان، فتوقف العمل[٣]. ومنذ شهر سبتمبر عام ١٩٨٧م[٤] بدأ الدكتور الكرباسي بوضع برنامج تأليف "دائرة المعارف الحسينية" وهذا عمل شخصي له في الأساس إلا أن المؤلف يستعين بالعلماء والباحثين والأدباء والصحافيين وغيرهم من ذوي الخبرات في هذا المجال.

ربط المؤلف "الدائرة" بالحسين وبنى هيكلها ومحتوياتها في إطار خصوصيات الإمام الحسين، وما يرتبط بها من قريب أو بعيد من موضوعات باعتبارها قاعدة ومحور "الدائرة"، وهي في أبواب وموضوعات كثيرة، من قبيل: نسبه، وسيرته، وشخصيته، والحسين في القرآن، والحسين في الحديث، ودور الحسين في التشريع الإسلامي،

(١) إشارة إلى محاربة حكم صدام حسين (١٩٦٨ ـ ٢٠٠٣م) للحوزة العلمية في النجف الأشرف وكربلاء المقدسة ومطاردته لرجالاتها، مما دفع المؤلف إلى الهجرة.

(٢) وضعت الخطة أولا في كربلاء المقدسة، والبدء بالمشروع انطلق من بيروت.

(٣) استأنف المؤلف أثناء إقامته في لندن في تفسير القرآن، وله تفسير جديد بعنوان "التفسير المسترسل" من ثلاثين جزءاً، والأول صدر عام ٢٠١٠م.

(٤) مساء العاشر من محرم ١٤٠٨هـ.

ومسنده، وخطبه، وأقواله، وديوانه، والدواوين عنه في مختلف العصور، ومدرسته العقيدية والفقهية، وحركته العلمية، وأدعيته ومناجاته، والأدعية على أعدائه في المناسبات، والحديث عن مذبحة كربلاء وأثرها البعيد الغور على مسار البشرية، وغير ذلك.

وتمتد وتتوسع "الدائرة" في مجالات المعارف الأخرى، مثل الحوادث التاريخية والسياسية وسير أصحاب الحسين ومناصريه، وسير أعدائه مثل الأسرة الأموية ومعاوية ويزيد وابن زياد وغيرهم، وذلك لإحياء ذكرى الإمام الحسين بأفضل وجه، ولكي لا ينسى العالم بأسره مآثر الإمام الحسين البطولية ومساهماته العظيمة في النهضة الإسلامية ومقاومة ظلم الطغاة والظالمين ودوره في إصلاح المجتمع الإسلامي وتطوير المعارف الإسلامية، وغير ذلك. فالإمام الحسين حفيد رسول الله ﷺ وحبيبه وسبطه من لحمه ودمه إذ قال النبي ﷺ: (إن الحسين مصباح هدى وسفينة نجاة وإمام خير ويُمن وعز وفخر وبحر علم وذخر)[1]، وكما قال النبي ﷺ: (وأما الحسين فإن له جرأتي وجودي)[2].

تتألف "الصحيفة الحسينية" من جزأين[3]، وسجّل الجزء الأول أدعية الإمام الحسين ومناجاته وأدعيته لأصحابه ومواليه والأدعية على أعدائه الطغاة والظالمين وشركائهم. وضح المؤلف في تمهيد هذا المجلد حقيقة الدعاء مؤكدا أن الدعاء أفضل الأساليب والطرائق للاتصال والتبادل بين

---

(١) عيون أخبار الرضا: ١/ ٦٢، فرائد السمطين: ١/ ١٥٥ حديث ٤٧٧.

(٢) بحار الأنوار للمجلسي: ٤٣/ ٢٩٣. وفي حديث مشابه: (وأما الحسين فإن له شجاعتي وجودي): بحار الأنوار: ٤٣/ ٢٦٣.

(٣) صدر الجزء الثاني في طبعته الأولى عن المركز الحسيني للدراسات بلندن سنة ١٤٢٨هـ (٢٠٠٧م).

العبد وربه، كما احتوى الجزء الأول نماذج من الأدعية في القرآن الكريم وأدعية رسول الله ﷺ وأدعية الإمام علي والسيدة فاطمة الزهراء وبعض أدعية الأئمة الآخرين. وتبين أدعية الإمام الحسين ومناجاته في المناسبات مبلغ تقواه وتقربه وتودده إلى ربه ومنزلته الروحية السامية.

يسود تاريخ البشر صراعا مزمنا بين العدل والظلم وبين النور والظلمة، وكذلك يعمّ تاريخ الإسلام النضال بين الإيمان والنفاق وبين الخير والشر وبين الحق والباطل وبين الصراط المستقيم وصراط الشيطان، على أن الظلم والباطل يتصل اتصالاً مباشراً بالجشع والطغيان والجنون، كما أن العدل والحق دائما ما يرتبطان ارتباطا وثيقا بالخير والرحمة والحلم والبسالة والاستشهاد.

ونعتقد أن الله تعالى يريد أن يختبر ويميّز من خلال مجزرة كربلاء هاتين الطائفتين، ففي الحديث عن النبي ﷺ أن جبريل أخبرني بأن الحسين سوف يستشهد على ضفة الفرات[1]، وأخبر الإمام علي أيضاً بأن الحسين سوف يستشهد بكربلاء، وكان الإمام علي والإمام الحسين يقاتلان في سبيل الحق والعدالة وفي سبيل الله فهما على استعداد تام لتكريس حياتهم من أجل ذلك في كل وقت عملا بمبادئ الإسلام ووصية النبي ﷺ وليس في قلبيهما مثقال ذرة من الحرص على السلطان وعلى مصالح الدنيا، لقد قال الإمام علي في كتابه إلى أهل مصر: (... إني إلى لقاء الله لمشتاق وحسن ثوابه لمنتظر راج، ولكن آسى أن يلي أمر هذه الأمة

(١) في الحديث: (قال جبريل: يا محمد: وإن سبطك هذا وأومأ بيده إلى الحسين عليه السلام مقتول في عصابة من ذريتك وأهل بيتك، وأخيار من أمتك بضفة الفرات، بأرض تدعى كربلاء..) بحار الأنوار للمجلسي: ٥٩/٢٨.

سفهاؤها وفجارها فيتخذوا مال الله دُولا وعباده خولا والصالحين حربا والفاسقين حزبا) (كتاب ٦٢ من نهج البلاغة)[١]، وقال في خطبة له: (اللهم إنك تعلم أنه لم يكن الذي كان منافسة في سلطان ولا التماس شيء من فضول الحطام ولكن لنرد المعالم من دينك...)(١٣١ من كلام له - نهج البلاغة)[٢]، ونعتقد أن الإمام علياً يشير بسفهاء الأمة وفجارها إلى الطغاة أمثال معاوية ويزيد وعبد الملك بن مروان[٣] والذين يؤازرون هؤلاء الطغاة في الظلم والطغيان مثل بُسر بن أرطأة[٤] والمغيرة بن شعبة[٥] وزياد بن أبيه[٦] وعبيدالله بن زياد والحجاج بن يوسف الثقفي[٧] وأضرابهم.

وما فتئ الظالمون وأعوانهم يسيؤون في استعمال سلطتهم الغاشمة التي اغتصبوها بلا حق، ويرتكبون الجرائم الفظيعة ويجمعون الأموال غير

---

(١) نهج البلاغة، د. صبحي الصالح: ٤٥٢.

(٢) نهج البلاغة، د. صبحي الصالح: ١٨٩.

(٣) عبد الملك بن مروان: هو حفيد الحكم، (٢٦ - ٨٦هـ)، خامس حكام بني أمية، ولد في مكة ونشأ في المدينة ومات في دمشق، تولى الحكم عن أبيه سنة ٦٥هـ، ووليه بعد وفاته ابنه الوليد.

(٤) بُسر بن أرطأة: ويقال ابن أبي أرطأة واسمه عمرو بن عويمر بن عمران الكناني، ولد سنة ٩هـ ومات قبل عام ٦٤هـ، وقيل في عهد عبد الملك بن مروان (٦٥ - ٨٦هـ)، قائد أموي، ولغ في دماء المسلمين وسبى نساءهم، خرف في أخريات حياته.

(٥) المغيرة بن شعبة: وهو حفيد أبي عامر الثقفي (٢٠ق.هـ - ٥٠هـ)، اشتهر بالدهاء والمكر، ولي البحرين في عهد عمر بن الخطاب فنفره أهلها، فعزله وولاه البصرة ثم الكوفة، وبقي واليا على الكوفة شطرا من عهد عثمان بن عفان ثم عاد واليا عليها في عهد معاوية حتى مماته فيها.

(٦) زياد بن أبيه: نسبه معاوية إلى أبيه (أبو سفيان)، ولد سنة ١هـ وأمه سمية جارية الحارث بن كلدة الثقفي، ولذلك يقال له زياد الثقفي، ولي مهاما إدارية في عهد عمر بن الخطاب، وولي البصرة، وأقره عليها معاوية سنة ٤٤هـ ثم أقطعه الكوفة سنة ٤٨هـ، ومات فيها سنة ٥٣هـ.

(٧) الحجاج بن يوسف الثقفي: هو حفيد الحكم، ولد بالطائف سنة ٤١هـ، ولي جيش عبد الملك بن مروان في قتال عبدالله بن الزبير عام ٧٣هـ وفيها قصف الكعبة بالمنجنيق وولي مكة، وفي عام ٧٥هـ ولي العراق، بنى مدينة واسط وفيها مات عام ٩٥هـ.

الشرعية ويشترون بها المنافقين والفاسقين وأهل الدنيا لقمع وقتل المسلمين الصالحين بقسوة ووحشية من الذين يجرأون على معارضة حكمهم الجائر حتى بلغ بهم الطغيان والجرأة على الله ورسوله إلى قتل حفيد رسول الله الإمام الحسين وآل النبي وهم يزعمون أنهم مسلمون ومن أمة محمد ﷺ ويرفعون راية الإسلام ويقومون بالفتوحات لتوسيع سلطتهم وجمع الغنائم ونهب الثروات وصرف نظر الشعب المسلم من الداخل إلى الخارج، وصار الإسلام أداة حكمهم وكسب مصالح الدنيا.

لقد ارتكب معاوية أربعاً من الجرائم التاريخية:

أولاً: اغتصب الخلافة بالاعتماد على المكر والقوة.

ثانياً: انطلاقاً من دوافع سياسية واحتياجات ملحّة إدعى قرابة الدم مع زياد بن أبيه مخالفة لشريعة الإسلام[1]، لكي يستغله ويستخدمه في قمع وقتل المسلمين المتقين الذين لا يعترفون بخلافته.

ثالثاً: قتل الصحابي الصالح حجر بن عدي[2] وأصحابه المتقين في منطقة مرج عذراء شرقي دمشق[3]، لأنهم ثابروا على موقفهم بأن معاوية مغتصب للخلافة.

---

(١) إشارة إلى قوله تعالى: ﴿ٱدْعُوهُمْ لِأَبَآئِهِمْ هُوَ أَقْسَطُ عِندَ ٱللَّهِ﴾ [الأحزاب: ٥]. ولقول الرسول محمد ﷺ: "ملعون من ادّعى إلى غير أبيه.."، وقال ﷺ: "الولد للفراش وللعاهر الحجر". انظر: بحار الأنوار: **٢١١/٣٣**.

(٢) حجر بن عدي: هو حفيد معاوية الكندي، أسلم صغيرا في أخريات حياة النبي محمد ﷺ، وصحب الإمام علياً عليه السلام في المدينة والكوفة، تولى قيادة الميسرة في حرب النهروان، عارض السلطة الأموية في الكوفة فانتقم منه معاوية بفرض الحصار الاقتصادي على عشيرته، سلّمه واليها زياد بن أبيه إلى معاوية وقتله صبراً عام ٥١هـ، وقبره يُزار.

(٣) مرج عذراء: وتقع على بعد ١٧ كم من مركز العاصمة دمشق، ويقال لها عدرا أيضاً.

رابعاً: عيّن ابنه يزيداً ولياً للعهد وأورثه الخلافة، مما حوّل نظام خلافة الدولة الإسلامية الانتخابي الشوروي الديمقراطي إلى نظام وراثي ملكي لأول مرة، وفضلا عن ذلك كان يزيد من المبذرين مغرقا بالخمر واللهو والصيد، فكيف يبايعه الإمام الحسين؟

أما يزيد بن معاوية فقد ارتكب ثلاثا من الخطايا التاريخية الكبرى خلال سنوات حكمه الثلاث:

أولاً: في السنة الأولى أوعز إلى واليه على الكوفة والبصرة عبيدالله بن زياد بصد ركب الإمام الحسين بجيش كبير، الأمر الذي أحدث مذبحة كربلاء، وقتل الإمام الحسين.

ثانياً: وفي السنة الثانية أرسل جيشا كبيراً بقيادة مسلم بن عقبة[(١)] لغزو المدينة، حيث سقط المئات من أصحاب النبي من المهاجرين والأنصار والكثير من التابعين في واقعة الحرة، لأنهم رفضوا مبايعة يزيد، وأشد من ذلك وطأة أن مسلماً أباح حسب أمر يزيد مدينة الرسول ثلاثة أيام للجيش المنتصر للقتل والنهب والإحراق[(٢)].

ثالثاً: وفي السنة الثالثة أرسل جيشا لغزو مكة المكرمة ورمى الكعبة بالمنجنيق وهدمها[(٣)].

---

(١) مسلم بن عقبة: هو حفيد رباح المرِّي، قائد عسكري أموي، كان على المشاة في حرب صفين، قاد الجيش الأموي لاخضاع المدينة المنورة عام ٦٣هـ في عهد يزيد فقتل الرجال وسبى النساء واعتدى على شرفهن، واشتهر بالمسرف لإسرافه بالقتل وهتك الحرمات، ولي المدينة في العام نفسه، ومات في منطقة المشلل عام ٦٤هـ وهو في طريقه إلى مكة لقتال عبدالله بن الزبير.

(٢) للمزيد انظر: البداية والنهاية لابن كثير: ٤/ ١٧٤.

(٣) للمزيد انظر: البداية والنهاية لابن كثير: ٤/ ١٨٠.

لقد قطف زياد بن أبيه وابنه عبيدالله ومسلم بن عقبة والحجاج بن يوسف عددا كبيراً من رؤوس المسلمين وسلموها إلى سيدهم لطلب المكافأة، فالحجاج قتل في مسجد الكوفة أكثر من عشرة آلاف مسلم، إذ ظهر فجأة على منبر مسجد الكوفة في يوم الجمعة وخطب بتبجح ولا حياء قائلاً: "يا أهل الكوفة! إني لأرى رؤوسا قد أينعت وحان قطافها وإني لصاحبها..."[1]، وعلى الفور أخذ جنوده الذين كانوا يخفون سيوفهم الحادة تحت لباسهم يقطفون رؤوس المسلمين الذين جاؤوا إلى المسجد لأداء صلاة الجمعة، وفي لحظة سالت الدماء من داخل المسجد إلى شارع الكوفة، فصار الشارع نهر دماء. يا للعجب! فقد أصبح أمثال الطغاة والجزارين أمراء المؤمنين ويتولون أمور أمة محمد ﷺ و"يعظون" الشعب المسلم على منابر النبي ﷺ ويتسلقون بأيديهم الملوثة بدماء المسلمين الأبرياء أعلى درجات مناصب الولاية ويتسابقون فيها يظنون أنفسهم انهم من ذوي الكفاءة والقدرة وأصحاب العزة والفخار، وفي الحقيقة فهم مهرّجون على مسرح الدنيا ليس إلا، وأما عيشهم في هذه الدنيا الدنية فمؤقت وقصير، وعندما جاء قدر الله انسلت الروح من الجسد فصار جثة هامدة وتلاشى المنصب والجاه والمال، وفي صعيد يوم القيامة يتميز الخير والشر والإيمان والنفاق، ويحكم الله بين الناس بالعدل ويكون مرجع الفاسقين جهنم، أما في الدنيا فلهم الخزي والعار وذكرى السوء واللعنة الأبدية، فأين سلطتهم وأين أموالهم وأين ذريتهم؟

أبلى الإمام الحسين وأصحابه الصالحون بلاءً حسنا في موقعة كربلاء

---

(١) الأبشيهي، محمد بن أحمد، المستطرف في كل فن مستظرف: ١/ ١١٨ (بيروت، دار مكتبة الحياة، ١٩٨٩م).

فقد استحقروا الدنيا القذرة وازدروا زخارفها الباطلة، واختاروا حبّ الله والسعادة الخالدة في الآخرة، وقد صعدت أرواحهم السامية إلى أمام عرش الله عز وجل حيث رفع الله مرتباتهم رضي الله عنهم ورسوله والملائكة، وتركوا في الدنيا وراءهم سمعة طيبة تتداولها الأجيال ويدعو الخلق لهم ويصلون عليهم ويلعنون قاتليهم.

كم مسلم يتفجع عليهم ويذرف الدموع؟! وكم مؤمن ينزف الدماء لأخذ الثأر لهم؟! حتى تمازجت الدموع والدماء لتتحول إلى أهازيج وأشعار لا تحصى تحث المسلمين على النهوض وحمل السلاح، وتجمّع الرفض الشعبي ليكون سيلا عرما جرف قاعدة صرح الدولة الأموية حتى دُفنت نهائيا.

إن قتلة الإمام الحسين ومجرمي مذبحة كربلاء هم يزيد وابن زياد وعماله الحصين[١] وشمر[٢] وعمر الذين قادوا جيوشا كبيرة لصد وحصار ركب الإمام الحسين، فعمر بن سعد قاد لوحده أربعة آلاف جندي وقاد الحصين بن نمير أكثر من هذا العدد لمواجهة ٩٢ شخصا[٣] من أهل الإمام الحسين ومريديه. ومن الجدير بالذكر أن عمر هو ابن الصحابي الشهير

---

(١) الحصين: هو ابن نمير السكوني المتوفى سنة ٦٧هـ، تولى قيادة شرطة عبيدالله بن زياد في العراق، وفي معركة كربلاء تولى قيادة الرماة، قتل الصحابي حبيب بن مظاهر الأسدي، شارك في حصار عبدالله بن الزبير وضرب الكعبة بالمنجنيق.

(٢) شمر: هو ابن ذي الجوشن المتوفى سنة ٦٦هـ: قيل اسمه شرحبيل بن قرط الضبابي الكلابي من هوازن، سكن الكوفة، كان على ميسرة الجيش الأموي في كربلاء، اشترك بالمباشرة في قتل الإمام الحسين عليه السلام.

(٣) توصل المحقق الكرباسي إلى أن مجموع شهداء كربلاء نحو ٣٠٠ شهيد وشهيدة على خلاف الشائع على الألسن.

سعد بن أبي وقاص[(١)] وولاه ابن زياد منطقة الري وقدم له أربعة آلاف جندي شريطة أن ينجح في قمع الثورة في المنطقة، وما كاد يسير إلى "الري" حتى جاء خبر سير الحسين إلى العراق إلى ابن زياد، فكلف عمر صد الحسين أولا، وأمره إجبار الحسين على الاستسلام الذليل والإتيان به إليه، وإذا رفض يقاتله ويقتله ويجعل الخيل تطأ صدر الحسين وظهره والإتيان برأسه إليه. ولما أظهر عمر تثاقلا هدده ابن زياد بعزله عن ولاية الري التي كانت أمله.

وأمام ابتلاء الاختيار بين العدل والظلم وبين الدين والدنيا اختار عمر الظلم والدنيا، ونفذ أمر سيده مائة في المائة، وقتل جنوده الإمام الحسين بضربات وطعنات كثيرة وجعل الخيل تطأ صدره وظهره واحتزوا رأسه وأتى برأسه إلى ابن زياد وقدمه ابن زياد بدوره إلى سيده يزيد، وهكذا اشترى عمر تلك الولاية الضئيلة بثمن رأس حفيد النبي ﷺ!

لقد حصلت أمثال هذه الحوادث الشنيعة في تاريخ إسلام الصين وبخاصة في عهد أسرة تشينغ الملكية المنشورية (١٦١٦ ـ ١٩١١م) التي عرفت بـ "سجن القوميات الصينية"، لأن هذه الأسرة الرجعية كانت تمارس تمييزا واضطهادا لقوميات الصين ومنها القومية المنشورية ولاسيما الأقليات القومية المسلمة التي تعرض اعتقادهم الديني وشعائرهم الدينية إلى المنع والتقييد، فظهرت انتفاضات مختلف القوميات إلى حيز الوجود

---

(١) سعد بن أبي وقاص: وابن أبي وقاص هو مالك بن أهيب الزهري، ولد في مكة سنة **٢٣** قبل الهجرة ومات في المدينة سنة ٥٥هـ، تولى قيادة الجيوش في حرب العراق وقاد معركة القادسية والمدائن، ولي لعمر بن الخطاب العراق ونفره شعبه فعزله.

في أرجاء الصين. وكذلك انتفضت القوميات المسلمة في غرب الصين وجنوبها، وتختلف دوافع وأهداف زعماء الانتفاضات، فمنهم ذوو الطموحات الجماهيرية الذين يعتبرون تحرير الشعب من الاضطهاد وشأن الوطن من مسؤوليتهم، ومنهم الطامعون بالسلطة والتاج وإنقاذ سلطة الملك، وكذلك كان من زعماء الانتفاضات المسلمين من يعقد النية على حماية الدين وبلده ويجاهد في سبيل الله، ومنهم من يقوم بالثورة لكسب المناصب والسعي وراء الجاه والمال في الدنيا. كانت أسرة تشينغ تتبع في سياستها الرجعية "إحداث الشقاق والفوضى بين صفوف الثائرين" والعمل بسياسة "فرّق تسد" و"استغلال رجل القوم ليحكم القوم"، وكانت تعمل على إغراء بعض الطامعين في الولاية والمال من زعماء الثورة المسلمين ولملمة الخونة والمرتدين منهم، ثم تعطيهم بعض المناصب في الجيش أو في الحكومة المحلية وتجعلهم يقمعون ويقتلون إخوانهم الثائرين الذين كانوا يقاتلون معهم.

وهؤلاء اللئام من المسلمين الصينيين من نفس صنف ابن زياد والحجاج وغيرهما، لأنهم قطفوا رؤوس إخوانهم المسلمين الصينيين وكانوا ينقلونها على البغال إلى حاضرة المقاطعة لتسليمها إلى الوالي، بل كانوا يتنافسون في عدد الرؤوس المحزوزة في مقابل نيل المكافأة والظفر بالمناصب والوظائف، وعندما أجهدهم ثقل الرؤوس وزيادة حمل البغال غيروا طريقة التسليم، وراحوا يسلمون آذان المقتولين إلى الوالي بحساب الأذنيين كرأس، ومن هؤلاء الحثالة من القوم من كان أئمة المساجد قبل الثورة. وحينما يقترب أجل الموت منهم يحاولون التوبة عن طريق إرسال بعض الأشخاص إلى الحج أو بالتصدق بأموالهم غير الطاهرة، فهل يقبل الله

توبتهم؟ الله أعلم. وهل توافق أرواح الاخوة المسلمين المقطوعة رؤوسهم على توبتهم؟ لاشك أن أجيال المسلمين الصينيين تلعنهم.

لقد لقي يزيد وابن زياد وغيرهما من قتلة الإمام الحسين مصيرهم المخزي فمنهم من مات بغتة وهو قصير العمر، ومنهم من قتله الثائرون الآخذون بثأر الإمام الحسين، وقطعوا رأسه وشُهر علنا في الشارع وأحرقت جثته، فهذا جزاء بسيط لا يذكر في الدنيا، أما الجزاء الحقيقي الشديد والغاشية الكبرى فهو يوم القيامة.

لقد نال الحسين الذي استشهد بكربلاء في اليوم العاشر من المحرم سنة ٦١ هـ (١٠/ ١٠/ ٦٨٠م)، الشرف الأسمى والمنزلة العليا، فللفقيد أفضل الصلوات والتحيات كما نسأل الله أن ينزل على قتلة الحسين وأعوانهم المصائب والنكبات والعذاب الأليم لما اقترفت أيديهم من جريمة كبرى، قال عنها الإمام جعفر الصادق: أصاب الحسين **٦٣** طعنة و**٣٤** ضربة[(١)]. كما أن السماء والأرض بكيتا للشهيد وكأن السماء نزلت بالدماء كانهمار الدموع وساد الفضاء الظلام واستمرت هذه الحالة ثلاثة أيام، وغادرت النجوم منازلها تباعا، وكان فزع وخوف الخلق أشد حتى ظن الناس أن القيامة قد قامت، وكيف لا! والشهيد هو ابن السيدة فاطمة الزهراء وحفيد سيد الخلق في الدنيا والآخرة[(٢)]. وكان النبي ﷺ يحب الحسين حبا جما، ويقبل شفتيه دائما وكثيرا ما كان يرفعه ويضعه على كتفه، جاء في الحديث

---

(١) جاء في تاريخ الملوك للطبري: ٤/ ٣٤٤: "كان عدد جراح الحسين ثلاثاً وثلاثين طعنة رمح وأربعاً وثلاثين ضربة سيف".

(٢) قال السيوطي في تفسير قوله تعالى: ﴿فَمَا بَكَتْ عَلَيْهِمُ ٱلسَّمَآءُ وَٱلْأَرْضُ وَمَا كَانُوا۟ مُنظَرِينَ﴾ [الدخان: ٢٩]: "وأخرج ابن أبي حاتم عن عبيد المكتب، عن إبراهيم ـ رضي الله عنه ـ قال: ما بكت السماء منذ كانت الدنيا، إلا على اثنين. قيل لعبيد: أليس السماء تبكي على المؤمن؟ قال: ذاك مقامه وحيث يصعد عمله. قال: وتدري ما بكاء السماء؟ قال: لا. قال: تحمر وتصير وردة كالدهان إنَّ يحيى بن=

عن الإمام الصادق عليه السلام: "إذا كان يوم القيامة جمع الله الأولين والآخرين في صعيد واحد فينادي مناد: غضوا أبصاركم ونكّسوا رؤوسكم حتى تجوز فاطمة بنت محمد صلى الله عليه وآله وسلم الصراط. فتغض الخلائق أبصارهم فتأتي فاطمة عليها السلام على نجيب من نجيب الجنة يشيعها سبعون ألف ملك، فتقف موقفا شريفا من مواقف القيامة، ثم تنزل عن نجيبها فتأخذ قميص الحسين بن علي عليه السلام بيدها مضمّخاً بدمه وتقول يا رب هذا قميص ولدي وقد علمت ما صنع به، فيأتيها النداء من قبل الله عز وجل: يا فاطمة لك عندي الرضا، فتقول: يا رب انتصر لي من قاتله، فيأمر الله تعالى عنقا من النار فتخرج من جهنم فتلتقط قتلة الحسين بن علي عليه السلام كما يلتقط الطير الحبَّ، ثم تعود العنق بهم إلى النار فيعذبون فيها أنواع العذاب، ثم تركب فاطمة عليها السلام نجيبها حتى تدخل الجنة ومعها الملائكة المشيعون لها وذريتها بين يديها وأولياؤهم من الناس عن يمينها وشمالها"[1]، وفي حديث آخر تسأل الله أن تشفع لمحبي أهل البيت[2].

=زكريا لما قتل، احمرت السماء وقطرت دماً. وإن حسين بن علي يوم قتل احمرت السماء.

وأخرج ابن أبي حاتم عن زيد بن زياد ـ رضي الله عنه ـ قال: لما قتل الحسين، احمرت آفاق السماء أربعة أشهر". الدر المنثور في التفسير المأثور: ٥/٧٤٨ ـ ٧٤٩.

وروي في أول الجزء الخامس من صحيح مسلم في تفسير قوله تعالى: ﴿فَمَا بَكَتْ عَلَيْهِمُ ٱلسَّمَآءُ وَٱلْأَرْضُ..﴾ [الدخان: ٢٩]، لما قتل الحسين بن علي عليه السلام بكت السماء وبكاؤها حمرتها. بحار الأنوار للمجلسي: ٤٥/٢١٧. وللمزيد حول بكاء السماء على الإمام الحسين عليه السلام: انظر: الجزء الثالث والأربعين من بحار الأنوار.

(١) بحار الأنوار للمجلسي: ٤٣/٢٢٤.

(٢) انظر: بحار الأنوار: ٢٤/٢٧٥. وجاء في البحار: ٣٧/٧٠: ومن كتاب مناقب الصحابة لأبي المظفر السمعاني بإسناده عن الشعبي، عن أبي جحيفة، عن علي عليه السلام قال: قال النبي صلى الله عليه وآله وسلم: إذا كان يوم القيامة نادى مناد من تحت الحجب: يا أهل الجمع نكّسوا رؤوسكم وغضوا أبصاركم حتى تجوز فاطمة بنت محمد على الصراط.

وكثرت تعليقات المؤرخين والباحثين في الغرب والشرق حول مذبحة كربلاء وشهادة الإمام الحسين، ويحمل أكثرها لهجات العطف والحزن مع اللوم، مثلا يقولون: "ما كان ينبغي أن يتجه الحسين إلى العراق"، و"ينبغي أن يعرف الحسين أن هناك بونا شاسعا في القوى بينه وبين أعدائه"، وانه "لا ينبغي أن يصدم بالأناء الفخاري الحديد". و"لا ينبغي أن يضرب بالبيضة الحجر"، و"لا ينبغي أن يسير إلى العراق مع أهله"، و"ينبغي أن يقبل نصيحة ابن عباس [(١)] ". وهناك بعض المؤرخين المسلمين النافذي البصيرة يرون أن وجهات النظر هذه ما كانت لتغيب عن فكر الإمام الحسين، ويجب أن يعرف القائل بمثل هذا أهمية تصرف الإمام الحسين من جهة عميقة الغور، ولا ينبغي أن نعرفه من خلال المنطق العام والعقل العادي. نعتقد أن الإمام الحسين يعرف جيدا قوة سلطة بني أمية وأنها غير شرعية وأنها سلطة الشر، ولكن معظم المسلمين غافلون. ويعرف كثير من الناس ظلم سلطة بني أمية إلا أنهم بايعوهم ويشاركونهم في الطغيان خلافا لضمائرهم وخوفا من سيوفهم، لقد قال الشاعر الفرزدق [(٢)] للإمام الحسين عند اللقاء به في الطريق: "قلوب الناس معكم وسيوفهم مع بني أمية" [(٣)]، وكل ذلك للسعي وراء الولاية والجاه والمال والتمتع بملذات الدنيا.

---

(١) ابن عباس: هو عبدالله بن عباس بن عبد المطلب القرشي، ولد في مكة سنة ٣ ق. هـ ومات بالطائف سنة ٦٨هـ، روى عن الرسول ﷺ ١٦٦٠ حديثا، اشتهر بتفسير القرآن، ولي البصرة في عهد الإمام علي عليه السلام.

(٢) الفرزدق: هو همام بن غالب الدارمي التميمي (٣٨ ـ ١١٠هـ) ولد في البصرة وفيها دفن، من شعراء الطبقة الأولى حتى قيل: لولا شعر الفرزدق لذهب ثلث العربية، اشتهر بنقائضه وهجائه مع جرير.

(٣) جاء في البيان والتبيين للجاحظ: ٢/ ١٨٩: "ولقي الحسينُ رضي الله عنه الفرزدقَ فسأله عن الناس فقال: القلوبُ معك، والسيوفُ عليك، والنَّصر في السماء".

إن الإمام الحسين لا يبايع رجلا مثل يزيد أبدا ويعرف أن موقفه يجلب له خطر الموت، فغادر المدينة إلى مكة لأنها آمنة وحرمة الله وفقا لآيات القران[١]، وقتل الشخص المسلم حرام في المسجد الحرام، ولكن الإمام الحسين يعرف أن بني أمية لا يعتبرون حرمة لله ونبيّه، فعقد العزم على الاختيار العقلي العميق والغور الصادر عن عقل موهوب فوق المنطق العام والعقل العادي، وقد رأى أن السلطة الأموية لا يزعزعها إلا حادث عظيم وتضحية جسيمة فجعل نفسه وأهله المصداق الأعلى لهذه التضحية وهذا الفداء، كما فعل المسيح عيسى عليه السلام، لإيقاظ المسلمين الغافلين وإثارة أمة محمد صلى الله عليه وآله وسلم على النهوض لهدم السلطة الأموية الفاسدة المخالفة للمبادئ الإسلامية، ويدل على ذلك جوابه لنصيحة ابن عباس في عدم السفر إلى العراق، إذ قال للإمام الحسين: "أقم بهذا البلد فانك سيد أهل الحجاز"، فأجابه الإمام الحسين: "يابن عمي إني والله لأعلم أنك ناصح مشفق وقد أزمعت على السفر... ولئن أقتل خارجاً منها (مكة) بشبر أحب إلي من أن أُقتل فيها"[٢].

إن منهج الإمام الحسين واختياره صحيح، إذ وبعد أن رفض أهل المدينة مبايعة يزيد أرسل جيشا لغزو مدينة الرسول حيث أحرقوها ونهبوها وقتلوا الصحابة والتابعين، وكذلك رفض ابن الزبير[٣] مبايعة يزيد وجعل

---

(١) من قبيل قوله تعالى: ﴿وَإِذْ قَالَ إِبْرَٰهِـۧمُ رَبِّ ٱجْعَلْ هَٰذَا بَلَدًا ءَامِنًا وَٱرْزُقْ أَهْلَهُۥ مِنَ ٱلثَّمَرَٰتِ مَنْ ءَامَنَ مِنْهُم بِٱللَّهِ وَٱلْيَوْمِ ٱلْـَٔاخِرِ﴾ سورة البقرة: ١٢٦. وقوله تعالى: ﴿إِنَّ أَوَّلَ بَيْتٍ وُضِعَ لِلنَّاسِ لَلَّذِى بِبَكَّةَ مُبَارَكًا وَهُدًى لِّلْعَٰلَمِينَ ﴿٩٦﴾ فِيهِ ءَايَٰتٌۢ بَيِّنَٰتٌ مَّقَامُ إِبْرَٰهِيمَ ۖ وَمَن دَخَلَهُۥ كَانَ ءَامِنًا ۗ وَلِلَّهِ عَلَى ٱلنَّاسِ حِجُّ ٱلْبَيْتِ مَنِ ٱسْتَطَاعَ إِلَيْهِ سَبِيلًا ۚ وَمَن كَفَرَ فَإِنَّ ٱللَّهَ غَنِىٌّ عَنِ ٱلْعَٰلَمِينَ﴾ سورة آل عمران: ٩٦ ـ ٩٧.

(٢) مقتل الحسين للمقرم: ١٦٦ ـ ١٦٨.

(٣) ابن الزبير: هو عبدالله بن الزبير بن العوام القرشي (٢ ـ ٧٣هـ) ولد في ضاحية قباء من المدينة=

المسجد الحرام مظلة واقية لنفسه فأرسل يزيد جيشا رمى مكة المكرمة بالمنجنيق وهدم الكعبة.

وفي عهد عبد الملك نافس ابن الزبير الخلافة فأرسل عبد الملك بقيادة الحجاج لغزو مكة وجعل ابن الزبير مرة أخرى الكعبة مظلة حمايته ولكن الحجاج رمى بالمنجنيق مكة المكرمة مرة أخرى فتعرضت الكعبة مرة أخرى للهدم وقتل ابن الزبير في داخل المسجد الحرام.

يرى المؤرخون أن بني أمية وأعوانهم قاسون وبلداء أيضاً، لأنهم أحدثوا مذبحة كربلاء هزت العالم الإسلامي وقتلوا حفيد نبيهم مما أثاروا غضب مسلمي العالم الشديد، وفي الوقت نفسه قدموا للمسلمن في العالم يوما تذكارا خالدا هو "يوم عاشوراء". ومنذ أربعة عشر قرنا يحيي المسلمون في العالم ذكرى يوم استشهاد الإمام الحسين ويلعنون قاتليه، وبذلك هيأ بنو أمية لأنفسهم شروط الهلاك، وحفروا لأجسادهم القبور، كما أجمع المؤرخون أن الحسين جرف وهدم بدمه صرح الدولة الأموية الفاسد.

محمود شمس الدين تشانغ تشي هوا
بكين ـ الصين
٣/٣/١٤٢٣ هـ (١٥/٥/٢٠٠٢م)

=المنورة، شارك في معارك المسلمين، وكان إلى جانب خالته عائشة في معركة الجمل، أعلن نفسه خليفة سنة ٦٤هـ وبسط سيطرته على معظم الدولة الإسلامية، توجه إليه الحجاج الثقفي وحاصره في مكة وقتله في المسجد الحرام.

جدلية العلم والعرفان
رؤية مغايرة

تتعدد الأسلحة بتعدد الأهداف فهناك سلاح دفاعي وآخر هجومي، وهنـاك سـلاح بعيد المدى وآخر قصير المدى، بعضها ضد الآليات وأخرى ضد الأشخاص، وهناك أسلحة برية وجوية وبحرية، فلكل سلاح دوره في الميدان، وهي في محصلتها إما لدفع عدوان أو لرفع احتلال، ولا تخرج عن كونها أداة قوة تضفي على حاملها هيبة وتبعث في قلب الآخر رهبة.

ومع كثرة الأسلحة وتنوعها، فإنَّه يبقى سلاحٌ واحدٌ حاد في شفرته ماض في ضبِّه، لا يدانيه أي سلاح في مضائه، يتقلده كل من في الأرض من ذكر أو أنثى، يملكه الفقير قبل الغني، يحمله المظلوم في حلِّه وترحاله، في نومه ويقظته، لا يفارقه ولا يبارحه، قريب المنال سريع المآل، وأكثر ما يستعمل عند الشدائد وفي جنح الليل عندما تنام الأعين وترخى السدول، في مثل هذه الحلكة يشهر الداعي سلاحه وعلى شفرتيه يسيح دموعه، إنَّه أمضى سلاح كان ولا زال ولا يزول، انه سلاح الدعاء.

في مثل هذه الأجواء الملكوتية ينقلنا الدكتور الشيخ محمد صادق بن محمد الكرباسي عبر كتابه "الصحيفة الحسينية الكاملة" في جزئه الأول

٣٣٧

الصادر في العام ٢٠٠٧ م عن "المركز الحسيني للدراسات" في لندن في (٤٩٤) صفحة من القطع الوزيري، إلى عالم اللامتناهي حيث تطوى المسافات بين العبد وربه ويكون فيها الرب إلى العبد أقرب من وريده.

الكتاب هو سياحة عرفانية في الأدعية الواردة عن سيد شباب أهل الجنة الإمام الحسين بن علي عليه السلام، حيث هيأ المصنف لمركبتها مقدمة شافية وافية عن الدعاء وحقيقته وآثاره وآدابه وشروطه ومعوقاته، يمهد للداعي سبل السلام في سلوك الطريق الأصوب للوصول إلى رضى المعبود ونيل مناه، ويقرِّب إليه الوسيلة ويبعده عن الوسائل الموصلة إلى طريق مسدود قد لا يجد فيه الداعي في آخره بصيص أمل، ليدخل بعد المقدمة بعرض الأدعية التي أنشأها الإمام الحسين والتي رواها، جمّلها بخط النسخ، ليتناول في الجزء الأول من الصحيفة الحسينية شرح القسم الأعظم من دعاء عرفة، تاركا البقية للجزء الثاني.

شفرات روحية

ولكن ما حقيقة الدعاء الذي ينقاد إليه الجميع من مؤمن أو غير مؤمن بخاصة عندما تدلهمُّ على المرء الهموم كسحب سوداء تهز كيانه وتخلخل ميزانه؟

يشبِّه آية الله الكرباسي الدعاء بالرموز المستخدمة في مجال الاتصالات والحاسوب، فبدونها لا يمكن تحقق الاتصال أو تشغيل الآلة، وعليه فإنَّ: "الدعاء رمز يستخدمه العبد في اتصالاته بالرب فبدونه لا ترتبط الذبذبات اللاسلكية ولا تتصل الأمواج الروحية بالعالم العلوي للتحاور وعرض الطلب"، وبذلك يكون رب العزة على عظمته التي يصغر عنده كل عظيم:

"اختصر الطريق لعبده وجنَّبه المعاناة للوصول إليه فجعل الدعاء الذي لا يكلفه طي زمان ولا مكان وسيلة للتحدث معه".

وفوائد الدعاء كثيرة ولا تنحصر بواحدة أو اثنتين فهي بعدد طلبات الداعين، بيد أنَّ القواسم المشتركة في مجموع الأدعية والداعين وجدها المصنف في ثلاثة: "الشفاء"، "الراحة والطمأنينة"، و"الحصانة".

فأكثر ما يلمُّ بالمرء هو المرض بوجهيه النفسي والجسدي، والإنسان حتى وهو تحت رحمة الطبيب يجد نفسه بحاجة إلى قوة غيبية لتخليصه مما هو فيه من مرض جسدي أو نفسي، وقد ثبت بالتجربة أنَّ الاضطرابات النفسية لها مدخلية كبيرة في الأمراض الجسدية، ولذلك فإنَّ الراحة النفسية هي مفتاح إلى الشفاء من الأمراض العضوية، وكثيرا ما ينصح الطبيب مريضه بالخلود إلى الراحة النفسية والابتعاد عن المشاكل المسبِّبة للاضطرابات النفسية، لما للراحة والاسترخاء من تأثير كبير على عضلات الإنسان وأعصابه، وأهم طريق لاستحصال الخلود النفسي هو الدعاء والتقرب من الله، وصدق الرب بقوله: ﴿أَلَا بِذِكْرِ ٱللَّهِ تَطْمَئِنُّ ٱلْقُلُوبُ﴾[1]، من هنا نجد ان بعض مستشفيات بريطانيا مثل مستشفى نورث بارك هوسبتل (North Park Hospital) في شمال غرب لندن، أفرد جناحا خاصا للعبادة، يجد فيه المريض ضالته الروحية وكذا الزائر، فإدراك أطباء بريطانيا لأهمية العبادة والدعاء في تطبيب النفوس وتطييبها، ومن ثم تأثير ذلك على الجراحات، جعلهم يخطون في هذا الاتجاه، وقد أدرك الطبيب والجراح الفسيولوجي الفرنسي، ألكسيس كارل (Alexis Carrel) (١٨٧٣ -

---

(١) سورة الرعد: ٢٨.

١٩٤٤م)[١] الحاصل على جائزة نوبل في الطب في العام ١٩١٢م أهمية الدعاء في الاستشفاء وتضميد آلام الجوارح، وضمّن هذه الاكتشافات في كتابه الشهير (Prayer) الدعاء.

فالدعاء يجلو صدأ القلوب ويزكي النفوس، مما يبعث على الراحة والطمأنينة حتى وان لم تتحقق مطالب الداعي في الحال، لأنَّ التوجه إلى القوة الغيبية بحد ذاته يرطب من جدب النفس ويبلل من صدي القلب، يقول الكسيس كارل: "فالدعاء معراج روحي للإنسان نحو الله وبالدعاء يتغلغل الله في أعماق ذواتنا، وهكذا يتبدى لنا أنَّ الدعاء ضرورة لا يستغنى عنها لرقي الإنسان وتساميه نحو الأمثل والأفضل"[٢]، وحسب تعبيره فإنَّ: "الدعاء يعتبر وظيفة طبيعية للروح والجسد في آن معاً بحيث لا يمكن الاستغناء عنها أبداً"[٣].

وكلام طبيب مجرب ومتفوق مثل ألكسيس كارل هو مصداق لحديث الإمام جعفر بن محمد الصادق عليه السلام (ت١٤٨هـ): (عليك بالدعاء فانه شفاء

---

(١) ألكسيس كارل: رائد خياطة الأوعية الدموية وزراعة الأعضاء الحية، ولد في ليون الفرنسية ومات في باريس، نال شهادة الطب من جامعة ليون (University of Lyon) مارس الطب في فرنسا وأميركا، وعمل في جامعة شيكاغو (University of Chicago) ومعهد روكفلر للبحث الطبي (Rockefeller Institute for Medical Research)، نال شهادات فخرية في الدراسات العليا (الدكتوراه) من جامعة الملكة في بلفاست (Queen's University Belfast) بأيرلندا الشمالية وجامعة برنستون (Princeton University) بأميركا وجامعة كاليفورنيا (University of California) وجامعة نيويورك (University of New York) وجامعة براون (Brown University) بأميركا وجامعة كولومبيا (Columbia University) في مدينة نيويورك، من مؤلفاته: الإنسان ذلك المجهول (Man, The Unknown).

(٢) كارل، ألكسيس، الدعاء: ٨٥.

(٣) كارل، الدعاء: ٨١.

من كل داء)[1]، من هنا يصبح الدعاء حصانة للإنسان يدفع به البلاء المقدر والبلاء النازل، وهو بمثابة سلاح، كما يقول النبي محمد ﷺ: (الدعاء سلاح المؤمن وعمود الدين ونور السماوات والأرض)[2]. وقد أحسنت بعض الصيدليات صنعا عندما رفعت لافتة تقول: "منّا الدواء ومن الله الشفاء"[3] لأنَّ مثل هذا الشعار تذكير للمريض بالكهف الحصين الذي تستريح عنده النفوس التعبى من أمراضها.

وبالطبع لا يعني التمسك بالدعاء، التواكل وعدم الأخذ بالمسببات، لأنَّ الأمور تجري بأسبابها، لكن الدعاء بحد ذاته مع العمل يوفر للداعي الشعور بالعز لأنَّه يتوجه إلى رب العزة كما يسبغ عليه شعوراً بالقدرة والقوة لأنه يتوجه إلى صاحب القدرة المطلقة، ولذلك فإنَّ مما أوحى الله سبحانه وتعالى لنبيِّه عيسى المسيح أن: "ادعني دعاء الحزين الغريق الذي ليس له مغيث، يا عيسى سلني ولا تسأل غيري فيحسن منك الدعاء ومني الإجابة"[4].

ويرى الفقيه الكرباسي وببيان نماذج من أدعية النبي ﷺ وأهل بيته عليهم السلام أنَّ الدعاء يتشعب في موارده ولا يتقيد بالخوف والرجاء فحسب، صحيح أنَّ: "الجانب الخلقي والصفاء الروحي هو أرقى الجوانب في هذه الحياة المليئة بضوضاء اللاأخلاقية، وطمأنينة النفس لهي الأرضية الصالحة للخير

---

(١) الكليني، محمد بن يعقوب، الكافي: ٢/ ٣٤١.
(٢) الطبرسي، الحسن بن بالفضل، مكارم الأخلاق: ٢٦٨.
(٣) وجدت هذه العبارة مرفوعة فوق شباك صيدلية مستوصف سيد الشهداء في طهران (إيران) الواقع في تقاطع گلوبندك.
(٤) ابن فهد الحلي، أحمد بن محمد، عدة الداعي: ١٣٤.

والسعادة الأبدية"، لكن الصحيح أيضاً أنَّ الأدعية المأثورة تتلمس إلى جانب الروح والنفس، القضايا العلمية والاقتصادية والسياسية والاجتماعية فهي موسوعة من علوم شتى.

ضوابط وآداب

وكما أنَّ لكل ممارسة ضوابطها، فإنَّ للدعاء آدابه وضوابطه، واستنتج المصنف من جملة نصوص شريفة من القرآن والسنة، أن الداعي يفترض فيه لاستجابة الدعاء أنْ يتقدم بين يدي ربه وهو على طهارة من وضوء أو غسل، وأنْ يستقبل القبلة، وأنْ لا يجهر بالدعاء وكما قال النبي محمد ﷺ لأصحابه عندما رفعوا صوتهم بذكر الله: (أما إنكم لا تدعون أصماً ولا غائباً وإنما تدعون سميعا قريبا معكم)[1]. كما ينبغي اختيار الزمان المناسب، فللزمان تأثيره المادي والمعنوي في تقبل الدعاء وتحققه، وأفضل أوقات الدعاء: عند السحر وعند زوال الشمس وبعد المغرب، وأفضلها يوم الجمعة، وكذلك الدعاء إثر الصلاة الواجبة وعند قراءة القرآن وعند الأذان وعند نزول الغيث. وللمكان تأثيره المباشر أيضاً، ولذلك يفضل اختيار المكان المناسب للدعاء ممن يقدر عليه مثل المسجد الحرام والمسجد النبوي، ومراقد أئمة أهل البيت عليهم السلام فقد ورد عن الإمام محمد بن علي الباقر (ت١١٤هـ)[2]: (إن الحسين صاحب كربلاء قتل مظلوما مكروبا عطشانا لهفانا، فآلى الله على نفسه أن لا يأتيه لهفان ولا مكروب ولا مذنب ولا مغموم ولا عطشان ولا مَن به عاهة، ثم دعا عنده

(١) المجلسي، محمد باقر، بحار الأنوار: ٣٤٣/٩٠.

(٢) عند المحقق الكرباسي أنَّ الأمام الباقر توفي سنة ١١٣هـ.

وتقرّب بالحسين بن علي عليه السلام إلى الله عز وجل إلا نفَّس كربته وأعطاه مسألته وغفر ذنبه، ومدّ في عمره، وبسط في رزقه)[1].

ومن ضوابط الدعاء التصريح بالحاجة، صحيح أنَّ الله يعلم خائنة الأعين وما تخفي الصدور، ولكنه تعالى يحب من السائل أنْ يبث همومه وشكواه، لأنَّ الشكوى إقرار بالعجز والحاجة إلى نفحات القدرة الربانية. كما أنَّ من الآداب البدء بالبسملة، ومنها تقديم الدعاء بالتحميد والتمجيد، فمن يرد على مسؤول يقدم لطلبه بمدحة فما بالك برب العزة! ولذلك ورد عن الإمام الصادق عليه السلام: (إذا طلب أحدكم الحاجة فليثن على الله سبحانه وليمدحه فإنَّ الرجل إذا طلب الحاجة من السلطان هيأ له من الكلام أحسن ما قدر عليه، فإذا طلبتم الحاجة فمجّدوا الله عز وجل العزيز الجبار وامدحوه واثنوا عليه)[2]، كما أنَّ من الآداب تقديم الصدقة لأنها تدفع البلاء المبرم.

ومن الضوابط، الدعاء بالمأثور وتجنب تأليف الأدعية، صحيح أنَّ العبد يناجي ربه ويدعوه بما تفيض به نفسه تناغما بين أصغريه بين قلبه ولسانه، لكن تعلم الدعاء المأثور عن النبي صلى الله عليه وآله وسلم وأهل بيته عليهم السلام هو الأصوب لأنهم أمراء الكلام وأرباب الدعاء، وحسب تعبير الشيخ الكرباسي فالأدعية الواردة عن المعصومين كثيرة: "وألطف ما فيها أنها متنوعة تعايشك في سائر أحوالك، فلا حاجة اذاً إلى خلق أدعية جديدة إذا كان المأثور يفي بالغرض، مضافا إلى أنهم أحبة الله، والحبيب يعرف لغة

---

(١) المجلسي، بحار الأنوار: ٩٨/ ٤٦.

(٢) المجلسي، بحار الأنوار: ٩٠/ ٣١٥.

حبيبه، وكلام العاشق لا يعادل بكلام غيره". وكما ان الإنسان يستعين بوسيلة عند تقديم طلبه بوصفها الباب إلى الجهات العليا، فإنَّ الله يحب أنْ يقدم الداعي بين يديه الوسيلة عملا بقوله تعالى: ﴿وَٱبْتَغُوٓاْ إِلَيْهِ ٱلْوَسِيلَةَ﴾[1] وعملا بقوله تعالى: ﴿مَن ذَا ٱلَّذِى يَشْفَعُ عِندَهُۥٓ إِلَّا بِإِذْنِهِۦ﴾[2]، ولذلك: "ومن تلك الوسائل المأذونة الرسول ﷺ وأهل بيته الأطهار عليهم السلام، فهم أحد المصاديق".

ومن آداب الدعاء وضوابطه التضرع والرِّقة، ولذلك يقول النبي محمد ﷺ: (اغتنموا الدعاء عند الرقة فإنها رحمة)[3]، وحسب قول الإمام علي عليه السلام: (بالإخلاص يكون الخلاص فإذا اشتد الفزع، فإلى الله المفزع)[4]. ولأنَّ أبواب رحمة الله مفتَّحة للجميع فإنَّ من آداب الدعاء تعميمه وعدم الاقتصار على ذات السائل، فإن ذلك أدعى إلى شد اللحمة الاجتماعية وأدعى إلى قبول الدعاء، ولذلك فإنَّ من آداب الدعاء تحشّد الجمهور والدعاء جميعا أو أنْ يدعو أحدهم ويؤمِّن البقية على دعائه. ويفضل عند الدعاء الابتعاد عن اللحن، كما أنَّ من الآداب رفع اليدين عند الدعاء، ومنها التزين، فإنَّ الإنسان يتزين لغيره إذا سعى إليه في حاجة، فكيف لا يسعى بزينته للجميل الذي يحب الجمال؟

شرائط ونقائض

وقد يدعو الداعي أو الدعاة فلا يستجاب لهم، وقد يصل اليأس

---

(١) سورة المائدة: ٣٥.

(٢) سورة البقرة: ٢٥٥.

(٣) المجلسي، بحار الأنوار: ٩٠/٣١٣.

(٤) الكليني، الكافي: ٢/٤٦٨.

بالبعض إلى التوقف عن الدعاء أو يساوره الشك بمحل الإجابة، لكن الدعاء كالطلب في الحياة اليومية بحاجة إلى أنْ يستوفي الطلب شروطه حتى يكون محل نظر واستجابة وإجابة، من هنا فإنَّ المصنف يستقرئ من نصوص القرآن والسنة الشريفة مجموعة شرائط يراها ضرورية لاستجابة الدعاء.

وتقف على رأس الشرائط: المشروعية، أي أنْ يكون الدعاء مشروعا في ذاته، ولذلك ورد عن الإمام علي عليه السلام: (يا صاحب الدعاء لا تسأل ما لا يكون ولا يحل)(١)، إذ لا يحل للمرء أنْ يدعو على نفسه بالموت أو أنْ يدعو لتحقيق منكر ما. ومن الشرائط: المبادرة بالعمل، فالبركة في الحركة، وطلب الخير وتحقق الأماني دون عمل مفسدة للنفس، فمن وصايا النبي محمد صلى الله عليه وآله وسلم لأبي ذر الغفاري جندب بن جنادة (ت٣٢هـ): (يا أبا ذر مثل الذي يدعو بغير عمل كمثل الذي يرمي بغير وتر)(٢).

ولأنَّ النبي صلى الله عليه وآله وسلم وأهل بيته عليهم السلام مصداق الوسيلة إلى الله، فإنَّ من شرائط قبول الدعاء: الصلاة على محمد وآله، وقد ورد عن النبي محمد صلى الله عليه وآله وسلم قوله: (الدعاء محجوب حتى يصلى على محمد وأهل بيته)(٣). ومن الشرائط: الإخلاص في الدعاء فالله العالم بالنفوس يعلم إخلاص الداعي من عدمه، ومن تعليم القرآن الكريم للناس: ﴿وَٱدۡعُوهُ مُخۡلِصِينَ لَهُ ٱلدِّينَۚ﴾(٤). ومن الشرائط: الإلحاح والإصرار، فمن وصايا الرب الجليل لنبيه موسى بن عمران (١٥٦٨ ـ ١٤٤٢ ق.هـ): (يا موسى من أحبَّني لم

---

(١) ابن بابويه القمي، محمد بن علي، الخصال: ٢/١٦٩.

(٢) الطوسي، محمد بن الحسن، أمالي الطوسي: ٥٤٥.

(٣) الهيثمي، أحمد بن حجر، الصواعق المحرقة: ٨٨.

(٤) سورة الأعراف: ٢٩.

ينسني، ومن رجا معروفي ألحّ في مسألتي، يا موسى إني لست بغافل عن خَلقي، ولكني أحبُّ أنْ تسمع ملائكتي ضجيج الدعاء من عبادي)[1]. ويقتضي عند الدعاء: التهيؤ النفسي فهو مدعاة تحقق الصفاء والجلاء الروحيين. وبهذا الصفاء يتوجه الداعي إلى الله، وكلما أكثر التوجه إلى مالك السموات والأرض ضمن الإجابة، ولهذا ورد عن الفيلسوف الرواقي ابيكتيت (Epictete) (٥٠ ـ ١٣٠م)[2]: "فكّر بالله أكثر مما تتنفس"[3]، وبالطبع فإنَّ التوجه الخالص إلى الله يتطلب تقوى الله، إذ قرر القرآن الكريم وعلى لسان هابيل: ﴿إِنَّمَا يَتَقَبَّلُ ٱللَّهُ مِنَ ٱلْمُتَّقِينَ﴾[4].

وفي مقابل الشرائط هناك نقائض تحول دون استجابة الدعاء، استوحاها المصنف من مجموع نصوص القرآن الكريم والسنة الشريفة، فوجد ان من أهمها: "عدم الوفاء بالعهد"، لأن مقتضى الإجابة ان يعمل الداعي بما أوجبه الله عليه وفقا لقوله تعالى: ﴿وَأَوْفُواْ بِعَهْدِيٓ أُوفِ بِعَهْدِكُمْ وَإِيَّٰيَ فَٱرْهَبُونِ﴾[5]. ومن النقائض: "مخالفة القوانين الكونية"، فليس من المصلحة ان يدعو المرء لحبس المطر لمجرد أنَّه يريد لمصنوعاته من الخزف، وعلى سبيل المثال، أنْ تجف تحت أشعة الشمس، فهذا خلاف المنظومة الكونية.

---

(١) المجلسي، بحار الأنوار: ٩٠/ ٣٤٠.

(٢) ابيكتيت: ويقال له أبكتاتوس (Epictetus) حسب اللغة الانكليزية، ولد كعبد في مدينة هيرابوليس (Hierapolis) في جنوب غرب تركيا، وعاش في روما، وانتقل إلى مدينة نيكوبوليس (Nicopolis) في اليونان حتى آخر حياته، أكثر ما جاء عنه من مقولات من طرف تلميذه أريان (Arrian) (٨٦ ـ ١٦٠م)، كان يرى أن معين السعادة هو النفس لا الأشياء الخارجية، وهو من دعاة الأخاء.

(٣) كارل، الدعاء: ٤٥.

(٤) سورة المائدة: ٢٧.

(٥) سورة البقرة: ٤٠.

ومن النقائض: "نقض شروط الدعاء" فإذا كانت الرقة مدعاة إلى استجابة الدعاء فإنَّ القسوة حاجبة عنه فلا يدعو السائل وهو لا يتوفر على شرط الرقة لأنَّ الله يحب القلب الرقيق. ومن النقائض: "عدم توفر الأرضية المناسبة" لتحقق استجابة الدعاء لمصلحة قدَّرها رب العالمين لعبده، وهذا المعنى نجده في "دعاء الافتتاح" الذي تكثر قراءته ليالي شهر رمضان المبارك: (ولعل الذي أبطأ عني هو خير لي لعلمك بعاقبة الأمور)[1]، وفي الأمثال الشعبية: "لكل تأخيرة وفيها خيرة"، وأضيف: "لكل تأخيرة وفيها ذخيرة".

ومن النقائض: "الخطأ في الاتجاه" حيث يطرق الداعي بابا لا يُؤدي به إلى الله فتشط دعواه وتخيب آماله. ومنها: "التناقض في الأدعية". ومنها: "اقتراف الذنوب" فهي بمقام العوارض تحول دون صعود الدعاء إلى محل القبول، وقد ورد عن الإمام محمد الباقر عليه السلام: (إنَّ العبد يسأل الله الحاجة فيكون من شأنه قضاؤها إلى أجل قريب، أو إلى وقت بطئ فيذنب العبد ذنبا فيقول الله تبارك وتعالى للملك لا تقض حاجته واحرمه إياها فانه تعرض لسخطي واستوجب الحرمان منّي)[2].

ومن النقائض: "استعجال الإجابة"، فالإنسان بطبعه عجول فهو إما أنْ يستعجل في الطلب فلا يوفر لطلبه مقدمات شرائط الدعاء، وإذا وفّرها تعجّل في استحصال الجواب وقد يصل إلى حالة القنوط المنهي عنه. ومن النقائض: "سبق الأمور". ومنها: "التقاعس" فيعتمد المرء على الدعاء

---

(١) القمي، عباس، مفاتيح الجنان: ١٨٠.

(٢) الكليني، الكافي: ٢/٤٤٨.

دون العمل. وأخيرا فإنَّ من نقائض الدعاء: "عدم مصلحة الداعي" فربما يدعو السائل بالغنى وفي علم الله أن المال وبال عليه، فيرزقه بقدر.

أما من محسّنات الدعاء: المسح على الوجه بباطن اليدين كما يستحسن ان يختم الطالب دعاءه بقول: ما شاء الله لا قوة إلا بالله.

إنسجام دقيق

وخصص المحقق الكرباسي مبحثا لبيان "أدب الدعاء وأسلوبه" ذاكرا عينات من أدب الدعاء في القرآن الكريم وفي الحديث القدسي ودعاء الرسول ﷺ ودعاء سيدة نساء العالمين فاطمة الزهراء عليها السلام ونماذج من أدعية الإمام علي عليه السلام وسبطيه الحسن والحسين عليه السلام والأئمة التسعة من ولد الإمام الحسين عليه السلام حتى الإمام القائم محمد المهدي المنتظر. وبحث مفهوم الأدعية من الاتجاهين اللفظي والمعنوي، وخلص إلى أنَّ القرآن الكريم من حيث اللغة هو رائد أدعية النبي ﷺ وأهل بيته عليهم السلام لأنَّ كلامهم فوق كلام المخلوق ودون كلام الخالق، فالدعاء المأثور عن المعصومين في مجمله: "روعي فيه اختيار الكلمات ذات التركيبة المناسبة والمنسجمة مع المعنى المراد، مضافا إلى الوقع والسجع اللذين هما ظاهرتان من ظواهر الأدب عند أهل البيت عليهم السلام المستلهم من القرآن الحكيم".

أما في الاتجاه المعنوي فإنَّ أدعية المعصومين: "تعكس لنا صورة ما يختلج في صدر كل إنسان داهمته الهموم وأغرقته الغموم، فلا يجد ملاذا ولا ملجأ إلا عَرض ما ألمَّ به إلى السلطة العليا بتضرع وانكسار ليجلب عطف تلك القوة المطلقة فيفرج عنه ويحرر من أغلاله"، ولذلك فإنَّ توجه السائل بالدعاء إلى الله عبر تلاوة المأثور يستبان فيه الأهمية القصوى لأنَّ هؤلاء القادة: "أعرف بالطرق التي توصلنا إلى الغاية المتوخاة من الدعاء،

والوقوف على باب رحمة الخالق"، فالمعصومون فوق أنْ يذنبوا ولكن الأدعية الواردة عنهم إنما هي رحمة للعباد، وان: "تعليمهم هذه الأدعية للسائل يكون بمثابة إسعاف له إلى أقرب الطرق الكفيلة للنظر في طلباته واستجابة دعواته، فالتعبير العاطفي الذي استخدموه في طيات هذه الأدعية ليس له مثيل في تاريخ الأدب العربي. كما أنَّ الخضوع الذي مارسوه من خلالها له أهميته القصوى في تأثير الإجابة، وليس له عديل في الخُلق الإنساني".

ولاحظ المحقق من خلال إجراء مناظرة بين الأدعية الواردة في القرآن الكريم، وأدعية المعصومين: "إنَّ هذه الأدعية هي تلو القرآن، لأنَّ أكثر معانيها أخذ منه ومن الأحاديث القدسية التي أوحى الله بها إلى أنبيائه" ولذلك فإنَّ البعض سماها بالصحيفة أو الزبور أو التوراة أو الإنجيل لما فيها من الهدى ولأنها تحمل مضامين الوحي. ولاحظ المصنف: "التنسيق المعنوي بينهما، ومن هنا فإنَّ القرآن والدعاء صيغة واحدة، خرج من مصدر واحد، يختلفان في نسبة القوة والمباشرة"، مع التأكيد أن الأدعية الصادرة عن المعصومين هي: "بمنزلة وثيقة تعليمية ومنهاج تربوي".

واستعرض المصنف ٧٣ موردا للدعاء من آيات الذكر الحكيم. على أن الدعاء لا يختص بالقرآن الكريم أو بالمسلمين، فهو أمر عام تشترك فيه كل الديانات كما أنَّ الدعاء من أبرز مصاديق العبادة، ولذلك فإنَّه لا يتوقف على البشر ويتعداه إلى الجن بنص قوله تعالى: ﴿وَمَا خَلَقْتُ ٱلْجِنَّ وَٱلْإِنسَ إِلَّا لِيَعْبُدُونِ﴾[1].

---

(١) سورة الذاريات: ٥٦.

مضامين راقية

في الواقع أنَّ الكتب الخاصة بأدعية الإمام الحسين عليه السلام أقل من أصابع اليد، ولكن ما يميز هذا الكتاب أنَّه خضع للتحقيق والتدقيق واقتصر على الأدعية التي دعا بها الإمام الحسين عليه السلام في المناسبات وما دعا به للأشخاص وما دعا به على الأعداء وما دعا به ضمن خطبه وكتبه وكلامه، وقد أرجع المحقق كل فقرة من الدعاء إلى آية أو آيات من القرآن الكريم، مما يشعرك أنَّ المعصوم لا يمتح في دعائه إلا من عين القرآن الكريم ويغترف من نميره، فالقرآن الكريم خُلقه وأدبه.

وتفرَّدّ الكتاب بشروحات مستفيضة جمعت بين علوم القرآن والفقه والأصول واللغة والعلوم الحديثة أي جمع بين علم الأديان وعلم الأبدان والعلوم الأخرى الطبيعية والرياضية وغيرها، بخاصة وأنَّ جانبا كبيراً من دعاء عرفة الذي استحوذ على أكثر من ربع الكتاب، ضمّن فيه الإمام الحسين عليه السلام مسائل علمية كثيرة ومنها وظائف البدن أمكن لعلم التشريح فهم مضامينها، فأعمل المحقق الكرباسي جهده في استكناه العلوم المختلفة لشرح نصوص الدعاء العالية المضامين، وأظهرت شروح دعاء عرفة حقائق علمية غاية في الأهمية، وبعضها لم يتحقق منها العلم الحديث حتى يومنا هذا من قبيل بصر العين، فالمحقق الكرباسي يرى من خلال فقرة الدعاء: (اللهم اجعل.. والنور في بصري)[1] أن: "للبصر نور كما نعتقد، فمن الملاحظ أنك في الظلام ومع غمض الجفون تشعر بذلك النور وقد يكون محسوسا لدى البعض أكثر من غيره، وقد يكون ملحوظا لدى

(١) القمي، مفاتيح الجنان: ٢٦٣ ـ ٢٦٤.

بعض الحركات للعين أو الاحتكاكات، وعلى أي تقدير فالمصادر الإلهية دائما تؤكد أن للبصر نورا، فإذا افتقده المرء عمي ولم يبصر شيئاً بمعنى أنها فقدت قابلية الإبصار وان امتلكت بقية الإبصار. أما نوعية النور فهذا ما يجب تحديده، فلاشك أنه نوع من أنواع الإشعاعات، فالعين ترسل الإشعاع فيقع على الجسم المرئي فتحس العين بالإبصار، هذا لا ينافي ضرورة وجود النور الخارجي أو انعكاساته على الجسم في إمكانية تحصيل الرؤية".

وتم تعضيد الكتاب بستة وعشرين فهرسا في مناح مختلفة، يرجع إليها القارئ والباحث بسهولة، مع قراءة نقدية لأستاذ اللغات في معهد بكين للغات الأجنبية في الصين الأستاذ محمود شمس الدين تشانغ تشي هوا (Zhang Zhi Hua)، الصيني الأصل الذي كتب قراءته باللغة الصينية، حيث عبر عن عظيم تقديره للموسوعة الحسينية التي صدر منها حتى الآن **٣٤** مجلداً[(١)]، إذ: "وجدت دائرة المعارف الحسينية اكبر دوائر المعارف التي لم يسبق لها مثيل في التاريخ، وهي مشروع ضخم وعمل عظيم"، ويشير بعد سرد محتويات الدائرة أنه: "يمكن القول إنَّ دائرة المعارف الحسينية هي كنز الفكرة الإسلامية والعلوم الإسلامية والحضارة الإسلامية، وهي كنز الأفكار البشرية والحضارات العالمية، وتتحلى بالقيمة العلمية العالية"، وخلص بعد بيان محتويات هذا الكتاب ودور الإمام الحسين عليه السلام في فضح السلطة الأموية، إلى حصول: "إجماع المؤرخين على أن الحسين جرف وهدم بدمه صرح الدولة الأموية الفاسدة".

---

(١) وصل المطبوع من الموسوعة إلى أكثر من خمسة وسبعين مجلداً.

وبالإمكان القول إنَّ الكتاب تفرّد في شروحاته عرضا ومضمونا، ويشكل فتحا معرفيا في عالم المأثور من الأدعية وبخاصة المنسوبة للإمام الحسين عليه السلام والواردة عنه، ويقدم منهجا جديداً في التعاطي مع النصوص الروحية، فإذا اشتهر في علوم القرآن تفسير القرآن بالقرآن أو تفسيره بالمأثور، فإنَّ ما جاء به المحقق الكرباسي هو أن فسّر الدعاء بالقرآن وعرض نصوصه على العلوم الحديثة، فلم يتخلف العلم عنها ولم تتخلف عنه.

الجمعة ٢٢ جمادى الأولى ١٤٢٨ هـ = ٢٠٠٧/٦/٨ م

البروفيسور جمال جلال عبد الله

* باحث وأستاذ جامعي عراقي كردي الأصل ولد في مدينة السليمانية سنة ١٩٢٦م ويقيم حاليا في لندن.

* درس في مسقط رأسه وأنهى فيها مرحلة الثانوية.

* درَس اللغة الانكليزية في كلية دار المعلمين العالية ببغداد ونال منها شهادتها سنة ١٩٥٠م.

* مارس التدريس في ثانوية السليمانية لثلاث سنوات.

* غادر العراق سنة ١٩٥٤م إلى الولايات المتحدة الأميركية ودرَس في جامعة مشيغن (University of Michigan) وحصل منها على الشهادة العالية (الماجستير) في اللغة الانكليزية وفقه اللغة.

* عاد إلى بغداد وقام بتدريس اللغة الانكليزية في كلية الآداب بجامعة بغداد.

* في عام ١٩٦٠م تمت إعارة خدماته التدريسية إلى جامعة مشيغن لمدة سنتين عمل معها مع البروفيسور ارنست مكارس (Ernest N. McCarus) لإعداد كتب لتدريس اللغة الكردية للطلبة الأمريكان تم خلال هذه المدة تأليف أربعة كتب طبعتها دار نشر جامعة مشيغن.

* حلَّ في المملكة المتحدة مبتعثاً لإكمال الدراسات العليا ونال من جامعة يورك (The University of York) في إنكلترة الشهادة العليا (الدكتوراه) في فقه اللغة الاجتماعي (Sociolinguistics).

* عاد إلى بغداد وواصل التدريس في كلية الآداب بجامعة بغداد قسم اللغة الانكليزية حتى عام ١٩٨٣م حيث طلب إحالته على التقاعد.

* في عام ١٩٨٤م ذهب إلى المملكة العربية السعودية ومارس التدريس في جامعة الإمام محمد بن سعود الإسلامية بدرجة أستاذ مشارك.

* في عام ١٩٨٥م ذهب إلى المملكة الأردنية ومارس التدريس لمدة عام في جامعة جرش.

* في الفترة ١٩٨٦ ـ ٢٠٠٠م واصل التدريس في جامعة العلوم التطبيقية في عمّان بالأردن.

* في عام ٢٠٠٠م قدَّم استقالته من التدريس وسكن المملكة المتحدة ليلتحق بنجله الطبيب الاستشاري وابنته الصيدلانية ويعكف على التأليف باللغتين العربية والإنكليزية.

* من مؤلفاته:

ـ العراق بين التحرير والتدمير.

ـ القصص الكردية القصيرة (Kurdish Short Stories).

ـ المقالات الكردية (Kurdish Essays).

التضحية والشعر [1]

(ديوان القرن ١/١١)

إنني أجد نفسي محظوظا في الكتابة عن الشعور القومي والتضحية الكبرى التي قدمها الإمام الحسين بن علي عليه السلام ابن عم الرسول صلى الله عليه وآله وسلم.

بات الحسين معروفا في جميع أنحاء العالم بأنه خرج إلى العراق لتصحيح مسار الدولة الأموية والوقوف أمام ما أفسدوه، وبقي يناضل لأجل هدفه السامي رغم كل المحاولات التي مورست في حقه للتنازل عن هذا الهدف والمبدأ الشريف، انه بذل مهجته في سبيل هذه الأهداف النبيلة، وضحى لأجل تلك المبادئ العالية بالغالي والنفيس، ومن هنا استحق أن يعبر عنه بالقائد القومي لهذه الأمة.

وفي ذلك العام الذي خرج الحسين عليه السلام لإصلاح ما أفسده الحاكمون ليعيد الإسلام إلى مساره الصحيح، أراد أن يبين بهذه التضحية المباركة للعالم الإسلامي سبل التضحية لإنقاذ الأمة من شراك الظالمين، ومن هنا أصبح قدوة للأحرار وسيدهم في هذا العالم، كما وعلّمهم منهج الإصلاح والتضحية.

---

(١) تمت الترجمة من اللغة الكردية.

وليس غريبا أن يقوم الآلاف من الشعراء والأدباء والكتاب على مر العصور بإنشاء الشعر وكتابة النثر لاستعراض تضحية الإمام الحسين عليه السلام، وتقوم دائرة المعارف الحسينية في هذا العصر بتوجيه من آية الله محمد صادق الكرباسي باستقراء هذه المعارف وما نظمه شعراء العالم وما كتبه المؤلفون والأدباء وتهذيبها ودراستها، وما ذلك إلا لما قدمه الإمام الحسين عليه السلام للأمة والدين بإخلاص وثبات.

إن الشعر الحسيني والذي بدأ منذ استشهاد الإمام الحسين عليه السلام وحتى يومنا هذا كوّن مجموعة كبيرة نظمت حسب القرون وطبعت لتصل إلى القرن الحادي عشر الهجري[1].

في الحقيقة أشعر بالاعتزاز حينما استعرض الجزء الأول من ديوان القرن الحادي عشر مثنيا في ذلك على الجهود التي بذلت في سبيل إنجاز هذا العمل المبارك.

الدكتور جمال جلال عبد الله
لندن ـ المملكة المتحدة
أستاذ اللغة الإنجليزية ـ جامعة بغداد
٢٨/ ٣/ ٢٠٠٧م

---

(١) صدر الجزء الثالث من ديوان القرن الثاني عشر الهجري في طبعته الأولى عام ١٤٣٠هـ (٢٠٠٩م).

تقاسيم القفزة الأدبية
في الألفية الثانية الهجرية

يؤمن المجتمع الغربي أن المكتسبات العلمية التي يعيش في بحبوحتها العالم هي نتاج الثورة العلمية في القرنين الماضيين، ونتاج ثورة الاتصالات في القرن العشرين، فكل تطور علمي هو رهين الماضي، لكن هذا المجتمع وبخاصة الناطق منه باللغة الإنجليزية يشكو من تدني الأدب الانجليزي، وابتعاد المواطن والشارع العام عن الآداب وجذور اللغة الإنجليزية أو بتعبير المثقفين الغربيين (لغة شكسبير) أو (أدب شكسبير) بلحاظ أنَّ وليام شكسبير (١٥٦٤ ـ ١٦١٦م)[(١)] يمثل قمة الأدب الانجليزي واللغة الفصحى.

ولم تكن المجتمعات العربية بعيدة عن دائرة الانحطاط الأدبي، والابتعاد عن اللغة الأم وبالتالي التنائي عن أدب الأجداد، وهذا ما انعكس بصورة جلية على النتاج الأدبي وبخاصة الأدب المنظوم الذي يمثل قمة

---

(١) وليام شكسبير: (William Shakespeare) هو ابن (John) ولد في مدينة ستراتفورد (Stratford-upon-Avon) وسط انكلترا، وفيها مات، نشأ في مسقط رأسه وسكن لندن، أديب وشاعر وممثل، ترك ٣٨ مسرحية و١٤٥ قصيدة ونصّاً شعريا، من آثاره المسرحية: روميو وجوليت (Romeo and Juliet)، مأساوية هاملت (The Tragedy of Hamlet)، انطوني وكيلوباترا (Antony and Cleopatra).

الأدب العربي لما فيه من موازين وقياسات تحكم الشاعر والشعر، وقد أصاب كبد الحقيقة من قال بأن القرآن الكريم هو الذي حفظ اللغة العربية وهو الذي حفظ للعرب أدبهم، ولولاه لضاع العرب والعربية، والشعر الذي يسمى كنز العرب وديوان العرب أصابه الهزل ما تقادم الزمان، وكلما ابتعدنا عن أدب الجاهلية وأدب صدر الإسلام ازداد هزال جسد الأدب العربي، ولذلك فإنَّ كل الأدباء من عرب ومسلمين في رقبتهم دَيْنٌ كبيرٌ للقرآن الكريم وهم مدينون لِحَمَلَته وبخاصة رسول الإسلام محمد بن عبدالله ﷺ الذي ترك لنا (المجازات النبوية)[1] وما فيها من الأدب الرفيع، والإمام علي الذي خلف لنا (نهج البلاغة)[2] ومستدركاته والديوان المنسوب إليه[3]، إلى جانب مجموعة من أدباء وشعراء الصدر الأول للإسلام.

الشاعر والعروضي الدكتور محمد صادق بن محمد الكرباسي، تابع في دواوين القرون من قسم (الحسين في الشعر العربي القريض)، المحطات الأدبية التي توقف عندها قطار الأدب العربي وعاين قوتها وضعفها في كل قرن، متلمسا بكف الناقد الخبير عوامل التراجع الأدبي الذي حلَّ بكل قرن

(١) مجموعة الأحاديث النبوية التي انطوت على صور بلاغية وبيانية وبديعية جمعها وأعدها الشريف الرضي محمد بن الحسين (٣٥٩ ـ ٤٠٦هـ) البغدادي ولادة ونشأة ووفاة وكان نقيب الطالبيين فيها ومن فقهاء وأدباء وشعراء الإمامية، وله ديوان شعر.

(٢) مجموعة الخطب والكتب والحكم وقصار الكلمات للإمام علي بن أبي طالب عليه السلام جمعها وأعدها الشريف الرضي.

(٣) هناك أكثر من ديوان شعر منسوب للإمام علي بن أبي طالب عليه السلام وأشهرها من جمع وإعداد السيد الأمين العاملي محسن بن عبد الكريم (١٢٨٤ ـ ١٣٧١هـ) المولود في شقراء في لبنان والمتوفى في بيروت والمدفون في قرية راوية عند مرقد السيدة زينب عليها السلام في دمشق، ومن مؤلفاته: لواعج الأشجان في مقتل الحسين عليه السلام، صفوة الصفوة في علم النحو، وشرح إيساغوجي (المنطق).

من القرون الهجرية. وفي الجزء الأول من "ديوان القرن الحادي عشر" الصادر عن المركز الحسيني للدراسات في لندن في ٤٨٢ صفحة من القطع الوزيري، يواصل المؤلف تحقيقاته في بيان معالم الأدب العربي وبخاصة المنظوم في القرن الحادي عشر الهجري (٨/ ١٠/ ١٥٩٢ - ١٤/ ١٠/ ١٦٨٩م)، ليدخل بعد المقدمة في بيان القصائد والمقطوعات التي نظمت في الإمام الحسين عليه السلام ونهضته المباركة حسب الحروف الهجائية.

الألفية الثانية

قبل سنوات احتفل العالم بالألفية الميلادية الثالثة، وكل ملة وأمة احتفلت على طريقتها، وحتى اللادينيين والبوذ وعباد الأصنام احتفلوا بهذه المناسبة مع أنَّ محورها ميلاد السيد المسيح عيسى ابن مريم عليه السلام رمز الديانة المسيحية، ففي كل سنة ميلادية احتفال وفي كل قرن ميلادي احتفال وفي كل ألفية ميلادية احتفال، وديوان القرن الحادي عشر الذي يؤرخ للأدب الحسيني، يطل على الألفية الثانية لهجرة رسول الرحمة والإنسانية محمد بن عبدالله صلى الله عليه وآله وسلم من مكة المكرمة إلى المدينة المنورة، ولذلك فإنَّ المؤلف عقد مقاربة ظريفة بين الإمام الحسين عليه السلام والسيد المسيح عليه السلام ومن زوايا مختلفة، أهمها:

أولاً: جاء في الرواية، في بحار المجلسي عن كافي الكليني: (لم يولد مولود لستة أشهر إلا عيسى ابن مريم والحسين بن علي)[1].

ثانياً: قال أتباع عيسى عليه السلام إن يسوع المسيح أعطى ذاته فداءً عن الجميع، أما الحسين عليه السلام فقد ضحى بالنفس والأهل وخيرة الأصحاب

(١) المجلسي، محمد باقر، بحار الأنوار: ٤٤/ ١٩٨.

لتحرير الأمة من ظلمات الظلم والاستبداد إلى أنوار العدل والحرية، ومن الوافر ما يُخاطب المؤلف الإمام الحسين عليه السلام:

فإن نسبوا الفداء لليسوع فأنت أب الفداء بلا خنوع

ثالثاً: ولد المسيح والحسين لسيدتين خصّهما مقطوع القرآن وصحيح السنة بالكرامة، "يا بُنية - والحديث لرسول الله محمد صلى الله عليه وآله وسلم يخاطب الزهراء عليها السلام - أما ترضين أن تكوني سيدة نساء العالمين، قالت، فأين مريم، قال: تلك سيدة نساء عالمها، وأنت سيدة نساء عالمك"[1]، ولمّا كان الإسلام الدين الخاتم ففاطمة سيدة نساء العالمين حتى يأذن الله بالصُور والنشور.

رابعاً: خصَّ الله (سبحانه وتعالى) عيسى عليه السلام بكرامة النطق رضيعا كما هو مقطوع القرآن، وخص (سبحانه وتعالى) الحسين عليه السلام أن هزّ جبريل مهد الحسين عليه السلام كما هو صحيح السنة[2].

بين السياسة والأدب

شهد النصف الأخير من القرن العاشر ومعظم القرن الحادي عشر الهجري استقراراً سياسياً بعد أن رفعت الدولة العثمانية علمها على مساحات كبيرة من الأرض، وانخفضت حرارة الفتوحات، ومع ان البعض يطرب لهذه الفتوحات لكن الأدب العربي رغم الاستقرار السياسي أصابه الجدب، إذ: "لم تكن للدولة العربية في الأقطار الإسلامية قائمة، ولم تكن المجاميع العلمية مدعومة بشكل كامل في الاتجاه الصحيح لغويا

(١) السيوطي، جلال الدين، الثغور الباسمة في فضائل السيدة فاطمة: ٤٤.
(٢) راجع: التستري، جعفر، الخصائص الحسينية: ٣٢٩.

وفكريا، فقد حكمت معظم البلاد الإسلامية منها الأقطار العربية حكومات اتخذت من اللغة غير العربية مسلكا لها وكانت الدولة العظمى التي حكمت البلاد العربية آنذاك دون منازع يذكر، هي الدولة العثمانية"، وبصورة عامة وفي عهد الدولة العثمانية: "هبط مستوى اللغة العربية فقد راجت اللغة التركية في معظم البلاد العربية، كما نشطت اللهجة الدارجة، وكان ذلك مبدأ التفكك الجغرافي والتشتت العربي.."

وكان لغلبة اللغة غير العربية على الأدب العربي في القرن الحادي عشر الهجري وقبله وبعده، وشيوع اللهجات أثر غير قليل على مستوى الأدب المنظوم، ومن سيئات التأثير استخدام الشعراء لمفردات في غير موضعها، وأشار البحاثة الكرباسي لعشر عينات من الاستخدام المغلوط للكلمة العربية، وهذا الاستخدام بطبيعة الحال يصرف البيت الشعري عن معناه الحقيقي ويضع القارئ في دوامة البحث عن المعنى الحقيقي دون الظاهر، وبالتالي تتحقق هنا المقولة الشائعة (المعنى في بطن الشاعر) في محاولة لتبرئة الشاعر مما وقع فيه من أخطاء!

وعبَّر المؤلف عن قناعته أنَّ الطائفية البغيضة والأحقاد المقيتة ساهمتا في ضياع الكثير من شعر النهضة الحسينية، ولكنه يؤكد في الوقت نفسه أنَّ هذا الضياع يعود في بعض أسبابه إلى الإهمال وعدم حفظ التراث من قبل الشاعر نفسه أو ورثته أو المدرسة الأدبية التي ينتمي إليها.

ويلاحظ زيادة عدد المطولات من القصائد، وربما تكون المطولة علامة على صحة مسيرة الأدب العربي، لكن الدكتور الكرباسي له رأي آخر، حيث: "إنَّ هذا الديوان طغت عليه ـ كما في الذي قبله ـ ظاهرة النفس الطويل كرد فعل على انتكاسة الأدب والشعر في هذه العصور، بل زادت

هذه الظاهرة في هذا القرن على سوابقه حيث لم يعهد قصيدة تحتوى على ٥٨٠ بيتا إلا في هذا القرن".

ثورة شعرية

لكنه لاحظ في الوقت نفسه أن منسوب الشعر الحسيني ومنذ الألفية الهجرية الثانية أخذ بالارتفاع وبشكل ملحوظ، وما جمع لدى المؤلف من قصائد حسينية منذ القرن الحادي عشر وحتى الربع الأول من القرن الخامس عشر الهجري يعادل خمسة أضعاف ما تحصّل لديه في القرون العشرة الهجرية الأولى، وهذا بطبيعة الأمر له أسبابه، ومن ذلك:

أولاً: تزايد نفوس سكان المسلمين، وقد أحصى المؤلف سكان العالم في القرن الحادي عشر الهجري فوجدهم نحو نصف مليار إنسان، في حين تجاوز عددهم اليوم بأكثر من ستة مليارات نسمة[١].

ثانياً: زيادة استبصار المسلمين، والإقرار بمذهب أهل البيت عليهم السلام في أكثر من موقع جغرافي على مدى القرون الماضية، كما ازداد عدد مؤتمرات الحوار بين المذاهب الإسلامية التي ساهمت في نزع فتائل النزاعات الطائفية، ويأمل الفقيه الكرباسي: "أن تعود الأمة في كل مسيرتها إلى اتباع الدليل ونبذ الاضطهاد الفكري والاستبداد العقائدي".

ثالثاً: تطور وسائل الطباعة والنشر وتنوع وسائل الإعلام وتقدم أدوات المواصلات والاتصالات، وهذا ما ساهم في حفظ التراث النثري والمنظوم.

---

(١) حتى ٢٠١١/٣/٨م فقد بلغ نفوس العام ٦,٩٠٤ مليار إنسان حسب أرقام مكتب تعداد النفوس الأميركي (United States Census Bureau).

رابعاً: زوال عدد غير قليل من دوائر الخوف التي تلفُّ المجتمعات العربية والإسلامية، مما ساهم في انتشار الأدب العربي بقسميه المنثور والمنظوم، ومنه الأدب الحسيني.

خامساً: ساعد الانفتاح على الآخر وبخاصة بين المذاهب الإسلامية في تنشيط الحركة الأدبية والثقافية، ولذلك فإنَّ الأدب الحسيني لا ينحصر بالشيعة الإمامية بل لا ينحصر بالمسلمين، من هنا يعتقد الشيخ الكرباسي جازما أنَّه: "من الخطأ التفكير بأنَّ الإمام الحسين عليه السلام كشخصية وكقضية خاص بفئة دون أخرى، ومن الجهل أنْ نحصر هذه الشخصية العظيمة وهذه الأهداف العالية بمجموعة دون أخرى، إنَّه امتداد لجدِّه الرسول الذي بعثه الله رحمة للعالمين إنَّه رسول سلام ومحبة إلى العالم أجمع، نهض ليفك أسر الأمم من العبودية والظلم".

سادساً: وكرد فعل على إجبار الأتراك الأمم الأخرى استعمال اللغة التركية، نشطت بعد الانهيار حركة الأدب والثقافة العربية في محاولة للعودة إلى الذات، وساهمت التحولات السياسية في تنشيط حركة الشعر العربي بعامة والحسيني بخاصة.

سابعاً: كسرت القضية الحسينية بما فيها من قضية محورية على علاقة مباشرة بالحرية والتحرر والاستقلال، الحدود العقائدية والجغرافية والقومية واللغوية حتى خارج حدود الدائرة الإسلامية.

مسح أدبي

وأجرى المصنف مسحاً أدبياً لقصائد القرن، فلاحظ مشتركات كثيرة، تعتبر السمة العامة لشعراء هذه الفترة، ولعل أهمها:

أولاً: التزام معظم الشعراء بتذييل أسمائهم أو عشيرتهم في نهاية كل قصيدة، وإنْ كان هذا الأسلوب ليس بجديد، لكن في القرون الماضية كان بعض الشعراء يلجأ إلى هذا الأسلوب وفي بعض القصائد، لكن الظاهرة هنا شائعة لمعظم الشعراء وفي معظم قصائد الشاعر الواحد.

ثانياً: شاع إطراء الشاعر لنفسه وشعره.

ثالثاً: شيوع ظاهرة استنهاض المنقذ الإمام المهدي المنتظر، وهذا انعكاس للواقع السياسي المر.

وهناك مشتركات مع القرون السابقة، لكنها في هذا القرن كانت من الوضوح بمكان، منها:

أولاً: شيوع ظاهرة التولي والتبري، ويعزوها المحقق الكرباسي إلى عامل اجتماعي يرتبط بالوضع الطائفي الذي مارسته السلطات الحاكمة، وعامل فني يرتبط بطول القصيدة فيبحث الشاعر عن مادة شعرية فيفرغها في التولي لأهل البيت عليهم السلام والتبرِّي من خصومهم. وفي اعتقادي ان الصراع المزمن بين الدولة الصفوية والدولة العثمانية القائم على جنبتي القومية والمذهبية كان أرضا خصبة لإلهام الشعراء في مجال التولي والتبري.

ثانياً: إزداد في هذا القرن عزوف الشاعر عن مطالع الغزل والوقوف على الأطلال، والشروع مباشرة بالرثاء: "بل إنَّ بعضهم استنكر التمهيد بالغزل أو رثاء الأطلال، بل وترفعوا عن التغزل بالحبيب وذكر دياره".

ومن ذلك قول الشاعر اللبناني الشيخ ابن خاتون احمد بن علي العيناثي المتوفى في القرن الحادي عشر، في قصيدة من البسيط تحت عنوان "بمَ استبحتم دمي"، ومطلعها:

دع التصابي بذكر البان والعَلَم	وذكر سلمى وجيرانٍ بذي سلم
فجيشُ عُمرِكَ وهو مُنهَزِمٌ	والشَّيبُ وافاكَ بالأسقامِ والهرمِ
مُخبِّرٌ عن قدوم الموت في عجلٍ	يسعى إليك بلا ساقٍ ولا قدمِ

أو قول الشاعر البحراني حسين بن علي الغريفي (ت١٠٠١هـ) من الطويل مع المطلع تحت عنوان "سطا دهري عليّ":

فنونُ الأسى للظاعنينَ جُنونُ	ومَحضُ ضلالٍ والجُنونُ فُنونُ
وليسَ بمُجدٍ ذِكرُ قامةِ بانةٍ	تثنَّت لها بينَ الرياض غُصونُ
فما فتنتني غادةٌ ضُرِبَت لها	بِسقطِ اللِّوى أو بالعُذيبِ سُدونُ

ثالثاً: كثرة استخدام المحسَّنات اللفظية. قد تبدو من أول نظرة أنها تصب في صالح العمل الأدبي المبدع، ولكن للمحقق الكرباسي رأيا آخر وإنْ كانت المحسَّنات اللفظية بنفسها تحتفظ بصفة التحسين والإبداع، وإنما: "هي في الحقيقة جاءت على ما يظهر كرد فعل لتراجع مستوى الأدب في ظل الحكم العثماني بل وضعف اللغة وآدابها بشكل عام وانحسار النتاج الشعري، وشحة البديع منه، وتضاؤل عدد الشعراء وانخفاض معدل النمو الأدبي، وظهور المقلِّدة، واختفاء المبدعين".

رابعاً: تكرر في هذا القرن نقل صورة احتجاج الإمام الحسين عليه السلام على مقاتليه يوم عاشوراء وإلقاء الحجة عليهم وبيان عدم ارتداعهم عن قتاله رغم قوة حجته وسديد بيانه. وبعض هذه القصائد والطوال منها تحكي قصة النهضة الحسينية قبل وبعد الاستشهاد، مثل قصيدة الشاعر اللبناني راشد بن سليمان الحريري (الجزيري) المتوفى قبل عام ١٠٨٥ هـ، في مائة وبيتين من الطويل بعنوان: "بنفسي نازحا عن دياره" ومطلعها:

خليليَّ مُرّا بي على أرض كربلا نزورُ الإمامَ الفاضلَ المُتفضِّلا

أو قصيدة الشاعر العراقي محمد بن حماد الحلي (ت١٠٣٠هـ) في (٤٦) بيتا من الطويل بعنوان "مصاب شهيد الطف" ومطلعها:

مصابُ شهيد الطفِّ جسميَ أنْحَلا وكَدَّرَ من دهري وعيشيَ ما حَلا

وهنا لا بد من التأكيد أنَّ بعض الشعراء حينما يترجم واقعة كربلاء إلى كلام منظوم، يقع في خطأ السرد والنقل، كأن يكون الخطأ في الحدث أو النص، فيأخذ البعض بالشعر وينسى اصل الواقعة أو النص، وعندما يتداول الشعر في المنابر الحسينية يتسرب الخطأ إلى ذهن المتلقي، وحيث يستسيغ البعض نقل الخطأ لاستدرار العواطف، فإنَّ البحاثة الكرباسي يرفض مثل هذا النقل، ولهذا يشير إلى مواضع الخلل بالعودة إلى أصل الحدث أو النص ولا يتساهل في نقد الشاعر من الماضين كان أو من المعاصرين، ومن ذلك قصيدة محمد بن حماد الحلي من الطويل بعنوان "مصاب السبط"، ففي البيت الثاني والثلاثين قال الشاعر على لسان الإمام الحسين عليه السلام وهو في معرض الرد على طلب جيش بني أمية:

فقال لهم كُفوا عن الحرب إنني أفكر فيما قلتمُ وأُطالعُ

ويرد المحقق الكرباسي على متن البيت: "إذ لم يرد عن الحسين عليه السلام أن طلب من جيش ابن زياد أن يفكر فيما عرضوه عليه من التسليم، فأمره ورأيه واضح من البداية، وما حدث أنَّ عمر بن سعد[1] زحف على مخيم الحسين عليه السلام عصر تاسوعاء فسألهم الإمام أن يمهلوهم ليلة العاشر من أجل الصلاة والدعاء والاستغفار".

---

(١) وهو حفيد ابن أبي الوقاص الزهري، قتله المختار الثقفي سنة ٦٦هـ.

روعة التشبيه

من حسن الشعر وإبداعه أنَّه يُقرِّب المعنى عبر صور وتشكيلات قائمة على أرض الواقع أو في ذهن السامع، فتنطبع مفردات الصدر وعجز البيت في عين المتلقي وعدسة فؤاده مع خلفية موسيقية بنوتات القافية تضفي على المفردة رونقا جديدا، تخرجها من جمودها.

الشاعر العراقي شهاب الدين بن معتوق الموسوي (ت١٠٨٧هـ) استخدم السلاح الأبيض (الخنجر) في تصوير هلال محرم الذي ينحر الكرى والنوم والسبات عن مقلتي الحزين على الإمام الحسين عليه السلام، فينشد من الكامل بعنوان "هلّ المحرّم":

هلّ المحرّمُ فاستهِلَّ مُكبِّرا — وانثرْ به دُررَ الدموع على الثَّرى

وٱنظر بغُرته الهلاَل إذا انجلى — مسترجعا متفجِّعاً متفكّرا

واقطف ثمار الحزن من عرجونه — وانحرْ بخنجَره بمُقلتك الكرى

وانس العقيق وأُنسَ جيران النِّقا — واذكرْ لنا خبرَ الطفوف وما جرى

وهنا استعارة لقوله تعالى: ﴿وَٱلْقَمَرَ قَدَّرْنَٰهُ مَنَازِلَ حَتَّىٰ عَادَ كَٱلْعُرْجُونِ ٱلْقَدِيمِ﴾[1]، حيث شبَّه القرآنُ الهلالَ بالعرجون وهو عذق النخلة اليابس.

ويصور الشاعر العراقي محمد بن نفيع الحلي (توفي قبل ١١هـ) قصيدته في الإمام الحسين عليه السلام كأنها المرأة البكر ويطلب من أهل البيت عليهم السلام الرضا على أنْ يكون صداقها ومهرها قبول القصيدة، وقبول القصيدة يعني فيما يعني شمول الشاعر بشفاعة أهل البيت عليهم السلام وكرامتهم عند الله وتسجيله

(١) سورة يس: ٣٩.

في عداد الشعراء المرضيين في الدنيا والآخرة، فينشد من الكامل تحت عنوان: "طوبى لأرض الطف":

لم أستعن في نظمها بسواكُمُ ... كلاّ ولستُ لِمَنْ تقدّم أتْبَعُ
بل هذه بكرُ أتت من فكرَتي ... وقريحتي للبكر دوماً تَقْرَعُ
وقبولُها يا سادتي مهرٌ لها ... إنْ صحَّ فزتُ بنعمةٍ لا تُقطعُ

ويصور البعض الهموم ككأس والدمع بمثابة المدامة والخمرة، فيطيل البكاء على الحسين عليه السلام حتى يتهاوى من التفجُّع، مثلما فعل الشاعر العراقي محمد علي بن أحمد الطريحي المتوفى بعد عام ١٠٣٦ هـ في قصيدة من الخفيف بعنوان: "واشهيداه":

قلَّ صبري وزاد حُزني ووجدي ... فهمومي كأسي ودمعي مُدامي
أضرمَ الشوقُ جذوةً في فُؤادي ... للأسى خلِّ لائمي عن ملامي

أو قول الشاعر العراقي محمد بن السمين الحلي (توفي قبل ١١هـ) الذي يصور الكأس وما فيه من خمرة الموت، فينشد من الخفيف بعنوان: "هو روحي":

واندبِ السبطَ في الطفوف فريداً ... قد تخلى من مُسعدٍ ومُعينِ
يتمنى لكي يَبُل غليلاً ... شربةً من مُباح ماءٍ معينِ
فسقاه العدوُّ كأسا دهاقاً ... من كؤوس الردى وماء المنون

وهنا استعارة لقوله تعالى: ﴿وَكَأْسًا دِهَاقًا﴾[1].

حكمة وعبرة

لا تخلو قصيدة من قصائد النهضة الحسينية من درس أو حكمة أو

---

(١) سورة النبأ: ٣٣.

موعظة، فواقعة كربلاء كلها درس وحكمة وموعظة وعبرة لمن يعتبر، فالحياة صراع دائم، ومن يضحك في آخر المطاف هو الذي يقدم على رب رحيم بقلب سليم.

ومن الحكميات قول الشاعر البحريني عبد الرؤوف بن حسين الجدحفصي (ت١٠٠٦هـ) من الطويل بعنوان "أمناء الله":

ولا تأمَنِ الدَّهرَ الخَؤونَ فشهدُهُ ... مُشابُ بِسُمٍّ نافذِ السهمِ ناقعِ
فكمْ غَرَّ غِرّاً بالمبادي وما درتْ ... مطالعُهُ ماذا ترى في المقاطعِ
ولا تكترثْ بالحادثاتِ ووقعِها ... فما في ضمان الله ليسَ بضائعِ
وفوِّض لربِّ العرش أمركَ كُلَّهُ ... وَوَجِّهْ لما يُوليكَهُ نَفْسَ قانعِ
ووالِ خِتام المرسَلين وآلَهُ ... لتسعى بنورٍ عن يمينِكَ ساطعِ

أما نجله الشاعر أحمد بن عبد الرؤوف الجدحفصي، فينشد من الطويل بعنوان "لا تأمن الدهر":

هو الدهر طوْراً للنفائس واهبُ ... إليكَ وطوْراً للنفيسة ناهبُ
فلا تأمنَنَّ الدهر في حال سِلمِه ... فكم علقتْ بالآمنين المخالبُ
فكم راعني من صرفه بروائعٍ ... تُهدُّ لها منّي القُوى والمناكبُ
ولكنّني مهما ذكرتُ بكربلا ... مُصاباً إذا ما قُصَّ تُنسى المصائبُ

ثروة أدبية

ضم الجزء الأول من "ديوان القرن الحادي عشر" المنظوم في النهضة الحسينية (٨٠) قصيدة وقطعة لـ (٤٢) شاعرا، وهم حسب الحروف الهجائية وتاريخ وفياتهم:

أبو بكر بن منصور العُمَري (١٠٤٨هـ)، احمد بن شاهين القبرسي

(١٠٥٢هـ)، أحمد بن عبد الرؤوف الجدحفصي (ق١١هـ)، أحمد بن علي (ابن خاتون) العيناثي (ق١١هـ)، احمد بن غفار المالكي (١٠٠٩هـ)، أحمد بن مسعود الحسني (١٠٤١هـ)، جعفر بن محمد الخطي (١٠٢٨هـ)، حسن بن زين الدين العاملي (١٠١١هـ)، حسن بن علي الهبل (١٠٧٩هـ)، حسين بن حسن الغريفي (بعد ١٠٠١هـ)، حسين بن شهاب الدين الكركي (١٠٧٦هـ)، حسين بن علي الغريفي (١٠٠١هـ)، حسين بن علي المدني (١٠٩٠هـ)، داود (ابن أبي شافين) بن محمد البحراني (١٠١٧هـ)، درويش بن محمد الطالوي (١٠١٤هـ)، راشد بن سليمان الحريري (الجزيري) (قبل ١٠٨٥هـ)، شهاب الدين بن معتوق الموسوي (١٠٨٧هـ)، عبد الرؤوف بن حسين الجدحفصي (١٠٠٦هـ)، عبد العزيز بن محمد الفشتالي (حدود ١٠٣٢هـ)، عبد الوهاب بن محمد علي الطريحي (ق١١هـ)، علي بن حسين السبعي (ق١١هـ)، علي بن خلف الحويزي (بعد ١٠٨٧هـ)، علي خان بن خلف المشعشعي (١٠٨٨هـ)، عمر بن عبد الوهاب العرضي (١٠٢٤هـ)، فتح الله (ابن النحاس) بن عبدالله الحلبي (١٠٥٢هـ)، فخر الدين بن محمد علي الطريحي (١٠٨٥هـ)، فرج بن محمد الأحسائي (ق١١هـ)، لطف الله بن عبد الكريم العاملي (١٠٣٥هـ)، ماجد بن هاشم الجدحفصي البحراني (١٠٢٨هـ)، محمد بن الحسن العاملي (١٠٣٠هـ)، محمد بن حسين البهائي (١٠٣١هـ)، محمد بن حسين السبعي (١٠١١هـ)، محمد بن حماد الحلي (حدود ١٠٣٠هـ)، محمد بن السمين الحلي (ق١١هـ)، محمد بن محمد العيناثي (١٠٨٥هـ)، محمد بن محمد المرابط (١٠٨٩هـ)، محمد بن نفيع الحلي (ق١١هـ)، محمد رفيع بن مؤمن الجيلي (حدود ١٠٧٩هـ)، محمد علي بن أحمد الطريحي (بعد

٣٧٠

١٠٣٦هـ)، محمود بن أحمد الطريحي (بعد ١٠٣٠هـ)، موسى الرامحمداني الحلبي (١٠٨٩هـ)، ونعمان الأعرجي (ق١١هـ).

كما احتوى الديوان ٣١ فهرسا في أبواب تهدي القاري والباحث إلى مصفَّى المعلومة، مع عرض باللغة الكردية للعراقي الدكتور جمال جلال عبدالله تناول في المقدمة النهضة الحسينية وشخصية الإمام الحسين، ورأى أن الحسين عليه السلام إنما نهض بشجاعة وبسالة في سبيل إعلاء كلمة الحق وإعادة الروح إلى جسد الأمة ورفع راية الحرية عالية. وأثنى على دائرة المعارف الحسينية التي تفرّغ لها آية الله محمد صادق الكرباسي لإحياء تراث النهضة الحسينية. ووجد الدكتور جمال عبدالله أنَّ هذا الديوان بما فيه من تحقيق وبحث وشروحات يعتبر ثروة أدبية.

الثلاثاء ٢٩ ذو الحجة ١٤٢٨ هـ = ٨/١/٢٠٠٨ م

الدكتور صالح بن حموش بن محمد بلعيد

* ولد في ناحية بشلول بمدينة البويرة الجزائرية سنة ١٣٧١ هـ (٢٢/١١/١٩٥١م).
* أستاذ جامعي حاصل على دكتوراه دولة في اللغويات سنة ١٤١٤ هـ (١٣/١٢/١٩٩٣م).
* نال شهادة الماجستير سنة ١٤٠٧ هـ (٢٧/٦/١٩٨٧م)
* نال شهادة الليسانس سنة ١٤٠٣ هـ (حزيران ١٩٨٣م).
* أستاذ في التعليم العالي منذ سنة ١٤٠٥ هـ (٢٧/١٠/١٩٨٤م) وحتى الآن.
* يعمل حاليا في قسم اللغة العربية بكلية الآداب والعلوم الإنسانية في جامعة مولود معمري بمدينة تيزي وزو.
* عضو المجلس الأعلى للغة العربية من سنة ١٤١٩ هـ (سبتمبر ١٩٩٨م) وحتى الآن.
* عضو المجلس العلمي للمركز العربي للتعريب والترجمة والتأليف والنشر (الألكسو) بدءاً من سنة ١٤٢٤ هـ (سبتمبر ٢٠٠٣م).
* عضو المجلس العلمي لهيئة المعجم التاريخي للغة العربية، ومقره القاهرة.
* رئيس المجلس العلمي للمركز العلمي والتقني لتطوير اللغة العربية في الجزائر.
* رئيس قسم التخصّص (الشعبة اللغوية) في الفترة ١٤٠٦ ـ ١٤٠٨ هـ (١٩٨٦ ـ ١٩٨٨م)، معهد اللغة العربية وآدابها بجامعة تيزي وزو.
* رئيس اللجنة التربوية في الفترة ١٤١٣ ـ ١٤١٦ هـ (١٩٩٣ ـ ١٩٩٦م)، معهد اللغة العربية وآدابها بجامعة تيزي وزو.

* عضو المجلس الأعلى للتربية في الفترة ١٤١٦ ـ ١٤١٩ هـ (١٩٩٦ ـ ١٩٩٩م).

* عضو المجلس الأعلى للغة العربية من سنة ١٤١٨ هـ (سبتمبر ١٩٩٨) إلى الآن.

* رئيس المجلس العلمي في مركز البحوث العلمية والتقنية لترقية اللغة العربية ببوزريعة في الفترة ١٤٢٠ ـ ١٤٢٩ هـ (٢٠٠٠ ـ ٢٠٠٨م).

* منسّق هيئة موسوعة الجزائر التي تشرف عليها رئاسة الجمهورية الجزائرية.

* عضو في لجنة المعادلات والترقيات بوزارة التعليم العالي والبحث العلمي بدءاً من سنة ١٤٢٤ هـ (٢٠٠٣م).

* رئيس تحرير مجلة اللسانيات، من العدد السابع.

* عضو اتّحاد الكتّاب الجزائريين.

* نائب العميد مكلّف بالدراسات بما بعد التدرّج والبحث العلمي في كلية الآداب والعلوم الإنسانية بجامعة تيزي وزو في الفترة ١٤٢٥ ـ ١٤٢٩ هـ (٢٠٠٤ ـ ٢٠٠٨م).

* عضو مراسل بمجمع اللغة العربية بطرابلس ليبيا من سنة ١٤٢٧ هـ (٢٠٠٦م).

* عضو مراسل بمجمع اللغة العربية بدمشق من سنة ١٤٢٨ هـ (٢٠٠٧م).

* أشرف على عشرات الرسائل العلمية في مرحلتي الماجستير والدكتوراه.

* حاضر في عشرات المؤتمرات العلمية والثقافية والأدبية في داخل الجزائر وخارجها.

* كتب عشرات الدراسات والمقالات في مجلات علمية، وله أكثر من ٣٠ مؤلفا، منها:

ـ الإحاطة في النحو.

ـ قضايا معاصرة في فقه اللغة.

ـ نظرية النظم.

ليس لها من شبيه سابقا وحاضراً[1]

(الصحيفة الحسينية ٢)

تعتبر دائرة المعارف الحسينية كما وصفها الإعلام الغربي والشرقي بأنها الموسوعة الأولى ذات الشأن الكبير جدا جدا، لأنها حملت في طياتها الكثير من الأخبار التاريخية التي لها القيمة الكبيرة، ولذلك وصلت الموسوعة إلى ستمائة مجلد.

للمرة الأولى أكتب باللغة الأمازيغية أو "اللسان الأمازيغي" مقدمة أو كلمة في هذا الشأن، وأذكِّر القرّاء بأنني كتبت في الموسوعة المسماة "أعلام العرب والمسلمين"[2] الصادرة في تونس باللغة العربية، لذلك عندي معرفة سابقة ببعض الموسوعات، وقد أشرفت في العام ٢٠٠٢ م على موسوعة الجزائر التي ستصدر باللسان العربي (باللغة العربية).

وأجتهد حتى أقول كلمة العلم على هذه الموسوعة، وأؤكد أنني لن أكون في المستوى، لأنني لا أستطيع أن أقول كلاماً ليس علمياً، ولهذا

---

(١) تمت الترجمة من اللغة الأمازيغية.

(٢) أعلام العرب والمسلمين: وهي موسوعة "أعلام العلماء والأدباء العرب والمسلمين" الصادرة عن المنظمة العربية للتربية والثقافة والعلوم (الألسكو) ومقرها تونس، بدأ العمل بها في العام ١٤٢٠هـ (١٩٩٩م) وتستوعب مختلف صنوف العلم والأدب على امتداد خمسة عشر قرنا من تاريخ العرب والمسلمين، وهي في ٥٠ مجلداً صدر منها حتى اليوم ١٥ مجلداً.

أطلب من الدارسين العذر والسماح، وإذا وجدوا النقص فيما أكتبه، فهذا العمل صعب لأن اللسان الأمازيغي لا يزال في مهده، لا يملك المصطلح العلمي السديد والدقيق.

كلمتي أقسِّمها إلى ثلاثة أجزاء:

الجزء الأول: أتحدث عن الإمام الحسين بن علي عليه السلام، فهو من نسل رسول الله صلى الله عليه وآله ابن فاطمة الزهراء بنت الرسول محمد، وهو سيد الشهداء، له محبّة عظيمة عند جده رسول الله صلى الله عليه وآله، لأن الحسين يملك شخصية لا نجدها عند الآخرين، ويحبّه الرسول كثيراً، وترك فيه الأحاديث الصحيحة التي وصلت عن الصحابة الذين كانوا لا يفارقون الرسول صلى الله عليه وآله، والأحاديث تمجّد الحسين الذي يملك ويتصف بكرامات وأخلاق الصالحين والأولياء الذين يعظمون الله سبحانه وتعالى. وكان الحسين يعظّم الرسول صلى الله عليه وآله ولذلك عظّمه الصحابة والصالحون لأنه يسير على الحق، ولما مات ترك فراغا رهيبا لا يوجد مَن يخلفه أو يملؤه بعده، ولا يوجد مَن يستطيع. هرع إليه الناس من كل المدن ومن كل مكان، حتى سمّوه سيد الشهداء[1]، وكتبوا فيه الشعر الكثير.

---

(١) جاء وصف الإمام الحسين بن على عليه السلام بسيد الشهداء في حديث قدسي وعلى لسان النبي محمد صلى الله عليه وآله والأئمة من أهل البيت عليهم السلام، وعدد من الأنبياء الذين سبقوا نبي الرسالة الإسلامية، ولا يتنافى هذا مع نص الرسول صلى الله عليه وآله بأن حمزة بن عبد المطلب هو سيد الشهداء، فشهيد أحد هو سيد الشهداء من الأولين والآخرين، ما خلا الأنبياء والأوصياء بنص حديث النبي صلى الله عليه وآله، والإمام الحسين من الأوصياء بنص حديث الثقلين المتواتر، فهو سيد الشهداء من الأولين والآخرين بما فيهم الأنبياء والأوصياء، فعن سلمان (ت٣٦هـ): "قال النبي صلى الله عليه وآله لفاطمة عليها السلام: شهيدنا سيد الشهداء، وهو حمزة بن عبد المطلب، وهو عمّ أبيك، قالت: يا رسول الله وهو سيد الشهداء الذين قتلوا معك؟ قال: لا بل سيد شهداء الأولين والآخرين، ما خلا الأنبياء والأوصياء، وجعفر بن أبي طالب ذو=

سيدنا الحسين له أتباعه في العراق، وفي البلدان القريبة أو المجاورة للعراق، وقبره يزوره الشيعة دائما[1]، ويبكون عليه بالجذب (أي بالنواح والعويل وضرب الخد والصدر). سيدنا الحسين كريم من الكرماء ومن الصالحين، نفعنا الله بكراماته.

المجلد الذي سأقدمه، له أربعة أقسام:

القسم الأول: في دعوة الحسين، نجده ذلك التقي الصالح الذي يريد الخير والصلاح لأمّة جدّه، كان يريد السلام والوفاق بما هو خير، وهو في دعوته ذلك الوليّ والتقيّ الربّاني، الإنسان المصالح المسالم الذي يتوخى المصالحة دائما.

القسم الثاني: دعوته للذين ساروا في خط أعدائه الأمويين، فعندما مات أبوه سيدنا علي انقسمت الأمة الإسلامية، وبدأ يظهر الخلاف الكبير،

=الجناحين الطيار في الجنة مع الملائكة". انظر: المجلسي، محمد باقر، بحار الأنوار: ٢٢/ ٢٨٠ (بيروت، مؤسسة الوفاء، ط٢، ١٤٠٣هـ ـ ١٩٨٣م).

وعن أم سعيد الأحمسية (من صحابة ورواة الإمام الصادق المتوفى عام ١٤٨هـ) قالت: جئت إلى أبي عبدالله جعفر بن محمد الصادق عليه السلام فدخلت عليه فجاءت الجارية فقالت: قد جئتك بالدابة فقال لي: يا أم سعيد أي شيء هذه الدابة أين تبغين تذهبين؟ قالت: قلت: أزور قبور الشهداء، فقال: أخّري ذلك اليوم ما أعجبكم أهل العراق تأتون الشهداء من سفر بعيد وتتركون سيد الشهداء لا تأتونه؟ قالت: قلت له: مَن سيد الشهداء؟ فقال: الحسين بن علي عليه السلام. انظر: بحار الأنوار: ٩٨/ ٧١، (مصدر سابق)، للمزيد: انظر: بحار الأنوار: ٤٥/ ١٧٩، ٩/ ٢٥٧، ١٣/ ١٨٤، وغيرها. وفي الحديث القدسي، قال الله تعالى جل جلاله: "جعلتُ حسيناً خازن وحيي وأكرمته بالشهادة وأعطيته مواريث الأنبياء فهو سيد الشهداء، وجعلت كلمتي الباقية في عقبه أخرج منه تسعة أبرار هداة أطهار". أنظر: الحر العاملي، محمد بن الحسن، الجواهر السَّنيَّة في الأحاديث القدسية: ٢١٠ (بيروت، مؤسسة الأعلمي للمطبوعات، ط١، ١٤٠٢هـ ـ ١٩٨٢م).

(١) يزوره الشيعة بالمفهوم الخاص ويزوره المحبون من السنة والشيعة بالمفهوم العام من داخل العراق وخارجه.

وسبب هذا الخلاف هو (الخلافة أو الخليفة) بين معاوية (ت٦٠هـ) والإمام علي (ت٤٠هـ)، وبقيت الشحناء بينهما حتى مات علي، واشتعلت في وقت (أو زمن أو في عهد) سيدنا الحسين، وعلى هذا نجد الحسين يكبِّر ويحبُّ أتباعه الذين نصروه كما نصروا أباه[1].

القسم الثالث: دعوته للظالمين حتى يهديهم الله إلى طريق الحق، لأن الأمة إذا كثر فيها ظلمها عاقبها بالفيضان والزلزال والريح العاتية، ولهذا الغرض دعاهم لأنهم مفسدون في البلاد.

القسم الرابع: أذكاره الكثيرة عن الدين والدنيا والآخرة، والطريق الحق السويّ، والموت، وأذكاره مازالت إلى الآن وإلى اليوم تسمع، بل وتحكى على لسان الأمهات، ومازالت أقواله محفوظة عند مجالس الذكر وهم يمجدون عليا وأبناءه.

وإذا تحدثنا عن القسم الرابع نجد أو نلاحظ أن شخصية الحسين تستحق التشريف والتمجيد بشكل كبير جداً، لأن سيدنا الحسين له الدرجة الكبيرة والرفيعة دون غيره، هو وأخوه الحسن اللذان قال عنهما الرسول ﷺ إنهما ريحانتا الجنة، ويحكي الرواة أن محمداً ﷺ إذا سجد وهو في الصلاة تسلق الحسن والحسين ظهره، فلا يقوم من سجوده حتى ينزلا من على ظهره[2].

---

(١) من الثابت أن الاختلاف على الخلافة وقيادة الأمة تفجر عند وفاة النبي محمد ﷺ، وتوّج في سقيفة بني ساعدة عام ١١هـ، والرسول ﷺ بعد لم يُلحد في قبره.

(٢) جاء في كنز العمال للمتقي الهندي، عن أبي بكرة (نفيع بن الحارث الثقفي المتوفى عام ٥٢هـ) قال: كان الحسن والحسين عليهما السلام يثبان على ظهر رسول الله صلى الله عليه (وآله) وسلم في الصلاة فيمسكهما بيده حتى يرفع صلبه ويقومان على الأرض، فلما فرغ أجلسهما في حجره ثم قال: إن=

ومن أجل هذا، خلّد الكرباسي الحسين بهذه الموسوعة التي جمعت كل الأقوال والأحاديث التي قالها الرسول في ابنه الحفيد، الذي يحظى بالقيمة والحب العظيمين، وعلى هذا القدر نرى أن أقواله وأذكاره وحياته ودعوته، لها الاحترام والتبجيل الكبيران عند أهل العلم والعلماء، ومازال التاريخ يذكره جيلا بعد جيل.

الجزء الثاني: أتحدث عن مؤلف الدائرة الحسينية، الموسوعة هذه الأولى الكاملة، وهي عمل كبير، يتطلب الوقت، وله فائدة عظمى للدارسين والطلبة، يجدون فيها الذي يفيدهم ويرغبون فيه، لأن المؤلف لم يترك شيئاً إلا أحصاه وذكره عن سيدنا الحسين، ولم يغفل عن أي شيء يفيد وينفع، وسجّل أخبار الحسين وضمّن حياته منذ ولادته حتى وفاته، وما قال وما قيل عنه من أقوال وأشعار، منذ القرن الأول الهجري حتى وقتنا هذا.

في الواقع أن العمل المنجز في صياغة هذه الموسوعة ليس سهلا، وهو ذلك الصعب الذي يحتاج إلى الصبر أو إلى الإنسان صاحب العقل والعلم والفكر العالي والحكمة والصبر الطويل، لأنه عمل يتطلب الوقت والأموال والعلماء الذين ينشدون الحق والحقيقة.

=ابني هذين ريحانتاي من الدنيا. انظر: الحسيني الفيروز آبادي، مرتضى، فضائل الخمسة من الصحاح الستة، : ٣/ ٢٧٧ (بيروت، مؤسسة الأعلمي للمطبوعات، ط١، ١٤١٣هـ ـ ١٩٩٣م).
(وعن عائشة بنت أبي بكر (ت٥٨هـ) قالت: كنت عند رسول الله ﷺ فذكرت عليا فقال: يا عائشة لم يكن قط في الدنيا أحب إلى الله منه ومن زوجته فاطمة ابنتي ومن ولديه الحسن والحسين، تعلمين يا عائشة أي شيء رأيت لابنتي فاطمة ولبعلها؟ قلت: أخبرني يا رسول الله، قال ﷺ: يا عائشة إن ابنتي سيدة نساء أهل الجنة، وإن بعلها لا يقاس بأحد من الناس، وإن ولديه الحسن والحسين هما ريحانتاي في الدنيا والآخرة...). بحار الأنوار: ٣٧/ ٧٨ ـ ٧٩ (مصدر سابق).

الجزء الثالث: أتحدث عن جهود الشيخ محمد صادق محمد الكرباسي، العالم صاحب العلم والقلم، الذي بذل نفسه وسخّرها ليفهم الناس أن مثل هذا العمل ليس بالهيّن ولا السهل، ومعنى قولي أن الشيخ أعطى من فكره هذا العلم الموسوعي، وأستطيع القول بأن العباد مثله قليلون، بلحاظات عدة:

- عمل جماعي عظيم، حمله على كاهله دون أن يحتاج إلى رفد الآخرين.
- آمن بأن التمنّي والعزم لا يتعاكسان، فكلاهما معاً يضمان العلم.
- آمن بأن العمل الصحيح يقوم على العقل والفكر، والحقيقة يصل إليها العالم إذا طلبها.
- آمن بوضع الحجر الأساس أو القواعد والأصول لكل عمل، ويكتمل البناء بتظافر جهود العلماء.
- لم يقبض على العصا من وسطها، وفي رأي الشيخ أنه يتبع السهل والشيء الحسن والخفيف دائما.
- آمن بأن العمل المفيد الذي يخدم الناس وينفعهم لابد له من تضحيات جسام من العالم الذي يقوم به، ولابد من قلع الأسنان حتى يستوفي العمل حقّه[1].
- الشيخ الكرباسي عالم كبير، لذا يرى أن كل معرفة يجب أن تقوم على ثلاث ركائز:

المبنى، كالذي يهيئ الطريق للعباد أو السيارة.

---

(1) كناية على التضحية وبذل الغالي والنفيس من اجل الهدف السامي.

القاعدة، هذا الذي يخرج بالمشورة والرأي.

المحتوى، المعنى الذي يستنبطه العالم من موضوعه.

هذه الركائز الثلاث لابد أن تكون في بناء المعرفة والكلمة الحقَّة، وبدونها يُفْقَدُ الصواب، ولا تظهر الحقيقة العلمية.

- ورأيت أن الشيخ في عمله العظيم هذا قد تعب كثيرا، بمعنى لا تقطف الأزهار بدون الأشواك، وعلى هذا رأيت الشيخ يبين دروسه لطلبته بأن مثل هذا العمل يتطلب جهداً وتضحية وفداءً كبيرا.

- آمن الشيخ بأن تكرار وإعادة ما عمله السابقون عيب كبير وفادح، وليس من العلم في شيء، وأن الصواب هو مَن أتى بجديد وأضاف معرفة في كل وقت، والحقيقة ليس لها وقت، والصواب ليس في القديم، لكن الصواب من يضيف معرفة إلى أخرى كانت قبلها.

- آمن الشيخ بأن العبد في هذه الدنيا خلقه الله حتى يعمل، كما قال سيدنا عليّ: إعمل لدنياك كأنك تعيش أبداً، واعمل لآخرتك كأنك تموت غداً[(١)].

أستطيع القول بأن الشيخ محمد صادق محمد الكرباسي آية الله، قلمه طلِقٌ سيّال، يخدم في سبيل الله، يبغي إفهام القوم بأن العلم والفطرة متكاملان أنعم الله بهما على العباد. وفي قوله تعالى: ﴿يَٰٓأَيُّهَا ٱلنَّاسُ إِنَّا خَلَقۡنَٰكُم مِّن ذَكَرٖ وَأُنثَىٰ وَجَعَلۡنَٰكُمۡ شُعُوبٗا وَقَبَآئِلَ لِتَعَارَفُوٓاْۚ إِنَّ أَكۡرَمَكُمۡ عِندَ ٱللَّهِ أَتۡقَىٰكُمۡۚ إِنَّ ٱللَّهَ عَلِيمٌ خَبِيرٞ﴾ الحجرات: ١٣، أي جعلناكم أمما وقبائل لتعارفوا وتتزاوروا

---

(١) هذا النص منسوب للإمام الحسن بن علي عليه السلام (ت٥٠هـ)، وجاء ضمن وصيته لجنادة بن أبي أمية مالك الأزدي الزهراني المتوفى عام ٨٠هـ. انظر: القرشي، محمد باقر، حياة الإمام الحسن بن علي: ٢/ ٤٧٤ (بيروت، مؤسسة الوفاء، ط٣، ١٤٠٣هـ - ١٩٨٣م).

وتدخلوا بيوت بعضكم بعضا، حتى تعمر البلاد التي تركت أمانة في أيديكم.

وشهادتي وحسب ما رأيت فإن هذه الموسوعة ليس لها مثيل، لأننا نتكلم عن موسوعات العالم، وهذه الموسوعة قد تجاوزت الموسوعات المعرفية التي نعرفها، والفائدة المستخلصة من هذه الموسوعة الحسينية هي أنها نستطيع أن نقرأها في ثلاث نقاط.

أولاً: تحدثت عن الإمام الحسين عليه السلام الذي يملك الشخصية الدينية، فالحاكم أمامها صغير، وعقل الحسين كبير، لقد قَبِل أمانة الخلافة لمّا جاءه أتباعه وأنصاره بالخلافة، وقالوا له أنت خليفة المسلمين وكبير الأمة الإسلامية.

ثانياً: يرأس دائرة المعارف الحسينية ويقوم عليها عالم ومفكر كبير، صاحب عزم وصبر وعلم.

ثالثاً: فيه حديث عن عمل المتقدمين عندما بدأوا بالتأليف الموسوعاتي، وهو عمل صعب ليس بالهيّن ولا اليسير، وله القيمة العليا والدرجات الرفيعة، والشعوب التي تحترم نفسها تروي وتقرأ موسوعته حتى تبقى مذكورة الرأي، والشعب الذي لا يملك احترام نفسه، هذا شعب ليس له شخصية ولا تاريخ، شعب ليس له مستقبل.

وأقول بكل ثقة أن موسوعة الشيخ آية الله محمد صادق الكرباسي ليس لها مثيل، وهي الأولى في صورتها هذه، أعطى لها العلماء والأدباء أوصافاً عاليةً لأنها هي نفسها عالية في قيمتها، لم أعرف موسوعة تشبهها في الماضي ولا في الحاضر.

نطمح ونرجو أن يتّبعه ويقتدي به المؤلفون الآخرون، بهم وصل تراثنا

مغربلا وصحيحا، نتمنى لهذه الموسوعة الكمال والتمام، وحسن الإنجاز، وتملأ بعض النقص والفراغ الذي تركته بعض الكتب المؤلَّفة عن شخصية الحسين، وفائدتها تروي كل طالب متعطّش لها، حيث لم تترك شيئاً للذي يريد المزيد من الارتواء.

نبارك هذا العمل للشيخ الكرباسي ونقول له إلى الأمام لأنك أحسنت العمل، وهذا هو العمل الصحيح يا سيدي الشيخ.

الدكتور صالح بلعيد
الجزائر

قراءة هادئة
في ثنائية الغيب والشهود

تراكمت تصورات بأنَّ التصاق الإنسان بالقوة الغيبية وانكفاءه على عبادة الخالق تجعله في معزل عن المحيط الاجتماعي، كما أنَّ هذا الانعزال هو محبوب في ذاته في تقويم سلوكياته بعيدا عن المؤثرات الخارجية الصادرة من المجتمع في اتجاهاته الصائبة والخاطئة، ومثل هذا التصور نلحظه عند البعض ممن جعل المسجد دار معاشه، أو قفل على داره لا يرى الناس ولا الناس تراه، ونظر إلى المحيط الاجتماعي نظرة تشاؤمية، ولجأ إلى العبادة المجردة، وحمّل غيره مؤونة معاشه، تحت دعوى التجرد من الماديات. أو أنْ يمد البعض بالأدعية والأذكار حبلا، فيتخذها مركبته للعروج إلى عالم الماورائيات، والسباحة في فضاء الغيب، والامتناع عن الهبوط إلى عالم الشهود والاحتكاك بالمجتمع، أو أنْ يتمسك بالدعاء والتضرع وإسبال الخدين دموعا دون أنْ يُكلِّف الداعي نفسه خطوة البحث عن مظاهر الحياة للأخذ بأسبابها ومسبباتها.

وإذا كان البعض قد فهم من الدين الصلاة والصوم فحسب، فإن البعض فهم من الدعاء الاعتكاف في محراب الآخرة واعتزال دار الدنيا، في حين ان الدين أوسع في حلقاته من العبادة المجردة، والدعاء أوسع في مدياته من العروج النفسي المجرد، فالمعصوم الذي يقوم الليل هو نفسه العامل

في النهار، والمعصوم القابض على لحيته في هجعة الليل يناجي المحبوب، هو نفس القابض على سيفه تقبل شفرتاه رقاب الظالمين، والمعصوم الذي يقطع في وهدأة الليل حبال الوصل مع الدنيا، هو نفسه الذي يمسك بهذه الحبال يمارس الحياة كواحد من الناس، والصورة المثالية والواقعية معاً تضرب الفهم الخاطئ لصورة المعصوم كما رسمها الناس في مخيلتهم ونقلتها لنا الآيتان الكريمتان: ﴿وَقَالُواْ مَالِ هَٰذَا ٱلرَّسُولِ يَأۡكُلُ ٱلطَّعَامَ وَيَمۡشِي فِي ٱلۡأَسۡوَاقِ لَوۡلَآ أُنزِلَ إِلَيۡهِ مَلَكٞ فَيَكُونَ مَعَهُۥ نَذِيرًا ۝٧ أَوۡ يُلۡقَىٰٓ إِلَيۡهِ كَنزٌ أَوۡ تَكُونُ لَهُۥ جَنَّةٞ يَأۡكُلُ مِنۡهَاۚ وَقَالَ ٱلظَّٰلِمُونَ إِن تَتَّبِعُونَ إِلَّا رَجُلٗا مَّسۡحُورًا﴾[1].

هذه الثنائية المتشابكة الأطراف بين العالم العلوي والعالم السفلي، يحاول الفقيه الدكتور محمد صادق بن محمد الكرباسي في الجزء الثاني من كتاب "الصحيفة الحسينية الكاملة" الصادر في لندن في العام ٢٠٠٧ م عن المركز الحسيني للدراسات في ٤٩٤ صفحة من القطع الوزيري، استنهاض رؤاها من خلال وضع الأدعية والأذكار الواردة عن الإمام الحسين عليه السلام انشاءً أو رواية، على طاولة التشريح متسلحا بمبضع اللغة والفقه والأصول والرجال والحديث والتاريخ والتفسير، فضلا عن العرفان، في محاولة قل نظيرها في عالم شرح نصوص السنن، لاستكناه حقيقة الدعاء، واستجلاء خباياه.

حقائق علمية

في الواقع يحاول الدكتور الكرباسي في باب الدعاء كما في الأبواب

---

(١) سورة الفرقان: ٧ ـ ٨.

الستين الأخرى من أبواب دائرة المعارف الحسينية التي تفوق مجلداتها الستمائة وصدر منها ٣٦ مجلدا[1]، أنْ يقدِّم النهضة الحسينية على حقيقتها ما أمكنه إلى ذلك سبيلا، وإخراجها من رتابتها التاريخية والمعرفية، ولذلك فإنَّ الشروح التي قدَّمها لأكثر من مائة دعاء ومناجاة وذكر وورد، سجلت في هذا الكتاب، ضمَّت بين سطورها معارف وعلوماً جمة، لأنَّ باقات الأدعية احتوت مقاطعها حقائق ومعارف، أمكن لعلم الحديث بيان معالمها بعد أربعة عشر قرنا، لكون المعصوم لا يُحدِّثُ إلا عن القرآن الذي لا يأتيه الباطل من بين يديه ولا من خلفه، ولذلك فإنَّ بعض الأدعية التي كانت قبل الثورة العلمية عصيَّة على الفهم يدعو بها المسلم تسليما بصدورها عن المعصوم حتى من دون أنْ يفهم مغزاها، صارت سهلة المنال معرفيا، وبالتالي التعبد بها كسنّة هو تعبد عن معرفة، وإنَّ عبادة الله عن معرفة وشكره لما أنعم، هي مُنتهى غاية العبد، وهي عبادة الأحرار، كما يقول الإمام علي في وصف صنوف العبّاد: (إنَّ قوما عبدوا الله رغبة فتلك عبادة التجار، وإنَّ قوماً عبدوا الله رهبة فتلك عبادة العبيد، وإنَّ قوماً عبدوا الله شكرا فتلك عبادة الأحرار)[2]، ولهذا فإنَّ الإمام عليّاً عليه السلام يختلي مع ربه ويناجيه: (إلهي ما عبدتك خوفاً من نارك، ولا طمعاً في جنتك، بل وجدتك أهلاً للعبادة فعبدتك)[3].

من هنا فإنَّ المصنف استبان عنده من خلال قراءة عميقة للأدعية الواردة عن الرسول صلى الله عليه وآله وسلم وأهل بيته عليهم السلام وبخاصة الإمام الحسين عليه السلام، أنَّ الأدعية

(١) فاقت أعداد الموسوعة المطبوعة خمسة وسبعين مجلداً.
(٢) عبده، محمد، نهج البلاغة: ٤/ ٧١٤، حكمة ٢٣٩.
(٣) ابن أبي جمهور الأحسائي، محمد بن علي، عوالي اللئالي: ١/ ٤٠٤ ح٦٣.

على ما فيها من علوم في جوانب شتى كانت تستهدف: "بث الوعي بين أكرم المخلوقات، ومن ثم ترسيخ العقيدة بينهم بالطرق العلمية، وأخيرا الراحة والطمأنينة، تلك الطرق العلمية التي هي من أكثر الوسائل تأثيرا في النفوس"، فدغدغة المشاعر والوجدان لوحدها لا تكفي في الاستدلال على الحق وترسيخ العقيدة في النفوس، وإنْ كانت هي واحدة من الطرق إلى الله: "من هنا يفهم مدى حرص أهل البيت عليهم السلام على أنْ لا تكون العاطفة من وراء العقيدة، بل كانوا يحثون أتباعهم على الاستدلال بالحقائق العلمية لإثبات العقيدة"، فعلى سبيل المثال، فإنَّ الإمام الحسين عليه السلام في دعاء العشرات[1] يحمد الله ويقول: (ولك الحمد عدد كل قطرة في السماء)[2]، ويتبادر إلى الذهن أنَّ القطرات هنا، تعني قطرات السحاب، لكن المصنف يرى أنَّ هذا المقطع من الدعاء ربما كان إشارة إلى وجود ماء في السماوات غير النازلة إلينا ووجودها في كرات غير الكرة الأرضية، وهذا ما يحاول علماء الفلك البحث عنه خارج نطاق الأرض في أجرام أخرى.

وعلى مستوى الكرة الأرضية فإن المياه تغطي (٧١,١١١٪) من سطحها، ومن اللطف الإلهي والإعجاز العددي في القرآن كما يستظهر المصنف أنَّ كلمة البحر وردت في القرآن الكريم **٣٢** مرة، وكلمة البر **١٢** مرة وكلمة اليبس مرة واحدة، فالمجموع **١٣** مرة، ونسبة **١٣** إلى **٣٢** هي نسبة **٢٨,٨٨٨** من **٧١,١١١**، والذي بهما يكون مجموع سطح الكرة الأرضية من ماء ويابسة.

---

(١) العشرات: جمع عشرة، وإنما سمي بذلك لأن المطلوب من الداعي أن يردد في نهايته أذكاراً عشر مرات. انظر: الكرباسي، محمد صادق، الصحيفة الحسينية الكاملة: ٢/ ٧١.

(٢) الحلي، علي بن طاوس، مهج الدعوات: ١٤٩.

علاقات متكاملة

تختلف المدارس العقيدية في تعداد العلاقات التي يتمسك بها الإنسان كفرد، كما تختلف في بيان تأثير الواحدة على الأخرى، وفي مجال السياسة اشتهرت عبارة العلمانيين المنسوبة للسيد المسيح عليه السلام: "أعطوا ما لله لله، وما لقيصر لقيصر"[1]، أو قول البعض من العلمانيين العرب "الدين لله والوطن للجميع"[2]، حيث يفهم من هاتين العبارتين وأمثالهما، أنَّ علاقة الإنسان بخالقه أو بمن يؤمن به ربا، هي علاقة خاصة تنحصر تأثيراتها بخط واصل بين العبد والمعبود ولا يتعداه، ولا ينبغي سحب هذه العلاقة خارج الإنسان نفسه، وهنا يلتقي أصحاب هذا الرأي من العلمانيين مع مدارس دينية منغلقة على نفسها لا ترى علاقة للإنسان غير علاقته مع ربه، ولم تلتفت إلى مصلحة الإنسان خارج المسجد أو الكنيسة أو المعبد.

وتبدو هذه النظرة قاصرة، لأنَّ الإنسان إنما خلقه الله لكي يعمِّر الأرض ويبنيها له ولجيله وللأجيال القادمة، فليس من المعقول أنْ يتقوقع في علاقاته، ولذلك وسّع البعض من العلاقات إلى علاقات أربع: علاقة الفرد بخالقه، علاقة الفرد بنفسه، علاقة الفرد بالآخر، وعلاقة الفرد بالمجتمع، وزاد البعض ببيان علاقة الفرد بالدولة، ويعتقد المحقق الكرباسي بأهمية علاقة سادسة وهي علاقة الفرد بالبيئة بما فيها من حيوان ونبات وجماد

(١) الإنجيل كتاب الحياة، إنجيل متى، الإصحاح ٢٢: ٧٤، باب دفع الجزية للقيصر (إنجيل عربي فرنسي، الطبعة الرابعة ١٩٩٥م).

(٢) شعار رفع في مصر إبان ثورة عام ١٩١٩م، وكان يقصد منه توحيد جهود المسلمين والأقباط ضد الوجود البريطاني في مصر، وتم استخدامه في مجالات فصل الدين عن السياسة، وصار شعاراً للأحزاب الليبرالية والعلمانية.

وماء وهواء وغير ذلك: "بمعنى ان للبيئة التي يعايشها الفرد دوراً كبيراً في إيجاد المناخ الملائم له للعيش في أكنافها، والبيئة أوسع علاقة من العلاقات الأخرى إذا ما استثنينا العلاقة الأولى منها، لأنها واسعة بوسع الكون وضيقة بضيق نظر الفرد، فكلما توسع أفق الفرد توسعت آفاق دركه للعلاقة المميزة بينه وبينها، وإذا تمكن فهمها بات سعيدا وأصبح سعيدا". وهذه حقيقة تنبه إليها البعض، فتم على أساسها تأسيس منظمات إنسانية أخذت على عاتقها حماية البيئة، لشعور قوي بأهمية علاقة الإنسان بالبيئة وتأثيرها على مستقبل وجوده في الأرض، وتأثيرها الآني على صحته ومزاجه.

ويلاحظ آية الله الشيخ الكرباسي أنَّ الأدعية الصادرة عن المعصومين، تتضمن هذه العلاقات الست، وهي تحاول أنْ تضع الإنسان على الجادة السليمة وترشده إلى تعميق هذه العلاقات، فهي إلى جانب تنظيم علاقة الإنسان بخالقه من أجل بعث الطمأنينة في نفسه وتشذيب عواطفه وأحاسيسه لسلامة مزاجه النفسي، فإنَّ الدعاء يؤمّن العلاقة بين الإنسان والبيئة، باعتبار أنَّ البيئة عنوان عام يصح إطلاقه على كل ما يعايشه الإنسان ويحيط به أرضاً وسماءً. وأما على مستوى العلاقة بالذات، فقد دلت الوقائع والحقائق أنَّ فهم الإنسان لنفسه وتفهُّم مرادها ومعرفة رغباته وشهواته مقدمة ضرورية للتعامل مع النفس وترشيدها بما فيه صالحه والمحيط به، ولا يخفى أنَّ أطباء النفس إنما في علاجهم لمرضاهم يغورون معهم إلى أعماق نفوسهم من أجل اجتثاث ما ران على نفوسهم من سواد وترميم تصدعاتها، وكلما فاتح المريض طبيبه وكشف عن سريرته، أمكن علاجه بسرعة، وقد أثبتت الأرقام أنَّ المجتمع المؤمن بغض النظر

عن المعبود هو مجتمع تقل فيه الأمراض النفسية، لأنَّ الدعاء والمناجاة والأذكار والأوراد، من السبل الناجحة لمصارحة الإنسان نفسه أمام من يحب، من غير رقيب ولا حسيب.

ويخلص الكتاب إلى أنَّ العلاقات الست لا يمكن فصلها الواحدة عن الأخرى، وبخاصة والثابت أنَّ الدين هو المعاملة، وأنَّ الدين هو النصيحة، وأنَّ الدين هو الأخلاق، وأنَّ من مصاديق الدين النص الشريف: (كلكم راع وكلكم مسؤول عن رعيته)[1]، فيؤكد: "إن عدم الاكتراث بهذه العلاقات هو من وراء الخلل الحقيقي في سعادة البشرية جمعاء.. اذاً فالسعادة هي التوفيق بين هذه العلاقات، وهذا ما يدعو إليه الإسلام بشكل عام وخط أهل البيت عليهم السلام بشكل خاص".

أغراض شتى

كثيرا ما يلجأ الإنسان إلى الدعاء عند الشدة، وإنْ كان الدعاء في الرخاء دلالة على قوة الإيمان، ولكن الكثير ممن يقرأ الدعاء تغيب عن ذهنه الأغراض التي تستبطنها مقاطع الدعاء نفسه، لانشغال الإنسان بحاجته وغرضه، ولكن بقراءة متأنية لأدعية الإمام الحسين عليه السلام، كما يسّرها لقارئه المحقق الكرباسي، يكتشف الإنسان أغراضاً شتى، بل هي: "مسرح للعديد من العلوم المرتبطة بالفضاء، والأحياء، وطبقات الأرض،

(١) القشيري النيسابوري، مسلم بن الحجاج، صحيح مسلم: ٢١٣/١٢. وتمام الحديث النبوي الشريف: (ألا كلكم راع، وكلكم مسؤول عن رعيته، فالأمير الذي على الناس راع، وهو مسؤول عن رعيته، والرجل راع على أهل بيته، وهو مسؤول عنهم، والمرأة راعية على بيت بعلها وولده، وهي مسؤولة عنهم، والعبد راع على مال سيده، وهو مسؤول عنه، ألا فكلكم راع، وكلكم مسؤول عن رعيته).

والفيزياء، والكيمياء، والطب، وأمثالها، إلى جانب علم النفس، والأبحاث العقائدية، والاجتماعية، وعلم الأديان، ونظائرها".

فمن باب المثال، فإنَّ "دعاء الاستجابة" المنسوب إلى الإمام الحسين عليه السلام فيه من العلوم والحقائق والأغراض يكاد يذهلك إذا ما تم الرجوع إلى مكتشفات العلم الحديث، بخاصة حينما يتعرض الدعاء إلى خلق الأرض والسماء وتهيئة الأرض للسكن البشري، فعندما يتحدث القرآن عن إرساء الجبال في الأرض ويشاطره الدعاء المفهوم نفسه، فإنَّ النص القرآني ونص المعصوم يتناول حقيقة معرفية جاء العلم الحديث ليكتشف باستخدام الرنين المغناطيسي أنَّ ما يقرره علماء اللغة من كون "الإرساء" هو التثبيت مع غرز القواعد كما الحال في وتد الخيمة، واستخدمه النص الشريف بالمعنى نفسه، أثبته العلم أيضا: "وقد عبر العلم الحديث عن الجبال بالأوتاد عندما اكتشف بأن للجبل جذوراً تمتد تحت سطح الأرض بما يعادل (٤,٥) أضعاف ارتفاعه فوق سطح الأرض، ويذكر علماء طبقات الأرض لدى حديثهم عن تكوين الجبال أنَّها كانت بطريقة الإلقاء"، كما في قوله تعالى: ﴿خَلَقَ ٱلسَّمَٰوَٰتِ بِغَيۡرِ عَمَدٖ تَرَوۡنَهَاۖ وَأَلۡقَىٰ فِي ٱلۡأَرۡضِ رَوَٰسِيَ أَن تَمِيدَ بِكُمۡ وَبَثَّ فِيهَا مِن كُلِّ دَآبَّةٖۚ وَأَنزَلۡنَا مِنَ ٱلسَّمَآءِ مَآءٗ فَأَنۢبَتۡنَا فِيهَا مِن كُلِّ زَوۡجٖ كَرِيمٍ﴾[1].

وتظهر عدد من الأدعية، وعلى مستوى السياسة، نوع العلاقة القائمة بين القيادة والقاعدة، فالقائد كما في وصية الإمام علي عليه السلام لواليه على مصر مالك[2] بن الحارث الأشتر النخعي (ت٣٧هـ)، لا ينبغي ان يكون متجهما عبوسا حتى يشار له بالبنان، بل: (وأشعر قلبك الرحمة للرعية

(١) سورة لقمان: ١٠.

(٢) مالك الأشتر: وهو جد المؤلف الكرباسي، تشرّفت مع الأسرة الكريمة بزيارة مرقده الشريف يوم=

والمحبة لهم واللطف بهم، ولا تكونن عليهم سبُعا ضاريا تغتنم أكلهم..)[1]، وهذا الخلق والأدب الرفيع نتلمسه في أدعية الإمام الحسين عليه السلام ودعائه لصالح المؤمنين، وما أعظم أنْ يأتي الدعاء بالخير للناس ممن كان الوسيلة إلى الله وسيد شباب أهل الجنة، حيث يدعو: (اللهم اجعل لنا ولشيعتنا عندك منزلا كريما، واجمع بيننا وبينهم في مستقر من رحمتك، ورغائب مذخور ثوابك، إنك على كل شيء قدير)[2]، أو توجهه إلى الله بالدعاء لجون بن حوي النوبي [3] المستشهد في كربلاء عام ٦١ هـ، وهو مولى لأبي ذر جندب الغفاري (ت٣٢هـ): (اللهم بيّض وجهه، وطيّب ريحه، واحشره مع الأبرار، وعرّف بينه وبين محمد وآل محمد)[4].

=الأربعاء ٢٩ ربيع الثاني ١٤٣١هـ (١٤/ ٤/ ٢٠١٠م) حيث يقع خارج القاهرة على بعد ٢٢ كيلو مترا شمالها عند مدخل محافظة القليوبية في بلدة الخانكة في الطريق الممتد بين بلدة المرج الجديدة والخانكة، على بعد كيلو متر واحد من بلدية الخانكة في الشارع نفسه حيث تقع البلدية على يسار الذاهب إلى المرقد الشريف، وتقع الخانكة بعد بلدة (أبو زعبل) الشهيرة بنحو ثلاثة كيلو مترات، ويقع القبر الشريف في ملك خاص داخل مقبرة عليها قبّة بيضاء في بيت واسع فيه حديقة غناء، ويشتهر عند أهل الحي بـ (السيد العجمي)، ويتولى سدانة المرقد السيد صلاح بن محمد الحلو، وقد رأيته رجلا مهذبا مؤدبا يخدم الزائرين على قلّتهم، ومن المفارقات أنني بقيت لأيام عدة في القاهرة أسأل عن مرقده الشريف، والجهل به هو سيد الموقف، رغم أنه من كبار ولاة مصر في العصر الراشدي، وقد أسعفني حفيده في الدلالة على قبره عبر اتصال هاتفي معه من لندن خلال وجودنا في الاسكندرية.

(١) عبده، نهج البلاغة: ٣/ ٦٠٥، عهد رقم ٥٣.

(٢) الكرباسي، الصحيفة الحسينية الكاملة: ٢/ ٢٣٧،عن: وقعة الطف: ١٧٥ للوط بن يحيى الأزدي.

(٣) جون النوبي: التحق بآل علي بعد وفاة أبي ذر الغفاري عام ٣٢هـ، حيث كان قبل ذلك من موالي الفضل بن العباس بن عبد المطلب، ثم لدى الإمام علي بن أبي طالب عليه السلام ثم جعله الإمام علي في خدمة أبي ذر الغفاري.

(٤) الكرباسي، الصحيفة الحسينية الكاملة: ٢/ ٢٤٧، عن: تسلية المُجالس وزينة المجَالس: ٢/ ٢٩٣ لمحمد بن أبي طالب الحائري.

كما لا يغيب عند الدعاء الأدب، وبخاصة الشعر، فضلا عن أنَّ الدعاء بحد ذاته هو أدب راق، اعتمد العبارة البليغة والسجع، وتوحُّد القافية بين مقطوعات وأخرى، من قبيل دعاء الإمام الحسين عليه السلام عندما رماه أبو الحتوف الجعفي بسهم في جبهته فنزعه الحسين عليه السلام ورمى به فسال الدم على وجهه ولحيته: (اللهم إنك ترى ما أنا فيه من عبادك هؤلاء العصاة العتاة، اللهم إحصهم عددا، واقتلهم بددا، ولا تذر على وجه الأرض منهم أحدا، ولا تغفر لهم أبدا)(١).

استنتاجات

تعتبر الأدعية والأذكار من باب السنن، ولذلك قد يتلقى المتلقي الدعاء دون تثبت من السند أو المتن عملا بقاعدة "التسامح في أدلة السنن"، في حين يتشدد الفقهاء والأصوليون في النصوص المتعلقة بالتشريع الفقهي، لكن آية الله الكرباسي في هذا الكتاب وفي غيره، فَضَّلَ أنْ يتغافل عن هذه القاعدة، ويتعامل مع الدعاء كتعامله مع أي نص يرد عن المعصوم، فيعرضه على علوم الحديث والرجال، فلا يبالي أنْ يُضعّف سند دعاء، ويقوي من سند آخر. وعنون كل دعاء بعنوان مأخوذ من متن الدعاء إنْ لم يكن للدعاء عنوان أصلا من وضع المعصوم نفسه أو الرواة، واعتمد في تخريج الدعاء على أُمّات المصادر والمراجع القديمة ومقابلتها بالكتب الحديثة، وتتبع المورد الذي حدا بالإمام الحسين عليه السلام إلى ذكر الدعاء، لأهمية ذلك في تفهُّم المتن، مع ملاحظة دقيقة للسند ورواته.

وينهي المحقق الكرباسي شرح الدعاء بجملة استنتاجات مستوحاة من

---

(١) الكرباسي، الصحيفة الحسينية الكاملة: ٢٩٦/٢، عن: بحار الأنوار: ٥٢/٤٥، للمجلسي.

مقاطع الدعاء، هي بمثابة مصابيح مضيئة تنير للمرء جادة التعامل مع ربه ونفسه والآخر ومجتمعه والدولة والبيئة. والاستنتاجات كثيرة بعدد الأدعية والأذكار، ولعل أهمها:

أولاً: الدعاء لوحده لا يغني عن العمل وتلمس أسباب الحياة، فثمة تلازم كتلازم الروح للجسد وتلازم السهم بوتره، وتلازم الحضور بالغيب، وتلازم الدنيا بالآخرة، ذلك: "إنَّ حياة الدنيا وحياة الآخرة متعادلتان، وإنَّ الله جل وعلا له موازين دقيقة في تعامله مع عبيده، فقد جعل الدنيا دار الزرع والآخرة دار الحصاد، وهناك وعد ووعيد، وطاعة ومعصية، فاعتبروا يا أولي الألباب".

ثانياً: على الداعي أنْ يثق كليا بالقوة العليا، كثقة المريض بطبيبه، وإلا لا يصح ان يذهب المريض إلى طبيب لا يثق بقدراته العلمية والطبية، على أنَّ الثقة بالله في الاستجابة لا تعني التواكل والتكاسل في الوصول إلى الأهداف: "فإنَّه يدعو بكل ثقة واطمئنان ويسعى ويجد في أنْ ينال مراده دون كلل أو تعب".

ثالثاً: الدعاء هو تعليم المعصوم لعباد الله في كيفية الرقي والوصول إلى المراتب العليا من الطاعة والعبودية للخالق والتدرج في سلم التكامل، وعلى هذا الطريق لابد من المصارحة لأنها طريق إلى تحقق الاطمئنان الروحي، والمصارحة هي نوع من الاعتراف: "بحقيقة ضعفه وحقيقة قدرة ربه حتى يتمكن من الوصول إلى قضاء حاجته، بل لابد وأنْ يكون موقنا بذلك ومعترفا"، لأنَّ الدعاء في محصلته: "طلب من العاجز إلى القادر على ما يطلبه".

رابعاً: يصح القول إنَّ الدعاء والتوجه إلى الله تعبير عن حقيقة الطاعة، ولكن الصحيح أيضاً أنَّ العمل بمقتضى الشورى هو طاعة أيضاً، لأنَّ الله

دعا إلى الشورى وهو في معرض ذكر صفات المؤمنين: ﴿وَأَمْرُهُمْ شُورَىٰ بَيْنَهُمْ﴾(1)، ولذلك فلابد للداعي عند طلب الحاجات أنْ يُعمل الاستشارة في كيفية استحصالها، كما عليه أنْ يخطط في سبيل تحقق الطلب وإنجازه، ولذلك يستوحي المصنف من دعاء للإمام الحسين عليه السلام وهو عند قبر جده محمد صلى الله عليه وآله وسلم، أنَّ: "الدعاء + القناعة + المشورة + التخطيط = الطاعة الحقيقية لله جل وعلا، لأنه أمر بذلك"، كما يفهم من المكان تفضيل الدعاء عند مشاهد الأنبياء والأوصياء والأولياء، على أنَّ: "من الآداب الصلاة على محمد وآله" في كل دعاء.

خامساً: ولمَّا كان الدعاء في نهايته طلب تنجز سعادة الإنسان الذي يعيش مع أخيه الإنسان، فإنَّ هذه السعادة تقتضي الأمر بالمعروف والنهي عن المنكر والوقوف أمام ظلم الظالمين، صحيح إنَّ هذه مسؤولية الجميع، ولكن القيادات، وبخاصة القيادات الروحية تتحمل العبء الأكبر، من هنا فإنَّ المصنف يستظهر من جملة أدعية، أنَّه ليس من مظاهر الزهد والتقوى والانقطاع إلى الله: "أنْ تجلس في بيتك ولا تتدخل في شؤون الناس إذا طلبوا منك ذلك ويكون لك موقف، بحجة أنَّ معالجة أمور الناس تقلل من شأن القيادة"!

بين نصّين

اعتمد الكتاب في تقسيمات فصوله الأربعة على مضامين الأدعية، فالفصل الأول ضم أدعية المناسبات حيث استوعب ثلث الجزء الأول من كتاب "الصحيفة الحسينية الكاملة" ونحو نصف الجزء الثاني. فيما ضم

---

(1) سورة الشورى: ٣٨.

الفصل الثاني دعوات الإمام الحسين للموالين، وضم الثالث دعواته على الظالمين، وضم الفصل الأخير الأذكار.

ومع أنَّ حياة الإمام الحسين عليه السلام لا تعتبر قصيرة (٥٨ عاما)، لكن ما أمكن التثبت من الأدعية تعد قليلة، وقد عزى المحقق ذلك إلى أمور عدة:

أولاً: إنَّ الدعاء يختلف عن الحديث، وهو حوار بين العبد وخالقه: "ولذلك لا تظهر في الغالب بمظهر العلن إلا إذا جاء من باب التعليم، أو الاستجابة لطلب السائل، أو اقتضاء الحاجة العامة كالاستسقاء".

ثانياً: إنَّ الدعاء بخاصة أدعية المناسبات لا تجدد، لأنَّ المناسبات ثابتة ومثلها الأدعية، نظير الأدعية بعد الفرائض أو أدعية الحج أو أدعية شهر رمضان، على أنَّ كثيراً من الأدعية تقرأ في مناسبات عدة لتضمنها المناجاة مع الله.

ثالثاً: إنَّ الإمام الحسين يمتلك خزينا من الأدعية والأذكار واردة عن جده محمد صلى الله عليه وآله وسلم وأبيه علي عليه السلام وأمه فاطمة عليها السلام وأخيه الحسن عليه السلام، وعن جبريل عليه السلام، فلا يجد حاجة إلى إنشاء أخرى، ولذلك اختلف الرواة في نسبة عدد من الأدعية ما إذا كانت من إنشاء الإمام الحسين عليه السلام نفسه أو من روايته عن النبي صلى الله عليه وآله وسلم وأهل بيته عليهم السلام.

رابعاً: يعتقد المصنف أنَّ نصوص الأدعية ربما تعرضت إلى ما تعرض إليه التراث الإسلامي بشكل عام والإمامي بشكل خاص، من ضياع وطمس على مر العصور، ناهيك عن سياسة الاضطهاد التي تعرض لها آل الرسول صلى الله عليه وآله وسلم من قتل وسجن وإبعاد: "وفي مثل هذه الظروف كان الإنسان بتراثه مقصودا، وفي ظلها لا يمكن المرء الحفاظ على نفسه فكيف على تراثه"؟!

نادرة

وكما هو دأبه، تعاهد المؤلف على إفراد ٢٥ فهرسا في أبواب شتى استخرجها من متن الديوان وهوامشه، لتكون نبراسا للقارئ والباحث والدارس. كذلك تعاهد على ختم كل مجلد بقراءة نقدية لعلم من الأعلام من أديان ومذاهب وجنسيات ولغات مختلفة، يقدم فيها رؤيته الخاصة حول مجلدات دائرة المعارف الحسينية.

المشرف على موسوعة الجزائر في العام ٢٠٠٢م، والكاتب في موسوعة "أعلام العرب والمسلمين" الصادرة في تونس، الأستاذ في جامعة مولود معمري في مدينة تيزي وزو الجزائرية الدكتور صالح بلعيد تتبع إصدارات دائرة المعارف الحسينية بشكل عام، وكتاب "الصحيفة الحسينية الكاملة ج٢" بشكل خاص، وخرج بانطباع سجله في مقالة كتبها باللغة الأمازيغية، وهو أن: "إنجازات دائرة المعارف ليس بالأمر السهل، وهي من الصعوبة بمكان بحيث إنَّه يتطلب الصبر الطويل وذلك الإنسان الذي يمتلك العقلية والعلم والفكر الواسع والحكمة"، ووجد الدكتور بلعيد: "إن الشيخ محمد صادق محمد الكرباسي، هو العالم صاحب العلم والقلم، الذي بذل نفسه وسخرها ليفهم الناس أنَّ مثل هذا العمل ليس بالهين ولا السهل، وأقطع إنَّ مثله قليلون، وهو عالم كبير"، وعن شهادته بالموسوعة الحسينية قال الأكاديمي الجزائري: "إنَّ هذه الموسوعة وحسب ما رأيت ليس لها ما يماثلها، وحينما نتحدث عن الموسوعات العالمية، بإمكاني القطع أن هذه الموسوعة تجاوزت الموسوعات المعرفية التي نعرفها.. فهي عالية في قيمتها، ولم أعرف موسوعة شبيهة بها، لا في الماضي ولا في الحاضر".

الاثنين ٣ رجب ١٤٢٨ هـ = ٢٠٠٧/٧/١٨ م

الدكتور عبد الأحمد بن عبد الصمد جاويد

* ولد في العاصمة الأفغانية كابل في ١٣٤٥/٦/٢٧ هـ (١٩٢٧/١/١م)، وفيها نشأ ودرس.

* دخل كلية الآداب في جامعة كابل عام ١٣٦٢ هـ (١٣٢٢ ش)

* في عام ١٣٦٣ هـ (١٣٢٣ ش) حصل على منحة دراسية وانتقل إلى إيران لدراسة الحقوق والعلوم السياسية في جامعة طهران.

* ساعده اهتمامه الكبير باللغة الفارسية على دراسة الأدب الفارسي في جامعة طهران تزامنا مع دراسة الحقوق.

* في عام ١٣٧٠ هـ (١٣٢٩ ش) عاد إلى بلاده بعد نيله شهادة البكالوريوس واشتغل بالتدريس في كلية الآداب بجامعة كابل.

* في عام ١٣٧٢ هـ (١٣٣١ ش) عاد إلى إيران ونال من جامعة طهران شهادة الدكتوراه في الأدب الفارسي.

* تولى عام ١٣٩٢ هـ (١٩٧٢م) رئاسة جامعة كابل.

* عيّن مديرا لراديو أفغانستان.

* في عام ١٤٠٦ هـ (١٩٨٦م) منحته أكاديمية العلوم في أفغانستان درجة بروفيسور.

* في عام ١٤٠٧ هـ (١٩٨٧م) منحته وزارة الإعلام الأفغانية لقب أفضل إعلامي ومثقف.

* محقق وخبير بآداب أفغانستان بعامة والأدب الفارسي بخاصة، وكرّمته الجمهورية الإسلامية لذلك في عهد الرئيس محمد الخاتمي.
* يجيد إلى جانب لغة الأم الفارسية الدرية، الپشتو، الانكليزي، العربي، الفرنسي وقليلا من الروسية.
* يجيد الترجمة من الانكليزي إلى الفارسي ومن الپشتو إلى الفارسي.
* هاجر إلى بريطانيا عام ١٤١٢ هـ (١٩٩٢م)، ومات في لندن في ٢١/٥/١٤٢٣ هـ (٣١/٧/٢٠٠٢م).
* عضو اللجنة المشرفة على مناهج التدريس في وزارة المعارف الأفغانية.
* عضو اتحاد الصداقة الأفغانية الفلسطينية.
* عضو اتحاد الصداقة بين أفغانستان ومنظمة الأمم المتحدة.
* ترك عشرات المؤلفات ومئات المقالات والدراسات، ومن مصنفاته:

- رايحة صلح در فرهنگ ما (عطر الصلح في ثقافتنا).
- مدارا ومروت در فرهنگ فارسي (المداراة والمروة في الثقافة الفارسية).
- نوروز خوش آيين (عيد نوروز: المعايير الطيبة).

لا أغنى من دائرة المعارف الحسينية[1]

(الحسين والتشريع الإسلامي ٣)

يعتبر مؤلف دائرة المعارف الحسينية، عالم كبير ومعروف ألا وهو آية الله محمد صادق الكرباسي، وهذا العالم الكبير قام بعمل ليس له نظير في التاريخ حيث وضع دائرة المعارف في ٥٥٦ مجلداً[2]، مما يمكن أن توصف دائرته بالفريدة أو اليتيمة.

وفي تاريخ التشيع منذ البداية وحتى يومنا هذا ألفت مؤلفات كثيرة ومهمة، وقد أودع الشيخ الطوسي[3] هذه المؤلفات في كتابه "الفهرست"، والسِّفْر العظيم "أعيان الشيعة" المؤَلف من قبل آية الله السيد محسن الأمين[4]، الذي تحدث عن علماء وأعيان الشيعة، ولكن مع هذا فلم يؤلف لحد الآن مثل هذه الدائرة التي نتحدث عنها.

---

(١) تمت ترجمة المقدمة من اللغة البشتوية.

(٢) كتب البروفيسور عبد الأحمد جاويد مقدمته في العام ١٤٢٣هـ (٢٠٠٢م)، وصدر الكتاب في العام ١٤٢٨هـ (٢٠٠٧م)، وقد تعدت مجلدات دائرة المعارف الحسينية الستمائة مجلد. ويلاحظ من خلال السيرة الذاتية أنه توفى بعد ٢٤ يوماً من كتابة المقدمة.

(٣) الطوسي: هو محمد بن الحسن (٣٨٥ ـ ٤٦٠هـ) من فقهاء الإمامية وأعلامها، ولد في خراسان وعاش في بغداد ومات في النجف، من مصنفاته: النهاية، الخلاف، والمبسوط.

(٤) محسن الأمين: هو ابن عبد الكريم (١٢٨٤ ـ ١٣٧١هـ)، من فقهاء الإمامية ومؤرخيها، مضت ترجمته.

يظهر من عنوان دائرة المعارف الحسينية، أنها تحتوي على سيرة سيد الشهداء ونهضته والآثار التي خلّفتها، وقد قام بتحقيق كل ما له علاقة بهذه الشخصية حيث لم يتوقف على حياته وسيرته فحسب، بل تحدث عن الجانب الثقافي وغيره، وله في بيانها والتفنن فيها ابتكارات، وتناول فيها الشعراء والكتاب الذين كتبوا أو نظموا في الإمام الحسين عليه السلام بشكل كامل وموضوعي.

هذا المجلد الماثل للطباعة، والذي تزيد عدد صفحاته على الأربعمائة صفحة[١]، يتجلى فيه أعلام أفغانستان، إلى جانب شخصيات أخرى ذات علاقة بالموضوع.

إن مميزات هذا العلامة الكبير كما يلاحظ من خلال عمله في دائرة المعارف هذه، أنه أورد كل من له شعر أو بحث في هذا المجال، كما حقق في التاريخ، والذي يُعد بحدّ ذاته عملاً فنّياً جباراً ومبتكراً، وهكذا كان ديدن هذه الأسرة الشريفة[٢].

فعلى سبيل المثال، استعرض بعض الأمثلة عن آثار تلك الأسرة والتي هي ليست إلا حقائق واقعة، حيث وضعوا اللبنات الأولى للمدارس العلمية في أفغانستان، والتي تدرس فيها العلوم الدينية وتربي الأجيال على الأهداف الحسينية، ومن تلك المدارس، مدرسة گوهر شاد أغا، ومدرسة حسين بايقرا، وفي كابل مدرسة محمدي، وفي بهسود[٣] مدرسة

(١) بلغت صفحات الكتاب ٦٤٠ صفحة ومن ضمنها عشرات الفهارس في أبواب مختلفة.

(٢) إشارة إلى أسرة آل الكرباسي التي يرجع نسبها إلى الصحابي الجليل مالك بن الحارث الأشتر المتوفى عام ٣٧هـ، والمتوزعة في الحواضر العلمية ومنها أفغانستان.

(٣) بهسود: مدينة تابعة لولاية ميدان الواقعة على بعد مائة كيلو متر من العاصمة كابل.

كُجاب[1]، التي أسسها السيد سَرْوَرْ الواعظ[2]، والمدرسة المهدية التي أنشأها السيد محمد أمين الأفشاري[3]، وكذلك المدرسة السلطانية في مزار شريف[4] وغيرها، ويذكر المؤلف أن هناك مدارس حسينية قديمة أخرى كانت في أفغانستان، منها مدرستان في غرجستان[5]، خمس في كابل، أربع مدارس أخرى في ضواحيها، وواحدة في غور[6]، وثلاث عشرة مدرسة في پنجاب[7]، وخمس في أولنك، وخمس في ورس[8]، وست في داي كندي[9]، وثلاث عشرة في بهسود ووادي ميدان[10]، وثلاث في باميان[11]، وخمس في غزنة[12]، وأربع في شهرستان[13].

---

(١) مدرسة كُجاب: يلاحظ أن المدرسة اشتهرت بمدرسة الشهيد السيد محمد سرور الواعظ، وقد تعرضت للحرق من قبل حركة طالبان في جمادى الثانية ١٤٢٩هـ.

(٢) سرور الواعظ: هو السيد محمد سرور الواعظ البهسودي (١٣٢٨ ـ ١٣٩٨هـ)، من أعلام الإمامية والفقهاء البارزين في أفغانستان، ولد في بهسود، درس في النجف وسكن كابل، قتله النظام الشيوعي، من مصنفاته: مصباح الأصول (تقريرات السيد الخوئي).

(٣) الأفشاري: ربما إشارة إلى الشيخ محمد أمين الأفشاري وهو من العلماء الأفغان المعاصرين.

(٤) مزار شريف: وهي عاصمة ولاية بلخ، تقع على بعد ٤٣٨ كيلو مترا من كابل، اشتهرت بالمسجد الأزرق، وينسب المسجد إلى الإمام علي بن أبي طالب عليه السلام.

(٥) غرجستان: مدينة جبلية تقع وسط أفغانستان بين كابل وهرات.

(٦) غور: مدينة تابعة لولاية هرات ومركزها مدينة چغچران تبعد عن هرات نحو ٣٨٠ كيلو مترا.

(٧) پنجاب: وهي قاعدة مدينة الپنجاب التابعة لمدينة باميان، وتبعد عن كابل نحو ٢٩٨ كيلو مترا.

(٨) ورس: مدينة تابعة لولاية باميان وتقع جنوب غربها.

(٩) داي كندي: قضاء يقع وسط افغانستان ويسكنه الهزارة.

(١٠) وادي ميدان: من مدن ولاية وردك الواقعة وسط افغانستان، على الطريق بين كابول وقندهار وهرات.

(١١) باميان: مدينة تقع وسط أفغانستان على بعد ٢٤٠ كيلو مترا شمال غرب كابل، اشتهرت بتماثيل بوذا المحفورة في الجبال.

(١٢) غزنة: وهي قاعدة ولاية غزنة تقع وسط أفغانستان على بعد ١٤٥ كيلو مترا جنوب غرب كابل.

(١٣) شهرستان: مدينة تقع في ولاية جوزجان شمال أفغانستان المحاذية لتركمانستان.

ومما يلاحظ أن جدّ صاحب الموسوعة، ذلك العالم الكبير محمد حسن الكرباسي[١] المتوفى عام ١١٩٠ هـ، أقام لفترة في هرات، وأنشأ مدرسة حوض كرباس، ثم أنشأ مدرسة أخرى[٢]، ولازالت هناك عائلة تنتمي إلى الكرباسي تقطن في هرات، وعرفوا بأنهم أصحاب علم وثراء، والذي يعد آية الله محمد صادق الكرباسي من هذه العائلة التي تفتخر أفغانستان بها.

ويذكر المؤلف في هذا الجزء من كتابه[٣] لدى بحثه عن المدارس في خراسان أن الكلمة ـ خراسان ـ مركبة من "مطلع + الشمس" وأن خراسان كانت مقاطعة كبيرة، يحدّها من الغرب العراق ومن الشرق الهند ومن الشمال بلاد ما وراء النهر ومن الجنوب الخليج، وكانت عاصمتها في تلك الفترة "مرو"[٤]، وكانت ملتقى حضارات متعددة الاتجاهات: اليهودية، المسيحية، الزرادشتية، الصابئة، البوذية، المانوية، الوثنية اليونانية، الثنوية الزرادشتية، والمزدكية، ومذاهب أخرى. وفي العقود الأولى من القرن الأول الهجري دخلها الإسلام، ومن ذلك الوقت تمكن من بسط سيطرته ودحض النظريات الأخرى بفضل خلفية الإسلام العلمية والفكرية، فأسلم أهلها وأصبحت معقلا من معاقل الإسلام وحاضرة من حواضر العلم، وتخرج منها علماء في مختلف العلوم كالحديث والفقه والتفسير والفلسفة والعرفان والأدب.

---

(١) محمد حسن الكرباسي: هو ابن محمد جعفر، ولد في خراسان نحو عام ١١١٥هـ (١٧٠٣م)، وفيها نشأ ودرس، ثم سكن بلدة كاخ في هرات واشتغل بالتدريس، ثم عاد إلى مشهد واشتغل بالتدريس، وهاجر إلى يزد ورجع إليه الناس في الفتيا، ثم هاجر إلى إصفهان واشتغل بالتدريس وفيها مات.

(٢) للمزيد راجع: الحسين والتشريع الإسلامي: ٣/ ٤١٢.

(٣) للمزيد راجع: الحسين والتشريع الإسلامي: ٣/ ٣٨٥ وما بعدها.

(٤) مرو: وهي قاعدة ولاية مرو، رابع أكبر مدن تركمانستان، تقع على نهر المرغاب.

ويتطرق هذا العالم الذائع الصيت ـ المؤلف ـ عن أفغانستان ويقول: أن لأفغانستان تاريخا عريقا، إذ لعبت مدارسها المنتشرة في قندهار[1] ومزار شريف وبلخ[2] وهرات[3] وباميان، دوراً بارزاً، حيث قطنها أتباع أهل البيت منذ القرن الأول الهجري. وبالمقابل فقد هاجر الأفغان إلى المدن المقدسة، كالمدينة المنورة والنجف الأشرف وكربلاء المقدسة، وتخرج من مدارسها علماء بارزون متبحرون، عرفوا بميلهم إلى العلوم العقلية من الفلسفة والأصول والحكمة، ولدى عودتهم إلى بلدهم قاموا بتأسيس مراكز علمية فيها، وقد تجاوز عدد المدارس التي أسسها أتباع مدرسة أهل البيت في المناطق التي تسكنها قبيلة هزارة لوحدها الثلاثمائة.

إن عضد الدولة[4]، بعد القرن الثاني والثالث الهجريين، اتخذ نهج الإمام الحسين عليه السلام وأجرى مراسم العزاء، وتبعه الصفويون فساروا على هذا النهج، وبالذات في عهد السلطان عباس الكبير[5]، الذي دعم مسيرة إحياء ذكرى استشهاد الحسين، ولازالت مستمرة إلى يومنا هذا.

---

(١) قندهار: ثالث أكبر مدن أفغانستان من حيث السكان تقع في الجنوب على بعد ٥٠٠ كيلو متر من كابل.

(٢) بلخ: وقاعدتها مزار شريف، تقع شمال أفغانستان وتبعد عن كابل نحو ٣٢٠ كيلو مترا، وعلى بعد ٥٦كم من حدود جمهورية أوزبكستان.

(٣) هرات: وهي قاعدة ولاية هرات ثاني أكبر مدن أفغانستان من حيث السكان الواقعة في الغرب، وتحدها من الغرب إيران ومن الشمال تركمانستان، وتقع مدينة هرات على بعد ٨٠٠ كيلو متر من كابل وعلى بعد ١٢٠ كيلو مترا من الحدود مع إيران.

(٤) عضد الدولة: هو فناخسرو بن الحسن بن بويه الديلمي (٣٢٤ ـ ٣٧٢هـ) ولد في إصفهان ودفن في النجف، ولي الحكم عن عمه عماد الدين علي بن بويه وخلفه ابنه صمصام الدولة مرزبان، كان إلى جانب الحكم أديبا وشاعرا ومعمراً للبلدان.

(٥) عباس الكبير: هو ابن محمد خدابنده الصفوي (٩٧٨ ـ ١٠٣٨هـ) ولد في هرات ومات في مازندران ودفن في كاشان، خامس حكام الدولة الصفوية، تولى الحكم وله من العمر ١٨ عاما، وفي عام ١٠٠٠هـ ـ نقل العاصمة من قزوين إلى إصفهان.

لم ينبرِ أحد لحد الآن إلى وضع دراسة علمية وإجراء تحقيق شامل عن هذا الامتداد الفكري وبما يرتبط بالإمام الحسين، سوى العلامة الكبير هذا (الكرباسي)، والذي يعد عمله أساساً محكماً في بيان الصورة الناصعة، ورداً علمياً على كثير من الأسئلة التي ظلت مبهمة طوال التاريخ.

ولد المؤلف آية الله الشيخ محمد صادق نجل محمد الكرباسي، بجوار مرقد أبي عبدالله الحسين عليه السلام في الخامس من ذي الحجة عام ١٣٦٦ هـ (٢٠/١٠/١٩٤٧م)، وفتح عينه في بيت تقى وعلم، ودرس على أعلام الأمة في كربلاء والنجف وطهران وقم. وفي كربلاء المقدسة درس في حوزتها وتخرج على يدي آيات الله: الشيخ جعفر رشتي [(١)]، الشيخ محمد شاهرودي [(٢)]، الشيخ محمد الكرباسي [(٣)] (والده)، الشيخ يوسف بيارجمندي [(٤)]، الشيخ محمد رضا الإصفهاني [(٥)]، والسيد محمد الشيرازي [(٦)].

---

(١) جعفر رشتي: هو ابن علي رضا بن محمد حسن الرشتي الحائري (١٣٠٤ ـ ١٣٩٧هـ) من فقهاء الإمامية ومن كبار المدرسين في الحوزة العلمية في كربلاء، تولى إدارة المدرسة الهندية في كربلاء وأنشأ مكتبتها العامة.

(٢) محمد شاهرودي: هو ابن علي، توفي عام ١٤٠٩هـ، من فقهاء الإمامية ومن كبار المدرسين في الفقه والأصول في حوزة كربلاء، تولى إمامة الجماعة في الصحن الحسيني الشريف لنحو ثلاثين عاما.

(٣) محمد الكرباسي: هو ابن أبي تراب (١٣٢٤ ـ ١٣٩٩هـ) ولد في النجف ومات في قم، من فقهاء الإمامية ومن كبار المدرسين في حوزة كربلاء، من مؤلفاته: السعة والرزق، تاريخچه كربلاء (فارسي)، وسلاطين الشيعة (مخطوط).

(٤) يوسف بيارجمندي: ويعرف بالشيخ يوسف الشاهرودي الخراساني الحائري المتوفى عام ١٣٩٥هـ، من فقهاء الإمامية ومن كبار المدرسين في حوزة كربلاء وله رسالة عملية بعنوان "زبدة المسائل"، من مؤلفاته: مدارك العروة الوثقى، شرح الكفاية، المسائل الفقهية.

(٥) محمد رضا الإصفهاني: هو ابن محمد تقي بن علي الحائري (١٣٠٥ ـ ١٣٩٣هـ) المتوفى بكربلاء، من فقهاء الإمامية ومن كبار المدرسين في حوزة كربلاء، وكان فيلسوفا، من مصنفاته: تنبيه الغافلين، العافية في ثواب البكاء والإبكاء، وطريق النجاة.

(٦) محمد الشيرازي: هو ابن مهدي بن حبيب الله الحسيني، ولد في النجف سنة ١٣٤٧هـ، وسكن=

وكانت له مواقف مشهودة وفعاليات سياسية وثقافية واجتماعية بارزة، ثم اجبر على الهجرة من العراق في العام ١٣٩١ هـ (١٩٧١م) إلى إيران، وفي بلاد الهجرة الأولى حضر على أعلامها وبخاصة آيات الله العظام السيد محمد كاظم شريعتمداري[1]، وخلال سني عمره العلمي تتلمذ على ٢٥ أستاذا في العلوم الحديثة، و٣٩ أستاذا في العلوم الإسلامية.

بعد ذلك هاجر إلى بيروت في العام ١٣٩٣ هـ (١٩٧٣م) وتعاون مع المرحوم الشهيد آية الله السيد حسن الشيرازي حتى العام ١٤٠٠ هـ[2]، ثم هاجر إلى لندن وذلك في العام ١٤٠٦ هـ (١٩٨٦م). وقد ترك في مهاجره تلك آثاراً جليلة، فله كتابات في علم الشريعة، وسائر الفنون والعلوم، وقد تجاوزت عناوين مؤلفاته المائة، كما أنشأ مؤسسات ثقافية في كل من العراق وايران وسورية ولبنان وبريطانيا.

أما بالنسبة إلى أفغانستان، فمما تجدر الإشارة إليه أن لغة الأدب في أفغانستان هي اللغة البشتوية، وأكثر الأفغان من البشتو، وغالبيتهم من

=كربلاء ثم الكويت، ومات في قم، من فقهاء الإمامية وأعلامها، ومن أعمدة الحوزة العلمية في كربلاء والكويت وقم، ترك مئات المصنفات، منها: موسوعة الفقه، السبيل إلى إنهاض المسلمين، والصياغة الجديدة.

(١) محمد كاظم شريعتمداري: هو ابن حسن (١٣٢٢ ـ ١٤٠٦هـ)، ولد في تبريز ومات في طهران ودفن في قم، هاجر إلى قم سنة ١٣٤٣هـ وتولى المرجعية الدينية بعد وفاة السيد حسين البروجردي سنة ١٣٨٠هـ، أنشأ في قم مؤسسة دار التبليغ ومجلة مكتب إسلام.

(٢) حسن الشيرازي: هو ابن مهدي الحسيني، ولد في مدينة النجف عام ١٣٥٤هـ (١٩٣٥م) من أعلام العراق وأدبائها، وساهم معه الشيخ محمد صادق الكرباسي في تأسيس الحوزة العلمية الزينبية في دمشق، واغتيل في بيروت عام ١٤٠٠هـ (٢/ ٥/ ١٩٨٠م) وكان في طريقه لحضور مأتم عزاء أقامه على روح الفقيد السيد محمد باقر الصدر الذي أعلنت الحكومة العراقية خبر إعدامه في أبريل - نيسان العام ١٩٨٠، وسبق للشيرازي أن اعتقل في بغداد قبل أن يترك العراق عام ١٣٩٠هـ (١٩٧٠م) مهاجرا إلى لبنان، من مصنفاته: كلمة الإسلام، الشعائر الحسينية، وحديث رمضان.

السُّنّة، ولكن هناك بعض القبائل الپشتوية هم من الشيعة، وهؤلاء الأقوام من أوركزي، توري، وبنكين، وغيرهم، وقد تخرّج من بينهم المئات بل الألوف من العلماء والأدباء، الذين تركوا آثاراً جليلة، وقد ظهر من بين هؤلاء عدد من الشعراء الذين نظموا المراثي والملاحم في حق علي كرم الله وجهه (رض) ومعركة كربلاء، كما أن لهم مشاركات في مراسم العزاء، وفيها يبرزون إخلاصهم وعقيدتهم، وفي هذا الجانب، نشير إلى بعض هؤلاء الشعراء:

* ملا أحمد شاه، شاعر القرن الثامن عشر الميلادي، الذي يقول في وصف حال زوجة يزيد بن معاوية حينما جيء بنساء أهل البيت عليهم السلام أسارى:

بنات يزيد وقفن وقفة إجلال وإكبار أمام تلك الصورة التي خلّفها علي الأكبر في التضحية والفداء

فلم ينصرفن حتى أذنت لهم تلك الصورة المشرقة لعلي الأكبر.

* خادم حسين (كان حيا سنة ١٣٠٠هـ)، الذي درس في كوهات[١]، ونظم الكثير من الشعر في حق عليّ كرم الله وجهه (رض) وكربلاء، والأئمة، ومما نظمه قوله ما معناه في وصف علي الأكبر ابن الحسين عليه السلام وهو خارج إلى ساحة الوغى:

علي الأكبر مرتدي لامة الحرب وزينب تنظر إليه نظرة الوداع

تقدم علي الأكبر بقلب منكسر يستأذن أباه في المبارزة

(١) كوهات: هي مركز مدينة كوهات، تقع شمال غرب باكستان على بعد ٦٠ كليو مترا من مدينة پشاور و٢٠٠ كيلو متر من مدينة روالبندي.

يا كربلاء خففي من مصائبك وهولك

إن كل ذرة من غبارك وكل حبّة من ترابك يحمل معها البلاء

* ملا دوست علي، المتوفى عام ١٨٠٠ م (١٢١٤هـ) في تيرا[١]، ذلك الشاعر الشعبي المعروف، الذي رثى أئمة أهل البيت، فهو يصور لنا وقعة كربلاء بقوله:

يا عزرائيل أقبل بسرعة

لتخبرنا عن قرار العرش

في إزهاق أرواح أهل الشام[٢]

حيث تُسمع صرخة القاسم من وراء الباب

وهناك أيضاً شعراء أعلام من مدرسة الأدب البشتوي، أمثال ريحان، شهسوار داشترزي بالا، ونور الله شاه داشترزي الذي كان يسكن في داشترزي[٣]. ومن الضرورة بمكان أن نذكر الشاعر العالم قمبر علي أوركزي الذي كان يعيش في تيرا، وكان شاعرا شيعياً يميل إلى التصوف، وتوفي في پيشاور عام ١٢٠٧ هـ، ودفن فيها، وقد طبعت مجموعة حماسياته في پيشاور.

وفي هذا السياق لابد من البيان بأن الهند (البشتوية) وأفغانستان، كانتا تحت سلطة المغول وذلك في القرن السادس عشر الميلادي، تلك الفترة التي سادت فيها الخرافة بين الناس، وعندها برزت نهضة ثقافية بين قبائل

---

(١) تيرا: واحدة من ضواحي مدينة كوهات تسكنها القبائل.

(٢) إشارة إلى جيش بني أمية حيث كانت الشام قاعدة حكمهم.

(٣) داشترزي: مدينة باكستانية.

البشتو تحت حكم بايزيد روشان[١]، مما استفاد منها المتكلمون بالبشتو وسائر الأفغان، وفي الظاهر أنها كانت نهضة صوفية عرفانية، ولدى مراجعة النصوص التي وردتنا في تلك الفترة، والتحقيقات التي توصلنا اليها، أن بايزيد روشان، كان متأثراً بعقائد الشيعة (الاثني عشرية) والاسماعيلية، حيث يذكره مولانا الشيخ محمد شفيع اللاهوري[٢]، في مقالته تحت عنوان "دبستان مذاهب"[٣]: إن بايزيد روستان التقى في ملتان[٤] بمولانا سليمان كالنجري[٥] الذي كان هو الآخر من الشيعة، وجرت بينهما حوارات سبقت الاعلان عن نهضته هذه، ومما يدلنا على ذلك، الأشعار والآثار التي وصلتنا من أتباعه وأبنائه.

إن النهضة انتشرت في الأوساط البشتوية بعدما قاومها المتكلمون بالبشتوية لسنوات عدة، وبقي أثرها إلى يومنا هذا. كما أن المهتمين

---

(١) بايزيد روشن: الشهير بـ: (پير روشن) وهو بايزيد بن عبدالله بوركي الأنصاري (٩٣١ ـ ٩٩٣هـ) (١٥٢٥ ـ ١٥٨٥م)، ولد في مدينة جولوندر في بنجاب الهند، عاد مع أبيه صغيرا إلى مدينة أجداده كانغرام جنوب ولاية وزيرستان الباكستانية، رأس قبائل بوركي وقاد الحملات العسكرية ضد حكم جلال الدين محمد أكبر المغولي (٩٤٩ ـ ١٠١٣هـ) (١٥٤٣ ـ ١٦٠٥م)، ويعد من المتصوفة، وقيل مات عام ٩٨٥هـ (١٥٧٨م)، كتب باللغات العربية والبشتوية والفارسية والهندية، ألف نحو ١٢ كتابا، بقي نصفها، منها: خير البيان باللغة البشتوية، حال نامة (سيرة)، ومقصود المؤمنين.

(٢) محمد شفيع لاهوري: أكاديمي وأديب باكستاني (١٣٠٠ ـ ١٣٨٢هـ) (١٨٨٣ ـ ١٩٦٣م)، نال مرتبة البروفيسورية في الأدبين العربي والفارسي، وهو إلى جانب الأدب خبير باللغات الشرقية والعلوم الإسلامية، تولى مهامَّ رسمية عدة منها رئاسة اللجنة الثقافية الباكستانية العليا، من مصنفاته: تتمة صوان الحكمة، تذكره ميخانه، ومطلع السعدين.

(٣) دبستان مذاهب: أي "مدرسة المذاهب".

(٤) ملتان: هي قاعدة مدينة ملتان الواقعة جنوب محافظة البنجاب الباكستانية، وهي سادس أكبر مدينة من حيث عدد السكان، تقع شرق نهر تشنه آب على بعد ٩٦٦ كيلو مترا من كراجي.

(٥) سليمان كالنجري: واحد من الشيوخ المتصوفة من مدينة قلعة كالنجر شمال لاهور، عاش في النصف الثاني من القرن العاشر الهجري.

بالتراث الحسيني لابد وأن ينتبهوا إلى أنه لم يصدر لحد الآن أغنى من هذه الدائرة من حيث المحتوى المعرفي والحلة القشيبة.

في الخاتمة، أسأل الله دوام العمر ومزيد التوفيق لهذا العالم الكبير والله ولي التوفيق.

البروفيسور الدكتور عبد الأحمد بن عبد الصمد جاويد

المملكة المتحدة ـ لندن

٢٦/ ٤/ ١٤٢٣ هـ

٧/ ٧/ ٢٠٠٢ م

حواضر شيّدها العلم
وأخرى هدّها العنف الطائفي

تفتخر كل أمَّة بعلمائها وأعلامها، وتتفاخر كل حضارة بما تملك من حواضر علمية ترفد المجتمع بالمتعلمين والعلماء، وتسطع بأنوار العلم على الأمم الأخرى، والأمَّة الراشدة النابضة بالحياة، هي الأمَّة التي يكرم فيها عالمها ولا يهان بينها متعلِّمها، والأمَّة الحضارية هي التي ترتفع بين أظهرها جدران العلم، ويشاد فيها بنيان المدارس والمعاهد العلمية، لأنَّ الصرح العلمي هو البوابة الطبيعية لقراءة وعي الأمة وحجم ثقافتها، ولأنَّه وجه كل حضارة به يقاس عمران نفوس أهلها، وهو مؤشر على الحرية التي ينعم بظلالها المجتمع، والسلام الذي يرفل به الناس.

وكلما تقادم الصرح العلمي عمرا، اكتسب تجارب الأمم الأخرى فأكسب من ينهل منه علوماً ومعارفَ وتجارباً لا يستغني عنها كل ذي علم لبيب ومتعلم أريب، وإذا تلقى هذا الصرح رعاية خاصة أفاد جيله والأجيال اللاحقة، ونفث في روح الأمة الألق والتقدم، ولذلك فإنَّ أية قراءة راشدة لأية أمَّة حية لا تتم إلا عبر بوابة العلم، ولا يمكن الإطلال على إنجازات الأمة إلا من فوق قلاع الصروح العلمية، فهي الأعلى والأقوى والأسرع في عالم التسابق الحضاري، وإنْ علت ناطحات السحاب في بلد كبير وتسامقت الأبراج في بلدة صغيرة.

الشباب ودائع العلم

وفي الحضارة الإسلامية، تعتبر المدينة المنورة هي النواة الأولى للصروح العلمية التي انتشرت في أنحاء العالم الإسلامي مع اتساع رقعة الإسلام، وهذه الحواضر العلمية التي لم نعد نسمع عنها إلا العدد القليل وما بقي منها أقل، يتابع المحقق الدكتور محمد صادق الكرباسي أخبارها في الجزء الثالث من كتاب "الحسين والتشريع الإسلامي" الصادر في العام ٢٠٠٧م، عن المركز الحسيني للدراسات بلندن في ٦٤٠ صفحة من القطع الوزيري، واضعا يده على مواقع الضعف والقوة في كل مدرسة علمية وحاضرة إسلامية ومآل كل حاضرة، بعد أنْ يكون قد تلمَّسَ تاريخ النشأة وتبيَّنَ علماء الحاضرة العلمية وتصفَّحَ النتاجات العلمية، وأبان الخيوط التي ربطت الصرح العلمي بالسلطة السياسية.

ويبدأ المحقق الكرباسي في هذا الجزء من حيث انتهى في الجزء الثاني حينما تعرض إلى المرحلة الأولى من حياة الحاضرة العلمية في المدينة المنورة على عهد النبي الأكرم محمد ﷺ وعهد الخلافة الراشدة باستشهاد الإمام علي عليه السلام في ٤٠ هـ وجانب من خلافة الإمام الحسن بن علي عليه السلام التي انتهت في ٤١ هـ حتى استشهاده في العام ٥٠ هـ، ويستبين وضع المدينة المنورة العلمي في عهد الإمام الحسين عليه السلام (ت٦١هـ)، حيث: "كانت ترجع إليه الأمة في الفتيا من كافة أقطار العالم الإسلامي كما كانت الصحابة تعتمد عليه في ذلك"، كما يستبين وضعها في عهد الإمام زين العابدين علي بن الحسين السجاد عليه السلام (ت٩٥هـ)[1] الذي يعتبر: "من

(١) سبقت الإشارة أن سنة الوفاة كما توصل إليها المحقق الكرباسي كانت في ٩٢هـ.

أعظم الرواة وأهمهم في الإسلام، وكانت لرواياته أهمية خاصة عند علماء الحديث"، فضلا عن اهتمامه الكبير بطلبة العلوم وبخاصة الشباب منهم، وحسب وصف ابنه الإمام محمد بن علي الباقر عليه السلام (ت١١٤هـ)[١]: "كان أبي إذا نظر إلى الشباب الذين يطلبون العلم أدناهم إليه، وقال: مرحبا بكم أنتم ودائع العلم، ويوشك إذا انتم صغار قوم أن تكونوا كبار آخرين"[٢]. وترك الإمام السجاد مجموعة من الأصول: "جمعها العلماء من بعده في كتب وصنفوها فأصبحت مصدرا من مصادر التشريع يرجع إليها الفقهاء عند عملية استنباط الحكم الشرعي وهي: الصحيفة السجادية، المناجات الخمس عشرة، رسالة الحقوق، وكتاب علي بن الحسين".

بزوغ العهد الذهبي

أما المرحلة الثانية من حياة الحاضرة العلمية في المدينة المنورة فتبدأ من العام ٩٢ هـ وهي السنة التي استهل بها عهد الإمام محمد بن علي الباقر عليه السلام، وتنتهي بانتقال عاصمة الدولة العباسية إلى بغداد، وشهدت هذه المرحلة حركة تصاعدية في المجال العلمي، وعند بعضهم أنَّ بداية القرن الثاني الهجري حتى منتصف القرن الرابع منه يمثل العهد الذهبي لحاضرة المدينة العلمية، ويرى الكرباسي أنَّ هذا العهد لدى الشيعة الإمامية يقع في النصف الأول من القرن الثاني الهجري، ومن المدينة المنورة انتشرت العلوم إلى بقية المدن والأصقاع.

ولا مشاحة أنَّ الإمام جعفر بن محمد الصادق عليه السلام (ت١٤٨هـ) كان له

---

(١) كما مرّ توصل المحقق الكرباسي أن سنة الوفاة كانت في ١١٣هـ.

(٢) الشامي، يوسف بن حاتم، الدر النظيم: ١٧٣.

قصب السبق في نشر العلوم وبث التلاميذ هنا وهناك، وكان سقوط الدولة الأموية وقيام الدولة العباسية في العام ١٣٢ هـ عاملا مساعدا في انتشار العلوم وتلقيه وانفتاح الآخرين على مدرسة أهل البيت العلمية وتزود قادة المذاهب الإسلامية من نمير علم الإمام الصادق عليه السلام. وهذا التلاقح المعرفي كان واحدا من الأسباب التي دعت قادة بني العباس إلى تشديد حلقة الخناق على مدرسة أهل البيت كما حصل مع الإمام موسى بن جعفر الكاظم (ت١٨٣هـ) الذي سجن مرات عدة، حتى استشهد في سجنه مسموما.

وفي عهد الإمام علي بن موسى الرضا عليه السلام (ت٢٠٣هـ): "اتسعت الحركة العلمية ونشط فيه البحث والتأليف والتدوين وتصنيف العلوم والمعارف ونشأت المدارس والتيارات الفلسفية والفكرية، وبدأت حركة الترجمة والنقل من اللغات والشعوب والأمم المختلفة، وازدحمت المدارس وحلقات الدرس بالأساتذة والطلاب"، وحيث كان الإمام في المدينة المنورة فكان سيد العلماء، وكما يقول عليه السلام: (كنت أجلس في الروضة[1] والعلماء بالمدينة متوافرون، فإذا أعيا الواحد منهم مسألة أشاروا إليّ بأجمعهم وبعثوا إلي بالمسائل فأجبت عنها)[2]، وقد نسب إليه من الكتب ثلاثة: فقه الرضا، صحيفة الرضا، والرسالة الذهبية.

ولما هاجر الإمام الرضا مدينة جده إلى طوس عام ٢٠٠ هـ لتسلم ولاية العهد لحكومة المأمون العباسي (ت٢١٨هـ)، خلّف في المدينة المنورة

---

(١) الروضة: المراد منها روضة الرسول صلى الله عليه وآله، ولعلّ الإمام الرضا عليه السلام أراد بالروضة ما بين القبر الشريف ومنبر الرسول صلى الله عليه وآله، انظر: الحسين والتشريع الإسلامي: ٣/ ٥٥.

(٢) الأمين، محسن، في رحاب أئمة أهل البيت: ٤/ ١٠٧.

نجله الإمام محمد بن علي الجواد عليه السلام (ت٢٢٠هـ)، يفتي في الناس وهو حدث السن، وما أحد سأله إلا وأجاب، ولم يرهقه السؤال ولم يعيه الجواب، ولما رحل عن الدنيا مسموما في بغداد ترك للأمة الإسلامية نجله الإمام علي بن محمد الهادي عليه السلام (ت٢٥٤هـ).

ومن يدرس الحواضر العلمية الإسلامية وعلماءها يكتشف الشيء الكثير والمثير للإعجاب، ومن ذلك أنَّ المحقق الكرباسي يستشف من قصة حصلت في عهد الإمام الهادي، أنَّ العمليات الجراحية الداخلية كانت أمراً متعارفاً عليه في الطبابة، أي أن الطب كان متقدما للغاية، إلا أنَّ القمع الذي واجهه العلم والعلماء حال دون حصول تراكمات علمية تدفع بالمجتمعات الإسلامية إلى الإمام، كما هو الحاصل في المجتمعات الغربية التي استفادت من التراكمات العلمية رغم قصر عمر الطفرات العلمية، وتقدمت أشواطاً بعيدة في المجالات العلمية كافة حتى صار المسلمون عالة على موائد الغرب العلمية!

على أطراف الجزيرة

وينتقل الفقيه الكرباسي من حاضرة المدينة العلمية إلى مكة المكرمة، مسلطا الاضواء على حاضرتها العلمية، ووجد: "إن فقهاء مكة فيما بعد كانوا على تقارب مع فقهاء العراق في كون أكثرهم من أصحاب مدرسة الرأي"، على خلاف فقهاء المدينة المنورة الذين تمسكوا بمدرسة الحديث.

وينتقل إلى اليمن التي دخلها الإسلام أولا في العام الثامن من الهجرة على يد الإمام علي بن أبي طالب عليه السلام، ويوجه أنظار القارئ إلى خارطة حاضرتها العلمية وعلمائها. ثم يعرج على البحرين الكبرى[1] وحاضرتها

(١) البحرين الكبرى: هي البحرين الحالية وشرق شبه الجزيرة العربية.

العلمية، مؤكدا على النشاط الذي دب في جسد: "الحركة العلمية في البحرين منذ القرن السابع الهجري" ثم إنها: "بلغت ذروتها في القرنين الثاني عشر والثالث عشر الهجريين، ثم بدأت تتجه نحو الانحسار في القرن الرابع عشر الهجري". وفي الأحساء التي كانت تشكل جزءا من البحرين الكبرى، وهي تقع في المنطقة الشرقية من الجزيرة العربية، فإنها شهدت نمواً علمياً ملحوظاً: "إلا أن دورها تضاءل بعدما توحدت المملكة العربية السعودية في ظل السلطات السعودية، فكان الدارسون منهم يتوجهون إلى العراق وإيران والبحرين لطلب العلم". ولم تختلف القطيف وهي من مقاطعات المنطقة الشرقية عن الأحساء، فقد أصابها ما أصاب الأحساء، لكنها بدأت تشهد في القرن الخامس عشر الهجري حركة علمية واعدة بخاصة مع إنشاء حوزة القائم عليه السلام وعدد من المدارس العلمية في مدن القطيف مثل العوامية[1].

الكوفة.. ترسيخا وانتشاراً

وتعتبر حاضرة العراق العلمية الثانية بعد المدينة المنورة من حيث الشهرة، بخاصة وإنَّ معظم المدارس الفكرية والمذاهب الإسلامية ظهرت فيها، ويرى المحقق الكرباسي أنَّ جامعة الكوفة العلمية هي الأولى في العراق، ومن حيث التأريخ: "فإنَّ البصرة تعد الثانية وكربلاء الثالثة وبغداد الرابعة والنجف الخامسة والحلة السادسة وسامراء السابعة"، مع وجود معاهد علمية في مدن واسط والموصل.

وأخذت الكوفة شهرتها العلمية بانتقال العاصمة الإسلامية على عهد

(١) تم تأسيس حوزة الإمام القائم في مدينة العوامية عام ١٤٢٢هـ على يد الشيخ نمر بن باقر النمر، واتخذت من مسجد الإمام الحسين عليه السلام مقراً لها، وانطلقت في بادئ الأمر باسم المعهد الإسلامي.

حكم الإمام علي عليه السلام من المدينة المنورة إليها في العام ٣٦ هـ، ومن عظمتها أنْ: "عقدت حلقات الدرس والمناظرة في مسجد الكوفة، وشارك الإمام بنفسه مع ثلة من حوارييه في إقامة مثل هذه الحلقات وكانت ابنته زينب الكبرى عليها السلام هي الأخرى اتخذت خطة متقدمة جداً حيث أنشأت حلقة درس في تفسير القرآن وبيان الأحكام الشرعية للنساء خاصة"، ويعتبر الفقيه والمؤرخ السيد محسن الأمين (١٣٧١هـ) أن الإمام علياً عليه السلام يعتبر أول من تكلم في أصول الفقه فأملى ستين نوعا من أنواع علوم القرآن(١). كما كان للإمام علي عليه السلام مضمار السبق في التأليف والتصنيف، وانعدم هذا الفن لدى مدرسة الرأي، ولا غرابة في ذلك لأنَّ مدرسة الحديث (مدرسة أهل البيت) شجعت على التصنيف فيما حرمت مدرسة الرأي ذلك على الصحابة والتابعين، واستمر هذا الحظر لمدة قرن كامل. ويعتقد المحقق الكرباسي أنَّ حاضرتي المدينة المنورة والكوفة كانتا: "لهما أهمية كبرى في تاريخ الحضارات العلمية في العالم الإسلامي"، وذلك لأنَّ: "الأولى حيث كان بها التأسيس، والثانية حيث كان بها الترسيخ والانتشار، والأولى قادها الرسول الأعظم صلى الله عليه وآله وسلم، والثانية تزعمها وصيه الإمام علي عليه السلام".

ولكن حاضرة العراق العلمية تعرضت إلى القمع في عهد معاوية بن أبي سفيان (ت٦٠هـ) ومن جاء من بعده، فهجرها العلماء، وابتعدت الكوفة عن مدرسة الحديث واقتربت كثيراً من مدرسة الرأي: "بسبب الفقهاء والرواة الذين دعمتهم السلطة الأموية، بينما اتجهت جامعة المدينة نحو مدرسة

---

(١) انظر: الأمين، أعيان الشيعة: ١/ ١٣٧.

الحديث بسبب هجرة عدد من الفقهاء والرواة إليها". غير أنَّ الأمر لم يستمر طويلاً، فقد انتعشت الحياة العلمية في الكوفة في عهد الصادقين محمد بن علي الباقر وجعفر بن محمد الصادق، وتفوقت المدرسة الكوفية على المدرسة البصرية. وفي هذا العهد وصل التطور التشريعي ذروته ونشأت إلى جانب المدرسة التشريعية الإمامية (الشيعية) والإباضية (الخوارج) والزيدية، مدرسة أبي حنيفة. وفي البصرة التي دخلها الإسلام عام ١٦ هـ، نشطت الحركة العلمية فيها بعد ان سكنها الأصحاب والتابعون من علماء ومحدثين وفقهاء ورواة.

العضدية سبقت النظامية

وفي كربلاء التي فتحها المسلمون عام ١٢ هـ، انتعشت فيها الحركة العلمية بخاصة بعد استشهاد الإمام الحسين عليه السلام عام ٦١ هـ، حيث تجمع الفقهاء حول قبر الشهيد، وسكنها لفترة الإمام جعفر الصادق عليه السلام والإمام موسى الكاظم عليه السلام، وقد برزت كربلاء علميا منذ القرن الثاني الهجري. ويفند المحقق الكرباسي ما أشيع بأن المدرسة النظامية في بغداد التي أنشأها الوزير نظام الملك[١] حسن بن علي الطوسي (ت٤٨٥هـ) عام ٤٥٧هـ، هي أول صرح علمي شيد في العراق على الإطلاق، ويرى ان كربلاء المقدسة شهدت في عصر البويهيين قيام أول مدرسة علمية كبرى في العراق وذلك عام ٣٦٩هـ، أسسها عضد الدولة[٢] البويهي (ت٣٧٢هـ)، وأخذت اسمه، وأقام بعد عامين مدرسة أخرى بالاسم نفسه لاستيعاب

(١) نظام الملك: ولد بطوس سنة ٤٠٨هـ، وزير سلجوقي اشتهر بإقامة المدارس، كما اشتهر بكتابه سياستنامة (سيَر الملوك)، قتل في إصفهان.

(٢) عضد الدولة: هو فناخسرو بن الحسن بن بويه، وقد مضت ترجمته.

العدد المتزايد من طلاب العلم، حيث كانت كربلاء في تلك الفترة تضم آلاف الطلبة والمدرسين.

ويجزم المحقق الكرباسي بتقدم المسلمين زمنيا على غيرهم في تشييد الجوامع العلمية، فأول صرح علمي جامعي تأسس في الغرب كان المجمع البولوني[1] (Bologna) في إيطاليا في القرن السادس الهجري ومجمع مونت پلير[2] الفرنسي (Montpellier) وأكسفورد[3] (Oxford) في القرن السابع الهجري.

وتعرضت حاضرة كربلاء العلمية إلى مد وجزر، وكان آخر مدرسة شيدت فيها قبل سقوط نظام صدام حسين (ت٢٠٠٦م) في ٩/ ٤/ ٢٠٠٣ هي مدرسة السيد الخوئي التي شيدها السيد أبو القاسم الخوئي (ت١٤١٣هـ) في العام ١٣٩٥ هـ، وآخر مرجعية دينية هي مرجعية السيد محمد الشيرازي (ت١٤٢٢هـ)[4]، لكن كربلاء المقدسة راحت تستعيد عافيتها العلمية منذ دخول العراق في عصر الديمقراطية التمثيلية منذ العام ٢٠٠٣م.

على ضفتي دجلة

والى شمال كربلاء على بعد نحو مائة كيلو متر شيد المنصور العباسي (ت١٥٨هـ) مدينة بغداد عام ١٤٥ هـ، وأخذت المدينة تعمر علميا، وقد

---

(١) المجمع البولوني: يقع في قرية پو (Po Valley) في شمال إيطاليا، تأسس سنة ١٠٨٨م.

(٢) مجمع مونت پلير: أو جامعة مونت پلير (University of Montpellier)، أقيمت في مدينة مونت پلير الواقعة جنوب فرنسا سنة ١١٦٠م.

(٣) أكسفورد: أو جامعة أوكسفورد (universities in Oxford) في مدينة أكسفورد الواقعة جنوب شرق انكلترا، ليس لها تاريخ مضبوط لنشأتها، ولكنها تعود إلى القرن الحادي عشر الميلادي وبدأ تجديدها منذ عام ١١٦٧م.

(٤) محمد الشيرازي: هو ابن مهدي بن حبيب الله، وقد مضت ترجمته.

سكنها المسلمون سنة وشيعة، وحسب ما يقول المؤرخ السيد محسن الأمين وهو يتحدث عن الخارطة السكانية للعراق، فان: "التشيع في بغداد قديم من حين إنشائها، فإن التشيع كان قد انتشر في أقطار الأرض وكانت محلة الكرخ في عهد العباسيين كلها شيعية وكثر التشيع في بغداد في عصر البويهيين"[١]، ولازالت بغداد إلى يومنا هذا تمثل خليطا من الشيعة والسنة، يمثل الشيعة العرب نحو ٨٢ بالمائة من سكانها حسب تعداد نفوس العام ١٩٨٧م، في بلد يشكل فيه الشيعة نحو أربعة أخماس الشعب العراقي كما يقول الرحالة الفرنسي فيكتور بيرارد (Victor Berard) (١٨٦٤ ـ ١٩٣١م) الذي زار العراق في العام ١٩٠٧م[٢].

واستقر في بغداد أبو حنيفة النعمان بن ثابت الكوفي (ت١٥٠هـ) وفيها مات، وسكنها أحمد بن حنبل (ت١٨٦هـ) وفيها مات، وفي جانب الزوراء مرقد الإمامين موسى الكاظم عليه السلام ومحمد الجواد عليه السلام، وراح علماء الكوفة يرحلون صوب بغداد، ويميل المحقق الكرباسي أنَّ جامعة بغداد العلمية: "حافظت على تقدمها العلمي بفضل دعم العباسيين للعلم وحبهم لانحصار التفوق العلمي في عاصمة ملكهم وعدائهم لأهل البيت عليهم السلام خوفا من زعزعة ملكهم". ولكن مع هذا فقد برز علماء الشيعة، ومراقدهم المتوزعة في بغداد على ضفتي نهر دجلة (كرخ ورصافة) شاهد على ذلك، حيث كانت نفوس شيعة بغداد في بداية القرن الخامس الهجري نحو أربعة

---

(١) الأمين، أعيان الشيعة: ١/١٩٨.

(٢) جاء ذلك في كتاب رحلته المعنونة: "السلطان والإسلام والقوى: القسطنطينية ـ مكة ـ بغداد"، راجع: قيس جواد العزاوي ونصيف جاسم الجبوري، دراسة بعنوان: "كربلاء كما وصفها بعض المستشرقين الفرنسيين"، من كتاب: دراسات حول كربلاء ودورها الحضاري (لندن، مركز كربلاء للبحوث والدراسات، ط١، ص١٤٤).

ملايين شخص تعرضوا إلى فتنة طائفية وإبادة بشرية مع سيطرة السلاجقة على الحكم في بغداد.

ويسجل المحقق الكرباسي ملاحظة مهمة على طبيعة المواد الدراسية في مدارس بغداد وغيرها، فيرى أنَّ المدارس الإمامية امتازت عن غيرها بتدريس فقه المذاهب الإسلامية إلى جانب الفقه الإمامي: "وعلى هذه السيرة سارت كل الحوزات والمجامع العلمية إلى يومنا هذا في كل من العراق وإيران ولبنان وسوريا وغيرها وهذا دليل العافية لابد من الالتزام بها".

ويتوقف المؤلف عند حاضرة النجف الأشرف بوصفها واحدة من الحواضر العلمية التي تركت بصماتها في واقع المسلمين، وانتعشت مجالسها العلمية في عهد الدولة البويهية، وسطع نورها العلمي بتوطن شيخ الطائفة محمد بن الحسن الطوسي (ت٤٦٠هـ) فيها عام ٤٥٠ هـ حيث دفعته النزعات الطائفية إلى الهجرة من بغداد بعد أن أحرقوا مكتبته العامرة، ومن هذا الوقت بدأت الحركة العلمية في النجف الأشرف تتوسع بشكل مضطرد، ثم يخبو ضوؤها ثم تعود من جديد.

ويشار إلى أن الشيخ حسين بن خليل الخليلي[1] (ت١٣٢٦هـ) هو أول من تزعم الحركة العلمية في النجف ممن ولد ونشأ ودرس فيها، يليه في المواصفات السيد محسن بن مهدي الحكيم (ت١٣٩٠هـ). وأصاب النجف ما أصاب كربلاء في عهد نظام صدام حسين، بخاصة في العام ١٩٩١م

---

(١) الخليلي: ولد في النجف الأشرف سنة ١٢٣٠هـ، تولى الزعامة الدينية سنة ١٣١٢هـ بعد وفاة السيد محمد حسن الشيرازي، من أهم مؤلفاته: شرح نجاة العباد.

عندما تعرضت عشرات المدارس العلمية في المدينتين إلى التدمير أثناء انتفاضة الشعب العراقي، فضلا عن اعتقال وإعدام المئات من العلماء وطلبة العلوم الدينية، وإبادة عشرات الآلاف من سكان المدينتين المقدستين.

ويتابع المحقق الكرباسي التطورات العلمية في مدينة الحلة الفيحاء التي تمصرت في العام ٤٩٥ هـ على يد سيف الدولة[١] المزيدي (ت٥٠١هـ)، وقد بدأ عصرها العلمي الزاهر بابن إدريس الحلي[٢] عام ٥٦٠ هـ، الذي: "كان قد أخذ من علماء كربلاء والنجف وأصبح علماً يشار إليه بالبنان حيث كان مجدداً للنهضة العلمية بعدما أصابها الركود بوفاة الشيخ الطوسي عام ٤٦٠ هـ"، وانتهى العهد الذهبي للحلة عام ٩٨٠هـ، وكان أوج تألقها أيام المحقق الحلي[٣] (ت٦٧٦هـ).

سامراء تعاتب علماءها

أما سامراء التي دخلها المسلمون عام ١٦ هـ، فإنَّ حاضرتها العلمية انتعشت في النصف الأول من القرن الثالث الهجري، وكان للإمامين علي بن محمد الهادي وابنه الحسن بن علي العسكري (ت٢٦٠هـ) دور كبير

---

(١) سيف الدولة: هو صدقة بن منصور بن دبيس المزيدي ولد سنة ٤٤٢هـ، رابع أمراء الأسرة المزيدية وأبرزهم، حكم منذ عام ٤٧٩هـ حتى مقتله في النعمانية، وفي عهده اتسعت جغرافية حكومته.

(٢) ابن إدريس الحلي: هو محمد بن منصور بن أحمد بن إدريس العجلي، ولد في الحلة سنة ٥٤٣هـ، من كبار فقهاء الإمامية، توفى سنة ٥٩٨هـ في مسقط رأسه، من مصنفاته: السرائر، رسالة في معنى الناصب، ومنتخب كتاب التبيان.

(٣) المحقق الحلي: هو جعفر بن الحسن، ولد سنة ٦٠٢هـ في مدينة الحلة وفيها مات، من فقهاء الإمامية وأعلامها، وقبره يُزار، اشتهر بكتابه "شرائع الإسلام"، من مصنفاته الأخرى: المعارج، المعتبر، والمسالك في أصول الدين.

في نهضتها العلمية، لكن عودة العاصمة إلى بغداد عام ٢٥٦ هـ وغيبة الإمام محمد بن الحسن المهدي المنتظر عام ٢٦٠ هـ أضعفها. بيد أن الحياة رجعت إليها في عهد السيد محمد حسن الشيرازي[١] (ت١٣١٢هـ) الذي سكنها عام ١٢٩١ هـ وأنشأ فيها المدارس العلمية، وقصدها الأدباء والشعراء والساسة وطلبة العلوم.

ولم يستمر الأمر طويلاً، فقد انتكست برحيله، ورحيل العلماء عنها وتوزعهم على المدارس العلمية في النجف وكربلاء والكاظمية، وأعتقد أنَّ التجاذبات بين هذه الحواضر لكسب مدرسي وطلبة حاضرة سامراء، أفرغ سامراء من مدرسة أهل البيت وجعلها يتيمة مما ساعد القوى التكفيرية على العبث بالمرقدين العسكريين والاعتداء على شيعة أهل البيت عليهم السلام، حيث أقدمت قوى الظلام التكفيرية في ٢٢/٢/٢٠٠٦م، على تدمير المرقدين الشريفين وإسقاط القبة الذهبية، ثم عادت في ١٣/٦/٢٠٠٧م لتكمل ما خربته في الأولى فأسقطت المنارتين، ولا يخفى أنَّ هذا الحقد الدفين هو الذي جعل معظم الحواضر الإسلامية العلمية تصبح في خبر كان، وتضيع معها العلوم بعد ان تضيع مكانة العلماء وأرباب العلم، في حين تتقدم المجتمعات التي تحترم العلم والعلماء، وليس الغرب عنا ببعيد زمانا ومكانا، فهو يعيش بين أظهرنا بعِلمه وعسكره ونعيش بين أظهره بجهلنا وقتلنا لكل فضيلة بمعاول التكفير ومقاطعة عصر النور والتنوير. وهنا يعبر

(١) الشيرازي: هو ابن محمود، ولد سنة ١٢٣٠هـ في شيراز وانتقل إلى إصفهان سنة ١٢٤٨هـ ثم هاجر إلى العراق سنة ١٢٥٩هـ، وتنقل بين المدن المقدسة ومكث في النجف الأشرف واستقر في سامراء حتى وفاته، ودفن بجوار مرقد الإمام علي عليه السلام في النجف، اشتهر بفتواه بحرمة التنباك (الدخان) في إيران ضد الاستعمار البريطاني، من مؤلفاته: كتاب في الطهارة، رسالة في دمشق، رسالة في الرضاع.

الفقيه آية الله الكرباسي عن مرارته لما آلت إليه المدينة المقدسة: "فقد كانت سامراء وكأنها تعتب على فقهاء الإمامية حيث تركوا جوار إمامين من أئمتهم طيلة قرون متمادية رغم وجود مركز غيبة إمام زمانهم"!

حاضرة بلاد الشام

مع فتح المسلمين لدمشق عام ١٣ هـ، وانتقال عاصمة المسلمين من الكوفة إلى دمشق على عهد معاوية بن أبي سفيان وانتقال عدد من الصحابة والتابعين إليها، أخذت مدرسة دمشق العلمية رونقها بخاصة بعد أن شيد الوليد(١) بن عبد الملك الأموي (ت٩٦هـ) الجامع الأموي عام ٨٨ هـ، وظلت حلقات العلم قائمة حتى القرن الثامن الهجري، وكانت نواة المدرسة الإمامية العلمية قد غرست في دمشق في القرن الرابع الهجري، وكان للدولة الحمدانية والمرداسية والفاطمية والعمارية وغيرها أثرٌ في خلق هذه الأرضية.

وبعد انقطاع طويل للمدرسة الإمامية عن دمشق أعاد السيد محسن الأمين الحياة إليها من جديد بعد ان سكن دمشق عام ١٣١٩ هـ، وفتح فيها عددا من المدارس العلمية، وبعد سبعة عقود من ذلك نزل السيد حسن الشيرازي (ت١٤٠٠هـ) بيروت في العام ١٣٩٠ هـ، وبعد ثلاث سنوات التحق به المؤلف الشيخ محمد صادق الكرباسي، وفي العام ١٣٩٥ هـ أسسا الحوزة العلمية الزينبية في ضاحية دمشق لاستيعاب طلبة العلوم الدينية الذين أبعدهم نظام صدام حسين من العراق، وكان المؤلف أول

(١) الوليد: هو حفيد مروان، ولد سنة ٤٨هـ، سادس حكام بني أمية، تولى الحكم سنة ٨٦هـ حتى وفاته في غوطة دمشق، ولي الحكم عن أبيه وخلفه شقيقه سليمان.

مدير لها وواضع برامجها الدراسية، ولازالت الحوزة قائمة حتى يومنا هذا، ولها الدور الكبير في تشجيع عدد من العلماء من لبنان والعراق وإيران على فتح أكثر من عشر مدارس علمية في ريف دمشق للطلبة والطالبات.

والى جانب دمشق شهدت حلب التي فتحها المسلمون عام ١٥ هـ حاضرة علمية، وبخاصة في الثلث الأول من القرن الرابع الهجري عندما اتخذها الحمدانيون عاصمة لهم[١]، ثم انحسرت الحركة العلمية الإمامية بعد رحيل الدولة المرداسية[٢] عام ٤٧٢ هـ.

وأقيمت حاضرة علمية في مدينة طرابلس الشام التي فتحها المسلمون بعد عام ٢٣ هـ، وازدهرت طرابلس علميا في عهد الدولة العمارية التي انتهت عام ٥٠٢ هـ، ولكن بقضاء الصليبيين على دولة بني عمار انتهى دور طرابلس العلمي.

وازدهرت مدينة القدس الشريف التي دخلها المسلمون عام ١٥ هـ، حيث ورد عليها الأصحاب والتابعون واقتفى أثرهم العلماء والفقهاء، وأقيمت فيها عشرات المدارس العلمية.

أما في جبل لبنان، فإنها من المناطق التي توطّن فيها العلم والعلماء، ودخلها التشيع بفعل إبعاد الصحابي أبي ذر الغفاري (ت٣٢هـ) إليها، وعلى

---

(١) اتخذ الحمدانيون حلب عاصمة لهم وذلك سنة ٣٣٢هـ، وازدهرت على عهد سيف الدولة علي بن عبدالله بن حمدان التغلبي المولود في ديار بكر سنة ٣٠٣هـ والمتوفى في حلب سنة ٣٥٦هـ، وهو أول الحمدانيين حاكما على حلب.

(٢) الدولة المرداسية: نسبة إلى صالح بن مرداس بن نصر الكلابي المتوفى سنة ٤١٩هـ، وهو أول حاكم من هذه الأسرة على حلب التي انتزعها من الحمدانيين والفاطميين سنة ٤١٥هـ، وقتل مع ولده شرق بحيرة طبرية، وخلفه على الحكم ابنه نصر الكلابي.

مدى التاريخ هاجر إليها العلماء. وينبه المحقق الكرباسي إلى التأثير الواسع الذي تركه علماء جبل عامل على الحواضر العلمية في العالم الإسلامي، حيث كان لهؤلاء العلماء: "دور في تنشيط وإحياء الحركة العلمية في مركز كربلاء وإصفهان والحلة ومشهد والنجف وبعلبك ودمشق وغيرها".

وفي بعلبك التي دخلها المسلمون عام ١٤ هـ، قامت حاضرة علمية، وبخاصة في القرن السادس الهجري، وكان الفقيه الشهيد الثاني [١] زين الدين العاملي (ت٩٦٦هـ) في العام ٩٥٣ هـ يدرس فيها الفقه على المذاهب الخمسة: الإمامية، الحنفية، المالكية، الشافعية، والحنبلية، ويفتي أهل كل مذهب بما يوافق مذهبه. ويعد القرن الثامن الهجري العصر الذهبي لمدينة بعلبك، حيث ترجم لها ابن حجر [٢] العسقلاني (ت٨٥٣هـ) لأكثر من ١٦٠ عالما في هذا القرن.

أول جامعة في العالم

وتعتبر مصر التي فتحها المسلمون عام ٢٠ هـ واحدة من أهم الحواضر العلمية في شمال أفريقيا، وبخاصة على عهد الدولة الفاطمية التي اهتمت بالعلم والعلماء وتشييد المدارس العلمية والمكتبات العامة، ويشهد عليهم

---

(١) الشهيد الثاني: هو ابن علي بن أحمد الجبعي المولود سنة ٩١١هـ، ختم القرآن وله من العمر تسع سنوات، تنقل في البلدان وزار مدن الشام وفلسطين ومصر والحجاز والعراق وبلاد الروم، مات غدراً في طريقه إلى الآستانة، من مصنفاته: منية المريد في آداب المفيد والمستفيد، اللمعة الدمشقية، وكشف الريبة عن أحكام الغيبة.

(٢) ابن حجر: هو أحمد بن علي بن محمد، ولد في القاهرة سنة ٧٧٣هـ من أسرة فلسطينية الأصل، تنقل في البلدان وزار بلاد الشام والحجاز واليمن، اشتغل في عهد المماليك بالإفتاء والقضاء والتدريس، من مؤلفاته: لسان الميزان، الإصابة في تمييز الصحابة، وفتح الباري شرح صحيح البخاري.

جامع الأزهر[1] الذي سمي تيمنا باسم السيدة فاطمة الزهراء عليها السلام، ولشدة اهتمامهم بالعلم فإنهم رصدوا للمدارس العلمية وللطلبة والمدرسين نحو ٤٣٠ مليون درهم سنويا واستقطبوا الأساتذة من كل مكان.

ويذهب المحقق الكرباسي إلى التأكيد أنَّ جامع الأزهر شهد في العام ٣٧٨ هـ وضع اللبنة الأولى لإقامة معهد للدراسة المنتظمة يؤسس لأول جامعة حقيقية، وشهد العام ٣٩٥ هـ قيام أول جامعة إسلامية كبرى، وعلى مستوى العالم كله، ومن مميزات هذه الجامعة العلمية الحضارية: "أنها فتحت باب التسامح على مصراعيه بالنسبة إلى المذاهب الإسلامية الأخرى، فكان للمالكية في الأزهر خمس عشرة حلقة، وللشافعية مثلها، وللحنفية ثلاث حلقات"، ولكن هذا التسامح المذهبي انهار مع انهيار الدولة الفاطمية عام ٥٦٧ هـ على يد صلاح الدين[2] الأيوبي (ت٥٨٩هـ).

وشهدت تونس قيام حاضرة علمية لأتباع المذاهب الإسلامية، وكان في القيروان مجموعة كبيرة من أتباع مدرسة أهل البيت عليهم السلام لكن العنف الطائفي أتى عليهم نسلا وحرثا، حيث يقول ابن الأثير[3] (ت٦٣٠هـ) في

---

(١) جامع الأزهر: تم بناؤه مع فتح الفاطميين للقاهرة سنة ٣٥٨هـ، وقد زرته مع الأسرة الكريمة يوم الخميس في الأول من جمادى الأولى عام ١٤٣١هـ (١٥/ ٤/ ٢٠١٠م) فألفيته عامرا بحلقات الدرس الصغيرة والكبيرة وتوزع الطلبة والطالبات في الأروقة وبخاصة عند رواقي المغاربة والأتراك، وقد تسنى لي الوقت حضور جانب من درس اللغة العربية للأستاذ الشيخ إبراهيم المالي، أحد الأساتذة الأفارقة من دولة مالي فوجدته بارعاً في إلقاء الدرس واضحاً حيث ازدحم درسه بالطلبة والطالبات ومن جنسيات مختلفة، وتلتصق بجامع الأزهر مباشرة جامعة الأزهر فيما يواجهه على الطرف الثاني من الشارع العام مسجد رأس الحسين عليه السلام.

(٢) صلاح الدين: هو يوسف بن أيوب بن شاذي، ولد في مدينة تكريت بالعراق سنة ٥٣٢هـ، بسط سلطانه على بلاد الشام ومصر، وأعمل السيف في الفاطميين ومناصريهم، ودخل في حروب مع الصليبيين، مات في دمشق.

(٣) ابن الأثير: هو علي بن محمد بن عبد الكريم الشيباني الجزري (٥٥٥ ـ ٦٣٠هـ) ولد في منطقة=

حوادث عام ٤٠٧ هـ، أن الشيعة تعرضوا لإبادة جماعية حيث: "حصرهم العامة وضيقوا عليهم فاشتد عليهم الجوع فأقبلوا يخرجون والناس يقتلونهم حتى قتلوا عن آخرهم"[١]!

وأقيم في تونس جامع الزيتونة في العام ١١٤ هـ، وتحول في العام ٦٢٧ هـ في عهد حكم الحفصيين[٢] (٦٩٨ ـ ٦٤٧هـ) إلى جامعة كبرى، واستمرت على نمطها القديم في التعليم حتى تحولت في العام ١٣٧٠ هـ إلى جامعة أكاديمية حديثة على غرار ما حدث في جامعة الأزهر.

وفي المغرب أقيم جامع القرويين ليتحول بعد فترة إلى جامعة علمية كبرى، وقد بلغت جامعة القرويين أوج عظمتها العلمية في عهد الدولة المرينية[٣] (٥٩٢ ـ ٩٥٦هـ)، ومن عظمة هذه الجامعة أن التحق بها غير المسلمين من نقاط بعيدة مثل البابا سلفستر الثاني (Pope Sylvester II) الذي تولى البابوية في روما لأربع سنوات من عام ٩٩٩م حتى وفاته عام ١٠٠٣م، وهو أول فرنسي يتولى البابوية، وكان من قبل قد درس في جامعة قرطبة العلمية.

=الجزيرة بتركيا ومات في الموصل، أديب ونسابة ومؤرخ، تنقل في البلدان واتصل بالأمراء والحكام، من مؤلفاته: أسد الغابة في معرفة الصحابة، اللباب في تهذيب الأنساب، والتاريخ الباهر في الدولة الأتابكية.

(١) ابن الأثير، الكامل في التاريخ: ٧/ ٢٩٤.

(٢) الحفصيون: نسبة إلى مؤسسها يحيى بن عبد الواحد بن أبي حفص اللحياني الهنتاني (٥٩٨ ـ ٦٤٧هـ)، وكان كاتبا شاعرا، انتهت مملكة الحفصيين بأسر آخر ملوكهم أبي عبدالله محمد السادس عام ٩٨١هـ على يد العثمانيين.

(٣) الدولة المرينية: نسبة إلى مؤسسها عبد الحق بن أبي بكر المريني (٥٤٢ ـ ٦١٤هـ) التي جاءت على أنقاض دولة الموحدين في المغرب، وكان آخرهم عبد الحق بن عثمان بن أحمد وبموته سنة ٨٦٩هـ انقرضت الدولة المرينية.

وفي الضفة المقابلة للبحر الأبيض المتوسط أقيمت في قرطبة العاصمة السياسية والعلمية للأندلس، جامعة علمية كبرى، كان من الدارسين فيها البابا سلفستر الثاني أيضاً. وفي العام ٦٢٧ هـ اتخذت دولة بني الأحمر[(١)] من غرناطة عاصمة لهم، فازدهرت بالعلم والمعرفة، وفي العام ٧٥٠ هـ شيدت أول مدرسة علمية في الأندلس. وفي بعض الفترات كانت حاضرة اشبيلية العلمية في البرتغال تضاهي حاضرتي قرطبة وغرناطة.

مأسسة الجهاز التعليمي

يعتقد المحقق الكرباسي أنَّ الإسلام دخل قلوب الفرس في عهد الرسول الأكرم محمد ﷺ في حين دخل الإسلام أراضيهم على عهد الخليفة عمر بن الخطاب (١٣ ـ ٢٣هـ). وشهدت إيران والدول المحيطة قيام جامعات علمية كبيرة، ويشار إلى الوزير السلجوقي نظام الملك الطوسي كواحد من الوزراء الذين شيدوا المدارس في المدن الإسلامية، ويرى الشيخ الكرباسي ان هذه المدارس والرغبة في دمج فقه المذاهب الأربعة في برنامج دراسي واحد: "بادرة أولى نحو مأسسة الجهاز التعليمي في الاتجاه الفقهي في عصور مبكرة لم تعرف هذا النوع من الشبكات العلمية الموحدة المنهجية والأهداف إلا في منتصف القرن الرابع عشر الهجري عندما حاول بعض المثقفين إنشاء جامعة إسلامية من خلال شبكة تعليمية موحدة في الحجاز إلا أنها باءت بالفشل".

---

(١) بنو الأحمر: نسبة إلى نصر ابن الأحمر الخزرجي الذي يرجع بنسبه إلى سعد بن عبادة الأنصاري الخزرجي المتوفى سنة ١٤هـ، أسس دولتهم في الأندلس الغالب بالله محمد بن يوسف بن محمد الشهير بالشيخ محمد المولود في مدينة جيان الإسبانية سنة ٥٩٥هـ والمتوفى سنة ٦٧١هـ، وانتهت دولة بني الأحمر بسقوط الأندلس سنة ٨٩٧هـ وهروب أبي عبد الله محمد الحادي عشر إلى مراكش.

ويشرع الكتاب بتتبع النهضة العلمية في مدينة ري التي دخلها الإسلام عام ٢٣ هـ، وهي اليوم من ضواحي طهران الجنوبية. وينتقل إلى الحديث عن قم المقدسة التي دخلها الإسلام عام ٢٣ هـ وسكنتها العشائر الكوفية الهاربة من طغيان الحجاج بن يوسف الثقفي (ت٩٥هـ)، ويشار إلى أنَّ الشيخ عبد الكريم الحائري[1] (ت١٣٥٥هـ) الذي سكنها عام ١٣٤٠ هـ أعاد لها الحياة العلمية وأنعشها، وازداد بهاؤها العلمي بعد انتصار الثورة الإسلامية في إيران عام ١٩٧٩م، حتى: "أصبحت اليوم اكبر جامعة علمية على الاطلاق للشيعة الامامية"، كما: "تعد هذه المدينة المقدسة اليوم المركز الأول عند الإمامية من حيث تعدد المرجعيات الدينية فيها".

والى شمال طهران تقع مدينة قزوين التي دخلها الإسلام عام ٢٤ هـ، وهي واحدة من الحواضر العلمية الشهيرة، ضمت عشرات المدارس: "وبقيت هذه المدينة بحاضرتها العلمية معطاءة حتى منتصف القرن الرابع عشر الهجري إلاّ أنَّ جذوتها طفت لتشع بأبنائها في حواضر أخرى في إيران والعراق".

وتعد مدينة إصفهان التي دخلها الإسلام عام ١٩ هـ واحدة من الحواضر العلمية الشهيرة، ومن شدة تعلق اهلها بالإسلام سعوا إلى تعلم اللغة العربية حتى سادت، وتعرضت إصفهان كأخواتها إلى مد وجزر، وقد انتعشت في عهد الشيخ محمد إبراهيم الكرباسي[2] (ت١٢٦١هـ) أحد أجداد المؤلف.

---

(١) الحائري: هو ابن محمد جعفر اليزدي، ولد في قرية مهر جرد في مدينة يزد الإيرانية سنة ١٢٧٤هـ، درس في كربلاء والنجف وجدد جامعة قم العلمية وفيها مات، من مؤلفاته: كتاب الصلاة، درر الأصول، درر الفوائد.

(٢) محمد إبراهيم الكرباسي: هو ابن محمد حسن الكراجكي الأشتري النخعي، ولد في إصفهان سنة=

كما تعتبر مقاطعة خراسان من المقاطعات التي نشأت فيها حواضر علمية، بخاصة في مركز المقاطعة مدينة مشهد التي تضم مرقد الإمام علي بن موسى الرضا عليه السلام، حيث شهدت في عصره نهضة علمية كبيرة.

ومن مدن خراسان مدينة نيسابور أو نيشابور التي فتحها المسلمون عام ٣١ هـ حيث مرت بفترات ذهبية كان يشار إليها بالبنان، لكن الصراعات المذهبية في بعض الفترات أتى على مدارسها وصوامعها العلمية حرقا وتدميرا. ومن مدن إيران العلمية مدينة يزد حيث نشطت فيها الحركة العلمية منذ القرن الثالث الهجري وحتى القرن الثاني عشر الهجري وكان للشيخ محمد جعفر الكرباسي [١] (ت١١٥٠هـ) احد اجداد المؤلف دور كبير في نهضتها العلمية.

وإلى جانب إيران التي دخلها الإسلام عام ١٤ هـ، فهناك حواضر علمية اقيمت في دول الجوار مثل الهند وباكستان وافغانستان والبنغال وبلاد ما وراء النهر، فعلى سبيل المثال فإن مدينة بخارى [٢] التي تقع اليوم في دولة اوزبكستان كانت من مراكز الثقافة والعلم وكانت عامرة بالعلماء والشعراء

=١١٨٠هـ وفيها مات وقبره يُزار، هاجر إلى كربلاء والنجف وأخذ عن علمائها، وهاجر إلى قم، ثم عاد إلى إصفهان، بزغ نجمه وكان صاحب نفوذ تهابه السلطة، ومشهورا بالعلم والتقوى، من مصنفاته: الإيقاظات، شوارع الهداية، والنخبة.

(١) محمد جعفر الكرباسي: هو ابن محمد طاهر الأشتري النخعي، واشتهر بالآخوند الكرباسي لغزارة علمه، ولد سنة ١٠٨٠هـ، وتوفي في يزد وقبره يزار، وكانت فتواه نافذة لدى السلطان حسين الصفوي (١١٠٥ ـ ١١٣٥هـ) من مؤلفاته: كتاب التباشير، وإكليل المنهج في تحقيق المطلب.

(٢) بخارى: مدينة تاريخية في آسيا الوسطى فتحها المسلمون سنة ٨٩ للهجرة، وتقع اليوم غرب جمهورية أوزبكستان وتبعد عن العاصمة طشقند نحو ٦٥٠ كيلو مترا.

وذوي الفـضـل أمـثـال البـخـاري^(١) (ت٢٥٦هـ)، والطبـيـب الـرازي^(٢) (ت٣١٣هـ)، والشيخ الرئيس ابن سينا^(٣) (ت٤٢٨هـ).

وألحق المؤلف في خاتمة الكتاب عشرات الفهارس في أبواب شتى، مع قراءة نقدية بقلم الاستاذ السابق في جامعة كابل بأفغانستان المرحوم البروفيسور عبد الأحمد جاويد، ثمّن فيه عمل: "مؤلف دائرة المعارف الحسينية العالم الكبير والشهير آية الله محمد صادق الكرباسي"، مؤكدا في الوقت نفسه أن: "هذا العالم الكبير أتى بعمل ليس له من نظير"، مجريا مقارنة مع عدد من الموسوعات لينتهي إلى القول انه: "اشتهرت في تاريخ التشيع موسوعات، من قبيل الفهرست للشيخ الطوسي وأعيان الشيعة لآية الله السيد محسن الأمين، ولكن هذه الموسوعات تفوق كل الموسوعات من حيث الحجم".

الخميس ٩ شعبان ١٤٢٨ هـ = ٢٠٠٧/٨/٢٣ م

---

(١) البخاري: هو محمد بن إسماعيل بن إبراهيم، من بلاد أوزبكستان ولد سنة ١٩٤هـ، حفظ الحديث صغيرا، من مصنفاته: الأدب المفرد، الكنى، والتاريخ الكبير.

(٢) الرازي: هو أبو بكر محمد بن زكريا، ولد في الري سنة ٢٥٠هـ، برع في طب الأجسام والأنفس، تنقل بطبه بين بغداد والري، ومات في مسقط رأسه، من مصنفاته: الحاوي في الطب، الشكوك على جالينوس، والطب الروحاني.

(٣) ابن سينا: هو أبو علي الحسين بن عبدالله بن الحسن، ولد في قرية أقشنا من بخارى بأوزبكستان سنة ٣٧٠هـ، طبيب وفيلسوف، تنقل بعلمه في البلدان واستقر في همدان وفيها مات، من مصنفاته: الإشارات والتنبيهات، الشفاء، وأرجوزة في التشريح.

البروفيسور إيفان بن إيوجين سيجل
(Pro. Evan Eugene Siegel)

* ولد في مدينة بروكلين (Brooklyn) في ولاية نيويورك عام ١٣٧٣هـ (١٩٥٤م).

* من أتباع الديانة الموسوية، يقيم حاليا في مسقط رأسه.

* خبير في الحقل الأكاديمي وبخاصة في مجال الرياضيات، ونال درجة البروفيسورية في التكنولوجيا.

* باحث في اللغات: الفارسية، الفرنسية، العربية، العبرية، التركية، الروسية، الألمانية، والجورجية.

* نال عام ١٤٢٢هـ (٢٠٠١م) شهادة الدكتوراه في الرياضيات من مركز الدراسات العليا في المدينة الجامعية بنيويورك (The City University of New York Graduate Center - CUNY).

* نال عام ١٤٠٦هـ (١٩٨٦م) شهادة الماجستير في الرياضيات من معهد كورانت (Courant Institute) في جامعة نيويورك (New York University).

* نال عام ١٣٩٦هـ (١٩٧٦م) شهادة البكالوريوس من معهد ماساشوسيتس التكنولوجي (Massachusetts Institute Technology - MIT) في مدينة كامبردج (Cambridge) الأميركية.

* يعمل في الوقت الحاضر بروفيسورا في حقل الرياضيات في مدرسة راماز العليا (Ramaz Upper) في مانهاتن (Manhattan) بنيويورك.

* يعمل منذ عام ١٤٢٦هـ (٢٠٠٥م) بروفيسورا مساعدا في حقل الرياضيات في جامعة مدينة نيو جيرسي (New Jersey City University).

* عمل بروفيسورا مساعدا في الرياضيات في كلية بروكلين (Brooklyn College) بنيويورك في الفترة ١٤٢٤ ـ ١٤٢٦هـ (٢٠٠٣ ـ ٢٠٠٥م).

* عمل بروفيسورا مساعدا في حقل الرياضيات في جامعة فوردهام (Fordham University) في مدينة نيويورك في الفترة ١٤٢١ ـ ١٤٢٣هـ (٢٠٠٠ ـ ٢٠٠٢م).

* عمل محاضراً بقسم الرياضيات في كلية لاغورديا كومونيتي (LaGuardia Community College) في مدينة نيويورك في الفترة ١٤١٨ ـ ١٤٢١هـ (١٩٩٧ ـ ٢٠٠٠م).

* يعمل محررا في مجلة الدراسات الآذربايجانية (The Journal of Azerbaijani Studies) منذ العام ١٤٠٨هـ (١٩٨٨م) وحتى الآن.

* له مؤلفات وتراجم عدة منها:

ـ (Chand Maqale az Mulla Nasr ud - Din) (مقالات عدة من مولانا نصر الدين).

ـ (History of the Iranian Constitutional Revolution) (تـاريـخ الـثـورة الدستورية الإيرانية) ترجمة.

ـ (The Politics of Shahid - e Javid) ـ (سياسة الشهيد الخالد) ترجمة.

الدم ينتصر على السيف الذي يسفكه[1]

(العامل السياسي لنهضة الحسين ١)

تمثل دائرة معارف الإمام الحسين الذي يعكف على تأليفها منذ سنين الدكتور الشيخ محمد صادق الكرباسي، هي مشاركة ثمينة للتراث الفريد لشخصية الإمام الشيعي الثالث الحسين.

إن دائرة المعارف أصبحت بحد ذاتها مكتبة تحتوي على مئات المجلدات، والتي ضُممت لتُنير من كل ناحية تراث الحسين التاريخي والثقافي والسياسي، ورسالة حياته التي تملأ نفوس الملايين المخلصين والمعجَبين به وبسيرته في العالم أجمع لاسيما نفوس المحبين والمنتمين لمدرسته والمؤيدين لموقفه المأساوي والبطولي الذي أصبح رمزاً مؤثراً لمقاومة الظلم والطغيان. وأما الذي ينشأ خارج الإسلام الشيعي فيلزمه أن يستوعب أن الرسالة تحتاج إلى صبر وتأمل، وعلى الإنسان أن يتذكر أنه خارج الحضارة الغربية التي تطورت من التراث الروماني واليوناني والمسيحية. فالإسلام يتضمن من جملة مبادئه بُعداً سياسياً، فتصريح السيد المسيح إلى بونتيوس بلات[2] الحاكم الروماني في فلسطين بأن: "مملكتي

---

(١) تمت ترجمة المقدمة من اللغة الإنكليزية.

(٢) بونتيوس بلات: ويشتهر بـ: بيلاطس البنطي (Pontius Pilate) أو بيلاتوس (Pilatus) كما في=

ليست من هذا العالم" (John: ١٨/ ٣٦)[١]، وهو بمفهومه الديني عند الغرب يختلف عن المفهوم الإسلامي، فالناحية السياسية للإسلام قد تثبت خلال قرون من الثقافة الدينية، وقد تأسس البعد السياسي للمسلمين بشكل يكون فيه الإسلام وبلا أدنى شك النور الذي يضيء العالم، وقد وصلت ثورته إلى عصرنا الحديث حيث نشأت فيه المقاومة للاستعمار العسكري الغربي وفي إطارها الديني.

يقع على الحاكم بالنسبة للمفهوم الإسلامي واجب عن الدين، وأن يرتفع إلى مستوى معيّن من الأخلاقية، وإذا ما انحرف فإن الدين يصبح في خطر، وهذا بالنسبة إلى التشيع هو الجوهر الذي يحكم في المعارك خلال تعاقب الخلافة التي هي حكومة زمنية، وهكذا فإن الإمام الشيعي الأول وهو علي بن أبي طالب الذي هو ابن عم النبي الذي جاء بعد ثلاثة من الخلفاء (أبو بكر وعمر وعثمان)، وكان هذا الإمام قد أُغفل أمره المرّة بعد الأخرى، ولجأ إلى الصبر على هذا الإجحاف، وكان يعترض على هذا الإغفال، وكان يعتقد بأن مبادىء الإيمان قد كانت في خطر بعد أن بدأ الانحراف عنها. (المصدر: نهج البلاغة / رسالة ٦٢)[٢].

=اللغة اليونانية، ولد في السنة العاشرة قبل الميلاد، وكان واليا على فلسطين في الفترة (٢٦ ـ ٣٦م) في عهد الإمبراطور الروماني طيباريوس يوليوس قيصر (Tiberius Julius Caesar Augustus) (٤٢ق.م ـ ٣٧م)، ويعد المدعي العام الخامس في الإمبراطورية الرومانية، وهو في نظر الإنجيل مَنْ حاكم السيد المسيح وحكم عليه بالصلب.

(١) الإنجيل كتاب حياة، إنجيل يوحنا: ١٨/ ٣٤٤، باب تسليم يوسع إلى بيلاطس (إنجيل عربي فرنسي، الطبعة الرابعة ١٩٩٥م).

(٢) إشارة إلى كتاب الإمام علي عليه السلام إلى أهل مصر لما ولي مالك الأشتر (ت٣٧هـ) إمارتهم، ومطلعه: أما بعدُ، فإن الله سبحانه بعث محمداً صلى الله عليه وآله نذيراً للعالمين ومهيمناً على المرسلين. فلما مضى عليه السلام تنازع المسلمون الأمر من بعده..). انظر: نهج البلاغة لصبحي الصالح: ٤٥١.

وبوفاة الإمام علي وجد ابنه الحسن أن أفضل طريقة ووسيلة هو تبنّي سياسة أبيه من احتمال الصمت والإجحاف، ووجد أن يتراجع عن المبادئ التي كانت مفروضة عليه وعلى أبيه وهي تجنيب الإسلام من الدخول في حرب أهلية وعدم المواجهة.

وأما الخليفة الجديد معاوية بن أبي سفيان، فقد أُدين من قبل الشيعة وحتى كثير من السُنة حين وجدوا مظلومية الموقف الشيعي مثيرا، وأن خليفتهم معاوية قد ساعد على انحراف المجتمع الإسلامي والميل إلى الأمور الدنيوية. وهذا الموقف الشيعي زاد إثارة عندما نصب معاوية ابنه يزيد خليفة من بعده، وحين توفي أخو الحسين (الحسن) فأصبح الحسين بشكل ثابت يواجه إمكانية موافقته على وضعية غير مقبولة ألا وهي الاعتراف بولاية يزيد، وبدلا من أن يعترف بخلافته، فقد جمع عائلته وما كان يمتلكه من قوى عسكرية واتجه نحو الكوفة قادما من الحجاز، ومن هنا رفع راية الثورة.. ولكن شعب الكوفة سرعان ما خذلوه وأصبحوا كما يقول المثل الأمريكي: "وطنيون عندما يكون الجو صافيا"[(١)]، ونزل كربلاء وعسكر فيها. وهنا أحاط بمعسكر الحسين جيش يزيد، وبعد قتال مُدْمٍ للقلب وغير متكافئ استشهد الإمام الحسين، وأصبحت شهادته محوراً للقضية العلوية.

هل أن الإمام الحسين بعقله الراجح خُدع من قبل أهل الكوفة؟ وهل قام بحسابات مغلوطة فضيعة في قيادته لأنصاره ومن جملتهم أطفال رضّع انتهت إلى الفاجعة والمأساة المروعة؟ وأسئلة أخرى مشابهة تراود أنصار

---

(١) نص المثل الأمريكي: (The summer soldier and the sunshine patriot will).

الأديان الأخرى، فاليهود كان عليهم أن يتحملوا التغرّب وتهديم المعبد، وأما المسيحيون، فنحن نقرأ صلب المسيح في كتاب "Matthew : ٢٧/ ٤٠" تحت عنوان "صبر المسيح" : (والذين مروا عليه لعنوه وهزّوا رؤوسهم قائلين.. إذا كنت ابن الله فانزل إذن من الصلب)[١].

وكما أن التغرّب اليهودي مفهوم وكتضحية استعداداً للعهد المسيحي العظيم الذي ينتظروه، وأن المسيحيين أيضاً اعتبروا معاناة المسيح وموته نقطة رئيسة للصلب، وهكذا يعتبر الشيعة أن الانتصار الذي أحرزه الإمام الحسين أصبح النقطة الجوهرية في معركة كربلاء.

وكما أن المسيحيين تقبلوا الصلب كفداء للخلاص، كذلك الشيعة تقبلوا معاناة وموت سيد الشهداء كخيار وحيد لإنقاذ المجتمع الإسلامي من الانحراف الفظيع، فمذبحة كربلاء بالنسبة للشيعة التي شهدتها بشجاعة زينب أخت الإمام وخطبت بها في قصر يزيد، هزّت ضمير المجتمع الإسلامي، وفي النهاية أدت إلى سقوط الخلافة الأموية، وهذا أساس الشعار الشيعي المعروف من أن الدم ينتصر على السيف الذي يسفكه.

وبموته أصبح الإمام الحسين قدوةً ومناراً للملايين من أتباعه حول العالم، إذ إنه أعطاهم مثالا يستطيعون أن يقيسوا عليه شجاعتهم، وجسّد لهم معنى التضحية.. أولئك الذين قاوموا الظلم والطغيان. إن العالم يشهد لهذا النموذج من المقاومة من خلال الثورة الإيرانية حيث قام متظاهرون مسالمون غير مسلحين بمواجهة جنود مدججين بالسلاح، وهم يهتدون

---

(١) الإنجيل كتاب حياة، إنجيل متى : ٢٧/ ٩٩، باب : يسوع على الصليب، وجاء النص كالتالي : وكان المارّة يشتمونه وهم يهزّون رؤوسهم ويقولون : "يا هادم الهيكل وبانيه في ثلاثة أيام خلِّص نفسك إن كنت ابن الله فأنزل عن الصليب".

بمبدأ ضرب رأس العدو ولكن ليس بالرصاص وإنما بقلوبهم المملوءة إيمانا وباستعدادهم للموت من أجل القضية.

تشكل مجلدات دائرة المعارف الحسينية وبالذات كتاب "العامل السياسي للنهضة الحسينية" مصدرا مناسبا للقارئ الباحث عن الحقيقة بشكل واضح، يبين له كيف عليه أن يفهم هذه الشخصية التاريخية الفريدة، والولاء العميق لها، حيث بقيت رسالته لقرون ولا تزال تجد صداها في نفوس الملايين من المخلصين له والموالين والمحبين حول العالم.

الدكتور إيفان سيجل
Dr. Evan Siegel
نيويورك ـ اميركا

مفاهيم في النظام والسلطة السياسية

دعوا السياسة لأهل السياسة.. مقولة قد تبدو للوهلة الأولى أنها متمنطقة بحزام الصدقية وتحمل معها بذور نجاحها، ولكن إذا جردنا العبارة عن موضوعاتها وخلينا وإياها كما هي عارية، فانه يحسن وضع الأطفال ضمن مصاديق العبارة، وحشر الصبيان معهم، لأنَّ هذه المستويات العمرية داخلة في واحدة أو أكثر من تعريفات السياسة، لأنَّ كل مستوى عمري له تفكيره وتدبيره وسياسته في إدارة الأمور والاختلافات، هذا إذا تم تعريف السياسة بأنَّها "فن الاقتدار" أو "فن الممكن" أو "قدرة إدارة الاختلافات"، بل وضمن سياقات التعريف فإنَّ المدير الناجح في شركة أو معمل أو مصنع أو مدرسة أو ورشة عمل هو في مصاف السياسيين الناجحين[(١)].

وتأسيسا على هذا الفهم الأولي لمنطوق السياسة، فإنَّ العبارة الأولى ينقصها الكثير من مقومات البناء، وهي في الحقيقة لا تصدر إلا عن سياسي نال حظا من الحياة لا يريد إشراك الآخرين فيما هو فيه أثرة أو حرصاً أو طمعاً، أو من رجل فاشل يدير خيبته برمي الكرة في شباك الآخرين، أو من

(١) للمزيد عن السياسة ومفاهيمها ومصاديقها، أنظر كتابنا (مخطوط)، العمل الحزبي في المنظور الإسلامي: ١٩ ـ ٢٦، باب: السياسة في المفهومين الغربي والإسلامي. (رسالة دكتوراه).

طرف ثالث آنسته دعة الحياة فانشرح لها فاستلقى على أريكتها من غير مبالاة. وإلاّ فإنَّ الحياة كلها سياسة، بل إنَّ كل تفكير أو إقدام، في طريق الخير كان أو في طريق الشر، هو سياسة من صغير صدر أو كبير من ذكر أو أنثى، وحتى التخلي عن ممارسة العمل السياسي ضمن سياقات نظام السلطة وتفريعاته هي سياسة أيضاً، فالعمل سياسة وتركه سياسة، فالسياسة ظل الإنسان في ليله ونهاره، في تفكيره وعمله، في لا وعيه وخموله، في صغره وكبره، وهي منه كالروح من الجسد.

العامل السياسي

فالسياسة لا تقتصر من حيث التعريف ومناطيقها على نظام الحكم، وإن كان تطور البشرية من العائلة إلى العشيرة إلى القبيلة إلى القبائل والمجتمعات فرض سياقات سياسية لإدارة التجمعات البشرية ضمن حدود جغرافية، لكن نظام الحكم ربما كان من أجلى مصاديق السياسة بوصفه محل إدارة البلاد وتصريف شؤون العباد وتنظيم العلاقات مع المجتمعات الأخرى، وحيث كان النبي محمد ﷺ إمام ديانة ورئاسة، أقام حكومة على رقعة جغرافية تعادل عشر دول من دول اليوم، فإنَّ الدولة الإسلامية وعاصمتها المدينة المنورة في عهدها الأول البض تشكل نموذجاً راقياً للنظام السياسي الناجح الذي قام على أنقاض الجاهلية وبمواد أولية حكيمة وقويمة من لدن صانع حكيم على يد مدبر أحكم سياسة العباد وقيادة البلاد، ولمّا رحل الرسول الأكرم ﷺ قام نظام الخلافة الراشدة على اختلاف في الرأي بين مدرستي الإمامة والشورى.

في هذه الأجواء ولد الإمام الحسين بن علي عليه السلام وترعرع وشبّ وشاب حتى استشهاده في كربلاء المقدسة في العاشر من المحرم عام ٦١، وهي

أجواء حبلى بالحوادث السياسية، يرصدها البحاثة الدكتور محمد صادق الكرباسي فيفرد لها بابا من أبواب الموسوعة الحسينية الستين، وضمن هذا السياق صدر عن المركز الحسيني للدراسات بلندن، في العام **٢٠٠٧** م كتاب "العامل السياسي لنهضة الحسين" في جزئه الأول في **٤٥٢** صفحة من القطع الوزيري.

وبالطبع لا يمكن إجراء قراءة ثاقبة للعامل السياسي في النهضة الحسينية من غير قراءة الواقع السياسي الذي مهَّدَ لهذه النهضة والذي تمثّل في الصراع بين قوتين تحاول إحداها العروج بالناس إلى السماء وتشدّ الثانية الناس إلى الأرض، وهو صراع يشكل امتدادا لصراع الخير والشر الذي تجسد على الأرض في صراع هابيل وقابيل. ولهذا فإن المحقق الكرباسي قسَّم الواقع السياسي منذ عصر الرسالة الإسلامية حتى استشهاد الإمام الحسين عليه السلام إلى سبعة عهود، وهي: عهد الرسول (١ ـ ١١هـ)، عهد أبي بكر بن أبي قحافة (١١ ـ ١٣هـ)، عهد عمر بن الخطاب (١٣ ـ ٢٣هـ)، عهد عثمان بن عفان (٢٣ ـ ٣٥هـ)، عهد علي بن أبي طالب (٣٥ ـ ٤٠هـ)، عهد معاوية بن أبي سفيان والحسن بن علي (٤٠ ـ ٦٠هـ) وعهد الحسين بن علي ويزيد بن معاوية (٥٠ ـ ٦٤هـ).

السياسة ومحاورها

فكما لا يمكن فهم العامل السياسي للنهضة الحسينية من دون دراسة الوضع السياسي السابق على النهضة، فإنَّه من السليم التمهيد للعهود السبعة بقراءة واعية للسياسة ومفاهيمها ومحاورها وموقعها داخل دائرة السلطات الأربع: التنفيذية والتشريعية والقضائية والإعلامية، وخيوط الصلة بين السياسة والحرية بكل أبوابها، والتوازن بين الواجبات والحقوق، والنظرة

الصائبة لمبادئ وأصول السياسة الداخلية والخارجية، والتعامل السليم مع مكونات المجتمع داخل الجغرافية الإسلامية وخارجها.

هذه المقدمة التمهيدية للسياسة ومتعلقاتها التي استوعبت ثلثي الكتاب، يجدها المحقق الكرباسي أكثر من ضرورية للدخول في صلب الموضوع وصولا إلى موضع الشاهد من النهضة الحسينية، وهذا دأبه في كل أبواب الموسوعة الحسينية الستين، ولذلك فإنَّ كلَّ مقدمة باب تشكل ثروة علمية تكشف عن جهد وجد واجتهاد المحقق وحجم استيعابه للموضوع المبحوث، وفي باب العامل السياسي للنهضة الحسينية فإنَّ الشيخ الكرباسي يؤمن أنَّ: "الغرض من إثارة هذه الأمور هو تصحيح التاريخ فقط لا الفهم العلمي فحسب وإنما الكشف عن انحراف سياسة الأسلاف التي أدَّت إلى ما وصلنا إليه اليوم من جهة، ووضع دراسة كاملة عن الموضوع الذي أخذته على عاتقي وهو بيان عظمة الحسين عليه السلام الذي هو جدير بأنْ يكون نبراساً وقدوة وقائدا لكل من يريد أن يرى النور في حياته، ولكل مجتمع يريد أنْ لا يسير في ظلام دامس".

وتأسيسا عليه فإنَّ المقدمة التمهيدية جاءت ضمن عناوين متفرقة يجمعها خيط السياسة، وهي في واقع الحال تؤصِّل للسياسة ومفاهيمها ومحاورها ودوائرها القريبة والبعيدة ودورها في بناء المجتمع السليم القادر على خلافة الأرض وإعمارها بما ينفع البشرية جمعاء دون النظر إلى المعتقد أو الدين أو الجنس تحت شعار القرآن ﴿لَآ إِكۡرَاهَ فِي ٱلدِّينِۖ﴾[1].

فالسياسة من حيث "السياسة والفطرة" فإنها في نظر الكرباسي أمر

---

(١) سورة البقرة: ٢٥٦.

تكويني، وهي: "نابعة من صميم الإنسان وفطرته منذ أن يولد، وتابعة في أساليبها للفكرة التي يتغذاها وللبيئة التي يعيشها". وإذا اختلف العلماء في "تعريف السياسة"، فإنهم لا يختلفون بأنَّ كل إنسان يمارسها بطريقته. وعلى مستوى الدولة فإنَّ تعريف السياسة اختص بمحوري النظام السياسي والسلطة السياسية، فالمحور الأول أي: "النظام السياسي هو القوانين الحكيمة التي تحكم البلاد" والمحور الثاني أي: "السلطة السياسية: هم المنفذون لهذه القوانين من أعضاء الدولة، ولا بد أنْ يكونوا حكماء أيضا".

ومن المفروغ منه أن جهاز الدولة لا يستطيع أن يمارس دوره الطبيعي من دون مشرِّع وشريعة، وعلى هذا المفصل المهم في حياة كل أمَّة اختلفت الأنظمة والحكومات، وكلما اقترب المجتمع من الله بوصفه الحكيم الذي لا ينقض غرضه ولا يشارك عبيده في مغنمة اقترب تشريعه من نقطة الصواب. ولا يعني القول بذلك، الجمود على النصوص: "نعم تحديده وتطبيقه من عمل المجتهدين والحكام"، أي خاضع للزمان والمكان ولذلك فإنَّ الإسلام قابل للتطبيق في كل عصر ومصر بلحاظ نعمة الاجتهاد بعد انقضاء عصري النبوة والإمامة، من حيث وجود: "سلطة شبه تشريعية صلاحيتها دراسة التشريع الإسلامي ونقله بصورة منقحة وواضحة تواكب العصر إلى جانب السلطة التنفيذية والقضائية، وقد كانت في البداية ممثلة في الرسالة، ثم في الإمامة، ثم في المرجعية، بفارق وجود التأهيل والعصمة في الوحي في الأولى، والتأهيل والعصمة في الثانية، والتأهيل فقط في الثالثة"، وإذا كان المسلمون اختلفوا بعد رحيل النبي محمد (ت١١هـ) على الحكم تحت بندي الإمامة والشورى، فإن المسلمين في

مسألة النظام السياسي عادوا واتفقوا على الشورى بعد غيبة الإمام المهدي المنتظر في العام ٢٦٠ هـ، وقد تمثلت الشورى في وقتنا الحاضر بمجالس الشورى أو السلطة التشريعية، وهي: "أن تكون العضوية لنواب الشعب بالانتخاب دون غيرهم ويكون هناك مجلس الفقهاء وهم الذين لهم مقلدون في القطر الذي يمثلهم هذا المجلس ويرتبط مجلس الفقهاء بمجلس الشورى عبر ممثلين للفقهاء للوصول إلى ما فيه خير الأمة". ويستظهر المحقق الكرباسي من نص للإمام علي عليه السلام: "إن فكرة انتخاب الأمة كانت مسألة غير غريبة على المسلمين آنذاك حيث يقول عليه السلام: "ولعمري لئن كانت الإمامة لا تنعقد حتى تحضرها عامة الناس فما إلى ذلك سبيل، ولكن أهلها يحكمون على من غاب عنها، ثم ليس للشاهد أن يرجع وللغائب أن يختار"[1]. ويخلص الكرباسي إلى القول بأنَّ: "انتخاب الحاكم في حال الغيبة من الأمور التي ترك أمرها إلى الأمة فيمكن ان تعتمد طريقة الانتخابات الجماهيرية بالنسبة إلى رأس الحكم وغيره، أو أنها تنتخب أعضاء المجلس النيابي (الشورى) ومن ثم ينتخب المجلس الحاكم، إلى غيرها".

مقومات النظام السياسي

ورغم مرور قرون على عصر الرسالة الإسلامية الأولى، فإنَّ النظام الإسلامي لا زال يحتفظ ببريقه كون تشريعه يلاحظ فيه المصلحة والمفسدة وهو دقيق وشامل، ويعتقد الفقيه الكرباسي أنَّ تطبيق الشريعة في أي مجتمع بحاجة إلى إعمال سياسة الرسول في التدرج في التطبيق، كما ينبغي تطبيق

---

(١) عبده، محمد، نهج البلاغة: ٢/ ٣٧٥، خطبة ١٧٣.

سياسة "الوقاية خير من العلاج" وملاحظة سلّم الأولويات، فالتشريعات مرتبطة ببعضها، فلا يصلح تطبيق قانون ما لم يصلح الآخر ذات العلاقة، فعلى سبيل المثال: "إنَّ تطبيق قانون السرقة خاضع لتطبيق القانون الاقتصادي العام لتكوين أرضية صالحة لقانون السرقة، بحيث لا يضطر المسلم إلى السرقة، وأما إذا أريد تطبيقه في ظل الأنظمة المعاصرة فلا بد من قطع نسبة عالية من يد الشعب بعد قطع يد رجالات الدولة والمسؤولين".

وحتى يصل المجتمع إلى قمة السياسة الناجحة ينبغي الالتفات إلى مقومات النظام السياسي المتمثلة عند الكرباسي بالسياسة الخارجية والسياسة الداخلية والسياسة الاقتصادية والسياسة القضائية والسياسة الإعلامية.

وعلى ضوء هذه التقسيمات والتشريعات، فإنَّ أنظمة اليوم لا تخرج عن كونها ديمقراطية رأسمالية أو اشتراكية أو إسلامية، وفي المحصلة النهائية: "إن النظام الاشتراكي فكرة مارسها كارل ماركس[1] (ت١٨٨٣م) ثم طورتها قيادة الحزب الحاكم دون اللجوء إلى الشعب، وأما النظام الرأسمالي ففكرة مارسها اقتصاديو ألمانيا وإنكلترا وطورتها المجالس النيابية المنتخبة من قبل الشعوب ضمن أطرها المحددة، وأما الإسلام فقد وضع الله الشرعة وعهد لنبيه ممارستها وتوضيحها وترك مساحة للشعوب لاختيار الأنسب حسب تطور الزمان واحتفظ لنفسه بالأسس".

---

(١) كارل ماركس: (Karl Heinrich Marx) ولد في مدينة تريفز (Trèves) بألمانيا (بروسيا) سنة ١٨١٧م، ومات في لندن، يعد من رجال السياسة والفلسفة والاجتماع والاقتصاد، حرّر البيان الشيوعي مع فردريك انجلز (Friedrich Engels) (١٨٢٠ ـ ١٨٩٥م) في سنة ١٨٤٨م، له كتاب رأس المال.

واستناداً إلى هذه الرؤية، يقدم الكرباسي شرحه لكل مفهوم حسب أنظمة الإسلام والرأسمالية والإشتراكية، مبتدئاً بالسياسة الاقتصادية التي كانت الفيصل في فرز الأنظمة الثلاثة، مع التفريق بين السياسة الاقتصادية والاقتصاد نفسه باعتبار أنَّ: "السياسة الاقتصادية هي التي ترسم الخطوط العريضة للاقتصاد، وتوجِّهُ اقتصاد الدولة والشعب وتجعله مترابطا حتى لا يؤدي إلى الصدام بينهما"، ولذلك على خلاف النظامين الرأسمالي والاشتراكي فإنَّ السياسة الاقتصادية في النظام الإسلامي تعتمد على الواقعية والأخلاقية ولا تعترف بالاقتصاد الكاذب أو المزيف، ويقوم قدرها على ثلاث أثافٍ: تنوّع الملكية، حرية الاقتصاد ضمن القيم، والتوازن والتكافل. وخلاصة الأمر ان الرأسمالية اعتمدت الملكية الفردية وقدَّستها واعتمدت الاشتراكية الملكية العامة وقدَّستها: "وأما الإسلام فقد اعتمد الملكيتين دون إلغاء إحداهما للآخر وقيام إحداهما على حساب الآخر". وفي مجال السياسة القضائية، فإنَّ العيون القِيَمية الثلاث (علم وعقل وعدل) هو ما ينبغي توفرها في السلطة القضائية وأصحابها، وهنا تتفاوت الشروط في الأنظمة الثلاثة. كما لا يختلف أحد في أهمية الإعلام في خلق واقع سليم أو مريض، فغالبية الناس تبع للإعلام والدعاية. وتمثل السلطة التنفيذية ركنا أساسيا في أية دولة، فهي مظهر ثقافة كل شعب.

الحرية أولا

لا يمكن تصور نمو وتطور شعب من دون حرية، فهي أصيلة في كينونة الإنسان وفطرته، وهو ما يحاول المؤلف بحثها وبيان حدودها وأنواعها في سياق الحديث عن النظام السياسي، لأنَّ الحرية عصب الحياة السياسية، وهي تشمل "حرية العقيدة والفكر" و"حرية الرأي والتعبير" و"الحرية

السياسية" و"الحرية الاجتماعية" و"الحرية المدنية" و"الحرية الاقتصادية" و"الحرية الشخصية". وهذه الحريات تشمل جميع من يعيش تحت جناح البلد المسلم بغض النظر عن الجنس أو المعتقد فلا تمييز: "وأما من ناحية المواطنة فالجميع مواطنون، فكل من سكن ديار الإسلام فهو مواطن سواء أكان مسلماً أو غير مسلم، هندياً كان أو تركياً، والناس سواسية كأسنان المشط".

فحرية العقيدة والفكر تقع ضمن دائرة ﴿لَآ إِكۡرَاهَ فِي ٱلدِّينِۖ﴾(1). وحرية الرأي والتعبير تأتي مرتبتها بعد حرية الفكر، شريطة: "أن لا تمس حرية الآخرين معتقدا أو كرامة أو شخصا أو ممارسة أو ما إلى ذلك مما يخل بالتالي بحقوقهم لأنها تتناقض ومبدأ سلب حرية الآخر الذي يعيش معك". والحرية السياسية مكفولة للجميع، بل ان تطور البلد وتقدمه من احترام الحرية السياسية لكل مواطن عظم قدره أو قل. والحرية الاجتماعية مكفولة للجميع أو ما يعرف اليوم بحرية تشكيل منظمات المجتمع المدني(2).

والحرية المدنية تعني حرية البناء والعمران ولطالما يشجع الإسلام المدنية وترك البداوة وإعمار الأرض، وهذا مدعاة لطلب العلم، ويشدد عليه: "وما يرشدنا إلى أهمية العلم في الإسلام أنَّ مادة العلم لوحدها استخدمت في القرآن الكريم ٨٥٤ مرة، هذا بغض النظر عن مادة: عرف

---

(١) سورة البقرة: ٢٥٦.

(٢) منظمات المجتمع المدني: هي منظمات أهلية غير حكومية لا ترقى إلى مستوى المشاركة السياسية تمييزا عن الأحزاب السياسية، تتولى كل منظمة التحدث باسم شريحة من المجتمع والدفاع عن حقوقها.

وللمزيد عن المنظمات والجمعيات والفرق بينها وبين الأحزاب السياسية، انظر كتابنا (مخطوط): العمل الحزبي في المنظور الإسلامي: ٧٥، باب: الجمعية والحزب في الثقافة العربية والإسلامية.

وعقل، والفكر والتدبر وما شابه ذلك، والتي تؤدي إلى المؤدى نفسه"، والإعمار مدعاة إلى الاهتمام باليد العاملة. أما الحرية الاقتصادية فتعني: "وجود نسبة عالية من حرية التصرف في الوجوه التي توجب إنماء المال، وليس المراد بالمال النقد، بل مطلق ما يُملك من عقار وبناء وسلع ونقد إلى غيرها".

وللإنسان كامل الحرية الشخصية بما فيها: "اختيار السكن والملبس والمأكل والمشرب والمنكح ومنهجية حياته الخاصة دون أن يتدخل بشؤونه الشخصية متدخل"، وتدخل في إطار الحرية الشخصية احترام "العادات والتقاليد" التي: "تطبَّعت عليها شريحة معينة فكوَّنت لهم خصوصية ما، وربما ميَّزتهم عن غيرهم، وأصبحت جزءاً من تراثهم وشكَّلت لهم عُرفاً خاصّا"، فلا يمنع من ممارسة العادات والتقاليد ما لم تناف مسائل العقيدة والدين. ومن الحرية الشخصية "السفر"، وقد أسبغ الإسلام على السفر سمة شرعية فيها من الثواب الجزيل تدخل مرة تحت عنوان الفريضة مثل الحج وأخرى تحت عنوان الندب مثل زيارة مراقد المعصومين والأولياء الصالحين.

وبإزاء السفر منح الإسلام للمرء حرية "الهجرة واللجوء" وبالاتجاهين: "هجرة المسلمين إلى غير ديارهم، وهجرة غير المسلمين إلى ديار المسلمين" حين قال جل وعلا: ﴿إِنَّ ٱلَّذِينَ تَوَفَّىٰهُمُ ٱلْمَلَٰٓئِكَةُ ظَالِمِىٓ أَنفُسِهِمْ قَالُوا۟ فِيمَ كُنتُمْ قَالُوا۟ كُنَّا مُسْتَضْعَفِينَ فِى ٱلْأَرْضِ قَالُوٓا۟ أَلَمْ تَكُنْ أَرْضُ ٱللَّهِ وَٰسِعَةً فَتُهَاجِرُوا۟ فِيهَا فَأُو۟لَٰٓئِكَ مَأْوَىٰهُمْ جَهَنَّمُ وَسَآءَتْ مَصِيرًا﴾[1]"، وبضميمة قول الرسول ﷺ: "البلاد بلاد الله والعباد عباد الله فحيث ما أصبت خيرا

(١) سورة النساء: ٩٧.

فأقم"(١)، يفهم من النصين أنَّ الهجرة واللجوء غير مختصين بالمسلم الذي يفقد الأمن في بلاده، وهي تشمل الجميع مما يحتم على البلدان الإسلامية كما تفعل البلدان الغربية أنْ تستوعب غير المسلم الذي يفضل العيش في بلد إسلامي، فمن غير المعقول ان تستوعب البلدان غير الإسلامية المسلم وتُقصِّر البلدان الإسلامية عن فعل ذلك في الوقت الذي جاءت رسالة الإسلام رحمة للعالمين! لأن من "السياسة الخارجية" للدولة الإسلامية: "دعوة العالم أمما وشعوبا وأفرادا إلى السلم"، على أنَّ هجرة المسلم يجب: "أن لا تكون على حساب سعادة الإنسان الدنيوية أو الأخروية.. فالهجرة على حساب الدين وعلى حساب سعادة الإنسان مرفوضة، وأما الهجرة لأجل نشر الفكر وتحصيل العلم والعيش بكرامة فمفروضة".

ومما يتعلق بالحريات هو الأمن، فحيث يكون الأمن تكون الحرية مصانة، ومن أهم عوامل تداعي الأمن كما يستظهرها الدكتور الكرباسي تتمثل في: "الاضطهاد، الفراغ العقائدي، الفقر، الجهل، التسيب، والكبت". ولعلاج فقدان الأمن يتطلب: "إطلاق الحريات، الإيمان بالله، العدالة الاجتماعية، الوعي، الأمر بالمعروف والنهي عن المنكر، والعقاب الصارم والسريع للجناة".

حقوق مشروعة

وكما أنَّ الحرية أصيلة في ذات الإنسان فإنَّ: "الحق أمر واقعي وصحيح لا يمكن أن يرفضه العقل ولا الوجدان"، ثم إنَّ: "هذه الحقوق مجموعة تكوِّنُ لنا القانون الذي يتم به نظم المجتمع من خلال الدولة، ومن

---

(١) مسند أحمد: ١٦/٣، ح ١٣٤٦، وانظر: نهج الفصاحة: ٢٢٣.

هنا تأتي علاقة الحقوق بالسياسة، فإذا كانت السياسة هي فن الإدارة، وكان حسن الإدارة بإيفاء الحقوق، فإن السياسة الحكيمة تقتضي الوفاء بالحقوق الاجتماعية والثقافية والسياسية الداخلية منها والخارجية". بل إنَّ الفقيه الكرباسي يذهب بعيدا في مجال حقوق الأطفال إلى التأكيد: "إنَّ الطفل المميز له حقوق تضاهي حقوق البالغين وهي كثيرة نشير إلى حقه في البيعة والانتخاب حيث شارك الإمامان الحسن والحسين وعبدالله بن جعفر بأمر من الرسول ﷺ في بيعة الغدير في الثامن عشر من شهر ذي الحجة العام العاشر من الهجرة، وغير المميز لوليه أن يشارك في الانتخابات نيابة عنه، ويختار بدلا عنه من يناسبه لأن ذلك من حقوقه التي تترتب عليه الواجبات من الضرائب وسائر القوانين التي يكلف بتطبيقها ولي الطفل، وأما الساقط عن الطفل فإنما هو التكاليف العبادية وبعض الأحكام، وأما الطفل فله الحق في أن يتاجر بأمواله عبر وليه الشرعي، وعليه ما على الكبار".

ومن الطبيعي أنَّ من إفرازات الحرية "المعارضة" وهي من حق المواطن، وهي: "مجردة عن العوامل والأهداف حالة صحية تدل على عافية المجتمع وعدم خموله من جهة، وعدم رضوخه لكل ما يملى عليه من جهة أخرى". ومن الحقوق "الضمان الاجتماعي" الذي لابد للحكومة توفيره للجميع، وهي ملزمة بذلك: "لحق العيش لكل رعاياها وتلبية حاجاتهم الضرورية لإخراجهم من حالة العوز، والارتقاء بهم من خط الفقر".

ومن الحريات "مشروعية الحزب"، وهي ما يذهب إليه الفقيه الكرباسي، بوصف الحزب حالة صحية، ولذلك: "فإنَّ تأسيس التكتلات

والجمعيات الحزبية هي حق من حقوق الشعب كما ان الانضمام إليها حق من حقوق الفرد فلا يمكن مصادرة هذه الحقوق، ولا يحق للنظام أو الحاكم ملاحقة المنتمين إليها لمجرد الانتماء".

مرحلة الرسول

وقبل أنْ يدخل المصنف في صلب موضوع العامل السياسي بتقصي معالم سياسة الرسول ﷺ الداخلية والخارجية، يتناول ضمن السياسة الخارجية وباختصار التمثيل الدبلوماسي، وبشيء من التفصيل مسائل الدفاع والحرب والرق، باعتبار أنَّ: "الفلسفة من وراء الحرب هي وقف الفساد والاعتداء الذي لا يتوقف إلا به عندها شرعت الحرب ضمن ضوابط وقواعد وموازين عادلة، ولها أخلاقياتها وشروطها وأساليبها"، ومن أخلاقيات حرب الرسول تنظيم الرق للقضاء عليه باعتبار ان الناس أحرار.

ولما كانت الحكومة الإسلامية تأسست بعد الهجرة النبوية، فإن المرحلة الأولى من المراحل الست التي سبقت مرحلة النهضة الحسينية، تركزت على فترة السنوات العشر الأخيرة من حياة النبي الأكرم، فتعرض المحقق الكرباسي إلى سياسة الرسول الداخلية والخارجية بوصف الرسول اسوة حسنة جمع بين الدنيا والآخرة، بين الدين والسياسة: "ومن المعلوم أنَّ تطبيق المبادئ لا يمكن دون أداة فاعلة، فالدين هو المبادئ، والدولة هي أداة التطبيق".

ففي إطار السياسة الداخلية تناول المصنف "التطبيق التدريجي" لتعاليم الإسلام. واستعرض "مكانة المرأة ومشاركتها" حيث جاء الإسلام وبعث رسول الإسلام: "ليحمل إلى البشرية جمعاء صك خلاص المرأة من المهانة، ومنحها الكرامة وساوى بينها وبين الرجل". وبحث "التكتلات

السياسية" فكانت من سياسة الرسول ﷺ الحكيمة أن: "أوجد كتلتين اجتماعيتين لأجل التنافس السياسي والاجتماعي". وشرح "النظام الإداري" بوصفه واجهة مدنية وحضارية لكل مجتمع حي. وتطرق إلى "العدالة الاجتماعية" بوصف الإسلام رسالة مساواة ومحاربة التمييز بكل أنواعه.

وفي إطار السياسة الخارجية استعرض المصنف في "الحرب والسلم" في جدول منظم لإحدى وتسعين غزوة وسرية خاضها المسلمون، سَلْسَلَها حسب الزمان والمكان، خلص في النهاية وبالأرقام والوثائق أن: "مجموع من قتل من المسلمين كان نحو ٢٤٦ شهيدا، بينما مجموع من قتل من غير المسلمين من المشركين واليهود والنصارى نحو ٩٩٢ قتيلا وذلك خلال ١١ سنة و٩١ وقعة" أي بواقع اقل من ثلاثة شهداء وتسعة قتلى في كل وقعة، مما يقطع التهويل بيقين الأرقام أن حروب النبي الأكرم كانت تستهدف قلوب الناس ليُسلِموا لا جسومهم ليُقتَلوا.

وتناول في أبحاث مستقلة "السلطة القضائية" وتخريج الرسول ﷺ للقضاة وتوزيعهم على البلاد. و"السلطة الإعلامية" من خلال استخدام الرسول للأسلوب العملي في الدعوة عبر سيرته، واستخدامه الأسلوب الخطابي في الدعوة كما في خطبتي الجمعة حيث أقام في المدينة المنورة (٥٢٨) صلاة جمعة، واستخدامه الأسلوب الإنشادي بتوظيف الشعر، وعبر الأسلوب الدعووي بابتعاث الرسل والوفود خارج حدود المدينة المنورة، وألحق البحاثة الكرباسي تحت هذا العنوان جدولاً منظماً بالرسول والمرسل إليه.

وانتهى الكتاب بمتابعة السياسة الاقتصادية للرسول الأعظم ﷺ قبل أنْ

يبعث، عبر تنمية تجارة زوجته خديجة الكبرى[1]، وإنعاش اقتصاد الدولة الإسلامية أثناء حكومته. والتأكيد في بحث مستقل تحت عنوان "ولاية العهد" على عبقرية النبي الأكرم ﷺ الذي أسس خلال عقد أكبر دولة تبدأ حدودها من ناحية الشمال من أول مياه خليج العقبة إلى أول مياه الخليج في فاو العراق، وأما من ناحية الجنوب والشرق والغرب فيحدها مياه بحر العرب والخليج والبحر الأحمر، فمن يؤسس مثل هذه الدولة عبقري وبرأي الدكتور الكرباسي: "إنَّ المسلمين بل غيرهم لا يشككون بعبقرية الرسول الأعظم ﷺ ولكن تَرْكه لأمر ولاية العهد يطعن في عبقريته إذ كيف يعقل منْ مثله وهو الذي جاء بهذا النظام العالمي الرصين لم يفكر باستمراريته وصيانته وبالأخص والدولة الإسلامية لازالت فتية وهي على أعتاب العقد الثاني من عمرها..".

وخُتم الكتاب بنحو ثلاثين فهرسا في أبواب شتى وبتنظيم حديث، مع قراءة معرفية للجزء الأول من الكتاب وعموم الموسوعة الحسينية بقلم أستاذ الرياضيات في جامعة مدينة نيوجرسي الأميركية (New Jersey City University)، اليهودي المعتقد الدكتور إيفان بن إيوجين سايجل (Evan Eugene Siegel) شرح فيها موقع شخصية الإمام الحسين عليه السلام في نفوس المسلمين ودوره في تصحيح التاريخ، مؤكدا أنَّ: "الموسوعة الحسينية التي هي نتاج جهد سنوات قضاها الشيخ الدكتور محمد صادق الكرباسي، تشكل مساهمة فعالة لدراسة الشخصية الفريدة للإمام الثالث من أئمة

(١) خديجة الكبرى: هي بنت خويلد بن أسد القرشية (٦٨ ق.هـ ـ ٣ ق.هـ)، زوج النبي محمد ﷺ وأم فاطمة الزهراء عليها السلام، وهي أم المؤمنين وخير النساء، كانت سنداً كبيراً للرسالة الإسلامية، دفنها الرسول ﷺ بنفسه في مقبرة الحجون.

الشيعة". وعبر عن تقديره للجهد المبذول إذ: "تشكل مجلدات دائرة المعارف الحسينية وبالذات كتاب "العامل السياسي للنهضة الحسينية" مصدرا مناسبا للقارئ الباحث عن الحقيقة بشكل واضح، يبين له كيف عليه أن يفهم هذه الشخصية التاريخية الفريدة، والولاء العميق لها، حيث بقيت رسالته لقرون ولا تزال تجد صداها في نفوس الملايين من المخلصين له والموالين والمحبين حول العالم".

الثلاثاء ١ ذو الحجة ١٤٢٨ هـ = ١١/ ١٢/ ٢٠٠٧ م

المفتي الحافظ

الشيخ عبد الرشيد چراغ دين

* من فقهاء المدرسة السلفية في الباكستان على المذهب الحنبلي (أهل الحديث)، ومن الخطباء البارزين باللغة البنجابية، وشيخ الحديث في مدرسة تقوية الإسلام في منطقة نيلاگنبد بلاهور.

* ولد في بلدة گوهر پتوكي من توابع مدينة قصور في ولاية البنجاب سنة ١٩٢٢م.

* نشأ ودرس في مسقط رأسه الابتدائية والمتوسطة حتى الصف الثامن.

* درس مقدمات العلوم الدينية في مدرسة لكهنو الإسلامية بالهند، وتتلمذ على أساتذة عدة منهم: الشيخ محمد حسين اللكهنوي والشيخ عطا الله اللكهنوي.

* أكمل الدراسات العليا في العلوم الإسلامية في مدرسة دهليانه (حسين خان والا)، ومن أساتذته شيخ الحديث الحافظ محمد إسحاق.

* نال شهادة في الإفتاء والرواية (سند الحديث) من مدرسة دار العلوم تقوية الإسلام بلاهور، ومن أساتذته الشيخ داود الغزنوي مؤسس ورئيس مدرسة دار العلوم.

* حصل على شهادة عالية في اللغة العربية من دائرة الامتحانات الحكومية من الجامعة السلفية بلاهور سنة ١٩٥٥م.

* استفاد كثيراً من دروس الشيخ محمد ادريس كاندهلوي رئيس وشيخ الحديث في جامعة أشرفية بلاهور.

* بدأ التدريس في مدرسة دار العلوم تقوية الإسلام بلاهور منذ عام ١٩٧٨م.
* في عام ١٩٨٧م أصبح إماماً لإقامة صلاة التراويح.
* إلى جانب التدريس والإمامة كتب مقالات ودراسات في موضوعات مختلفة ونشرت في مجلات عدة من قبيل: مجلة خدام الدين الشهرية وجريدة توحيد الشهرية.
* أكثر في أخريات حياته من قراءة سيرة أهل البيت عليهم السلام ونوَّع من مصادره وغيَّر من بعض أفكاره السابقة المخالفة تجاه أهل البيت عليهم السلام.
* عضو اللجنة الحكومية للقرآن الكريم.
* عضو اللجنة الحكومية لاتحاد المسلمين.
* عضو المجلس الحكومي للاستهلال.
* وافته المنية في لاهور في ٢٠١٠/١/١٩م ودفن في مقبرة محلي بلاهور.

عمل حضاري فريد من نوعه[1]

(الحسين والتشريع الإسلامي ٤)

بسم الله الرحمن الرحيم

الحمد لله الذي خلق الخلق وأهداه سبله التي فيها الرشاد، والصلاة والسلام على خاتم رسله وسيد خلقه محمد بن عبدالله عليه أفضل الصلاة وأزكى السلام وعلى آله الغر الميامين الأطهار والمنتجبين من صحبه الكرام ومَن تبعهم بإحسان.

أما بعد: فقد عرض عليّ كتاب من أشرف الكتب حيث يهتم بعلم الشريعة والفقه، وقد زاد في شرافته أنه لأول مرة يتحدث عن الفقه الذي تداوله الإمام أبو عبد الله الحسين عليه السلام سبط الرسول صلى الله عليه وآله وسلم وريحانته وسيد شباب أهل الجنة ابن علي أمير المؤمنين عليه السلام صهر الرسول صلى الله عليه وآله وسلم وفاطمة الزهراء بضعة النبي محمد صلى الله عليه وآله وسلم سليل النبوة وقائد الأمة أمير المؤمنين الحسين بن علي بن أبي طالب عليه السلام الذي بعد لم تجف دموع شيعته ومواليه حيث عشنا أيام استشهاده وذكرى جهاده على الظلم والظالمين، ذلك الإمام الذي وضع نصب عينيه الإصلاح في أمة جده والذي قال: "إني لم

(١) تمت ترجمة المقدمة من اللغة السرائيكية (السرياكية).

أخرج أشراً ولا بطراً ولا مفسداً ولا ظالما وإنما خرجت لطلب الإصلاح في أمة جدي رسول الله"(١)، خرج على طاغية زمانه الذي أعاد الأمة إلى الجاهلية الأولى، مما أعطى شرعية للحكام الطواغيت في أن يحكموا رقاب الأمة باسم الدين وينشروا الجاهلية والطغيان، ويحوّلوا الخلافة إلى مُلك عضوض.

وقع هذا الإمام فريسة هذه الطغمة الحاكمة، عندها أبى إمام الأحرار وسيد الشهداء إلا مناجزة الظالم، حيث وجد من الواجب عليه الأمر بالمعروف والنهي عن المنكر وإحقاق الحق وإزهاق الباطل، ولم يبال بالنفس والنفيس، وقال: "إني لا أرى الموت إلا سعادة والحياة مع الظالمين إلا برما"(٢)، ولما سقط على وجه الأرض قال: "هوّن ما نزل به أنه بعين الله"(٣)، ولكن القوم أبوا إلا سحق تراث جده ومفاهيم العدالة، ولم يكتفوا بتصفيته جسداً بل أرادوا القضاء عليه حتى لا يبقى أثره فسحقوه بسنابك الخيل واستخدموا كل الوسائل الإعلامية للقضاء على فكره وأهدافه إلا أنهم لم يتمكنوا من ذلك لأنه خطى بخطى ثابتة نحو ما أمره الله سبحانه وتعالى، فأنزل عليه النصر، وبقي ذكره وساد نهجه لدى كل أحرار العالم، ومن هنا نشاهد اليوم أن جلّ المسلمين الذين بلغت أعدادهم حسب الإحصاءات الدقيقة (مليارين) يقدسونه ويحيون ذكراه في العالم أجمع دون استثناء.

---

(١) المقرم، عبد الرزاق الموسوي، مقتل الحسين: ١٣٩.

(٢) المقرم، مقتل الحسين: ٢٢١.

(٣) ابن بدران الحنبلي، عبد القادر بن أحمد، تهذيب تاريخ ابن عساكر: ٣٣٨/٤.

إن مما يثلج الصدر أن احد أعلام هذه الأمة ونوابغها قام بدراسة سيرة هذا الإمام العظيم فأجهد نفسه وعكف على كتابة موسوعة كاملة مترامية الأطراف عن كل ما له علاقة بهذا الإمام العظيم ووضعه تحت مجهر التحقيق والدراسة لتأتي جهوده أُكلها في أكثر من ستمائة مجلد، إنه عمل رائع حضاري، فريد من نوعه كانت الأمة بل الأمم بحاجة إلى مثله حيث إنَّ الإمام العظيم الذي أفدى بكل غالٍ لأجل الأمة عليها أن تعرف مسارب ومداخل سيرته وحياته وأفكاره وأهدافه وملابسات نهضته المباركة والتطورات التي أعقبت هذه النهضة المباركة.

وأما بالنسبة إلى هذا المجلد الذي لي الشرف في الكتابة عنه فانه الجزء الرابع من سلسلة الحسين والتشريع الإسلامي والذي من حسنه أنه جمع بين نهاية المقدمة التمهيدية المفصلة والهامة وبين بداية الدخول في الموضوع الأصيل حيث وجدت أن سماحة المؤلف آية الله العظمى محمد صادق الكرباسي دام ظله قد سبر مسألة مسألة مستندا إلى الأدلة الشرعية حول كل واحدة منها وبيّن آراء المدارس الفقهية المتداولة من قبل المذاهب الإسلامية والمنتشرة في العالم إلى يومنا هذا، والأهم في ذلك أنه دخل في مناقشة علمية عميقة مؤيدا لدليل ناقضا لآخر حتى أوصلنا إلى ساحل الحقيقة والمعرفة، بل إنه أشفع كلامه في النهاية بالعلل والحكم سواء في ذلك ما يمكن فهمه من الآيات والأحاديث أو ما يمكن الركون إليه من العلم الحديث بعد الاكتشافات الحديثة.

إن مثل هذا العلم لابد وأن يكون رائده هو عالم جمعت فيه صفات علمية تفوق قدراته القدرات العادية وهذا يمكن لمسه من كتاباته في شتى

المجالات وبالأخص في الموسوعة "دائرة المعارف الحسينية" حيث يتعمق في عموم المعارف والمسائل العلمية وكأنه يدخل حلبة الصراع بأدواته المعرفية الفائقة، فللّه دره وعليه أجره.

نيلا گنبد - لاهور - باكستان
أحقر العباد: مفتي عبد الرشيد
شيخ الحديث - مدرسة تقوية الإسلام
١٥/ محرم/ ١٤٢٩هـ

دلالات التناص المعرفي
بين نصوص الشريعة وحقائق العلم

يمتاز كل علم بميزات تشترك مع علوم أخرى وتفترق، فيأخذ طابعا خاصا يشتهر به، ولعل علوم القانون والفقه وعموم الشريعة، من العلوم التي تتصف موادها بالاختصار والاقتضاب قدر حاجة النص، مما يجعلها صعبة الفهم عند البعض، ولا يدرك مغزى ألفاظها إلا دارسها أو المتمرس في مهنة المحاماة أو القضاء أو الإفتاء، وهي من السهل الممتنع، فسهولتها أنها تدخل في حياة الإنسان في كل مراحل حياته من قبل ولادته حتى بعد وفاته، وامتناعها لأنها عصية على فهم مرادها إلا لمن درسها أو خبرها، ولذلك فكل إنسان بإمكانه أن يتحدث في السياسة حتى وإنْ لم يكن رجل سياسة، ولكن يستحيل أنْ يتحدث بالقانون والشريعة إلاّ من خبر مواد علومها وشروحاتها، وإلا عد من المتطفلين الذين يزيدون الأمور تعقيداً ولا يصلحون.

من هنا ليس من الغريب أنْ تكون مدة دراسة القانون في الجامعات أكثر من غيرها من العلوم، وليس من الغريب أنْ يشار إلى رجل الدين بالبنان بعد أنْ يكون قد صرف وقتاً طويلاً من عمره في الدراسة والتدريس، وابيضت كريمته من السهر وهو صبور، يواصل ليله بنهاره، وإلا أصبح

رجل الدين الذي لم يمض من عمر دراسته الفقهية الحوزوية سنوات دون أصابع اليد الواحدة عبئاً على الشرع وطامَّة كبرى على الأمَّة التي يكثر فيها جهّالها ويُحترمون، ويقل فيها علماؤها ويُهانون، وهذا واقع حال أكثر من بلد عربي ومسلم، حيث انتشرت سلعة العمائم الجوفاء في سوق نخاسة العلم المبتور، فصارت المجتمعات نهبا لمراهقين حفظوا مسألة فقهية وأخرى أصولية وجهلوا ما دون ذلك وهو الكثير، فراحوا يبيعون على الناس حصرم ما حفظوا وتركوا الكرم وراءهم ظهريا، فضَلُّوا وأضَلُّوا، وبئست التجارة هذه.

في مجال القانون وأبحاثه والفقه وشروحاته، صدر للفقيه الدكتور محمد صادق محمد الكرباسي الجزء الرابع من سلسلة "الحسين والتشريع الإسلامي"، وهذا العنوان باب من أبواب الموسوعة الحسينية الستين في أكثر من ستمائة مجلد وقد صدر منها حتى يومنا هذا أربعون[١] مجلدا، والكتاب نشره في العام ٢٠٠٨م المركز الحسيني للدراسات بلندن، في ٤٩٠ صفحة من القطع الوزيري، مع ثلاثين فهرسا في موضوعات شتى.

فيما سبق

في الجزء الأول من سلسلة "الحسين والتشريع الإسلامي"، فصّل الدكتور الكرباسي القول في التشريعات ونشأتها منذ أبينا آدم عليه السلام، فبحث الشرائع السماوية والأرضية القديمة والحديثة، وتوقف طويلاً عند الأنظمة القائمة اليوم من رأسمالية واشتراكية، وتوقف أطول عند النظام الإسلامي

(١) بلغت أكثر من خمسة وسبعين مجلداً حتى اليوم.

وتشريعه القائم على القرآن والسنَّة، وبيان معالم المدارس الفقهية التي انشطرت إلى مدرسة رأي ومدرسة حديث، وما بينهما.

وفي الجزء الثاني تناول المذاهب الإسلامية القائمة اليوم (الإمامية، الحنفية، المالكية، الشافعية، الحنبلية، الزيدية، والإباضية) وناظر بين مدارسها الفقهية، وكيفية انتشار كل مذهب، وحط رحاله العلمي عند بوابة الفقيه وولاية الفقيه، ثم ينطلق بعدها لبحث الحواضر الفقهية بدءاً من مدرسة المدينة المنورة الفقهية في العصر الإسلامي الأول.

ويكمل في الجزء الثالث بيان حال مدرسة المدينة الفقهية في العصر الأموي والعباسي، ومن بوابة المدينة ينطلق المؤلف في بيان معالم المدرسة الفقهية في حواضر المسلمين: اليمن والبحرين الكبرى والكوفة والبصرة وكربلاء المقدسة وبغداد والكاظمية والنجف الأشرف والحلة وسامراء، ودمشق وحلب وطرابلس الشام والقدس وجبل عامل والقاهرة وتونس والمغرب والأندلس والري وقم وإصفهان ومشهد ونيسابور وبلاد ما وراء إيران.

جزئيات لابد منها

ولمَّا كانَ دَيْدن الفقيه الكرباسي العروج من الأصول إلى الفروع ومن الكليات إلى الجزئيات حتى وإن بدت بعضها لآخرين غير ذي بال، فإنه يترك بصماته عليها مؤسِّساً أو مؤصِّلاً أو مؤرِّخاً، حتى لا تضيع المعلومة في زحمة الكم المعرفي وإن صغرت. من هنا فإنَّه بحث في الرتب والدرجات العلمية في المدارس والمجامع العلمية وبخاصة في الحوزات العلمية، ابتداءً من مفردة الإمام حتى مفردة آية الله، وما بينهما الفقيه والعلاّمة والحجة والعالِم والفاضل.

ويقدم الكاتب وجهة نظره في هذه المسميات ويحدد معالمها، داعيا إلى: "أن تدرس هذه الأمور بدقة وإمعان للتوصل إلى صيغة يتفق عليها تكون هي التي يؤخذ بها، وتوصف الشخصيات العلمية باستحقاق"، لكنه في الوقت نفسه يؤكد: "أن الابتعاد عن هذه التسميات هو أقرب للتقوى، وكلما ارتفعت شخصية الإنسان ترفَّع عن هذه الألقاب، فهذا نبينا محمد ﷺ أفضل خلق الله لا يوصف بهذه الأوصاف وكفاه فخراً أن يصفه الله بأنه عبده ورسوله"، بيد أن الحقيقة كما يشير إليها الكاتب: "إن هذه الأوصاف لا تقدم ولا تؤخر والتشبث بها ليس من شيم العالم، والحمد لله أنَّ العلماء منزهون من ذلك إلا أن بعض الأطراف يتقربون بهذه الأمور إليهم"!

ويتناول المؤلف في مبحث مستقل "زي العلماء"، الذي يختلف من بلد إلى آخر، ومن مذهب إلى آخر، ويشار إلى أنَّ أبا يوسف القاضي[(١)] يعقوب بن إبراهيم بن حبيب الأنصاري الكوفي المتوفى عام **١٨٢**هـ هو أول من جعل مائزا بين لباس العلماء والعوام.

ويحرص الشيخ الكرباسي على مصطلح "العلماء" في بيان الرتبة والزي لتمييزهم عن عموم طلبة العلوم الدينية، حيث يرى أن زي العلماء أصبح في هذه الأيام سلعة رائجة لكنها بائرة، حيث أخذ الزي من جبة وعمامة طريقه إلى أبدان لم تفقه أمخاخها ألف باء الشريعة، فأوغلت في الشبهات وخلطت حراما بحلال، وراحت تزاحم العلماء في الفتيا تحت مسميات عدة ما أنزل الله بها من سلطان!

---

(١) أبو يوسف القاضي: مضت ترجمته.

تبويب الفقه

اعتادت كل مدرسة فقهية على تبويب فقهها بناءً على ما تفتق في ذهنية علم من أعلامها وجرى عليه الخلف، ومن الإمامية يعد ابن أبي عقيل الحسن بن علي الحذاء العماني[(١)] المتوفى في أوائل القرن الرابع الهجري، كما يرى الكرباسي هو أول من: "هذب الفقه واستعمل النظر فيه وفتق البحث عن الأصول والفروع وذلك في ابتداء الغيبة الكبرى[(٢)] (٣٢٩هـ)، وبذلك خرج الفقه عن حالته الأولى ولبس وشاحا جديداً"، وهو أول مجدد للفقه حسب تعبير المحقق الشيخ عباس القمي[(٣)] المتوفى عام ١٣٥٩هـ، ويليه ثانية ابن جنيد[(٤)] محمد بن أحمد البغدادي المتوفى عام ٣٨١هـ، وحسب تعبير المحقق محمد علي المدرس[(٥)] المتوفى عام

---

(١) الحذاء العماني: من أعلام الإمامية في القرنين الثالث والرابع الهجريين، من معاصري الشيخ الكليني المتوفى سنة ٣٢٩هـ ومن مشايخ ابن قولويه المتوفى سنة ٣٦٨هـ، من مصنفاته: كتاب الكر والفر، وكتاب المتمسك بحبل آل الرسول.

(٢) الغيبة الكبرى: للإمام المنتظر ابن الحسن العسكري (عج) غيبتان: صغرى وكبرى، الأولى بدأت عام ٢٦٠هـ حتى عام ٣٢٩هـ والثانية بدأت من عام ٣٢٩هـ حتى يأذن الله ليملأ الأرض قسطا وعدلاً بعدما ملئت ظلماً وجوراً، وكان للإمام المهدي خلال الغيبة الصغرى أربعة سفراء، وهم: عثمان بن سعيد العمري المتوفى سنة ٢٦٥هـ، محمد بن عثمان بن سعيد العمري المتوفى سنة ٣٠٥هـ، الحسين بن روح النوبختي المتوفى سنة ٣٢٦هـ، وعلي بن محمد السمري المتوفى سنة ٣٢٩هـ.

(٣) عباس القمي: هو ابن محمد رضا بن أبي القاسم، ولد في قم بإيران نحو ١٢٩٤هـ، وتنقل للدراسة بين العراق وإيران واستقر في مسقط رأسه ومات في النجف الأشرف وفيها دفن، من أعلام الإمامية، اشتهر بكتابه "مفاتيح الجنان"، من مؤلفاته: سفينة البحار، الكنى والألقاب، ونَفَس المهموم.

(٤) ابن جنيد: الاسكافي، من أعلام الإمامية وفقهائها الأصوليين، وهو أديب ومتكلم وكاتب، مات في الري، له نحو خمسين مؤلفاً، منها: تهذيب الشيعة لأحكام الشريعة، والمختصر الأحمدي في الفقه المحمدي.

(٥) المدرس: هو ابن محمد طاهر بن نادر، ولد في تبريز سنة ١٢٩٨هـ وفيها مات، من البحاثة=

١٣٧٣هـ فإن ابن جنيد هو أول من فتح باب الاجتهاد واستنبط الأحكام وعمل بأصول الفقه.

أما من حيث الرسالة العملية التي تعتبر كتاباً مفتوحاً للناس يرجعون إليها في معرفة تفاصيل الأحكام في العبادات والمعاملات، فإنَّ المحقق الكرباسي يرجح أنَّ: "أول رسالة عملية برزت هي رسالة السبزواري[(١)] ـ محمد باقر بن محمد مؤمن ـ المتوفى عام ١٠٩٠هـ"، وعلى هذا المنوال جرى العلماء من بعده حتى إذا مات العالم جاء من يخلفه في تحشية رسالته العملية وتحريرها وإضافة رؤاه الفقهية إلى بعض المسائل، لكن الخلف لم يتجاوز بشكل عام السلف في ترتيب وتصنيف أبواب الفقه، وإنْ حذف بعضهم بابا هنا أو قدّم وأخّر بابا هناك.

ويعتقد الفقيه الكرباسي أن الرسائل العملية الحالية بحاجة إلى أبواب جديدة وينقصها التطوير لمواكبة العصر، وهو في هذا الطريق وضع خمسة خيارات أمام الفقهاء للتعامل مع المسائل الفقهية التي تخص بالدرجة الأولى ذات الإنسان، كون التشريع موجهاً إلى الإنسان لجلب المنفعة إليه ودرء المفسدة عنه:

الخيار الأول: أن يُبوَّب الفقه حسب مراحل نمو الإنسان وتدرجه في

=والمحققين، من مصنفاته: حياض الزلائل في رياض المسائل، قاموس المعارف، وكفاية المحصلين في تبصرة أحكام الدين.

(١) السبزواري: الشهير بالمحقق السبزواري، من أهل خراسان بإيران سكن إصفهان، فقيه ومحدث وأصولي، تقلد منصب شيخ الإسلام في عهد عباس الثاني الصفوي الذي حكم في الفترة (١٠٥٢ ـ ١٠٧٦هـ)، من مصنفاته: ذخيرة المعاد في شرح الإرشاد، روضة الأنوار في آداب الملوك، وكفاية الفقه.

الحياة وحاجته حسب الأولوية، من قبيل الوقاية ثم الحمل ثم الولادة، وهكذا.

الخيار الثاني: أن يُبوَّب الفقه حسب النمط العلمي، من قبيل علم الإنسان وعلم الحقوق وعلم الاقتصاد وعلم الاجتماع، وهكذا.

الخيار الثالث: أن يُبوَّب الفقه حسب حاجات الإنسان الغرائزية من قبيل فقه الأطعمة والأشربة والجنس وهكذا.

الخيار الرابع: حصر أبواب الفقه في الأحكام الخمسة المحرمات والواجبات والمكروهات والمستحبات والمباحات.

الخيار الخامس: أن يُبوَّب الفقه وفق تعاملات الإنسان وسلوكياته من قبيل تعامله مع الإنسان الآخر وتعامله مع البيئة وهكذا.

ولم يتوقف الفقيه الكرباسي عند التنظير فقد باشر منذ مدة في تأليف سلسلة "الشريعة" في نحو ألف عنوان يلبي حاجات الإنسان، يضم كل عنوان ما بين ٧٥ إلى ١٠٠ مسألة فقهية، صدر منها كتيبات عدة من مثل: "شريعة الإنتخاب"، "شريعة التوقيت"، "شريعة التكليف"، "شريعة الجنين"، "شريعة الجمعة"، شريعة التجويد" و"شريعة الخدمة"[(١)].

المدارس الغربية

ولأنَّ التداخل قائم بين التشريع الديني والقانون الوضعي، بغض النظر

---

(١) كتيبات "الشريعة" التي صدرت حتى الآن كانت من تقديم وتعليق الأديب والفقيه آية الله الشيخ حسين رضا بن مزمل حسين الغديري الميثمي المولود سنة ١٩٥٢م في مدينة ديرا غازي بباكستان والمقيم حاليا في لندن، حيث يرجع بنسبه إلى التابعي الجليل ميثم التمار المستشهد بالكوفة سنة ٦٠هـ وقبره يزار، من مؤلفاته: نظام سياسي إسلام (النظام السياسي في الإسلام)، حقوق والدين (حقوق الوالدين)، وچراغ أدب (مصباح الأدب).

عن الموقف من هذا التداخل الذي يذمه كثيرون ويحسّنه قليلون، فإنَّ المؤلف لم يغفل هذه المسألة كما عهدناه في الجزء الأول حينما تطرق إلى الأنظمة السماوية والأنظمة الوضعية.

ولذلك أفرد في الجزء الرابع مبحثا تناول فيه المدارس الفقهية الوضعية، فتعرض إلى المدرسة الإيطالية القديمة والحديثة، والمدرسة الفرنسية القديمة والحديثة، والمدرسة الهولندية، والمدرسة الألمانية.

بين الفقه والعلم

ما من تشريع سماوي أو أرضي إلا وتقف وراءه حكمة ظاهرة أو باطنة، وبعض التشريعات التي تعامل معها المسلمون عرفوا الحكمة من ورائها معرفة ظاهرة ولم يلمسوها علمياً أو تجريبياً، لقصور أدوات العلم آنذاك، ولذلك تعاملوا معها تعاملاً تعبّدياً، ولكن مع تطور العلم وزيادة أدوات الكشف أصبح من السهل معرفة الحكمة من التشريعات، ولكن يبقى هناك الكثير لمعرفته وتسليط الأضواء المعرفية عليه، وهذا ما يدعو إليه المؤلف في كتاباته المختلفة، وهو ما قام عليه هذا الجزء من "الحسين والتشريع الإسلامي" حينما تناول النصوص الشرعية الواردة عن الإمام الحسين عليه السلام أو سلوكيته الشرعية وشارحاً إياها على ضوء العلم الحديث، وكلما اقتربت المسألة من حقائق العلم أبانت عن حقيقة الدين الإسلامي الذي يتماثل مع العلم، لأنه دين العقل الذي لا يتخلف عن العلم ولا يتخلف العلم عنه، لأنه دين الوحي الإلهي.

وشغلت ثلاثة أرباع صفحات الكتاب لبحث نصوص متعلقة بالطهارة، وبول الرضيع، وآداب الاستحمام، والوضوء، والتقيؤ والقلس، وكفن الميت، وهي مسائل مبحوثة في الرسائل العملية في بضع صفحات وفي

الكتب الاستدلالية وبشكل أوسع في مجال المستنبطات بالأدلة الشرعية، لكن المؤلف هنا ناقش النصوص من منظور علوم الرجال ودراية الحديث والفقه والأصول، والتأكيد على مكتسبات العلم الحديث، وفي خاتمة كل مسألة فقهية يقدم وجهة نظره الفقهية.

وحرص المؤلف على بيان آراء علماء الحديث والرجال والفقه لدى المذاهب الإسلامية الأخرى عند استعراض كل مسألة من جوانبها المختلفة، حيث يعتقد الشيخ الكرباسي أن الفقه لا بد أن يكون فقها مقارنا مع المذاهب الأخرى، لأن ذلك يوفر للفقيه من أي مذهب كان، أموراً كثيرة مفيدة للمجتمع المسلم وأهمها:

أولاً: فهم المسائل بشكل أعمق ما يفتح للفقيه آفاقا جديدة.

ثانياً: التقارب بين المذاهب الإسلامية للوصول إلى فكرة قد توحدنا في الكثير من المسائل وترفع بعض المهاترات والشائعات التي تخرج من هنا وهناك.

ثالثاً: توحيد المعارف وتسهيل الوصول إليها لمعرفة الحقائق والحكم بمقتضى الاتباع.

رابعاً: كسر الحواجز وعرض ما هو الأفضل.

ويشار هنا أنَّ الشيخ الطوسي محمد بن حسن المتوفى عام ٤٦٠هـ، هو أول من نهج هذا المنهج في كتابه "الخلاف في الأحكام" حيث رتبه على أبواب الفقه وذكر المسائل الخلافية بين المذاهب الإسلامية، وناقشها بروح علمية وبجوانبها المختلفة، ومن بعده صاحب كتاب "رجال ابن داود"

الشيخ تقي الدين الحلي[1] حسن بن علي المتوفى عام ٧٤٠هـ في كتابه "خلاف المذاهب الخمسة في الفقه"، ومن المعاصرين الشيخ محمد جواد مغنية[2] المتوفى عام ١٤٠٠هـ، في كتابه "الفقه على المذاهب الخمسة".

لأول مرة

في الواقع أن هذا الجزء من "الحسين والتشريع الإسلامي" والأجزاء اللاحقة، تجعلنا نقرأ الإمام الحسين عليه السلام قراءة ثانية، قراءة من زاوية أخرى تضاف إلى زاوية المأساة والدماء الزاكيات التي سالت في كربلاء المقدسة، قراءة تظهر العلوم التي تركها سيد الشهداء لبني البشر، وهذا ما حمل أحد شيوخ وعلماء السلفية في باكستان وهو شيخ الحديث في لاهور المفتي عبد الرشيد چراغ دين عند قراءته للكتاب إلى القول: "إن كتاب الحسين والتشريع الإسلامي من أشرف الكتب حيث يهتم بعلم الشريعة والفقه، وقد زاد في شرافته أنه لأول مرة يتحدث عن الفقه الذي تداوله الإمام أبو عبد الله الحسين عليه السلام سبط الرسول صلى الله عليه وآله وسلم وريحانته وسيد شباب أهل الجنة ابن علي أمير المؤمنين عليه السلام صهر الرسول صلى الله عليه وآله وسلم وفاطمة الزهراء بضعة النبي محمد صلى الله عليه وآله وسلم سليل النبوة وقائد الأمة أمير المؤمنين الحسين بن علي بن أبي طالب عليه السلام الذي بعد لم تجف دموع شيعته ومواليه حيث عشنا أيام استشهاده وذكرى جهاده على الظلم والظالمين".

---

(١) تقي الدين الحلي: هو حفيد داود، ولد في الحلة بالعراق سنة ٦٤٧هـ، فقيه وأصولي وأديب ولغوي ومفسر، من مصنفاته: تحصيل المنافع، الرائض من الفرائض، ومختصر أسرار العربية.

(٢) مغنية: هو ابن محمود بن محمد، ولد في قرية طيردبا بجبل عامل سنة ١٣٢٢هـ، هاجر إلى النجف صغيرا وعاد إلى لبنان واشتغل في القضاء واهتم بالتأليف، من مصنفاته: في ظلال نهج البلاغة، الشيعة في الميزان، عقليات إسلامية.

ووجد المفتى عبد الرشيد چراغ دين الذي خط قراءته باللغة السرياكية أو السرائيكية، أن الموسوعة الحسينية: "عمل رائع حضاري، فريد من نوعه كانت الأمَّة بل الأمم بحاجة إلى مثله حيث إنَّ الإمام العظيم الذي أفدى بكل غالٍ لأجل الأمة عليها أنْ تعرف مسارب ومداخل سيرته وحياته وأفكاره وأهدافه وملابسات نهضته المباركة والتطورات التي أعقبت هذه النهضة المباركة".

وحول التعاطي مع النصوص الفقهية التي وردت في هذا الجزء وجد المفتي أن الفقيه الكرباسي قد: "سبر مسألة مسألة مستندا إلى الأدلة الشرعية حول كل واحدة منها وبيّن آراء المدارس الفقهية المتداولة من قبل المذاهب الإسلامية والمنتشرة في العالم إلى يومنا هذا، والأهم في ذلك أنه دخل في مناقشة علمية عميقة مؤيدا لدليل ناقضا لآخر حتى أوصلنا إلى ساحل الحقيقة والمعرفة، بل إنه أشفع كلامه في النهاية بالعلل والحكم سواء في ذلك ما يمكن فهمه من الآيات والأحاديث أو ما يمكن الركون إليه من العلم الحديث بعد الاكتشافات الحديثة".

ولم يبتعد المفتي عن الواقع، فما في الكتاب من موضوعات علمية حديثة بحثها المؤلف بأسلوب شيق ولغة مفهومة، حري بالمحافل الفقهية قراءتها عند دراسة النص الفقهي، لأنها تغني الفقه والفقيه، وتقدم للأمة ثقافة فقهية بروح عصرية مستندة إلى حقائق العلم.

الخميس ٢٤ ربيع الثاني ١٤٢٩ هـ = ١/٥/٢٠٠٨ م

الدكتور أي جي غفوروف[١]

DR. A.G Gafurav

* باحث وأكاديمي طاجيكي مسلم من أهالي العاصمة دوشنبه مقيم في موسكو.
* له اختصاص بتاريخ الشعوب الإسلامية.
* إلى جانب اللغة الأم يجيد التحدث باللغة الروسية.
* من زملاء خبير الدراسات الشرقية واللغة العربية والآشورية الروسي الجنسية البروفيسور قسطنطين بيتروفيج ماتفييف (Kostantin Matveev Petrovic) (١٩٣٤ ـ ٢٠٠٨م) الذي كتب عام ١٩٩٦م مقدمة باللغة الروسية عن الجزء الأول من ديوان الأبوذية من دائرة المعارف الحسينية[٢].

---

(١) والجدير ذكره أن البروفيسور قسطنطين ماتفييف ساهم وهو في موسكو في تعريف البروفيسور الدكتور غفوروف بدائرة المعارف الحسينية، وعن طريقه اطلع على الموسوعة الحسينية وكتب الأخير مقدمته، وقد اتصلت بالسيد أدموند وهو آشوري عراقي عامل في مؤسسة غوث اللاجئين الآشوريين في بريطانيا (ASSYRIAN REFUGEES RELIEF FOUNDATIO) ـ حيث تولى البروفيسور ماتفييف رئاستها حتى مغادرته لندن إلى موسكو ـ للتعرف على عنوان البروفيسور غفوروف في موسكو أو دوشنبه للإتصال به ولكنهم يجهلونه، كما أن صلتهم بالدكتور ماتفييف أو بأسرته انقطعت منذ وفاته.

(٢) اتصلنا بمعهد الاستشراق في أكاديمية العلوم بموسكو، بيد أنهم امتنعوا عن التعاون معنا في مجال التعرف على البروفيسور غفوروف بخاصة وأن البروفيسور قسطنطين ماتفييف عمل مدرّساً فيه، ونفترض أن المترجم له كان من العاملين فيه أو ليس أقل من خرِّيجيه، أوأن لهم معرفة به لكونه من الباحثين في مجال الاستشراق.

الذكرى الخالدة للإمام الحسين[1]

(ديوان الأبوذية ٥)

لقد اغتيل غدراً الخليفة الزاهد عليّ في العام ٦٦١م[2]، وبعد استشهاده قرر الموالون لعلي (وهم شيعته، والشيعة في اللغة العربية تعني الحزب أو الجماعة) مبايعة الحسن وهو الإبن الأكبر للخليفة علي، لكن الحسن تنازل إلى والي الشام معاوية، وهذا الأخير ينتمي إلى بني أمية.

وكان للخليفة علي إبنٌ آخر هو الحسين، وهو أصغر من الحسن، ولم يوافق الحسين على سيطرة معاوية غير الشرعية للحكم والخلافة العربية، وقد وجّه الموالون لعلي (شيعة علي) الدعوة للإمام الحسين للقدوم إلى الكوفة لمبايعته، وهو كان مقيما حينذاك في مكة (المدينة المقدسة عند المسلمين)[3]. وفي سنة (٦٨٠م)[4] وصل الإمام الحسين وأهله وأصحابه

---

(١) تمت ترجمة المقدمة من اللغة الطاجيكية.

(٢) اغتيل الإمام علي عليه السلام فجر ١٩ رمضان ٤٠هـ واستشهد يوم ٢١ منه.

(٣) كان الإمام الحسين عليه السلام في مكة المكرمة قادما من موطنه المدينة المنورة، لحج بيت الله الحرام، ثم ترك مكة المكرمة سحر يوم الثلاثاء الثامن من شهر ذي الحجة من سنة ٦٠ للهجرة، قاطعا حجه متوجها إلى العراق، أنظر: تاريخ المراقد للكرباسي: ٥/ ٧٣.

(٤) وصل الإمام الحسين عليه السلام أرض الطف (كربلاء) يوم الخميس الثاني من محرم الحرام سنة ٦١ للهجرة، انظر: تاريخ المراقد: ٥/ ٧٥.

إلى كربلاء في العراق، وهناك شنّ جيش يزيد هجومه على الحسين ومن معه، ولقد كان هذا الجيش يفوق في تعداده أصحاب الإمام الحسين بأضعاف كثيرة، بحيث كان هناك اثنا عشر مقاتلاً من جيش يزيد في مقابل كل مقاتل للإمام الحسين[١].

وفي العاشر من محرم الموافق (١٠ تشرين الأول من عام ٦٨٠م) قُتل الإمام الحسين، وقد قُتل مع الإمام الحسين في هذه الواقعة ثلاثمائة مقاتل من أهله وأصحابه، لكن أتباع الحسين لا يزالون إلى يومنا هذا يبجّلون الحسين، ويحافظون بكل زهد وتقوى على الشعائر والتراث الإسلامي وعلى سنّة أجدادهم، ويعتبر الإمام الحسين عند الشيعة[٢] شخصية ذات حرمة وقدسية ومدافعاً عن جماهير الأمة وتراثها الإسلامي الذي جاء به النبي محمد.

ورغم مرور ١٤٠٠ عام على فاجعة قتل الإمام الحسين إلا أن الألم والأسى لا يزال حيا في قلوبهم. والمسلمون الشيعة يتأسون لمواقف الإمام التي وقفها أثناء حياته وفي مواجهته للموت المتمثلة في صموده وإرادته القوية لأجل تقويم سلوكهم وأخلاقهم وتربية أجيالهم.

ولأجل تكريس المثل الأعلى في ذاكرة الأمة والذي ضربه الحسين في مواجهته للموت وأثناء حياته، فإن المسلمين الشيعة أينما وجدوا وفي كافة

---

(١) لما خرج عمر بن سعد الزهري إلى حرب الإمام الحسين عليه السلام كان معه أربعة آلاف مقاتل، وفي اليوم السادس من المحرم بلغ عدد جنده عشرين ألفا، ولما يزل عبيدالله بن زياد يمده بالمقاتلين حتى أصبح عددهم ثلاثين ألفا. انظر: مقتل الحسين للمقرّم: ٢٠٠.

(٢) يعتبر الإمام الحسين عليه السلام من الخالدين عند عموم الشيعة والسنة، بل وعند غير المسلمين، فهو مثال المدافع عن الحق وعن حقوق الجماهير، وأهداف نهضته المباركة تنسجم تماماً مع الفطرة الإنسانية.

أنحاء العالم يقومون بإحياء ذكرى فاجعة قتل الإمام الحسين في ١٠ محرم من كل عام.

وخلال أربعين يوما يحيون المناسبة بمختلف الطرق كالمسيرات والفعاليات والمهرجانات والندوات ومواكب التعازي واللطميات والمسرحيات، وهذه التقاليد المختلفة غايتها الأساسية الحفاظ على ذكرى الإمام الحسين حيّة عند المسلمين.

ولعل واحداً من الأمثلة الحية على هذه الأعمال هي إصدار الموسوعة (دائرة المعارف الحسينية) التي أسسها وجمع وثائقها الشيخ محمد صادق الكرباسي. حيث تنفرد مجلدات عدة من هذه الموسوعة (دائرة المعارف) لتضم الشعر العربي لمناطق جنوب العراق ومدن محافظة خوزستان في إيران.

إن شعر هؤلاء العرب يُنظم باللغة المحلية الدارجة، وهو معروف لدى الناطقين بهذه اللهجة بثقافة الأبوذية. وتبلغ عدد القصائد المدونة في الجزء الخامس من الموسوعة من شعر الأبوذية (٢٦٦ قصيدة). وهذه بحد ذاتها تضم موضوعات عدة تشكّل تنوّعاً كبيراً ومستوى ضخماً من العناوين. ويتناول المجلد الخامس جميع الأوزان الرباعية "الأهازيج" في مقاطع شعرية رباعية تبدأ من اليمين إلى اليسار، وينتهي كل شطر من هذه المقاطع بالميم[١] عند الشطر الرابع فينتهي بالقافية "يّه".

---

(١) تتألف الأبوذية من أربعة أشطر، كل شطر منها مركب من ثلاث تفعيلات، والأشطر الثلاثة يلتزم فيها الجناس بقافية موحدة، وينتهي الشطر الأخير بياء مشددة مفتوحة ملازمة مع هاء ساكنة، ولا يختص الجناس بقافية الميم، ولكن الدكتور غفوروف اطلع على الجزء الخامس من ديوان الأبوذية والذي استقلت جناس قصائده بقافية الميم، فربما تبادر إليه أثناء قراءته الأدبية والنقدية للديوان أن الأبوذية تنتهي بقافية الميم.

ولتوضيح ذلك نأخذ أمثلة من القصائد المدونة في المجلد الخامس، ومن ذلك القصيدة رقم (١٢٩٧):

يَـخـويَـه غَـرَّبِ ٱهـلالَـكْ وِلِـيـتـامْ
إوْ حِـزْنَـكْ مَـنْـجِـلَـه عَـنّـي وِلِـيـتامْ
عِـفِـتْـنـي ٱبْـحـيـرَةِ ٱلْـخِـدْرْ وِلِـيـتامْ
أذِبْ عَـنْـهـا ٱوْ أكُـفِّ ٱسْـيـاطُ ٱمَـيَّـه

وفي هذه القصيدة يصفون الهلال وحالته وقت الغروب والشروق، ثم يصفون حزنهم وكيف يحمون أنفسهم من هذا الحزن[1].

والرباعية التالية رقم (١٢٩٨):

مُـحـامـي ٱمْـنِ ٱلأهَـلْ مـا ظَـلْ وِلِـيـتامْ
بَـسْ سَـجّـادْنَـه ٱمْـگـيَّـدْ وِلِـيـتـامْ
إبْـحَـريـمَ ٱگـطَـعْ فَـيـافـيـها وِلَـيـتـامْ
عَـلَـه ٱلْـهِـزَّلْ تِـونْ صُـبْـحِ ٱوْمِـسِـيَّـه

وهي تصف المحافظين على أمن المواطنين وبأن المتعبدين وحدهم هم الذين يعتقدون بالوريث[2].

---

(١) القطعة بعنوان "وِليتام" للشاعر المعاصر الحاج جابر بن جليل الكاظمي، ينشد عن لسان السيدة زينب بنت علي عليها السلام (ت٦٢هـ)، مباريا البيت التالي من بحر الطويل للشاعر علي بن حماد العدوي المتوفى حدود عام ٤٠٠ هـ:

وتدعـو حُسيناً يَبنَ أمِّ تركتنـي ... أعاني الأيامى واليتاما مَن الضر

ومطلع القصيدة:

أآمِرَتي بالصَّبْرِ أسْرَفتِ في أمري ... أيُؤمَرُ مِثلـي لا أباً لَـكِ بالصَّبْرِ

وهي من ٢٩ بيتا في رثاء الإمام الحسين عليه السلام بعنوان "أأنسى حسيناً"، أنظر: ديوان القرن الرابع للكرباسي: ١/ ٢٣٧.

(٢) القطعة بالعنوان السابق نفسه "وِليتام"، للشاعر المعاصر عبد الصاحب بن ناصر الريحاني، عن=

والمقطع رقم (١٢٩٩)، مليء بمشاعر الحزن والألم:

صِحِتْ حادي ٱلزَّمِلْ رَيِّضْ وِلِيتامْ
دِرْحَمْ حالْ هَٱلنِّسْوَه وِلَيتامْ
بَعَدْ أهْلي ٱشْبُگه عِنْدي وِلَيْتام
إلْحِزِنْ وِٱلنّوحْ وِٱلْهَمْ وِٱلأذِيَّه

وفيه وصف الأسى والعويل الذي يجلبه الألم والأذى[1].

أعتقد أنه لا توجد ضرورة لنقل وتحليل الـ (٢٢٦) قصيدة في قراءتي هذه، وهي الرباعيات[2] المذكورة في المجلد الخامس، ذلك أن العلماء والقرّاء العرب، أي أصحاب الاختصاص في هذا المجال سيؤدون هذه المهمة دون أدنى شك، بيد أن من المهم أن أقول لنفسي بأن هذه الـ (٢٢٦ رباعية) تغطي نطاقاً ضخماً من حياة الأمس واليوم.

إن هذه القصائد لا تعالج فقط الماضي والحاضر بل إنها تُنجز عملاً عظيماً للنشاطات المستقبلية للشيعة إضافة إلى طموحاتهم وآمالهم، كما أن المصنف والمؤسس لهذه الموسوعة الدكتور الكرباسي قد ضمّن بصورة متناسقة في هذا المجلد كل دلالات الأزمنة.

إنني على ثقة بأن الحركة الاستشهادية للإمام الحسين وإيثاره يستحق

=لسان السيدة زينب بنت علي عليها السلام واصفة حيرتها بعد استشهاد أهلها.

(١) القطعة بالعنوان السابق نفسه "وِليتام"، للشاعر المعاصر مهدي بن حسن الماجدي، عن لسان السيدة زينب بنت علي عليها السلام.

(٢) الرباعيات: من باب المجاز لكون الأبوذية مكونة من أربعة أشطر، وإلا فإن واحداً من تعريفات الرباعية: أنها مقطوعة تحتوي على أربعة أبيات، أعجازها من قافية واحدة، وتكون مصرّعة أي تقابل حرف القافية من صدر البيت الأول مع حرف قافية العجز.

أكثر من هذا، بل إنه يعتبر واجبا جاء نتيجة التراث الذي خلّفه الإمام الحسين وحركته في الحياة واستشهاده البطولي.

وهناك أمر آخر والذي يمر بجانب الخط الأحمر من خلال القصائد ال (٢٢٦) إنه إيحاء لما تم إبداعه من التراث والثقافة الروحية منذ مقتل الإمام الحسين، واللتين تمّت المحافظة عليهما لتنقلا بكل أمانة إلى الأجيال القادمة.

نود أن نشير بأن المجلد الأول من الموسوعة قد صدر في عام (١٩٩٧م) أي في نهاية الألفية الثانية وعشية الألفية الثالثة. وعليه فإن المصنف لهذه الموسوعة سينتهي من نشرها في العصر الجديد من القرن الجديد. ولهذا فإن الناشر يعتمد على الحقيقة بأن التقاليد والعادات للشيعة المرتبطة بالتراث الروحي للإمام الحسين سيتم الحفاظ عليها وتقويتها ونقلها إلى الأجيال الآتية. هذا بالإضافة لطرح النواحي العلمية الأخرى والأفكار والمشاريع العديدة بصورة واضحة.

إن هذا يرتبط بالنواحي التربوية والثقافية للأجيال القادمة. لقد أنجز هذا المجلد أغراضه، وفي رأيي فإن المؤسس قد وُفّق في تحقيق أهدافه.

الدكتور أي جي غفوروف
طاجيكستان ـ دوشنبه
Dr. A.G.Gafurov
Dushanbe ـ Tajikistan
١٩٩٩/٨/٢٢

سحابة الأبوذية تمطر وجعاً

تدخل البيئة الاجتماعية وعوامل الجغرافية والمكان والزمان والظروف السياسية والاقتصادية في تنشيط ذاكرة الشعر والشعراء، وتحريك عجلة الشعر باتجاهات تتلاءم مع الظرف الخاص الذي يعيشه الشاعر أو البيئة المحيطة به، فالشاعر وإن سبحت خيالاته في فضاءات مفتوحة لا متناهية من الشعور والاستشعار، لكن الخيالات تظل مشدودة إلى واقعه الذي انطلق منه وإلى المماحكات والاحتكاكات مع الآخر الذي يماثله شعراً ووجدانا أو يتقاطع معه شعورياً وإن تماثلا شعراً، ولذلك تعددت أغراض الشعر بتعدد أغراض الشاعر وما تقوده إليه سحابة خياله وفيوضاته المندلعة من لسان وحيه الداخلي، الذي يحلو للبعض أنْ يسمّي هذه الفيوضات بشيطان الشعر، ولكن الشيطان لا يتمثل الشعر الخير وشعر الحكمة، فهذه فيوضات من وحي الخير، ووحي الشيطان إنما هو زبد النفس الشيطانية لا جواهر النفس الرحمانية.

وإذا كانت إيحاءات الشاعر ينفتح محيطها على خلجان وأغراض شعرية عدة تنساب منها بحور الشعر، فإنَّ بعض البحور تتحرك أمواجها باتجاهات معينة يشتهر بها الغرض الشعري، فيكون البحر والغرض سيان، يعرف البحر بغرضه ويعرف الغرض ببحره، مثلما هو بحر الرجز الذي يشتهر به

٤٨٥

عند المبارزة والمباراة، إذ ما من مبارز في ساحة الحرب إلا ونظّم أرجوزة يمتدح بها نفسه ونسله أو قيادته وحكومته، ويطعن بخصمه ونده وينزل به إلى مهاوي الضِّعَة كأسلوب من أساليب الحرب النفسية لإضعاف الخصم. ومن ذلك شعر الأبوذية الذي هو لون من ألوان الشعر الشعبي اشتهر ببحر الهزج كما يذهب إلى ذلك المحقق الكرباسي، على خلاف الشائع بأنَّ الأبوذية من بحر الوافر، وهذا اللون من الشعر اختص بتوجع النفس وآهاتها وما يؤلمها ويؤذيها، يتصاعد صدر الشاعر بالأبوذية شهيقا وزفيرا منفِّسا عما بين أضلاعه من كربات ومن أحزان، وكأن الشاعر في إحساساته هذه يستحضر ما نسب إلى الإمام علي عليه السلام من شعر حين فقده النبي الأكرم محمد صلى الله عليه وآله وسلم، وهو من بحر المجتث:

نفسي على زفراتها محبوسة يا ليتها خرجت مع الزفرات
لا خير بعدك في الحياة وإنما أبكي مخافة أن تطول حياتي[1]

والحزن صفة غلبت على واقعة الطف بكربلاء، لما ألمّ بأهل البيت عليهم السلام، وحسب تعبير الإمام علي بن الحسين السجاد عليه السلام في وصف استشهاد والده الإمام الحسين عليه السلام: "ما من يوم أشد على رسول الله صلى الله عليه وآله وسلم من يوم أُحد، قتل فيه عمه حمزة بن عبد المطلب أسد الله وأسد رسوله، وبعده يوم مؤته، قتل فيه ابن عمّه جعفر بن أبي طالب، ثم قال عليه السلام: ولا يوم كيوم الحسين عليه السلام ازدلف إليه ثلاثون ألف رجل يزعمون أنهم من هذه الأمة، كلّ يتقرب إلى الله عز وجل بدمه، وهو بالله يذكّرهم فلا يتعظون حتى قتلوه بغياً وظلماً وعدواناً"[2]. فكان شعر الأبوذية اللباس الذي يرتديه

---

(١) ديوان الإمام علي: ٣٠، مؤسسة الأعلمي للمطبوعات ـ بيروت.

(٢) الصدوق، محمد بن علي، أمالي الصدوق: ٣٧٤، مجلس ٧٠.

هذا الحزن الأبدي، لما له من تأثير غير طبيعي على النفس الإنسانية التي تنتفض من الظلم وتنتفض للمظلومية.

المحقق الدكتور محمد صادق الكرباسي تابع نشأة شعر الأبوذية وخرج في الجزء الأول من ديوان الأبوذية من سلسلة أجزاء الموسوعة الحسينية بتصورات جديدة. ويتابع في الجزء الخامس الشعر المنظوم في الإمام الحسين عليه السلام ونهضته المباركة، حيث صدر الديوان في العام (١٤٢٩هـ/ ٢٠٠٨م)، عن المركز الحسيني للدراسات بلندن في **٣٦٢** صفحة من القطع الوزيري، ضم **٢٢٦** قطعة أبوذية اختصت بقافية الميم لـ (٧٥) شاعرا وشاعرة من بلدان مختلفة، بضميمة **٣٥** فهرساً في أبواب شتى.

نساء مفجوعات

أخذ شعر الأبوذية من الحزين ذهوله، فلم تتقيد مفرداته كما هي في باقي الشعر الدارج بقواعد اللغة من صرف ونحو، فيجوز فيه الرفع في محل النصب والنصب في محل الجر، لكنه يظل محافظا على الوزن والجناس، كالمفجوع الملتزم يقوم حيث محله من المجلس القعود، ويجلس حيث محله من المجلس القيام، لكنه يظل محافظا على إنسانيته، لا يأخذ به التطرف شططا.

ويكثر في شعر الأبوذية النظم بلسان الحال، حيث يقف الشاعر على مرتفع من الحدث ويتابع شخوصه وما يلم بهم من حركات أو سكنات، من دمعة حزن تنزل هنا أو نثر شعر أو تحرير ضفيرة هناك. ومن ذلك تمثّل الشاعر عبد الصاحب بن ناصر الريحاني من شعراء خوزستان المعاصرين، حالة السيدة زينب بنت علي بن أبي طالب عليها السلام (٦ ـ ٦٢هـ)، وهي تخاطب الموت الذي أخذ الأعزاء على قلبها من إخوان وأبناء وأقرباء:

يَـمـوتَ ٱهْـلِ ٱلْـمِـچـارِمْ مـاهِـلْ إلْـهُـمْ
ٱوْ عَـسَ ٱهْـلالِ ٱلِـمْـفـارَگْ مـاهَـلْ إلْـهُـمْ
إوْ عَـسَ يـا دَمِـعْ عَـيـنـي مـاهَـلْ إلْـهُـمْ
إشْـمَـكُـفْ دَمْـعي يِـصُـبْ غَـصْـبَـنْ عَـلَـيَّـه

فالجناس ـ حيث يتحد فيه رسم الكلمة ويختلف المعنى ـ واقع في (ماهل إلهم)، فالأولى وتعني مهلاً لهم، والثاني وتعني هلّ الهلال إذا ظهر وبان، والثالثة من هلّ الدمع إذا جرى وسال. وأصل (ٱلْمِگارِمْ) المكارم. وأصل (ٱلِـمْـفـارَگْ) المفارق. وأصل (إشْـمَـكُـفْ) مخففة ومركبة من "إشما+أكف" وإشما أصلها مهما، وأكف من كفكف الدمع إذا مسحه مرة بعد أخرى.

ولكن السيدة زينب بعد عودتها إلى كربلاء المقدسة من رحلة الأسر تقف على قبور الشهداء وتخاطبهم كما ينشد الشاعر الخوزستاني المعاصر عبد السادة بن حبيب الديراوي على لسانها:

عَـلَـمْـكُـمْ مـا تِـحـاچـونـي عَـلَـمْـكُـمْ
يَـمَـنْ كـلِّ ٱلْـخَـلَـگْ تِـنْـهَـلْ عِـلِـمْـكُـمْ
إجَـيـتِ ٱلْـيـومِ ٱريـدَ ٱنْـشَـدْ عَـلَـمْـكُـمْ
إمْـنَ ٱرْضِ ٱلـشّـامْ مِـتْـعَـنّـي ٱلـزّچِـيّـه

والجناس في (علمكم)، فالأولى مخففة ومركبة من (على) (ماذا) على ماذا للاستفهام، و(كم) ضمير خطاب، والثانية من العلم وهو خلاف الجهل، والثالثة مخففة ومركبة من (على) حرف جر و(امكم) أراد بالأم السيدة فاطمة الزهراء عليها السلام التي هي الأخرى جاءت تتفقد أبناءها. وكلمة (تِحاچوني) وأصلها تحاكونني من حكى إذا نطق. و(تنهل) من النهل وهو

أول الشرب. و(إجيت) وأصلها جئت. و(مِتْعَنّي) أي قاصد. و(الزَّچِيَّة) أي الزكية وأراد بها فاطمة الزهراء عليها السلام.

ويستنطق الشاعر العراقي المعاصر جابر بن جليل الكاظمي الحالة التي فيها أم البنين فاطمة بن حرام الكلابية (٤ ق.هـ ـ ٦٤هـ) بعد فقد أبنائها الأربعة العباس بن علي بن أبي طالب عليه السلام وإخوانه عبدالله[١] وجعفر[٢] وعثمان[٣]، فيرى أن المصاب على جليل وقوعه، لكن المرأة العصامية تسربلت بالصبر حتى صار الصبر لباسها، فينشد الكاظمي على لسانها:

بـنـيـنـي صُـفَـوْا عَـنِّ الـعَـيـنْ مـاهُـمْ
إبْـفَـگِـدْهُـمْ صـابِـرَه أو لِـلْـدَمِـعْ مـاهِـمْ
لا زالِ ٱفْـتِـدَوْا لِـلْـديـن مـاهِـمْ
إوْ ثـوبِ ٱلـصَّـبُـرْ مِـتْـفَـصَّـلْ عَـلَـيَّـه

والجناس في (ماهم)، فالأولى مركبة من (ما) للنفي و(هم) ضمير يعود إلى بنيها الأربعة، والثانية مركبة من (ما) للنفي و(هم) من همى الدمع إذا سال، والثالثة مخففة (ما أهم) من (ما) للنفي و(أهم) من الاهتمام بالشيء.

ويقف الشاعر كاظم بن حسون المنظور (ت١٣٩٤هـ)، على مرتفع

---

(١) عبدالله: هو عبدالله الأكبر ابن علي بن أبي طالب عليه السلام ولد سنة ٣٥هـ، ويقال له الأكبر في قبال أخيه من أبيه عبدالله الأصغر وأمه ليلى بنت مسعود الدارمية المولود سنة ٣٧هـ. للمزيد، انظر: معجم أنصار الحسين.. الهاشميون: ٢/ ١٨٩ ـ ٢٠٣.

(٢) جعفر: هو جعفر الأكبر ابن علي بن أبي طالب عليه السلام ولد سنة ٣١هـ، ويقال له الأكبر في قبال أخيه من أبيه جعفر الأصغر المولود سنة ٤١هـ وأمه أم ولد. للمزيد، انظر: معجم أنصار الحسين.. الهاشميون: ٢/ ٢١ ـ ٣٦.

(٣) عثمان: هو ابن علي بن أبي طالب عليه السلام، ولد سنة ٣٩هـ، للمزيد، انظر: معجم أنصار الحسين.. الهاشميون: ٢/ ٢٧٤.

شعوري آخر وهو يتطلع إلى صبر أم البنين في فقد أبنائها، فيستنطق وجدانها، فيراها أنها صابرة محتسبة قد فدت أبناءها في سبيل فاطمة الزهراء عليها السلام التي يرضى الله لرضاها ويغضب لغضبها بنص الحديث النبوي المتواتر[1]، وقد استشهد نجلها الحسين عليه السلام فداءً لرسالة السماء ونصحاً لأمة الإسلام وخلاصاً للبشرية، فينشد على لسانها:

أنَـــه أم الأرْبَــعَــه أوْ تِــدْرون مَـــنْــهُـــمْ

بَــهــالــيــل أوْ شِــمَــلْ عَــالْــنــاسْ مَــنْــهُــمْ

ذِخَــرْهُــمْ خــاطِــري وَأنْــحِــرِمْ مِــنْــهُــمْ

بِــعِــتْ دَمْــهُــمْ عَــلَــه ٱلْــزَهْــرَه الــزَّچِــيَّــه

والجناس في (منهم)، فالأولى مركبة من (من) للاستفهام و(هم) ضمير يعود إلى أبنائها، والثانية بمعنى المن بمعنى الإنعام من غير تعب وكل ما ينعم به، والثالثة بمعنى من عندهم. وبهاليل واحدها البهلول وهو السيد. والزَّچِيَّة بمعنى الزكيّه، إشارة إلى فاطمة الزهراء.

طلسم الألفاظ

يعد تعريف المجهول بالمعلوم من الوسائل المعتمدة لتقريب المعاني الغامضة للأذهان، وقد يطلق عليه التضمين، والذي يكثر في الشعر، وهو فن أدبي جميل وحسن يقرب القارئ من مراد الشاعر بصورة سلسة وانسيابية، من خلال تحفيز القارئ بما ترسّب في ذهنه من نصوص تراثية

---

(١) أخرج الطبراني سليمان بن أحمد (٢٦٠ - ٣٦٠هـ) بسند حسن عن علي عليه السلام قال: "قال رسول الله صلى الله عليه وآله وسلم لفاطمة: إن الله يرضى لرضاك ويغضب لغضبك". مجمع الزوائد ومنبع الفوائد للهيثمي: ٩/ ٢٠٣.

كأن تكون نصوصا قرآنية أو حديثية أو نصوصاً أدبية نثرية ومنظومة أو أمثالاً عامة فصحى ودارجة.

ويلاحظ أنَّ بعض شعراء الشعر الشعبي يكثرون من التضمين كوسيلة أدبية لإخراج النص الشعبي من إطار محليته وضبابية معانيه ليكون مفهوما لدى القارئ العربي الذي يصعب عليه فهم المفردات الشعبية، وبعضها من الطلاسم، من ذلك قول الشاعر الكربلائي مرتضى أحمد قاو الكشوان (ت١٣٨٣هـ) في وقوف الإمام الحسين عليه السلام على مصارع أنصاره وأهل بيته:

وِگَفْ سِبْطِ النَّبي أعْلَيْمَنْ وَمَنْهُم
أو تِلَه الآيهِ بِفَضِلْهُمْ وَمَنْهُمْ
مِنْهُمْ مَنْ قضى نَحْبَه وَمِنْهُمْ
مَنْ يِنْتِظِرْ لِحتوفِ ٱلْمِنِيَّه

فالشاعر ضمّن في مقطوعته الشعرية، الآية **٢٣** من سورة الأحزاب: ﴿مِّنَ ٱلْمُؤْمِنِينَ رِجَالٌ صَدَقُوا۟ مَا عَـٰهَدُوا۟ ٱللَّهَ عَلَيْهِ ۖ فَمِنْهُم مَّن قَضَىٰ نَحْبَهُۥ وَمِنْهُم مَّن يَنتَظِرُ ۖ وَمَا بَدَّلُوا۟ تَبْدِيلًا﴾[1].

ووقع الجناس في (ومنهم)، فالأولى محرفة كلمة مهموم، والثانية من المن وهو الإنعام، والثالثة تضمين كلمة منهم من الآية الكريمة. و(عليمن) أصلها من على من؟ ولعلها تصحيف عليهم. و(تله) أي تلا الآية.

وأما الشاعر المعاصر عباس بن كريم الحلي الشهير بـ (أبو يقظان)، فانه يعرب عن شوقه لزيارة الإمام الحسين عليه السلام، لما في زيارته من ثواب

(١) سورة الأحزاب: ٢٣.

عظيم، حيث ورد عن عبدالله بن عباس (ت٦٨هـ) عن النبي الأكرم في زيارة الإمام الحسين عليه السلام: "... ألا ومن زاره فكأنما قد زارني، ومن زارني فكأنما قد زار الله، وحق الزائر على الله أن لا يعذبه بالنار، وإن الإجابة تحت قبته، والشفاء في تربته، والأئمة من ولده.."[١]، ويرى الشاعر في الحسين عليه السلام ذلك القمر بل إنه "أتمّ من قمر التم"[٢] كما في المثل العربي، فينشد:

إهْـلالِ ٱلْـعـيـدْ بَـيـنِ ٱغـيـومْ يَـلْـتَـمْ
لَـوَنْ زِرْتَـكْ يَـبـو ٱلـسَـجَّـادْ يِـلْـتَـمْ
جَـرحـي ٱوْرِدِتْ مِـنَّـكْ شَـمِـلْ يِـلْـتَـمْ
وِبْـصَـحْـنَـكْ رِدِتْ گـعْـدَه سِـوِيَّـه

والجناس حصل في (يلتم)، فالأولى مخففة يا التم بمعنى الكامل وهنا تضمين للمثل، والثانية مخففة يلتئم، من التأم الجرح إذا التحم، والثالثة بمعنى لمّ الشمل إذا جمعه. وكلمة (لَوَنْ) مخففة لو أني، وكلمة (گَعْدَه) بمعنى قعد وجلس.

مضمار الأدب

وهناك لون أدبي آخر من التضمين، يدعى بالمباراة، حيث يباري الشاعر في بيت أو أبيات عدة، لأبيات مماثلة تزيد أو تنقص لشاعر آخر، أو من نظمه، بخاصة إذا كان الشاعر ينظم بالفصحى والعامية، والمشهور في الشعر الشعبي المباراة مع شعر قريض لأن الشاعر الأول يستهدف

---

(١) الخزاز، كفاية الأثر: ١٦.

(٢) أبو هلال العسكري، الحسن بن عبدالله، جمهرة الأمثال: ١/ ٢٥٦.

بالدرجة تقريب المعنى إلى ذهن المتلقي لرفع الإبهام عن كلمات النص الشعبي المجهولة المعنى لغير العارف باللهجة الدارجة، ولكن لا يعنى ذلك الامتناع عن مباراة مع شعر شعبي من سنخه لاسيما إذا كان البيت الشعبي قد صار مضربا للأمثال ومعلوما لدى قطاعات من الشعب.

ومن أمثلة المباراة، أبوذية الشاعر المعاصر ناصر بن عيسى الصخراوي بعنوان "وكتما":

إلـدَّمع كَـتْ دمْ عَـلَـه أصْـحـابـي وَكَـتْـمَـا

إوْ خـوفـي أمْـنِ الْـعِـدَه تِـشِـمِـتْ وَكِـتْـمَـا

عَـذْبِ الْـمـاي يـا شـيـعَـة وَكِـتْـمَـا

شِـرَبْـتـوا اتْـذَكّـروا اشْـمـا مَـرْ عَـلَـيَّـه

وفيها يباري البيت المنسوب للإمام الحسين عليه السلام من مجزوء الرمل:

شيعتي ما إن شربتم عذب ماءٍ فاذكروني

أو سمعتم بغريب أو شهيد فاندبوني[(1)]

ووقع الجناس في (وكتما)، فالأولى مخففة ومركبة من "وكت+ماء" أي أن الدمع كتّ وقطر دماً وماءً، والثانية مخففة وأكتمه، والثالثة أصلها وقتما. وكلمة (اشما) مخففة أي شيء ما؟ أراد بها مهما.

ومن المباراة أبوذية الشاعر ياسين بن علي الكوفي (ت١٣٧٤هـ)، بعنوان "من دم":

---

(١) الكفعمي، إبراهيم بن علي العاملي، مصباح الكفعمي: ٣٧٦. وهناك أبيات أخرى بإضافة البيتين الأولين تنسب إلى الإمام الحسين عليه السلام، لكن المحقق الكرباسي في الجزء الثاني من ديوان الإمام الحسين (مخطوط) يستظهر أنها من ملحقات الشعراء.

رْوحـي ٱمْـنَ ٱوَسْـدَنْـهَـا الـتِـرُبْ مَـنْ دَمْ
عُـگُـبْ چِـتْـلَـكْ يَـبْـوْ ٱلـسـجّـاد مَـنْ دَمْ
تِـبْـتَـلْ كَـرْبَـلَـه يَـحْـسَـيـنْ مَـنْ دَمْ
وَلا مِـنْ دَمْـعـي تِـبْـتَـلَّ ٱلـوِطِـيَّـه

وفيها يباري البيت التالي من قصيدة الشاعر العراقي الشيخ عبد الحسين الأعسم[1] (ت١٢٤٧هـ)، من الكامل:

تَـبـتـلُّ مـنـكـم كـربـلا بـدمٍ ولا   تَـبتـلُّ مِـنِّي بـالـدمـوع الـجـاريـة[2]

أهداف موفقة

إن سحابة التفجع التي تخيم على شعر الأبوذية لاحظها الطاجيكي الدكتور أي جي غفوروف (Dr. A.G. Gafurev)، عند قراءته للجزء الخامس من ديوان الأبوذية، حيث التزم المؤلف أن يضمِّن كل جزء من اجزاء الموسوعة قراءة نقدية لعلم من أعلام البشرية، فكتب من العاصمة دوشنبة باللغة الطاجيكية يقول: "ورغم مرور **١٤٠٠** عام على فاجعة قتل الإمام الحسين إلا أن الألم والأسى لا يزال حيا في قلوبهم. والمسلمون الشيعة يتأسون لمواقف الإمام التي وقفها أثناء حياته وفي مواجهته للموت المتمثلة في صموده وإرادته القوية لأجل تقويم سلوكهم وأخلاقهم وتربية أجيالهم. ولأجل تكريس المثل الأعلى في ذاكرة الأمة والذي ضربه الحسين في مواجهته للموت وأثناء حياته، فإن المسلمين الشيعة أينما وجدوا وفي كافة

---

(١) الأعسم: هو ابن محمد علي بن حسين الزبيدي، ولد سنة ١١٧٧هـ، ومات بالطاعون في النجف الأشرف، من الفقهاء الأدباء، له (الروضة) في الإمام الحسين عليه السلام، ومن مؤلفاته الفقهية: ذرايع الافهام في شرح شرايع الإسلام.

(٢) الخاقاني، علي، شعراء الغري: ٥/ ٨١.

أنحاء العالم يقومون بإحياء ذكرى فاجعة قتل الإمام الحسين في ١٠ محرم من كل عام".

ووجد الدكتور غفوروف أن دواوين الشعر الشعبي والقريض وهي أحد أبواب دائرة المعارف الحسينية، والتي كتب عنها وحقق فيها البحاثة الكرباسي، تمثل واحدة من مظاهر تخليد ذكرى عاشوراء، مضيفاً: "إن هذه القصائد لا تعالج فقط الماضي والحاضر بل إنها تُنجز عملاً عظيماً للنشاطات المستقبلية للشيعة إضافة إلى طموحاتهم وآمالهم، كما أن المصنف والمؤسس لهذه الموسوعة الدكتور الكرباسي قد ضمّن بصورة متناسقة في هذا المجلد كل دلالات الأزمنة". لكنه عقّب قائلاً: "إنني على ثقة بأن الحركة الاستشهادية للإمام الحسين وإيثاره يستحق أكثر من هذا، بل إنه يعتبر واجبا جاء نتيجة التراث الذي خلّفه الإمام الحسين وحركته في الحياة واستشهاده البطولي".

وختم الدكتور غفوروف قراءته الأدبية بالتأكيد: "إنَّ الناشر يعتمد على الحقيقة بأن التقاليد والعادات للشيعة المرتبطة بالتراث الروحي للإمام الحسين سيتم الحفاظ عليها وتقويتها ونقلها إلى الأجيال الآتية. هذا بالإضافة لعرض النواحي العلمية الأخرى والأفكار والمشاريع العديدة بصورة واضحة. إن هذا يرتبط بالنواحي التربوية والثقافية للأجيال القادمة. لقد أنجز هذا المجلد أغراضه، وفي رأيي فإن المؤسس قد وُفّق في تحقيق أهدافه".

الجمعة ١٠ جمادى الأولى ١٤٢٩ هـ = ٢٠٠٨/٥/١٦ م

الدكتور ميثم بن جعفر شمّه

* أكاديمي اقتصادي وسياسي عراقي ولد في بغداد عام ١٣٧٢هـ (٦/٢/ ١٩٥٣م).

* عضو المكتب السياسي لحزب الأحرار الكردي.

* رئيس تحرير جريدة شمس العراق التي تأسست في لندن عام ١٤٢٠هـ (٢٠٠٠م) كجريدة ورقية ثم تحولت إلى شبكة الإنترنت.

* يجيد اللغات: العربية والكردية والإنجليزية.

* دكتوراه في إدارة الأعمال من جامعة بريستون (Preston University) في انكلترا في الفترة ١٤٢٣ ـ ١٤٢٥هـ (٢٠٠٢ ـ ٢٠٠٤م).

* نال عام ١٤١٤هـ (١٩٩٤م) شهادة الدبلوم في اللغة الإنجليزية والحاسوب من جامعة غرينويتش (Greenwich University) في انكلترا.

* نال عام ١٤٠٤هـ (١٩٨٤م) شهادة الماجستير في الدراسات الاقتصادية من الجامعة الأمريكية في بيروت.

* نال شهادة الليسانس عام ١٤٠٠هـ (١٩٨٠م) من جامعة بغداد.

* من مؤسسي منظمة الكرد الفيليين الأحرار عام ١٤٢٣هـ (٢٠٠٣م) في المملكة المتحدة.

* ترأس في العام ١٤٢٢هـ (٢٠٠٢م) مجلس الكرد الفيليين في المملكة المتحدة.

* ناشط في مؤسسة الكرد الفيليين التي تأسست في المملكة المتحدة عام ١٤٢٠هـ (٢٠٠٠م).

* ناشط في جمعية الكرد الفيليين التي تأسست في المملكة المتحدة عام ١٤١٩هـ (١٩٩٩م).

* ناشط في هيئة الجالية الكردية في منطقة غرينويتش (Greenwich) التي تأسست عام ١٤١١هـ (١٩٩١م).

قدوة الشعوب ومنار الأحرار[1]

(ديوان الأبوذية ٦)

كان الحسين بن علي بن أبي طالب رضي الله عنه بفضائله ومناقبه قدوة للشعوب ومناراً يقتدي به الأحرار ومصدر إلهام للشعراء والأدباء، ولا زال يمتلك قلوب الملايين من الناس، حيث كانت سيرته من سيرة الرسول الأكرم ﷺ وخلقه من خلقه ﷺ، وقد تحدث الرسول ﷺ بنفسه عن سبطه، وذكر جملة من مناقبه ومكارم أخلاقه وفضائله لدرجة أنه قال: "حسين منّي وأنا من حسين، أحبّ الله من أحبّ حسيناً"[2].

نهض الإمام الحسين في عام ٦١ هـ (٦٨٠م) ليقود حركة تصحيحيّة بعدما احتوى نظام الحكم في عهده الكثير من مفاهيم الجاهلية الأولى، ولكي يعيد الأمور إلى نصابها، وكما رسمها جده العظيم، تقدم بعرض للأمة ليكفل سعادتها ويحفظ به كرامتها، إلا أن الحاكمين لم يرق لهم ذلك، فواجهوه بالعنف والقوة، فشددوا الحصار عليه وقاتلوه دون هوادة، وقد حاول الحسين أن يناقشهم بهدوء ويحاور المقاتلين، إلا أن الفجوة

---

(١) تمت ترجمة المقدمة من اللغة الكردية.

(٢) الترمذي، محمد بن عيسى، صحيح الترمذي: ١٣/ ١٩٥.

كانت بين المعسكرين بعيدة لعامل عدم الوعي وتفضيل المصالح الشخصية على المصالح العامة، فكان من أمر الحسين ما كان، حيث استدرجوه[1] إلى أرض كربلاء لتكون بها نهايته وشهادته، فلم يجد أمامه إلا مواجهة تلك القوى المدججة بالسلاح، فقدم نفسه الزكية ونفوس أهل بيته الأطهار وجماعة من خيرة أنصاره الذين رافقوه ضحية لعقيدته وهدفه، ولأنه كان كذلك، فقد خلّده التاريخ واستهوته القلوب واتخذ منه الأحرار قدوة ومناراً، فأصبح بذلك المثل الأعلى للثائرين، ورسم للأباة منهاجاً يتبعون خطاه ويستلهمون منه تلك المعاني السامية التي تضرب بها الأمثال، وقد وجد الشعراء والأدباء في حركة الحسين النهضوية أرضية خصبة لنظم الشعر فأنشدوا فيه وأكثروا، كما وجدوا في أهدافه ما يوقظ الشعوب ويوعّيهم على كرامتهم وحقوقهم، فأخذوا ينشرونها عبر ما ينظمونه.

ويبدو لي أن الموسوعة الحسينية "دائرة المعارف الحسينية" وجدت في شخصية الحسين وسيرته ونهضته ما تتطلع به البشرية لإعادة كرامتها وتحقيق أهدافها، فلذلك أخذت على عاتقها ان تدرس كل الجوانب التي تتعلق بالحسين بشكل موضوعي مدروس، فلذلك حصل لدى مؤلفها ذلك الكم الكبير من الأجزاء والموضوعات والتي اطلعت عليها من خلال كتاب

---

(١) كان الإمام الحسين في طريقه إلى الكوفة، ووفق السياق التاريخي وتعاقب الحوادث فإنه حوصر مع أصحابه وأهل بيته في كربلاء، على أنه كان عليه السلام على دراية بموضع شهادته، وهو القائل في خطبة له في مكة المكرمة قبل خروجه إلى العراق: "الحمد لله وما شاء الله ولا قوة إلا بالله وصلى الله على رسوله، خُطَّ الموت على ولد آدم مخط القلادة على جيد الفتاة وما أولهني إلى أسلافي اشتياق يعقوب إلى يوسف وخير لي مصرع أنا لاقيه، كأنّي بأوصالي تقطعها عسلان الفلاة بين النواويس وكربلاء فيملأن منّي أكراشاً جوفا وأجربة سغبا، لا محيص عن يومٍ خُطَّ بالقلم، رضا الله رضانا أهل البيت، نصبر على بلائه ويوفينا أجور الصابرين..". مقتل الحسين للمقرم: ١٦٦.

"معالم دائرة المعارف الحسينية"[١]، ووجدت في أجزائها الـ (٥٥٦)[٢] المشروحة في هذا الكتاب كمّاً هائلاً من المعلومات والدراسات التي قد لا نجدها في غيرها بهذا الشكل المحقق في شخصية الحسين وسيرته ونهضته. ومن هنا جاءت أهمية هذه الموسوعة الفريدة من نوعها في الترتيب والتحقيق والتخصص. وقد شدّني إلى ذلك حُسن الاختيار ودقة المعلومات وسلاسة التعبير، وهي تحتوي على مجموعة من الفنون والعلوم جمعت فيه هذه الموسوعة ضمن ما يتعلق بالحسين.

ومن الأبواب المطروقة في هذه الموسوعة هو شعر الأبوذية الذي درج في العراق، وبخاصة في الجنوب منه، والذي هو لون من ألوان الشعر الشعبي الذي يوصف بأنه وُضع للحزن أو وُضع الحزن له، وكأن القضية الحسينية كانت تبحث عنه، وهو يبحث عنها، حتى تقمّصها بشكل عام.

وقد تمكن الدكتور محمد صادق الكرباسي في فهم عمق الأبوذية، وتمكن من الغوص في أعماقها وتذليل المصاعب التي تكتنفها، حيث وضع مقدمة وافية، تحدث فيها عن جوانب مختلفة عن الأبوذية والتي اعتبرها ضرورية للتمهيد في دراسة شعر الأبوذية، والتي كونت عشرة أجزاء من القطع الكبير في هذه الموسوعة[٣]، واحتوت على عدد كبير من شعر الناظمين في هذا الاتجاه من شعراء العراق ومن في دائرتهم.

---

(١) والكتاب من إعداد الإعلامي العراقي الأستاذ علاء بن جبار الزيدي المولود في مدينة الشطرة عام ١٣٧٤هـ (١٩٥٥م) والمقيم في لندن.

(٢) تعدّى مجموع الموسوعة الستمائة مجلد.

(٣) يقع ديوان الأبوذية في أحد عشر جزءاً وربما زاد العدد على ذلك، صدر الجزء العاشر عام ١٤٣٠هـ (٢٠٠٩م).

وهذا الجزء الذي بين يدي يُعدّ الجزء السادس من سلسلة ديوان الأبوذية، والذي هو في الحقيقة القسم الأول من قافية النون حيث أخذت قافية النون من شعر الأبوذية الحسيني جزأين من هذه الموسوعة، ويحتوي الجزء السادس لوحده على نحو ثلاثمائة بيت من الأبوذية، وقد رتبها المؤلف على الحروف الهجائية بشكل لا يكلف الباحث كثيراً من الوقت، وذلك لأنه اعتمد على حروف ما قبل القافية، فقدّم حرف الألف قبل القافية على حرف الباء قبل القافية.

ومن جهة أخرى فانه لم يترك النص دون تحريكه، كما لم ينس شرح الكلمات والوصول إلى جذورها باللغة الفصحى، إلى جانب قضايا أخرى يجد القارئ مغنمه فيها، مما يدل على ما يتمتع به المؤلف من مواهب علمية وذوق رفيع مع سعة الاطلاع، نرجو له مزيد الإنتاج والتوفيق.

الدكتور ميثم شمّة

٢٩/ ٣/ ٢٠٠١م

المرأة وحنين الأوطان
في شعر الأبوذية

للأدب فنونه وأشكاله، وهي موزعة على النثر والنظم، واذا تعاملنا مع فنون النثر فنجد التشاكل من حيث المؤدى في بعضها، ولا يتخلف فن النثر عن هذا الأمر، ومثل هذا التشاكل نجده بين فني النثر والنظم وإن كان من الندرة.

ومن صور التجانس من حيث النتائج العامة هو التشاكل القائم بين فن القصة القصيرة وشعر الأبوذية، فالقصة القصيرة تختلف عن الرواية والقصة الطويلة مع إنها تضم أركان القصة كافة إذ تحبك ببضعة أسطر أو بضعة وريقات، وحتى الرواية أو القصة الطويلة لها أن تتمدد وتتشعب وهي بحاجة إلى الأديب الذي يصوغ كلماتها ويشبك حوادثها بحيث تتحول القصة التي نراها في فيلم سينمائي من ساعتين إلى مسلسل من ثلاثين أو خمسين أو مائة حلقة أو أكثر أو أقل. وشعر الأبوذية بالنسبة إلى ألوان الشعر هو شبيه من حيث المؤدى إلى القصة القصيرة، فالأبوذية حدث متكامل ينتظم في أربعة أشطر له جناس ثلاثي ذات كلمة واحدة مختلفة المعاني، لكن المتميز في الأبوذية أنها حدث تراجيدي في معظم الأحيان تتفطر كلمات أشطره وجعا، وإذا نظمها الشاعر على لسان الحال، فانه

يضع نفسه مقام المصاب فيستنطق عصارة كبده ويعزف الأبوذية لحنا جنائزياً على أوتار الفؤاد المكلوم.

وعندما يكون الحدث بحجم حدث واقعة كربلاء حيث استشهاد الإمام الحسين عليه السلام والثلة الطيبة من أهل بيته وأنصاره، بتلك الصورة الفجيعة، فإن الأبوذية تأخذ نشيدها ونشيجها من سويداء القلب الدامي الذي لم ير يوما بأمضّ من يوم الحسين في كربلاء كما يصفه الإمام علي بن الحسين السجاد عليه السلام، حيث نظر ذات يوم إلى عبيدالله بن العباس بن علي بن أبي طالب عليه السلام[1] فاستعبر ثم قال: "ما من يوم أشد على رسول الله صلى الله عليه وآله وسلم من يوم أُحد، قتل فيه عمه حمزة بن عبد المطلب أسد الله وأسد رسوله، وبعده يوم مؤته، قتل فيه ابن عمّه جعفر بن أبي طالب، ثم قال عليه السلام: ولا يوم كيوم الحسين عليه السلام ازدلف إليه ثلاثون ألف رجل يزعمون أنهم من هذه الأمة، كلّ يتقرب إلى الله عز وجل بدمه، وهو بالله يذكّرهم فلا يتعظون حتى قتلوه بغياً وظلماً وعدواناً"[2].

وفي باب الحسين في الشعر الدارج يواصل المحقق الشيخ محمد صادق الكرباسي تنضيد عقد الأبوذيات التي أنشدت في النهضة الحسينية، وتنظيم حركات مفرداتها وشرحها وإرجاعها إلى أصولها، ليسهل على القارئ استساغة قراءتها واستيعاب معانيها والاستعبار بها عَبرة وعِبرة لكون الشعر الدارج أيسر للفهم سماعا منه قراءة، وقد صدر سنة (٢٠٠٨م)

---

(١) عبيد الله بن العباس بن علي بن أبي طالب: الهاشمي القرشي (٥٠ ـ ١٢٥هـ) ولد في المدينة وأمه لبابة بنت عبدالله بن العباس بن عبد المطلب، من كبار الفقهاء ومن اصحاب الإمام علي السجاد عليه السلام.

(٢) الصدوق، محمد بن علي، أمالي الصدوق: ٣٧٤.

الجزء السادس من "ديوان الأبوذية" الذي اختص بقافية النون، وهو أحد إصدارات المركز الحسيني للدراسات بلندن في ٤١٤ صفحة من القطع الوزيري، مع عشرات الفهارس الثرّة بالمعلومات التي لا غنى عنها، وقراءة نقدية باللغة الكردية بقلم الكاتب العراقي الدكتور ميثم شمّة.

المرأة حاضرة

وما يلاحظ في مجموع الأبوذيات التي نظمت في واقعة كربلاء أنها قيلت على لسان امرأة حضرت كربلاء وقاست أهوالها واكتوت بنار الأسر من كربلاء إلى الكوفة ثم الشام والعودة إلى المدينة المنورة عبر كربلاء، فالشاعر يغيّب حضوره ويستحضر شخصية نسوية شاهدة وشهيدة على الحدث فيجري الأبوذية على لسانها، في محاولة من الشاعر ليُسمع رواده تفاصيل الحدث ممن عانوه مباشرة، فهو أوقع في القلب وأشد مضاضة، فأنين المرأة وبكاؤها يفجر الصم الصياخيد دموعاً ودماءً، وكما يقول الشاعر الشيخ كاظم بن محمد التميمي البغدادي الشهير بالأزري[1] (ت١٢١٢هـ) في رثاء الإمام الحسين:

أي المحاجر لا تبكي عليك دماً   أبكيت والله حتى مَحْجِرِ الحَجَر[2]

ولذلك فإن تسعة أعشار الأبوذيات الحسينية هي رجالية النظم نسائية لسان الحال، كأن يكون النظم على لسان السيدة زينب بنت علي عليها السلام أو الرباب بنت امرئ القيس الكلبية زوجة الإمام الحسين عليه السلام وزوجته الأخرى

---

(١) الأزري: هو حفيد مهدي، ولد في بغداد سنة ١١٤٣هـ، ومات في الكاظمية، ضم إلى جانب العلم الشعر وبرع فيه.

(٢) ديوان الأزري الكبير: ٣٠١، تحقيق وتقديم: شاكر هادي شُكر.

ليلى بنت أبي مرة الثقفية[1]، أو السيدة رملة[2] أم القاسم بن الحسن بن علي عليه السلام، وغيرهن من الهاشميات ونساء الهاشميين والأنصار.

واذا كانت الخنساء[3] تماضر بنت عمرو بن الحارث السليمية (ت٢٤هـ) مضرب مثل للنساء الباكيات على فقد الإخوة، فإن السيدة زينب عليها السلام فاقت نساء العالمين فرقا على فقدان الإخوان والأبناء وأبناء العمومة والأهل والمنتجبين من كرام المسلمين، ويحق لها أن تبكي بدل الدموع دماً، فأي مصيبة عاصرت وأي نحر مذبوح شاهدت، وأي جسم طرق سمعها سنابك خيل العدا وهي ترض أضلعها، فالخنساء بكت معاوية وصخر عن غيب وزينب عليها السلام بكت عشيرتها كلها عن حضور، والخنساء كانت عزيزة بين أهلها لكن زينب عليها السلام سبيت بين علوج أجلاف، ولذلك أنشد عبد الصاحب بن ناصر الريحاني أبوذيته:

أنَـه چَـفّـي ٱبـزمـانـي مـاتِـحَـنَّـه
ٱو كِـثُـرْ حَـنِّـي ٱلْـخَـنْـسَـه مـاتِـحِـنَّـه
ضِـلِـعْـهـا مِـثِـل ضِـلْـعـي مـاتِـحَـنَّـه
ٱبْـفَـرِد يـومِ ٱفْـكِـدِتْ گـومـي سِـوِيَّـه

والجناس في "ماتحنه"، فالأولى أصلها تحنى من الحناء وهي

---

(١) ليلى الثقفية: وهي حفيدة عروة، للمزيد عن سيرتها، انظر: معجم أنصار الحسين.. النساء، الجزء الثالث.

(٢) رملة: رومية الأصل وهي أم ولد (ق٣١ ـ بعد ٦١هـ)، انظر ترجمتها في: معجم أنصار الحسين.. النساء: ١/ ٢٩٦.

(٣) الخنساء: من المخضرمات عاشت في العصرين الجاهلي والإسلامي ولدت سنة ٥٧٥ للميلاد وماتت نحو ٢٤ للهجرة، تزوجت من رواحة بن عبد العزيز السلمي وانجبت له ولدا، ثم من مرداس بن أبي عامر السلمي وأنجبت أولاده الأربعة، اشتهرت بشعر الرثاء.

الخضاب، والثانية من ما للنفي وتحنه من الحنين والبكاء الشديد، والثالثة ما للنفي وتحنه من الانحناء.

وعظيم الأسر هو الذي جعل الشاعر العراقي محمد علي بن محمد الأسدي الشهير بآل كمونة[١] (ت١٢٨٢هـ) ينشد من الكامل:

مَن مبلغ عني سرايا هاشم　　　خبراً يدك الشم من بطحائها

إلى أن يقول:

حسرى وعين الشمس أوضح آية　　　في صونها بسفورها وخفائها

فمتى توهم أن يراها ناظر　　　ردته عنها خاسئاً بسنائها

سبيت وأعظم ما شجاني غيرة　　　يا غيرة الإسلام فقد ردائها[٢]

الليل مسهّد

يماثل الليل الظلام، ويماثل الظلام السكينة والهدوء، وهذه الدائرة التي يسبح فيها المرء هو الشيء الطبيعي حيث يتفاعل الجسم مع الظلام فتسترخي أعصابه، فعلى سبيل المثال تحرص صالات (اليوغا) على وضع أضواء خافتة تساعد الرياضي أو المرتاض على الاسترخاء جسديا ونفسيا وترك العنان لأحلامه ومناماته أن تسبح في فضاءات مفتوحة غير متناهية.

ولكن عسعسة الليل قد تطول وتطول، فتصبح على النفس همّا وحزنا لا ينقضي، فلا الصبح يتنفس الصعداء ولا النجوم تؤوب إلى مثواها خلف

---

(١) محمد علي آل كمونة: من شعراء كربلاء البارزين، ناف على الثمانين عاما ومات بالطاعون ودفن في العتبة الحسينية، له "اللئالي المكنونة في منظومات ابن كمونة"، ساهم في تولية المرقد الحسيني الشريف.

(٢) ديوان ابن كمونة: ٣، جمع وتحقيق: محمد كاظم الطريحي.

ستار ضوء النهار، ولذلك يعبّر النابغة الذبياني زياد بن معاوية بن ضباب (ت١٨هـ)[١] عن معاناته مع الليل وسهره فينشد من الطويل:

كليني لهم يا أميمة ناصب ... وليل أقاسيه بطيء الكواكب
تطاول حتى قلت ليس بمنقضٍ ... وليس الذي يرعى النجوم بآيب[٢]

ولذلك يكثر في الأبوذيات الحسينية ظلام الليل وظله الثقيل، ولكنه ثقل تزول منه الجبال ولا يزول، فبدلا من أن يصبح الليل جُنة ووقاية كما هو وظيفته لم يكن كذلك على نساء أهل البيت فهنّ أسرى بيد الجيش الأموي يراهنّ كل وضيع، وهذا ما تحكيه أبوذية الشاعر العراقي المعاصر عباس الحميدي وهو ينظم على لسان السيدة زينب عليها السلام مخاطبة أختها السيدة أم كلثوم عليها السلام مبدية معاناتها إذا جنّ عليها الليل وقد ضمّت تحت جناحها الحرم والأطفال:

زَينب حاچت اُمْ چلثومْ لاجَنْ
عَلينَه الليلْ واْلنسوانْ لاجَنْ
اْنه اْو إنتي اْلنِنَظر اْلنِعَمْ لاجَن
أحَدْ يَختي يِگلّه حَرَمْ هيَّه

فالجناس واقع في "لاجن"، فالأولى محرفة لو جنَّ الليل، والثانية من البحر إذا التج أي اضطرب وهاج، والثالثة مخففة لو جاءنا. وننطر أي نحرس.

ويحفل هذا الديوان بذكر الليل وسهره وآلامه في أبوذيات كثيرة من

---

(١) النابغة الذبياني: الغطفاني المضري، من شعراء الطبقة الأولى، اتصل بملوك المناذرة والغساسنة، كان تُضرب له قبة في سوق عكاظ يحتكم إليه الشعراء.

(٢) ديوان النابغة الذبياني: ٤٨، جمع وتحقيق: فوزي خليل عطوي.

قبيل أبوذيات الشعراء المعاصرين: جابر بن جليل الكاظمي وعبد الحسن بن محمد الكاظمي ومحمد علي بن راضي المظفر وموسى الصيادي وعبد الأمير بن نجم النصراوي وغيرهم.

غلاء الوطن

يشتاق المرء إلى صدر الوطن الرؤوم اشتياقه إلى صدر أمه الحنون مهما طال به الزمن وكبر أو أصبح أبا وجداً، ولذلك إذا ما أصاب المرء مكروها وبخاصة لدى الشارع العراقي فأول آهة يطلقها من حنايا صدره "آخ يُمَّه" أي "حنانيك يا أماه لما ألمّ بي من مصاب"، فحضن الأم موقده في الليل القارص، والوطن مأواه إذا انقطعت به السبل، وخير البلاد ما كان المرء فيها عزيزا، ولذلك قال الإمام علي عليه السلام: (لَيْسَ بَلَدٌ بِأَحَقَّ بِكَ مِنْ بَلَدٍ خَيْرُ الْبِلادِ مَا حَمَلَكَ)[1]، لأن الخير كل الخير في بلد الخيرات حيث تتوفر فيه النعمتان المغيبتان في معظم بلدان هذا الزمان "الصحة والأمان"[2]، ولذلك كان مما أوصى به النبي محمد صلى الله عليه وآله وسلم الإمام علياً عليه السلام: (يا علي: لا خير في الوطن إلا مع الأمن والسرور)[3]، واذا اتخذت النعمتان من مجلس الأمة صدرها، تجلى حينئذ قول الإمام علي عليه السلام: (عُمِّرت البلدان بحبِّ الأوطان)[4]، هذا الحب الذي ربطه الأثر النبوي بالإيمان: (حبُّ

---

(١) عبده، محمد، نهج البلاغة: ٤/ ٧٦٣، رقم ٤٣٧.

(٢) قال رسول الله محمد صلى الله عليه وآله وسلم: "نعمتان مكفورتان ـ مجهولتان ـ الأمن والعافية". ابن بابويه القمي، محمد بن علي: الخصال: ١/ ٣٤، ح٥.

(٣) محمد باقر، المجلسي، بحار الأنوار: ٧٤/ ٥٨.

(٤) المجلسي، بحار الأنوار: ٧٥/ ٤٥.

الوطنِ من الإيمانِ)[1]، واذا كان البعض قد ضعّف الحديث فإن البعض الآخر لم ينف سلامة مضمونه، وفي الأمثال العربية: "ميلك إلى مولدك من كرم محتدك"[2]، بل إن: (من كرم المرء بكاؤه على ما مضى من زمانه، وحنينه إلى أوطانه، وحفظه قديم إخوانه)[3] كما يقول الإمام علي عليه السلام.

وهذا الحب وهذا الولاء للوطن هو الذي جعل النبي محمداً صلى الله عليه وآله وسلم يلتفت إلى مكة في هجرته منها ويناجيها: (والله إنك لخير أرض الله، وأحب أرض الله إلى الله، ولولا أني أُخرجت منك ما خرجت)[4] وعلى رواية: (.. ولولا أهلك أخرجوني منك ما خرجت منك)[5]، وإن كنت أميل للنص الأول لأن الرسول يبخع نفسه أسفا حتى يؤمن قومه بالرسالة الإسلامية، وكان يدعو لهم بالخير: (اللهم اهدِ قومي فإنهم لا يعلمون)[6]، ولذلك حينما: (قدم أبان بن سعيد[7] على رسول الله صلى الله عليه وآله وسلم قال له: يا أبان كيف تركت أهل مكة؟ فقال: تركتهم وقد جيّدوا[8] وتركت الإذخر[9] وقد

(١) الحر العاملي، محمد بن الحسن، أمل الآمل: ١/١١.

(٢) رسائل الجاحظ: ٢/٣٨٦، تحقيق: هارون، عبد السلام محمد. وجاء في محاضرات الأدباء للراغب الإصفهاني: ٢/٢٧٦: "ميلك إلى بلدك من شرف محتدك".

(٣) المجلسي، بحار الأنوار: ٧٤/ ٢٦٤.

(٤) ابن حنبل، أحمد بن محمد، مسند أحمد: ٤/ ٣٠٥.

(٥) الصالحي الشامي، محمد بن يوسف، سبيل الهدى والرشاد في سيرة خير العباد: ٣/ ٢٣٦.

(٦) صادق بن مهدي، الشيرازي، السياسة من واقع الإسلام: ٤٧.

(٧) أبان: هو حفيد العاص الأموي، أسلم بعد الحديبية، كان واليا على البحرين حين وفاة النبي محمد صلى الله عليه وآله وسلم، مات سنة ١٣هـ وقيل سنة ٢٧هـ وقيل غير ذلك.

(٨) جيّدوا: من جاد المطر.

(٩) الإذخر: نبات عريض الأوراق طيب الرائحة.

أعذق، وتركت الثُمام[1] وقد خاص[2]، فاغرورقت عينا رسول الله)[3].

ولما اشتاق النبي محمد ﷺ إلى موطنه مكة وهو بالجحفة في مسيره إلى المدينة لما هاجر إليها، : (فأتاه جبريل عليه السلام فقال له: أتشتاق إلى بلدك ومولدك، فقال ﷺ: نعم، قال جبريل عليه السلام فإنَّ الله يقول: "إنَّ الذي فرض عليك القرآن لرادُّك إلى معاد"[4])[5] أي مكة. وصارت الآية الكريمة في صدر كل مسافر يقرأها لسلامة العودة.

وفي الوطن يقول الشاعر ابن الرومي[6] علي بن عباس بن جريج البغدادي (ت٢٨٣هـ) من الطويل:

وحبب أوطان الرجال إليهمُ ... مآرب قضاها الشباب هنالكا

إذا ذكروا أوطانهم ذكرتهمُ ... عهود الصبا فيها فحنوا لذالكا[7]

ولذلك كان شوق ابن الرومي إلى مدينته بغداد كبيرا، فإذا ما خرج منها فترة عاد إليها سريعا، ففيها عاش حياته كلها وفيها مات.

أو قول الشاعر المصري أحمد شوقي[8] (ت١٩٣٢م) من الخفيف:

---

(١) الثُمام: جمع ثُمامة، وهو نبت قصير.

(٢) خاص: أي نما ساقه وقوي.

(٣) الزمخشري، ربيع الأبرار: ٢/ ٤٠١، باب الشوق والحنين إلى الأوطان.

(٤) سورة القصص: ٨٥.

(٥) البغوي، الحسين بن مسعود، معالم التنزيل: ٦/ ٢٢٧.

(٦) ابن الرومي: من أب رومي وأم فارسية، ولد في بغداد سنة ٢٢١هـ، وفيها نشأ ومات مسموما.

(٧) ابن أبي الحديد، عبد الحميد بن هبة الله، شرح نهج البلاغة: ٢٠/ ٩٢، تحقيق: محمد أبو الفضل إبراهيم.

(٨) أحمد شوقي: هو ابن علي بن أحمد شوقي، من أب عراقي الأصل، ولد في القاهرة سنة ١٨٦٨ م وفيها مات، وإلى جانب ديوانه الشوقيات في أربعة أجزاء، ترك رواية: الفرعون الأخير، ومن المسرحيات: مجنون ليلى، شريعة الغاب، ومصرع كيلوباترا.

وطني لو شُغلت بالخُلد عنهُ   نازعتني إليه في الخلدِ نفسي[1]

أو قول الشاعر العراقي الدكتور زكي بن عبد الحسين الصراف[2] (ت١٩٩٦م) وهو يناجي الوطن في غربته، من البسيط:

حاشاي.. إنّي لا أفارقه   إنّي أفارق من به سَكَني
يحيا معي، في القلب أحمله   إن ضاق بي يوما وأبعدني
أطويه حشو حقائبي فانا   أسري به ما زرتُ من مدن
ما راق لي في غيره سكنٌ   أو صفو عيشٍ طيّب وهني[3]

هذا الوطن والحنين إليه يكثر في شعر الأبوذيات بعامة والحسينية بخاصة، والخصوصية نابعة من كون نساء أهل البيت عليهم السلام وصحابة الإمام الحسين عليه السلام نزلن على العراق غريبات وزادت الغربة حينما أخذن أسرى إلى الكوفة والشام، بعد أن قتل الزوج والأخ والعم والأب والجد. ويحن الرجل المفتول العضلات الممتلئ الجيوب الواسع الأردان في غربته إلى موطنه حنين الناقة إلى فصيلها، فكيف بالمرأة الضعيفة البأس المنقطعة عن المحامي والكفيل في بلدان عزّ فيها الأهل والأصدقاء بين وحوش بشرية تنهشها بعيونها وألسنتها، فإنهنّ إلى الوطن أحن من الناقة، وهذا الحنين الطافح على سطح المعاناة، يترجمه شاعر الأبوذية على لسان النساء،

---

(١) الشوقيات: ٢/ ٤٦.

(٢) الصراف: هو حفيد مهدي بدقت الأسدي، ولد في كربلاء سنة ١٩٢٨م، ومات في لندن ودفن في (مقبرة نورث وود) شمال غرب لندن، كاتب وشاعر وأديب، ونلتقي معاً في جدنا الأعلى الحاج علي بن عبد الحميد البغدادي الخزرجي المتوفى عام ١٩٠٩م (١٣٢٧هـ) الشهير بـ: "الحاج علي شاه البغدادي" والمدفون في رواق العلماء على يسار الداخل إلى المرقد الحسيني الشريف من باب الشهداء، فهو والد جدته من أمّه الحاجة منيرة أخت جدي الحاج حميد البغدادي الخزرجي.

(٣) الأعمال الشعرية.. زكي الصراف: ٢٩٥، من قصيدة بعنوان: نشيد العائدين إلى الوطن.

فيقطع نياط القلب، ومن ذلك أبوذية الشاعر المعاصر عباس بن علي الحزباوي، وهو ينظم على لسان السيدة زينب ﵍ تناشد أخاها العباس بن علي ﵊ حتى يقوم من رقدته ويردها إلى المدينة المنورة حيث مسقط رأسها وموطن جدها النبي محمد ﷺ:

يَـسـيــفِ ٱلــلّـي رِدَيَــتِ ٱلأَهَــلْ رِدْنـي

نِـهَـلْ حَـيـلـي أَوْ عِـثَـرْتِ ٱبْـطَـرَفْ رِدْنـي

إِهْـنـا يَــلّـي جِـبْـتِـنـي گَـوْمْ رَدْنـي

إِلــوَطَـنْ جَـدّي يهَـلْ مِــلْــتَـزِمْ بِـيّـه

ووقع الجناس في "ردني"، فالأولى مخففة أردني من الردى وهو الهلاك، والثانية من الردن وهو أصل الكم، والثالثة أرجعني.

ونجد الوطن والحنين إليه في أبوذيات كثيرة وشعراء كثر، منهم عبد الصاحب بن ناصر الريحاني، عبد السادة بن حبيب الديراوي، وجمعة بن سلمان الحاوي، وهم شعراء معاصرون.

فطام نادر

هناك ملازمة شديدة بين الحبل السري والجنين، فالحبل هو حبل نجاة الجنين ينقله من عالم الرحم إلى عالم الحياة، ومثله بل أقوى منه رباطا وانشداداً هو حليب الأم الذي يتناوله الرضيع حتى الفطام، فالفطام وإن أذن للإنسان الدخول في مرحلة عمرية جديدة وعالم جديد، لكن أثره يبقى حتى مماته، بل وهو ينشر الحرمة بين الرضيعين أو أكثر لآباء وأمهات مختلفات، فتتشكل بين الرّضّع على أثر الرضعات المعتبرة رابطة أخوية لا تنفصم عراها.

وبلبن الأم يكرم المرء أو يهان، فإذا أحسن التصرف مع الغير مدحوه وأثنوا على الثدي الذي ارتضع منه، وإذا أساء ذموه وعيّروه بالحليب نفسه، فحليب الأم مضرب الأمثال في خير الإنسان وشرّه، ولذلك ينبغي على الإنسان عدم الإساءة إلى حليب الأم بالإساءة إلى الآخرين، وأن يكرمها بالإحسان إلى الآخرين، وكف ألسن الناس عنها وعن أبيه، وكما يقول الشاعر العراقي معروف الرصافي[1] (ت١٩٤٥هـ) من الخفيف:

أوجب الواجبات إكرامُ أمّي ... إن أمّي أحقُّ بالإكرامِ
حَمَلتني ثقلاً ومن بعد حَملي ... أرضَعَتني إلى أوان فطامي
إنّ أمّي هي التي خلقتني ... بعد ربّي فصرتُ بعضَ الأنامِ
فلها الحمدُ بعدَ حمدي إلهي ... ولها الشكر في مدى الأيامِ

أو قول ابن الرومي، من الطويل:

أقول: وقد قالوا: أتبكي لفاقد ... رضاعا وأين الكهل من راضع الحلم؟
هي الأم يا للناس جرعت فقدها ... ومن يبك أماً لم تذم قط لا يذم[2]

ولا يخرج الرضيع من دور الرضاعة حتى يفطم عن الحليب، ولكن كربلاء شهدت فطاما من نوع آخر، فالرضيع عبدالله بن الحسين جاء به أبوه عليه السلام إلى القوم يطلب له جرعة من ماء بعد أن جف الحليب في ثدي أمه الرباب الكندية، لكنّ حرملة بن كاهل الأسدي فطمه بنصل سهمه، وكما يقول الشاعر ابن الرومي في وصف الخراب الذي حلّ بالبصرة بعد وقعة الزنج[3]:

---

(١) معروف الرصافي: هو ابن عبد الغني بن محمد الجباري، ولد في بغداد سنة ١٨٧٥م، سياسي وشاعر، مات في بغداد ودفن في مقبرة الخيزران.

(٢) الأميني، عبد الحسين بن أحمد، الغدير في الكتاب والسُّنَّة والأدب: ٣/ ٣٢.

(٣) وقعة الزنج: نسبة إلى علي بن محمد بن عبد الرحيم العبد قيسي، من قرى ورزنين بالري، الذي=

كم رضيع هناك قد فطموه بشبا السيف قبل حدِّ الفطامِ[1]

ومن الأبوذيات في فطام الرضيع بسهم حرملة[2] أبوذية الشاعر جابر بن علي هادي أبو الريحة (ت١٤٠٥هـ):

مِياتِم للحِزنْ نِنْصُبْ وَنَبْني
فِجَعْني حَرْمَله بِسَهْمَه وَنَبْني
إلطِّفِلْ عادَه يِفْطِمونَه وَنَبْني
إنْفُطَمْ وَيلاه بِسهامِ ٱلْمِنِيَّه

والجناس في كلمة "ونبني"، فالأولى من البناء، والثانية مخففة نابني أي اصابني، والثالثة مخففة ومركبة من أنا وابني. وكلمة مياتم أصلها مآتم.

ومن الشعراء الذين نظموا الأبوذية عن الحليب وعن فطام عبدالله الرضيع على غير العادة، وهم المعاصرون: جابر بن جليل الكاظمي، عبد السادة بن حبيب الديراوي، وإبراهيم بن موسى الساير، وغيرهم.

فريدة من نوعها

لقد مرت على واقعة كربلاء أربعة عشر قرنا، ومر على نشوء شعر الأبوذية نحو قرنين في أحسن الفروض، ولكن بالنظر إلى محتواه تجد شعر الأبوذية يمد جذوره إلى عمق التاريخ، وكأن هذا الشعر وضع أصلا لواقعة

=ظهر في البصرة سنة ٢٥٥هـ وجمع الزنج حوله، وخرج على السلطة العباسية، وجرّت حركته الخراب على البصرة وما حولها، وزعم أنه علي بن أحمد بن عيسى ويرجع بنسبه إلى علي بن أبي طالب عليه السلام، واستمر حكمه نحو ١٥ سنة، وقتل سنة ٢٧٠هـ.

(١) الثعالبي النيسابوري، عبد الملك بن محمد، ثمار القلوب في المضاف والمنسوب: ١٨، وهو في شرح معنى "خاتم الله"، حيث ذكر البيت التالي أيضاً وهو الشاهد:

كم فتاة بخاتم الله بكر فضحوها جهرا بغير اكتتام

(٢) حرملة: هو ابن كاهل الأسدي، قتله المختار الثقفي سنة ٦٦هـ.

كربلاء، وكما يقول الدكتور ميثم شمة في قراءته: "ومن الأبواب المطروقة في هذه الموسوعة هو شعر الأبوذية الذي درج في العراق، وبخاصة في الجنوب منه، والذي هو لون من ألوان الشعر الشعبي الذي يوصف بأنه وُضع للحزن أو وُضع الحزن له، وكأن القضية الحسينية كانت تبحث عنه، وهو يبحث عنها، حتى تقمّصها بشكل عام".

ويضيف شمّة: "قدم نفسه الزكية ونفوس أهل بيته الأطهار وجماعة من خيرة أنصاره الذين رافقوه ضحية لعقيدته وهدفه، ولأنه كان كذلك، فقد خلّده التاريخ واستهوته القلوب واتخذ منه الأحرار قدوة ومناراً، فأصبح بذلك المثل الأعلى للثائرين، ورسم للأباة منهاجاً يتبعون خطاه ويستلهمون منه تلك المعاني السامية التي تضرب بها الأمثال، وقد وجد الشعراء والأدباء في حركة الحسين النهضوية أرضية خصبة لنظم الشعر فأنشدوا فيه وأكثروا، كما وجدوا في أهدافه ما يوقظ الشعوب ويوعيهم على كرامتهم وحقوقهم، فأخذوا ينشرونها عبر ما ينظمونه".

وحتى لا يذهب هذا التاريخ الزاخر سدى بين دهاليز النسيان وزوايا الضياع، شمّر المحقق والبحاثة الدكتور محمد صادق الكرباسي عن ساعد الجد لجمعه والتحقيق فيه في أبواب ستين من أبواب دائرة المعارف الحسينية في أكثر من ستمائة مجلد صدر منها ٤٦ مجلداً[(١)]، وبتقدير شمّة: "ومن هنا جاءت أهمية هذه الموسوعة الفريدة من نوعها في الترتيب والتحقيق والتخصص. وقد شدّني إلى ذلك حُسن الاختيار ودقة المعلومات وسلاسة التعبير، وهي تحتوى على مجموعة من الفنون والعلوم جمعت في هذه الموسوعة ضمن ما يتعلق بالحسين".

الجمعة ٨ جمادى الثانية ١٤٢٩ هـ =١٣/٦/٢٠٠٨ م

---

(١) زادت على الخمسة وسبعين مجلداً.

دائرة المعارف الحسينية
حضور فاعل ونتاج لا ينضب

المركز الحسيني للدراسات: لندن(١)

في إطار التعريف بدائرة المعارف الحسينية بلندن، زار وفد من المركز الحسيني للدراسات كلا من دولة الكويت وجمهورية العراق في الفترة (٤ ـ ٢٣ تموز يوليو ٢٠١٠م)، وتحدث أعضاؤه في عدد من المحافل العلمية والأدبية والقنوات الإعلامية والمهرجانات الجماهيرية.

ففي أول نشاط ثقافي وإعلامي وعلى مدار أربعة أيام قدم الإعلامي والباحث العراقي الدكتور نضير الخزرجي في الفترة (٥ ـ ٩/ ٧/ ٢٠١٠م) سلسلة برامج متلفزة لقناة الأنوار الفضائية، تحدث فيها عن ثلاثة عشر بابا من أبواب الموسوعة الحسينية الستين، فيما قدم الأديب الجزائري الدكتور عبد العزيز شبّين سلسلة حلقات متلفزة تناول فيها مؤلف دائرة المعارف

---

(١) صدر التقرير الخبري عن القسم الإعلامي في المركز الحسيني للدراسات بلندن بهذا العنوان وعنوان ثان هو: "حضور نشط لدائرة المعارف الحسينية في فعاليات محلية وعالمية"، ونشر في العشرات من الصحف والمواقع الإلكترونية، منها: موسوعة نينوى بتاريخ ٢٩/ ٧/ ٢٠١٠م، وشبكة النبأ المعلوماتية بتاريخ ٣١/ ٧/ ٢٠١٠م، ووكالة الأضواء الإخبارية بتاريخ ٥/ ٨/ ٢٠١٠م.

الحسينية الفقيه الشيخ محمد صادق بن محمد الكرباسي كشاعر وعروضي، فضلا عن جوانب من الأدب في أجزاء الموسوعة المطبوعة.

وفي اليوم الأخير أجرى الإعلامي في قناة الأنوار الفضائية الأستاذ إبراهيم الغتم حواراً مفصلا عن دائرة المعارف الحسينية تحدث فيه أولا الدكتور نضير الخزرجي عن عموم الموسوعة الحسينية وشخص المؤلف، فيما تحدث الدكتور عبد العزيز شبّين في حوار مفصل ومنفصل عن الشعر والعروض في منهج الأديب الكرباسي.

وفي ذكرى البعثة النبوية الشريفة ألقى الدكتور شبّين في حسينية الرسول الأعظم بالكويت في (٩/ ٧/ ٢٠١٠م) عددا من الرباعيات، وفي طريق العودة إلى لندن ألقى قصيدة رائية بديعة في ذكرى ميلاد الإمام الحجة المنتظر عليه السلام في الحسينية نفسها.

وفي العراق وفي أول يوم من أيام مهرجان يوم كربلاء الذي أقامته الحكومة المحلية في كربلاء في الفترة (١٤ ـ ١٦/ ٧/ ٢٠١٠م) تحت شعار "من المدينة المنورة إلى كربلاء المقدسة ولد النور وخط الإباء"، شارك الدكتور نضير الخزرجي بمعية المستشار القانوني السيد خليل المرعشي [(١)] ممثلين عن دائرة المعارف الحسينية في حفل افتتاح المهرجان في متنزه الحسين الكبير حيث قص شريطه محافظ كربلاء المهندس آمال الدين الهر [(٢)] ورئيس وأعضاء مجلس المحافظة وبحضور

---

(١) خليل المرعشي: هو ابن إبراهيم بن محمود المرعشي الحسيني، عراقي نجفي الأصل، ولد في ٥/ ٣/ ١٩٥٨م في مدينة دُرهام (Durham) شمال شرق انكلترا، نشأ ودرس فيها، نال شهادة الليسانس في الهندسة الميكانيكية من جامعة دُرهام (Durham University)، ثم تحول إلى القانون ونال منها شهادة الليسانس في الحقوق، يمارس المحاماة والاستشارة القانونية في لندن.

(٢) آمال الدين الهر: هو ابن الشيخ مجيد الطهمازي الخفاجي، ولد في مدينة كربلاء سنة ١٩٥٥م، درس المراحل الأولى في مسقط رأسه وأكمل الدراسة الجامعية في بغداد وتخرج مهندساً من كلية=

الدكتور وليد الحلي[1] ممثلا عن رئيس الوزراء العراقي السيد نوري كامل المالكي[2]، ومستشار رئيس الوزراء السيد ياسين المعموري[3]، وعدد من أعضاء محافظات الفرات الأوسط.

وفي مساء اليوم نفسه وفي الاحتفال الرسمي والجماهيري الذي عقدته

=الزراعة بجامعة بغداد سنة ١٩٧٦م، وبعد سنتين عمل مهندساً في دائرة زراعة الحر بكربلاء، وإلى جانب العمل مارس السياسة في صفوف حزب الدعوة الإسلامية وتعرض للاعتقال مرات عدة، ثم غادر العراق عام ١٩٨١ م وعمل في المهجر في التخطيط الاستراتيجي في إدارة المزارع وكذلك إنشاء المنتديات الثقافية للعراقيين، عاد إلى العراق عام ٢٠٠٣م، وفي انتخابات عام ٢٠٠٥ م المحلية فاز بعضوية مجلس محافظة كربلاء، وتولى عام ٢٠٠٦م مديرية زراعة كربلاء، واعيد انتخابه في الانتخابات المحلية عام ٢٠٠٩م، وإلى جانب رئاسة الحكومة المحلية يشغل عضوية اللجنة الاستشارية في حزب الدعوة الإسلامية.

(١) وليد الحلي: هو ابن عبد الغفار بن محمد رضا الشهيب الكلابي، ولد في مدينة الحلة (بابل) عام ١٩٥١م، أكمل الدراسات الأولى في مسقط رأسه، ونال درجة البكالوريوس (الليسانس) في الكيمياء الصناعية من كلية العلوم بجامعة بغداد عام ١٩٧٤ م ثم الماجستير في الكيمياء الصناعية من جامعة (يومست) البريطانية عام ١٩٧٥م ثم نال الشهادة العليا (الدكتوراه) في الكيمياء الصناعية من الجامعة نفسها عام ١٩٧٧م، تولى التدريس في جامعة بغداد في الفترة (١٩٧٧ ـ ١٩٨٠م)، هاجر إلى بريطانيا وقام بالتدريس في جامعتها حتى عام ٢٠٠٣م حيث عاد إلى العراق وقام بالتدريس كأستاذ مساعد في كلية التربية بجامعة بغداد وانخرط في مسؤوليات رسمية عدة، من مصنفاته: حقوق الإنسان في العراق، العراق.. الواقع وآفاق المستقبل، وكتاب اللدائن (البوليمر).

(٢) نوري المالكي: هو ابن كامل ابن أبي المحاسن محمد حسن الجناجي، ولد في قرية جناجه بقضاء طويريج بكربلاء سنة ١٩٥٠م، ويرجع بنسبه إلى الصحابي الجليل مالك الأشتر النخعي المستشهد بمصر سنة ٣٧هـ، نال شهادة البكالوريوس (الليسانس) من كلية الأصول ببغداد، والماجستير في اللغة العربية من كلية صلاح الدين بأربيل، انتظم إلى حزب الدعوة الإسلامية عام ١٩٧٠م ويتولى حاليا أمانة الحزب، هاجر إلى سوريا عام ١٩٧٩م ثم إلى إيران عام ١٩٨٢م عاد واستقر في سوريا حتى عام ٢٠٠٣م حيث رجع إلى العراق وأصبح عضوا في مجلس الحكم الانتقالي ثم نائبا لرئيس المجلس الوطني، تولى في ٢١/٥/٢٠٠٦م الحكم بشكل رسمي كأول رئيس وزراء منتخب في حكومة دائمة، شكل لانتخابات عام ٢٠١٠م التشريعية إئتلاف دولة القانون ونال ٨٩ مقعداً من مجموع ٣٢٥ مقعداً، وفي ١/١٠/٢٠١٠م رشحه التحالف الوطني العراقي لتولي رئاسة الوزراء في دورة ثانية.

(٣) ياسين المعموري: هو الدكتور ياسين بن أحمد بن عباس المعموري، رئيس جمعية الهلال الأحمر العراقية، تولى مسؤولية تطوير الكوادر الطبية في وزارة الصحة.

الحكومة المحلية ألقى الدكتور الخزرجي كلمة بالمناسبة شدد فيها على أهمية أن يصون المواطن مدينته كما يصون عرضه وماله، تلاه عضو وفد دائرة المعارف الحسينية الأديب الجزائري الدكتور عبد العزيز شبّين، بقصيدة نونية بديعة بمناسبة ذكرى ولادة الإمام الحسين عليه السلام، وفي ختام المهرجان أجرت قناة الفيحاء حواراً مع الدكتور شبين سألته عن انطباعه كجزائري مشارك في فعالية عراقية.

على صعيد متصل كانت إذاعة محافظة كَربلاء قد استضافت عصر الثلاثاء ١٣ تموز يوليو ٢٠١٠ م الدكتور نضير الخزرجي وعلى مدار ساعة في برنامج على الهواء مباشرة، حاوره الأستاذ نجاح هاني أجاب فيه على أسئلة المحاور التي تضمنت عناوين عدة منها: تاريخ نشأة الموسوعة الحسينية، وشخصية مؤلفها، والمعوقات التي تواجه التأليف، كما تضمن الحوار كتاب "نزهة القلم" من تأليف الخزرجي حيث قامت حكومة كربلاء بطباعته تكريما للمؤلف والموسوعة الحسينية، وعلى صعيد متصل أجرى الأستاذ توفيق غالب الحبالي مدير تحرير جريدة "إعمار كربلاء" الصادرة عن محافظة كربلاء حواراً صحافيا موسعا مع الدكتور الخزرجي تطرق فيه بشكل موسع إلى حيثيات نشأة دائرة المعارف الحسينية لمؤلفها الدكتور محمد صادق الكرباسي.

من جهة أخرى شارك وفد دائرة المعارف الحسينية في حفل افتتاح مهرجان ربيع الشهادة الثقافي العالمي السادس المنعقد في الفترة (١٦ ـ ٢١/ ٧/ ٢٠١٠م)، ضم في عضويته الدكتور الخزرجي والدكتور شبين والأستاذ علي التميمي والمستشار القانوني المرعشي، وثمّن الدكتور الخزرجي في لقاء مع قناة كربلاء الفضائية الجهود التي تبذلها العتبتان

المقدستان الحسينية والعباسية، واللجنة المشرفة على المهرجان في عقد المهرجانات الثقافية والعلمية والأدبية التي تعد مكسبا من مكاسب النهضة الحسينية، كما أشار في لقاء مع قناة الأنوار الثانية[1] إلى عظمة شخصية الإمام الحسين عليه السلام التي استطاعت استقطاب أعلام الإنسانية من كل مذهب ودين في حاضرة كربلاء العلمية، كما عبرّ الدكتور شبّين في لقاء مع قناة العراقية عن سعادته كجزائري يشارك في مهرجان ثقافي عالمي تدعى إليه شخصيات مختلفة من أنحاء العالم، وأشاد في لقاء منفصل مع قناة كربلاء الفضائية بالجهود المبذولة لتطوير المهرجان العالمي سنة بعد أخرى.

وكان من المفترض أن يضم وفد دائرة المعارف الحسينية في عضويته الأديب الدكتور أواديس استانبوليان، الأرمني الديانة السوري الجنسية، والدكتور سعيد هاشم والدكتور علي العريبي من البحرين، وأن يقوم الدكتور استانبوليان في فعاليات مهرجان ربيع الشهادة بتقديم ورقة توضح العلاقة بين شهادة الإمام الحسين عليه السلام وعذابات السيد المسيح عليه السلام، لكن ظروفا فنية حالت دون قدومه وقدومهما، بيد أن كلمته القيّمة وضعت إلى جانب الأوراق المقدمة إلى المهرجان.

وفي اليوم الرابع من فعاليات مهرجان ربيع الشهادة، أقيمت مساء

---

(١) على هامش مهرجان ربيع الشهادة السادس أجرت قناة الأنوار الثانية لقاءً سريعا حول المهرجان ثم حوارا مفصلاً في مكتبها حول دائرة المعارف الحسينية أداره الدكتور صلاح العميدي، والدكتور العميدي هو ابن مهدي بن ناصر، ولد في قرية عنانة في الحلة سنة ١٩٧٦م، ونشأ في قريته ودرس الإعدادية في مركز المدينة وأكمل البكالوريوس (ليسانس طب وجراحة بيطرية) في جامعة القادسية في مدينة الديوانية ونال شهادتها سنة ٢٠٠٠م، مارس الطبابة في المستشفى البيطري في الحلة ثم انتقل عام ٢٠٠٥ م للعمل في المستشفى البيطري في كربلاء، وهو إلى جانب الطبابة يمارس العمل الإعلامي، له: فقه الطب البيطري (مخطوط).

الإثنين (١٩/ ٧/ ٢٠١٠م) في رحاب مرقد العباس بن علي عليه السلام أمسية للشعر العربي القريض، ألقى فيها الدكتور عبد العزيز شبين رباعيتين وقصيدة نونية رائعة بعنوان "يا كرب"، كما ساهم في إحياء هذه الأمسية: الدكتور محمد حسين الطريحي (العراق)، الأديب مضر الآلوسي (العراق)، الشاعر نذير المظفر (العراق)، الشاعر حبيب عبد الله كان[1] (ساحل العاج)، الأديب رضا الخفاجي (العراق)، والشاعر نجاح العرسان (العراق).

وفي يوم الأربعاء ٢١/ ٧/ ٢٠١٠ م استضاف عضو مجلس محافظة كربلاء السابق ورئيس تحرير جريدة أنوار كربلاء الأديب علاء محمد حسن الكتبي في ديوانيته بقضاء الهندية (طويريج) بكربلاء وفد دائرة المعارف الحسينية القادم من لندن بمعية الأستاذ التميمي، والأستاذ فراس الكرباسي، والصحفي هاشم الطرفي والحاج عبد الأمير البلوري، كما شارك في الأمسية الثقافية المفتوحة وفد العتبة الحسينية وعلى رأسه السيد عدنان الموسوي، ووفد مؤسسة النور للثقافة والإعلام في السويد وعلى

---

(١) من علماء وأدباء الإمامية في مالي ولد في ٢/ ٣/ ١٩٥٢م في مدينة كاتي من ضواحي العاصمة بماكو، يسكن في ساحل العاج منذ ثلاثين عاما، نظم الشعر باللغة العربية في سنٍّ مبكرة حيث نشأ في أسرة علمائية وأدبية ينظم رجالها الشعر بالعربية وبغيرها، وقرأ قصيدة أمام الملك السعودي فيصل بن عبد العزيز آل سعود (١٩٠٦- ١٩٧٥م) خلال زيارته لدولة مالي في ٣٠ جمادى الآخرة ١٣٨٦هـ (١٦/ ١٠/ ١٩٦٦م) أبدى عظيم استغرابه من هذا الفتى الأفريقي الذي ينظم بالعربية، التقيته في كربلاء مرة وثانية في دكار عاصمة السنغال، في المرة الأولى كان لقاؤنا في مؤتمر ربيع الشهادة السادس الذي عقد في العتبة الحسينية بكربلاء المقدسة في العراق في الفترة ١٦-٢١/ ٧/ ٢٠١٠م، حيث كان قادما من أفريقيا بمعية الزعيم الديني لمسلمي السنغال الدكتور الشريف محمد علي ابن الشريف الحسن بن مُحَمْدي حيدرة الحسني المولود في ١٧/ ٩/ ١٩٥٩م في قرية دار الهجرة بمقاطعة كاساماس جنوب السنغال، والثانية في مؤتمر عاشوراء الخامس الذي عقد في دكار عاصمة السنغال في جامعة دكار في ٢٩/ ١/ ٢٠١١م برعاية مؤسسة المزدهر العالمية التي يشرف عليها الشريف محمد علي حيدرة.

رأسه الأستاذ أحمد الصائغ، والدكتور محمد سعيد الطريحي رئيس تحرير مجلة الموسم الصادرة في هولندا، وعدد من أعضاء المجالس المحلية في الفرات الأوسط، ورئيس تحرير مجلة "أوراق فراتية" الأستاذ جواد عبد الكاظم محسن، وألقى الدكتور شبّين رباعية تكريما للمضيف وجريدة أنوار كربلاء، كما أجرى الأستاذ عبد عون النصراوي مدير تحرير جريدة أنوار كربلاء لقاءً صحافياً مفصلا مع الدكتور نضير الخزرجي عبارة عن سيرة ذاتية بوصف الخزرجي أحد أعلام محافظة مدينة كربلاء الذي استطاع أن يتجاوز محنة الهجرة شاباً وأن يشق طريقه في عالم الأدب والإعلام والسياسة والدراسات الأكاديمية، وأن يكون له حضور متميز في دائرة المعارف الحسينية المتميزة.

وكان المركز الحسيني للدراسات بلندن الذي تصدر عنه أجزاء الموسوعة الحسينية قد شارك للمرة الأولى بجناح مستقل في معرض الكتاب المقام على أرض المعارض بين الحرمين المقدسين بكربلاء، جلب انتباه الباحثين والمحققين الذين أبدوا إعجابهم الكبير بهذه الموسوعة المتكونة من ستمائة مجلد صدر منها ستون مجلداً[١]، فضلاً عن عشرات المؤلفات الأخرى المتعلقة بالموسوعة إلى جانب العشرات من مؤلفات الفقيه الكرباسي الأخرى.

(١) صدر من دائرة المعارف الحسينية حتى اليوم أكثر من خمسة وسبعين مجلداً.

نحو صيانة المدن المقدسة

المركز الحسيني للدراسات: لندن[1]

في إطار الاحتفال بيوم كربلاء الذي تقيمه الحكومة المحلية في مدينة كربلاء المقدسة للسنة الثانية على التوالي في الأول من شهر شعبان حتى الثالث منه تيمنا بذكرى ميلاد الإمام الحسين عليه السلام، أشار الباحث في دائرة المعارف الحسينية، الإعلامي والأكاديمي العراقي الدكتور نضير الخزرجي في كلمة ألقاها في اليوم الأول من الاحتفال الجماهيري الذي عقدته الحكومة المحلية في متنزه الحسين الكبير بمدينة كربلاء في العراق مساء الأربعاء ١٤ تموز يوليو ٢٠١٠م، إلى وجوب أن تبنى العلاقة بين المواطن ومدينته على أساس العلاقة بين ذي رحم: (فكما أن صلة الرحم أمر عظيم، ينبغي أن نتعامل مع هذه المدينة المقدسة تعامل ذي رحم، نصونها كما نصون أعراضنا، نصون آثارها ونصون تراثها ونصون معالمها ونصون سكانها ونحترم زوارها ونكون للجميع الحاضنة والصدر الرحب).

---

(١) متن الخبر الذي وزّعه القسم الإعلامي في المركز الحسيني للدراسات بلندن، حول مشاركة وفد دائرة المعارف الحسينية في مهرجان يوم كربلاء، وقد نشر بالعنوان التالي: "الدكتور نضير الخزرجي: صيانة الحواضر العلمية من صيانة الأعراض" في العشرات من وسائل الإعلام المختلفة منها: شبكة صفوى الإخبارية (السعودية) بتاريخ ٢٣/ ٧/ ٢٠١٠م، منتديات أفواج أمل (اللبنانية) بتاريخ ٢٤/ ٧/ ٢٠١٠م، وجريدة البصرة الإلكترونية بتاريخ ٢٤/ ٧/ ٢٠١٠م.

ورأى الدكتور الخزرجي وهو يتحدث من مسقط رأسه، إن أهمية هذه الحاضرة العلمية المقدسة التي تضم جثمان سيد الشهداء وسبط النبي محمد ﷺ الإمام الحسين عليه السلام تزيد من مسؤولية أهلها في الحفاظ عليها وصيانتها وإبراز معالمها المشرقة، ووجد أن دائرة المعارف الحسينية لمؤلفها البحاثة والمحقق الدكتور الشيخ محمد صادق بن محمد الكرباسي، المولود في كربلاء عام ١٩٤٧م، تمثل جهدا استثنائيا في الحفاظ على مكانة هذه المدينة وتقديم فروض الولاء لمكينها الإمام الحسين عليه السلام، حيث تعد الأبرز في الموسوعات المعرفية وهي تضم أكثر من ستمائة مجلد في ستين بابا صدر منها إلى يومنا هذا ستون مجلداً[1].

وأكد الدكتور الخزرجي في نهاية كلمته وبضرس قاطع وهو يشير إلى الجهد الكبير الذي يبذله حفيد مالك الأشتر النخعي في إظهار معالم كربلاء ونهضة الإمام الحسين المباركة عبر الموسوعة الحسينية: (إن الكرباسي للحسين عليه السلام كما كان مالك لعلي عليه السلام وكما كان علي عليه السلام لمحمد ﷺ).

وبدأت فعاليات المهرجان بآيات من الذكر الحكيم، وقراءة الفاتحة، ثم عزف النشيد الوطني، تلاه كلمة محافظ مدينة كربلاء المقدسة المهندس آمال الدين الهر أشار فيها إلى الجهد الذي تبذله الحكومة المحلية ومجلس محافظة كربلاء للنهوض بأعباء هذه المدينة المقدسة، ثم شاطره الرؤية رئيس مجلس المحافظة الأستاذ محمد حميد الموسوي[2]، ثم كلمة للعتبتين

---

(١) صدر من دائرة المعارف الحسينية حتى اليوم أكثر من خمسة وسبعين مجلداً.

(٢) محمد الموسوي: هو حفيد هاشم، ولد سنة ١٩٦٤ م في قضاء الهندية (طويريج) بكربلاء، خريج كلية اللغات.

الحسينية والعباسية ألقاها الشيخ علي الفتلاوي[1]، والكلمة التالية لممثل دائرة المعارف الحسينية ثم قصيدة من نظم الأكاديمي والشاعر الجزائري الدكتور عبد العزيز مختار شبين، وانتهت فقرات اليوم الأول من الحفل بمسرحية ولائية في النهضة الحسينية.

وكان الاحتفال بيوم كربلاء الذي عقد برعاية دولة رئيس مجلس الوزراء الإستاذ نوري المالكي تحت شعار: "من المدينة المنورة إلى كربلاء المقدسة وُلد النور وخط الإباء" قد قص شريطه قادة الحكومة المحلية بمعية ممثل رئاسة الوزراء الدكتور وليد الحلي إلى جانب عدد من الوفود المحلية والأجنبية بمن فيهم وفد دائرة المعارف الحسينية بلندن الذي ضم في عضويته الدكتور نضير الخزرجي والشاعر والأكاديمي الجزائري الدكتور عبد العزيز شبِّين والمحامي السيد خليل المرعشي.

وكانت اللجنة العليا المشرفة على احتفالات يوم كربلاء المقدسة التي يرأسها الدكتور عماد محمد قامت خلال الأيام الثلاثة من الاحتفالات الجماهيرية بتوزيع كتاب "نزهة القلم" لمؤلفه الدكتور نضير الخزرجي الذي يمثل قراءة نقدية لعشرين جزءاً من أجزاء دائرة المعارف الحسينية تناول تاريخ مدينة كربلاء والنهضة الحسينية، حيث تكفلت الحكومة المحلية بطبعه من باب تكريم أبنائها الذين يوظفون أقلامهم لخدمة المدينة المقدسة وحاضرتها العلمية، فيما أكد عضو اللجنة العليا المشرفة على المهرجان الأستاذ عادل هاشم الموسوي على أهمية مثل هذا التكريم.

---

(١) يرأس الشيخ علي الفتلاوي إدارة المكتبة العامة في العتبة الحسينية المقدسة، وهي مكتبة عامرة، وفي حالة تطور مضطرد.

على صعيد متصل كانت إذاعة محافظة كربلاء قد استضافت يوم الثلاثاء ١٣ تموز/ يوليو ٢٠١٠م الدكتور نضير الخزرجي وعلى مدار ساعة في برنامج على الهواء مباشرة، حاوره فيه الاستاذ نجاح هاني أجاب فيه على أسئلة المحاور التي تضمنت عناوين عدة منها: تاريخ نشأة الموسوعة الحسينية، وشخصية مؤلفها، والمعوقات التي تواجه التأليف، كما تضمن الحوار كتاب "نزهة القلم" والسيرة الذاتية للمؤلف.

الحراك السياسي يبدأ من هنا[1]

من المقطوع به أن الحديث عن كربلاء حديث عن تاريخ أمة وتراثها.. والحديث عن كربلاء حديث عن حضارة سادت البشرية وتركت آثارها هنا وهناك تؤتي أكلها كل حين بإذن ربها.. والحديث عن كربلاء حديث عن مدنيّة متجددة تنهض هنا وتقوم هناك.. مدنيّة تستمد فاعليتها من موقد النهضة الحسينية.

ليست كربلاء البقعة الصغيرة المحصورة قبل عقود بين أحياء باب بغداد وباب النجف وباب الخان والمخيم.. ليست كربلاء جغرافيا هي: حي العسكري وحي الزهراء وسيف سعد وباب طويريج، وحتى لو ابتعدنا إلى

---

(١) نص الكلمة التي ألقيتها في مهرجان يوم كربلاء الذي أقامته الحكومة المحلية في متنزه الإمام الحسين الكبير في مدينة كربلاء المقدسة مساء ١٤/ ٧/ ٢٠١٠، وذلك بدعوة رسمية من السيد محافظ كربلاء المهندس آمال الدين الهر.

وعلى مدار ثلاثة أيام من أيام المهرجان الجماهيري، قامت اللجنة الإعلامية في محافظة كربلاء بتوزيع المئات من نسخ كتابنا "نزهة القلم" الذي يمثل قراءة نقدية وأدبية لعشرين مجلدا من مجلات دائرة المعارف الحسينية حيث قامت المحافظة بطبعه كعربون وفاء للإمام الحسين عليه السلام ومدينة كربلاء المقدسة، وتكريما لدائرة المعارف الحسينية وراعيها، واحتفاءً بالمؤلف المولود في مدينة كربلاء المقدسة.

وعاد مركز الرأي الآخر للدراسات بنشر الكلمة في صحف ومواقع مختلفة، منها: موقع أهل البيت في سوريا بتاريخ ٢٥/ ٧/ ٢٠١٠م، جريدة المؤتمر العراقية بتاريخ ٢٦/ ٧/ ٢٠١٠م، وجريدة النهار الجديد الجزائرية بتاريخ ٢٦/ ٧/ ٢٠١٠م.

أحياء أبعد من الأحياء القائمة اليوم فإن كربلاء ممتدة في عمق التاريخ البشري جغرافياً وزمانياً.

كربلاء هي حضارة أمة ومدنيّتها، تبسط ذراعيها بين مكة والمدينة، حيث كانت النشأة في مكة والنمو في المدينة والبناء في كربلاء، فكانت كربلاء الديمومة والاستمرارية والبقاء لهذا المنهج القويم الذي رفع لواءه رسول الإنسانية محمد بن عبد الله ﷺ.

من زوايا هذا المثلث المقدس انطلقت أنوار الصلاح والإصلاح، فكانت كربلاء المفصل الذي غيّر وجه التاريخ.. التاريخ السلطوي الأموي الذي كاد أن يُلبس على عقول الأمة ويحرفها عن جادة الصواب لولا أنوف حمية ونفوس أبيّة جالت في ميدان الصراع الفطري فأوقفت عجلة الانزلاق في وحل الضلال.

إن تاريخ كربلاء تاريخ أمة جعلها الله وسطا لتكون شاهدة وشهيدة على الأمم، من هنا فإن الاحتفال بيوم كربلاء هو جزء من الوفاء لمكين هذا المكان، الذي أسبغ بتضحياته على هذه الأمة المهابة والمكانة.

فمثل هذه الاحتفالات ليست بدعا من الرسل، بل هي قسط من الواجب تجاه صاحب هذه المدينة التي تقدست به ومنه أخذت أصالتها ومكانتها، إنه صاحب الراية المحمدية الإمام الحسين بن علي عليه السلام.

وللوفاء لهذه المدينة مظاهر ومصاديق كثيرة، ومن ذلك أن يتم التعامل مع تراث هذه المدينة تعامل الأرحام فيما بينهم، فكما أن صلة الرحم أمر عظيم، ينبغي أن نتعامل مع هذه المدينة المقدسة تعامل ذي رحم، نصونها كما نصون أعراضنا، نصون آثارها ونصون تراثها ونصون معالمها، ونصون سكانها ونحترم زوارها ونكون لهم الحاضنة والصدر الرحب، ونشكر الله

في السراء والضراء، فكربلاء هي كل ما نملك، ولولا كربلاء لما بقيت للأمة من باقية ولأصبحت نهباً لكل طامع ومحتل.

قد لا نعرف قيمة هذه المدينة المقدسة إلا إذا قرأناها من لسان الآخر، وهنا أحدثكم بما حدثنا به الدلاي لاما زعيم البوذ في التبت في الصين، يقول الزعيم الروحي والسياسي للبوذ وهو في معرض الحديث عن الإمام الحسين عليه السلام: "إذا كانت لدينا نحن البوذ شخصيات مثل الإمام علي والإمام الحسين، وإذا كان لنا نهج البلاغة وكربلاء فإنه لن يبقى في العالم أحد إلا ويعتنق العقيدة البوذية، نحن نفتخر ونعتز بهاتين الشخصيتين الإسلاميتين".

وحتى الذين أرادوا طمس معالمها واسمها بالسيارات المفخخة والأحزمة الناسفة في محرم الحرام قبل سنوات انقلب سحرهم عليهم، فراحت وسائل الإعلام العالمية كلها وبمختلف لغات العالم الحية والمحلية تتحدث عن هذه التفجيرات المروعة وصار التساؤل على الألسن: ما هي كربلاء؟ من هو الإمام الحسين؟ ولماذا يعادونه؟ تساؤلات كثيرة راحت الأجوبة تعمّق في أذهان الغربي والشرقي اسم كربلاء.

لقد أرادوا ببغيهم طمس اسم كربلاء فكانوا أداة لنشر اسمها في الآفاق، وكما قال شاعرنا وخطيبنا المبجل الفقيد الدكتور أحمد بن حسون الوائلي (١٩٢٨ ـ ٢٠٠٣م)، من بحر الكامل:

ظنوا بأن قتل الحسينَ يزيدُهم   لكنما قتل الحسينُ يزيدا

فكربلاء معروفة في الشرق والغرب، وساهمت وسائل الإعلام الحديثة والفضائيات في سطوع اسمها، ولأن الإعلام مسلط على هذه المدينة في المناسبات الدينية والتظاهرات المليونية، فتزداد المسؤولية في صيانة هذه المدينة والحفاظ على طهارتها وقدسيتها بما أوتينا من قوة.

من هنا يأتي الجهد الكبير الذي يقدمه سماحة المحقق والبحاثة الدكتور الشيخ محمد صادق بن محمد الكرباسي، عبر دائرة المعارف الحسينية والموسوعة الضخمة التي يربو عدد أجزائها على الستمائة مجلد في ستين بابا صدر منها حتى يومنا هذا ستون[1] مجلداً.

موسوعة ليست ككل الموسوعات.. موسوعة تتحدث عن كربلاء التاريخ والسياسة والاجتماع والاقتصاد والأدب والفن والعمارة والتشريع والسيرة والقرآن، وما شاكل ذلك.. موسوعة كبيرة نهض بها ابن كربلاء البار الذي ولد فيها وسرت في شرايينه دماؤها، فكانت بحق موسوعة فريدة من نوعها، وهب فيها ابن مالك الأشتر النخعي الفقيه آية الله الشيخ محمد صادق الكرباسي كل حياته من أجل إظهار معالم النهضة الحسينية وفاءً للإمام الحسين عليه السلام الذي ننعم بفضل نهضته المباركة بعبير الإسلام المحمدي الصادق، ووفاءً لهذه المدينة المقدسة التي ضمت جسد سيد الشهداء من الأولين والآخرين والثلة الطيبة من أهل بيته وصحابته.

إن نحو عقدين من المعايشة مع المؤلف والعمل المتواصل أو المنقطع معه، وقراءتي المتعمقة لما خطه يراعه في أجزاء دائرة المعارف الحسينية جمعت بعضها في كتاب "نزهة القلم" الذي تفضلت الحكومة المحلية في كربلاء المقدسة وعلى رأسها سعادة المحافظ الموقر الأستاذ المهندس آمال الدين الهر بطباعته تكريما لكربلاء ولمن يكتب عن كربلاء، يجعلني أقول وبضرس قاطع: إن الكرباسي للحسين كما كان مالك لعلي وكما كان علي لمحمد صلى الله عليه وآله وسلم.

(١) صدر منها حتى الآن أكثرمن خمسة وسبعين مجلداً.

أقول ويشاركني الرأي الكثير من الحضّار ومن يسمع أو يقرأ قولي: إن نداءات النصرة في كربلاء لم تنقطع مع انقطاع الوتين من الرأس الشريف عصر عاشوراء عام ٦١ هـ، فنداء النصرة لا زال يدوي في مسامعنا ويطير في الآفاق، فإذا لم نستطع نصرة الإمام الحسين عليه السلام بسيوفنا، فنستطيع نصرته بقلمنا وبأعمالنا الصالحة وتحمّل أعباء رسالته الخالدة في الإصلاح والصلاح والبناء واحترام القانون، وبخاصة فيما يتعلق بهذه المدينة المقدسة وحمايتها من الأذى، وهو أمر ليس بالهين، فالولاء ينبغي أن يترجم إلى واقع عملي، وهو يبدأ من الذات.

حوار موسع حول
دائرة المعارف الحسينية

حاوره: توفيق غالب الحبالي[1]

الحديث عن دائرة معرفية بحجم دائرة المعارف الحسينية هو حديث عن تاريخ نهضة أممية وتاريخ شخصية عالمية غيّرت وجه التاريخ، وللوقوف على معالم الموسوعة الحسينية لمؤلفها الدكتور الشيخ محمد صادق بن محمد الكرباسي المولود في مدينة كربلاء المقدسة عام ١٩٤٧م، كان لنا هذا اللقاء مع الإعلامي والباحث والأكاديمي العراقي المقيم في لندن الدكتور نضير بن رشيد الخزرجي، المولود في مدينة كربلاء المقدسة عام ١٩٦١م، وهو إلى جانب توليه مركز الرأي الآخر للدراسات، وحضوره المنتظم في وسائل الإعلام للحديث عن الشأن العراقي كخبير ومحلل

---

(١) توفيق الحبالي: هو مدير تحرير جريدة إعمار كربلاء الناطقة باسم الحكومة المحلية في مدينة كربلاء المقدسة ويرأس مجلس ادارتها المحافظ المهندس آمال الدين الهر، وقد نشرت المقابلة في العدد الصادر في شهر تموز عام ٢٠١٠م.

والحبالي: كاتب وإعلامي، ولد في مدينة النجف الأشرف في ٢٩/٦/١٣٩٣هـ (١٩٧٣م)، رأس تحرير مجلة المعرفة الصادرة في كربلاء في الفترة (٢٠٠٥ ـ ٢٠٠٦م) وفي منتصف العام ٢٠٠٦ م وحتى يومنا هذا يتولى تحرير جريدة إعمار كربلاء.

سياسي، واحد من الباحثين والمحققين العاملين في دائرة المعارف الحسينية والمشرف على الجانب الإعلامي فيها.

*** إعمار كربلاء: هل لنا أن نعرف بداية نشأة دائرة المعارف الحسينية؟**

- **الخزرجي**: انطلق مشروع كتابة الموسوعة الحسينية لدى مؤلفها سماحة البحاثة الدكتور الشيخ محمد صادق الكرباسي في مساء الحادي عشر من شهر محرم الحرام عام **١٤٠٨** هـ الموافق للعام **١٩٨٧**م، على أن البداية كانت عام **١٤٠٠** هـ (**١٩٨٠**م).

*** إعمار كربلاء: ما الذي يميز الموسوعة الحسينية عن الكثير من الكتب والمؤلفات الخاصة بالإمام الحسين عليه السلام ونهضته المباركة؟**

- **الخزرجي**: تعتبر الموسوعة الحسينية نادرة التأليفات قديما وحديثا، حيث إن أعدادها تفوق الستمائة مجلد في ستين بابا وكلها تدور حول شخصية واحدة هي الإمام الحسين عليه السلام ونهضته المباركة، ومؤلفها واحد، هو الموسوعي الدكتور الكرباسي، وصدر منها حتى يومنا هذا ستون[١] مجلداً.

ومن المفارقات أن سؤالكم هذا هو ذاته الذي وجّهته اللجنة المشرفة في موسوعة غينز للأرقام القياسية ومقرها لندن، إلى المركز الحسيني للدراسات الذي تصدر عنه أجزاء الموسوعة في معرض استعدادها لوضع الموسوعة في قائمة الأرقام القياسية.

*** إعمار كربلاء: هل أفهم من كلامكم أن أعداد الموسوعة كلها مكتوبة؟**

---

(١) الأجزاء التي صدرت حتى اليوم بلغت أكثر من خمسة وسبعين جزءاً.

ـ **الخزرجي**: في العام ١٩٩٣ م صدر عن دائرة المعارف الحسينية تعريف عام بالموسوعة قمت بإعداده وصدر في خمس طبعات في سنوات عدة وفي خمس لغات هي: العربية والانكليزية والفرنسية والفارسية والأردوية، في حينها بلغت أعداد الموسوعة المخطوطة ٣٠٠ مجلد، وفي العام ٢٠٠٠ م قام الإعلامي والأديب العراقي المقيم في لندن الأستاذ علاء جبار الزيدي، بإعداد تعريف جديد عن الموسوعة التي كانت قد بلغت نحو ٥٠٠ مجلد، ونحن في النصف الثاني من عام ٢٠١٠ م وقد بلغت أعداد الموسوعة أكثر من ٦٠٠ مجلد.

*** إعمار كربلاء: هل يعني هذا أن المؤلف الكرباسي كرّس كل وقته لهذه الموسوعة الرائدة؟**

ـ **الخزرجي**: من خلال معايشتي مع المؤلف نحو عقدين، وجدته مصداقا للمأثور: (الوقت كالسيف إن لم تقطعه قطعك)، ومصداقا للمأثور[1]:

"إعمل لدنياك كأنك تعيش أبدا واعمل لآخرتك كأنك تموت غدا"

فهو دائم الكتابة ودائب التحقيق والبحث، يكتب في الحضر والسفر، ويكتب في البيت وفي المكتب ويكتب في الطريق في الذهاب والإياب، فهو موسوعي متعدد المواهب يوظف إبداعه في دائرة المعارف الحسينية وفي غيرها.

*** إعمار كربلاء: أي أن المؤلف لم يقيد نفسه في الكتابة الحسينية؟**

---

(١) ينسب للإمام الحسن بن علي عليه السلام، انظر: النوري: حسين، مستدرك وسائل الشيعة: ١/١٤٦ ب٦٢ ح٢٢٠.

ـ **الخزرجي**: مواهبه تذهب به مذاهب مختلفة في الكتابة، فهو شاعر وعروضي، وهو فقيه ومفسر، وهو بحاثة ومحقق، وفوق هذا وذاك لم ينقطع عن الناس، يستقبلهم، ويتلقى اتصالاتهم، ويحل مشاكلهم، فهو طاقة غير طبيعية، لا يمكن إدراكها حتى من قبل الذي يتعاملون معه باستمرار على قلتهم.

*** إعمار كربلاء: ما العلة في وجود مقدمة في كل باب من جزأين أو أكثر أو أقل؟**

ـ **الخزرجي**: في الواقع أن كل باب من أبواب الموسوعة الحسينية الستين ينفتح على علم من العلوم، وبالتالي فإن الدكتور الكرباسي يرى من الضروري أن يقدم لكل باب مقدمة مستفيضة تتناول ذلك العلم، أي أنه يقوم بتقعيد وتأصيل ذلك العلم قبل الدخول في الباب المتعلق بالإمام الحسين عليه السلام ونهضته، وهذا ما نراه في باب التشريع وباب السيرة وباب الحديث وباب السياسة وباب الخطابة وغيرها.

*** إعمار كربلاء: كيف مُنح سماحته شهادات الدكتوراه؟**

ـ **الخزرجي**: في اعتقادي أن موسوعة بهذا الحجم وما فيها من تحقيق وبحث يستحق مؤلفها أكثر من ذلك، ولكن مقدمة كل باب لها دخل في منحه أربع شهادات في الإبداع، والقانون، والعلوم الإسلامية، من جامعات في أميركا وسوريا ولبنان، فكل مقدمة هي في واقعها رسالة دكتوراه، فالمنهج الذي اتبعه الدكتور الكرباسي في تناول الباب والعلم الذي يبحثه هو أقرب بشكل كبير إلى المنهج الأكاديمي، والنتائج التي توصل إليها مدعومة بفقاهته وموسوعيته.

* **إعمار كربلاء: لماذا يهتم المؤلف على أن يختم كل جزء بمقدمات أجنبية وبلغات مختلفة؟**

- **الخزرجي**: كل مقدمة أجنبية هي عبارة عن قراءة نقدية أو شبه نقدية للمجلد يقدم فيها صاحب المقدمة رأيه في الإمام الحسين عليه السلام ونهضته، وعموم الموسوعة الحسينية، وخصوص الجزء الذي بين يديه.

والمؤلف شديد الحرص على أن تكون الشخصية من أعلام الإنسانية بغض النظر عن الدين والمذهب والجنسية، بل يعتقد أنه من الأفضل أن نستكشف آراء المفكرين والمستشرقين وأصحاب الديانات والمذاهب الأخرى حول النهضة الحسينية، على أن تكون بلغاتهم الأم، ولذلك فهناك آراء جديدة ضمتها أجزاء دائرة المعارف الحسينية.

* **إعمار كربلاء: وكيف يتاح للناطقين بالعربية الاطلاع على هذه الآراء إذا كانت تكتب بغير العربية؟**

- **الخزرجي**: وهذه مهمة المركز الحسيني للدراسات في لندن، وقد صدر لي حديثا كتاب (نزهة القلم) وهو يضم قراءة نقدية متنوعة لعشرين جزءا من الموسوعة الحسينية مع المقدمات الأجنبية باللغة العربية والسيرة الذاتية لكل علم من أعلام البشرية وفيهم المسيحي والسيخي واليهودي والمسلم والآشوري وغيرهم، وفيهم الأكاديمي والمفكر ورجل الدين وغيرهم.

وكذلك يمكن قراءة العدد الكبير من المقدمات الأجنبية وعموم الموسوعة الحسينية على شبكة الانترنت على الموقع التالي: (www.hcht.org).

* **إعمار كربلاء: لماذا يهتم المؤلف بسيرة الخطباء كما في كتاب**

(معجم خطباء المنبر الحسيني) أو سيرة الشعراء كما في كتاب (معجم الشعراء)؟

ـ **الخزرجي**: يؤمن الشيخ الكرباسي أن تكريم الإنسان المبدع يكون في حياته لا بعد وفاته، كما أن إحياء ذكر المبدعين الراحلين يكون بتعريفهم للأجيال من خلال ترجمة حياتهم وسيرتهم الذاتية، من هنا فهو كما يؤصل للخطابة وتاريخها يؤصل للمنبر الحسيني والخطابة الحسينية، ويعمل على التعريف بكل من له بصمة في سجل النهضة الحسينية.

* **إعمار كربلاء: هل من كلمة أخيرة؟**

ـ **الخزرجي**: لا اخفيكم سعادتي للتطور العمراني الذي تشهده مدينة كربلاء سنة بعد أخرى، وهنا لابد أن نشير إلى الجهد المبارك للحكومة المحلية في كربلاء المقدسة وشخص المحافظ الموقر المهندس الأستاذ آمال الدين الهر، واهتمامها بإظهار معالم كربلاء المقدسة والنهضة الحسينية المباركة من خلال فعاليات (مهرجان يوم كربلاء) الثاني الذي اقيم في الفترة (١ ـ ٣ شعبان ١٤٣١هـ)، وقيامها بطباعة كتابنا (نزهة القلم) وتوزيعه في المهرجان، حيث أعتبر مثل هذه الجهد الإعلامي، خطوة حضارية مباركة في طريق تكريم أعلام هذه المدينة المقدسة الذين يسخرون إبداعهم من أجلها ومكينها الإمام الحسين عليه السلام، وأتمنى أن يصار إلى تعميمها في المحافظات العراقية الأخرى بأن تقوم كل حكومة محلية باتخاذ يوم لها تعمل فيه على إبراز انجازاتها وتكريم أعلامها من مبدعين ومفكرين وأكاديميين وإعلاميين وفنانين وغيرهم.

إبداع في الغربة وتألق في الوطن

حاوره: عبد عون النصراوي[(١)]

الدكتور نضير الخزرجي ابن مدينة كربلاء وعلم من أعلام العراق الذي استطاع أن يتجاوز محنة الهجرة شاباً وأن يشق طريقه في عالم الأدب والإعلام والسياسة والدراسات الأكاديمية، وله حضور متميز في دائرة المعارف الحسينية المتميزة في لندن.

لم يكن وجوده في العراق محض صدفة بل لدعوته من قبل إدارة مهرجان ربيع الشهادة العالمي السادس الذي تنظمه العتبتان المقدستان الحسينية والعباسية، وبفضل دعوة الأديب الحاج علاء محمد حسن الكتبي لمجموعة من الأدباء والمثقفين في ديوانه في قضاء الهندية (طويريج) بكربلاء التقيت به لأجري معه هذا الحوار[(٢)].

---

(١) عبد عون النصراوي: هو ابن صالح بن هادي، ولد في قضاء الحسينية بكربلاء سنة ١٩٧٧م، كاتب وصحفي وإعلامي، له دبلوم لغة انكليزية، يكتب في صحف ومواقع مختلفة، وحالياً مدير تحرير جريدة "أنوار كربلاء" الصادرة في قضاء الهندية (طويريج) بكربلاء وصاحب امتيازها ورئيس تحريرها الأديب الأستاذ علاء بن محمد حسن الكتبي.

(٢) نشرت المقابلة في جريدة أنوار كربلاء في شهر تموز عام ٢٠١٠م، وتم إعادة نشرها فيما بعد في العشرات من الصحف والمجلات والمواقع الالكترونية، منها: موقع قرية المطيرفي بالأحساء بتاريخ ٢٠١٠/٨/٤م، وموقع أقلام حرّة بتاريخ ٢٠١٠/٨/٤م، وموقع مأتم السنابس بالبحرين بتاريخ ٢٠١٠/٨/٥م.

*** أنوار كربلاء: ولدت في مدينة كربلاء، فكيف كانت النشأة والذكريات؟**

ـ **الخزرجي**: ولدت عام ١٩٦١ م لأب كربلائي وهو الحاج الشيخ رشيد بن حميد بن علي الخزرجي المتوفى عام ١٩٧٠م، ولأم كظماوية هي الحاجة أميرة بنت حسين زيني المتوفاة عام ١٩٨٩م، ونشأت في منطقة باب النجف بسوق الصفارين "عگد الدجاج" في بيت جدي الأكبر، حيث مسقط رأسي ورأس والدي، الحاج علي البغدادي الشهير بالحاج علي شاه بن عبد الحميد العطار البغدادي، وتنتهي ذكرياتي مع سن الثامنة عشرة حيث تركت العراق مرغماً في هجرة قسرية إلى سوريا، وقبل ذلك تعرضت للتحقيق من قبل رجال الحزب البائد أكثر من مرة في مرحلة المتوسطة والإعدادية، وسجنت في مديرية أمن كربلاء وسجن الرجيبة خارج كربلاء في نهاية عام ١٩٧٩ م وبداية عام ١٩٨٠م، وتعلمون ماذا يعني السجن لطالب مدرسة متهم بالانتماء إلى تنظيم أو حزب معاد للنظام حيث تم اعتقالي من داخل إعدادية القدس في حي العباس، وبعد خمسة أسابيع أطلق سراحي لأنني وبقوة الله وبفضل أئمة أهل البيت عليهم السلام ودعوات الأم صبرت أمام أنياب رجال الأمن رغم التعذيب البدني والنفسي، ولكنهم عادوا إلي في تموز عام ١٩٨٠م وحاصروا منزلنا في حي الأسرة التعليمية غير أني وضمن الخطة الأمنية التي وضعتها لنفسي في مثل هذه الظروف استطعت النفاذ من بين أيديهم وتنقلت خلال شهر في أحد عشر موضعا بين بغداد وكربلاء والمسيب حتى هاجرت خائفاً أترقب لا أملك من حطام الدنيا غير ٩٥٠ فلساً، ولذلك حينما عدت عام ٢٠٠٣ م في السنة التي سقط فيها نظام صدام، لم يبق من أصدقاء الطفولة إلا أقل من أصابع اليد

الواحدة فبعضهم أُعدم وبعضهم غيبتهم السجون وانقطعت أخبارهم وبعضهم هاجر مثلنا، وهنا شعرت بالغربة الحقيقية وأنا في مسقط رأسي.

*** أنوار كربلاء: للثقافة أفق واسع مترامي الأطراف، من أي باب ولجت إلى عالم الثقافة؟**

ـ **الخزرجي**: منذ صغري كنت مولعاً بالقراءة، وترددي الكثير منذ صغري على مكتبة الزهراء لصاحبها المرحوم حسن الگلگاوي في شارع الإمام علي في بداية عگد ـ زقاق ـ النعلجية، ومن ثم عملي فيها لخمس سنوات حتى خروجي من العراق أكسبتني الكثير، ولا أنسى في هذا المقام أستاذي الفاضل في مدرسة العزة الإبتدائية في منطقة باب طويريج الأستاذ صالح عوينات (أبو غيث)[1] حيث حبّب إلى طلابه قراءة الأدب العربي، فهو بأسلوبه الجميل زيّن إليّ القراءة، كما لا انسى فضل الشهيد الأستاذ سعد البرقعاوي فقد تعلمت على يديه الكثير خلال دورة مكثفة لمدة شهر عقدت في مقبرة السيد محمد المجاهد الطباطبائي في سوق التجار وسط كربلاء.

أستطيع القول أنني دخلت عالم الثقافة من خلال الأدب، ومنه إلى عالم المقالة السياسية والأدب السياسي.

*** أنوار كربلاء: ساهمت وكتبت العديد من النشرات الخاصة**

---

(١) صالح عوينات: هو ابن مهدي بن أحمد عوينات التميمي، ويشتهر بأبي غيث نسبة لولده البكر، ولد في مدينة كربلاء المقدسة بالعراق في محلة باب النجف سنة ١٩٤٤م، نال الدبلوم من معهد إعداد المعلمين، ومارس وظيفته التعليمية والتربوية سنة ١٩٦٨م في بغداد بمدرسة "أبو فراس"، وفي عام ١٩٦٩م انتقل إلى مسقط رأسه وتولى التعليم في مدرسة "العزة" الابتدائية لمدة ٢٨ عاماً، ثم في مدرسة "واحد أيار" لمدة ٤ سنوات، وبعدها في مدرسة "أبو الأحرار لليافعين" لعامين، ثم أحال نفسه على التقاعد في ٢٠١١/٦/٣١م متفرغاً للعمل في مكتبته "المكتبة الأهلية" لبيع الصحف والكتب والقرطاسية الذي ظلّت تلازمه طيلة مهنته الشريفة في التربية والتعليم.

والصحف وأنت في مقتبل العمر وبخاصة في "أوراق الوعي الثائرة"، ماذا تعني لكم تلك المرحلة؟

ـ **الخزرجي**: مجلة "أوراق الوعي الثائرة" مجلة حزبية خاصة معارضة لنظام بغداد، وكان يتم التناوب بين خلايا منظمة العمل الإسلامي على تحريرها وإصدارها كل شهر، وقد أتيح لي تحرير بعضها، ولم تكن المجلة ثقافية أو خبرية فحسب، بل كانت تضم التحقيقات الصحافية، واذكر أنني ومع أحد الأصدقاء[1] ذهبنا إلى مدينة تكريت وذلك نحو عام ١٩٧٨ م وعملت تحقيقا عن أسواقها وبضائعها، لاكتشف أن أسواق المدينة لا تعاني مما تعاني منه أسواق كربلاء والمدن الأخرى من شحّة مفتعلة في بعض المواد الغذائية والإنشائية، وقد نشر التحقيق في هذه المجلة.

في اعتقادي إن مرحلة العمل الصحافي الخاص في كربلاء تمثل بالنسبة لي مرحلة إعداد ساعدتني كثيراً في المرحلة اللاحقة التي بدأت مباشرة بعد الهجرة حيث عملت محررا في مجلة "الشهيد" التي كانت تصدر باللغة العربية من طهران منذ عام ١٩٨١ م كما حررت في مجلة "الجهاد" التي كانت تصدرها منظمة العمل الإسلامي قبل أن تتحول إلى جريدة "العمل الإسلامي" منذ عام ١٩٨٢م.

وهنا لابد من الإشارة أنني دخلت منظمة العمل الإسلامي عام ١٩٧٦ م ولا أنسى في هذا المقام فضل الشهيد محمد مهدي بن كاظم بن حسين الدورگي الكعبي رحمه الله فكان لي مربيا وأخا ومسؤولا، وكانت لي مع أخيه الأصغر الشهيد محمد حسين الدورگي ذكريات كثيرة، وكانت منطقة

---

(١) هو الأستاذ السيد صفاء بن أحمد بن عبود ضياء الدين، ولد في كربلاء المقدسة في ١٢/٣/١٩٦١م، نشأ ودرس في مسقط رأسه وأكمل الدراسة الجامعية في يوغسلافيا ونال من جامعة بلغراد بكالوريوس هندسة "سيطرة ونظم مياه"، سكن هولندا لسنوات عدة ويقيم حاليا في لندن.

باب الخان حيث مسكنهم تمثل لي ملعب صباي الثانية، على أنني تركت المنظمة عام ١٩٩٢م بعد أن رأيتها قد اصبحت منظمة أسرية، لكن الشيء المهم أن أدبيات المنظمة كانت إحدى الدوافع الرئيسة لرسائلي في البكالوريوس والماجستير والدكتوراه.

*** أنوار كربلاء: كتبت مقالا تحت عنوان: "إغتراب واحتراب على أبواب الوطن" هل هي يوميات مغترب أم إرهاصات شاعر؟**

- الخزرجي: هذه المقالة هي قراءة أدبية للجزء العاشر من ديوان الأبوذية الصادر عن المركز الحسيني للدراسات بلندن، وهذا الديوان هو جزء من أجزاء دائرة المعارف الحسينية، وقد كتبت فيها ما يعبر عن دواخل كل مغترب، فقلت: (واحدة من أمض الشكاوى على قلب المرء، هو البعد عن الوطن، وأشد مضاضة البعد القسري، لأن الوطن هو الحاضنة الأمينة، والصدر الحنون، وهو الأم إن عزّت الأمومة، فلا بديل عن الوطن كما لا بديل عن الأم، إلا إذا كانت الظروف أقوى من المرء، ولذلك اشتاق نبي الرحمة محمد ﷺ إلى مكة مسقط رأسه عندما كان في طريقه إلى المدينة المنورة في هجرته، وذكر مولده ومولد آبائه فأتاه جبريل عليه السلام فقال أتشتاق إلى بلدك ومولدك؟ فقال ﷺ: نعم، فقال جبرئيل عليه السلام: فإن الله عز وجل يقول: إن الذي فرض عليك القرآن لرادك إلى معاد يعني لرادك إلى مكة ظاهراً عليها، قال رجل من بني زهرة: رأيت رسول الله ﷺ وهو على راحلته بالخرارة، وهو يقول لمكة: والله إنك لخير أرض الله وأحب أرض الله إلي ولولا أني أُخرجت منك ما خرجت (روضة الواعظين للفتال النيسابوري: ٢/ ٤٠٦).

فلا ملامة إن بث المرء شكواه وهو في بلد الاغتراب، فما الاغتراب إلا احتراب بين كوامن النفس ومشاعرها لحمل البدن على العودة إلى

الوطن الأم، احتراب بين الحاضر والماضي لبناء مستقبل أفضل، من هنا أبدع الشعراء حينما تذكروا الوطن، فمن أجدر باستشعار الحنين إلى الوطن من أصحاب الشعور والمشاعر، ولذلك تجد الوطن مفردة حاضرة في شعر الأبوذية).

في الواقع أن الغربة فيها مصاعب ومتاعب، ولكن المدار قائم على المغترب نفسه، فيستطيع أن يخرج من حلقتها خالي الوفاض، أو أن يلج منها ممتلأً، وبالنسبة لي استفدت من الهجرة في تقويم قلمي، والاستفادة من التسهيلات الموجودة في بريطانيا في إكمال دراستي الأكاديمية إلى جانب العمل وإدارة الأسرة، ولم تمنعني الدراسة من ممارسة النشاطات الثقافية والاجتماعية والإعلامية، فالإنسان بحاجة إلى تنظيم وقته حتى يأخذ حظه من هذه الدنيا، ومن يتمترس بالأسرة والعمل دون مواصلة الدراسة فهو واهم.

*** أنوار كربلاء: من هو الشخص الأكثر تأثيراً في حياتكم العلمية أو العملية؟**

ـ الخزرجي: ليس هناك شخص بعينه، فحياة الإنسان مراحل، وفي كل مرحلة هناك أناس يكون لهم التأثير المباشر، وفيما يخص الدراسة فإن أخي المرحوم سمير الخزرجي (١٩٤٧ ـ ١٩٧٩م) أستاذ اللغة العربية في إعدادية كربلاء كان شديد الحث لي على الدراسة ولا أنسى اليوم الذي توفى فيه، فقد علمت انه سيرحل عن هذه الدنيا عما قريب جداً وكان هو يعرف ذلك، فمرض السرطان لم يمهله كثيراً، فلم اذهب ذلك اليوم إلى الإعدادية حتى أقوم بخدمته مع والدتي، لكنه رفض وجودي معه وقال لي إن مكانك في المدرسة وليس هنا، فاعتذرت له ببعض الأعذار ولكنه رفضها جملة وتفصيلا وقال لي: لو كنت تريد مساعدتي فعليك أن تجدّ في دروسك وان تذهب حالا إلى المدرسة، فأذعنت له، ولما عدت بعد الظهر

كان ينازع النفس الأخير، وحتى اليوم أذكّر أولادي بعمِّهم حتى يجدّوا في حياتهم الدراسية والعملية، ولهذا فإن ابني الأكبر محمد رضا الخزرجي المولود عام **١٩٨٧** م تخرج في العام **٢٠٠٩** م مهندسا في الحاسوب وكان الأول على دفعته، وبين الفينة والأخرى كنت اذكر له موقفي مع عمه يوم وفاته، وأظنه استفاد من توصياتي وذكرياتي.

أما في الوقت الحاضر ومنذ سنوات، فإن احتكاكي شبه اليومي مع سماحة البحاثة الشيخ الدكتور محمد صادق الكرباسي، يقدم لي الشيء الكثير.

*** أنوار كربلاء: لم تقتصر كتاباتك على الثقافة فحسب بل السياسة والتاريخ والتراث والدين.. هل أن قراءاتك متعددة المشارب أم تكتب وفق ما يتطلبه الموقف؟**

ـ **الخزرجي**: بدأت الكتابة منذ صغري محبا للأدب، وأذكر أن مدرس الإنشاء في متوسطة الكرامة شكك في عائدية موضوع الإنشاء الذي كتبته، وتساءل فيما إذا كان أحدهم كتبه لي أو ساعدني على الكتابة، وفي صغري كنت أواظب على قراءة مجلة "مجلتي" وجريدة "المزمار"، ثم قراءة القصص والروايات والدواوين الشعرية، وساعدني وجودي في مكتبة المرحوم حسن الگلگاوي على القراءة الكثيرة، ونظمت الشعر في مقتبل حياتي ولكنني تركت النظم إلى أهله، فالقوافي ليست بضاعتي ولا أميل إلى الشعر الحر، واكتفيت بساحة النثر أجول فيها بما تسعفني ثقافتي، فكتبت في السياسة بحكم عملي الصحافي، وكتبت في الأدب السياسي، وكتبت المقالة الأسبوعية، وكتبت العمود الأسبوعي، وأصبحت مديرا لتحرير مجلة الشهيد (طهران)، ورئيسا لتحرير مجلة الرأي الآخر (لندن)، ومديرا لتحرير مجلة الكلمة (لندن) وقمت بتدريس فن الخبر والتحقيق الإخباري

لسنوات عدة، وبعض ممن أفضت عليه مما أفاض الله عليّ يعمل في صحف يومية كبيرة، كصحيفة الشرق الأوسط السعودية.

كتبت في معظم الحقول النثرية، وزاد من صقل قلمي دراستي الأكاديمية خلال مراحل البكالوريوس والماجستير والدكتوراه، كما أن عملي في دائرة المعارف الحسينية نوّع من ألوان الكتابة بتنوع أبواب الموسوعة.

*** أنوار كربلاء: ما هي آخر مشاريعك البحثية؟**

ـ **الخزرجي**: أعد للطبع رسالتي في الماجستير، وهي المعنونة ابتداءً "التعددية والحرية في المنظور الإسلامي"[(١)].

*** أنوار كربلاء: بما أنكم تلعبون دوراً أساسيا في إحياء التراث الإسلامي والحسيني على وجه الخصوص، فما الذي قدمتموه لهذا التراث من مؤلفات؟**

ـ **الخزرجي**: كتبت في هذا المجال نحو مائة بحث ودراسة ومقالة نشرت في المئات من وسائل الإعلام المقروءة والإلكترونية، وفي العام الجاري ٢٠١٠م صدر لي كتاب "نزهة القلم.. قراءة نقدية في الموسوعة الحسينية" يضم عشرين دراسة نقدية متنوعة لعشرين جزءاً من دائرة المعارف الحسينية في نحو ٥٦٠ صفحة من القطع الوزيري، وهو يبحث في تراث كربلاء والنهضة الحسينية، وقد قامت الحكومة المحلية في كربلاء بطبعه وتوزيعه إكراما للمدينة المقدسة وتكريما لنا واحتفاءً بدائرة المعارف الحسينية.

*** أنوار كربلاء: هل لك أن تصف لنا علاقتك بالشيخ محمد صادق الكرباسي؟**

---

(١) صدر الكتاب في ٤٠٠ صفحة من القطع الوزيري عام ٢٠١١م، عن بيت العلم للنابهين في بيروت (لبنان) ومكتبة دار علوم القرآن في كربلاء المقدسة (العراق).

ـ الخزرجي: تعود معرفتي بسماحة الفقيه الشيخ محمد صادق بن محمد الكرباسي المولود في كربلاء المقدسة عام ١٩٤٧ م إلى العام ١٩٩٣ م في لندن، وعملت معه لسنوات عدة في مجالات إعلامية وثقافية، وعدت بعد فترة للعمل في دائرة المعارف الحسينية، وهو في واقعه مدرسة متعددة الأبعاد، وأعتبر نفسي تلميذا في هذه المدرسة.

* أنوار كربلاء: كيف تصف لنا منهجية الشيخ الكرباسي في التحقيق؟

ـ الخزرجي: يتحقق الصواب من ضرب الأمور ببعضها، وهذا نهج يتبعه المحقق الكرباسي في كتاباته، مصادره كثيرة ومتنوعة، ولا يهتم بالزمن بقدر ما يهتم باستحصال المعلومة، وفي بعض الأحيان يبحث عن معلومة صغيرة لأيام عدة حتى يحصل عليها، وفي بعض الأحيان يتابع المعلومة لأسابيع وأشهر حتى يقتنصها، ولا يسلّم بالمعلومة وإن جاءت في كتاب معتبر ولا ترهبه الأسماء اللامعة، فبقدر ما يسوقه بحثه وتحقيقه يسلّم بالمعلومة وإن خالفت كتاباً مشهورا أو تقاطعت مع رؤية علم بارز، فديدنه الحق والصواب.

ومن يقرأ مقدمة كل باب من أبواب الموسوعة التي تأتي في جزء أو جزأين أو ثلاث حسب المقام، يكتشف تطابق ما يكتبه مع معايير كتابة الرسالة البحثية الأكاديمية، ولذلك فلا غرو أن يمنح بسبب هذه المقدمات أربع شهادات دكتوراه من أميركا ودمشق وبيروت.

* أنوار كربلاء: ما هو دور الدكتور نضير الخزرجي في دائرة المعارف الحسينية؟

ـ الخزرجي: أعمل باحثا في الموسوعة الحسينية، ولي الشرف أن أكون ناطقها الإعلامي، فلي مساهمات متلفزة ومذاعة في التعريف بدائرة المعارف الحسينية من قبيل: قناة الفرات، قناة الأنوار، قناة الفيحاء، قناة

كربلاء الفضائية، قناة الحوار، قناة الزهراء، وقناة العالم، وإذاعة محافظة كربلاء، فضلا عن الصحافة المقروءة، وما من كتاب يخرج عن الدائرة أو باسمها أو عنها إلا ولي مشاركة كتابية فيه ونشره في وسائل الأعلام المتنوعة، ومن يقرأ كتابنا "نزهة القلم" سيجد أسماء المئات من وسائل الأعلام المختلفة التي تناولت أجزاء الموسوعة الحسينية.

* أنوار كربلاء: ما هي البحوث التي تركزون عليها وترون أن الأمة بحاجة ماسّة إليها؟

ـ الخزرجي: على مستوى شخصي، اعتقد أن الأمة بحاجة إلى ثقافة التغيير، والعمل بمقتضى الحال، ولذلك كانت رسالتي في الماجستير في التعددية والحرية، ورسالتي في الدكتوراه في مشروعية أو شرعية العمل الحزبي، فالتعددية السياسية والحرية والعمل الحزبي هي من مقتضيات الحال، وبخاصة بعدما شهدت دول عربية وإسلامية صعود الحركات الإسلامية إلى سدة الحكم كما في إيران وتركيا والعراق.

* أنوار كربلاء: ساهمت وشاركت في العديد من المؤتمرات والمهرجانات الدينية والأدبية والثقافية، ما هي انطباعاتك عن هذه المؤتمرات؟ وهل هي تصب في خدمة الثقافة والمثقفين العراقيين؟ وما هو مدى جدية القائمين عليها في تطوير وتحسين الوضع الثقافي العراقي؟

ـ الخزرجي: ابتداءً لابد من الإقرار بأن أي مؤتمر صغر أو كبر فيه فائدة منظورة في المديات القصيرة والبعيدة، ولاشك أن القائمين على أي مؤتمر بخاصة في المجالات الثقافية يبغون خدمة الثقافة والمثقفين، ولكن الشيء الثابت أن الأمور بخواتيمها، والنتائج منعقدة مآلها بالمقدمات، فإذا أمكن ترجمة ما يرشح عن هذا المؤتمر أو ذاك إلى واقع عملي حصلت

الفائدة المرجوة، وبخاصة في مجال رعاية شؤون المثقفين الذين يوظفون أقلامهم وأرواحهم من أجل خدمة الأمة وثقافتها، واعتقد أن من أولويات الترجمة أن يصار إلى جمع الدراسات والأبحاث والمقالات والمقترحات في كتاب مستقل، وهذا ما ينقص معظم المهرجانات الثقافية، بل أن بعض المهرجانات السنوية تقرر في ديباجتها طبع كتاب في خاتمة كل مهرجان، لكنها تتنكب عن ذلك، ويذهب كل شيء إلى حاله ولا هم يحزنون!

*** أنوار كربلاء: هل تعتقد أن الباحث أو المثقف قادر على التأثير في صناعة القرار السياسي؟**

ـ **الخزرجي**: لو لم يكن له التأثير الكبير لما خافته الحكومات والشخصيات المتنفذة في السلطة، فيصار إلى قمعه بالتهميش أو التخميش، أو كسر قلمه أو قطع رقبته، فالباحث الحيوي يقدم تصوراته في هذا الشأن أو ذلك بما يدفع بعجلة الأمة إلى الأمام وكذا المثقف، ويكون بذلك شريكا في صنع القرار السياسي بالمباشرة أو عن بعد.

*** أنوار كربلاء: ما هي القواعد التي يعتمد عليها الفكر والمنهج الحسيني من وجهة نظركم؟**

ـ **الخزرجي**: يقوم المنهج الحسيني على قاعدة الإصلاح بما يساعد على النهوض بالأمة، وهو منهج الإسلام الذي يهمه حياة الإنسان وكرامته في الدنيا والآخرة، والعفو عند المقدرة، والتسامح والتعاطف والابتعاد عن دائرة الثأر التي تأكل الأخضر واليابس، ولذلك فإن حركة الإمام الحسين عليه السلام هي نهضة وليست ثورة.

*** أنوار كربلاء: هل يقبل المذهب الشيعي بالآخر بمعنى: هل يتعايش مع المذاهب الأخرى والأديان؟**

ـ **الخزرجي**: إن مذهب الشيعة الإمامية هو عين الإسلام، فالإسلام الذي قبل الآخر عبر مفهوم (لكم دينكم ولي ديني) وتعايش الآخر معه عبر مفهوم (لا إكراه في الدين) والإسلام الذي قبل بحتمية الاختلاف وفطرية التعدد، يقبله مذهب أهل البيت، فالمذهب القائم على عدم تكفير الآخر يتعايش مع الآخر ويعيش الآخر معه، ولذلك عندما بعث الإمام علي عليه السلام مالك الأشتر النخعي إلى أهل مصر، كان يعلم أنه يبعثه إلى شعب فيه المسلمون والأقباط، ولذلك كتب في رسالته وتوصياته: الناس صنفان إما أخ لك في الدين أو نظير لك في الخلق، فالأخ إشارة إلى المسلمين والنظير إشارة إلى الأقباط حيث طلب التعامل معهم على أساس المواطنة.

*** أنوار كربلاء: يتهم البعض الشيعة بأنهم لا يأخذون بالسنّة النبوية، فهل هم بالفعل كذلك؟**

ـ **الخزرجي**: يشتهر الشيعة الإمامية بحديث السلسلة الذهبية أي: (حدثني أبي عن جدي عن رسول الله عن جبرائيل عن الله..) كما أن عليا عليه السلام هو من أهل بيت النبي صلى الله عليه وآله وسلم قبل أن يكون من صحابته، فكل من هو من أهل بيت النبي صلى الله عليه وآله وسلم هو من صحابته ولا يصح العكس، ومن يحمل الصفتين يحدّث عن ذات السنة النبوية فهو منها وفيها وصاحب الدار أدرى بما في الدار، فهو جزء من السنة النبوية، وهم القرآن الناطق وعدله، وهم ثاني اثنين من تَرِكة خاتم الرسل محمد صلى الله عليه وآله وسلم: كتاب الله وعترتي أهل بيتي، فهم السنة النبوية.

أمة الإصلاح وإصلاح الأمة..
عنوان الوسطية[1]

كان النبي إبراهيم عليه السلام أمة واحدة كما يصفه القرآن الكريم جاء بالحنفية البيضاء، واستطاع بجهاده السلمي وصبره أن يغير من حال الأمة إلى أحسن الحال فيصلح منها ويصلح أمرها، ليضرب المقولة الخاطئة (اليد الواحدة لا تصفّق)، فكل الأنبياء بدأوا أحاداً يناضلون بالكلمة الصادقة البعيدة عن العنف من أجل صلاح الأمة فمن آمن ظفر بسعادة الدارين ومن كفر فعليه وزره.

ولا تختلف رسالة الأولياء والأئمة عن رسالة الأنبياء وأولي العزم، فجميعهم يمتحون من عينٍ واحدة ويغرفون من دلوٍ واحد، وكلهم يصبون إلى سعادة البشر بما يجلب لهم الخير ويدفع عنهم الشر، ولا يطلب الأنبياء والأئمة الأجر الدنيوي، لأنهم يؤمنون أن حياة الأمة وسعادتها هو ما يجعلهم سعداء، فسعادة المصلحين في حياة الآخرين وسعادتهم، ولذلك ما يميز المصلحين عن غيرهم هو عامل الربح والخسارة الدنيويين المعدوم أساساً من قاموسهم، لأن الإصلاح يعني التضحية بكل شيء، ولذلك وقف

---

(١) نص المقالة التي حررتها بطلب من اللجنة الإعلامية في مهرجان ربيع الشهادة السادس لنشرها في الإصدار اليومي الذي يغطي فعاليات المهرجان الذي انعقد بكربلاء في الفترة (١٦ ـ ٢١/٧/٢٠١٠م).

النبي نوح ٩٥٠ سنة يبلّغ في قومه من أجل إصلاح أمَتِهم وإقامة إعوجاهم فما آمن معه إلا قليل، ولذلك وقف نبي الإسلام يتلقى خلال ٢٣ عاما من التبليغ الأذى الجسدي والنفسي، وشعاره في المواقف الصعبة حيث عزّ النصير: (اللهم اهدِ قومي فإنهم لا يعلمون)[١]، وعفى عن القتلة والأشرار عند دخوله مكة.

فالمصلح الحقيقي هو الذي يدعو لمن يؤذيه ولا يدعو عليه، لأنه يريد حياته وإن أراد الآخر مماته، كان بإمكان النبي محمد ﷺ أن يرفض إسلام الذين شاركوا في قتل صحابته في أحد، ولكنه يفكر بحياتهم وحياة نسلهم وذراريهم قبل موتهم، فكان منهم من حمل الإسلام إلى أقاصي الدنيا، لأن الإسلام دين الحياة لا دين المماة، وكان بإمكان الإمام الحسين عليه السلام أن يرفض توبة الحر بن يزيد الرياحي يوم عاشوراء وهو الذي جعجع بركب الحسين قبل أيام ومنعه من الحركة، لكن الحسين عليه السلام ينظر في حياته وحياة ذراريه فكان من نسله الفقيه المبرز الحر العاملي[٢].

والإصلاح يعني الوسطية، ولذلك كانت أمة الإسلام أمة الوسطية ﴿وَكَذَٰلِكَ جَعَلْنَٰكُمْ أُمَّةً وَسَطًا﴾[٣]، فالأمة الوسط تطلب الحق بالتي هي أحسن ولأنها مأمورة بالإصلاح، والعنف ليس من دواعي الإصلاح، بل إن آفة الإصلاح العنف تحت مزاعم الجهاد، لأن أعظم الجهاد هو جهاد النفس، والإصلاح من جهاد النفس.

---

(١) بحار الأنوار: ١١٩/٢١.

(٢) الحر العاملي: هو محمد بن الحسن بن علي (١٠٣٣ ـ ١١٠٤هـ)، من أعلام الإمامية وفقهائها وأدبائها وشعرائها، ولد في قرية مشغرة بجنوب لبنان وتوفي في مشهد بإيران ودفن في المشهد الرضوي، ترك ٥٥ مؤلفاً منها: أمل الآمل، الجواهر السنية، ديوان شعر.

(٣) سورة البقرة: ١٤٣.

فالإمام الحسين بنهضته المباركة كشف عن الواقع المحمدي الذي ينبغي أن تكون عليه الأمة الوسط، وهو واقع كادت الترسانة الإعلامية الأموية أن تغير معالمه وتمحو رسمه وبيانه.

فالإمام الحسين كجده إبراهيم عليه السلام وكجده محمد صلى الله عليه وآله وسلم، نهضوا فرادى فكانوا في قبال الآخر أمة كاملة، فهو أمة للإصلاح وإصلاحاً للأمة، وقد أحسن من اختار هذا الشعار لمهرجان ربيع الشهادة في نسخته السادسة (٣ ـ ٨ شعبان ١٤٣١هـ)، وأحسن ثانية عندما أطلق مفهوم الأمة ولم يقيده بالإسلام لأن الحسين عليه السلام كأنبياء أولي العزم رسالته التعبوية الإصلاحية لكل البشر وإن كان هو إماما للمسلمين، فالإسلام رحمة للعالمين وليس خاصة المسلمين، والحسين عليه السلام على سيرة جده صلى الله عليه وآله وسلم، ولذلك فإن مبادئ نهضته المباركة صالحة للتطبيق في كل عصر ومصر، لأنها مبادئ تتناغم مع فطرة الإنسان السليمة التي تقرب إلى المعروف وتغرب عن المنكر، فلا غرو أن كان الحسين عليه السلام موضع احترام الديانات والنهضات الإنسانية الأخرى، لأنّ ما أتى به من إصلاح لأمور الأمة وشؤونها تأتي به الأمم الأخرى الباحثة عن الخلاص.

وهكذا كان الحسين أمة للإصلاح وإصلاحاً للأمة، وهو أحد الشهود على أمة الإصلاح.. أمة الوسط.

"نزهة القلم"
قراءة نقدية في دائرة معرفية

المركز الحسيني للدراسات ـ لندن[1]

صدر حديثا (١٤٣١ هـ ـ ٢٠١٠م) للباحث والإعلامي العراقي الدكتور نضير الخزرجي كتاب "نزهة القلم" في ٥٦٠ صفحة من القطع الوزيري صادر عن بيت العلم للنابهين في بيروت.

ويمثل الكتاب قراءة نقدية أدبية وعلمية لعشرين مجلداً من أجزاء دائرة المعارف الحسينية لمؤلفها المحقق الدكتور الشيخ محمد صادق الكرباسي، جمع فيها الدكتور الخزرجي المقيم في لندن بين الأسلوبين الإعلامي والأكاديمي، ليقدم منهجاً اختص به في استعراض الكتاب وقراءته وتقديمه للقراء بما يساعد على فهم الكتاب الأصل ومعرفة خطوطه العريضة.

وضم الكتاب إلى جانب قراءات الخزرجي عشرين مقدمة لعشرين علماً

---

(١) صدر كتاب "نزهة القلم.. قراءة نقدية في الموسوعة الحسينية" في شهر حزيران/ يونيو ٢٠١٠م، وتم توزيع خبر صدوره على وسائل الإعلام المختلفة، ونشر في العشرات منها، من قبيل جريدة المشرق اليومية الصادرة في الدوحة بقطر ليوم ٢٠١٠/٦/٢٦م، ومجلة شعائر الشهرية الصادرة في بيروت في العدد الثالث تموز ٢٠١٠م، وصحيفة بانوراما الفلسطينية بتاريخ ٢٠١٠/٦/٢٣م.

من أعلام الإنسانية أظهر كل واحد منهم رأيه في جزء من أجزاء الموسوعة، فكان فيهم السيخي والآشوري والكاثوليكي والأرثوذكسي واليهودي والمسلم، وكان فيهم الأكاديمي ورجل الدين والأديب والمثقف، حيث وضع الخزرجي بصماته المعرفية عليها.

والكتاب بحلّته الجميلة من إخراج الفنان هاشم الصابري[١]، تكفلت بطباعته الحكومة المحلية في مدينة كربلاء المقدسة إيمانا منها بأهمية الكتاب الذي يتناول جانبا كبيراً من تاريخ المدينة المقدسة ومعالمها المقدسة وتكريما للكاتب المبدع الدكتور نضير رشيد الخزرجي حيث تعتبر مدينة كربلاء مسقط رأسه، وقد قدّم محافظة كربلاء المقدسة المهندس آمال الدين مجيد الهر، كتاب "نزهة القلم" هدية مباركة إلى رجال الفكر والأدب والمعرفة.

---

(١) الصابري: هو ابن سلطانعلي بن حسين الشوشتري، ولد في مدينة قم الإيرانية في ٦/١/١٩٨٧م، سكن سوريا في الفترة (٢٠٠٤ ـ ٢٠٠٨م) ثم غادرها إلى لندن حيث يعيش فيها، حصل على دبلوم علوم من معهد "پيش دانشگاهي گيوه چي" ويدرس حالياً في قسم الإعلام في كلية كينزينغتون وچيلسي (Kensington and Chelsea College) بلندن.

نضيرُ القلم[1]

شعر: الدكتور عبد العزيز شَبِّين[2]

عَلِّمِ القَلْبَ إنْ حَكَى الخَفَقَانَا فَالهَوَى أَوْرَى لَلْحَدِيثِ بَيَانَا

يَارَبِيعًا[3] بِكَربلا مُسْتَطاباً يَتَنَدَّى بِهِ الضُّحَى رَيْحَانَا

نَضِراً[4] أَوْرَقْتَ الكَلامَ خَميلاً فَزَها السِّحْرُ بالرُّؤى تِبْيانَا

أُسْكُبِ الرُّوحَ في المِدادِ زُلالاً تُخْصِبِ الصُّحْفُ[5] رَوْضَةً وَجِنانا

---

(١) أصل القصيدة من ٣٥ بيتا من بحر الخفيف بعنوان "نضيرُ القلم" أنشأها الدكتور عبد العزيز مختار شَبِّين في ٧/١٢/٢٠٠٩م في تقريظ كتابنا "نزهة القلم" الصادر عام ٢٠١٠م عن بيت العلم للنابهين في بيروت، وكان حقّها أن تنشر مع الكتاب لولا خلل فني، ولما دعت الحكومة المحلية في كربلاء المقدسة دائرة المعارف الحسينية للمشاركة في احتفالها الجماهيري والرسمي الثاني بمناسبة يوم كربلاء للفترة (١٤ ـ ١٦/٧/٢٠١٠)، حيث كانت المحافظة قد تبنّت طباعة الكتاب لاختصاصه بالمدينة المقدسة والنهضة الحسينية، ألقى شاعرنا المبدع القصيدة في المهرجان مع إضافة تسعة أبيات، إثنان في المقدمة وسبعة في المؤخرة واختار لها عنوان "ربيع كربلاء".

(٢) عبد العزيز شبِّين: هو ابن مختار، شاعر وأديب وعروضي جزائري، له دراسات في الأدب والتحقيق والعروض والثقافة والفكر، ولد بمدينة الحرَّاش حي بلفور (حسن بادي) عام ١٩٦٩م ـ ١٣٨٩هـ، دكتوراه دولة في الأدب القديم، درَّسَ في الجامعة الجزائرية، وهو مقيم حاليا بلندن باحثا في الدراسات الإسلامية، له مؤلفات ودواوين كثيرة مطبوعة ومخطوطة منها: لكربلاء كل القصائد، رباعيات شبِّين، ورأيت أحدعشر ذئبا يا أبتي.

(٣) ربيع كربلاء: أراد به مهرجان يوم كربلاء السنوي الثاني.

(٤) نضرا: أراد به المؤلف (نضير الخزرجي).

(٥) الصحف: أراد بها دائرة المعارف الحسينية.

إنَّ حَرْفًا رَوَّيتَهُ لَيسَ يَظْمَا لَوْ تَثَنَّى قَوَّمْتَهُ أَفْنانَا
داعبِ الأَحْرُفَ العَطاشَى بِقلْبٍ كَشَذا السُّحْبِ لَمْ يَزَلْ رَيَّانَا
لُغَةٌ لِلْعُيونِ تَنْطِقُ وَحْيًا أَلْهَمَتْكَ الفُنونَ لَمَّا اسْتَبانَا
فَحَدِيثُ الأَرْواحِ للوَرْدِ أَزْكَى نَسَماتٍ والوَجْدِ أَذْكى افْتِتَانَا
حَدِّثِ الرَّمْلَ عَنْ معاني الدَّوالي تَسْقِ عَنْقاءُ كالغَمَامِ الحَزَانَى
إشْرَحِ الحُزْنَ للزَّمانِ حُسَيْنًا كِدْتُ أَنْسَى على السِّنانِ الزَّمَانَا
فَاخْلَعِ النَّعْلَ بالطُّفوفِ حُسَيْناً وتَزَمَّلْ رَمْضاءَهَا أَرْدَانَا
رَصِّعِ النَّثْرَ في الشِّفاهِ رَبيعا وتَوَشَّحْ مِنَ النَّشيدِ جُمانَا
قَلَمٌ في الحُسَيْنِ أَنْصَعُ كَفّاً وَهَوًى في الخُلُودِ أَرْفَعُ شَانَا
نُزْهَةُ[1] الذَّوْقِ قَدْ تَجُوبُ رِياضاً وتُناغِي يَراعَةً وَبَنانَا
يَا وَليداً بِكَرْبَلا كَتَبَتْ يُمْـ ناكَ عَنْهَا إلى الورى أَشْجانَا[2]
صِبْغَةُ الفَجْرِ فيكَ أَنْضَرُ وَجْهاً وَظِلالُ النَّخيلِ أَسْمَى رِعَانَا
العَصافيرُ يَكْبُرُ الحُلْمُ فيها كُلَّما رَفَّ حَوْلَها أَلْوانَا
وإذاَ عَلَّمْتَ الطُّيورَ قَصيداً تَتَراءى لكَ السَّما دِيوانَا
أَقْرِئِ الصَّامِتينَ حَولَكَ سِفراً يَتَكَلَّمْ رَجْعُ الصَّدى جَذْلانَا
فَبَقايَا الطُّفُوفِ تَشْهَقُ غَرْقَى في دِمَاهَا وتَعْلُكُ الأَحْزانَا
إنْفَجَى قَلْبُ كَرْبَلا لِلْمَآسِي فَادْخُلوا مِنْ أَبْوابِهِ وِجْدَانَا
طَابَ كَرْمٌ مِنَ النُّجُومِ عَبِيراً إذْ تُساقيكَ حَالِماً نَشْوَانَا
فَإلَى هَذِهِ الجِراحَاتِ تُسْدِي كُلَّماً يَبْعَثُ الحَصَى بُسْتانَا
رَعْشَةُ الخَوْفِ تَرْتَدي الشَّدْوَ بَرْداً وَسَلاماً فَرَحْمَةً فَأَمَانَا

(١) نزهة: إشارة إلى كتاب "نزهة القلم".
(٢) إشارة إلى مسقط رأس المؤلف في كربلاء المقدسة في ١/١/١٩٦١م.

نَهْضَةٌ لِلْحُسَيْنِ، مَوْسُوعَةٌ قَدْ   عُرِفَتْ مِنْ هِلالِهَا حَيْثُ بَانَا[١]
تَنْسَخُ الْمَجْدَ لِلْحِضَارَةِ فِقْهاً   لَيْسَ يُبْلَى وَشِرْعَةً وَرِهَانَا
مِنْكَ كَرْباسِيُّ ابْتَدَا شَغَفُ الْبَحْـ   ـثِ بِدَرْبِي عَقِيدَةً وَامْتِحَانَا[٢]
عَلَّمْتَنا الْحُسَينَ صَحْوَةَ جِيلٍ   بَعْدَ جِيلٍ يُجَدِّدُ الإِيمَانَا
كُلُّ جُرْحٍ أَوْرَى زِنَادَ الْمَنَافِي   رَاعِفاً يُزْهِرُ التُّرَابَ الْهِجَانَا
فَدُرُوسُ الطُّفُوفِ لَمْ أَنْسَهَا مِلْـ   ـحَمَةً أَحْيَتْ فِي الرَّمَادِ الْجِنَانَا
سَيِّدِي يا شَهَادَةَ الْحُبِّ بِكْراً   قَدْ تَلَظَّى حَفَّظْتَنِيهِ طِعَانَا
أَيْنَ رَكْبُ الشُّمُوخِ يَمْتَدُّ نَخْلاً   بَاسِماً فِي مِعْرَاجِهِ لا جَبَانَا
نَغَمَاتِي سَجْنَى بِحُبِّيَ لَيْلاً   لَمْ أَجِدْ مِنْ قَيْدِي لَهَا أَوْزَانَا
إِفْتَحُوا لِلْهَزَارِ نَافِذَةَ الشَّمْـ   ـسِ وَرُدُّوا لِثَغْرِهِ الأَلْحَانَا
فَأَقِمْ مِنْهُ فِي الْقُلُوبِ مِثَالاً   ظَلَّ نَجْماً مُجَنَّحاً ما اسْتَكَانَا
هَكَذَا كَرْبَاسِيُّ رَتَّلَهَا رُغْـ   ـمَ غَوَاشِي مَحْلِ الْجَفَا قُرْآنَا
حِينَ أَغْسَى الْمَكَانُ ظَلَّ حُسَيْنُ الـ   ـدَّوْحِ يُذْكِي مَدَى الزَّمَانِ الْمَكَانَا
فَلِكُلِّ امْرِئٍ صَحَا فِي الْحُسَيْنِ الـ   ـنَّجْمِ شَمْعٌ يَشِعُّ مِنْهُ عِيَانَا
حَافِظاً كَرْبَلا الْحُسَيْنِ سَقَيْتَ الـ   ـكَأْسَ ثَجَّاجاً مِنْ نَدَاهُ الْعَوَانَا[٣]
قَدْ سَكَبْتَ الْيَرَاعَ فِيهَا فُرَاتاً   وَكَشَفْتَ الْمَكْنُونَ ثُمَّ الْكِنَانَا
وَبِكَفِّ الْحُسَينِ فَلَّقْتَ غَيْمًا   بَعْدَ أَنْ كَانَ أَغْبَراً رَيَّانَا

(١) موسوعة: إشارة إلى موسوعة دائرة المعارف الحسينية للكرباسي.
(٢) كرباسي: أراد مؤلف دائرة المعارف الحسينية سماحة الفقيه الشيخ الدكتور محمد صادق بن محمد الكرباسي.
(٣) الحافظ: إشارة إلى محافظ مدينة كربلاء المقدسة المهندس آمال الدين بن مجيد الهر.

هَـذهِ الأَرْضُ مَغْـرِسُ الْـمَـجْـدِ قِـدْماً لا تَــزالُ الــرِّمــالُ تَــغْــلـي دِهَــانــاً
كَـرْبَـلائِـيّـاً قَـدْ طَـلَـعْـتَ حَـمَـامـاً تَـتَـحَـدَّى مِـنْ سِـجْـنِـكَ الـسَّـجَّـانـاً
فَـتَـأَمَّـلْ رَسـائِـلَ الـطَّـيْـرِ وابْـعَـثْ قَــدَراً مِــنْ رُفــاتِــهِ الإِنْــســانــاً

الموسوعة الحسينية تعيد قراءة التاريخ

المركز الحسيني للدراسات: لندن[1]

على مدى أسبوعين شاركت دائرة المعارف الحسينية ممثلة بالباحث والإعلامي العراقي الدكتور نضير الخزرجي، في عدد من الفعاليات الثقافية والإعلامية، في كل من بريطانيا والعراق والكويت.

في لندن أقامت مؤسسة الأبرار الإسلامية يوم الخميس ٢٣/٧/٢٠٠٩م مهرجانا واسعا في ذكرى ولادة الإمام الحسين عليه السلام تحت عنوان (وعي الأمة من وعي قادتها)، تحدث فيها الدكتور الخزرجي عن جوانب عدة من النهضة الحسينية، مؤكدا على ضرورة قراءة الإمام الحسين عليه السلام قراءة واعية، مشيرا في جوانب من بحثه إلى دائرة المعارف الحسينية لسماحة المحقق آية الله الدكتور محمد صادق الكرباسي التي راح مؤلفها يقرأ النهضة الحسينية قراءة بحثية واعية مزيلا عنها غبار التاريخ.

---

(١) نص الخبر الذي نشره القسم الإعلامي في دائرة المعارف الحسينية بلندن، وتناقلته وسائل الإعلام المختلفة، تغطية لخبر زيارتنا موفدا عن دائرة المعارف الحسينية إلى الكويت والعراق، ونشر في العشرات من وسائل الإعلام المختلفة منها: شبكة مصادر الإخبارية السعودية بتاريخ ١٢/٨/٢٠٠٩م، ووكالة أنباء نون ومركزها كربلاء بتاريخ ١٤/٨/٢٠٠٩م وشبكة ميدل ايست اون لاين ومركزها لندن بتاريخ ١٥/٨/٢٠٠٩م.

وفي العراق حل الدكتور نضير الخزرجي ضيفا على مهرجان ربيع الشهادة الثقافي العالمي الخامس الذي انعقد في كربلاء المقدسة في الفترة ٣ ـ ٧ شعبان ١٤٣٠هـ (٢٦ ـ ٣٠ تموز يوليو ٢٠٠٩م)، مندوبا عن المركز الحسيني للدراسات التي تصدر عنه أجزاء دائرة المعارف الحسينية، وعشية انعقاد المهرجان العالمي الذي تنظمه كل عام الأمانتان العامتان للعتبتين الحسينية والعباسية بهمة أمين عام العتبة الحسينية العلامة الشيخ عبد المهدي الكربلائي وأمين عام العتبة العباسية العلامة السيد أحمد الصافي، أجرت مجلة (صدى الروضتين) الصادرة عن اللجنة الإعلامية في العتبة العباسية لقاءً صحافياً يوم السبت ٢٥ /٧/ ٢٠٠٩م تطرق فيها إلى النهضة الحسينية عبر مجلدات الموسوعة الحسينية والدور الكبير الذي يقوم به المؤلف سماحة آية الله الشيخ الكرباسي في إبراز معالم النهضة الناصعة، وفي مساء اليوم نفسه أجرت قناة بلادي الفضائية حوارا تلفزيونيا أبان فيه الخزرجي عن الوجه الحي للنهضة الحسينية، كما أجرت القناة حوارا آخر عن شهر شعبان ومناسبة ذكرى ولادة الإمام الحجة المنتظر (عج).

وفي اليوم الثاني من المهرجان، وفي إطار الفعاليات الثقافية والعلمية، أجرت مجلة (الروضة الحسينية) الصادرة عن اللجنة الإعلامية في العتبة الحسينية المقدسة، حوارا مفتوحا مع الدكتور نضير الخزرجي أجراه معه الصحافيان الأستاذ حسين السلامي والأستاذ سامي جواد كاظم، تطرق فيها الخزرجي إلى تأثير النهضة الحسينية على حياة الشعوب، وموقع الموسوعة الحسينية من التراث الإسلامي والإنساني العالمي. وفي مساء اليوم نفسه أجرت قناة كربلاء الفضائية وضمن برنامج (حوارات) مقابلة مطولة مع الدكتور نضير الخزرجي حاوره فيها الإعلامي الأستاذ حيدر السلامي،

تمحور على جوانب عدة من دائرة المعارف الحسينية ومؤلفها، معتبراً أن الموسوعة في ستمائة مجلد هي ترجمة واقعية لنداء الإمام الحسين عليه السلام في طف كربلاء عام ٦١هـ (ألا هل من ناصر ينصرنا)[(١)].

وفي اليوم الثالث من فعاليات مهرجان ربيع الشهادة استقبلت قاعة خاتم الأنبياء في الحرم الحسيني الشريف ندوة بحثية علمية ألقى فيها الدكتور الخزرجي نصاً عن (دلالات التسامح الحسيني في عالم متغير)، مؤكدا في خلاصة كلمته على قيمة التسامح في ديمومة الحياة الاجتماعية والسياسية بما فيه حياة الأمة وتمثلاتها في النهضة الحسينية، مركزا في خاتمة الكلمة على الدور الكبير الذي يمارسه البحاثة الكرباسي في إبراز مُثل الإسلام وقيمه، مؤكدا: (هنا أرى أن نعيد قراءة النهضة الحسينية من جديد، كما قرأها سماحة البحاثة آية الله الدكتور محمد صادق الكرباسي في موسوعته الفريدة (دائرة المعارف الحسينية) في ستمائة مجلد من ستين باباً، صدر منها حتى يومنا هذا ستون مجلداً[(٢)]، ففيها ما يحتم على المتلقي قراءة الواقع الحسيني كما أراده الإمام الحسين عليه السلام لا كما نريد، فما نريد ينتابه الخطل، وما يريد لا يصيبه الزلل).

وفي إطار اليوم الثالث من المؤتمر أجرت قناة كربلاء الفضائية حوارا تلفزيونيا مع الباحث الخزرجي عن انطباعه حول المهرجان الحسيني، كما أجرت قناة الأنوار الثانية الفضائية حوارا تلفزيونيا عن معالم النهضة الحسينية ودور الموسوعة الحسينية في كشفها.

---

(١) العبارة هي مضمون استغاثة الإمام الحسين عليه السلام يوم عاشوراء يوم نظر إلى كثرة من قُتِلَ من أصحابه على قلتهم، ونصها: "أما من مغيث يغيثنا! أما من ذاب يذب عن حرم رسول الله!". مقتل الحسين للمقرم: ٢٤٠ عن اللهوف: ٥٧.

(٢) بلغت أجزاء دائرة المعارف المحسينية حتى اليوم أكثر من خمسة وسبعين جزءاً.

وفي الإطار نفسه أجرى الإعلامي العراقي فراس الكرباسي مدير عام المؤسسة الإعلامية العراقية (معا) حوارا مطولا مع الدكتور نضير الخزرجي تمركز في ثلاثة محاور الأول تحدث فيه عن الشأن السياسي وبخاصة فيما يتعلق بالعراق ودول الجوار، والمحور الثاني فيما يخص مهرجان ربيع الشهادة والنهضة الحسينية، والثالث اختص بدائرة المعارف الحسينية والاستشراقات الحسينية التي تقدح من يراع البحاثة الكرباسي.

وفي اليوم الرابع زار ضيوف المهرجان الذين قدموا من أكثر من عشرين دولة ومن جنسيات مختلفة، المدرسة الهندية الكبرى للعلوم الدينية في كربلاء المقدسة التي أعيد بناؤها حديثا، حيث تحدث فضيلة السيد نور الدين الموسوي عن تاريخ التأسيس والهدم والبناء، كما تحدث عدد من الضيوف عن المؤسسات التي يمثلونها، وفيها قدم الدكتور الخزرجي نبذة مختصرة عن دائرة المعارف الحسينية وعن مؤلفها وعن المركز الحسيني للدراسات، مقترحاً في الوقت نفسه إنشاء متحف لمدينة كربلاء يضم آثارها والمعالم القديمة لبيوتاتها وأزقتها وما تبقى من المهن والحرف اليدوية، حتى تبقى المدينة القديمة وبقاياها محفوظة في ذاكرة الأجيال.

وفي اليوم الخامس من المهرجان الكبير وتحت شعار (الثابت الحسيني في عالم متغير) عقد في قاعة خاتم الأنبياء مؤتمر الأكاديميين العلمي الثالث قدم فيه أكثر من عشرين أكاديميا أبحاثا قيمة في النهضة الحسينية، وكانت للدكتور الخزرجي مداخلتان.

وفي اليومين السادس والسابع كانت لوفود العتبتين الحسينية والعباسية زيارة لمراقد الأئمة والأولياء في سامراء وبلد والكاظمية والنجف، التقوا فيها في مدينة النجف الأشرف بمراجع التقليد الشيخ إسحاق فياض والسيد

محمد سعيد الحكيم والشيخ بشير النجفي، كما كانت للوفود زيارة لمؤسسة تراث النجف الحضاري حيث اطلعهم العلامة السيد سامي البدري على جوانب من اكتشافاته العلمية.

وفي دولة الكويت، حلّ الدكتور نضير الخزرجي يوم الأحد ٢/٨/٢٠٠٩م وبمعية الباحث الأردني الأستاذ مروان خليفات الذي كان حاضرا في مهرجان ربيع الشهادة ضيفا على مؤسس قناة الأنوار الفضائية الوجيه الفاضل الأستاذ إسماعيل جنتي، وكان للقناة حوار مفصل مع الباحث الخزرجي أجراه الإعلامي الأستاذ إبراهيم الحائري صباح الثلاثاء ٤/٨/٢٠٠٩م، تناول فيه جوانب عدة من تاريخ نشأة دائرة المعارف الحسينية والجهد المضني الذي يبذله البحاثة آية الله الدكتور محمد صادق الكرباسي في التأليف حيث يوصل ليله بنهاره.

وفي اليوم التالي استضافت قناتا الزهراء والمهدي الدكتور الخزرجي والباحث خليفات اطلعا على شرح مفصل لعمل القناتين قدمه المدير العام الدكتور محمد علي قزاز، وفي يوم الأربعاء ٥/٨/٢٠٠٩م، أجرى الأستاذ يوسف الطباطبائي معد قناة الزهراء حوارا متلفزا شرح فيه الدكتور نضير الخزرجي جوانب عدة من دائرة المعارف الحسينية.

وفي مساء الثلاثاء استضاف الإعلامي الكويتي الأستاذ عبد الكريم العنزي وعلى مأدبة عشاء، كلا من الباحث العراقي الدكتور نضير الخزرجي والباحث الأردني الأستاذ مروان خليفات صاحب كتاب (وركبت السفينة)، والأديب السوري الدكتور أنطون بارا مؤلف كتاب (الحسين في الفكر المسيحي) والأكاديمي الكويتي الدكتور عبد الواحد خلفان، وتطرق الضيوف إلى جملة من القضايا الثقافية والأدبية، ومنها الحديث عن دائرة

المعارف الحسينية حيث أبدى الدكتور بارا إعجابه الشديد بالموسوعة الحسينية وتعجبه الأشد من قدرة المؤلف على التأليف جامعا بين الكم والنوع.

ولا يخفى أنه كانت للدكتور الخزرجي نشاطات أخرى على هامش فعاليات مهرجان ربيع الشهادة، كما كان المهرجان فرصة طيبة للقاء الخزرجي مع عدد من الباحثين والإعلاميين والأدباء والأكاديميين العراقيين من داخل العراق وخارجه، من جيله ومن الشباب، منهم على سبيل المثال: المحقق الدكتور محمد سعيد الطريحي (أكاديمية الكوفة ـ هولندا)، الإعلامي أحمد الصايغ (مؤسسة النور الثقافية ـ السويد)، الإعلامي علي حسين الخباز (مجلة صدى الروضتين ـ كربلاء)، الكاتب صباح محسن كاظم (الناصرية)، الإعلامي رائد شفيق (جريدة البينة الجديدة ـ بغداد)، الأستاذ علي كاظم سلطان (الوحدة الإعلامية في العتبة الحسينية)، الأديب علي الصفار (الوحدة الإعلامية في العتبة العباسية)، الإعلامي محمد مهدي بيات (صحيفة تركمن تايمز ـ كركوك)، الصحافي صفاء السعدي (مراسل قناة كربلاء الفضائية ـ كربلاء)، الأديب عباس العامري (بغداد)، الصحافي محمد مهدي (قناة العراقية وقناة كربلاء ـ كربلاء)، الأكاديمي الدكتور خالد يونس خالد (السويد)، الشاعر السيد عدنان الموسوي (كربلاء)، الخطيب السيد علي القطبي (السويد)، الإعلامي تيسير سعيد الأسدي (موقع نون الخبري ـ كربلاء)، الإعلامي ولاء الصفار (موقع نون الخبري ـ كربلاء)، الخطيب الشيخ محسن محمد علي (فرنسا)، الشاعر والكاتب المسرحي رضا الخفاجي (كربلاء)، الإعلامي حسين النعمة (الوحدة الإعلامية في العتبة الحسينية)، الشاعر فائق الربيعي (رئيس جمعية الشعراء في جنوب

السويد)، الإعلامي علي الجبوري (الوحدة الإعلامية في العتبة الحسينية)، الإعلامي حيدر محمد المنكوشي (مجلة النهضة الحسينية ـ الإنكليزية) (hussein revivalism)، الروائي صباح رحيمة (بغداد)، الفنان علاء أحمد ضياء الدين (كربلاء)، الأديب الدكتور مشتاق عباس معن (جامعة كربلاء)، والكاتب واثق الجلبي (جريدة البينة الجديدة ـ بغداد) وغيرهم.

دلالات التسامح الحسيني في عالم متغير[1]

يتقلب الإنسان في الحياة الدنيا بين مجموعة من القيم والمثل الإنسانية التي تتأرجح بين المطلقة والمحدودة، والمثل العليا المطلقة يصعب تعريفها بتعريف جامع شامل لأن التعريف يحدها والحد تقييد للقيمة المطلقة، أو تحديد لها يخرجها عن إطلاقها، لكن الإطلاق يجعلها مرتعا خصبا للانفتاح على نماذج كثيرة لهذه القيمة المطلقة، واستشراف مديات أوسع وأكبر والتحرك في إطارات عدة.

والمُثُل مفهوم قيَمي ذات دلالات واسعة وانعكاسات كثيرة على الواقع الشخصاني والمجتمعي والأممي والكوني، فالإنسان مهما بلغ شأواً فهو كغيره من البشر على علاقة مباشرة بالواقع الاجتماعي الذي يعيش فيه وهذا الواقع له قدرة التأثير عليه، كما أن للشخص قدرة التأثير على الواقع، فهناك علاقة ترابطية أبدية بين الفرد والمجتمع، لها قابلية التمدد والتقلص

---

(١) ألقيتُ النص في اليوم الثالث من فعاليات مهرجان ربيع الشهادة الخامس المنعقد في كربلاء المقدسة في الفترة ٢٦ ـ ٣٠/ ٧/ ٢٠٠٩م، في قاعة خاتم الأنبياء ﷺ في العتبة الحسينية المشرّفة تحت شعار (الإمام الحسين عليه السلام رسالة حوار في عالم الأزمات)، وكنت قد دعيت إليه ممثلا عن دائرة المعارف الحسينية بلندن، على أن الموسوعة الحسينية غير مسؤولة عما أوردته في الكلمة. وقد نشر في العشرات من وسائل الإعلام المختلفة منها: موقع راديو دجلة بتاريخ ١٠/ ٨/ ٢٠٠٩م، ووكالة الكوفة للأنباء بتاريخ ١٠/ ٨/ ٢٠٠٩م، وموقع الحوار المتمدن بتاريخ ١١/ ٨/ ٢٠٠٩ م في العدد ٢٧٣٥.

سلباً أو إيجاباً بنفس حجم تعاطي الفرد مع مكونات المجتمع من إنسان وحيوان وجماد ومحيط داخلي وخارجي يحتك بهما باستمرار.

وهذه العلاقة تكشف عن ماهية الفرد، وتكشف عن الصورة العامة للمجتمع، فنقول هذا مجتمع هادئ، وذاك مجتمع متعصب، وثالث متشنج، ورابع عطوف، وخامس ظلوم، وسادس متسامح، وسابع غشوم، وهكذا.

فالصبغة التي انطبع بها المجتمع، إنما هي نتاج فعال أفراده، ففي صفوف المجتمع الخيّر هناك أشرار، وفي المجتمع الظلوم هناك أخيار، لكن الخير يخص والشر يعم حتى وإن كان الأشرار قلّة، وفي مثل هذه الصورة المجتمعية غير السليمة يبذل الأخيار أقصى جهدهم للخروج من طائلة الصبغة الظلومة القاتمة التي اصطبغ بها مجتمعهم، أما الأشرار فكأن الأمر لا يعنيهم، لا من قريب ولا من بعيد، بل إنهم لا يتوانون عن التمادي في الغي، لأنهم يرون مبتغاهم في مثل هذه الأجواء المريضة، ولا يهمهم مبلغ أذاهم للغير.

في حين أن المجتمع السليم هو الذي يتطلع إلى المثل السامية التي يجد فيها ضالته والسفينة التي يمخر بها عباب الحياة، والسلطان الذي ينفذ به نحو سماء التكامل والرقي.

والإنسان ذو الفطرة السليمة ميال بطبعه إلى تلمّس ثريّا المثل العليا، والحط على جُرمها والسياحة في فضاءاتها.

قيمة التسامح

ولعلّ واحدة من هذه المثل والقيم هي قيمة التسامح التي يُجسدها قوله تعالى: ﴿ٱدْفَعْ بِٱلَّتِى هِىَ أَحْسَنُ فَإِذَا ٱلَّذِى بَيْنَكَ وَبَيْنَهُۥ عَدَٰوَةٌ كَأَنَّهُۥ وَلِىٌّ حَمِيمٌ﴾

سورة فصلت: ٣٤، والتسامح هو مظهر حي من مظاهر سماحة الإسلام التي سعى رسول الله محمد ﷺ إلى إقرارها في واقع المجتمع الإسلامي الفتي بالقول والفعل، ولذلك لم تكن الحروب التي خاضها ابتدائية، فكلها حروب دفاعية، وحتى في هذه الحروب لم يكن سلام الله عليه ليبدأ القوم بحرب فهو يعظهم ويستنفذ كل الطرق في إلقاء الحجة عليهم أملاً في هدايتهم، ولشدة حبه للإنسان وتسامحه مع مَن ألقى في طريقه أحجار البغضاء أن كانت تذهب نفسه عليهم حسرات، وكان يأسف لشركهم وسباحتهم في آسن غيهم.

فرسالة الإسلام تتقصى في المسلم الإنسان، وتبحث عن الإنسانية في غير المسلم، ولذلك كان الرسول ﷺ يتألم إشفاقا على أعداء الدين، ولم يكن ليدعو عليهم وشعاره دوما وأبداً (اللّهم اهد قومي فإنهم لا يعلمون)، قالها وهو في الطائف وقد تعرض للأذى الجسدي، فمن باب أولى أنه يدعو لهم بالخير والهداية في المواقف الأقل سخونة، وهذا ديدن الرسول ﷺ التسامح ثم التسامح ثم التسامح، وكان من تسامحه أن عفى عن قتلة الصحابة في بدر وأحد وحنين عندما تمكن من رقابهم في فتح مكة، وقال لجموع القوم: (اذهبوا فأنتم الطلقاء)، لأنه كريم وابن أخ كريم، وكان أن عفا عن قاتل عمه حمزة بن عبد المطلب لأن العفو مذهبه.

وإذا كانت الحرب العالمية الثانية قد أزهقت نفوس سبعين مليوناً من بني البشر فإن عدد القتلى والشهداءِ من الجانبين في كل حروب الرسول ﷺ مع الآخر لم تتجاوز الألف في أكثر الفروض، وهذا ينبيك أن الرسول كان يتطلع إلى إنسانية الإنسان وإسلامه لا إلى رقبته وسفك دمائه.

وصورة التسامح هذه، الواضحة المعالم على لوحة الحياة المحمدية، تحاول بعض القوى الداخلية والخارجية الخدش بها من خلال الزعم أن النبي محمداً ﷺ نشر دينه بمنطق القوة لا بقوة المنطق، في محاولة منها للإساءة إلى الإسلام ونزع لباس الأمن والسلام عنه.

حديثنا هنا عن سياسة النبي محمد ﷺ في إدارة دفة الحروب بخاصة، وإدارة دفة الحكم بعامة، التي تعتبر حجة لا يمكن لأحد التخلف عنها لأنه: ﴿وَمَا يَنطِقُ عَنِ ٱلْهَوَىٰٓ * إِنْ هُوَ إِلَّا وَحْىٌ يُوحَىٰ﴾ سورة النجم: ٣ ـ ٤، ولا يعنينا من الناحية الشرعية سياسة الآخرين، فالقرآن هو الحجة الدامغة حيث يدعو إلى مجادلة الآخر بالتي هي أحسن، فمن باب أولى أن يكون التسامح في ما بين النسيج الاجتماعي الواحد هو العنوان الأبرز، والسنّة هي الحجة البالغة حيث تدعو إلى العفو عند المقدرة، ودرء الحدود بالشبهات، فمن باب أولى أن يكون التسامح هو شعار المجتمع الواحد.

نسيج واحد

وعلى منوال (حسين مني وأنا من حسين) يأتي النسيج متشابها لتشابه الخيوط وتماثل اللحمة، بل هي اللحمة بعينها، وهي قطعة النسيج ذاتها، ولا يقتصر مصداق الـ(مِن) على العلاقة النسبية كونه السبط الثاني بعد الإمام الحسن عليه السلام، بل يتعدى المصداق إلى الشاهد الرسولي التبليغي المنفتح على الشاهد الإمامي التبليغي، فحيث كان النبي محمدٌ رسولاً من الله إلى الأمة التي تنازعتها الأهواء وقسّمتها ثلاثمائة وستون صنما على أبواب مكة، نهض سليل النبوة ومعصم الرسالة في زمن عصفت بالأمة رياح التضليل وصار الدين لعقاً على ألسنة المسلمين يدرّونه ما درّت معايشهم، فكانت غضبة الدين التي جاءت لإصلاح إعوجاج الأمة وإحياء

فريضة الأمر بالمعروف والنهي عن المنكر التي قلّ العاملون بها حيث صار الأمر بالمنكر حليف الأمة والناس على دين ملوكهم، وصار النهي عن الحق هو الصبغة العامة والناس يدخلون مداخل الملوك وهم يحسبون أنهم يحسنون صنعاً وساء مدخلاً.

وحيث كانت القواسم المشتركة بين نبي الإسلام وسبطه وسيد شباب أهل الجنة كثيرة، كانت هجرة السبط إلى العراق كما كانت هجرة الجد إلى المدينة، وفي الطريق إلى الكوفة عاصمة الخلافة الراشدة الرابعة والخامسة تصله الأخبار بما لا تسر، لكنه يمضي إلى مسؤوليته، ويحيط به جيش من ألف فارس يقودهم الحر بن يزيد الرياحي أحد فرسان الكوفة ممن لم يكاتب الحسين عليه السلام، يجعجع به الطريق ويحجره عن الحركة فلا هو إلى الكوفة ذاهب ولا هو إلى المدينة راجع، ويحط الرحال في كربلاء.

وعلى الرغم من هذا الموقف العدائي للحر الرياحي، فإن تسامح الحسين عليه السلام قاده إلى أن يروي عطش هذا الجيش القادم لاعتقاله، ويزيد على تسامحه تسامحا أن رشّف خيلهم وأزال عن الفرسان ومطاياهم حر الرمضاء اللاهبة.

وفي المفهوم العسكري الميداني فإن الحر الرياحي يمثل نقطة تحول كبيرة في مسيرة الحسين عليه السلام انتهت إلى وقوع فاجعة كربلاء وسقوط الرجال مرملين على صعيد الطف والنار تلتهم الخيام، وحوافر الخيل ترتقي جسد الحسين التريب وتسحق رحل الحسين وأهل بيته وأنصاره.

ولكن في لحظة صحوة الضمير يخير الفارس الكوفي نفسه بين الجنة والنار، بين البقاء على الغي أو تلمس طريق الحق، فينزل في ساحة الحسين عليه السلام يطلب الصفح والعفو والتوبة، وحيث يبحث الحسين عليه السلام

كجده عن إنسانية الإنسان يقبل توبته ويصفح عنه، فالتسامح شعاره، كان الحسين عليه السلام يدرك في تلك اللحظات أن الشهادة حليفه حيث شاء الله أن يراه قتيلا، وكان بإمكانه أن يعتذر عن قبول توبة الحر فيلتحق هو الآخر بعارها وشنارها دنياً، وبنارها وحريقها آخرة، لكنه جاء كجده رحمة للعالمين واقتضاء الرحمة أن يتسامح، بخاصة وأن تسامحه في مثل هذه الظروف انتشال للإنسان الآخر من الضياع وإن كان الآخر هو أحد أسباب المحنة والمصيبة، فالآخر وسلامته في الدنيا وسعادته في الآخرة هو محط أنظار أرباب الرسالة السماوية.

فالذي يتسامح مع مَن كان في المنظور الإنساني المجرد عن البعد الغيبي هو أحد أسباب نكبة كربلاء، فمن باب أولى أن يتسامح في ساعات أقل شدة وأقل وطأة، لأن الإسلام في واقع الأمر يريد من الإنسان حياته لا موته، فطلب الموت للغير من سنّة الجبابرة الذين يتبوأون مقاعد السلطة ولو على رقاب الإنسان وكرامته، في حين أن كرامة الإنسان في دائرة المفاهيم الإسلامية أعظم من بيت الله، فقطرة الدم مقدسة، وقطرة الدمع مقدسة، وقطرة صفحة الجبين مقدسة.

كان الحسين عليه السلام كجده يبكي القوم في كربلاء لأنهم سيدخلون النار بسبب قتلهم له، فهم يريدون موته وهو يريد حياتهم، ولكن لا حياة لمن تنادي، وهل يرعوي من لبس رداء الشيطان وتمنطق سيفه وامتطى جواده!

الصحيفة التسامحية

ومن التسامح أن العائلة الأموية الحاكمة في المدينة المنورة وبعد عامين من واقعة كربلاء تعرضت لنكبة على يد الثوار، وكان بإمكان سليل الإمامة والطالب بثار أبيه الإمام علي بن الحسين السجاد عليه السلام الذي رأى

بأم عينيه كيف تهاوت رؤوس أعمامه وإخوانه وأصحاب أبيه من على أجسادها، ورأى رأس أبيه على رأس رمح طويل، ورأى منظر عماته وأخواته ونساء الأصحاب يهرولن مرعوبات مولولات من خيمة إلى خيمة، كان بإمكانه أن ينتقم لأن كل هذه المناظر الباعثة على الأسى كافية لأن تدفع به لوضع سيف الانتقام على رقاب العائلة الأموية الحاكمة وهي في ضعفها، ولكن حوادث كربلاء وما حملته من مآسٍ وآلام تهاوت على أعتاب التسامح الذي أبداه الإمام السجاد عليه السلام، فيمد يد العون للأسرة الحاكمة ويسعفها من القتل والسبي ويحميها من انتقام ثوار المدينة.

فالسجاد عليه السلام وهو من بيت المثل العليا المطلقة، لا تسمح به شهامته ونخوته إلا أن يتسامح، ولو لو يكن كذلك لما كان إماماً، فهو متسامح لأنه إمام ولأنه إمام فشأنه التسامح، وهو بذلك كأجداده وآبائه يسن سنة التسامح حتى مع الأعداء الذين ما تركوا منكراً إلا وارتكبوه، وخلت صحائفهم من فعل الخير.

وفي سياق تسامحه جاءت سلسلة الأدعية المباركة التي ضمتها الصحيفة السجادية، حيث وجد أن المجتمع المسلم نتيجة للسياسة الإعلامية الأموية يعيش احتباسا روحانيا أجدبت معه مساحات كبيرة من أخلاقياته، فراح يغسل بكلماته النورانية الأدران التي علقت في نفوسه وأرواحه، فهي كلمات واعدات تناجي الرب وتناغي فطرة المربوب، وتقترب من واقعه الإنساني القيَمي المستند إلى المثل العليا.

كانت الصحيفة السجادية إلى جانب تطهير النفوس، تستبطن الجانب الإعلامي في مقارعة الظالم عبر استنهاض النفوس وإحياء الأرواح، فالحاكم طالما ارتاح لنوم المجتمع أو موته، تستهويه النفوس الخاملة

والضمائر الميتة، وإذا سرى الموت إلى النفوس تمكن الظالم من رقاب الناس وساقها حيث يشاء ومتى شاء، جاءت الصحائف السجادية على تعددها لتحكّم بوصلة الأمة التي تاهت عن مبتغاها، وتعيد التوازن إليها بعد أن غامت رؤاها، والصحائف السجادية وإن كانت من إفرازات الواقع السيء الذي وصلت إليه الأمة بحيث تقدم على قتل ابن بنت نبيها، فإنها ماضية في كل زمان ومكان، فمن أخذ بمضامينها ضمن السلامة ومن تنكب عنها دارت عليه الكارثة ولات حين مندم.

بين خيارين

واعتقد فيما أراه من خلال قراءتي لواقع حركة المختار الثقفي التي حلّت في الكوفة بعد ست سنوات من استشهاد الإمام الحسين عليه السلام أن المختار الثقفي لم يستوعب بصورة جيدة رسالة الإسلام في مجال العفو والتسامح، ولم يدرك مبتغى الإمام السجاد عليه السلام في نشر ثقافة التسامح عبر صحائفه المباركة، فهو لم يقرأ بصورة سليمة واقعة فتح مكة، ولم يقرأ قبول توبة الحر الرياحي عند مشتبك القنا، ولم يقرأ ثورة أهل المدينة على الحاكم الأموي في عهد السجاد عليه السلام، فكان الأولى من منظوره في الحدث المكي أن ينعم الرسول صلى الله عليه وآله وسلم ناظريه بتطاير رؤوس أعدائه من المشركين، وفي الحدث الكربلائي أن يترك الحسين عليه السلام عدوه بالأمس هو وشأنه يتلظى بنار جهنم، وفي الحدث المدني أن يتشفى الإمام السجاد عليه السلام بقتل قاتل أبيه وسبي نسائهم انتقاما لنساء النبوة، لكن الرحمة الإسلامية تأبى ذلك وتأباها الرحمة المحمدية وترفضها الرحمة العلوية.

ولا يخفى أن سياسة العنف وتطاير الرؤوس وهجرة الأسر والعشائر هي التي طغت على سياسة المختار الثقفي، فيما طغت سياسة المرحمة

وصون الحُرَمة في عهد المختار الهاشمي، فسادت الثانية إلى يومنا هذا وبادت الأولى في غضون عامين، فألّفت مكة بين القلوب، وألّبت الكوفة النفوس، فأنتجت أربعة ألوية كل منها يريد رأس المختار، فواحدة مالت إلى بني أمية وثانية ذهبت إلى بني الزبير، وثالثة عبرت الحدود إلى إيران تنغص على الكوفة عيشها، ورابعة متخفية في الكوفة كخلايا نائمة تتحين الفرص للانقضاض على حكم المختار، ولم يستمر حكم المختار طويلاً، وبتقديري أن أرث السنتين من حكم المختار استمر ثقيلا على صدر العراق، حتى انزاح مؤخرا.

والحياة عِبر، ومن اعتبر ظفر، ومن الحكمة أن تكون قيمة التسامح في العراق الجديد هي السائدة، والابتعاد عن سياسة الثأر والانتقام، وإشاعة مفهوم المصالحة الوطنية، ومن معالم المصالحة إلغاء المحاكمات لرجالات النظام السابق، فسقوط الصنم تم وانتهى، مع ملاحظة أهمية تعويض المتضررين من النظام البائد. فعراق اليوم بحاجة إلى إفشاء روح السلام والمحبة ونشر الصحائف السجادية على رؤوس الأشهاد، لإعادة التوازن إلى النفس، فنحن مأمورون بالاستنان بسنة النبي ﷺ وأهل بيته الكرام عليهم السلام حتى تستقيم الأمور، وهذه السنة تغنينا عن سنة فعل الآخرين قربوا من دائرة الولاء الحسيني أو ابتعدوا، فسنة المختار الهاشمي هي الأولى أن تتبع لا سنة المختار الثقفي، ولا بديل عن ذلك، والأمور بشكل عام متروكة لظروفها يقررها ولاة الأمر وساسة العباد.

والشيء الأكيد أن مظاهر الدماء ينبغي أن تزال عن خارطة العراق إذا أريد له أن يعيش بأمان، فمن يأنس لرؤية الدماء إنما هو مريض النفس، فالإسلام لا يبيح لمن يذبح دجاجة أن يفعل ذلك أمام نظائرها من الدجاج،

فكيف يجيز الإنسان لنفسه ذبح أخيه الإنسان، بل كيف يأنس الإنسان لرؤية الدماء ولو من على شاشة التلفاز، فهل يصح أن يمتنع الإعلام الغربي من إظهار صور الدماء حماية لذائقة المشاهد وسليقته وفطرته، ويتفنن الآخر بقتل العراقي، ويتفنن الإعلام العراقي والعربي بإظهار صور الدماء والأشلاء، وبخاصة الأشلاء العراقية التي استبيحت بفتاوى مستوردة من خارج الحدود وتوطنت في أدمغة بعض أنصاف رجال الدين.

وهنا مفارقتان:

الأولى: إنَّ الذين أعملوا الدمار في العراق، وفجروا العتبات المقدسة، وبخاصة تفجيرات كربلاء ومن ثم سامراء والكاظمية، إنما قدموا بجهلهم خدمة إعلامية كبيرة لأهل البيت عليهم السلام، فالعالم كله وبكل لغاته ولهجاته من شرق الأرض وغربها بات يعرف اسم كربلاء ويعرف الحسين عليه السلام، وبات يعرف اسم سامراء والإمامين العسكريين عليهما السلام وبات يعرف الكاظمية والإمامين الكاظمين عليهما السلام.

الثانية: ومن المفارقات الباعثة على القرف أن بعض الإعلاميين العراقيين يعترضون على رجال الشرطة والأمن حينما يمنعونهم من الاقتراب من نقطة التفجير الإرهابي ومن مركز الحدث المأساوي المتوزع الأشلاء، متذرعين بقانون حرية الصحافة، في حين يفترض في الإعلامي الملتزم أن يصون فطرة الإنسان ويمتنع عن نشر مشاهد الدماء والأشلاء ويكتفي بها كشواهد في الأرشيف، لإن حماية الذائقة البصرية حماية للطفل العراقي الذي يُراد له أن يعكف على الدراسة لبناء مواطن خلاّق، فرؤية الدماء ليس أقل في حدود الطفولة حتى وإن كان تحت مدعى الحب والولاء تترك أثرا

سلبيا في كينونته، وتتفجر عنده في لحظات الغضب وتترجم إلى واقع مميت.

ولا شك أن رؤية الدماء تحت أي مدعى خلاف رسالة التسامح، فكيف يمكن الموالفة بين الدماء وقيمة التسامح؟ بل كيف يمكن تنشئة مجتمع سليم الذهن والفطرة في حين أن الدماء الحلال والحرام تسفك أمامه وتتسابق وسائل الإعلام إلى نشرها ولهانة جذلة، وكأنها إن لم تنثر الدماء على كامل واجهة الشاشة الفضية ولم تسلّكها عبر شبكة الإنترنت، لم تظفر بالنصر ولم تبلغ الفتح!

قراءة واعية

من الثابت أن الإنسانية تملك شخصية كبيرة مسامحة كمحمد ﷺ وتملك شخصية مسامحة كالحسين عليه السلام، لكن المشكلة في حملة العلم المحمدي كيف يمكنهم عرض الرسالة الإسلامية الخاتمة وجذب قلوب الناس إليها لانتشالهم من وحل الفراغ الروحاني والعقائدي، وبعضهم يقدم حصان العنف والتطرف أمام عربة التسامح والاعتدال؟

لماذا يقرأ البعيد الإمام الحسين عليه السلام قراءة يعجز القريب عن قراءتها؟

لماذا قرأ زعيم الهندوس المهاتما غاندي[(١)] في الحسين تسامحه

---

(١) المهاتما غاندي: هو موهنداس بن كرمشاند غاندي (Mohandas Karamchand Gandhi) (١٨٦٩ ـ ١٩٤٨م) ولد في مدينة بوربندر في ولاية كوجارات واغتيل في نيودلهي، لقب بالمهاتما ويعني "الروح العظيمة" لقيادته حركة استقلال الهند عبر العصيان المدني والنضال السلمي، غادر إلى بربطانيا عام ١٨٨٣ م ونال منها شهادة القانون وعاد إلى الهند عام ١٨٩٠م، وفي عام ١٨٩٣ م غادر وأسرته إلى جنوب أفريقيا واستقر في مدينة ناتال على المحيط الهندي، عاد إلى الهند سنة ١٩١٥ م وتزعم حزب المؤتمر الوطني، نال استقلال الهند عام ١٩٤٥م، وإكراما لجهوده في الاستقلال اطلق عليه الشعب الهندي لقب بابو (Bapu) أي أبو الامة.

والأعداء تحيط به من كل جانب، فانتصر غاندي على أقوى امبراطورية محتلة عبر سلاح اللاعنف والعصيان المدني، لا عنف السلاح والذبح المدني؟!

لماذا يقرأ الزعيم البوذي (الدلاي لاما)[1] في الحسين معالم نهضته الخالدة، إلى الدرجة التي يتمنى معها أن يكون الحسين بوذيا حتى يجعل الناس كلهم بوذا، فالبوذية قائمة على الروحانية وعلى مبدأ التسامح، وحسب تعبير الدلاي لاما زعيم البوذ في العالم: (إذا كانت لدينا نحن البوذ شخصيات مثل الإمام علي والإمام الحسين، وإذا كان لنا نهج البلاغة وكربلاء فإنه لن يبقى في العالم أحد إلا ويعتنق العقيدة البوذية، نحن نفتخر ونعتز بهاتين الشخصيتين الإسلاميتين).

فهل يعقل أن يفهم غاندي والدلاي لاما رسالة الحسين الإصلاحية التسامحية، ولا ندرك نحن المسلمون ذلك؟

هنا أرى أن نعيد قراءة النهضة الحسينية من جديد، كما قرأها سماحة البحاثة آية الله الدكتور محمد صادق الكرباسي في موسوعته الفريدة (دائرة المعارف الحسينية) في ستمائة مجلد من ستين بابا، صدر منها حتى يومنا

---

(١) دلاي لاما: الزعيم الروحي والسياسي للبوذ في التبت، واسمه عند الولادة لهامو ضوندروب بن جوكيونغ تسرينغ (Lhamo Dhondrub Choekyong Tsering) حيث ولد في قرية تينغستر (Tengster Village) بالتبت سنة ١٩٣٥م، ثم سُمِّي بـ: "تينزين جياتسو" (Tenzin Gyatso) وأسبغ عليه لقب الدلاي لاما الرابع عشر وهو في الخامسة من عمره حسب التعاليم البوذية، والدالاي بمعنى محيط الحكمة ولاما بمعنى الزعيم الروحاني، تم نفيه إلى الهند عام ١٩٥٩م بعد سنوات من سيطرة القوات الصينية الشيوعية على التبت عام ١٩٤٩ وإسقاط مملكة البوذ، ولازال يمارس نشاطه الديني والسياسي من أجل استقلال التبت عن الصين منطلقا من مقر إقامته في شمال الهند في مدينة دهارا مسالا في ولاية خسماتشال براديش.

هذا ستون مجلداً[1]، ففيها ما يحتم على المتلقي قراءة الواقع الحسيني كما أراده الإمام الحسين عليه السلام لا كما نريد، فما نريد ينتابه الخطل، وما يريد لا يصيبه الزلل.

(١) بلغت أجزاء دائرة المعارف الحسينية الصادرة حتى اليوم أكثر من خمسة وسبعين جزءاً.

ثمة خطاب تنويري في موروث منسي[١]

بقلم: علي الخباز[٢]

يتكون الموضوع البحثي من أساليب وبنى تعكس الخبرة البحثية وخاصة في قضية تسخير المفاهيم التاريخية إلى رؤى واقعية جادة تشكل مشروعا إصلاحيا وهذه هي الحيوية البحثية التي لا بد أن تسعى للتماثل مع الواقع كي لا تكون بعيدة عنه فتصبح وكأنها تمثل ماضيا ميتا علينا السعي لتماثلات من هذا النوع، لنهيئ الفعل الإبداعي دون اللجوء إلى جرس خطابي ومكرور ممل لا يستطيع استيعاب الحاضر بجميع مكوناته.

ولذلك نرى أن مشروع الباحث العراقي المقيم في لندن (د. نضير الخزرجي) في بحثه الموسوم (دلالات التسامح في النهضة الحسينية)

---

(١) قراءة نقدية لكلمتنا المعنونة: (دلالات التسامح الحسيني في عالم متغير) نشرها الأديب علي الخباز أولا في مجلة "صدى الروضتين" ثم في موقع مركز النور الثقافي في مالمو بالسويد ثانيا وأعاد مركز الرأي الآخر للدراسات بلندن نشرها بالعنوان أعلاه في عشرات الصحف والمجلات والمواقع، منها جريدة المواطن العراقية في ٢٠١٠/٩/٧م، وشبكة ميدل إيست أون لاين بلندن في ٢٠٢٠/٩/٤م.

(٢) علي الخباز: هو علاوي بن حسين بن محمد الخباز الشهير بـ: "علي الخباز"، أديب وكاتب وإعلامي، ولد في كربلاء في ١٣٤٧/٢/٣هـ (١٩٥٤م)، رئيس تحرير مجلة (صدى الروضتين) ومسؤول القسم الإعلامي في العتبة العباسية.

والذي شارك به في مهرجان ربيع الشهادة الثقافي العالمي الخامس في (٢٨/ ٧/ ٢٠٠٩م)، والذي أقامته الأمانتان العامتان للروضتين الحسينية والعباسية المقدستين (كربلاء) والذي تفاعل به مع المستحدث الأسلوبي في نهوض بناء الفكرة الحيوية، إذ استند إلى بناء علاقة منطقية بين فاعلية التاريخ وبين معطيات الوعي سعيا لاستنتاجات مدروسة تستنهض القيم الإنسانية، وللتوضيح سعى إلى دلالات التعريف كمفاهيم قيمية واسعة تعرف لنا التسامح الذي يمثل معطيات الواقع بكل مفرداته.

ويرى الدكتور نضير الخزرجي أن هذه المعطيات تمثل بؤراً انعكاسية يصل بها إلى مفهوم العلاقة التأثيرية مع الواقع وعلى الواقع أيضاً، فيقوم بصياغة الناتج التأثيري مع حجم السعي داخل المكون العام ويعني ثمة معنى واضح يكشف عن قيم فكرية تشكل البنية النفسية ضمن علاقة محورية تسفر عن ماهية الفرد وتنتظم هذه البنى ذاتياً لتكون المعطى العام وصولا إلى نتيجة محورية واعية هي صبغة المجتمع... نتاج فعل تلك المكونات والتي بطبيعة نسيجها سنجد الثنائية النمطية (خير، شر) قراءة واعية تحتفظ بالكثير من المغزى الشعوري دون أن يسحبها إلى منطقة البوح المباشر لما يعني انحسار الخير تحت فضاء الخاص المحدود أمام تعميم شمولي لمؤثرات الشر من غير الاعتماد على القضية النسبية بين عدد الخيِّرين والأشرار.

أسلوب دقيق في تكوين البنية المطلوبة، إلا أن تباين الجهد المبذول للنهوض من كبوة الظلم منحنا تقابلات رسمت فضاءات الكينونتين.. لأن الشر لا يمكن أن يتلاءم مع مراحل نضوجه إلا بوجود الأجواء المريضة... فضاءات مكونة لأي رأي اجتماعي كي يقيم من خلاله تشخيص لا أبالية

الشر في ما يتركه من عبث موجع وانكسارات مريرة تتبلور في خضم نسيج هذه المفاهيم مزايا المجتمع السليم المؤمن بالمثل السامية إذ تستبدل المعنى التاريخي الذي يعبر عن معنى تراثيته إلى حضور دال معبر عن معادلات قيمية تشكل فضاءات حلمية ولذلك نجد من الطبيعي أن تحتفي الفطرة السليمة لمثل هذه القيم الإنسانية المتوهجة.

ومن هذا المحور تمكن الباحث من تجسيد قيم التسامح حسب مرجعيتها القرآنية وانفتح بعد ذلك على المسند التاريخي ليستحضر الأسس التي قامت عليها الحروب... تقنية تدوينية أظهرها السيد الباحث سعت إلى العمق الإدراكي من خلال كشف أسس القتال، أي لإبعاد السيطرة (العسكريتارية) عن المعنى المتداول المعاش عند القارىء والتركيز على المعتقد السلمي.

فالحروب كانت لا تعادل حجم المنجز السلمي المتحقق حجم الرسالة التي أسست مرحلة انتقالية جذرية ومن الطبيعي أن تتطلب خوض حروب ابتدائية دفاعية وهذا يعكس الجوهر المتكون لقيم الدين وخصائص البنية الرسالية أي نقطة الالتقاء الجوهري بين الشخصية الرسالية جوهر المحبة والتسامي وقيم التسامح تعتبر رؤى مستحدثة عند العرب أبعدت عن متنها الشعاري الثأر والانتقام وتبنت قواعد سلوكية واعية حفزت الناس لتواشج انساني؛ فقيمة التعبير الإيحائي هنا تكشف عن أهمية استحضار مكونات الحاضر أمام عظمة التسامح وكأنه يهيئ الأجواء لاستيعاب تراكمات محزنة لحاضر بائس يقدمها بعد اكتمال صياغة الأطر الجوهرية لماضٍ لا بد أن يكون مرتكزا لقراءة معاصرة وهذه خصوبة فكرية تؤسس لقراءات بحثية واعية تمثل مهرجاناتنا الثقافية ثمة متسع للفضاء التحليلي.

دلالات كثيرة لا يحتويها انطباع تفند المزاعم الباطلة وتستحضر استذكارات جدية سلوكية خيرة تدعو لخلق تماثلات واعية حملت التسامح شعاراً للمجتمع الواحد وقد سعى الباحث لتبني خطاب تماثل اللحمة بين العمق الرسالي والشاهد الإمامي التبليغي ثمة تشابه بيئي يستدعي حضور العصمة قوى الاستنهاض الأمثل لترتفع آلية التواشج في جميع سياقاتها بين النهضتين المحمدية والحسينية ولتؤدي دوراً حضارياً يشغل جميع مناطق الصراع بالحب والسلام تعبيرا عن حساسية هذا الاستنهاض المبني على بنية روحية لا علاقة لها في بلورة المفاهيم الآنية كالانتصار العسكري أو قوانين الميادين الخالية من الرحمة ولذلك أهدر أكثر من فرصة كان من الممكن أن تبني مرتقيات تخلصه من جعجعة الألف فارس.

ولقد سعى السيد الباحث إلى التركيز على صورة المقاتل "الحر" الذي عاش صحوة الضمير أمام يفاعة التسامح فنجد أن شبكة الدول الساعية لبناء المعنى الكلي لمفهوم التسامح تم استدراجها من قبل السيد الباحث للبحث في مناطق التأريخ واستعادة مناخات السلام الإيماني التي رسمها الإمام السجاد عليه السلام.

نحن هنا ما يهمنا في هذه القراءة هو الوقوف عند مفهوم الاستخدام الفني للمحاور المعروضة والتي لا شك أنها مساعٍ رؤيوية لها خصوصيتها عند كل باحث... نبارك للباحث هذا الجهد الذي من المؤكد سيحفز الكثير من الباحثين لدراسة الواقع ضمن أطر الموروث الحسيني.

القلم المُلهم في الزمن الأبهم![1]

بقلم: علي حسن الزين[2]

إن مسؤولية القلم والكتابة والكلمة مسؤولية عظيمة تحتاج إلى التمعن والتروي وبعد النظر فبالكلمة الطيبة تبعث السلام والاطمئنان وتصلح ذات البين وتعمر الأرض وتنير الطريق لمن طلب الهداية، وتنشر الهدى. وبكلمة واحدة تؤجج الحروب وتزرع الكراهية بين الناس وتزيد الأحقاد في النفوس وتبث الباطل والخطأ وتسير على أثره مجتمعات بكاملها فهذه المسؤولية عظيمة لابد أن يراعى فيها الله والحقيقة خصوصا لمن يكتب عن الإسلام وعن النبي والأئمة والتشيع والمذاهب والأعلام والشخصيات، فلابد من الموضوعية والتوصل إلى الحق، ومع الأسف ونحن في هذا العصر عصر المعلومات وعصر العلم وعصر الاتصالات فإن الموهبة التي وهبنا الله إياها

---

(١) نشر التقريظ في عشرات الصحف والمواقع الإلكترونية منها: شبكة راصد الإخبارية السعودية بتاريخ ١٢/٤/٢٠٠٩م، وصحيفة دنيا الوطن الفلسطينية بتاريخ ١٣/٤/٢٠٠٩م، وجريدة البينة العراقية الصادرة ببغداد في ١٤/٤/٢٠٠٩م.

(٢) علي حسن الزين: كاتب سعودي من أهالي مدينة القديح بالقطيف، قرأ الدراسات والمقالات المتنوعة في أغراضها وموضوعاتها وبخاصة ما يتعلق بدائرة المعارف الحسينية، فكتب هذا التقريظ، على أنني لم ألتق الأستاذ الزين قط، والقلوب أوعية، جزاه الله خيرا.

قادرة على تمييز الحق من الباطل والهدى من الضلال، وكيف وقد أنعم علينا زيادة على ذلك لطفا منه ورحمة غير نعمة العقل بنعمة الثقلين الكتاب العزيز والقرآن العظيم والنبي الكريم وعترته الطاهرين، فإن القرآن والنبي والعترة خير مرشد لعقولنا فهؤلاء هم أمان لنا من الضلال والتيه وفوق هذا كله ومع الأسف عوض أن يخرج لنا كتاب يبينون عقائد الإسلام والتشيع بالشكل الصحيح إلا أنهم يستغلون بعض الأمور التي لايفهمونها من خلال النصوص لقصور في الفهم وعدم الإلمام بفقه النصوص من جميع جوانبه يحاولون التشكيك بدل أن ينوروا الناس ويدلوهم على الحقيقة.

إلا أن كتابا مبدعين يستحقون الإكبار والثناء والتكريم ويستحقون الإشادة نتيجة لإبداعهم ومثابرتهم وبذل جهدهم ووقتهم مقدمين بذلك على راحتهم وعوائلهم وأهلهم كل ذلك من أجل العلم والدين والإسلام والنبي والأئمة ومن أجل الحق ومن بين أولئك الأستاذ الكبير والكاتب القدير والإعلامي الشهير سعادة الدكتور نضير الخزرجي، العراقي الذي يعيش في المهجر فهو روعة في جميع كتاباته فكلماته تأتي طوعا له، والمعلومات تتناثر من عقله الواسع وجمال الألفاظ يزينها أدبه الرفيع ويصيغها قلمه الهادر بالحق، والمعاني الراقية الجميلة تنبعث من فكره الثاقب والأفكار العصرية يلملمها عقله الناضج، وفهمه للحياة وللعالم يجعله إنسانا موسوعيا يتكلم في الدين وفي السياسة وفي الاجتماع والفقه والأصول والإعلام، وإلمامه بالأدب على مستويات عديدة منه من النثر والشعر بتفاصيله من الشعر العربي العمودي والشعر الحر والشعر العامي والرمزي والشعر الأبوذية والأدب المقارن، وإلمامه بالتربية والثقافات المعاصرة وما يتعلق بالمرأة وما يقال عنها في الفروقات بينها وبين الرجل وما هو الحق

في المسألة وموضوع الأسرة، وما يتعلق بإعطاء كل ذي حق حقه من تكريم المبدعين والعلماء والدعوة إلى عدم تجاهلهم ودعوته الخالصة إلى حرية الاختيار في العقائد وعدم الإقصاء الفكري والإلغاء وجبر الناس على عقائد يقتنع بها شخص ما ودعوته لفكر أهل البيت عليهم السلام لاقتناعه بأن فكر أهل البيت هو الذي يصل إلى شاطئ الأمان وتحسين صورة التشيع وأهل البيت داعيا بالحكمة والموعظة وبإظهار الأدلة الساطعة البرهانية وبالحجج القوية وهي قرع الحجة بالحجة والإشارة إلى أننا شيعة آل محمد أبناء الدليل نميل أين ما مال الدليل وعدم دعوته إلى الإرهاب الفكري وبث كراهية الإرهاب بشكل مطلق ولاسيما العنف الممقوت التي تمجه الإنسانية ووقوفه بكتاباته السياسية الناضجة وتحسين صورة الديمقراطية وقبول الدستور والحث على إنجاح العملية السياسية في العراق واستلام بلادهم وتخليصه من الاحتلال بالأمر السلمي وليس بالكفاح المسلح كما يحث مراجعنا العظام وقادة العراق الأكفاء وقد كتب عن الشيخ الكرباسي وأشاد بمواقفه وحث على تكريمه لما بذله من جهد لصالح الدين والإسلام والمذهب والثورة الحسينية وإشارته لتأليف كتابه دائرة المعارف الحسينية بعدد ٦٠٠ مجلد وغير ذلك من المؤلفات القيمة.

هذه الأمور لم تأت هكذا صدفة وإنما أتت ببذل الجهد واستفراغ الوسع من العمل الجاد والدراسة الكثيرة المتعمقة والبحث المتواصل والاطلاع الواسع إضافة إلى قدراته الذهنية والاستعداد الفكري وقبوله بالآخر للاطلاع على أفكارهم وفهمه لسائر الثقافات وعدم انغلاقه على ثقافة أحادية ولذلك لم ينشأ عنده فكر أحادي فهو صاحب فكر متنور بحق وحقيقة لا ما يدعيه بعض من ينتسب إلى العلمانية ويحسب نفسه على

الطائفة الشيعية ويتخبط في فكره إذا كتب ويحمل وزر كتابته من يأخذ منه .

إنني أدعو إخوتنا الذين تشابهت عليهم بعض الأفكار من الذين يدعون التنوير في مجتمعاتنا أن ينحوا نحو بعض الكتاب المبدعين والمشهورين والمتنورين والملمين بالثقافات الواسعة ولاسيما العراقيين كالدكتور نضير الخزرجي والأستاذ نزار حيدر والدكتور محمد حسين الصغير ورئيس جامعة الكوفة الدكتور حسن الحكيم والفقيد الدكتور توفيق الفكيكي والفقيد الباحث أحمد أمين والفقيد الدكتور حسين علي المحفوظ وغيرهم من الكتاب والأكاديميين. نسأل الله سبحانه وتعالى أن يحفظ كاتبنا الكبير الدكتور نضير الخزرجي وأن ينفعنا بعلمه ويتحفنا بنتاجاته القيمة، وألف تحية وسلام للكاتب المبدع الدكتور نضير الخزرجي والسلام عليه ورحمة الله وبركاته.

وعي الأمة من وعي قادتها

مؤسسة الأبرار الإسلامية ـ لندن

بمناسبة ذكرى ولادة الإمام الحسين بن علي عليه السلام، أقامت مؤسسة الأبرار الإسلامية مهرجانا تحت عنوان: "وعي الأمة من وعي قادتها" حيث تحدث فيها الدكتور نضير الخزرجي، وذلك بتاريخ ٢٣ يوليو ٢٠٠٩م[(١)]، قال فيها:

عندما نقرأ كتابا فالقراءة إما عابرة أو متأملة أو تحقيقية، وعندما نتحدث عن الحسين عليه السلام، فإننا نتحدث عن حدث كبير وقع عام ٦١ هجري في كربلاء، فكيف نقرأه؟

الكل قرأه بطريقته الخاصة، العلماني والمتدين والسلفي والصوفي، وظهرت آراء وأقوال لعلماء كثيرين في كل سنة، فهؤلاء رأوا الإمام الحسين وثورته بمنظارهم، ولكل رؤيته.. والتاريخ يعيد نفسه بمفردات جديدة،

---

(١) بعد انتهاء المحاضرة مباشرة غادرت لندن ليلاً إلى الكويت في طريقي إلى العراق لتلبية دعوة موجهة إلى دائرة المعارف الحسينية من قبل إدارة مهرجان ربيع الشهادة الخامس التي عقدته العتبتان المقدستان في كربلاء المقدسة الحسينية والعباسية في الفترة (٢٦ ـ ٣٠/ ٧/ ٢٠٠٩م).

وبالتالي فهو يحتاج لنظرة متأنية جديدة، وقراءتنا للحدث توفر لنا تقويما لحياتنا، فعلينا قراءة الحسين قراءة واعية.

نحن نعيش في مجتمع فيه أهل الخير وأهل الشر، وواقعة كربلاء فيها صور عدة، لقد كان بإمكان سفير الإمام الحسين عليه السلام إلى أهل الكوفة مسلم بن عقيل بن أبي طالب عليه السلام أن يقتل عبيد الله بن زياد بن أبيه الوالي الجديد على الكوفة عندما اختلى به في منزل الشهيد هاني بن عروة[١] ولكن شعاره كان قول نبي الإسلام محمد بن عبدالله صلى الله عليه وآله وسلم: "الإسلام قيد الفتك" أو "قيَّدَ الفتك"[٢].. هذه صورة وحدث علينا أن نقرأه كما حصل لكي لا نكرره مع الآخرين. فما حدث في العراق الحديث هو تكرار للماضي، ولو قرأوا التاريخ بوعي لما فعلوا الذي فعلوه.

صورة أخرى من كربلاء، فالحر بن يزيد الرياحي من زاوية هو الذي جعجع بالحسين عليه السلام ومنعه من الذهاب إلى اليمن أو الكوفة فحصلت واقعة الطف، ولكن توبته قبلها الحسين عليه السلام بكل ترحاب واستشهد معه.

لا شك أننا نتأثر بالحدث ونؤثر فيه، إذا قرأنا الحدث بصورة جيدة تتحسن علاقتنا مع المجتمع، وهكذا الأمر مع الحدث الحسيني، فإذا قرأنا فعل الإمام بشكل جيد يكون تعاملنا مع الناس كما يريد الإمام.

فهناك موجات متواصلة تدفع باتجاه الفعل الحسن، فالقرآن يدعونا إلى ذلك بقوله تعالى: ﴿قَدْ خَلَتْ مِن قَبْلِكُمْ سُنَنٌ فَسِيرُوا۟ فِى ٱلْأَرْضِ فَٱنظُرُوا۟ كَيْفَ كَانَ

---

(١) هاني بن عروة: هو حفيد تمران بن عمر المذحجي المُرادي، (ن٢٣ق.هـ - ٦٠هـ) زعيم قبيلة مراد، شَهِدَ مع علي عليه السلام صِفِّين والجمل والنهروان، وصاحب الحسن والحسين، وبايع مسلم بن عقيل عليه السلام وقتله عبيد الله بن زياد.

(٢) وسائل الشيعة: ١٦٩/١٩.

﴿عَٰقِبَةُ ٱلۡمُكَذِّبِينَ﴾[1]، ومن مصاديق السير في الأرض قراءة الحدث بصورة جيدة كما فعل الإمام علي عليه السلام قرأ تاريخ البشرية فبان له ما سيحصل في المستقبل[2].

والمحلل السياسي يصيب كثيرا في تحليله لأنه يجمع الحوادث ويحللها، ومن المفارقات أنَّ العرافين الذين يضحكون على الناس اتخذ بعضهم اتجاها آخر، حيث صار يحلل الأمور ويعرض نبؤاته بشكل صحيح نوعا ما واغلبها نبوءات سياسية لأنه تقمّص دور المحلل السياسي.

نحن بحاجة إلى إعادة تسجيل حوادث التاريخ، فعندما نقرأ الروايات نرى أن عدداً غير قليل منها كتبها موظفو الجهازين الأموي والعباسي، فنحن نحتاج إلى رفع الغبار عن التاريخ لنقرأه بشكل أفضل وكشفه، ومن ذلك ما يتعلق بالمسرح والدراما، فهناك من يعتقد أن جذور المسرح العربي مثلا تعود إلى النهضة الحسينية. في الجاهلية كان للعرب شعر وأدب وليس لديهم مسرح، وفي هذا الإطار توصَّل المخرج المسرحي العراقي الدكتور عباس الجميلي[3] أن جذر المسرح العربي هو النهضة الحسينية، فمن يزور إيران والعراق بخاصة أيام شهري محرم وصفر يرى أن هناك مسرحا متنقلا

---

(١) سورة آل عمران: ١٣٧.

(٢) إشارة إلى قوله عليه السلام في وصيته لابنه الإمام الحسن عليه السلام: (أيْ بُني إني وإن لم أكن عُمرت عمر مَن كان قبلي فقد نظرت في أعمالهم، وفكّرت في أخبارهم، وسرتُ في آثارهم حتى عُدت كأحدهم، بل كأنّي بما انتهى إليَّ من أمورهم قد عُمِّرتُ مع أوَّلهم إلى آخرهم، فعرفت صفو ذلك من كدره، ونفعه من ضرره..) نهج البلاغة: ٣/ ٥٦٠.

(٣) مخرج مسرحي وأستاذ جامعي رئيس قسم المسرح في كلية الفنون الجميلة بجامعة البصرة، سكن الكويت ولندن، وعاد إلى العراق بعد عام ٢٠٠٣م ونجا بأعجوبة من محاولة خطف وتعرض إثرها لأذى جسدي أقعده عن التدريس لأشهر عدة.

يعكس ما جرى في كربلاء، وقد نال شهادته العليا في هذا المجال من جامعة بريطانية، وقد أصاب في قراءته، ومن الطريف في هذا المقام أننا استضفنا الدكتور الجميلي في أحد المراكز الإسلامية للحديث عن المسرح الحسيني وذلك قبل أكثر من عشر سنوات، وبعد انتهاء المحاضرة جاءني شاب يعاتبني ويقول: لماذا جئتم بهذا الشخص المنتمي لليسار العراقي في هذه الحسينية؟ قلت له: إنه مخرج وأكاديمي تحدث عن الإمام الحسين عليه السلام وقدم رؤية جديدة عن تاريخ وجذر المسرح العربي لا تعرفها أنت من قبل[1]، والحقيقة أن بعض هؤلاء الشباب قرأوا الحدث بطريقة كلاسيكية.

ومن القراءات الواعية الجديدة أن الشيخ الكرباسي صاحب الموسوعة الحسينية توصل إلى أنَّ تقعيد اللغة الأردوية وآدابها منشأه الحدث الحسيني، وأكد في كتابه (المدخل إلى الشعر الأردوي) أن قواعد اللغة الأردوية المكتوبة قامت على أساس النهضة الحسينية، إنها قراءة واعية للقضية الحسينية.

هناك محاولات لإضافة جديدة بعيدة عن الاسترسال في المسحة العاطفية، هناك حركة اجتماعية وسياسية لا نستطيع أن نقرأها منفصلة عن ظروفها، أسمع الخطيب طوال عمري والقصائد التي يلقيها وهي مكررة وكأن الأدب الحسيني انحصر بها، في حين نجد أن الشيخ الكرباسي بحث في التاريخ واستخرج آلاف القصائد التي قيلت في الحسين عليه السلام على مدى ١٤ قرنا، فالخطباء حفظوا قصائد بعينها وكرروها في منابرهم إلا بعض

---

(١) كنت أحد الأمناء الثلاثة في مركز التثقيف الإسلامي بلندن الذي يشرف على حسينية الرسول الأعظم صلى الله عليه وآله وسلم وذلك لنحو أربع سنوات حتى عام ٢٠٠١م.

النوادر حيث نظموا الشعر وجددوا قصائد المنبر الحسيني مثل الخطيب الراحل الدكتور أحمد بن حسون الوائلي (١٣٤٧ ـ ١٤٢٤هـ) والخطيب الراحل الشيخ هادي بن صالح الخفاجي (١٣٢٦ ـ ١٤١٢هـ)[١]، نحتاج إلى سماع قصائد ومقطوعات لم نعتدها من قبل.

من المفارقات في الحدث الحسيني أن أحد فلاسفة إيران كان يحلل بيت الشعر (إن كان دين محمد لم يستقم إلا بقتلي يا سيوف خذيني) بطريقة فلسفية معتقدا أنه للإمام الحسين عليه السلام، في حين أنه للشيخ محسن أبو الحب المشهور بـ: "أبو الحب الكبير" (١٢٢٥ ـ ١٣٠٥هـ)، فقراءة الرواية والحديث مرتبطة أيضاً بقراءة التاريخ الحسيني.

من القراءة الواعية أننا كنا نبحث عن نسب والدة السجاد علي بن الحسين عليه السلام المشهورة بـ: "شاهزنان" فاكتشفنا أمرا جديدا حيث عثرنا على تفاصيل نسبها من خلال سلسلة مشجرات العائلة الغربية، فهناك مشجرات لعائلات أمريكية وكندية واسترالية ترجع بالنسب إلى السجاد عليه السلام عن طريق السيدة شاهزنان، فاستخدام المشجرات الغربية ظاهرة جديدة علينا، وعن طريق المشجرات عرفنا نسبها من طرف الأم وهذا أمر مبتكر في مجال البحث والتحقيق[٢].

من المفارقات أنني سمعت خطيبا في إحدى البلدان الإسلامية يتحدث

---

(١) وهما ممن جلست تحت منبريهما في كربلاء المقدسة ولندن.

(٢) طلب أُستاذي المحقق الشيخ محمد صادق بن محمد الكرباسي البحث عن نسب والدة السجاد عليه السلام من أمها من غير المصادر والطرق المعهودة بعد أن استنفد جهده فيها، فهداني الله إلى التنقيب عبر المشجرات المنشورة في الشبكة البينية باللغات العربية والفارسية والانكليزية فحصل المراد من خلال الأخيرة، انظر: معجم أنصار الحسين.. النساء: ١١٢/٢.

عن البركة الحسينية وآثارها فاستشهد بنفسه قائلا: "إنني لم اقرأ كتابا واحدا خلال ٢٥ عاما ومع هذا فأنا مستمرٌ في إلقاء المجالس الحسينية"، هذه ليست بركة فأين قراءة التاريخ والتجديد في القراءة، فكأنه يقرأ محفوظات، انه استغراق في التخلف، فماذا يعطي للناس من جديد؟ ومن ذلك أننا نادرا ما سمعنا خطيبا يحثُّ الناس على التعليم الأكاديمي الجامعي، مع أن ذلك في صلب حياتنا اليومية وأحد عوامل رقي المجتمع وتطوره.

من معالم دائرة المعارف الحسينية أنه في كل مجلد من الموسوعة الحسينية قراءة للكتاب من قبل شخصية متميزة يقرأ الحسين من منظور مختلف، آخر قراءة كانت للدكتور نارت گوتم سوامي، زعيم البوذ في ولاية مهاراشتر الهندية، متحدثا عن لسان الزعيم الروحي والسياسي للبوذ في العالم الدلاي لاما الذي هاجر عام ١٩٥٩ إلى الهند قسرا، قرأ الجزء التاسع من "ديوان الأبوذية" فقال هذه العبارة: "لو كانت لدينا نحن البوذ شخصيات مثل الإمام علي والإمام الحسين، ولو كان لنا نهج البلاغة وكربلاء لما بقي في العالم احد إلا واعتنق العقيدة البوذية، نحن نفتخر ونعتز بهاتين الشخصيتين الإسلاميتين". ثم يقول زعيم البوذيين "يمكننا القول ونحن على يقين بأن المؤلف إذا مضى بهذا الشكل من التحقيق والموضوعية سيوصل رسالة الإمام الحسين إلى العالم ويطلع الناس على آثار وعظمة الإمام الحسين فان المذهب اليزيدي والإرهاب والإرهابيين سيستأصلون من العالم، ويسود الأمن والسلام ربوع المعمورة"، وفي ختام الكلمة أقول: مع الأسف لم نقرأ الإمام الحسين بصورة مناسبة.

في ندوة عامة:
الخزرجي يستعرض مراحل تطور المنبر الحسيني

مؤسسة الأبرار الإسلامية ـ لندن[1]

مع حلول شهر محرم الحرام أقامت مؤسسة الأبرار الإسلامية بلندن ندوة تحت عنوان: "تطور المنبر الحسيني عبر التاريخ" تحدث فيها الباحث المشارك في دائرة المعارف الحسينية الدكتور نضير الخزرجي. كان ذلك يوم الخميس ٢ ديسمبر ٢٠١٠ م وأدار الندوة وقدم لها فضيلة الشيخ حسن التريكي قال فيها: يحل علينا بعد أيام شهر محرم الحرام وهو شهر الحسين، شهر التضحية والفداء. وما أن يحل هذا الشهر حتى تبدأ مجالس العزاء التي أمر بإقامتها أئمة أهل البيت عليهم السلام، كما ورد عن الإمام الصادق عليه السلام: (أحيوا أمرنا، رحم الله من أحيا أمرنا)، ويقول أحد أصحابه: دخلت عليه يوماً وهو يصلي ثم سجد وبدأ يدعو لزوار الحسين

---

(١) وزع قسم الإعلام في مؤسسة الأبرار الإسلامية التقرير الخبري على وسائل الاعلام المختلفة ونشر في عشرات الصحف والمجلات والمواقع الإلكترونية، منها: موقع قرية المطيرفي (الاحساء) بتاريخ ٢٠١٠/١٢/٤م، شبكة الرامس الثقافية (القطيف) بتاريخ ٢٠١٠/٢/٦م، وشبكة أخبار الناصرية العراقية بتاريخ ٢٠١٠/١٢/١٢م.

فقال: (اللهم ارحم تلك الوجوه التي غيرتها الشمس وارحم تلك الدموع التي جرت رحمة لنا أهل البيت).

لقد انطلقت هذه المجالس وتطورت عبر التاريخ حتى وصلت إلى ما هي عليه الآن وتحولت إلى مدارس بل إلى جامعات وأصبح أتباع أهل البيت يُحسدون عليها. بعض الغربيين الذين اطلعوا على مجالس أبي عبد الله كانوا يتساءلون ويقولون: إننا إذا أردنا أن نعد مؤتمراً فإننا نستغرق وقتاً طويلاً للإعداد وتوزيع الدعوات فكيف يتسنى لكم جمع هذا الحشد الكبير في زمان واحد وأمكنة معينة، ويزدادون استغراباً عندما يعرفون أن أحداً لا يقدم دعوة لأحد، بل إن صاحب المأتم يفتحه فيبدأ الناس بالحضور تلقائيا. وهذه المجالس تطورت عبر التاريخ، وما يزال هناك مجال لتطويرها وتهذيبها لتتناسب مع العصر والرسالة.

وبعد التقدمة تناول الإعلامي والأكاديمي العراقي والباحث في دائرة المعارف الحسينية الدكتور نضير الخزرجي، أطراف الحديث مستعرضا التطور الذي حصل في المنبر الحسيني عبر التاريخ قائلاً: المجلس الحسيني: أو المنبر الحسيني مادته هي الخطابة، وفي التاريخ فإن الخطابة سبقت الشعر. وهناك أدب نثري وشعر. الأدب المنظوم أخذ دوره في الأدب، وللخطابة دورها كذلك. كل واحد منا يستطيع أن يتكلم ولكن قد لا نستطيع أن نكتب بيت شعر واحد، فالخطابة قديمة، ويقال عن شعيب انه كان شيخ الخطباء وكذلك إبراهيم ومحمد ﷺ.

وقد جعل الله الخطابة جزءاً من العبادة فنحن نصلي العيدين والجمعة، والصلاة تحتوي على الخطابة، بينما هناك آيات تذم بعض أشكال الشعر، أما الخطابة فمحبوبة. اليونانيون كانوا شديدي الاهتمام بالخطابة،

والمرافعة، جزء مهم في القضاء والمحاكم، والمحامي القادر على التأثير على القضاة يعتبر محامياً جيداً، ويقول أرسطو: (الخطابة هي القوة القادرة على الإقناع). وتعد الخطبة جزءاً من عقد الزواج.

المنبر الحسيني: لماذا قيل المنبر: لأن المنبر هو أحد معالم المجلس. الرسول عندما كان يخطب في بداية الإسلام كان يخطب واقفاً، فأحسَّ الصحابة أنَّ الوقوف يتعبه فوضعوا له جذع نخلة يتكأ عليها، وفي السنة السابعة صنعوا له منبراً، وكان عليه الصلاة والسلام يستعمل عصى ويتوكأ عليها وقت الخطبة، واشتهر قوله ﷺ: إن أتخذ منبراً فقد اتخذه أبي إبراهيم، وإن أتخذ عصا فقد اتخذها أبي إبراهيم.

فالمجلس الحسيني يرادفه المنبر الحسيني الذي يرتقيه الخطيب. وبالنسبة لإقامة مجلس الإمام الحسين عليه السلام فنعلم أن الرسول بكى الإمام الحسين، وكذلك الإمام علي. فالمجلس الحسيني كان موجودا في بداية القرن الأول الهجري. ويعتقد أن أربعة أشخاص كانوا أول من أسس المجلس الحسيني هم: الإمام علي السجاد وزينب الكبرى وأم كلثوم وفاطمة بنت الحسين عليه السلام.

لقد كانت الدولة الأموية هي المسيطرة، ولم تكن هناك مجالس كما نعرفها في القرن الأول الهجري بل كانت سرية، واشتهر من الراثين في هذه الفترة سليمان بن قتة العدوي المتوفى سنة ١٢٦ هـ، وبعد سقوط الأمويين وقيام العباسيين بدأت الصحوة للمجلس الحسيني على يدي الإمام جعفر الصادق فكان يشجع الشعراء الذين كانوا يمثلون دور الخطباء، وبقي الشعر هو الأساس في الأدب العربي، وظهر إلى جانب الشعراء القصاصون والمنشدون (الرواديد).

قبل المذياع كانت المجالس والمقاهي والدواوين تستقبل القصاصين، هذه المهنة قديمة، وكان القصاصون يروون ما حدث في كربلاء، وكذلك المنشدون، خصوصاً في القرن الثاني الهجري، أولئك كانوا يمثلون المجلس الحسيني في تلك الفترة.

في القرنين الهجريين الثالث والرابع تطور المنبر بعد فترة الكبت، فبرزت المجالس بشكل كبير نظراً لقيام دول مثل الأدارسة في شمال أفريقيا والفاطميين في مصر والبويهيين في إيران والعراق والحمدانيين في حلب. وهنا أخذ المنشدون والشعراء والمداحون دورهم في فترة الدول الإسلامية الشيعية مثل دولة الحمدانيين التي نبغ فيها المتنبي.

في تلك الفترة ظهر أسلوب جديد في الأدب الحسيني، فظهرت القصائد الطوال التي تتجاوز مائة بيت. فالشاعر يسرد فيها قصة ما حدث في كربلاء فهو يقرأ المقتل منظوماً. تلك الدول شجعت الشعراء على النظم، فنرى الشعراء الموالين لأهل البيت ينظمون القصائد الطوال في أهل البيت ويضمنون فيها مفردات عقائدية كالتوحيد والنبوة والإمامة، كل ذلك يطرح من خلال القصائد الحسينية. وكان هناك المنشدون والمداحون الذين يحفظون الشعر ويلقونه. استفاد هؤلاء من هذا الجو بتطوير المجلس بشكل كبير.

إذن لدينا مرحلة التأسيس في عهد الإمام السجاد عليه السلام ثم مرحلة التأصيل في عهد الإمام الصادق عليه السلام، ثم مرحلة الانتشار، وعنها وقال المقريزي في خططه: كان الفاطميون، في يوم عاشوراء، ينحرون الإبل والبقر لإطعام الناس ويكثرون النوح والبكاء، ويتظاهرون بكل مظاهر الحزن والأسف، واستمروا على ذلك حتى انقرضت دولتهم وجاء عهد

الأيوبيين الذين مثّلوا أدوار الأمويين والعباسيين مع الشيعة، وأضاف المقريزي إلى ذلك: وفي يوم عاشوراء من سنة ٣٩٦ هـ جرى الأمر فيه على ما يجري في كل سنة من تعطيل الأسواق، وخروج المنشدين إلى جامع القاهرة، ونزولهم مجتمعين بالنوح والنشيد.

ونص آخر حول بغداد أيام الدولة البويهية حيث كانت الأسواق تعطل، ومن يزور القاهرة يجد بعض هذه المعالم فهناك المداحون والخيام والسرادقات تنصب في مولد الحسين عليه السلام عند مسجد رأس الحسين، في السابق كان هناك نوع من الرثاء والمديح، والآن هناك المديح، وقد سألنا احد الباعة خلال زيارتنا للقاهرة عما إذا كان لديه شريط رثاء بالطور المصري، فقال، هذا مكان رأس الحسين يا فندم، هذا مكان فرح.

ويعتبر قيام الدول الإسلامية فترة انتشار المجلس الحسيني. حتى في الدول الإسلامية الشيعية غير الإمامية الإثني عشرية حيث كانت هناك مجالس عزاء.

ثم ظهرت مرحلة جديدة: فانتشار المجالس الحسينية مع قلة الخطباء اضطر البعض لوضع مجالس حسينية مكتوبة يقرأها الخطباء وغير الخطباء، فيلقي الشخص المجلس لأهله أو حارته، واشتهرت هذه الظاهرة في القرنين الهجريين التاسع والعاشر، وعرفت تلك المرحلة بالروضة نسبة إلى كتاب (روضة الشهداء) للواعظ الكاشفي المتوفى سنة ٩١٠هـ، ومن كتاب الروضة جاءت كلمة "روزه خون" أي قارئ كتاب روضة الشهداء.

وظهر كتاب المنتخب للطريحي الذي انتشر أيضاً بين المسلمين الشيعة، أحدهم لفخر الدين الطريحي المتوفى سنة ١٠٨٥هـ والآخر بالإسم

نفسه لشقيقه عبد الوهاب الطريحي المتوفى أواخر القرن الحادي عشر الهجري.

واشتهرت كتب المقاتل التي ظهرت خلال مراحل زمنية متباينة وبلغ عددها ١٢٠ مقتلاً، والمقتل سرد لما جرى من حوادث يوم عاشوراء عام ٦١هـ، وهناك كتب أخرى فيها مقاتل وغير مقاتل، ومجموع المقاتل وما يوازيها بلغ عددها نحو ٢٤٠ كتاباً، وتعتبر مادة خصبة للخطيب وشجعت على تطوير المجلس الحسيني.

ثم نجد مرحلة العودة إلى الخطابة الارتجالية، فالمدارس الإسلامية بدأت تنشر الخطباء في كل مكان، وبدأ الخطيب يخطب بدون كتاب. في القرن الثالث عشر بدأ الخطيب السيد حسين آل طعمة الحائري المتوفى سنة ١٢٧٠هـ الخطابة الارتجالية. ومن الطرائف في هذا المجال يقول احد العلماء: ذهبت إلى إحدى الدول الأفريقية، وفي الصلاة قام الخطيب وبدأ يعظم الملك فؤاد في مصر في وقت كان النظام الجمهوري هو القائم في مصر، فالخطبة كانت جاهزة قرأها الشيخ الأفريقي وربما لم يكن يعرف معناها وإلا لفطن للأمر، فالخطبة الجاهزة تفقد فائدتها مع مرور الوقت بخاصة وأن المجلس الحسيني يهدف إلى توعية الأمة، والقراءة من الكتاب لا تؤدي ذلك الهدف خصوصاً عندما تكون هناك تحولات في المجتمع. ولقد شهد القرن الثالث عشر الهجري عودة جديدة للخطابة الارتجالية.

في مرحلة الاستعمار (البريطاني والفرنسي والبرتغالي وغيرهم) كان المجلس الحسيني يمثل صوت الأمة، كما حدث في ثورة العشرين في العراق، وفي شمال أفريقيا كانت الخطابة بشكل عام، عامل دفع للأمة ونهضتها لاسيما أثناء الصلاة، فخطبة صلاة الجمعة نسميها (الخطبة

السياسية) وألصق شيء لدى الأمة هي الخطبة، وما يوفره المجلس الحسيني ينقل الأمة إلى وضع أفضل.

وفي مرحلة الاستعمار احتاجت الأمة فيها إلى أشياء جديدة، فبدأ بإنشاء المعاهد الخطابية في المؤسسات الدينية هدفها تخريج الخطباء، وهي مرحلة بدأت في الهند ثم انتقلت إلى باكستان ثم العراق.

وقد أجرى الشيخ الدكتور محمد صادق الكرباسي صاحب دائرة المعارف الحسينية مسحاً للمعاهد الخطابية في الجزء الأول من كتاب "معجم خطباء المنبر الحسيني" فوجد أنها بدأت في الهند، فلماذا؟ وذلك لأن الاستعمار البريطاني غزا الهند قبل العالم العربي وبقي فيها قرناً ونصف القرن، كما أنَّ بعد المسافات بين الهند والعالم العربي شجع على إنشاء المعاهد، وهناك حسين بارا، وإمام بارا في الهند، وكانوا يشيدون مراقد شكلية لمراقد الأئمة للتبرك. وأقاموا معاهد للخطابة أيضاً وذلك في النصف الأول من القرن الرابع عشر الهجري، كما كانت معاهد للخطابة في كربلاء والنجف.

وفي مرحلة ما بعد الاستعمار: كان للخطيب دور مشهود في مواجهة الاستعمار، وقد احتاجت الأمة بعد الاستعمار لمنابر أخرى، ولذلك نجد خطباء مثل السيد صالح الحلي في العراق والمتوفى سنة ١٣٥٩هـ، والشيخ احمد الكافي في إيران والمتوفى سنة ١٣٩٨هـ، لهم دور كبير في التوعية والتغيير فطرح الشيخ الكافي مفهوم الانتظار تمهيداً لظهور الحجة مستفيداً من المجلس الحسيني وحركة الإمام الحسين ومصيبته، واستفاد الحلي من المنبر الحسيني في التثقيف السياسي والتنوير الثقافي.

ولا يخفى أن الحركة الإسلامية في العراق والهند وإيران وغيرها

استفادت من المجلس الحسيني كثيرا، خصوصاً شعار (يا لثارات الحسين)، باعتبار أن "الحسين" اكبر مفردة ثورية تستطيع أن تنهض بالأمة.

وهذا ما حصل في إيران على سبيل المثال وقد اشتهر عن مؤسس الجمهورية الإسلامية السيد روح الله بن مصطفى الموسوي الخميني كلمته المشهورة: (كل ما لدينا من كربلاء)، وقد بلغت الثورة ذروتها في شهري محرم وصفر.

وفي العراق كان للمجلس الحسيني دور في تثبيت أركان الثورة ضد الاستعمار البريطاني، فهناك مواكب الطلبة التي يخافها النظام، وقد كان للمجلس الأعلى للثورة الإسلامية في العراق أثناء فترة المعارضة السياسية معاهد حسينية للمبلغين والمبلغات وجهها لاستنهاض الأمة، وكذلك أقام التيار الرسالي والمدرسة الشيرازية معاهد لتخريج الخطباء، ونحن نعلم أن نشاط الحركة الإسلامية في محرم يبلغ أوجه وتستطيع أن تتحدى النظام الحاكم.

لقد ساهم التطور في الاتصالات بتوصيل المعلومة إلى أوسع نطاق ممكن، واستطاع التلفاز والفضائيات والشبكة البينية توسيع دائرة وصول الكلمة الحسينية، الأمر الذي ينبغي قوله إننا بحاجة لتطوير المجلس الحسيني، ومن وسائل ذلك الاستفادة من النقد الأدبي الذي يخدم الأديب والأمة، نحتاج لنقد المجلس الحسيني، فمعظم الخطباء لا يقبلون بذلك. باعتقادي أن النقد البناء للمجلس الحسيني يقوّم الخطيب وينفع الأمة، وبالمناسبة جاء احد الخطباء وهو على المنبر برواية غريبة فسألته: من أين أتيت بها؟ فقال من الكتاب الفلاني، فلما بحثت لم أجدها وعندما كررت

السؤال عليه في اليوم التالي قال: من صدور الحافظين، هناك روايات تحتاج إلى تدقيق.

وهناك مقارنة بين الخطيب الحسيني العراقي والإيراني والباكستاني، وقد وجدنا: أن الخطيب الباكستاني لا يستقل الخطابة الحسينية حتى لو أصبح فقيهاً، والإيراني يتوقف عنها ولكن لا يستقلّها، أما الخطيب العراقي فيستقلها عندما يصبح فقيهاً، أما الخطيب الخليجي فإنه يتأثر أما بالمدرسة العراقية أو الإيرانية.

نعم لدينا خطباء على مستوى راق، فالشيخ الوائلي قدم من خلال المنبر الحسيني ما لم يقدمه بعض الفقهاء، وحتى الآن فإن محاضراته راقية برغم وفاته عام ١٤٢٤هـ، وقد بلغ مبلغاً من العلم استطاع أن يترك أثراً كبيراً، ومع تطور عصر الاتصالات ينبغي أن يتطور المجلس الحسيني ويصبح مسؤولاً وقادراً على التأثير.

وفي ختام الندوة الثقافية أجاب الدكتور نضير الخزرجي على أسئلة الحضور.

داكار: مهرجان دولي يدعو إلى مخاطبة الآخر بالحسنى ونبذ العنف

المركز الحسيني للدراسات ـ داكار[1]

تحت شعار "الإمام الحسين شهيد ومنقذ الإسلام" وعلى قاعة جامعة داكار وخارجها احتشد الآلاف من المسلمين من مذاهب مختلفة في العاصمة السنغالية داكار يوم ٢٩/ ١/ ٢٠١١ م لإحياء المؤتمر الدولي الخامس لـ "عاشوراء عام ٢٠١١ م" الذي دعت إليه مؤسسة المزدهر العالمية بحضور شخصيات رسمية وعلمائية وأدبية وأكاديمية من بلدان مختلفة كالعراق والكويت وسويسرا ومالي وساحل العاج وغينيا وإيران، قُدمت فيه أبحاث وكلمات انصبت على ضرورة التأسي بالسنة النبوية الشريفة وأهل البيت ونبذ كل أشكال العنف والإرهاب ومخاطبة الآخر بالحسنى.

---

(١) تقرير خبري عن زيارة وفد دائرة المعارف الحسينية إلى السنغال لحضور المؤتمر الدولي الخامس عن "عاشوراء عام ٢٠١١م"، وُزع من العاصمة السنغالية داكار، وقد نشر في العشرات من الصحف والمجلات والمواقع الإلكترونية، منها: صحيفة نبض سوريا بتاريخ ١/ ٢/ ٢٠١١م، صحيفة الديار اللندنية بتاريخ ١/ ٢/ ٢٠٠١م، وإذاعة صوت العراق الجديد (ديترويت ـ أميركا) بتاريخ ٧/ ٢/ ٢٠١١م.

في بداية المهرجان تناول الباحث السنغالي في التاريخ والشؤون الإسلامية الأستاذ علي باجيان المراحل التاريخية التي سبقت واقعة الطف في كربلاء وما جرى على سبط النبي محمد ﷺ الإمام الحسين بن علي عليه السلام. ونقل الأستاذ باجيان الذي كان يتحدث باللغة الولفية وهي لغة أهل السنغال التي يشكل فيها المسلمون الغالبية العظمى من سكانها، مشاهد من واقعة كربلاء أبكت الحاضرين نساءً ورجالاً.

من جانبه تحدث الشيخ محمد حافظ جلو القادم من غينيا (كوناكري) باللغتين العربية والفولانية عن تأثير واقعة عاشوراء الإيجابي على المجتمعات عبر التاريخ، حيث خلص إلى أن النهضة الحسينية حالت دون إنزلاق المسلمين في طرق وعرة لا تحمد عقباها وأعادت للرسالة المحمدية رونقها وصفاءها.

وأثنى الدكتور صلاح الخطيب الباحث والأكاديمي العراقي القادم من جنيف في وفد يمثل دائرة المعارف الحسينية بلندن، في كلمة باللغة الفرنسية على الجهود الطيبة التي يقدمها الشريف الدكتور محمد علي حيدرة الحسني لصالح المسلمين في السنغال وخارجها، معتبراً أن وجوده في هذا البلد الأفريقي البعيد دليل على أن الإمام الحسين هو مشروع نهضة عالمية، ناقلا في الوقت نفسه إلى مؤتمر عاشوراء الدولي تحيات راعي دائرة المعارف الحسينية آية الله الشيخ الدكتور محمد صادق الكرباسي.

وأنشأ الشيخ حبيب عبد الله كان، القادم من جمهورية ساحل العاج وخرّيج جامعة الأزهر، قصيدة من الشعر العربي القريض حيًّا فيها الجهود الكبيرة التي تبذلها مؤسسة المزدهر العالمية في بناء المشاريع الخدمية والإنسانية لمسلمي السنغال وأفريقيا.

من جانبه اعتبر آية الله الشيخ حسين الكرماني القادم من مدينة قم الإيرانية ممثلاً عن المرجع الديني آية الله العظمى السيد علي الحسيني السيستاني، في كلمة باللغة الفارسية، أن مهرجان عاشوراء الدولي الخامس يمثل أحد معالم النهضة الحسينية التي استطاعت أن تنتشر بظلالها الطيبة على بقاع الأرض ومنها السنغال بخاصة وأفريقيا بعامة، داعيا الجميع إلى دعم المشاريع التي فيها صلاح العباد ورضا الله.

وكانت كلمة ختام الضيوف القادمين من خارج السنغال للإعلامي والأكاديمي العراقي الدكتور نضير الخزرجي الباحث المشارك في دائرة المعارف الحسينية، حيث اعتبر أن وجوده بين إخوانه وأخواته في داكار ومن جنسيات وأعراق ولغات مختلفة وفي هذا الصرح الأكاديمي (جامعة داكار) دليل على أن النهضة الحسينية برؤاها الحضارية تمكنت من جمع المسلمين على كلمة سواء وأن تصل إلى كل المستويات الجماهيرية، بل ولها القدرة الفائقة على توحيد الإنسانية لأن عملية الإصلاح التي نهض من أجلها الإمام الحسين عليه السلام عام ٦١هـ هي في واقعها رسالة إنسانية تتناغم مع الفطرة البشرية، والناس بطبعها ميالة إلى الخير والإصلاح.

ووجد الدكتور الخزرجي الذي كان يتحدث باللغة العربية أن كلا من دائرة المعارف الحسينية المتكونة من ستمائة مجلد في ستين باباً صدر منها حتى الآن ٦٤ مجلداً[1] ومؤسسة المزدهر العالمية ذات المشاريع الخدمية والإنسانية المتوزعة في السنغال والدول الأفريقية، هما من مصاديق رسالة النهضة الحسينية الإصلاحية على طريق إعمار البلاد والعباد وإحياء النفوس

---

(١) بلغت أجزاء دائرة المعارف الحسينية الصادرة حتى اليوم أكثر من خمسة وسبعين جزءاً.

بالعلم والعمل، ناقلا في الوقت نفسه تحيات راعي دائرة المعارف الحسينية الفقيه آية الله الدكتور الشيخ محمد صادق الكرباسي إلى مؤسسة المزدهر العالمية ومؤسسها السيد الدكتور محمد علي شريف حيدرة الحسني ووالده المبجل(١) وكل محبي أهل البيت عليهم السلام في السنغال وخارجها.

واختتم المهرجان العاشورائي العالمي الذي أداره الشيخ طه أحمد سوغو بكلمة للزعيم الديني للمسلمين في السنغال الشريف الدكتور محمد علي حيدرة الحسني الذي فضَّل مخاطبة المسلمين عبر وسائل الإعلام والوكالات السنغالية والأفريقية والعربية التي غطت الحدث الإسلامي الكبير، منها قناة العراقية والفرقان العراقيتين، باللغة العربية مع ترجمة باللغة الولفية، مؤكداً على أهمية الوحدة الإسلامية وأهمية الالتفاف حول النبي محمد صلى الله عليه وآله وسلم وأهل بيته بوصفهم سفينة نجاة، وبخاصة سفينة الإمام الحسين عليه السلام.

وعرج الشريف حيدرة على الأوضاع التي حلَّت في العراق والحاصلة في بعض البلدان العربية النازعة إلى الحرية، وانهيار القوتين العظميين، معتبرا أن خلاص البشرية يكمن بالتمسك بقيم الإصلاح والبناء التي بشّر بها الإمام الحسين عليه السلام، وأن محاربة رسالة الإمام الحسين عليه السلام ومحاربة

---

(١) والده: هو الشريف الحسن بن مُحَمْدي حيدرة الحسني، يرجع بنسبه إلى الشريف إدريس الأصغر الحسني مؤسس مدينة فاس المغربية، ولد في مدينة تنبغ من توابع ولاية الحوض الشرقي في موريتانيا سنة ١٩١٧م، وتشتهر أسرته في موريتانيا بـ "أسرة الشريف الأكحل"، هاجر إلى السنغال شابا وتزوج من أسرة سنغالية ملكية معروفة وأسس قرية دار الهجرة في مدينة ولنقري بولاية كاساماس جنوب السنغال، تخرّج من تحت يده الكثير من حفاظ القرآن الكريم وطلبة العلوم الدينية والعربية، يتبعه الملايين من الأتباع في داخل السنغال وخارجها، ولازال حيًّا حيث يتنقل بين السكن في قرية دار الهجرة والعاصمة داكار.

أتباع أهل البيت عليهم السلام ومحبيهم تأتي بالوبال على مشعلي فتنها مستشهدا بما حصل في العراق إذ إن دماء شهداء العراق أمثال السيد محمد باقر الصدر والسيد حسن الشيرازي والسيد مهدي الحكيم والسيد محمد صادق الصدر هي التي عجلت بسقوط نظام صدام حسين، طالبا من الآخرين الاتعاظ بما وقع في العراق عام ٢٠٠٣ م وما يحصل في بعض البلدان العربية، مركزا في حديثه على أهمية التمسك بالوحدة الإسلامية ومخاطبة الآخرين بالحسنى ونبذ العنف أسوة بسيرة النبي الأكرم محمد صلى الله عليه وآله وسلم وأهل بيته الكرام عليهم السلام.

وتخلل فقرات الحفل مدائح نبوية وتواشيح حسينية ولائية من إلقاء الشريف السيد إبن عمر الحسني.

وفي اليوم التالي (٣٠/ ١/ ٢٠١١ م) وفي فضاء مفتوح جرى احتفال جماهيري كبير في أحد ضواحي العاصمة تحدث فيه عدد من المتحدثين بلغات مختلفة، وفيه قدم الدكتور نضير الخزرجي موفد دائرة المعارف الحسينية إلى مسلمي السنغال دورة من ٦٤ مجلداً من الموسوعة الحسينية إلى زعيم المسلمين في السنغال الشريف الدكتور محمد علي حيدرة الحسني عرفاناً بجهوده الطيبة على طريق العلم والعمل ودأبه في إقامة المشاريع الطوعية الخدمية والزراعية والصناعية والإنشائية وغيرها لصالح السنغال وما جاورها.

الإمام الحسين مشروع حضارة وحياة[1]

لا أخال أن أحدا من المسلمين لا يعرف شخصية مثل الإمام "الحسين"، ولا أظن أن الناس لا تعرف بقعة على وجه الأرض مثل "كربلاء"، وحتى الذين لا يدينون بالإسلام وبفضل تطور حركة المواصلات والاتصالات بات اسم "الحسين" وملازمه المكاني "كربلاء" قريبا من أسماعهم وأنظارهم، وإن لم يقترب كليا من قلوبهم، على أنه آخذ بطريقه إلى مشاعرهم وأحاسيسهم رويداً رويداً.

وربما نتساءل ويتساءل الكثير، ما الذي يجعل شخصية ربانية مثل الإمام الحسين عليه السلام، تحتل هذه المكانة الراقية من قلوب وعقول الناس، وتتمدد ذكراها أفقيا على مساحات واسعة من الأمصار مع مرور الأعصر؟

كلٌّ منّا باستطاعته أن يضع إجابة مقنعة إذا ما تم تقليب نهضة الإمام الحسين عليه السلام من جوانبها المختلفة، وبتعدد الإجابات وباختلاف القناعات تتحقق على أرض الواقع تصورات متنوعة، تجعلنا نقطع بأن النهضة الحسينية نهضةٌ تفجرت في موضع وزمن محددين لتنطلق بعين الله في أفق

---

(١) كلمة قدمتها إلى المؤتمر الدولي الخامس لـ "عاشوراء عام ٢٠١١ م" الذي دعت إليه مؤسسة المزدهر العالمية في العاصمة السنغالية داكار أوضحتُ فيها الدور الذي تضطلع به دائرة المعارف الحسينية في بناء المسيرة الإنسانية.

الزمان والمكان حتى يأذن تعالى بخروج المخلِّص الإمام المهدي المنتظر عجل الله فرجه الشريف، فهي حركة متسارعة الخطى كحركة السماء المتمددة في عمق الزمان والمكان.

ولعلّ شعار النهضة الحسينية الذي رفعه الإمام الحسين عليه السلام: "إنما خرجت لطلب الإصلاح في أمة جدي"[1]، هو الحاكي والناطق عن هذه الحركة الزمانية المكانية، لكون الإصلاح شعارُ أول إنسان دبَّ على وجه الأرض وسيكون شعار آخر إنسان يدبُّ عليها، فهو شعار كل صاحب ضمير مسلماً عقائدياً كان أو غير مسلم، وهو شعار الحياة، فالإصلاح هو إحياء النفوس، فهو الحياة، والحياة هي الإصلاح بعينه وإن تساقطت على عتبته الرؤوس وتطايحت، فموت الشهادة حياة للشهيد وللأمة، وإذا كان الشهيد بحجم الإمام الحسين عليه السلام فهي الحياة للإنسانية أجمع.

إذن: عاشوراء هي الحياة وكربلاء هي الوطن، ورسالة الحسين عليه السلام الإصلاحية هي رسالة الحياة، الداعية إلى استثمار الدنيا بما فيه لله رضاً وللناس أجرٌ وثواب، فهي رسالة:

"إعمل لدنياك كأنك تعيش أبدا واعمل لآخرتك كأنك تموت غدا"[2].

ولا تتعارض رسالة الحياة مع العبرة والاعتبار المتجسدة في واقعة الطف الأليمة، فالدمعة على الحسين عليه السلام عَبرة، والدمعة للحسين عِبرة، وما بين محطة العَبرة والعِبرة تسير قافلة الإصلاح ويسير معها طلاب الحياة الإنسانية، فثقافة الإصلاح الحسينية هي ثقافة الحياة الإلهية، وثقافة

---

(١) مقتل الحسين للمقرم: ١٣٩.

(٢) حياة الإمام الحسن بن علي للقرشي: ٢/ ٤٧٤.

الاستشهاد في كربلاء هي ثقافة الحياة في كل بقاع الأرض وفي كل الأحقاب.

وحتى يتعرف العالم على موقد الحياة وحضارة الاستشراق التي بشّر بها النبي الأكرم محمد ﷺ وصارت دماء الحسين عليه السلام وأهل بيته وأصحابه زيتها، تأتي أهمية تعريف العالم بأسره، بمجدد الحركة الإحيائية المحمدية، الذي وقف في كربلاء معلنا للملأ (هيهات منا الذلة يأبى الله لنا ذلك ورسوله والمؤمنون)[1]، والإباء والموت وقوفاً في حضرة جبهة الصراع بين معسكري الخير والشرق هو عين الإحياء لمعالم الفطرة الإنسانية المنجذبة نحو قيم الصلاح والإصلاح والتّوّاقة إلى نيل السعادة في الدارين، وهو مصداق قول سيد الشهداء الإمام الحسين عليه السلام: (إني لا أرى الموت إلا سعادة والحياة مع الظالمين إلا برما)[2].

ومن هنا تأتي أهمية دائرة المعارف الحسينية التي رفعت لواء الحركة الإحيائية للنهضة الحسينية، بل تمثل في اعتقادي أبرز حركة علمية معرفية إحيائية في التاريخ البشري، جعلتنا نقف وبإجلال على كامل معالم خارطة النهضة الحسينية، وسلّطت الأضواء على المنعطفات الخطيرة والحساسة من الحركة الحسينية الإحيائية، فالأبواب الستون التي تبحث فيها الموسوعة حركة النهضة الحسينية من أدب وتاريخ وسيرة وتشريع وعقائد وإعلام وسياسة واقتصاد وعمارة وفن وغيرها، والمجلدات الستمائة التي تضمها الموسوعة الحسينية والتي صدر منها حتى يومنا ٦٤ جزءاً[3]، كلها تقدم

(١) مقتل الحسين للمقرم: ٢٣٤.

(٢) بحار الأنوار: ٤٤/ ٣٨١.

(٣) بلغت أجزاء دائرة المعارف الحسينية الصادرة حتى اليوم أكثر من خمسة وسبعين جزءاً.

الدلالة القطعية على أن مصل الحياة الذي تزرقه الحركة الحسينية في شريان كل أمة لازال فعالاً وحيوياً، وهو كذلك للأبد.

فالموسوعة الحسينية التي فاقت من حيث العدد كل الموسوعات المعرفية عبر التاريخ، إنما تنبع أهميتها من كونها تدور كلها حول شخصية واحدة هو الإمام الحسين عليه السلام، كما أنها متفردة عن بقية الموسوعات كون حبرها يسيل من محبرة كاتب واحد هو العلامة الفقيه والمحقق القدير الدكتور آية الله الشيخ محمد صادق الكرباسي (حفظه الله تعالى)، هذه الشخصية العلمية التي شهدت الحياة أول مرة في مدينة كربلاء المقدسة عام ١٩٤٧م، وطافت في البلدان حتى ناخ ركابها في لندن.

وتمثل النهضة الحسينية في عالم الصراع السرمدي، قمة الحركات الإصلاحية، ولذلك تعظم المسؤولية على الدعاة الزاعمين أنهم أهلٌ لتحمل مسؤولية تبشير الإنسانية بحضارة الإسلام، وعظمة المسؤولية ناشئة من تجليات النهضة نفسها وكيفية تقديمها للآخرين، فالفكر مهما كان حضاريا ونابضا بالحياة، فإن المسؤولية الكبرى تقع على دعاته وطريقتهم في عرضه على الآخر من أجل حياته وسعادته دون فرض بقوة السلاح أو بمعسول الكلام، لأن العرض هو الأساس لكل بضاعة، كيف وأن النهضة الحسينية تقدم لذوي العقول والأفئدة بضاعة غير مزجاة، تستنطق في ذوي العلم والفكر ما اختبأ وراء تلافيف أدمغتهم من معرفة نحو الحق ونحو الإصلاح من أجل حياتهم وحياة الشعوب، وتستدرّ في ذوي القلوب ما طاف حول شغافها من عاطفة جياشة نحو رؤية الحق منتصرا والباطل منهزما.

وعلى طريق استنطاق العقول وشحذ القلوب تأتي دائرة المعارف

الحسينية لترفع عن النهضة الحسينية ما ران عليها خلال أربعة عشر قرنا، وبخاصة أنها ليست تجميعا للمعارف أو تخزينا لها، بل تنقيحا للتاريخ وتفتيقا للمعارف التي تبث الحياة وتنشر الوعي وتستنهض الهمم من أجل مواصلة درب الإصلاح، فإذا صلح القلم وصلحت الرؤية صلحت المسيرة وانتعشت الأمة وسلمت من عاديات الزمان.

لقد سُطِّرت عن الإمام الحسين عليه السلام الآلاف من الكتب والعشرات أمثالها من المقالات، والمئات من المقاتل والملاحم الحسينية، والآلاف من قصائد الرثاء والمديح، وكان لكل كلمة دورها، صَغُرَ أو كَبُر، لكن الموسوعة الحسينية هي في واقعها ثورة معرفية في عشرات الأبواب المختلفة المناحي والعلوم، فكل باب فيه الجديد يضيء الحاضر ويستشرف المستقبل، ولذلك تعتبر النهضة الحسينية نهر حياة ماؤه مشاع لكل مغترف من مسلم أو غير مسلم، وما من عَلَم من أعلام البشرية قرأ الحسين عليه السلام كما هو إلا وتأثَّر به، وعبّر عما في داخله بطريقته الخاصة، ومن يقرأ المقدمات الواردة في نهاية كل جزء من أجزاء الموسوعة الحسينية والتي كتبها علماء وأدباء وأساتذة وفنانون وسياسيون من مختلف الأديان والجنسيات والأقطار واللغات، يكتشف الدور المؤثر الذي يتركه الإمام الحسين عليه السلام على كلِّ أمة.

فالمسلمون في حقيقة الأمر يملكون رسالة إنسانية خاتمة، ويملكون نهضة إحيائية متجددة، والبشرية تبحث في عالم الماديات المتلاطم الأمواج عن سفينة الإمام الحسين عليه السلام، لأنها سفينة الإنقاذ نحو بر الحياة وساحل البناء والإعمار، وكما قال سيد الرسل محمد بن عبدالله صلى الله عليه وآله وسلم في سبطه سيد

الشهداء الحسين بن علي عليه السلام: (إن الحسينَ مصباحُ هدًى وسفينةُ نجاةٍ وإمامُ خيرٍ ويُمنٍ وعزٍّ وفخرٍ وبحرُ علمٍ وذخر)[1].

وللبحاثة الكرباسي درّه حيث استطاع بموسوعته الواسعة والشاملة وما أودع الله فيه من قدرة خلاّقة غير طبيعية أن يظهر عظمة ومصداق حديث الرسول صلى الله عليه وآله وسلم الحاكي عن المصباح والسفينة والإمامة والخير والعز والفخر وبحر العلم وكنوزه.

هذا هو الإمام الحسين عليه السلام كجده النبي محمد صلى الله عليه وآله وسلم أسوة وقدوة ومشروع حضارة وثقافة وحياة وبناء.

(١) عيون أخبار الرضا: ١/ ٦٢.

وهج العشق الحسيني في نزهة القلم(١)

صباح محسن كاظم(٢)

لا ريب أنَّ الدراسات العقائدية الصحيحة.. والفكرية.. والثقافية.. والتربوية تستمد من النهج الحسيني مداليلها في رفض الباطل، وعدم مهادنته، وتحتوي على منظومات معرفية تسعى جاهدة إلى إثبات أحقية الحق بأن يتبع واستلهام الدروس والعبر منه ليشع بالعطاء والجود والإفاضة بالقيم والمثل والمبادئ التي تكرسها ثورة الحق.

وهناك تساؤل كبير: هل هناك ثورة للحق في تأريخ البشرية يُستقى منها الدرس الدائم؟

يأت الجواب حالا: بلا.. إنها الثورة الحسينية التي تتجدد وتتوهج ويقتبس من بحر عطائها جواهر نفيسة في التضحية، وحمل المبادئ

(١) نشرت القراءة في وسائل إعلامية عدة، من قبيل: موسوعة النهرين في ٢٣/٣/٢٠١١م، وشبكة العراق نت في التاريخ نفسه، وموقع مركز الإمام الصادق الثقافي في ميسان بتاريخ ١/٤/٢٠١١م.

(٢) كاتب عراقي من مواليد مدينة الناصرية (ذي قار) في ٢٠/٢/١٩٦٠م، نشأ ودرس في مسقط رأسه ونال الشهادة الجامعية (البكالوريوس) من جامعة بغداد قسم التاريخ سنة ١٩٨٤م، له عضوية في عدد من الاتحادات، مثل: اتحاد الأدباء والكتاب العراقيين، عضو اتحاد الصحفيين العراقيين، عضو الامانة العامة لبيت الصحافة، وعضو نقابة الصحفيين العراقيين، باحث مشارك في الوحدة الإعلامية في العتبة العباسية بكربلاء المقدسة، من مؤلفاته: الإمام علي نموذج الإنسانية.

السامية، ورفض الظلم الذي تعج به الأرض منذ الخليقة الأولى، فثنائية الخير والشر وجدت منذ وجود الإنسان الأول بقتل الإنسان لأخيه الإنسان؛ وصراع الأنبياء مع الجبابرة.. والفراعنة.. والطغاة.. ومن ادعى الألوهية.. وعبدة الأوثان، وبعد بزوغ فجر الرسالة الإسلامية والعهد الجديد بقيادة النبي الخاتم محمد(صلى الله عليه وآله) أحدث ثورة في المفاهيم القيمية التوحيدية وكذلك طرحت الدعوة الإسلامية بديلا معرفياً وأخلاقياً وسلوكياً، وقد آمن به صفوة من الأبرار من آل محمد وفي مقدمتهم الإمام علي بن أبي طالب وآل بيته (عليهم الصلوات الزاكيات) في قبال العشرات من العنجهيين والمتمردين والجاهليين والمنافقين والحلقة الأخيرة كانت الأخطر بدخولهم الإسلام لنسفه وهذا ما جرى بكل حوادث الصدر الأول من الإسلام، ومحاولات الانحراف بدأت جلية من السقيفة، واغتصاب فدك، ونكران حادثة الغدير وعشرات الشواهد التاريخية التي نستدل بها على محاولة نفر من الذين لم يستوطن الإيمان قلوبهم، حتى شرعن الباغي ـ معاوية ـ نظام التوريث ليورث إبنه الفاسق مع وجود إمام مفترض الطاعة بالنص القرآني ﴿قُل لَّآ أَسْـَٔلُكُمْ عَلَيْهِ أَجْرًا إِلَّا ٱلْمَوَدَّةَ فِى ٱلْقُرْبَىٰ﴾[1]، وعشرات الآيات القرآنية الملزمة لولايتهم واتِّباعهم وطاعتهم، وعشرات الأدلة من الأحاديث النبوية المتواترة والمشتملة صحة السند والمتن وعليها إجماع الأمة وكتاب السير (إني تارك فيكم الثقلين كتاب الله عز وجل وعترتي أهل بيتي، وأن اللطيف الخبير أخبرني أنهما لن يفترقا حتى يردا علي الحوض فانظروا كيف تخلفوني فيهما)[2].

---

(١) سورة الشورى: ٢٣.

(٢) إبن حنبل، أحمد بن محمد، مسند أحمد: ٣/ ١٨ ـ ٢٢.

والإمام الحسين عليه السلام داخل في آية التطهير ـ والمباهلة ـ والإنذار ـ واتِّباع الصادقين، إلخ من النصوص.

وهنا جاء كتاب الباحث الإسلامي الدكتور نضير الخزرجي ليدوِّن بجمالية مؤطرة بنسق معرفي الموسوعة الحسينية الجليلة بقراءة نقدية كاشفة مضامين تلك الدرر الثمينة التي تناولتها سمفونية الخلود الحسيني بضمائر المئات من المفكرين، والباحثين، والأدباء من مختلف دول العالم وبأديانهم المتعددة فالجميع يُجمِع على أنَّ الإمام الحسين عليه السلام النموذج الأسمى في الشهادة، لذا قام مؤلف دائرة المعارف الحسينية سماحة آية الله الشيخ الدكتور محمد صادق الكرباسي سدده الباري عز وجل في مسعاه الروحي والتربوي والعلمي في أرشفة وجمع كل مادون عن النهضة الحسينية بموسوعة هي الأنفس والأروع والأبهى في تأريخ البشرية.

إن هذا الجهد العلمي الكبير يحتاج إلى الصبر والتنقيب والبحث الشاق ليقدمه زاداً معرفياً لا نظير له... مجدا للشيخ الكرباسي في موسوعته المبهرة التي تفيض عبقاً وعطراً من إيقونة الشهادة وملحمة الطف الخالدة؛ ولصاحب نزهة القلم المبدع الدكتور نضير الخزرجي السائر نحو الشمس... فما من شاردة ولا واردة إلا وتم توثيقها في هذا السفر الخالد.

نزهة القلم.. إبداع جميل[(١)]

صالح إبراهيم الرفيعي[(٢)]

حضرة الأديب الباحث الدكتور نضير الخزرجي.. أحسنتم كثيرا وجزاكم الله خيراً على هذا الإبداع الجميل (نزهة القلم) حيث أعطيت لكل ذي حق حقه وأجملت في تراجم أولئك المبدعين الأجانب من مختلف الجنسيات وآرائهم الصائبة في الحسين الشهيد عليه السلام والذين أتحفوا الموسوعة الحسينية وصاحبها بالتقاريظ المبدعة إضافة إلى أنكم أبدعتم في بحوثكم التي ما بين التراجم وسطّرت ما بين كل قرن هجري والإبداعات التي حصلت فيه وقيَّمتها أجمل تقييم أثريت فيه موسوعة الدكتور محمد صادق الكرباسي (دام عزه).

---

(١) قام القسم الإعلامي في المركز الحسيني للدراسات بلندن بتوزيع المقالة على وسائل الإعلام المختلفة ونشرت في العشرات منها، على سبيل المثال: موقع راديو دجلة (العراق) بتاريخ ٨/ ٤/ ٢٠١١م، موقع بانيت (فلسطين) بتاريخ ١٢/ ٤/ ٢٠١١م، وموقع مأتم السنابس (البحرين) بتاريخ ٢٦/ ٤/ ٢٠١١م.

(٢) وهو حفيد عبد المحسن، من أهالي مدينة كربلاء المقدسة، تربوي وكاتب، نشأ ودرس في كربلاء وتخرج فيها من معهد إعداد المعلمين للعام ١٩٦٠ ـ ١٩٦١م، واصل التدريس حتى تقاعده سنة ٢٠٠٧م، عضو اتحاد أدباء كربلاء، عضو اتحاد صحفيي كربلاء، كتب في مجلات وصحف كثيرة منها: مجلة الكوثر النجفية، مجلة الفجر الكربلائية، مجلة المنار، مجلة البراق، صحيفة الموقف، وصحيفة المشرق.

شكرنا وتقديرنا وشكر جميع المسلمين والشيعة خاصة للمجهود الكبير الذي أعده الدكتور نضير الخزرجي لأنه انبرى لذكر مجموعة الكتاب والمفكرين الباحثين والفلاسفة الكبار من الأجانب ومن مختلف الجنسيات وذكر آرائهم عن الإمام الحسين عليه السلام وجهاده وتضحياته، وكان جهده وفاءً لهم وهو مشكور جداً على ذلك لأنه قدَّم هؤلاء إلى الشيعة الإمامية وكانوا لا يعرفون عنه شيئا. وإن من هؤلاء ممن نالوا شهادة بروفيسور والدكتوراه والماجستير وهم حقا كانوا منصفين بتحليلهم عن ثورة الإمام وإعطائه حقَّه المقدَّس، وآراؤهم يُحسب لها ألف حساب عند المسلمين والشيعة خاصة وجميعهم قد أنصفوا الحقيقة لذكر حق الحسين عليه السلام وكرهوا أعداءهم.

فمثلاً إنَّ آراء البروفيسور قسطنطين ماتفييف (١٩٣٤ - ٢٠٠٨م) الروسي الجنسية الآشوري الانتماء كانت نظرته ثاقبة وصحيحة وأعطى ثورة الحسين عليه السلام حقَّها، فمن أقواله: صفحة (٢٠٤) من كتاب نزهة القلم: (فقد استشهد الإمام الحسين استشهاد الأبطال وقد حدث ذلك في العاشر من محرم عام (٦٨٠م) وكانت لمقتله بهذه الطريقة البشعة والبربرية النكراء نتائج وآثار سياسية ودينية كبيرة على مسلمي العالم أجمع. وقد دقَّت هذه الحوادث المؤلمة والتراجيدية إسفيناً وشقاقاً بين المسلمين السُّنَّة والشيعة واستمر التصدع في جدار العلاقات بين الطائفتين حتى يومنا هذا. ومن خلال الحسين ومأثرته ظهرت عظمة شخصيته واتساع فكره الجهادي وذلك بتقديم نفسه وأهله قرابين لمصلحة الأمة الإسلامية والشيعة على وجه التحديد الذين ساندوا أبناءه على مدى الدهر، ومنذ حوادث المقتل ولحد الآن يعتبر الشيعة الإمام الحسين عليه السلام المدافع الحقيقي عن الأمة والإنسان الذي امتلك الإرث الإلهي والخصال المحمدية والبعيد كل البعد عن أية طموحات سياسية والساعي لإحياء وانهاض دين جده النبي محمد).

أضيف قول البروفيسور والباحث الشيعي الإمامي عبد الملك بدر الدين إيغل (١٩٣٨ ـ ٢٠٠٨م) المنصف الإنكليزي الأصل والذي تحول من الكاثوليكية إلى الشيعة الإمامية بعقله الوافر وهداية الله له حيث يقول: (لا يُنظر إلى نزاع الإمام الحسين عليه السلام مع يزيد بن معاوية لمجرد قتال بين فئتين مسلمتين بل إنه بين فئة كان الحق إلى جانبها وأخرى كانت ظالمة، لقد كان نزاعاً بين الإسلام والكفر، وهو بعيد عن أن يكون صراعاً حتى بين السلالات المسلمة. إنه كان صراعاً بين الإسلام نفسه وورثة الإرستقراطية المكية الوثنية القديمة الذين شكَّلوا التهديد الرئيس لرسالة النبي محمد صلى الله عليه وآله وسلم، واعتنقوا الإسلام فيما بعد كحيلة تستبطن غايات سياسية، وأخيراً اكتسبوا السلطة المطلقة على المسلمين في شخص معاوية بن أبي سفيان وولده يزيد) نزهة القلم: **٢٦٦**.

أقول حفظ الله كل منصف غيور على المبادئ الحقَّة والمشاعر الإنسانية وإرساء قواعد الحق والنضال في نصابه كما أعطى الحق للحسين هؤلاء المجموعة الخيِّرة والمنصفة من الباحثين والمفكرين الأجانب.

وجزى الله خيراً الدكتور نضير الخزرجي على هذه الالتفاتة الرائعة حيث قدَّم النخبة المثقفة من مفكري الإنسانية لقول الحق والإنصاف والعدل بحق سيد الشهداء الإمام الحسين عليه السلام وليخسأ كل معاند للحق.

ملاحظة: إنني من مواليد **١٩٤٣**م سمعت بإذني من الإذاعية العراقية برنامج (قُلْ ولا تَقُلْ) للمرحوم الدكتور العلاّمة مصطفى جواد فيما يخص كلمة (بحّاثة) الواردة في بداية السطر الأول من صفحة (**١٦٦**) من كتاب نزهة القلم، وفي آخر سطر من صفحة (**٢٥٦**). إنَّ: البحّاثة هي "الدجاجة"

فالأفضل أن تُذكر كلمة "الباحث" بدلاً من البحّاثة[١]. ذكرت ذلك ابتغاء الكمال في مؤلفكم والكمال لله، فإن أصَبْت فهو من واجبي لفت نظركم الكريم إلى هذه الملاحظة البسيطة، وإن أخطأت فعذري لكم سلفاً وأشكركم.

(١) لا تعارض بين الإثنين، فما ذكره الدكتور مصطفى جواد مصطفى البياتي (١٩٠٤ ـ ١٩٦٩م) هو من باب المصاديق الخارجية لكلمة (البحّاثة)، والكلمة على وزن فعّالة كقولنا العلّامة والفهّامة.

نزهة القلم..
ضربة شاطر من قلم ماهر في إنجاز باهر[1]

نوري المنصوري[2]

قال منقذ البشرية محمد ﷺ: "حسين منّي وأنا من حسين".

وأنا أتجول في معرض الكتاب الدولي الرابع المقام في مدينة العلم النجف الأشرف[3] هام قلبي شغفا إلى جناح من أجنحة المعرض وهو جناح دائرة المعارف الحسينية، وإذا بقلب هذا الجناح يستقبلني ببسمة الفطرة الإلهية التي فطر الناس عليها بلا تصنُّع ولا رياء إنها بسمة الإيمان الذي ينبض من قلب الموسوعة الحسينية، يا للقدر إنها عودة على بدء حيث

---

(١) نشرت القراءة في وسائل إعلامية عدة، من قبيل: جريدة المؤتمر البغدادية بتاريخ ٢/٤/٢٠١١م، موقع راديو دجلة بالتاريخ نفسه، وموقع مأتم السنابس البحريني بالتاريخ نفسه.

(٢) كاتب وباحث إسلامي من النجف الأشرف ـ العراق، كتب القراءة يوم السبت ٢٢ ربيع الأول ١٤٣٢هـ (٢٥/٢/٢٠١١م).

(٣) إشارة إلى معرض العتبة العلوية المقدسة الدولي الرابع للكتاب في الفترة ١٧ ـ ٢٨ شباط فبراير ٢٠١١م الذي أقيم في مدينة النجف الأشرف، وقد حازت دائرة المعارف الحسينية على المرتبة الأولى من مجموع ١٠٣ مؤسسات ودار نشر شاركت في المعرض إذ لم يسبق في المعارض السابقة للكتاب أن تم عرض أكبر موسوعة في العالم تضم أكثر من ستمائة مجلد في ستين باباً صدر منها حتى اليوم أكثر من خمسة وسبعين مجلداً، كما تم إهداء كتاب "نزهة القلم" إلى رواد الثقافة والأدب.

إنني قضيت عمراً طويلا لم أكتب ولكن الحسين عليه السلام الذي منه رسول الله حسين الرسالة المدوية في سماء الدنيا هو الذي جعلني أحرر كتاب (مدرسة الحياة)[1] وبإلحاح شديد من خطباء المنبر الحسيني.

ما أشبه اليوم بالبارحة وأنا ألتقي بعشاق الحسين عليه السلام يجددون الأمل والتفاؤل بالخير ويبعثون العزم والإصرار على اقتطاف ثمرات الثورة الحسينية، تلك الثورة التي تتأجج في كل مكان من أرض المعمورة.

الوقت يمر مرَّ السحاب والمجال ضَيق جداً حيث طلب مني إخوة الإيمان في جناح الموسوعة الحسينية أن أبدي ملاحظاتي عن كتاب "نزهة القلم: قراءة نقدية في الموسوعة الحسينية" وما عساي أن أكتب في هذه العجالة.. العنوان وحده يسحر القلم ويمضيه يكتب دون ملل وسأم في موضوع أكبر وأسمى مما نتصور وأعم، لا أقول لكم أني قرأت الكتاب ولكنني تصفحته فكانت حروفه تنطق بالحكمة وأية حكمة تلك التي من سنخ الفطرة الطبيعية التي فطر الله الناس عليها لا تلك الملوثة التي غيَّرتها الآثام، بل الفطرة المنبعثة من نفحات أبي الأحرار الذي رسم لنا الحرية الحقيقية.. حريتك أن لا تخشى إلا الله.. فمحرر كتاب (نزهة القلم) نحرير حر لم يكن عبداً لأحد سوى الله وتلك الحرية الحقيقية التي لا غرو أن تعطي هذا العطاء الثري الذي ليس له جزاء إلا العطاء الإلهي فهو الذي يجزي ويثيب[2].

إخوتي في الإيمان إنني كرّست موضوعات كتاب "مدرسة الحياة" لمخاطبة الشباب فكانت نزهة روحية وأنا أخاطب الشباب، وعندما

---

(١) إشارة إلى كتاب الشيخ نوري المنصوري من ثلاثة أجزاء.

(٢) أنا أقل من ذلك وأرجو أن أنال قبول سادة البلاد عليهم السلام ورضا رب العباد عزَّ وجل.

تصفحت كتاب (نزهة القلم) وجدت تلك المتعة الروحية تنبعث من جنباته وهو يرسم المستقبل المشرق الوضّاح حيث يفيق الشباب على العطر الفواح الذي يبثّه هذا الكتاب.

إنني أخاطب الشباب من هذا المنبر منبر الموسوعة الحسينية أن تكونوا أحراراً في دنياكم كما يقول الحسين حتى تكونوا مبدعين كإبداع الدكتور نضير الخزرجي.

ما أروع هذه العبارة في صفحة ٩ من نزهة القلم: "فالرجال الذين أنتجوا العلوم هم دون المعصوم، ولذلك يصيبهم ما يصيب الآخرين من الخطأ والنسيان والسهو، فهم يجتهدون واجتهادهم هو الآخر خاضع للاجتهاد، وهذه هي ميزة العلوم المنتجة وتطورها".

أقول للشباب: كونوا في أفق واسع، خذوا الحكمة من أي وعاء خرجت، أيها الشاب لا تسحب على قناة واحدة، انفتح على جميع القنوات مع الحذر.. الحذر هو أن لا تكون عبداً لأحد وإنما عبداً لله فقط.

أسلوب فريد من نوعه، وبإيجاز غير مخل ولا إطناب ممل رسم لنا الخزرجي صورة واضحة عن دائرة المعارف الحسينية ولمؤلفها المحقق الفقيه آية الله الشيخ محمد صادق الكرباسي، حيث يستشهد الدكتور نضير الخزرجي بمقولة أحد أساتذته وهو الفقيد الأستاذ سعد مهدي البرقعاوي (١٩٤٩ ـ ١٩٨٠م) حيث يقول: (قراءة ألف مقالة تنتج مقالة مقبولة واحدة).

لقد ألبس الدكتور الخزرجي الكتاب حلّة زاهية أكسبته رونقاً باهراً إلى رونقه، فلقد أطَّره بإطار من ذهب.

لست من المنجمين ولا من أهل الفال حتى أقول عن شخصية

الخزرجي شيئا لأنني لا أعرفه، وكل الذي أقول إنها الموفقية.. اتقوا الله ويعلمكم الله.

إن العطاء لا يتأتى من لا شيء وكل الذي أقوله للأخ الدكتور نضير الخزرجي اجعل هذا السِّفر العظيم في سبيل الله وابتغاء مرضاته.

وأخيراً أتوجه إلى الشباب الملاك الذي تعقد عليه آمال الأمة في تحقيق أهدافها بإقامة دول العدل الإلهي، أقول لهم ليكن لكم العلامة الدكتور نضير الخزرجي أسوة وقدوة في كتابه هذا إنها ضربة شاطر من قلم ماهر في إنجاز رائع باهر.

وآخر دعوانا أن الحمد لله رب العالمين والصلاة والسلام على محمد وآله الطاهرين.

ندوة ثقافية تناقش مفردات الحدث الإعلامي

رابطة الشباب المسلم ـ لندن[1]

كشف الباحث والإعلامي العراقي الدكتور نضير الخزرجي عن مواضع القوة والضعف في الإعلام الجماهيري الصادق، الذي ينقل الأمة من موقف المتفرج إلى الموقف الفاعل المؤثر في حركة التاريخ.

وأشار الخزرجي في ندوة ثقافية إعلامية عقدتها رابطة الشباب المسلم في لندن يوم السبت (٢٥/ ٤/ ٢٠٠٩م) بحضور عدد من المثقفين والإعلاميين والكتاب العراقيين، وأدارها الكاتب والإعلامي العراقي الأستاذ جواد كاظم الخالصي تحت عنوان (الجانب الإعلامي في النهضة الحسينية) إلى مقومات الحدث الإعلامي ذات التأثير المباشر على حركة التاريخ، وحصرها في ثمانية: المكان والزمان والفعل والفاعل وأداة الفعل والأثر والمتلقي وأصداء الحدث، وضرب لذلك مثلا في قصة موسى وفرعون حيث جمع فرعون الناس صغيرهم وكبيرهم في مكان واحد (المكان) وفي يوم الزينة ضحى (الزمان)، وتبارى (الفعل) السحرة مع موسى (الفاعل) فغلبت عصى موسى حبال السحرة (الأداة) فوقع السحرة

---

(١) نشر الخبر باسم رابطة الشباب المسلم في المملكة المتحدة في عشرات الصحف والمجلات والمواقع الإلكترونية، منها: وكالة أنباء براثا العراقية بتاريخ ٢٧/ ٤/ ٢٠٠٩م، شبكة والفجر السعودية بتاريخ ٢٩/ ٤/ ٢٠٠٩م، وجريدة المؤتمر الصادرة في بغداد بتاريخ ٢٩/ ٤/ ٢٠٠٩م.

ساجدين (الأثر) مما أسقط في يد فرعون الحيلة وأمام الملأ والجماهير (المتلقي) فأخذ الحدث يموج في البلاد كالنار في الهشيم (الأصداء)، وكان الحدث بداية النهاية لانهيار الحكم الفرعوني وإخراج بني إسرائيل من ظلم فرعون، وهكذا كان حدث كربلاء بداية النهاية لسقوط الحكم الأموي، تاركا أثره في كل مكان وحين إلى يوم الدين.

واستوحى الدكتور الخزرجي مفردات الحدث الإعلامي من القرآن الكريم المسجلة في أكثر من موضع، مشيرا إلى عدد من آيات القرآن الكريم، موضحا العلاقة بين الإعلام والإعلان والدعاية بوصفها مصطلحات أكثر شيوعا في عالم الصحافة والإعلام، وميز بين الفعل والإخبار عن الفعل، مؤكدا أن نهضة الإمام الحسين عليه السلام تحمل جانبي الفعل ونشر الفعل، لكن الفعل هو المرتكز الأول في النهضة الحسينية فحركة الإمام الحسين عليه السلام منذ أن قطع حجه في مكة وانتقاله إلى المدينة المنورة وجلبه أهل بيته وعياله معه في طريقه إلى العراق كانت تمثل الفعل الإعلامي الذي يترك أثره العميق في كل موضع نزل فيه الإمام الحسين عليه السلام أو خطب فيه، كما أن استشهاده في كربلاء عام ٦١هـ يمثل الفعل الإعلامي بكل مقوماته، وواصل هذا الدور شقيقته السيدة زينب عليها السلام الذي يمثل دورها في الكوفة والشام دور موسى عليه السلام أمام الطاغية فرعون، وبالذات في الشام حيث كان الحاكم الأموي قد اتخذ من يوم استشهاد الإمام الحسين عليه السلام عيدا وجمع الناس وسفراء الدول في قصره والناس يموجون في فرح وزينة، وأمام هذا الجو الصاخب خطبت السيدة زينب عليها السلام وخطب الإمام علي بن الحسين السجاد عليه السلام، فكانت الخطابة وهي فعل الحدث الإعلامي وقع الصخرة في ماء راكد حرك الوضع كله وقلب على الحاكم الأموي ظهر المجن، وأثار سخط كبار القوم وسفراء الدول بعدما عرفوا أن

هؤلاء الأسارى هم أسارى أهل البيت الذين بهم نال العرب الحظوة والفخر والعز.

ونوه إلى دور الشاعر والخطيب في المجتمع ما قبل الإسلام وبعده، حيث يعتبر الشاعر صوت العشيرة والقوم وصوت الأمة كما هو دور الخطيب، حيث أضفى الإسلام على الخطيب القدسية فأدخل الخطابة كجزء من العبادة كما في صلاتي الجمعة وصلاة العيدين، وقال إن القبيلة العربية كانت تقيم الولائم إذا ولد لهم صبي أو جواد أو ظهر بينهم شاعر، فهؤلاء الثلاثة يعتبرون في العرف العربي مقومات الرجولة والبطولة والشهامة والكرامة. كما اعتبر أن المراسل الحربي مهنة إعلامية قديمة مشيرا إلى شخصيتين ورد اسمها في واقعة كربلاء وهما حميد بن مسلم وهلال بن نافع، وبالذات الأول الذي كان يتنقل بين المعسكرين ينقل أحاديثهم كما نقل وقائع معركة كربلاء دون أن يتعرض إليه احد بأذى.

وتطرق الدكتور الخزرجي في نهاية الندوة إلى أهمية الاستفادة من وسائل الإعلام والاتصال في نقل الصورة الناصعة عن عموم الإسلام وخصوص النهضة الحسينية، وضرب مثلا في ذلك دائرة المعارف الحسينية لمؤلفها البحاثة آية الله الدكتور الشيخ محمد صادق محمد الكرباسي، التي يربو أعداد مجلداتها على الستمائة مجلد صدر منها أكثر من ستين جزءاً[(١)]، وهي تبحث في النهضة الحسينية في ستين باباً بطريقة علمية بعيدة عن الأهواء والعواطف، يحاول فيها مؤلفها تنقيح صفحات التاريخ مما شابه، وعرض النهضة الحسينية إلى البشرية بوصف حركة الإمام الحسين عليه السلام حركة إصلاحية لتطهير الأرض من الظلم وانتشال البشرية من واقعها المظلم.

---

(١) بلغت أجزاء دائرة المعارف الحسينية الصادرة حتى اليوم أكثر من خمسة وسبعين جزءاً.

وفي نهاية كلمة الخزرجي تطرق الأستاذ الخالصي إلى جوانب من الإعلام الفاعل في المجتمع وتأثير حركة الإمام الحسين في استنهاض الشعوب وكيفية استخدام المفردة الإعلامية التي تكون مؤثرة جدا كما كان استخدام هذه المفردة من قبل السيدة زينب عليها السلام في خطابها إلى عبيد الله بن زياد بمفردة (ابن مرجانة) واستخدامها لمفردة (ابن الطلقاء) في مخاطبتها ليزيد ابن معاوية وهي مفردات تدل على نسب وأصل هذين الرجلين في مقابل نسب ومكانة آل بيت الرسول صلى الله عليه وآله وسلم، ثم فتح باب الأسئلة والمداخلات، فأشار الخطيب الحسيني الشيخ فاضل الخطيب إلى عدد من مظاهر الإعلام في واقعة كربلاء، منها أن الجيش الأموي أراد الهجوم على معسكر الإمام الحسين عليه السلام ليلا لطمس الوقائع لكن الإمام الحسين عليه السلام أراد وقوع الحدث نهاراً حتى يكون ظاهراً للملأ وللعالم أجمع وهكذا كان، وعقّب على حديث الخزرجي بخصوص استعمال الفرسان لشعر الرجز بوصفه معلما من معالم الإعلام في واقعة كربلاء، مؤكدا أن كتب التاريخ لا تنقل لنا سوى الرجز الصادر من فرسان معسكر الحسين عليه السلام وهي صفة تميز بها معسكر الإمام الحسين عليه السلام.

وحول سؤال بخصوص كتابة التاريخ وافتقار المدرسة التي يمثلها الإمام الحسين عليه السلام لكتب التاريخ الخاصة بها، قال الخزرجي: إن ذلك يعود للاضطهاد الذي مورس ضد أئمة أهل البيت عليهم السلام ومن المدرسة التي يمثلونها، ناهيك عن احتضان السلطات الحاكمة للكتبة وتسخيرهم لتحبير تاريخ الملوك والسلاطين والطعن في معارضيهم والمناهضين لهم، ولذلك جاء التاريخ الإسلامي هجينا ومليئا بالأخطاء والممارسات ولم ينقل الحقيقة بشكل عام، فكان تاريخا سلطويا بحق.

كيف يبدو الإمام الحسين في عدسة الآخر؟[1]

يشعر المرء بالفخر حينما يتحدث الآخر من خارج إطاره العقيدي عن شخصية منه يتمثلها في حياته ويتخذها أسوة لمعاشه ومعاده، ونكاد في كل شهر محرم من كل عام نسمع أو نقرأ عن عالم غربي أو مصلح شرقي يتناول الإمام الحسين عليه السلام ونهضته المباركة بعظيم القول وجزيل المقال، مثمنا فيه الروحية العالية التي أبداها في كربلاء بما جعله يقلب الموازين رأسا على عقب، فصار السيف الذي ذُبح به الحسين عليه السلام وبالاً على من سلّه.

وإذا تابعنا نصوص أعلام الأمم الأخرى، نجد أن كل علم تناول النهضة الحسينية من الزاوية التي ينطلق منها في حياته اليومية، فكل رأى في الإمام الحسين صورته، مما ينبئ عن عظيم النهضة الحسينية التي

(١) على أعتاب شهر محرم الحرام من عام ١٤٣٢هـ وبطلب من مجلة صدى الروضتين الصادرة عن شعبة الإعلام في قسم الشؤون الفكرية والثقافية في العتبة العباسية المقدسة بكربلاء المقدسة، حررت هذه الدراسة من وحي كتاب "نزهة القلم"، ونشرت في العدد ١٥٤ على الصفحات ١١٨ ـ ١٢٣، وأعاد القسم الإعلامي في المركز الحسيني للدراسات بلندن نشرها في العشرات من الصحف والمجلات والمواقع الإلكترونية من قبيل: موقع الركن الأخضر بتاريخ ١٢/ ١٢/ ٢٠١٠م، وكالة أنباء التقريب (تنا) الإيرانية بتاريخ ١٣/ ١٢/ ٢٠١٠م، وموقع قناة الفيحاء الفضائية العراقية بتاريخ ١٤/ ١٢/ ٢٠١٠م.

اجتمعت فيها كل قيم الخير ومثله، مما خلق منها محطة تزود كل يأخذ منها زاده ووقوده، ولا يزيدها الأخذ إلا زيادة في العبرة والاعتبار.

ومع أن النصوص تزداد كل عام بفعل زيادة قائليها، فان بعض النصوص احتفظت بحيويتها لأنها أتت من شخصيات لازالت إلى الآن مدار حديث الناس ومحط دراسة المؤسسات البحثية والدراساتية من قبيل المهاتما غاندي، أو لأنَّ النص حيوي بحد ذاته بما جعله يحتفظ بطراوته وحرارته، أو أنَّ بعض الأمم لازالت مبتلية بساسة أو تيارات تجد في هذه النصوص شعارها لا سيما وأنها تستند إلى أسس النهضة الحسينية أو أنها تعبير عن شخصية الإمام الحسين عليه السلام الذي أبان في حركته التصحيحية عن رغبة لدى الآخرين في تصحيح أوضاعهم بغض النظر عن الدين أو المعتقد، باعتبار أن الإصلاح مسألة إنسانية عابرة للحدود، كما أن الإنسان بطبعه ميال إلى التأسي بشخصيات الخير لأن الأصل في الإنسان الفطرة السليمة.

ومعظم النصوص جاءت من قراءات الآخر للإمام الحسين عليه السلام ونهضته قراءة وجدانية كتعبير لا إرادي عن مكامن النفس الإنسانية المجردة عن التعصب الديني أو القومي، ولذلك تأتي القراءة طاهرة وبريئة غير مؤدلجة، يتقبلها المسلم وغير المسلم، وفي بعض الأحيان تشعرك النصوص أن صاحبها يحاول التقرب أو التعرف على الإسلام من باب الإمام الحسين عليه السلام، وإن لم تقد القراءة إلى تحول عما يعتقد القارئ إلى الإسلام، بيد أن واقعة كربلاء فرضت عليه أن يتناغم معها وجدانيا وإن تقاطع عقيديا مع الإسلام، من هنا كان الإمام الحسين عليه السلام قتيل العَبرة والعِبرة وهما قيمتان لا تخلو أمة من نشدانهما فعلا أو قولا.

والجديد في هذا المضمار أننا بدأنا نسمع ونقرأ نصوصا في النهضة الحسينية متأتية من قراءة للنهضة الحسينية من خلال قراءة جانبٍ من جوانبها عبر ما يفيض به يراع البحاثة الدكتور الشيخ محمد صادق بن محمد الكرباسي في موسوعته العالية المضامين وهي دائرة المعارف الحسينية، حيث يلجأ الكرباسي إلى إشراك علم من أعلام الإنسانية للكتابة عن جزء من أجزاء دائرة المعارف الحسينية التي نافت على الستمائة، وتتطلب هذه المقدمة تعرف العَلَم أكثر فأكثر على النهضة الحسينية، ولذلك تأتي القراءة وجدانية وعلمية معاً، وبالتالي يقدم الشيخ الكرباسي خدمة علمية كبرى بتقريب النهضة الحسينية إلى أعلام الإنسانية لقراءتها قراءة واعية، من هنا فقد اجتمعت قراءات متعددة ومختلفة النواحي، بادرت في كتابي الذي صدر حديثا (٢٠١٠م) بعنوان: "نزهة القلم: قراءة نقدية في الموسوعة الحسينية" إلى ضم ٢٠ قراءة حديثة للإمام الحسين ونهضته، وهذه القراءات ذات قيمة كبرى، من حيث إن أكثرها تعود لأكاديميين من ديانات وأجناس وأوطان مختلفة، ومن الواضح أن الأكاديمي أقرب إلى العلمية منه إلى الوجدانيات، وإذا تناول الحدث فيقدم عقله قبل قلبه، وإذا والَفَ بينهما لأنه يجد في النهضة الحسينية ما يجمع بينهما، وهذه واحدة من عوامل قوة واقعة كربلاء وتأثيرها على الصعد الإنسانية.

أعلام من فرنسا

البروفيسور بيير جون لويزارد (Pierre - Jean Luizard) وهو باحث ومستشرق مسيحي فرنسي متخصص بالتاريخ الإسلامي المعاصر في الشرق الأوسط، من مواليد العاصمة باريس في العام ١٩٥٤م، له كتابات مختلفة عن العراق بعامة وكربلاء بخاصة، يرى من خلال قراءته للواقع السياسي

بعد استشهاد الإمام الحسين عليه السلام عام ٦١هـ، وهو في معرض الحديث عن كتاب "ديوان القرن الثاني الهجري" أحد أجزاء دائرة المعارف الحسينية: (إن الحزن الذي سبَّبه مصرع الإمام الحسين وأصحابه، ظل يرفد تياراً كبيراً من المتعاطفين مع أبناء علي، رغم جور السلطة الأموية خلال قرن كامل من حكمها، كما أنه لم يثن الأمة من المطالبة بالتغيير)، أنظر: نزهة القلم: ٩٤. والبروفيسور لويزارد، الأستاذ في المعهد الوطني الفرنسي للغات والحضارات الشرقية (ـ the Institute National des Langues at Civilizations Orientals - INALCO) في باريس، إنما ينظر إلى الأمور فيما يقول ويسطِّر نظرة خبير، فقد درس النهضة الحسينية وأثرها على التحولات التي جرت في التاريخ الإسلامي، كما لا ينسى دور كربلاء في معظم الوقائع التي حصلت في العالمين العربي والإسلامي، ولهذا كتب دراسة مفصلة عن تأثير كربلاء في التحولات التي جرت في العراق بعد الاستعمار البريطاني للعراق وقيام ثورة العشرين عام ١٩٢٠م بقيادة المرجع الديني الشيخ محمد تقي بن محب علي الشيرازي الحائري المتوفى سنة ١٣٣٩ هـ، وكان عنوان الدراسة التي نشرت عام ١٩٩٦م هو: (كربلاء: مركز الحكومة الثورية وعاصمة ثورة العشرين ونموذج الوطنية العراقية)، قدَّمها لندوة كربلاء العلمية التي عقدت في لندن في الفترة (٣٠ ـ ٣١/ ٣/ ١٩٩٦م) وكان لنا فيها دور في التحضير لها وعقدها في "صالون الكوفة" وإعداد وتحرير الكتاب الذي صدر عنها، انظر: دراسات حول كربلاء ودورها الحضاري: ٤٢٩ ـ ٤٤٥.

كما لهذا المستشرق الفرنسي المعروف في الأوساط العلمية والأكاديمية في الدول العربية والعضو في مجموعة المجتمعات والأديان

(Groupe Socieacute;teacute;s, Religions, Laiuml;citeacute;s) (G.S.R.L) فـــي باريس، أكثر من دراسة وكتاب عن تاريخ العراق ودور المرجعية الدينية فيها، فله دراسة بعنوان: (العراق وتاريخ الإصلاح الإسلامي)، وله كتاب: (مسألة العراق)، كما له: (أخبار العراق الحديث: الدور السياسي لعلماء الشيعة في نهاية الهيمنة العثمانية وحتى إعلان الدولة العراقية).

ونتوقف مع نص فرنسي آخر يتناول النهضة الحسينية من منظار الشهادة الواقعية وهو يعقد مقارنة مع صلب السيد المسيح عليه السلام كما في العقيدة النصرانية، وهو نص يتشوف في محبي أهل البيت عليهم السلام تطلعهم إلى استقبال الإمام المنقذ، يقول البروفيسور بيير لوري (Pierre Lory) أستاذ العلوم الدينية والتصوف في جامعة السوربون الفرنسية والمولود في باريس سنة ١٩٥٢م في أسرة كاثوليكية، وهو يعلق على كتاب "ديوان القرن الثالث" من دائرة المعارف الحسينية: (يبدو لنا بشكل عام أننا نخطئ خطأً كبيراً حين نقارن بين إحياء الشيعة لمعاناة الحسين وبين آلام المسيح عند النصارى، لأن هناك حتما نقاط اختلاف، فالشهادة في الوعي الإسلامي تحمل قيماً عالية وهي تمحو ذنوب الشهيد وتمنحه ثواباً أبدياً.. ومعاناة الحسين وقتله جعلت منه شهيداً في عليين وشفيعاً لأتباعه المخلصين ومن يحبه ومن يتبعه بشكل خاص، هنا لا تصح المقارنة، لأن آلام المسيح قد اكتسبت صفاتها المذكورة عند المسيحية باعتباره ابن الربّ، وهذا المفهوم غريب على الوعي الإسلامي الذي يرفض حتى موت المسيح ـ القرآن: سورة النساء: ١٥٧ ـ ١٥٨)، انظر: نزهة القلم: ١٢٣.

وعن الشهادة ومعناها في ضمير المسلمين يؤكد البروفيسور بيير لوري صاحب كتاب "تدبير الإكسير الأعظم عند جابر بن حيان" وهو في معرض

التفريق بين التشهد بالشهادتين والشهادة بالتضحية: (أما الشهادة بمعناها الآخر فتختلف تماما وهي أن يكون الإنسان مستعداً لتقديم حياته من أجل عقيدته، فرسالة الله ليس لها معنى في أفواه الناس إلا عند هؤلاء الذين يجعلون من الحسين أسوة لهم، يجاهدون في سبيل الله من أجل العقيدة، ويكشفون القناع عن الكفر في الوقت نفسه)، نزهة القلم: ١٢٤، ويقرر في ختام قراءته الأدبية للقصائد التي نظمها شعراء القرن الثالث الهجري في الإمام الحسين عليه السلام ونهضته المباركة: (إن الإطار الخلفي لهذه المقاطع الشعرية ليس فقط الحزن والإحباط، فإن كل العذابات المنتجة لهذا النوع من الأدب تقف وراء أفق أخروي، ألا وهو قدوم الإمام الشرعي، حامل الحق الذي يأتي ليُظهر المعنى الحقيقي للبلاء الذي يعيشه المؤمنون. ومعركة كربلاء تشكّل رواية المأساة، وليس فاجعة، لأنها ما فتئت تكثف الانتظار للوعد السرمدي)، نزهة القلم: ١٢٥.

ومرة أخرى نقف أمام نصٍّ فرنسي للدكتورة صابرينا بنت ليون ميرفن (Dr. Sabrina Leon Mervin)، المولودة في أسرة مسيحية في باريس سنة ١٩٥٨م، وهو نص نابع من باحثة ومحققة نالت الدكتوراه في الدراسات العربية من المعهد الوطني للغات والحضارات الشرقية في باريس (the Institute National des Langues at Civilizations Orientals) عام ١٩٩٨ م، فعند تناولها الجزء الأول من كتاب "الحسين والتشريع الإسلامي" أحد أجزاء دائرة المعارف الحسينية، تجزم من خلال دراستها لواقع الإسلام والتشيع بحكم عملها كمديرة أبحاث في مركز الدراسات التخصصية والدينية في باريس (Le Centre d/'Etudes Interdisciplinaires des Faits Religieux): (إن الحسين بن علي لعب دوراً له صداه في تاريخ أصول التشيع، فلم يحتل

مكانه في سلسلة أئمة أهل البيت فقط، بل أنه منح باستشهاده كل المعاني للحركة الدينية التي أنشأتها أسرته، كما أن الإمام الحسين قد أصبح رمزاً مقدساً، بخاصة عند الشيعة، وهذا واضح من خلال الشعائر الحسينية والمجالس والمواكب والزيارات)، نزهة القلم: ٣٩٣.

وتعتبر الدكتورة صابرينا ميرفن صاحبة كتاب "تاريخ الإسلام: الأصول والمذاهب" وكتاب "الإصلاح الشيعي: علماء ورسائل جبل عامل منذ نهاية الإمبراطورية العثمانية ولغاية استقلال لبنان"، إن حدث واقعة كربلاء واستشهاد الإمام الحسين عليه السلام مع أهل بيته وأصحابه بالصورة المفجعة: (يعتبر هذا الحدث في نظر التاريخ زمناً متجدداً في التشيع، بل أكثر من ذلك، فإن عملية استشهاد الحسين تشكل قصة أساسية. ألم يُقل بان الحسين قد أحيا دين جده بمأساة كربلاء؟ فهي في كل سنّة تُمثَّل وتُعاش وتُصاغ خلال إحياء (عاشوراء)، وقد شكلت في ذاكرة المجتمع الشيعي الذي أعطته السلوك المثالي نموذجا للحياة السياسية ومجموعة من القيم الأخلاقية التي يجب اتباعها، وكل هذا من خلال شخص الإمام الحسين)، نزهة القلم: ٣٩٥.

وللآشوريين رأيهم

وللآشوريين وهم من الأديان والأقوام القديمة على البسيطة رأيهم في الشهادة الحمراء في كربلاء، يعبر عنها ثلاثة أعلام روسيان وعراقي.

من العاصمة الروسية موسكو حيث مات فيها عام ٢٠٠٨م يحدثنا البروفيسور قسطنطين ماتفييف بيتروفيج (Kostantin Matveev Petrovic) المولود في مدينة فورونيز (Voronezh) على بعد ٥٠٠ كم جنوب موسكو عام ١٩٣٤م، عن قراءته لواقعة كربلاء، بخاصة وقد عمل بحكم وظيفته

الأكاديمية لأكثر من ثلاثة عقود في استقبال الطلبة من كل أنحاء العالم بما فيه العالم العربي يعرفهم على تاريخ روسيا ويتعرف على تاريخهم إذ كان يجيد العربية حيث عمل مدرساً للعلوم الإسلامية واللغتين العربية والإنجليزية في معهد الصحافة بموسكو منذ عام ١٩٧٣ م، فقد كتب وهو في معرض التعليق على الجزء الأول من "ديوان الأبوذية" من دائرة المعارف الحسينية بعد أن استعرض جانبا من وقائع المعركة في كربلاء: (وهكذا، فقد استشهد الإمام الحسين استشهاد الأبطال، وقد حدث ذلك في العاشر من محرم عام (٦٨٠م)، وكان لمقتله بهذه الطريقة البشعة والبربرية النكراء، نتائج وآثار سياسية ودينية كبيرة على مسلمي العالم أجمع.. وأصبح مقتل الإمام الحسين بشكل دموي، لا لشيء إلا لأنه أراد أن يُرسي قواعد الحق والعدالة ويُعيد سيرة جده رسول الله، رمزاً لنضال المسلمين الشيعة في سبيل مستقبل واعد وخيّر، وهم يحافظون اليوم على مبادئ واسم الإمام الحسين بكل أمانة وثقة واعتزاز)، نزهة القلم: ٢٠٤.

ويرى البروفيسور قسطنطين ماتفييف الذي لم يكل عن طلب العلم رغم كبر سنّه حيث زاملته الدراسة في كلية بيركبيك (Berkbick College) في جامعة لندن (University of London) في الفترة (١٩٩٥ ـ ١٩٩٧ م) ونلنا معاً الدبلوم في الشريعة والتاريخ الإسلامي، وكان وقتها يرأس مؤسسة الآشوريين اللاجئين في بريطانيا، يرى: (ومن خلال الحسين ومأثرته، ظهرت عظمة شخصيته واتساع فكره الجهادي وذلك بتقديم نفسه وأهله قرابين لمصلحة الأمة الإسلامية والشيعة على وجه التحديد. ومنذ ذلك الوقت ولحد الآن يعتبر الشيعة الإمام الحسين المدافع الحقيقي عن الأمة، والإنسان الذي امتلك الإرث الإلهي والخصال المحمدية، والبعيد كل

البعد عن أية طموحات سياسية، والساعي لإحياء وإنهاض دين جده النبي محمد)، نزهة القلم: ٢٠٤ ـ ٢٠٥.

أما الدكتور دانيال بن إسحاق أوديشو (Dr. Daniel Isaac Odishu)، المولود في العراق عام ١٩٤٧م والمتوفى في مدينة كارديف البريطانية عام ٢٠٠٢م، وهو مسيحي آشوري نسطوري لا يختلف وهو يكتب عن الإمام الحسين عليه السلام مقدما للجزء الثاني من "ديوان الأبوذية" من دائرة المعارف الحسينية، عن أي كاتب مسلم محب لأهل البيت عليهم السلام، فيراعه يسطّر بما يعتقده وإن كان على معتقد النبي عيسى عليه السلام بخاصة وأنه عاش شبابه في العراق واحتك بالشعائر الحسينية وعرف الإمام الحسين عليه السلام عن قرب فكتب يقول: (للإمام الحسين عليه السلام مكانة ومنزلة رفيعة لا يرقى إليها سوى منزلة ومكانة أبيه وأمه وأخيه الإمام الحسن عليه السلام والأئمة من ولده عليهم جميعا أفضل الصلاة والسلام، ولو بذل المؤرخون المساعي المناسبة والجهد المطلوب لكتابة وتدوين أوليات ما يحظى به الإمام الحسين عليه السلام من مقام رفيع ومكانة سامية، لخرجوا بأسفار ضخمة في هذا المجال، فالقرآن الكريم ـ تلك الوثيقة الإلهية العظمى ـ الذي لا يأتيه الباطل من بين يديه ومن خلفه، يشهد عن الشوط البعيد الذي قطعه الإمام الحسين عليه السلام من درجات السمو والنبل الرفيعة عند الله سبحانه وتعالى، فهو واحد من أهل البيت النبوي الذين نزل في حقهم قوله تعالى: ﴿إِنَّمَا يُرِيدُ ٱللَّهُ لِيُذۡهِبَ عَنكُمُ ٱلرِّجۡسَ أَهۡلَ ٱلۡبَيۡتِ وَيُطَهِّرَكُمۡ تَطۡهِيرٗا﴾(١)، والآية الكريمة: ﴿قُل لَّآ أَسۡـَٔلُكُمۡ عَلَيۡهِ أَجۡرًا إِلَّا ٱلۡمَوَدَّةَ فِي ٱلۡقُرۡبَىٰۗ﴾(٢)، فمن خلال هذه الآيات الكريمة تظهر

---

(١) سورة الأحزاب: ٣٣.

(٢) سورة الشورى: ٢٣.

مكانة الحسين عليه السلام وأهل البيت ومنزلتهم عند الله تعالى) نزهة القلم" ٣١٨ ـ ٣١٩.

وبعد صفحات من الحديث عن السيرة الحسينية، من باحث آشوري نال الدكتوراه عام ١٩٩١ م من جامعة ويلز (University of Wales) عن أطروحته المعنونة: النقوش الآرامية في مدينة الحضر العراقية ـ (The Aramaic of Hatra)، يصل إلى واقعة كربلاء وما جرى فيها فيكتب: (لقد استحالت صفحات جسده الطاهر كتاباً من مدامِ دم، وكتبت أقدس مواقف البطولة والشرف، حيث قرئت تلك الحروف الجراح فكانت ٦٧ حرفاً، ثلاثاً وثلاثين طعنة رمح، وأربعاً وثلاثين ضربة سيف، ومنذ ذلك اليوم ولمدة أربعة عشر قرناً نظم الشعراء القوافي وراحوا يرثون الحسين ويندبونه، وأجمل ما في هذا الأشعار، المراثي التي تُتلى في ذكرى استشهاد الحسين عليه السلام سنوياً في مدينة كربلاء) نزهة القلم: ٣٢٩، وهذه إشارة لما ورد في تاريخ الأمم والملوك للطبري: ٤/ ٣٤٤: "كان عدد جراح الحسين ثلاثاً وثلاثين طعنة رمح وأربعاً وثلاثين ضربة سيف".

ومن العراق ننتقل إلى موسكو ثانية حيث يكتب الأديب والرسام والمترجم والإعلامي الآشوري المولود في مدينة أرومية الإيرانية سنة ١٩١٨ م والمتوفى في موسكو عام ٢٠٠١ م الباحث مارونا بن بنيامين أرسانيس (Marona Benjamin Arsanis) وهو يقدم للجزء الثالث من "ديوان الأبوذية" من دائرة المعارف الحسينية، يكتب وهو يعلق على ما يشاهده من تقديس الأدباء والشعراء للإمام الحسين وتضحياته: (ولاشك أنه ـ الحسين ـ قدوة في سبيل ترسيخ المبادئ الحقَّة، فنهض لإنقاذ المظلوم من يد الظلم والجور) نزهة القلم: ٣٤٩.

وللهندوس نظرتهم

إذا اشتهر على الألسن عن المهاتما غاندي موهنداس بن كرمشاند (Mohandas Karamchand Gandhi) (١٨٦٩ ـ ١٩٤٨م) قوله: (تعلمت من الحسين كيف أكون مظلوما فأنتصر)، فإن الدكتور رام روشن جي بن لالجي كمار (١٩١٥ ـ ٢٠٠٦م) المولود في دلهي والمتوفى في لاهور، وهو أديب هندوسي خبير بالتاريخ الاجتماعي والأدبي لشبه القارة الهندية، كتب وهو يقدم للجزء الأول من كتاب "معجم المصنفات الحسينية" من دائرة المعارف الحسينية: (أنا لست بمسلم ولكنني مسلم، أنا مسلم للحسين عليه السلام، مسلم للإمام العظيم الذي أرانا طريق الإنسانية وأرشدنا الطريق الذي يوصلنا إلى منزل الحرية حيث قال لأعدائه: إن لم يكن لكم دين وكنتم لا تخافون المعاد فكونوا أحرارا في دنياكم) نزهة القلم: **٢٧٣**.

ويعبر الدكتور لالجي كمار صاحب كتاب "تاريخ الهند" ومؤلف كتاب "تاريخ ارتقاء الأدب الأوردوي في آسيا" عن قناعته التامة: (إن الإمام الحسين عليه السلام كان إنسانا صادقا صالحا وطاهر القلب، إنسانا كاملا، ورهن كل حياته للإنسانية وفدى نفسه لأجلها، ولو لم تكن فديته في صحراء كربلاء ما كنا نعرف للإنسانية معنى، ولذلك نستطيع أن نقول إنه محسن للإنسانية، ومادامت هذه الدنيا باقية فسيبقى ذكر الإمام الحسين عليه السلام حيّاً ولا يموت، بل وكل إنسان في العالم البشري يؤمن بقيادته الغرّة) نزهة القلم: **٢٧٣ ـ ٢٧٤**.

وللسيخ فكرتهم

يعتبر البروفيسور نويل بن كيونتون وليام كنغ (Noel Quinton William King) وهو من الروحانيين والأكاديميين السيخ المولود في مدينة تاكسيلا

بباكستان سنة ١٩٢٢ م والمتوفى في مدينة كورالتوس (Corralitos) بكاليفورنيا عام ٢٠٠٩م، أن العالم الغربي بدأ يتعرف على الإمام الحسين عليه السلام وتراثه.

وعندما أخذ يقدم للجزء الأول من "معجم الشعراء الناظمين في الحسين" من دائرة المعارف الحسينية، استوقفه التراث الحسيني فكتب: (إن الوقائع والإنجازات الفكرية التي نتجت من التراث الحسيني تعود إلى الأصول المبكرة والبدايات الأولى للخليقة وتمتد إلى الأبد، ولقد تركت آثارها على كل شيء بشكل عام) نزهة القلم: ٢٩٧.

وعبر البروفيسور والقديس السيخي نويل عن قناعته بأن: (الموسوعة الحسينية سوف تعزز قطاعا واسعاً من المعرفة الإنسانية بانضمامها إليها، وستدفعها قُدما إلى الخطوات اللاحقة، التي ستبعث فينا الثقة بأن الله غرس فينا ما يمكّننا من الاستمرار لنجد طريقنا نحو الحقيقة وفهم حكمة الله في العالم، على الرغم من كل المصاعب) نزهة القلم: ٢٩٨. وهذه قراءة مستقبلية بدأت تأتي أكلها في عالم الغرب الذي راح يتعرف على مبادئ الإمام الحسين عليه السلام الحقَّة في الحرية والانعتاق من ربقة الجبت والطاغوت، بخاصة وأن البروفيسور نويل اختص باللاهوت ومقارنة الأديان، وترك مؤلفات عدة كتبها بمفرده أو مشتركا، منها: الأديان في أفريقيا.. الحج نحو الأديان التقليدية (Religions of Africa: a pilgrimage into traditional religions)، المسيحيون والمسلمون في أفريقيا (Christian and Muslim in Africa)، وقصائد في رحيل النبي محمد (A poem concerning the death of the prophet Muhammad).

وللكنيسة السويدية رأي

هل يمكن أن يكون الإمام الحسين عليه السلام جسراً بين الإسلام والمسيحية؟ هذا السؤال يجيب عليه البروفيسور يان بن آرفيد هنينغسون (Jan Arvid Henningsson) المولود في مدينة آبسالا (Uppsala) السويدية سنة ١٩٥٠ م، فهو بحكم عمله كأمين عام للجنة الفكرية في مجلس الكنائس السويدية في مدينة آبسالا، يؤمن أن: (الحسين ليس مظهراً للسلطة السياسية والعسكرية، حيث إنه في الوقت الذي لا يطالب بالسلطة فإنه لا يتنازل عن المعارضة والمقاومة، من هنا فإن الحسين امتلك بنهضته وشهادته قدرة عظيمة للغاية، للحوار بين المسيحية والإسلام. بالفعل يمكن أن يصبح الحسين جسراً حلقة وصل ـ بين المسيحيين والمسلمين) نزهة القلم: ١٤٢.

ويضيف البروفيسور هنينغسون السويدي المسيحي المعتقد والمستشار السابق لوزارة الخارجية السويدية لشؤون الشرق الأوسط وشمال أفريقيا وأستاذ اللغة العربية والدراسات الإسلامية في جامعة آبسالا، وهو في معرض التقديم للجزء الأول من "ديوان القرن الرابع" من دائرة المعارف الحسينية، إن: (بعض التقاليد والرموز الإسلامية تكون قريبة لقلب المسيحيين، فعلى سبيل المثال، فإن من تلك الرموز شخصية سبط الرسول محمد الحسين بن فاطمة تلك المتألقة وابن ذلك المكافح الحكيم الخليفة علي. هذه مشاعرنا نحن المسيحيين تجاه الحسين أولا والمأساة التي أدت إلى استشهاده وظروفها ثانيا) نزهة القلم: ١٤١.

ومن السويد أيضاً يعتقد البروفيسور كودمار بن كرستينا أنير (Gudmar Kristina Aneer) المولود في مدينة تيروباتور (Tirupattur) شرق الهند عام ١٩٤٢م، وأستاذ علم الأديان في جامعة هوغسكولان دالارنا

(Houml;gskolan Dalarna University) في مدينة دالارنا وسط السويد، أنه: (ستبرز الموسوعة أهمية معاناة الإمام الحسين، وأهمية التكفير عن الخطايا التي ارتكبها الكثير من المسلمين في فهمهم للإمام ومعاناته) نزهة القلم: ١٦٣، وهذه قراءة واعية للبروفيسور أنير عن مستقبل النهضة الحسينية وهو يقدم للجزء الثاني من "ديوان القرن الرابع" لاسيما وأن شهادة الدكتوراه التي حصل عليها من جامعة آبسالا (Uppsala University) عام ١٩٧٣م كانت في موضوعة: (الإلهيات: الاختلاف بين الأديان: الإسلام والهندوسية والمسيحية والزرادشتية).

إدراك منقوص!

وينتقد البروفيسور آيان بن كيث أندرسون هوارد (Ian Keith Anderson Howard) المولود عام ١٩٣٩ م في مدينة لانيلّي (Lanelli) جنوب مقاطعة ويلز (South Wales) في المملكة المتحدة، وهو يقدم لـ "ديوان القرن الخامس" من دائرة المعارف الحسينية، النظرة السلبية لبعض علماء الغرب تجاه واقعة كربلاء ويرى أنهم: (ينظرون إلى واقعة كربلاء كثورة غير مجدية، ويضعِّفون صلتها بالتاريخ الإسلامي، وعلى كل حال، فإن هذا التصور يعبر عن سوء فهم عجول للعقيدة الإسلامية ولشخصية الإمام الحسين) نزهة القلم: ١٨١.

ويؤكد البروفيسور آيان هوارد المحاضر في اللغة العربية والدراسات الإسلامية في جامعة بريستول (Bristol University) حتى تقاعده عام ٢٠٠٥م ويسكن حاليا في نيو بورت (New Port) بمقاطعة ويلز (Wales)، وهو من الرومان الكاثوليك، إن: (ثورة كربلاء ثورة فيها عمق سياسي كبير أثبتت إمكانية قيام ثورة إسلامية في أي عصر ومصر، وذلك تبعاً لرغبة المجتمع

في التخلص من الظلم والعودة إلى حظيرة العقيدة.. وشعار: يا لثارات الحسين حي إلى يومنا هذا، ويترجم في كل مكان وحين، فبمجرد أن يشار إلى حاكم ظالم أنه يزيد عصره، فالشعار يمكن أن يكون إشارة نفاذ أيام حكمه.. وان ذكرى عاشوراء تساهم في إحياء العقيدة في النفوس) نزهة القلم: ١٨٢.

إن مجموعة الآراء لأعلام من جنسيات وأديان ومذاهب من أقطار الأرض تحكي عن حقيقة النهضة الحسينية وديمومتها وتأثيرها المستمر على المجتمعات البشرية في أصقاع الأرض، وكلما استطاع المحبون أن يعرضوا واقعة كربلاء برسالتها الإصلاحية، أمكن تجسير العلاقات بين الإسلام وجميع الأديان السماوية والأرضية وتقريب رسالة الإمام الحسين عليه السلام المتصلة برسالة جده محمد صلى الله عليه وآله وسلم إلى الأذهان، لأن الفطرة التواقة إلى الخير والإصلاح وسعادة البشرية هي فطرة نقية تشترك فيها البشرية جمعاء بقطع النظر عن كل الفوارق الدينية والمذهبية والجنسية والعرقية. جريدة صدى الروضتين، العدد: ١٥٤، كربلاء المقدسة ـ العراق.

دائرة المعارف الحسينية
تتجول في القاهرة الفاطمية[1]

المركز الحسيني للدراسات ـ القاهرة

في رحلة بحثية لتوثيق المعلومة على الأرض، زار وفد من دائرة المعارف الحسينية بلندن العاصمة المصرية القاهرة في الفترة (١٩ ـ ٢٥/ ٦/ ٢٠٠١م) التقى فيها بعدد من المسؤولين والسياسيين والباحثين وعلماء الدين من السنة والشيعة.

تأتي زيارة الوفد التي مثَّلها الدكتور نضير الخزرجي الباحث المشارك في دائرة المعارف الحسينية والأستاذ بحر الحلي أستاذ مادة الإعلام المرئي

(١) تقرير خبري وزعه القسم الإعلامي في المركز الحسيني للدراسات بلندن على وسائل الإعلام المختلفة ونشر في العشرات منها، من قبيل: موقع كتابات في الميزان (العراق) بتاريخ ٦/٢٧/ ٢٠١١م، جريدة أخبار العرب (مصر) بتاريخ ٦/٢٩/ ٢٠١١م، وموقع قريتنا (فلسطين) بالتاريخ نفسه.
ولا يخفى أن الكاتب العراقي الأستاذ صادق غانم الأسدي قام بدوره وهو في بغداد بكتابة مقالة من وحي التقرير الخبري بعنوان "دائرة المعارف الحسينية في رحلة توثيق للقاهرة" ونشرها في وسائل إعلام مختلفة، من تلك: موقع المدحتية نت بتاريخ ٧/٢/ ٢٠١١م، شبكة أنباء العراق بالتاريخ نفسه، وموقع مؤسسة النور الثقافية بتاريخ ٧/٣/ ٢٠١١م.

في جامعة ويست لندن، لمعاينة ومتابعة حركة رأس الإمام الحسين عليه السلام من عسقلان إلى القاهرة كما ترويها بعض كتب السير والتاريخ.

وتم في زيارة العمل هذه الاجتماع بوكيل وزارة الإعلام مسؤول الاتصال السياسي والمتابعة الأستاذ أحمد جمال الدين سليم(١)، والدكتور محمد حرز الله(٢) إمام وخطيب مقام رأس الإمام الحسين عليه السلام (المشهد الحسيني)، والأستاذ حسن إبراهيم سرور(٣) المختص بالتراث الشعبي الشفاهي لمواليد مراقد الأولياء والصالحين في الهيئة المصرية العامة للكتاب مدير تحرير مجلة الفنون الشعبية، والأستاذ عادل سعد زغلول(٤) الكاتب والباحث المختص

---

(١) أحمد جمال الدين سليم: هو إبن أمين بن محمد سليم الحسيني ويرجع بنسبه إلى الإمام الحسين عليه السلام، ولد في محافظة الغربية بقرية شبرا قاص في ٧/ ٧/ ١٩٥٧م، أديب وشاعر وكاتب، عمل في الصحافة والتلفزيون في مصر وخارجها، حيث اشتغل في مجموعة الشرق الأوسط السعودية في الفترة (١٩٨٦ ـ ١٩٩٠م)، من دواوينه: قراءة في عيون حبيبتي، إمرأة عنيدة. إلتقينا به ظهر الأحد ١٩/ ٦/ ٢٠١١م في مبنى التلفزيون بكورنيش النيل حيث مقر عمله، واستقبلنا بترحاب وحاول ما أمكنه مساعدتنا في مهمتنا التوثيقية للمشهدين الحسيني والزينبي.

(٢) محمد حرز الله: هو ابن عبد المقصود حرز الله، ولد في قرية سندوه في ناحية الخانقاه التابعة لمدينة القليوبية ٢٣/ ٩/ ١٣٩٠هـ (٢٢/ ١١/ ١٩٧٠م) تخرج من جامعة الأزهر كلية أصول الدين قسم الدعوة، له: مقاصد تشريع الإسلام في المعاملات (رسالة ماجستير)، المنهج العملي للرسول في تبليغ الدعوة بمكة المكرمة (رسالة دكتوراه)، وله محاضرات ودروس عبر الإذاعة والتلفزة، وتولى إمامة المشهد الحسيني خلفا لوكيل وزارة الأوقاف السابق الدكتور الشيخ السعيد محمد علي منذ عام ٢٠١٠م. إلتقينا به في مكتبه في المشهد الحسيني المجاور لقاعة مقتنيات النبي صلى الله عليه وآله وسلم يوم الإثنين ٢٠/ ٦/ ٢٠١١م وسهَّل لنا الأمر وأبدى تعاونا ملحوظا في إنجاز مهمتنا.

(٣) حسن ابراهيم سرور: هو حفيد عثمان سرور، أديب وكاتب مصري مختص بالتراث الشعبي، ولد في القاهرة في ٢٥/ ١٠/ ١٩٥٩م، له كتابات عدة منها: دراسات عن العلاج الروحي والعلاج بالقرآن والعلاج بالزار، حضرة سيدي علي زين العابدين (دراسة ميدانية).
إستقبلنا بلطف في مكتبه بعد ظهر الأحد ١٩/ ٦/ ٢٠١١م وأظهر تعاوناً طيباً في إنجاز مهمة التوثيق المعرفي للشعائر الحسينية في مصر.

(٤) عادل سعد زغلول: هو حفيد محمد أحمد، كاتب وأستاذ تدريسي لمرحلة الثانوية قسم التاريخ، =

بالمراقد المقدسة في مصر، والدكتور محمد عباس[1] مدير متحف الفن الإسلامي، والأستاذ محمد الدريني[2] أمين عام مجلس آل البيت ورئيس مجلس الإدارة ورئيس تحرير جريدة صوت آل البيت، وعدد آخر من الصحافيين والباحثين كالإعلامي والمحلل السياسي الأستاذ ولاء مرسي[3] رئيس مجلس الإدارة ورئيس تحرير جريدة أخبار العرب والإعلامية في القناة المصرية الثانية الأستاذة سيدة أحمد علي إبراهيم[4].

وجرى في هذه اللقاءات والاجتماعات والمقابلات الجانبية الحديث عن دائرة المعارف الحسينية والدور الكبير الذي يوليه المؤلف الدكتور

=ولد في القاهرة في ٢٢/ ٣/ ١٩٦٨م. إلتقينا به أكثر من مرة في المشهد الحسيني الشريف وكان حريصاً على تقديم المعلومة والمساهمة في تسهيل مهمتنا وظل على تعاون مع دائرة المعارف الحسينية حتى بعد عودتنا، وكان قد عرَّفنا به طالب الدراسات العليا اليمني المقيم في السودان الأستاذ نجيب سعيد مقبل الذي التقينا به عند ضريح المشهد الحسيني.

(١) محمد عباس: إلتقيت به في مكتبه ظهر الخميس ٢٣/ ٦/ ٢٠١١م وأظهر تفهما لمهمتنا وأمر بتسهيل عملنا بخاصة في مجال التصوير حيث إن التصوير من الممنوعات في متحف الفن الإسلامي، وكان للصور الملتقطة لصندوق المشهد الحسيني الذي يعود صنعه إلى عام ٥٧٤هـ دورها الكبير في قراءة عشرات الآيات القرآنية المحفورة على الخشب رغم الجهد الذي بذلناه مع الأستاذ بحر الحلي في تقييد الآيات وكتابتها أثناء تسمّرنا حول الصندوق لنحو ساعتين.

(٢) محمد الدريني: هو محمد بن رمضان بن محمد بن حسين الموسوي الدريني، زعيم ديني وسياسي مصري ولد في قرية سيلا بمحافظة الفيوم في ٢٨/ ١١/ ١٩٦٢م، وهو إلى جانب تصديه لشؤون أتباع أهل البيت في مصر صحفي وأديب وقاص، من مؤلفاته: عاصمة جهنم. إلتقينا به مساء الأحد ١٩/ ٦/ ٢٠١١م في مقر عمله، وكان حريصا على إنهاء مهمتنا بنجاح رغم مشاغله والتزاماته الكثيرة.

(٣) ولاء مرسي: صحافي وسياسي مصري، يقيم بين لندن والقاهرة، كان مهذبا ولطيفا معنا حيث فتح لنا شقته في المعادي بالقاهرة، لكن ضرورات العمل جعلتنا ننتقل إلى خان الخليلي والسكن في فندق المالكي الواقع مقابل الضلع الشمالي الشرقي للمشهد الحسيني.

(٤) سيدة أحمد علي إبراهيم: إعلامية مصرية ومقدمة برامج مهتمة بمراقد أهل البيت ﷺ والأولياء الصالحين في مصر، التقينا بها مساء الجمعة ٢٤/ ٦/ ٢٠١١م بحضور الأستاذ ولاء مرسي، وأظهرت استعدادها لتقديم يد العون لإنجاز مهمتنا.

الشيخ محمد صادق الكرباسي في بيان تفاصيل النهضة الحسينية عبر الموسوعة الحسينية التي تربو على الستمائة مجلد في ستين بابا صدر منها حتى الآن ٦٧ مجلداً[١]، ومتابعة المراقد المقدسة الخاصة بالنهضة الحسينية في كل أنحاء الأرض والسفر إليها لملاحقة أدقّ التفاصيل عنها.

وأبدت الدوائر الرسمية والدينية المصرية تعاوناً ملحوظا مع الوفد الزائر وسهّلت له مهمة دراسة حركة الرأس الحسيني الشريف من فلسطين إلى مصر عبر الاطلاع الميداني المباشر والمصوّر لمقام رأس الإمام الحسين عليه السلام الواقع في خان الخليلي، ومرقد فاطمة أم الغلام التي تذكر كتب التاريخ المصرية أنه يعود لزوجة الإمام الحسين عليه السلام السيدة شهربانو بنت الملك الساساني يزدجرد والواقع في جامع الملك إبن برد بك بشارع أم الغلام جنوب مقام الرأس الحسيني الشريف، وزيارة متحف الفن الإسلامي الواقع في شارع بورسعيد الذي يضم صندوق المشهد الحسيني الذي يعود إلى القرن السادس الهجري والطشت (القحف) الذي وضع به الرأس الشريف، والاطلاع على اللوحة التي تم عليها غسل الرأس الشريف والمنصوبة في واجهة رواق المصلى في مسجد الصالح طلائع بن رزيك الأرمني الواقع في منطقة باب زويلة.

وللاطلاع على تفاصيل مقام الإمام الحسين بالقاهرة استمع الوفد الزائر إلى شروحات قدمها الدكتور محمد حرز الله، كما أوضح الشيخ عصام[٢]

---

(١) بلغت أجزاء دائرة المعارف الحسينية الصادرة حتى الآن أكثر من خمسة وسبعين جزءاً.

(٢) عصام: هو إبن السعيد بن محمد علي، ولد في القاهرة سنة ١٩٩٠م، يدرس في جامعة الأزهر العلوم الإسلامية، ويتولى قراءة القرآن الكريم في المحافل العامة والخاصة.
التقينا به في المشهد الحسيني أكثر من مرة، ولم يبخل بأية معلومة يعرفها عن تاريخ المشهد الحسيني.

نجل الدكتور الشيخ السعيد محمد علي نجل الإمام السابق للمقام الحسيني الشريف جانباً من التفاصيل حول المقام، كما استمع الوفد إلى شروحات مطولة عن حركة الرأس الشريف والمقام الحسيني الشريف قدمها الباحث وأستاذ مادة التاريخ السيد عادل سعد زغلول صاحب كتاب مشاهير أهل البيت في مصر الصادر حديثا في القاهرة بالاشتراك مع المستشار رجب عبد السميع محمود علي.

كما قام الوفد الزائر بعمل استطلاع بحثي مصور عن مرقد السيدة زينب عليها السلام الشريك المباشر في النهضة الحسينية، والواقع في قلب القاهرة، واستطلاع بحثي مصور عن مرقد والي الإمام علي بن أبي طالب عليه السلام على مصر الشهيد مالك بن الأشتر النخعي المستشهد عام **٣٧** هجرية والواقع في قرية الخانقاه (الخنگة) التابعة لمدينة القليوبية[1].

وقدّم وفد المركز الحسيني للدراسات مجموعة من مجلدات الموسوعة الحسينية وعددا من مؤلفات العلامة الدكتور الكرباسي في أبواب متفرقة، إضافة إلى مؤلفات الدكتور الخزرجي، إلى مكتبة جامعة الأزهر الشريف والهيئة المصرية العامة للكتاب ومكتبة مقام الإمام الحسين عليه السلام وعدد من الشخصيات المهتمة، كما أبدى عدد من الناشرين المصريين رغبتهم في توزيع أجزاء دائرة المعارف الحسينية وما يصدر عن المركز الحسيني للدراسات، في القاهرة وغيرها من المدن المصرية.

---

(١) أظهر سادن مرقد مالك الأشتر الأستاذ صلاح بن محمد بن محمد الحلو تعاوناً كبيراً في مهمتنا إلى جانب شقيقه ياسر الحلو، والأستاذ صلاح الحلو من مواليد ناحية الخنكة (الخانقاه) في مدينة القليوبية في ٢٠/١٢/١٩٧٠م، فيما ولد شقيقه في حزيران ١٩٧٣م.

تظاهرة إعلامية كبرى

في العام ١٩٩٦ م شرعنا مع ثلة مؤمنة بإصدار مجلة "الرأي الآخر" من لندن، وهي مجلة شهرية عنت بالشؤون السياسية والثقافية، وقد توليت رئاسة التحرير فيها منذ العدد صفر حتى العدد ٥٧ الذي صدر في العام ٢٠٠١م، ثم توقفت المجلة بعد صدور بضعة أعداد.

وبعد فترة ليست بالطويلة خطر لي أن أحتفظ بالإسم وإحياءه عبر تذييل المقالات والدراسات التي أكتبها أو يكتبها الزملاء المتعاونون معي باسم "الرأي الآخر للدراسات"، وبعد سنوات حظيت بمهمة تناول أجزاء دائرة المعارف الحسينية الصادرة عن المركز الحسيني للدراسات بالنقد والقراءة والتحليل والمراجعة، فكان "الرأي الآخر للدراسات" هو مكانها الطبيعي في النشر والتوزيع على وسائل الإعلام المختلفة من مقروءة ومسموعة ومرئية وإلكترونية.

والجداول العشرة التالية توضح حجم النشر ووسعته، وبالطبع هذا ما أظهره محرك البحث الآلي في الشبكة الدولية، وإلا فنعتقد أن هناك وسائل إعلامية لم يظهرها المحرك وبخاصة الجرائد والمجلات الورقية.

ويلاحظ في وسائل الإعلام تنوعها وتوزع مساحتها على السياسة والثقافة والأدب والفن وغيرها، وذلك لتنوع أبواب دائرة المعارف

الحسينية الذي به تنوعت القراءات والمراجعات التي أجريتها لعشرين جزءا من الموسوعة الحسينية.

وانقسمت وسائل الإعلام إلى الأبواب التالية: الجرائد والمجلات الورقية، الصحف الإلكترونية، المجلات الإلكترونية، القنوات والوكالات الإخبارية، الشبكات الإلكترونية، المنتديات الإلكترونية، المواقع الإلكترونية، المدونات الإلكترونية، مواقع المؤسسات الثقافية والدينية، ومواقع المراكز الثقافية والدينية، وحاولت في وضع الجداول ما وسعني الجهد والوقت التثبت من الجهة المشرفة أو رئيس التحرير والدولة وبخاصة المواقع الإلكترونية التي تسبح في فضاء مفتوح.

الجرائد والمجلات

الناشر	الجهة	الدولة
جريدة البينة	حركة حزب الله في العراق	بغداد ـ العراق
جريدة الدعوة	حسن السعيد: رئيس التحرير	بغداد ـ العراق
جريدة شمس العراق	عماد الكاصد: رئيس التحرير	ميتشغن ـ أميركا
جريدة العدالة	عادل عبد المهدي: المؤسس وصاحب الامتياز	بغداد ـ العراق
جريدة العراق اليوم	إسراء شاكر: صاحب الامتياز ورئيس التحرير	بغداد ـ العراق
جريدة المؤتمر	حزب المؤتمر الوطني العراقي	بغداد ـ العراق
جريدة الوطن الأسبوعية	المعهد العربي الأمريكي	كاليفورنيا ـ أمريكا
جريدة الوقت[1]	إبراهيم البشمي: رئيس التحرير	المنامة ـ البحرين

(١) توقفت جريدة الوقت عن الصدور منذ آخر عدد صدر في ٣/٥/٢٠١٠م لأسباب مالية وإدارية، وكانت الجمعية العمومية لشركة دار الوقت للإعلام قد قررت في جلستها المنعقدة في ٨/١٠/٢٠٠٩م التوقف عن الصدور بعد أن عجزت الشركة في إيجاد مساهمين.

الناشر	الجهة	الدولة
مجلة صوت العروبة	www.arabvoice.com	باترسون ـ أميركا
مجلة عالم الغد (فصلية)	د. إبراهيم الداقوقي[1] : رئيس التحرير	فيينا ـ النمسا

الصحف الإلكترونية

الناشر	الجهة	الدولة
صحيفة آرام	نصر المجالي : رئيس التحرير	لندن ـ المملكة المتحدة
صحيفة اتجاهات حرة	مؤسسة اتجاهات حرة للإعلام والثقافة الدولية	بلجيكا
صحيفة ألواح بابلية	رابطة بابل للكتاب والفنانين العراقيين في هولندا	هولندا
صحيفة بابل	دار بابل للنشر الإلكتروني	عراقية
صحيفة بحزاني نت	سفو قوال سليمان : رئيس التحرير	ألمانيا
صحيفة تركمان تايمز	عبد السلام ملا ياسين : المشرف العام	هولندا
صحيفة الحوار المتمدن	رزكار رشيد عقراوي : المنسق العام	عراقية عربية متنوعة
صحيفة حوارات الإلكترونية	www.hewarat.dk	الدانمارك

(١) الداقوقي : أديب وإعلامي وأكاديمي عراقي ولد عام ١٩٣٤م في مدينة كركوك وتوفى في فيينا بالنمسا عام ٢٠٠٨م، له مساهمات إعلامية كبيرة منها إصدار مجلة التراث الشعبي ببغداد عام ١٩٦٢م كأول مجلة فلكلورية في العالم العربي، كما أصدر عام ١٩٨١م ببغداد مجلة "حوليات الإعلام" كأول مجلة للدراسات الإعلامية في العالم العربي، سكن استانبول واستقر في فيينا بالنمسا عام ٢٠٠٠م حتى وفاته، أنشا عام ٢٠٠٣م المركز الأكاديمي لدراسات الإعلام وتواصل الثقافات الذي صدر عنه مجلة "عالم الغد" الفصلية وصحيفة "المرصد الإعلامي" اليومية الالكترونية، ترك ٣٥ مصنفا بين تأليف وترجمة، منها : فنون الأدب الشعبي التركماني، المعجم التركي العثماني العربي، وحرية الإعلام في الدساتير العراقية.

الناشر	الجهة	الدولة
صحيفة سعوديات نت	نوال موسى اليوسف : المدير العام	عربية
صحيفة السيمر الأخبارية	وداد فاخر : رئيس التحرير	فيينا ـ النمسا
صحيفة فضفضة	محمد شعبان الموجي : رئيس التحرير	القاهرة ـ مصر
صحيفة الكتاب العرب	www.arabwriters.net	عربية
صحيفة كوردستان تايمز	www.kurdistan-times.com	السليمانية ـ العراق
صحيفة كوردستان فور برس	www.kurdistan4press.com	عراقية
صحيفة المثقف(١)	ماجد الغرباوي : المشرف العام	سدني ـ استراليا
صحيفة المرايا	حيدر الزركاني : رئيس التحرير	النجف ـ العراق
صحيفة المشاهير	www.almshaheer.com	السودان

المجلات الإلكترونية

الناشر	الجهة	الدولة
مجلة أدبيات	علي كريشان : المدير العام	أردنية
مجلة أسواق المربد	www.merbad.net	عربية
مجلة أصوات الشمال	www.aswat-elchamal.com	كندا
مجلة أقلام الثقافية	www.aklaam.net	غزة ـ فلسطين
مجلة أنكيدو الثقافية الحرة	بهاء الدين البطاح : المشرف العام	عراقية
مجلة جدارية الثقافية	www.jedaria.com	عدن ـ اليمن

---

(١) بدأت صحيفة المثقف الالكترونية منذ ٥/ ١/ ٢٠١٠م تصدر باسم مؤسسة المثقف العربي ومقرها سدني في استراليا، وكان باكورة انتاجها الثقافي صدور كتاب "تجليات الحنين في تكريم الشاعر يحيى السماوي"، والمؤسسة قام بإنشائها الأديب والباحث العراقي ماجد الغرباوي المولود عام ١٩٥٤م، وكان سبق له أن رأس تحرير مجلة التوحيد الصادرة في إيران في الأعداد (٨٥ ـ ١٠٧)، له ١٤ مصنفاً بين تأليف وترجمة، منها: رجال كتب الاختصاص، تحديات العنف، وإشكاليات التجديد.

الناشر	الجهة	الدولة
مجلة ديوان العرب	عادل سالم : رئيس التحرير	ميتشغن ـ أميركا
مجلة الرأي الثقافية	www.alrai-mag.com	عراقية
مجلة الفوانيس	التيجاني بولعوالي : رئيس التحرير	هولندا

القنوات والوكالات الاخبارية

الناشر	الجهة	الدولة
قناة الفرات الفضائية	المجلس الاعلى الإسلامي العراقي	بغداد ـ العراق
وكالة إقرأ برس	www.iqraapress.com	ديالى ـ العراق
وكالة أنباء براثا	www.burathanews.com	العراق
وكالة أنباء البصرة	www.albasrahnews.com	عراقية
وكالة الأنباء القرآنية العالمية(١)	www.iqna.ir	طهران ـ إيران
وكالة أنباء ميسان	www.mayssannetwork.friendsofdemocracy.net	عراقية
الوكالة الشيعية للأنباء (إباء)	www.ebaa.net	الكويت
وكالة الصحافة العراقية	www.iraqpa.net	عراقية
وكالة العراق برس للأنباء(٢)	د. عبدالله يوسف الجبوري : المشرف العام	ألمانيا
وكالة الفرات العراقية للأنباء	حارث محمد الخيون : مدير التحرير	كربلاء ـ العراق
وكالة قدس نت للأنباء	www.qudsnet.com	غزة ـ فلسطين
وكالة نون	تيسير سعيد الأسدي : المدير العام	كربلاء ـ العراق

(١) وكالة الأنباء القرآنية : وكالة خاصة بالثقافة القرآنية وملخصها (IQNA) تصدر في ٢٣ لغة عالمية، وهي واحدة من انجازات منظمة الجهاد الجامعي الناشطة في جامعة طهران وغيرها من الجامعات الإيرانية، منها العربية والفارسية والانجليزية والفرنسية والاسبانية وغيرها.

(٢) وكالة العراق برس للأنباء : بدأت تصدر باسم "صحيفة العراق برس الإلكترونية".

الشبكات الإلكترونية

الناشر	الجهة	الدولة
شبكة ابن الخليج	www.gulfson.com	عربية
شبكة أخبار الناصرية	www.nasiriya.org	الناصرية ـ العراق
شبكة أخبار البروج	www.albroge.com	ألمانيا
شبكة أرض السواد الثقافية	www.iraq-sawad.net	عراقية
شبكة الإعلام العراقي في الدانمارك	www.iraqi.dk	الدانمارك
شبكة أقلام الثقافية	www.aqlaam.net	السعودية
شبكة أنباء بابل	www.babylontims.net	عراقية
شبكة الباب الحرة	www.freebab.com	عراقية
شبكة البتول	www.albatoul.net	عربية
شبكة البرلمان العراقي	www.irqparliament.com	عراقية
شبكة بنات قطر	www.bnatqtr.con	قطرية
شبكة الجش الثقافية	www.aljesh.net	الجش ـ السعودية
شبكة حدود	www.hodood.com	عربية
شبكة الحرية والحقيقة	www.alhuriya.net	سعودية
شبكة دروب الثقافية	www.doroob.com	عربية
شبكة الرافدين	حليم سلمان : رئيس التحرير	لندن ـ المملكة المتحدة
شبكة الرامس الثقافية	www.alrames.net	سعودية
شبكة الزوراء الإعلامية	www.alzawraa.net	عراقية
شبكة سعوديون الإخبارية	www.saudiyoon.com	سعودية
شبكة السماوة العالمية	حسين الربيعي : المدير العام	هولندا
شبكة سوداني أونلاين	www.sudanionline.net	سودانية
شبكة شباب سوفت	www.sh2soft.net	عربية
شبكة الشورى نت	إتحاد القوى الشعبية اليمنية	عدن ـ اليمن
شبكة صحبة نت	www.sohbnet.com	عربية

الناشر	الجهة	الدولة
شبكة صوت العراق	أنور عبد الرحمن : المدير العام	هولندا
شبكة صوت كوردستان	هشام عقراوي : المدير العام	عراقية
شبكة عبق	www.3bq.com	عربية
شبكة عراد الإسلامية	www.araad.net	البحرين
شبكة العراق الجديد الإعلامية	سالم السعيدي : المشرف العام	ديترويت ـ أمريكا
شبكة قادتنا كيف نعرفهم	حيدر فاضل الحسيني الميلاني : المشرف العام	طهران ـ إيران
شبكة القرية العربية	www.al-garya.com	عربية
شبكة لطيف	www.latef.net	عربية
شبكة المتيم	www.almtym.com	عربية
شبكة المرصد العراقي	صلاح مهدي التكمه جي : المدير العام	لندن ـ المملكة المتحدة
شبكة موسوعة دهشة	www.dahsha.com	عربية
شبكة ميدل إيست أون لاين	د. هيثم الزبيدي : رئيس التحرير	لندن ـ المملكة المتحدة
شبكة نيوزتن	www.newstin.ae	إرشيفي ـ الإمارات
شبكة والفجر الثقافية	www.walfajr.net	السعودية
شبكة الوسط	د. سليم الحسني : المشرف العام	لندن
شبكة وطني العراق	الشيخ طارق العبدالله الحلابسي : المشرف العام	عمّان ـ الأردن

المنتديات الإلكترونية

الناشر	الجهة	الدولة
منتدى إنانا	د. ثائر العذاري، فيصل عبد الوهاب : المشرفان	عربي
منتديات ايتو	www.8o8o8.com	عربي

الناشر	الجهة	الدولة
منتدى بجيلة بني مالك	www.banimalk.net	السعودية
منتديات بحر العلوم	www.bahroloum.com	عربي
منتديات جامع براثا	www.vb.buratha.com	بغداد ـ العراق
منتديات البرلمان العراقي	www.drweb4u.net	عراقي
منتديات بعد الرحيل	غسان خالد الطائي : المشرف	العراق
منتدى جمالات	www.gamalat.com	القاهرة ـ مصر
منتديات جنوب لبنان	www.eljnoub.com	لبناني
منتديات الحساس الثقافية	asas.comvwww.al	عربي
منتدى حوار الخيمة العربية	www.hewar.khayma.com	عربي
منتديات دار السلام	www.daralsalam.110mb.com	عربي
منتدى دلع الإمارات	www.dl3-uae.com	عربي
منتدى زرياب للموسيقى الشرقية	www.zeryab.com	عربي
منتدى سار أون لاين	www.saronline.org	عربي
منتديات ستار تايمز	www.startimes2.com	عربي
منتدى الشام الثقافي	www.al-sham.net	سوري
منتدى شباب الحومة	www.www.17awma.com	عربي
منتديات شبكة بني جمرة	حسن غسرة الجمري : المدير العام	المنامة ـ البحرين
منتديات شبكة فجر الثقافية	www.fajweb.net	المنطقة الشرقية ـ السعودية
منتدى شذاوي	www.shathawi.com	عراقي
منتدى شهداء القطيف	www.sh-23.co.cc	سعودي
منتدى الصفا	www.alsafa.net	صفوة ـ السعودية
منتدى القرآن الكريم	www.montadaalquran.com	عربي
منتديات كووورة	forum.kooora.com	عربي
منتديات ليالي العراق	www.iraqmen.com	عراقي

الناشر	الجهة	الدولة
منتدى مخيم البداوي	www.baddawi.com	فلسطيني
منتدى مدارس النظم الحديثة	www.mss.jo	عمّان ـ الأردن
منتديات مساهم	www.al-mosahm.com	عربي
منتديات معماري	www.m3mare.com	عربي
منتدى معمري للعلوم	www.maamri-ilm2010.yoo7.com	عربي
منتدى ملتقى الفينيق الأدبي العربي	www.fonxe.net	عربي

المواقع الإلكترونية

الناشر	الجهة	الدولة
موقع الأبحاث والدراسات العلمانية	صحيفة الحوار المتمدن: رزگار رشيد عقراوي	الدانمارك ـ عراقي
موقع الحزب الليبرالي الديمقراطي العراقي	الحزب الديمقراطي الليبرالي العراقي	العراق
موقع أخبار العراق	www.irqnews.com	عراقي
موقع أخبار أُنكش	www.onkosh.com	عربي
موقع آخر خبر	www.arablastnews.com	عربي
موقع اخوانيات	www.ikhwaneyat.com	عربي
موقع إسلام للجميع	www.islam2all.com	إسلامي
موقع أسواق العقار	www.aswaqalaqar.com	عربي
موقع أصدقاء الديمقراطية	www.fodhome.friendsofdemocracy.net	عراقي
موقع أفكا (اكاديميو الكرد الفيليين)	www.afka.org	عراقي

الناشر	الجهة	الدولة
موقع بانك مقالات عربي	www.aladab.mihanblog.com	فارسي
موقع البديل الديمقراطي	www.albadeal.com	عراقي
موقع البديل العراقي	www.albadeeliraq.com	عراقي
موقع بنت الرافدين	منظمة بنت الرافدين	الحلة ـ العراق
موقع بوابة الجياش	www.aljayyash.net	عربي
موقع بوك أونلاين	الاتحاد الوطني الكردستاني: تنظيم الخارج	عراقي
موقع بوك ميديا	الاتحاد الوطني الكردستاني: المكتب المركزي	السيلمانية ـ العراق
موقع بيت الشعر اليمني	علي أحمد حاجز: مدير ورئيس تحرير الموقع	صنعاء ـ اليمن
موقع بيت العراقي	www.albaitaliraqi.com	عراقي
موقع بيت العرب	www.arabshome.com	عربي
موقع بيتنا	www.bettna.com	عربي
موقع التجمع من أجل الديمقراطية في العراق	www.igfd.net	عراقي
موقع التعبئة الشعبية العراقية	التعبئة الشعبية العراقية في لندن	لندن ـ المملكة المتحدة
موقع جبلة. كوم	www.jablah.com	عربي
موقع جولان ٦٧	www.golan67.com	سوري
موقع جهينة	www.johaina.sakhr.com	عربي
موقع حزب الاتحاد الاشتراكي العربي الديمقراطي السوري	حزب الاتحاد الاشتراكي العربي الديمقراطي في سوريا	سوريا
موقع دليل سندباد	www.sendbad.net	عربي
موقع دليل وصلة	www.dalil.link.co.uk	عربي
موقع الركن الأخضر	www.grenc.com	عربي
موقع الساحة	أحمد سعيد الصفار: المشرف العام	كندا

الناشر	الجهة	الدولة
موقع سميراميس نت[1]	محمد الحداد : المدير العام	عراقي
موقع سواح الإخباري	www.saw7.net	عربي
موقع سوبارو	www.soparo.com	عربي
موقع سوريا نوبلز	www.nobles-news.com	سوري
موقع شباب لكم	www.shabab4u.com	عراقي
موقع شبيبة كلية فلسطين التقنية	www.ptcfyo.com	فلسطيني
موقع شمال سيتي	www.chamalcity.com	المغرب
موقع الصحيفة	www.alsaheefa.net	مغربي
موقع صوت الحق الإخبارية	www.syrsaoutalhaq.maktoobblog.com	سوري
موقع ضفاف الخيال	www.khyalking.net	عربي
موقع العراق الجديد	د. طالب الرماحي : المشرف العام	لندن
موقع عراق الكلمة	أسامة العقيلي : المشرف العام	برلين - ألمانيا
موقع عراقنا	www.irqna.com	عراقي
موقع العراقي	www.aliraqi.com	عراقي
موقع عفرين	فوزي شيخو، عارف جابو : الإدارة المشرفة	سوري
موقع علي الأصغر	www.alasghar.com	طهران - إيران
موقع العمارة	www.imarahrebuilding.jeeran.com	عراقي
موقع غلا	www.news.ghalaa.com	عربي
موقع الفيدرالية	www.alfedralia.tk	عراقي
موقع قصيمي نت	ناصر حمد الفهيد : المشرف العام	القصيم - السعودية
موقع قلعة سكر نت	وليد حميد السعدي : المشرف العام	لندن
موقع الكاتب العراقي	فؤاد ميرزا : المشرف العام	أميركا

(١) موقع سميراميس نت: توقف لفترة وصدر في العام ٢٠١٠م مكانه موقع "كلمة حرة" (www.kelima.net).

الناشر	الجهة	الدولة
موقع كانون آگهي	www.kanuneagahi.com	إيراني
موقع اللاجئ	www.asylinfo.de	عراقي ـ ألمانيا
موقع مأتم السنابس	حسينية قرية السنابس	السنابس ـ البحرين
موقع المرصد الإعلامي الحر	د. إبراهيم الداقوقي : المشرف العام	فيينا ـ النمسا
موقع ملتقى نزار القطري	نزار فضل الله رواني القطري : موقع خاص	الكويت
موقع الممهدون	التيار الصدري في العراق	بيروت ـ لبنان
موقع مناهل	www.al-manahel.net	عربي
موقع النخلة والجيران	www.alnakhlawaaljeern.com	عراقي
موقع الندوى	www.nadwaiq.com	عراقي
موقع نوافذ عربية	www.arabicwindows.ca	كندا
موقع واحة القطيف	www.qatifoasis.com	القطيف ـ السعودية
موقع وثيقة نت	محمد رشاد الفضل : مدير التحرير	عراقي
موقع يلا يا عرب	www.yallayaarab.biz	عربي

المدونات الالكترونية

الناشر	الجهة	الدولة
موقع مدونة السنابسي (مكتوب)	مدونة محمد عيسى	السنابس ـ البحرين
موقع مدونة ليدالي (مكتوب)	مدونة ليدالي الأسدي	خوزستان ـ إيران
موقع مدونة كتب	www.al-kotob.blogfa.com	عربي
موقع مدونة منبر حرية الفكر (مكتوب)	www.maktoobblog.com	عربي

الناشر	الجهة	الدولة
موقع مدونة عيون على الكون	www.oyonalaalkaown.maktoobblog.com	عربي
موقع المهندس عبدالله عمر العمودي	www.alamoudi01.jeeran.com	السعودية

مواقع المؤسسات الثقافية والدينية

الناشر	الجهة	الدولة
موقع آفاق	مؤسسة آفاق للأبحاث والدراسات العراقية	النجف ـ العراق
موقع الأرشيف العراقي(1)	مؤسسة الأرشيف العراقي في الدانمارك	كوبنهاغن ـ الدانمارك
موقع مؤسسة الذاكرة العراقية	www.iraqmemory.org	بغداد ـ العراق
مؤسسة الرسول الأعظم	مؤسسة الرسول الأعظم	كربلاء ـ العراق
مؤسسة شهيد المحراب(2)	مؤسسة شهيد المحراب	النجف ـ العراق
موقع مؤسسة العراق للإعلام والعلاقات الدولية	صادق الموسوي : المشرف العام	بغداد ـ العراق
مؤسسة الكوثر	مكتب مرجعية السيد علي السيستاني	دنهاخ ـ هولندا
شبكة النبأ المعلوماتية	مؤسسة النبأ للثقافة والإعلام: مرتضى معاش	كربلاء ـ العراق
مؤسسة النور للثقافة والإعلام	أحمد الصائغ : المشرف العام	مالمو ـ السويد
مؤسسة الهدف الثقافي	سعيد الوائلي : المشرف العام	ديترويت ـ أميركا
موقع مؤسسة اليوم الموعود الثقافية	مكتب الشهيد الصدر في النجف الأشرف	النجف ـ العراق

---

(1) الأرشيف العراقي: تغير اسمه منذ العام ٢٠٠٩ م وأصبح "عراقيون في الدانمارك"، واختص بنشر الإعلانات التجارية فقط.

(2) مؤسسة شهيد المحراب: اتخذ موقع المؤسسة اسم "المركز الإعلامي للبلاغ" وتحول إلى وكالة أنباء ثقافية سياسية.

مواقع المراكز الثقافية والدينية

الناشر	الجهة	الدولة
موقع مركز أخبار صح	www.s77.com	عربي
موقع مركز الإخباري	www.news.renaad.com	عربي
موقع گلگامش	مركز گلگامش للدراسات والبحوث الكوردية	عراقي
موقع المركز الإعلامي للبلاغ(1)	المركز الإعلامي للبلاغ	النجف ـ العراق
موقع المركز الإعلامي العراقي	www.iraqmediacenter.com	ميتشغن ـ أميركا

---

(1) المركز الإعلامي للبلاغ: كان الموقع لسان حال "مؤسسة شهيد المحراب" ومقرها النجف الأشرف.

دُرَّةُ أشْرِعة البَيانِ

(إلى الكاتب والأديب الدكتور نضير الخزرجي في درَّة كتابه الثاني ـ أشرعة البيان ـ مساهمةً منه في إثراء الثقافة العربية والإسلامية).

(بحر الكامل)

النَّوْرَ فَاقْبِسْ مِنْ شَذَاةِ الأَحْرُفِ   وَعَلَى عُبَابِ العِلْمِ إِسْرِ وَجَدِّفِ
سِفْرُ النَّضِيرِ زَهَا بِكَوْكَبَةٍ يُجَا   رِينَ الضِّيَا، فِي أُفْقِهِ لَمْ تُخْسَفِ
إِكْشِفْ بِأَشْرِعَةِ البَيَانِ سِدَافَةً   مَعَ كُلِّ فَجْرٍ مِنْ حُسَيْنٍ تَعْرِفِ
أُمْدُدْ يَدَيْكَ إِلَى البَهَا، فَشَرِيعَةُ الْـ   ـمَعْنَى عَلَى شَفَتَيْكَ عَسْلَى، وَاغْرِفِ

الدكتور عبد العزيز مختار شبِّين
لندن ـ ٢٧/ تشرين الأول/ ٢٠١٠م

فهرس الأعلام والشخصيّات

ابن أبي الحديد = عبد الحميد بن هبة الله المدايني

ابن أبي جمهور الأحسائي = محمد بن علي

ابن أبي حاتم: ٣٣١هـ، ٣٣٢هـ

ابن أبي عقيل = الحسن بن علي الحذاء العماني

ابن إدريس الحلي = محمد بن منصور بن أحمد

ابن الأثير = المبارك بن محمد الجزري

ابن الأثير = علي بن محمد بن عبد الكريم الشيباني الجزري

ابن بابويه القمي = محمد بن علي القمي

ابن بدران الحنبلي = عبد القادر بن أحمد

ابن بطوطة = محمد بن عبد الله الطنجي

ابن جعفر = علي بن جعفر العلوي

ابن الجنيد الاسكافي: ٤٦٩، ٤٦٩هـ، ٤٧٠

ابن حجر = أحمد بن علي بن محمد العسقلاني

ابن حزم الأندلسي = علي بن أحمد بن سعيد

ابن حنبل = أحمد بن محمد بن حنبل الشيباني

ابن خاتون = أحمد بن علي بن خاتون العيناثي

ابن الخطيب البغدادي = أحمد بن علي بن ثابت

ابن خلدون = عبد الرحمان بن محمد (ابن خلدون) الإشبيلي

ابن داغر الحلي = مغامس بن داغر البحراني

ابن راشد = حسن بن راشد الحلي

ابن الرومي = علي بن عباس بن جريج البغدادي

ابن الزبير = عبد الله بن الزبير بن العوام القرشي

ابن زياد = عبيد الله بن زياد بن أبيه

ابن سينا = الحسين بن عبد الله بن الحسن

ابن شهرآشوب = محمد بن علي بن شهرآشوب المازندراني

ابن صياد الدجال = صاف

ابن طباطبا = محمد بن أحمد ابن طباطبا الإصفهاني

ابن عباس = عبد الله بن عباس بن عبد المطلب القرشي

٦٧٦

أبو تمام = حبيب بن أوس بن الحارث الطائي

أبو جحيفة : ٣٣٢هـ

أبو جعفر = عبد الله بن محمد بن علي العباسي

أبو الحتوف الجعفي : ٣٩٤

أبو الحسن التهامي = علي بن محمد بن فهد التهامي

أبو حنيفة = النعمان بن ثابت بن زوطي الكابلي الكوفي

أبو ذر الغفاري = جندب بن جنادة الغفاري

أبو رافع = إبراهيم (أسلم) القبطي

أبو زكريا = يحيى بن ماسويه الخوزي

أبو سفيان = صخر بن حرب الأموي

أبو الشعثاء الأزدي = جابر بن زيد

أبو شيماء المياحي : ٩١

أبو طالب = عبد مناف بن عبد المطلب

أبو طالب بن حاجي محمد بك خان الإصفهاني : ١٦٢، ١٦٢هـ

أبو ظاهر = محسن حسن الطويرجاوي

أبو العاص ابن الربيع بن عبد العزى القرشي : ١٤٠، ١٤١

أبو عبد الله = محمد الحادي عشر

أبو عبد الله = محمد السادس

ابن العرندس = صالح بن عبد الوهاب الحلي

ابن عساكر = علي بن الحسن الشافعي

ابن العفيف = علي بن محمد بن إبراهيم الجعفري النابلسي

ابن فهد الحلي = أحمد بن محمد

ابن قولويه القمي = جعفر بن محمد

ابن قيس الرقيات = عبيد الله بن قيس الرقيات بن شريح العامري

ابن كثير = إسماعيل بن عمر البصري

ابن المتوج = أحمد بن عبد الله بن محمد البحراني

ابن مسعود = عبد الله بن مسعود الهذلي

ابن هشام = عبد الملك بن هشام بن أيوب الحميري

أبو الأسود الدؤلي = ظالم بن عمرو بن جندل الكناني

أبو أيوب الأنصاري = خالد بن زيد الخزرجي

أبو بكر = عبد الله بن أبي قحافة التيمي

أبو بكر = محمد بن زكريا الرازي

أبو بكر بن منصور العُمَري : ٣٦٩

أبو بكرة = نفيع بن الحارث الثقفي

٦٧٨

٦٨١

٦٨٢

حسن السعيد: ٦٦٠

حسن الگلگاوي: ٥٤٣، ٥٤٧

الحسن بن الفضل الطبرسي: ٣٤١هـ

حسن بن راشد الحلي: ٥٣، ٥٣هـ،
٥٦، ٥٩، ٦٣

حسن بن زين الدين العاملي: ٣٧٠

الحسن بن عبد الله العسكري: ٤٩٢هـ

الحسن بن علي الحذاء العماني:
٤٦٩، ٤٦٩هـ

حسـن بن علي الطـوسي: ٤٢٠،
٤٢٠هـ، ٤٣١

الحـسن بن علي العسكري ﷺ:
٩٥هـ، ٥٨٠

حسن بن علي الهبل: ٣٧٠

الحسن بن علي بن أبي طالب ﷺ:
٥٥، ٩٥، ٩٦هـ، ١١٧، ١٢٨هـ،
١٣٢، ١٣٥، ١٣٦، ١٣٧، ١٣٨،
١٣٩، ١٤٠، ١٤١، ١٤٢، ١٧٩،
١٨٠، ١٨١، ١٨٢، ١٨٣، ١٨٤،
١٨٥، ١٨٦، ١٨٧، ١٨٨، ١٨٩،
١٩٠، ١٩١، ١٩٢، ١٩٣، ١٩٤،
١٩٩، ٢٠٤، ٢٩٣، ٣١٩، ٣٤٨،
٣٧٨، ٣٧٨هـ، ٣٧٩هـ، ٣٩٧، ٤١٤،
٤٣٩، ٤٤٠، ٤٥٤، ٤٧٩، ٤٩٠هـ،
٥٧٤، ٥٩٠هـ، ٥٩٤، ٦٤٥

حبيب بن أوس بن الحارث الطائي:
٦٠، ٦٠هـ

حبيب بن مظاهر الأسدي: ٣٢٨هـ

حبيب عبد الله كان: ٥٢٢، ٦١٠

الحجاج بن يوسف بن الحكم الثقفي:
٣٢هـ، ٣٢٤، ٣٢٤هـ، ٣٢٧، ٣٣٥،
٤٣٢

حجر بن عدي بن معاوية الكندي:
٣٢٥، ٣٢٥هـ

الحذاء العماني = الحسن بن علي

حذيفة بن اليمان (حسيل) العبسي:
١٧٩، ١٩١

الحر العاملي = محمد بن الحسن بن
علي

الحر بن يزيد الرياحي: ٥٥٤، ٥٧٥،
٥٧٦، ٥٧٨، ٥٨٨، ٥٩٤

حـرملـة بـن كاهـل الأسـدي: ٩٠،
١٠٦، ٥١٤، ٥١٥هـ

حسان بن ثابت الأنصاري الخزرجي:
٣٠، ٣٠هـ، ١٠٥، ١٨٨

حسان بن قيس بن عبد الله العامري:
٣٢، ٣٢هـ

حسن إبراهيم بن عثمان سرور: ٦٥٤،
٦٥٤هـ

حسن التريكي: ٥٩٩

حسن الحكيم: ٥٩٢

-خ-

- ز -

- س -

السبزواري = محمد باقر بن محمد مؤمن

السبعي = محمد بن عبد الله بن علي

ستار الرماح: ٩١

ستراتفورد كاننج: ٢١٠، ٢١٠ه

ستيفان بروخاسكا: ١٥، ٤٥، ٤٩، ٦٤

السجستاني = سليمان بن الأشعث

سرور الواعظ = محمد سرور الواعظ البهسودي

سعد البرقعاوي: ٥٤٣

سعد بن (أبي وقاص) مالك بن أهيب الزهري: ٣٢٩، ٣٢٩ه

سعد بن عبادة الأنصاري الخزرجي: ٤٣١ه

سعد بن معاذ الأوسي: ١٣٧

السعدي = داود سليمان

سعيد الوائلي: ٦٧١

سعيد بن هادي الصفار الحائري: ١٦٩، ١٦٩ه

سعيد كاظم الصافي: ٩١، ١١٠

سعيد هاشم: ٥٢١

سفو قوال سليمان: ٦٦١

سقراط: ٢٢٤ه

سكينة بنت الحسين بن علي ﷺ: ٤٠، ٤٠ه

سلفستر الثاني: ٤٣٠

سلمان بن هادي آل طعمة: ١٥٩ه، ١٦٨ه

سلمان الفارسي المحمدي: ١٣٧، ١٨٢، ١٩٣، ٣٧٦ه

سلمان محمد الشكرجي: ٩١

سلمى بنت عميس: ١٣٧ه

سليم الحسني: ٦٦٥

سليمان بن أحمد الطبراني: ٤٩٠ه

سليمان بن الأشعث السجستاني: ١٩٢ه، ٢٨٥

سليمان بن عبد الملك بن مروان الأموي: ٤٢٦ه

سليمان بن قتة العدوي: ٦٠١

سليمان عليان: ١٧١

سليمان القانوني العثماني: ١٥٤، ١٥٤ه

سليمان كالنجري: ٤١٠، ٤١٠ه

السماوي = محمد بن طاهر

سمية (أم زياد بن أبيه): ٣٢٤ه

سمير الخزرجي: ٥٤٦

سيدة أحمد علي إبراهيم: ٦٥٥، ٦٥٥ه

سيف الدولة = علي بن عبد الله بن حمدان التغلبي

٦٩٠

سيف الدولة المزيدي = صدقة بن منصور بن دبيس الزبيدي

السيوري الحلي = مقداد بن عبد الله بن حسين

السيوطي = جلال الدين

السيوطي = عبد الرحمان بن أبي بكر

- ش -

الشافعي = محمد بن إدريس بن العباس

شاكر هادي شاكر: ٥٠٥هـ

الشامي = يوسف بن حاتم

شاهزنان (والدة السجاد عليه السلام): ٥٩٧

شداد بن الهاد = أسامة بن عمرو الليثي

الشرقاوي = عبد الرحمان

الشريف الرضي = محمد بن الحسين البغدادي

الشعبي = قحطان محمد

شعيب عليه السلام: ٦٠٠

شفيع خان: ١٥٥

شمر بن ذي الجوشن الضبابي: ٣٢٨، ٣٢٨هـ

الشمرتي = عبود بن غفلة بن جواد

شمعون اليهودي: ١٨٢

شهاب الدين بن معتوق الموسوي: ٣٦٧، ٣٧٠

شهربانو بنت يزدجرد الساساني: ٦٥٦

شهسوار داشترزي بالا: ٤٠٩

الشهيد الثاني = زين الدين بن علي بن أحمد الجبعي العاملي

شوقي بن أنيس عمار: ١٥، ٦٧، ٧١هـ، ٧٢هـ، ٧٣

الشيرازي = محمد الحسيني

- ص -

الصابري = هاشم بن سلطان علي بن حسين الشوشتري

صابرينا بنت ليون ميرفن: ٦٤٢، ٦٤٣

صادق بن مهدي الشيرازي الموسوي: ٥١٠هـ، ٦٧١

صادق غانم الأسدي: ٦٥٣

الصادقين = جعفر بن محمد الصادق عليه السلام ومحمد بن علي الباقر عليه السلام

صاف بن صياد الدجال: ١٩٣، ١٩٣هـ

الصافي = أحمد بن جواد

صالح آل نعمة: ١١٠

صالح إبراهيم بن عبد المحسن الرفيعي: ٦٢٥، ٦٢٥هـ

٦٩٤

٦٩٧

- غ -

- ف -

فيصل عبد الوهاب: ٦٦٥

فيض الكاشاني = محمد بن مرتضى

فيكتور بيرارد: ٤٢٢

فيليب بن جون موريسي: ١٦، ٢٦٩، ٢٧٤، ٢٧٤هـ، ٢٩٤

ـ ق ـ

قابيل: ٤٤٥

القاسم بن الحسن بن علي بن أبي طالب عليه السلام: ١٠٩، ١١٠

قحطان محمد الشعبي: ١٥٧، ٣٣٢هـ

القرشي = محمد باقر

القرطاجني = حازم بن محمد

القرطبي = محمد بن أحمد الأنصاري

قره يوسف القره قويونلي التركماني: ١٥٤

القزويني = محمد كاظم بن إبراهيم

قسطنطين بيتروفيج ماتفييف: ٩٣، ٩٣هـ، ٤٧٧هـ، ٦٢٦، ٦٤٣، ٦٤٤هـ

القشيري النيسابوري = مسلم بن الحجاج

قمبر علي أوركزي: ٤٠٩

القمي = عباس بن محمد رضا

قيس بن جواد العزاوي: ٨، ١٦٥، ٢٩٣، ٤٢٢هـ

ـ ك ـ

كارستن نيبور: ١٥٩، ١٦٠هـ، ٢١٦، ٢١٦هـ

كارل ماركس: ٤٤٩، ٤٤٩هـ

كاظم بن حسون بن عبد عون الشمّري المنظور: ٨٦، ٨٦هـ، ٨٨، ٩١، ١٠٦، ١١١

كاظم بن طاهر السوداني: ١٠٩، ١١١

كاظم بن محمد التميمي الأزري: ٥٠٥، ٥٠٥هـ

كاظم حسن سبتي: ٩١

كاظم عبد الحمزة السلامي: ٩١، ١١١

كاظم النصيري (أحمد الطوسي): ٢٦٥

الكاظمي = جابر بن جليل بن كرم البديري

الكاظمي = عبد الحسن بن محمد

الكاظمين = موسى الكاظم عليه السلام ومحمد بن علي الجواد عليه السلام

الكافي = أحمد

الكرباسي = محمد صادق بن محمد الكرباسي

الكربلائي = عبد المهدي بن عبد الأمير

٧٠٤

محسن بن محمد حسن أبو الحب: ٣٥ه

محسن بن مهدي الحكيم: ٢١٨، ٢١٨ه، ٢٨٨ه، ٤٢٣

محسن حسن الطويرجاوي: ٩١

محسن محمد علي: ٥٦٨

المحقق الحلي = جعفر بن الحسن

محمد (النفس الزكية) بن عبد الله بن الحسن المثنى: ٢٧٩، ٢٧٩ه، ٢٨٢

محمد إبراهيم بن محمد حسن الكراجكي الكرباسي: ٤٣٢، ٤٣٢ه

محمد ابن أبي تراب الكرباسي: ١١٩ه، ٤٠٦، ٤٠٦ه

محمد أبو الفضل إبراهيم: ٥١١ه

محمد إدريس كاندهلوي: ٤٥٩

محمد إسحاق الحافظ: ٤٥٩

محمد أمين الأفشاري: ٤٠٣، ٤٠٣ه

محمد باقر بن محمد تقي المجلسي: ١٣٦، ١٧٩ه، ١٨٠ه، ١٨٢ه، ١٨٤ه، ١٨٥ه، ١٨٦ه، ١٨٧ه، ١٨٨ه، ١٩١ه، ٢٠٥ه، ٢٩٩ه، ٣٢٢ه، ٣٢٣ه، ٣٣٢ه، ٣٤٢ه، ٣٤٣ه، ٣٤٤ه، ٣٤٦ه، ٣٥٩، ٣٥٩ه، ٣٧٧ه، ٣٩٤ه، ٥٠٩ه، ٥١٠ه

محمد باقر بن محمد مؤمن السبزواري: ٤٧٠، ٤٧٠ه

محمد باقر الصدر: ٢٩٠، ٤٠٧ه، ٦١٣

محمد باقر القرشي: ٣٨١ه

محمد بن أبي طالب الحسيني الحائري: ٢٢٧، ٢٢٧ه، ٢٤٠، ٢٤١، ٣٩٣ه

محمد بن أحمد ابن طباطبا الإصفهاني: ٦٩ه

محمد بن أحمد الأبشيهي: ٣٢٧ه

محمد بن أحمد الأنصاري القرطبي: ٢٥٠ه

محمد بن أحمد الحسيني البغدادي: ١٦٢، ١٦٢ه، ٤٦٩

محمد بن أحمد الحنفي: ٢٣٦

محمد بن إدريس بن العباس الشافعي: ٢٧٧، ٢٧٩، ٢٨٢، ٢٨٣

محمد بن إسحاق بن يسار المطلبي: ١٢٧، ١٢٧ه

محمد بن إسماعيل البخاري: ٢٨٥، ٤٣٤، ٤٣٤ه

محمد بن بدر الدين محمد الغزي: ٢٣٢، ٢٣٢ه

محمد بن جرير بن يزيد الطبري: ١٤٨، ١٤٨ه، ٢٥٠ه، ٢٨٥، ٣٣١ه

٧٠٧

٧١٠

محمود بن عمر بن محمد الخوارزمي الزمخشري: ١٨٣هـ، ٢٦٠، ٢٦٠هـ، ٥١١هـ

محمود بن غازان بن أرغون المغولي: ١٥٣، ٢١٦

محمود شمس الدين تشانغ تشي هوا: ١٦، ٣١٧، ٣٣٥، ٣٥١

محمود عبد الرحمان: ٢١٨، ٢١٨هـ

المختار بن أبي عبيدة بن مسعود الثقفي: ٩٧هـ، ٣٦٦هـ، ٥١٥هـ، ٥٧٨، ٥٧٩

مختار ولد داده: ١٥٧

مدحت باشا العثماني: ٧٨هـ، ١٥٥

المدرس = محمد علي بن محمد طاهر

مراد الرابع العثماني: ١٥٤، ٢١٦

مرتضى أحمد قاو الكشوان الكربلائي: ١١١، ٤٩١

مرتضى بن محمد الفيروز آبادي: ١٣٦هـ، ١٨٣هـ، ١٨٩هـ، ٣٧٩هـ

مرتضى محسن السندي: ٩٢

مرتضى معاش: ٦٧١

مرجان أمين الدين الدين ابن عبد الله أولجياتو: ١٦٧

مرجانة (أم عبيد الله بن زياد): ٢٤٥هـ

مرداس بن أبي عامر السلمي: ٥٠٦هـ

مرزبان بن علي بن بويه الديلمي: ٤٠٥هـ

المرعشي: ٥٢٠

مروان خليفات: ٥٦٧

مريم بنت عمران ﷺ: ١٣٤، ١٨٠، ١٨٢، ٣٦٠

المزيدي = صدقة بن منصور بن دبيس الزبيدي

المس بيل = غيرتراد مارغريت لوثيان بيل

المسترشد العباسي = الفضل ابن المستظهر العباسي

مسعود البرزاني: ٢١٧، ٢١٧هـ

مسعود السلجوقي: ٢١٤

مسلم بن الحجاج النيسابوري: ٢٠٥هـ، ٢٨٥، ٣٩١هـ

مسلم بن عقبة بن رباح المرّي: ٣٢٦، ٣٢٦هـ، ٣٢٧

مسلم بن عقيل بن أبي طالب: ٣٦، ٣٦هـ، ٥٩٤، ٥٩٤هـ

المسيح ﷺ = عيسى ابن مريم بنت عمران ﷺ

مشتاق عباس معن: ٥٦٩

مصطفى جواد مصطفى البياتي: ١٦٢هـ، ٦٢٧، ٦٢٨هـ

مصعب بن الزبير: ٢٤٥هـ

٧١٤

الفهرس

٧٢٤

المؤلف في سطور

ـ نضير بن رشيد بن حميد بن علي البغدادي الخزرجي من مواليد مدينة كربلاء المقدسة (١ /١ /١٩٦١) ـ العراق.

ـ إعلامي وأكاديمي وباحث.

ـ أستاذ في الجامعة العالمية للعلوم الإسلامية بلندن.

ـ باحث في المركز الحسيني للدراسات بلندن.

ـ مدير مركز الرأي الآخر للدراسات بلندن.

ـ نال شهادة (البكالوريا) من إعدادية القدس (كربلاء) عام ١٩٨٠م.

ـ نال شهادة الدبلوم في الدراسات الإسلامية من جامعة لندن ـ كلية بيركبك (birkbeck college) عام ١٩٩٧م.

ـ نال شهادة الإجازة في علوم الشريعة الإسلامية (بكالوريوس) من الجامعة العالمية للعلوم الإسلامية بلندن (ICIS) بدرجة إمتياز عام ١٩٩٧م.

ـ نال شهادة ماجستير فلسفة من الجامعة العالمية للعلوم الإسلامية (ICIS) عام٢٠٠٣م برسالته المعنونة: (التعددية والحرية في المنظور الإسلامي).

ـ نال شهادة دكتوراه فلسفة من الجامعة العالمية للعلوم الإسلامية (ICIS) عام ٢٠٠٨م، برسالته المعنونة: (العمل الحزبي في المنظور الإسلامي).

ـ بدأ الكتابة في مقتبل العمر وساهم في مسقط رأسه بكتابة وتحرير نشرات سياسية وتثقيفية عدة، منها نشرة: أوراق الوعي الثائرة.

ـ ساهم منذ عام ١٩٨١م وخلال هجراته المتعددة إلى سوريا وإيران والمملكة المتحدة الكتابة والتحرير في مؤسسات إعلامية عدة، منها: مدير تحرير مجلة الشهيد، رئيس تحرير مجلة الرأي الآخر، مدير تحرير مجلة الكلمة، والتحرير في مجلة الجهاد، صحيفة العمل الإسلامي، جريدة الأحداث، جريدة بغداد، مجلة النور.

ـ عمل لسنوات سبع في قسم التحقيقات بدائرة المعارف الحسينية بلندن حتى العام ٢٠٠١م، ثم استأنف العمل منذ عام ٢٠٠٧م.

ـ نشر مقالاته وأبحاثه ودراساته في العشرات من الصحف والمجلات العراقية والعربية، فضلا عن أضعافها من الصحف والمواقع والشبكات الإلكترونية.

ـ له مؤلفات مطبوعة ومخطوطة عدة، منها: نزهة القلم، التعددية والحرية في المنظور الإسلامي، المسلكية الأخلاقية في العمل الحزبي، نظم القصيد في مرآة السنّة النبوية، دائرة المعارف الحسينية.. تعريف عام، مؤمن الطاق.. طائر لا يُقص، العمل الموسوعي في دائرة المعارف الحسينية، العراق رئة العالم الإسلامي، فضلا عن عشرات الدراسات والأبحاث وأكثر من ألف مقالة.

ـ ترجمه المؤرخ العراقي الدكتور هادي سلمان آل طعمة، ضمن أعلام كربلاء المقدسة، في كتابه "معجم رجال الفكر والأدب في كربلاء" الصادر عام ١٩٩٩م، كما ترجمه في العام نفسه البحاثة الدكتور الشيخ محمد صادق محمد الكرباسي في "دائرة المعارف الحسينية" ضمن

المؤلفين للكتب الحسينية، كما ترجمه الدكتور صباح نوري المرزوك في كتابه "معجم المؤلفين والكتّاب العراقيين ١٩٧٠ ـ ٢٠٠٠م" الصادر في بغداد عام ٢٠٠٢م.

ـ له مشاركات في العشرات من الحوارات والمقابلات التلفزيونية والإذاعية والصحافية في المجالات السياسية والإعلامية والثقافية، من قبيل: قناة الفرات، قناة الفيحاء، قناة الحوار، قناة المستقلة، قناة كربلاء، قناة الأنوار، قناة بلادي، قناة الأنوار الثانية، قناة الزهراء، قناة العالم، قناة أي أن أن، قناة الكوثر، إذاعة طهران، إذاعة دويتش فيل الألمانية، إذاعة محافظة كربلاء، وإذاعة وتلفزة البحر الأبيض المتوسط (طنجة ـ المغرب)، وكالة أنباء التقريب، قناة اللؤلؤة، وإذاعة لورا السويسرية، وغيرها.

ـ حاضر في مؤتمرات سياسية وثقافية عدة، في بريطانيا وإيران والعراق والسنغال.

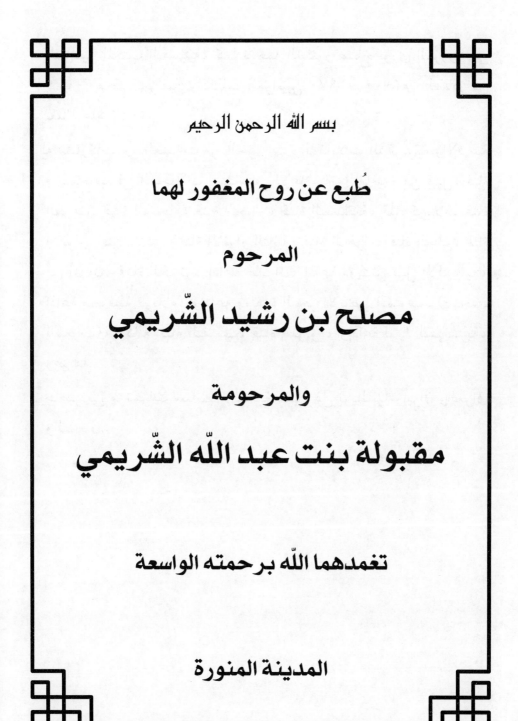

صدر الجزء الأول منه بعنوان

نزهة القلم